中国社会科学院学部委员专题文集

ZHONGGUOSHEHUIKEXUEYUAN XUEBUWEIYUAN ZHUANTI WENJI

中国金融改革发展的学理探讨

王国刚 ◎ 著

中国社会科学出版社

图书在版编目（CIP）数据

中国金融改革发展的学理探讨/王国刚著．—北京：中国社会科学出版社，2017.8

（中国社会科学院学部委员专题文集）

ISBN 978 - 7 - 5203 - 0846 - 5

Ⅰ.①中…　Ⅱ.①王…　Ⅲ.①金融改革—中国—文集

Ⅳ.①F832.1 - 53

中国版本图书馆 CIP 数据核字（2017）第 204113 号

出 版 人	赵剑英
责任编辑	刘晓红
责任校对	李　莉
责任印制	戴　宽

出　　版	中国社会科学出版社
社　　址	北京鼓楼西大街甲 158 号
邮　　编	100720
网　　址	http://www.csspw.cn
发 行 部	010 - 84083685
门 市 部	010 - 84029450
经　　销	新华书店及其他书店

印刷装订	北京君升印刷有限公司
版　　次	2017 年 8 月第 1 版
印　　次	2017 年 8 月第 1 次印刷

开　　本	710×1000　1/16
印　　张	41.25
插　　页	2
字　　数	655 千字
定　　价	188.00 元

凡购买中国社会科学出版社图书，如有质量问题请与本社营销中心联系调换

电话：010 - 84083683

前　言

　　哲学社会科学是人们认识世界、改造世界的重要工具，是推动历史发展和社会进步的重要力量。哲学社会科学的研究能力和成果是综合国力的重要组成部分。在全面建设小康社会、开创中国特色社会主义事业新局面、实现中华民族伟大复兴的历史进程中，哲学社会科学具有不可替代的作用。繁荣发展哲学社会科学事关党和国家事业发展的全局，对建设和形成有中国特色、中国风格、中国气派的哲学社会科学事业，具有重大的现实意义和深远的历史意义。

　　中国社会科学院在贯彻落实党中央《关于进一步繁荣发展哲学社会科学的意见》的进程中，根据党中央关于把中国社会科学院建设成为马克思主义的坚强阵地、中国哲学社会科学最高殿堂、党中央和国务院重要的思想库和智囊团的职能定位，努力推进学术研究制度、科研管理体制的改革和创新，2006 年建立的中国社会科学院学部即是践行"三个定位"、改革创新的产物。

　　中国社会科学院学部是一项学术制度，是在中国社会科学院党组领导下依据《中国社会科学院学部章程》运行的高端学术组织，常设领导机构为学部主席团，设立文哲、历史、经济、国际研究、社会政治、马克思主义研究学部。学部委员是中国社会科学院的最高学术称号，为终生荣誉。2010 年中国社会科学院学部主席团主持进行了学部委员增选、荣誉学部委员增补，现有学部委员 57 名（含已故）、荣誉学部委员 133 名（含已故），均为中国社会科学院学养深厚、贡献突出、成就卓著的学者。编辑出版《中国社会科学院学部委员专题文集》，即是从一个侧面展示这些学者治学之道的重要举措。

　　《中国社会科学院学部委员专题文集》（下称《专题文集》），是中国社会科学院学部主席团主持编辑的学术论著汇集，作者均为中国社会科学院学部委员、荣誉学部委员，内容集中反映学部委员、荣誉学部委员在相关学科、专业方向中的专题性研究成果。《专题文集》体现了著作者在科学研究实践中长期关注的某一专业方向或研究主题，历时动态地展现了著作者在这一专题中不断深化的研究路径和学术心得，从中不难体味治学道路之铢积寸累、循序渐进、与时俱进、未有穷期的孜孜以求，感知学问有道之修养理论、注重实证、坚持真理、服务社会的学者责任。

2011 年，中国社会科学院启动了哲学社会科学创新工程，中国社会科学院学部作为实施创新工程的重要学术平台，需要在聚集高端人才、发挥精英才智、推出优质成果、引领学术风尚等方面起到强化创新意识、激发创新动力、推进创新实践的作用。因此，中国社会科学院学部主席团编辑出版这套《专题文集》，不仅在于展示"过去"，更重要的是面对现实和展望未来。

这套《专题文集》列为中国社会科学院创新工程学术出版资助项目，体现了中国社会科学院对学部工作的高度重视和对这套《专题文集》给予的学术评价。在这套《专题文集》付梓之际，我们感谢各位学部委员、荣誉学部委员对《专题文集》征集给予的支持，感谢学部工作局及相关同志为此所做的组织协调工作，特别要感谢中国社会科学出版社为这套《专题文集》的面世做出的努力。

《中国社会科学院学部委员专题文集》编辑委员会

2012 年 8 月

序

　　1978 年底召开的党的十一届三中全会决定将工作重心转到经济建设上来，由此，拉开了中国改革发展的大幕。30 多年来，改革和发展相辅相成，相互促进，在改革中求发展，在发展中深化改革，中国经济实现了人类历史上从未有过的高速增长，人们的生活发生了翻天覆地的变化，取得了举世瞩目的成绩。

　　金融是经济不可或缺的组成部分，是现代经济的核心。随着经济的改革发展，中国金融也在改革发展中不断前行深化。1992 年 10 月，党的十四大提出了建立社会主义市场经济新体制的改革目标，标志着经过十多年的探索，中国经济改革发展已进入了目标明确的新阶段。与此同时，中国金融改革发展的目标也朝着建立与现代金融市场相适应的新体制方向展开。在 1992—2012 年的 20 年间，中国金融改革发展呈现出了五个方面的特点：

　　第一，法律等制度体系基本建立。现代市场经济是法制经济，建立符合现代金融市场要求的金融体系，必须在法治框架中展开。1995 年以后，中国着力开展了各项主要金融法律的立法工作，出台了《中国人民银行法》《商业银行法》《证券法》《保险法》《信托法》《票据法》等一大批金融法律。在此基础上，又出台了与这些法律相配套的一系列法规规章，形成了门类比较齐全、层次比较合理的金融制度体系。对维护金融运作秩序、调整金融行为和推进金融发展起到了积极的作用。

　　第二，金融市场化。1994 年，工、农、中、建等国有独资银行实现了商业性业务与政策性业务的分离，迈出了市场化经营运作的重要一步；此后，中国又陆续成立了股份制商业银行，将城市信用社改制为城市商业银行，发展了农村商业银行（农村合作银行），整顿了农村信用社，由此，形成了多层次存贷款金融机构体系。1993 年以后，在分业经营的背景下，调整了证券公司、信托公司、保险公司等的业务经营范围，使它们能够集中开展主营业务，体现出了专业化经营发展特色。同时，积极推进金融市场建设，在继续完善沪深证券交易所体制机制的同时，建立了银行间市场、商品期货交易所、金融期货交易所和外汇市场等，形成了多元化的金融市场体系。

第三，金融创新层出不穷。为了提高金融服务于实体经济的程度，在经济发展过程中，各类金融机构积极创新，不仅推出了可转换债券、开放式证券投资基金、打包债券、资产证券化产品、理财产品等一系列创新性金融产品，以及实施了不良资产剥离处置、债转股、国有独资金融机构的股份制改制上市、借助现代电子技术和互联网技术扩展各项业务等诸多经营运作创新，而且在体制机制、运作方式、风险管控等方面也进行了许多创新。这种多方位、多角度的创新，既激活了中国金融的发展活力，增强了金融前行的动力，又加快了中国金融的发展步伐，展现出了中国金融的良好前景。

第四，金融国际化程度持续提高。改革开放相得益彰。2001 年以后，在加入世贸组织的背景下，中国金融加快了对外开放的步伐，不仅商业银行、保险公司等实现了对外开放，还准许外资参股、设立独资公司，而且证券公司、证券市场等也都积极对外开放；与此同时，中资金融机构"走出去"的步伐明显加快，在各主要发达国家和发展中国家设立了一大批子公司和分支机构，扩展了合格境内机构投资者（Qualifed Domestic Institutional Investor，QDII）等的海外投资规模。在这个过程中，中资金融机构既丰富了国际金融市场的运作能力和运作经验，也提高了对国际金融市场的影响力。

第五，金融监管专业化。1992 年 10 月，中国证监会的设立标志着中国金融监管专业化的起步。此后，1998 年设立了中国保监会，2003 年设立了中国银监会，由此，"一行三会"金融监管框架形成。各家专业化金融监管部门设立以后，在强化金融监管、防控金融风险、维护金融秩序、落实法治要求等方面积极作为，努力创新，在保驾护航中国金融发展的同时，为中国金融前行创造了一个健康稳定的环境，为中国金融有效抵御 1997 年的东南亚金融危机和 2008 年的美国金融危机做出了积极贡献。

2013 年以后，中国金融的改革发展步入了一个新的历史时期。党的十八届三中全会通过的《关于全面深化改革若干重大问题决定》中强调，在经济体制改革中要处理好政府和市场这一核心问题，使市场在配置资源方面起决定性作用，同时，更好地发挥政府的作用；在负面清单之外，各类经济主体应能平等地进入市场。2015 年 10 月，《中共中央关于制定国民经济和社会发展第十三个五年规划的建议》中指出："加强金融宏观审慎管理制度建设，加强统筹协调，改革并完善适应现代金融市场发展的金融监管框架，健全符合我国国情和国际标准的监管规则，实现金融风险监管全覆盖。"2016 年 3 月，全国人大通过的《中华人民共和国国民经济和社会发展第十三个五年规划纲要》中指出："完善金融机构和市场体系，促进资本市场健康发展，健全货币政策机制，深化金融监管体制改革，健全现代金融体系，提高金融服务实体经济效率和支持经济转型的能力，有效防范和化解金融风险。"近年来，金融改革发展呈现出了三方面的特点：

第一，紧紧围绕供给侧结构性改革而展开。在经济新常态背景下，中国金融紧紧围绕"去产能、去库存、去杠杆、降成本和补短板"的供给侧结构性改革要求展开金融创新和金融运作，既有效支持了实体经济的创新发展和驱动力转换，又积极推进了金融改革深化和金融发展迈上新的台阶。

第二，把防控系统性金融风险放在更加突出的位置上。在经济结构调整过程中，不论是去产能、去库存、去杠杆，还是降成本、补短板，都不仅可能引致经济金融运行中的不良资产增加，而且可能引致由流动性紧缺或流动性链条断裂所引发的系统性金融风险，所以，要落实"稳中求进"的工作主基调，就必须时时关注防控好系统性金融风险，避免突发性事件的发生干扰经济金融的正常运行秩序。另外，在经济结构调整过程中，一些实体企业的经营业绩下滑可能引致它们的经营运作脱实向虚，一些金融机构也可能存在由"轻资产"的调整转向脱实向虚的运作。同时，随着金融运作的链条的延长，资产—负债—资产—负债……的联动机制链条也在延长，这不仅意味着金融运作的成本将会上升和风险将会增加，而且意味着一旦资产—负债联动链条断裂就可能引致系统性金融风险的发生。因此，需要着力厘清系统性金融风险的潜在点并采取预防性举措予以防控。

第三，改革和完善金融监管框架。中国金融监管以机构监管为主。近年来，在金融发展过程中，介入金融活动的主体已从金融机构扩展到了类金融机构和非金融机构。这些主体以金融交易为主业或金融交易收益已占据了其收入较大的比例，但却游离于金融监管之外。由于这些类金融机构和非金融机构的加入，金融交易的链条不断延长，在增加金融运作成本的同时，导致实体企业的融资成本上升，不利于"降成本"的落实。要有效防控系统性金融风险，做到金融风险全覆盖，就必须改革和完善金融监管框架，改变机构监管为主的格局，形成以功能监管（或业务监管）为主的格局。

中国金融的改革发展是在体制机制转换中展开的。从历史角度看，西方发达国家的金融市场发展、金融体系建立和金融监管完善，是通过"自然"过程而实现的，其中包含着众多的试错、动荡和危机，历经数百年并付出了沉重的经济社会代价。与此不同，中国的体制机制改革需要先进行理论探索研究、凝聚共识才可能转化为政策制度和实践活动，所以，有着大量的新课题需要进行学理性探讨。这种学理性探讨所得出的结论，具有鲜明的中国金融实践的特色，对金融学中国化起到了巨大的推动作用。

为顺应中国金融改革发展的大趋势，1992 年以后，我的研究方向从政治经济学和微观经济学转向了金融学和宏观经济学，20 多年间，勤于耕耘，既从书本上学，也从实践中学，顺应中国金融改革发展的走向，以问题为导向，有感而发，针对一些实践中提出的具体课题，有的放矢地撰写了一些论文和著作。本书选取了 1993 年以后我所撰写的在金融学方面带有学理性特色的 37 篇论文，分为"金融改革和货币政策""资本市场改革与发展"和"对外开放与国际金融"三篇，每一篇中的论文按照发表的时间排序。这些论文均已在报纸杂志上发表过，大多数由我独立署名，但也有几篇论文发表时是以"课题组"署名的或与他人合作署名的。这几篇论文，因是由我主导写作从而反映着我的认识，因此，被选入本书。此外，这些论文在发表时，在格式上大多有"内容提要"和"关键词"，为了节省篇幅，所以，将其选入本书时把它们删去了。此外，为了保留这些论文的原貌，在选编中只对个别错字做了修订，未对论文进行修改。

本书的编辑出版得到了中国社会科学出版社卢小生编审的大力支持和帮助，在此特致以衷心的感谢！

王国刚

2017 年 4 月 18 日于北京

目　　录

第一篇　金融改革和货币政策

第二篇　资本市场改革与发展

第三篇　对外开放与国际金融

第一篇
金融改革和货币政策

论中国境内金融市场的对内开放

现代金融以金融市场为基础。20 世纪 90 年代以前，中国境内的金融基本上是无金融市场的金融，绝大多数人都将"金融"与"银行"相提并论。近 10 年来，中国境内的金融市场快速形成和发展，但与境外的金融市场相比依然存在着较大的差距。究其原因，不在于中国境内缺乏条件，而在于金融市场的形成、运行和发展受到行政机制的严重管制。面对加入世贸组织以后的金融竞争，对内开放金融市场要比对外开放金融市场更为重要。

一　中央集权：中国境内金融市场的主要特点

金融市场的发展程度体现着金融的市场化程度。长期以来，在计划机制的制约下，中国境内没有金融市场，经济运行和经济发展中所需的金融资金主要依靠银行的存贷款机制来实现。从 20 世纪 90 年代初开始，金融市场逐步发育成长，一些区域性资金融通市场、证券交易市场等形成了一定的规模，但在"整顿金融秩序""加强宏观调控""防范金融风险""进行规范化建设"等背景下，计划机制得到深入贯彻，形成了一些由中央行政部门直接控制的覆盖全国的金融市场。其中，1994 年建立的全国外汇交易市场，由中国人民银行和国家外汇管理局直接掌控；1995 年以后，通过整顿，上海、郑州和大连三家期货交易所归口由中国证监会直接管理；1996 年建立的全国同业拆借市场，由中国人民银行直接掌控；1997 年沪深交易所由国务院决定划归中国证监会直接管理。全国性金融市场建立以后，各类区域性金融市场均被列入非法范畴而被取缔。

各类全国性金融市场的运行和发展，虽是按照金融产品交易的一般原则和规则展开的，但也受到了政府行政意图和计划机制的严重影响，因而，表现出了三个特点：

首先，交易功能较强而其他功能较弱。建立全国性金融市场，在政府行政部门看来，就是为了满足各方参与者的交易需求，因此，"交易"成为这些金融市场的基本功能定位。突出表现在三方面：其一，相关行政部门运用各种行政手段直接或间接影响着交易价格及其走势（并称之为"宏观调控"），使金融市场的价格发现功能难以正常发挥作用。由此，①各类金融产品的交易价格波动被严格控制在政府部门所能接受的范围内（甚至在股市中长期实行涨跌停板制度），一旦被发现有"异常"表现，就将被相关部门运用行政机制予以追究和平抑；②各类金融产品的价格既难以确切反映市场供求状况，也难以与经济基本面的走势相一致。其二，金融市场基本上成为一种为融资服务的市场，有效配置金融资源的功能难以有效发挥。一个值得关注的现象是，迄今为止，除违法违规行为导致一些金融机构倒闭外，通过正常市场竞争过程，既没有发生金融机构的优胜劣汰案例，也没有发生金融机构的并购重组案例，更没有发生金融机构与非金融机构之间的这类案例。其三，金融市场价格对金融活动和实体经济活动的导向力极为有限。拆借市场的利率变动，对金融机构之间的资金借贷行为没有多少影响；外汇市场的价格变动，对相关企业的存贷外汇行为影响甚小；股市价格波动，对金融机构、上市公司的经营行为也没有太多影响。因此，除介入金融交易外，不论是金融机构还是非金融机构在正常经营活动中都可以不考虑金融市场价格变动可能带来的影响。

其次，金融市场单调划一。由于各类金融市场均由中央部门直接掌控，而在现代电子技术的支持下金融产品交易又打破了空间限制，所以，从中央行政部门角度来看，每类金融市场在全国范围内只需要有一家即可。因此，除因20世纪90年代初的历史原因已形成了沪深两家证券交易所、经整顿剩下了3家期货交易所外，外汇市场、拆借市场等后期新建的金融市场都选择了全国范围仅建一家的方案。1998年5月，在"防范金融风险""进行规范化建设"的思路下，又出台了关闭26家证券交易中心的决定。因此，中国境内金融市场中，下述三种情形极为明显：其一，除了中央行政部门掌控的金融市场外，没有任何地方性或区域性金融市场，因此，中国境内的金融市场仅为"点"状分布，谈不上"结构"，也基本不反映各地区、各区域的经济特点。其二，不论是拆借市场、外汇市场、股票市场，还是期货市场都只有一个层次，并且都采取有形市场的方式，缺乏以多层次市场（如场内市场、场外市场等）、多方式（如有形市场、无形市场等）来满足不同参与者需求的制度安排。其三，对每一类金融市场走势具有决定性影响的信息、技术等基本由政府行政部门内部所掌握，所以，各种专门为金融市场服务的中介机构（如金融咨询机构、金融信息机构、金融技术机构等）很难展开业务活动，因而，在中国境内金融市场中严重缺乏真正从事金融服务的中介机构。

最后，各类金融市场之间缺乏内在关联。每类金融市场分归不同的行政部门掌控，同时，又通过对市场参与者的资格限定强化市场分割。一方面，能够进入拆借市场、外汇市场的只是一部分经监管部门批准的金融机构，不仅绝大多数非银行金融机构不能进入拆借市场，而且相当多存贷款金融机构（如财务公司、信用合作社等）没有获得准入资格，同样，商业银行、保险公司、信托公司等也不能直接进入证券市场和期货市场。另一方面，各类金融市场之间资金互不流动，价格几乎没有关联。拆借市场上的利率变动，并不导致流向证券市场的资金发生多少变化；股票市场的走势和价格变化，也不会使期货市场、拆借市场的走势和价格发生多少变化。虽然在证券交易所内挂牌交易的股票、国债和企业债之间存在着较为明显的价格关联，但银行间国债市场与证券交易所内国债市场之间的价格依然没有多少联系。

所谓对内开放金融市场，主要含义有四点：一是放松对设立金融市场的行政管制，改变设立金融市场的审批制，建立依法登记设立金融市场的新机制，推进各类和各家金融市场之间的竞争；二是扭转由政府行政部门直接掌控金融市场和主导金融市场走势的局面，让金融市场真正成为由各方市场参与者在"三公原则"基础上相互交易相互竞争的场所；三是打破中央集权并由中央布点的单一金融市场格局，通过竞争和发展，形成多层次多类别的金融市场体系，服务于国民经济各方面的需求；四是改变各类金融市场彼此分割的局势，建立各类金融市场之间资金、价格联动机制，以推进统一金融市场的形成。

二　放松对设立金融市场的行政管制

金融市场是为满足各方参与者交易需要而自然形成的金融产品交易关系，是各方参与者交易关系的总和，因此，在历史上，金融市场总是在各方参与者的共同行为下作为一个自然过程逐步形成的。迄今，在国际社会中，既有各种有着固定交易场所的有形金融市场，如各种交易所、场外交易系统等，也有各种没有固定交易场所的无形金融市场。与此不同，中国境内的金融市场在改革开放的背景下发育成长，受到传统计划机制的强烈影响，形成了必须由政府行政部门审批而设立的制度安排。由政府行政部门审批设立金融市场，受各种行政关系制约，不可避免地会引致四种情形发生：

第一，金融市场的设置随着行政关系的变化而变化。在中国境内，与设立任何金融机构一样，设立任何金融市场均需经过行政主管部门批准，所不同的是，设立金融市场的行政管制比设立金融机构更加严格。20 世纪 80 年代末至 90 年代初，一些金融市场的设立仅需地方行政主管批准即可，但 90 年代中期以后，这一权力逐步被上收至中央，甚至通过立法予以确定[①]。具体案例有三：一是资金市场。1996 年以前，各地的资金市场（或融资中心、资金交易市场等）基本经由当地行政主管部门批准而设立，或者由各地的人民银行分行主办，或者由国有商业银行的分行主办；此时，资金市场虽也受到行政关系的制约，但毕竟各地具体经济金融情况差别甚大，所以，不同地方的资金市场既具有不同特点也有着不同的发展态势，其中，上海、北京、郑州等地的资金市场突破了地方限制，业务已向全国扩展。在整顿资金市场的背景下，1996 年（实际上是 1995 年 10 月以后）起，各地资金市场被取消，建立了由中国人民银行直接掌控的全国性资金拆借市场。二是证券市场。在 20 世纪 80 年代中后期，为了满足股票交易

---

① 例如，《中华人民共和国证券法》第九十五条规定："证券交易所的设立和解散，由国务院决定。"见国务院法制办公室编：《新编中华人民共和国常用法律法规全书》，中国法制出版社 2000 年 4 月版，第 562 页。

的需求，最初经当地行政主管部门批准，一些金融机构（包括证券公司、信托公司和商业银行等）设立了证券交易柜台，并由此逐步形成了深圳和上海两地的柜台交易市场；1990年12月和1991年7月，经国务院批准分别设立了上海证券交易所和深圳证券交易所，但两地证券交易所分别由两地市政府管理；1997年5月后，在强化证券市场规范化建设的背景下，国务院下发文件决定将两个证券交易所划归中国证监会直接管理。三是国债市场。国债的集中交易最初是在沪深证券交易所（以下简称沪深证交所）中进行的，为了防止非银行金融机构利用国债交易进行融资活动，1997年以后，中央决定将银行间的国债交易与非银行金融机构间的国债交易分开。其中，银行间国债交易划归拆借市场系统，只批准中央银行、商业银行和政策性银行等进入；非银行金融机构只能进入证交所的国债市场，由此，形成了银行间和非银行金融机构间的两个国债市场。在这些案例中可以清楚地看到，90年代中期以后的金融市场沿革，与其说是市场发展和市场竞争的结果，不如说是行政关系调整变化的结果。

第二，金融市场组织的产权基本属国有资产。外汇市场、拆借市场等的设立和运行所需资金和相关资产（包括交易系统）自始就是由中国人民银行和国家外汇管理局投入的，因此，属国有独资范畴；证券交易所、期货交易所虽属会员制组织，资产本应由会员投入归会员所有，但一方面，在这些市场组织筹备设立阶段以及随后的运行过程中，当地政府部门投入了相当多的资金或资产，另一方面，绝大多数会员在早期也都属于国有独资或国有控股的经营性机构，因此，也基本属于国有产权范畴，为国有产权关系所决定，金融市场组织在机构性质上与其他的国有企业或国有机构并无太大区别，这为政府部门运用行政机制直接干预金融市场运行提供了基础性条件。中央行政部门之所以能将沪深证所上收，也与这种国有产权关系直接相联。

第三，金融市场组织关系具有极强的行政化色彩。中国境内的金融市场均选择了有形市场的方式，在组织形态上，市场组织类似于金融机构（不同之处仅在于，金融机构从事金融产品交易等业务，而市场组织则从事市场管理等业务），因此，在组织关系上也贯彻着一整套行政机制。突出表现在三个方面：一是每个金融市场均有着相对应的行政级别。拆借市场、外汇市场属局级单位，上海期交所属局级单位，而沪深证交所 2001 年还属局级单位，但 2002 年以后已升格为副部级单位。二是每个金融市场的主要领导基本采取行政配置方式任免调配。拆借市场、外汇市场的总经理基本上通过行政方式直接任免，对于证交所、期交所的理事长、总经理等的任免（受会员制的制约）采取的是由行政主管部门"建议"、会员大会选举产生的方式。三是每个市场组织的主要工作任务和运作业绩均由上级行政部门安排布置和考核检查。这种行政化的市场组织实际上是政府行政部门的分支机构和代理机构，其主要功能与改革开放以前的商品市场上的百货商店相类似。

第四，新的金融市场设立面临重重困难。1999 年以后，为有效推进创业投资和高新技术产业化，有效支持中小企业发展，设立创业板市场的呼声日渐高涨，理论界和实业界众多人士达成了空前共识，中国证监会也加快了相关行政法规、技术系统等建设的步伐。但受制于错综复杂的行政关系权衡（个别人甚至强调，创业板市场需要由全国人大专门立法），设立创业板市场的前景迄今仍扑朔迷离。

放松对设立金融市场的行政管制，在客观上要求改变由政府行政部门审批的机制，为此，需要解决以下四个基本问题：

其一，进一步完善设立金融市场的法律法规体系，建立依法登记设立金融市场组织的新机制。金融市场是各方参与者交易关系的总和。这种交易关系，在有些场合需要选择有形市场方式形成，在有些场合则不需要采取有形市场方式形成；在有些场合需要选择交易所方式，在有些场合需要选择场外交易方式，在另一些场合则需要采取非组织交易方式，但它们都需要运用法律机制予以规范和维护。而中国境内在设立金融市场方面的法律法规体系存在许多不足，如迄今没有关于设立金融市场组织具体方式、所需条件、设立程序、法律责任等方面的具体规定，因此，首先需要完善这方面的法律法规体系。在此前提下，应改变设立金融市场组织的行政审批制度，建立依法登记设立金融市场组织的新制度，以从源头上切断行政机制对金融市场的管制。

其二，改变运用行政机制设立金融市场的组织方式。其中包括，取消设立金融市场的行政审批制度，改变金融市场组织隶属于行政主管部门的格局，取消金融市场组织的行政级别和管理人员的行政级别（包括行政待遇），改变对金融市场组织工作业绩的行政考核制度，等等。另外，应明确有形金融市场的组织制度，凡实行有限公司、股份有限公司制度的应按照《公司法》的有关规定行使组织权力和完善公司治理结构，凡实行会员制的应由会员大会决策一切重大组织事宜。

其三，改革金融市场组织的产权关系。金融市场的组织，如果实行的是公司制，则应通过出售、转让、增资等方式，吸收非国有投资，由此，变国有独资的产权关系为多元化产权关系，并在可能的条件下，改变国有控股的产权格局，实行非国有化；如果实行的是会员制，则应通过会员机构的产权改革来间接地改变市场组织的国有控股性质，实现市场组织的产权非国有化，同时，应逐步偿还早期由政府部门投资的资产。对新设金融市场组织来说，在发起设立时，全体发起人应依法投入足以保障市场基本运行所需的资金（包括实物资产）。另外，应严格限制以致禁止政府行政部门（包括财政部门）投资创办金融市场组织的行为。

其四，积极推进各家金融市场之间的竞争。金融市场组织是金融市场的组织者和管理者，但同时也是金融市场的一个竞争者。在金融市场的竞争中，必将有一些市场组织者由于不能适应金融发展的变化、有效地组织管理市场而被竞争对手所打败，这既是市场组织者之间的优胜劣汰过程，也是金融市场提高服务质量、整合市场资源的过程。在发达国家的历史进程中，有形金融市场大多是从数量众多经竞争而逐步归并减少的，迄今，美国尚有 7 家证券交易所，日本也有 8 家证券交易所，而期货交易所数量更是超过了证券交易所。另外，随着实体经济的发展，金融市场门类也在不断增加。其中，有些市场只是作为一个无形方式而存在（如拆借市场），有些市场在组织关系中只是"挂靠"于已有金融市场而存在（如期权市场"挂"在证券交易所或期货交易所内），有些市场既以有形方式又以无形方式存在（如政府债券市场、公司债券市场等），有些市场虽以有形方式存在但却是一个多层次的市场系统（如股票市场由交易所市场、场外市场等构成）。因此，金融市场是一个多层次多元化且相互关联的系统，同时，金融市场又是一个在竞争中不断重新整合不断创新的系统。为此，需要形成鼓励、保障和规范金融市场组织竞争、并购、整合等方面的法律法规和金融市场运作规则。

三　放松对金融市场运行的管制

与境外金融市场相比，中国境内的金融市场可称为"行政主导型金融市场"，其特征突出地表现为"政策市"（虽然"政策市"概念在股市中比较盛行，但其他金融市场未尝不是"政策市"）。一方面，有关行政主管部门在"强化宏观调控""加强市场监管"等背景下，屡屡运用政策手段和行政机制影响（直至直接干预）市场走势，努力将金融市场的运行态势限制在行政机制所预期的范围内并使之符合行政目标。不仅拆借利率、外汇交易价格等受到监管部门直接监控，而且股市价格、期货价格等也时常由监管部门直接"调控"。在一些特殊场合，行政部门直接组织相关金融机构"做市"以调整金融市场的走势。1996 年 5 月至 1997 年 5 月，沪深证交所股市走势高涨，主要原因在于两地市政府组织各类机构（包括金融机构和证交所）"做市"；1999 年"5·19"行情拉起，主要原因也在于行政主管部门组织一些基金管理公司和证券公司"做市"。另一方面，行政主管部门又利用现代电子技术，对主要金融机构和市场组织的日常运作实行即时性监控，一旦发现有不合政策意图的操作就予以"劝告"（如若不听"劝告"就将给予某种行政"处理"）；同时，又通过各种的政策"优惠"和行政"便利"，引导这些金融机构和市场组织按照行政主管部门的意图展开市场运作。

改革行政主导型金融市场格局，需要解决好以下两个认识方面的问题：

第一，金融调控与金融监管的关系。需要对经济运行进行宏观调控，运用货币政策调控货币投放量从而影响经济运行态势是宏观调控的一项重要内容，而在传统认识中货币与金融基本上是一个对等范畴①，由此，一些人认为，金融市场既然属于金融范畴，那也就可以由政府部门进行宏观调控。然而，这一简单推理却"失之毫厘、谬以千里"。货币调控，在市场经济中，是指中央银行运用货币政策调控货币投放量以影响金融市场走势达

---

① 实际上，"货币"与"金融"不是等价概念，也不属同一范畴。

到预期目标的过程。其中，货币政策目标既包括中间目标、最终目标，也包括明确的可计量的指标，同时，货币政策的落实有着一整套传导机制和调控工具（例如，基准利率、准备金率、公开市场业务等）。另外，货币政策影响面是整个国民经济，其中，既包括金融市场也包括实体经济，因此，它对某个具体金融市场走势的影响是一个间接过程，极难转变为"一对一"的直接调控过程。将货币调控转变为"金融调控"并由政府行政部门直接调控某个金融市场运行，至少需要解决三方面的问题：一是调控的目标体系是什么。例如，要直接调控拆借市场，必须明确这一调控的政策目标（如利率及其波动率、交易量、资金流向等）是什么；要直接调控股票市场，就必须明确这一调控的政策目标（如股指、市盈率、成交量、换手率等）是什么。二是这种直接调控政策通过哪些机制予以传导，是行政机制还是市场机制。三是运用哪些工具（包括微调工具）来校正或调整某一金融市场走势与政策目标的不一致性。这些问题恐怕均难以解决。事实上，金融市场不可直接调控，更多的是加强监管。

所谓金融监管，是指监管部门依法对违法违规的金融行为进行惩处以维护金融市场的运行秩序、降低运行风险的过程。在金融监管之下，一方面，金融市场运行是一个自然的过程，它既不受政府行政部门的直接影响，也不受违法违规行为的冲击，因此，各方参与者能够根据对各种公开信息的分析形成投资和交易的合理预期，选择适合自己的市场行为。另一方面，政府行政部门的主要任务是，依法行事，维护"三公"原则，对那些异常交易现象予以关注、追究和查处。

金融市场不可直接调控，并不意味着政府行政部门不能直接干预金融市场走势。在发达国家中，也有政府行政部门直接干预金融市场走势的实例，但这种干预一般是在一些紧急条件下实行的。其内在机理是，金融市场运作存在着较大的风险，这些风险通常由各方参与者自己承担。这些参与者根据金融市场动态，在合理预期的基础上，进行自主投资和交易。一旦政府行政部门随意介入金融市场，运用政策进行经常性的"调控"，就可能导致金融市场走势偏离应有的"轨迹"，给相关参与者带来严重的经济损失，由此，他们自然要求政府行政部门承担后果；另外，政府行政部门随意出台"调控"政策，必然会干扰金融市场的正常运行，助长各种非市场行为的蔓延，这将给金融市场带来更大的风险。

第二，金融市场走势与经济社会稳定。20世纪90年代（尤其是东南亚金融危机）以后，由金融市场走势异常引致经济社会动荡的现象引起了国际社会的广泛关注，也给中国境内经济发展以深刻教训，由此，维护金融市场的健康运行和发展，成为政府行政部门重点关注的一个问题。但是，维护金融市场的健康运行和发展未必一定要运用行政手段来"调控"。在市场经济条件下，金融市场的正常运行秩序是指按照市场规则展开金融活动的状态，不是指按照行政机制管制金融运作的状态。从中国境内90年代以来的实践来看，运用行政机制虽然可以在一段有限的时间内暂时地抑制金融市场运行中的某些问题，但它既不可能从根本上解决这些问题，又往往引致了其他问题的发生。结果是，一方面，原有的问题在行政机制的抑制下不断累积愈加严重；另一方面，随着其他问题的发生，情况更加复杂更加难以解决，反而给经济社会的进一步发展埋下更严重的不稳定隐患。事实上，中国境内金融市场中发生的大幅波动和一些重大事件，除当事人违法违规之外，大多与行政机制有着千丝万缕的内在联系。例如，1995年"3·27"国债事件实际上打的是内幕信息战，2001年7月后股市暴跌与国有股减持直接相关，而银广夏等上市公司财务造假在媒体公开披露之前有关监管部门也并非不了解情况。

200多年来发达国家的实践和20世纪80年代以来中国境内商品市场的发展都证明，要保障经济社会的长治久安，弱化不健全的市场机制对经济社会稳定的负面影响，就必须在完善法治的条件下加速金融市场的市场机制建设。虽然在金融市场发育成长的最初阶段，由于各方参与者不成熟、供不应求、法制不健全、监管不完善等，金融市场中会出现一些不合人意的现象，但解决问题的基本取向不应是简单地运用行政手段对金融市场实行管制，而应是既加强监管又加速金融市场发展。由市场发展不充分引致的问题最终还将由市场的进一步发展来解决。

改革行政主导型金融市场格局，需要解决好三方面的问题：其一，明确政府行政部门的市场定位。在金融市场中，相关的行政主管部门不应以调控者只应以监管者的身份介入市场，因此，其基本职能不在于"调控"使金融市场走势符合政府行政部门的意图，而在于"监管"使各方参与者的行为符合法律法规的要求。其二，完善信息公开披露制度。在运用行政机制调控金融市场的条件下，许多对金融市场走势有重大影响的信息在政府行政部门内部传递，这是造成各方参与者热衷于"打探"内幕信息、引致金融市场运作不规范的一个主要原因。要改变这种状况，保障各方参与者的平等权益，就首先要通过建立信息公开披露制度来实现各方参与者在信息可得性方面的公平，同时，防范一些行政部门继续运用政策信息来组织金融机构"调控"金融市场。其三，维护金融市场的走势。金融市场运行受到诸多因素（包括经济、政治、军事、文化、自然等，其中，经济因素又包括宏观经济、企业状况、技术进步、产业调整、经济周期、资金供求、参与者预期等）的影响，有着自己独特的走势。金融市场走势下落，对某些参与者意味着利益损失，而对另一些参与者则意味着利益增加（或机会增加）；反之，金融市场走势上升，对某些参与者意味着利益增加，而对另一些参与者则意味着利益损失（或机会减少）；即便金融市场长时间处于箱体盘整，也是一种正常的走势。对这些状况，行政主管部门既不必担心着急更不应运用行政机制进行"调控"。一方面，应将金融市场的走势问题交给各方参与者自己去解决，另一方面，应使金融市场真正成为由各方参与者在"三公原则"基础上相互交易、相互竞争所形成的场所。

四 打破中央集权式的金融市场格局

中国境内幅员辽阔，企业众多，且各地具体的经济社会情况差别甚大。20 多年的实践证明，由中央政府部门运用行政机制采取统一标准来建立全国性商品市场，是不能适应各地方商品市场发展需要的，其结果往往是陷入"一统就死、一死就放、一放就乱、一乱就统"的恶性循环之中。市场只能按照市场规则在竞争中发展，如今具有全国性影响或区域性影响的商品市场均非由中央行政部门或区域政府部门有意设立的，而是在经济实践中通过竞争而自然成长起来的。与此相应，运用行政机制来建立中央集权的全国性金融市场也不是一个明智的选择。

首先，从金融市场的结构来看，以证券市场为例，虽然可以利用现代电子技术建立全国集中竞价方式的证交所交易系统，但也还有三个问题需要认真考虑：其一，各地企业情况差别甚大，尤其是相当多中小企业（包括高新技术企业）有着迫切的直接融资需求却又不符合证交所的上市标准。例如，大部分中小企业只需发行 1000 万—5000 万元面值的公司债券，而这种小规模的公司债券在证交所上市是相当困难的，在这种情形下，如果不能有效解决证券交易机制，它们就难以发行证券，不仅会使相关企业的进一步发展面临严重的资金困境，而且将严重制约地方经济的发展。其二，各地投资者在信息把握、投资意向、监督能力等方面差别甚大，虽然通过信息公开披露可以在一定程度上提高异地投资者对证券发行人情况的了解程度，但对众多中小投资者来说，即便不论信息是否虚假，通过媒体间接了解异地证券发行人的程度也往往不如他们通过日常生活途径直接了解本地证券发行人来得具体、深切和可靠，因此，在同类型同品质的证券中，他们更倾向于投资购买本地证券。其三，各地具体的经济资源差别甚大，有的地方矿产资源丰富，有的地方农业高效，有的地方工业基础雄厚，有的地方技术进步明显，有的地方人才济济，如此等等。由于资源差别的存在，各地利用证券市场的方式不尽相同，证券市场也就具有了相应的特色，并通过这些具体特色来吸引各地资金在本地的配置。但在中央集权式证券市场的背景下，这些特色都因地方性或区域性证券市场被取消而随之不存在了。显然，发展地方性或区域性证券市场是中国境内证券市场进一步发展的一个必然选择。

即便在美、英、德等发达国家中，除了一些覆盖全国（和全球）的金融市场外，还存在着众多地方性或区域性金融市场。中国境内的金融市场的发展远远落后于这些国家，而各地经济社会的具体情形又远比它们复杂，这就决定了简单选择中央集权的全国性金融市场结构，是不符合中国境内实际情况的，也是不利于中国境内金融市场健康发展的。

其次，从金融市场的发展来看，在国际社会范围内有着国际金融中心，在一个国家（或地区内）也有着一些覆盖全国（或地区）的金融中心，在这些金融中心中金融市场都占有举足轻重的地位，但是，这些金融市场没有一个是通过行政安排刻意设立的，相反，它们是在市场竞争中通过优胜劣汰而逐步形成的。也许在美国纳斯达克证券交易所（National Association of Securities Dealers Automated Quotation，NASDAQ）刚设立时，谁都无法预计它将收购美国证券交易所，但现今这一过程已经完成。如果没有1989—1991年的股票柜台交易市场的快速发展，迄今也许不会有深圳证券交易所；同样，如果没有1992—1995年间各地期货市场的广泛发展，上海、郑州和大连的期交所也许依然无法设立。无数的历史事实证明，真正的全国性（乃至国际性）金融市场是在许多地方性（或区域性）金融市场的基础上通过竞争机制而逐步形成的。一个值得重视的情形是，通过竞争机制形成的金融市场的运行机制、运作状况和服务质量等都明显不同于通过行政机制安排的金融市场，后一种金融市场在最好的情况下也仅具有金融市场的"形"而不具有金融市场的"魂"。中国境内虽然曾经有过一些地方性金融市场起步的历史，但这些地方性金融市场大多是在地方行政机制安排下形成的，并非真正的金融市场；另外，它们刚刚起步尚未形成竞争就受到中央行政机制的"打压"而消亡了，这意味着中国境内的金融市场运行机制的形成仍需经过一个市场竞争从而优胜劣汰的过程，而地方性（或区域性）金融市场的发展是这一过程展开的基础性条件。

打破中央集权式的金融市场格局，并不意味着需要建立由地方行政部门掌控的金融市场，恰恰相反，它强调应建立脱离于政府行政系统的独立运行的金融市场体系。其主要含义有三点：其一，在各方面条件符合相关法律法规规定的情况下，应依法保护各地经营性法人机构投资设立适合当地具体情况的金融市场组织的行为，维护它们在运作这些金融市场中的权益；其二，各地金融市场组织（不论是公司制还是会员制），都不应限制其他地区的法人机构投资于本地金融市场组织和成为本地金融市场会员，也不应强调"本地为主"的原则，从而，使各地方金融市场从一开始就具有跨地区的性质；其三，维护各地金融市场的独立性，限制以致禁止地方行政部门直接干预（或管制）当地金融市场的行为，鼓励各地方金融市场之间的竞争、合作、联合和并购，推进通过市场机制形成全国性金融市场的进程。

五　改变各类金融市场彼此分割的格局

资金是无边界的，受此性质决定，虽然各类金融市场有着各自特定的交易品种，但它们相互间的价格和走势有着密切的内在联系。当利率呈上升走势时，大量资金进入拆借市场，由此，证券市场的价格就有可能下落；当股票市场价格上扬时，大量资金入市购股，由此，债券市场的价格就可能走低；如此等等。但在中国境内，由于设立哪些金融市场属政府行政部门的权力范畴，这些政府行政部门常常运用行政手段为金融市场划分边界又不重视金融市场体系内在的"网状"机制要求，所以，经审批而设立的金融市场呈现"点状"分布，这些"点状"金融市场彼此分割（或分离）。在这种格局中，本来通过资金流动可引致各类金融市场联动从而形成各类金融市场走势之间网状关联的机制，也因"点状"布局而难以有效形成。在现实过程中，各金融市场的走势基本不相关（当然，这种缺乏关联的状态，也是实行行政管制的一个重要目的）现象的长期存在也就在情理之中了。

从货币市场来看，1996 年设立了全国性拆借市场，这对于集中和规范全国主要金融机构之间的短期资金调剂行为具有积极的意义。但仅靠这一市场来解决短期资金融通问题是远为不够的，在现实经济活动中有三个现象值得特别关注：其一，存贷款金融机构的资金供给与各地企业的资金需求。长期以来，这一资金供求关系，在中国境内基本是通过存贷款金融机构直接向工商企业贷款来解决的，但存贷款金融机构资金严重过剩（到 2002 年 9 月存差资金已达 4 万多亿元）而众多工商企业资金严重短缺的现实说明，仅仅依靠这一渠道已远远不够。其二，企业间的资金调剂。为产业关联所决定，各个企业在业务往来中建立在实物购销基础上的货款借贷每时每刻都在发生，由此必然发生债权债务关系，但这种债权债务关系演化为互相拖欠债务的"三角债"并有着愈演愈烈的趋势则属中国境内特有的现象。虽然"三角债"的成因相当复杂，但从金融市场角度出发，缺乏企业间的短期商业票据市场是一个重要原因。实际上，企业并非都缺乏资金。1996 年以后，利率已连续降低 8 次，1 年期存款利率由 10.98% 下降到 1.96%，而企业存款余额却从 1995 年底的不足 2 万亿元增加到 2002 年 9 月的近 6 万亿元。资金充裕的企业之所以不得不以低廉的利率将资金存入商业银行，一个重要原因可能是缺乏可运用这些资金的金融市场，换言之，如果存在企业间的商业票据市场或短期权益凭证市场，那么，资金短缺的企业可获得经营运作所需的资金，而资金充裕的企业可能获得较高的资金收益。其三，城乡居民资金充裕而集中用于储蓄存款。到 2002 年 9 月，城乡居民储蓄存款余额已达 8.4 万亿元（其中，仅 2002 年前 9 个月就增加了 1.04 万亿元）[①]。在利率连续 8 次降低又开征了利息税以后，居民个人仍然将资金大量存入银行，一个重要原因在于，当今中国境内的货币市场由拆借市场、贴现市场和国债回购市场等构成，这些市场均属机构市场，不属居民个人可进入并从事投资运作的市场。如果存在短期政府债券市场、短期公司债券市场、大额存单市场、商业票据市场等，城乡居民的相当一部分储蓄存款就可能转化为政府财政和企业的可用资金，那么，企业资金的紧缺状况就可能有所缓解，同时，由储蓄存款巨额增加而给商业银行等金融机构带来的风险压力也将减弱。

从证券市场来看，中国境内的证券市场主要由股票市场、国债市场和基金证券市场构成。证券市场中的各种证券之间本来在资金流动、价格走势等方面存在着相互制约的关系。当股价较高从而导致投资风险较大时，相当多的投资者就可能转向公司债券、国债及其他证券的投资；当公司债券、国债及其他证券价格较高从而导致投资收益降低时，相当多的投资者就将转向投资股票。但在中国境内的证券市场中，各种证券之间的资金和价格的相互制约关系基本无法形成。造成了这种状况的直接原因主要有两点：其一，可交易的证券以股票为主。虽然每年发行的国债面值（1998 年以后超过了 5000 亿元）远大于股票面值（100 亿—200 亿元），但居民个人购买的绝大部分国债不会进入交易市场，同时，国债市场又被人为地分为银行间的国债市场与非银行金融机构间的国债市场两个部分，而基金资金集中投资于股票意味着基金证券实际上成为了股票的代名词。这一格局决定了，投资者如果不将资金存入银行就只能集中投资于股票，因此，不论从投资者、监管部门及社会各界的关注状况看还是从证券市场的交投状况看，股票交易实际上都成了证券市场的中心。其二，企业债券市场规模过于狭小（几乎可以忽略不计），无力发挥制约股价的功能。从风险—收益

---

① 中国人民银行货币政策分析小组：《2002 年第三季度货币政策执行报告》，载《中国证券报》2002 年 10 月 25 日。

关系上说，公司债券收益率通常高于国债而风险又小于股票，所以，它具有连接并制衡国债价格和股票价格的功能。例如，当股价过高时，投资者可能将大量资金转投资于公司债券，从而使股价下落；当股价较低时，投资者则可能卖出公司债券，将资金转投资于股票，使股价上升。但到 2001年底，中国境内的企业债券余额不足 900 亿元，进入交易市场的不足 500亿元，每日成交量远低于股票、国债和基金证券，因此，既无法发挥连接国债市场与股票市场的功能，也无法发挥制衡国债、股票、基金证券相互间市场价格的功能。在这种格局中，虽然从形式上看，证券市场的各主要部分（国债市场、企业债券市场、股票市场和基金证券市场）都存在，但实际上这些市场内在的连接互动机制并没有真正形成，从这个意义上说，它们基本上还是彼此分离的。

在现实生活中，各类金融市场彼此分割导致较为严重的后果。对城乡居民和企业（资金供给者）来说，金融投资事实上处于两难选择境地：一方面在存款利率一降再降的背景下，继续将资金投资于存款已无多少收益，因此，存在转投资于证券市场的内在动机；但另一方面，股票市价居高不下，再投资于股市已无多少可预期的收益，同时投资风险极大，又不得不将大量资金存入银行。对商业银行等金融机构来说，资金使用也处于两难选择境地：一方面，在不良贷款数额巨大且前期贷款本息尚未有效收回的条件下，继续大量放贷意味着不良贷款可能有增无减，因此，存在将资金投入国债、公司债券等证券的内在要求；另一方面，大量存差资金急于寻求出路，而在缺乏足够的国债、公司债券的条件下，可投资的证券又集中在股票上，即便不说《商业银行法》禁止它们投资于股票，仅股票市价的高昂就足以使得商业银行望而却步。不难看出，经济运行中存在的资金严重过剩与资金严重短缺相并存的状况，与各类金融市场之间的相互分离状况，是密切相关的。

改变各类金融市场彼此分割的格局，客观上要求解决好三方面的问题：其一，积极推进政府债券（尤其是短期政府债券）市场、公司债券（包括短期公司债券）市场、商业票据市场、大额存单市场等基础性金融市场的设立和发展，以完善金融市场体系。其二，改革运用行政手段划定各类金融市场边界、管制金融市场运行的机制，放宽对进入金融市场的投资者身份的限制，增强货币市场与资本市场之间的联系，推进各类金融市场在资金、价格等方面的联动。其三，放松对金融产品的类型、数量、价格等方面的行政管制，以利于推进各类金融市场之间联动效应的有效形成和新兴金融市场的发育成长。

主要参考文献

［1］李扬：《中国金融改革研究》，江苏人民出版社 1999 年 4 月版。

［2］王国刚：《中国资本市场热点研究》，中国城市出版社 2002 年 5 月版。

［3］［美］雷蒙德·W. 戈德史密斯：《金融结构与金融发展》，上海三联书店 1995 年 4 月版。

（原载《经济理论与经济管理》2003 年第 1 期）

论金融产品的对内开放

在中国金融的进一步发展过程中，对外开放固然重要，实现资本账户的开放也是必然趋势，但是，要真正实现资本账户的开放，首先需要重视并解决对内开放的问题。如果不能有效地实现对内开放，并在这个过程中为资本账户开放创造必要的条件，而是简单或贸然地对外开放资本账户，极有可能导致两种结果：其一，资本账户开放了，但境内在制度、体制、机构、市场等各方面均缺乏应有的准备，面对国际资本的大量流动所引致各种变化，政府部门、企业部门、金融部门和居民部门感到不知所措，其结果，不仅将引致境内的国民资产大量流失，而且将严重影响境内的经济社会稳定和经济的可持续发展，妨碍境内的经济社会安全。其二，由于境内在制度、体制、机构、市场等方面仍然严重贯彻计划机制，对流入的国际资本和流出的境内资本依然采取计划机制予以监管或控制，这样，虽然可能使前一种情形得到比较有效的防范，但资本账户开放只是流于形式，实际上依然处于管制状态。

金融产品是金融市场得以存在和发展的基础，是金融机构经营的基本对象，也是各类企业外源性融资的基本载体。金融产品的状况，不仅直接影响着金融产业、金融机构和金融市场的发展状况，直接影响着金融产业与实体经济部门的协同状况，而且直接影响着经济社会的发展状况和城乡居民家庭财产结构及生活状况。如果说在国民经济中，实体经济部门主要功能在于创造物质财富的话，那么，金融部门的主要功能就在于创造金融产品以适应实体经济部门的要求，从这个意义上说，没有金融产品就没有金融产业。20 世纪 80 年代以后，发达国家中发生的种种金融创新说到底是金融产品的创新，而所谓的体制创新、机构创新、市场创新等，或者是为金融产品创新创造条件的创新，或者是在金融产品创新的推进下作为过程中的结果而发生的。为金融产品在金融体系中所占据的基础性地位所决定，金融的对内开放最终也必须落实到金融产品的对内开放上。

一　金融产品管制的基本情况

中国境内的金融产品是随着金融改革进程的推进而逐步产生、发展的。这意味着，与其他各方面情况一样，它也受到了计划体制的严重影响。政府部门主要通过以下四个环节来实现对金融产品的管制：

第一，管制金融产品的种类。从 20 世纪 70 年代末恢复银行业开始，各家银行所准许经营的金融品种就被限定在了行政主管部门审批的范围内，到 90 年代证券业、保险业兴起之后，各家证券公司、保险公司等金融机构所准许经营的金融产品依然被限制在行政主管部门审批的范围内。虽然在这个过程中，有时也会发生金融机构超出主管部门的限制而推出某种金融新产品的现象，但这种行为一旦被行政主管部门发现就将在规范经营行为、清理"超范围经营"等政策背景下被停止甚至受到处罚。

在中国境内，由于每一种金融产品的推出都必须经过行政主管部门的审批方才合法有效，而行政主管部门审批每一种金融产品的面世又必须有既定的相关法律法规依据，由此，在缺乏对应法律法规的条件下，要进行金融产品创新极为困难。另外，对行政主管部门来说，要为某种金融新产品确立专门的行政法规，不仅需要以相关的实践为依据，而且需要与其他相关行政部门相协调，这样，在缺乏充分实践依据而又难以有效协调相关行政关系的条件下，要出台支持某种金融新产品面世的政策也相当困难。事实上，即便不说金融新产品，就是基础性金融产品的推出，也受到计划机制的种种影响。一个突出的实例是，中国境内有企业债券（国有企业或国有控股企业发行的债券）却没有公司债券，而公司债券是证券市场的基本产品。由于金融产品的推出受到计划机制的严重制约，所以，与境外金融市场相比，中国境内金融市场上的一个突出现象是，金融产品种类相当单调且稀少，难以满足各类资金供给者和金融需求者的复杂需求。

第二，管制金融产品的规模。运用行政机制控制金融产品的数量，是政府行政部门管制金融的一项重要政策。在 1996 年以前，各家银行发放的贷款数量必须被限制在中央银行下达的信贷数额指标范围内，否则，就属违规；1996 年以后，信贷指标制度被取消，商业银行贷款不再受数量控制，但证券业内，股票发行数量、企业债券发行数量、基金证券发行数量等依然通过审批制置于计划机制控制之下；2001 年以后，在股票、企业债券等品种上，往年实行的计划指标制度基本取消了，因此，不再有明确的数额控制（例如，股票发行数额 1993 年为 55 亿元，1995 年为 50 亿元，1996 年为 150 亿元，1997 年为 300 亿元等），但这些证券品种的发行规模通过核准制继续置于计划机制控制之下。

第三，管制金融产品的价格。对于存贷款来说，利率基本由中央银行决定（称为"法定利率"），即便是那些浮动利率贷款，其品种和浮动幅度也受到中央银行的明确限制；对于股票发行来说，虽然各只股票的具体发行价格不尽相同，但中国证监会每隔一段时间就会出台一个发行市盈率的指导意见（如 2002 年为 20 倍市盈率以内），由此，只要明确了每股利润也就限定了每股发行价；对于企业债券发行来说，1993 年 8 月出台的《企业债券管理条例》明确规定，企业债券利率不得超过同期存款利率的 40%，由此限定了企业债券的利率水平。此外，在股票交易市场上，政府监管部门也通过调节新上市的股票数量、出台不同的利好或利空政策及其他措施（如 1996 年 12 月 16 日的《人民日报》评论员文章等）不时地影响着股票交易价格的总体走势。

第四，管制金融产品的交易。在中国境内，哪些金融产品可交易、哪些金融产品不可交易、哪些金融产品只能在哪个市场交易等都主要由政府行政部门安排、批准和调整，由此形成了一些独特的金融产品交易现象。例如，在国债市场被划分为银行间市场和交易所市场以后，凡专门面向金融机构发行的国债均可以在银行间市场交易，凡通过交易所电子系统发行的国债均可以在交易所市场交易，而面向广大城乡居民发行的记账式国债、凭证式国债等既不能在银行间市场交易也不能在交易所市场交易；又如，在上市公司股份被分为可流通股和不可流通股以后，可流通股可以在交易所市场上市交易，而不可流通股除协议转让外不能以任何方式进入交易市场。

所谓开放金融产品，其主要含义有四点：一是放松对金融产品品种的管制，推进基础性金融产品的完善和金融新产品的创造；二是取消对金融产品数量的管制，改变金融产品卖方市场格局，通过推进金融产品的数量竞争来推进金融机构的市场竞争；三是放松对金融产品价格的管制，推进金融产品价格的市场化，并通过金融产品的价格竞争来推进金融机构的市场竞争；四是取消对金融产品交易的管制，建立比较宽松的金融产品交易机制和政策环境，推进各种金融产品之间替代功能、互补功能和组合功能的提高。

二 放松对金融产品品种的管制

金融产品建立在实体经济活动中各种权益关系的基础之上，是这些权益关系的有价凭证。一方面，由于实体经济的活动极为复杂，各个企业状况差异甚大，所以，为适应实体经济活动要求而形成的金融品种也是多种多样且多层次的；另一方面，具体的金融品种是由金融机构开发创造的，而金融机构的具体情形又是复杂多样的，因此，各个金融机构根据自身特点所开发的具体金融品种不尽相同，这使得金融品种更加丰富多彩。但在由行政机制界定金融品种的条件下，政府部门不直接介入金融运作，也就很难弄清在实践操作中究竟需要哪些金融产品来满足不同企业的不同方面需要。由此，极容易发生从大类上简单控制金融品种的现象，从而导致金融品种过于单调划一；同时，在由行政机制界定金融品种的条件下，政府部门很容易从其直接控制的方便程度来考虑准许哪些金融品种进入市场，由此，使本来就比较单调划一的金融品种变得更加有限。放松对金融产品品种的管制，需要切实解决好如下几个问题：

第一，改变运用行政机制控制金融品种的行为习惯，取消金融品种的审批制。长期以来，在中国境内，每种金融产品的推出都必须经过行政主管部门审批，由此引致了三种情形的发生：一是每个金融品种从提出到出台需要经过漫长的行政审批程序，耗时长费用高，难以适应实体经济和金融市场的变化，从而严重制约着金融部门的服务质量和运作效率的提高；二是在审批过程中，有关行政部门倾向于从宏观经济角度考虑金融品种，而众多金融品种常常仅仅具有微观意义，由此，一系列对具体金融机构的经营运作具有重要意义的金融品种，仅仅由于行政主管部门认为不具有宏观意义而被长期搁置，相当多的金融机构也因屡屡遇到这种搁置而对开发金融新产品失去积极性，从而使开发金融新产品的工作举步维艰；三是由于在行政主管部门审批中贯彻一视同仁的政策，经行政审批后，同类各金融机构所经营的金融品种几乎完全一样，由此，严重限制了这些金融机构通过特色经营所展开的业务竞争。要改变这些状况，就要取消金融品种的审批制，实行金融品种的登记备案制度，鼓励金融机构根据金融市场的需求状况依法开发金融新产品和金融新服务，以使金融产品更加丰富，实现多元化。

第二，重视基础性金融品种的建设。在中国境内，且不说金融产品创新，就是在发达国家已有一二百年历史的基础性金融品种也由于各方面原因而严重缺乏，其中包括个人支票、商业票据、公司债券，等等。这些基础性金融品种的缺乏固然与现实生活中的条件不完善有关，但更重要的是，在管制条件下，行政主管部门贯彻着"求稳怕乱"的原则，将主要精力放在"管住"上，很少考虑如何经过一段时间的努力推进相关条件的成熟，由此，不仅会给金融机构的经营运作带来困难，而且也会对居民个人和工商企业的经济活动的开展造成障碍。

以个人支票为例，随着国债、股票、基金证券等证券市场的发展，随着个人购买住宅、汽车及其他耐用消费品现象的大量发生，居民个人的巨额资金在不同银行间的转移现象也越来越多。在这种情形下，没有个人支票，居民个人就只能从银行（储蓄所）中提取巨额资金，然后再将这些资金交给证券或商品的出售者，最后，再由证券或商品的出售者将这些资金存入银行。在这个过程中，一笔巨额资金至少要经过三次的点钞，居民个人和相关机构都需要耗费大量时间和成本，同时，对于居民个人来说，随身携带巨额资金也存在着诸多风险。如果有个人支票，这一过程将会简单许多，既可节约点钞时间和成本，也可防范风险。毫无疑问，在中国境内，要发展个人支票，需要一系列条件相配合，但这些条件不是不可形成和完善的，更不用说，有关个人支票的各方面条件（包括技术）在发达国家中已相当成熟，可直接借鉴。一些主管部门认为，可以用信用卡来替代个人支票，既然中国境内已发展了信用卡，就可不再发展个人支票。实际上，信用卡和个人支票，虽然有着一定程度的可替代性，但对不同的居民个人来说，二者的功用和方便程度都是有区别的。例如，在需要购买大额商品（如住宅、汽车等）的场合，使用个人支票只需支票所有人开票，而使用信用卡则不仅需要有银行网点，而且还会受到网点内办理手续的客户数量、网点服务时间等各方面条件的制约。

所谓重视基础性金融品种的建设，就是不简单追随发达国家20世纪80年代以后金融产品创新的浪潮。在目前条件下，不急于大规模地发展各种金融衍生产品，而是将主要注意力集中在如何有效发展基础性金融品种方面，着力解决发展基础性金融品种中所存在的各种问题，以使金融机构提供的金融服务有一个坚实的金融品种基础。

第三，积极推进金融新产品的创造。金融产品创新大致可分为两大类：一是通过对基础性金融产品的某些权益进行组合而形成新的金融品种，或在基础性金融产品之上通过增加其他权益而形成新的金融品种，或将基础性金融产品已有权益进行分解而形成新的金融品种。例如，通过将活期存款的某些权益与股票的某些权益相组合而形成开放式基金证券，通过在公司债券的基础上增加股票的某些权益而形成可转换公司债，通过将优先购买股票的权益分离出来而形成认股权证。二是在金融产品交易中通过将某些权益和时间进行组合或分离而形成新的交易品种，如远期交割、掉期、互换、期货、期权等。20世纪80年代以后，发达国家的金融产品创新主要是后一大类，但在目前中国境内条件下，需要着力推进的是前一大类的金融产品创新。一个内在的机理是，在金融品种尚相当有限从而资金供给者、资金需求者及金融市场的其他参与者都还缺乏足够选择范围的条件下，简单推出远期交割、掉期、互换、期货、期权等金融衍生产品，极容易导致金融市场的异常交易和异常走势，不利于金融市场的基本建设，同时，对金融市场各方参与者来说，目前最需要增加的不是金融产品的交易方式，而是可供交易的金融品种。

积极推进金融新产品创造的内在含义是，取消对金融新产品的审批制，准许金融机构根据金融市场的需求变化自主地开发和推出金融新产品，以推进金融机构的市场竞争和服务质量的提高。

第四，将政府部门的行政重心从管制转移到监管上来。对金融品种实行管制的一个重要原因是，相关政府部门总是担心，一旦将创造金融品种的权力交给金融机构，就可能在金融市场竞争的背景下出现金融机构无序开发金融品种而引致金融风险增大甚至造成金融市场失控的现象，从而，影响正常的经济社会秩序。这种担心与80年代工商企业改革中遇到的情形基本相似。当时，一些政府主管部门认为，如果对工商企业的产品创造放弃计划控制，工商企业就可能在追逐利润的背景下发生降低产品质量、提高产品价格等行为，从而严重影响经济社会的正常生活秩序。但20多年改革的实践结果显示，不仅各类工业产品的质量没有降低、价格没有持续呈上升走势，而且产品的花色品种已大大丰富。事实上，在各金融机构实行公司制的条件下，每个金融机构都将从自身财务关系的权衡上来考虑金融业务的发展，在开拓基础性金融产品和创造金融新产品的过程中，他们分析研究的各种变量和风险—收益关系比行政主管部门要深入得多、具体得多，因而，也切实可行得多。面对中国境内已发生资金明显过剩和资金严重短缺并存、金融品种严重不足和金融机构机能未有效发挥并存、金融品种管制未能有效消解金融风险而金融市场又因缺乏充分的金融品种难以活跃等现象，政府主管部门继续实行金融品种的管制制度，既缺乏解决这一系列问题的效能也缺乏金融实践的内在需要，鉴于此，可选择的路径是，将行政重心从管制转变为监管。

所谓监管，指的是政府主管部门通过监督和管理金融活动而依法对有关金融机构的违法违规行为进行查处和纠正。监管与管制的一个重要区别是："管制"以假设各个金融机构、各种金融行为都是"有嫌疑"的为前提，由此，通过审批制筛选出"好人"，给予从事某项金融业务的资格；而"监管"以设定各个金融机构、各种金融行为都是"合法正当"的为前提，它们都具有法律法规所赋予的权利和资格，在此基础上，监管部门通过监管管理活动发现哪些金融机构或金融行为违反了相关法律法规要求，从而，予以制止和处分。显然，"管制"面对的是全部金融机构和金融行为，"监管"只针对违法违规现象。实践证明，"管制"不能提高金融产品的质量反而遏制了金融品种的多元化，"监管"不仅有利于通过金融竞争提高金融产品的质量而且有利于推进金融品种的多元化，因此，取消"管制"，完善"监管"是深化金融改革、推进金融发展的必然之路。

三　取消对金融产品数量的管制

每种金融产品均有其特定的功能，这些功能的发挥状况在很大程度上受制于这种金融产品数量的多少。在数量能够满足市场需求的条件下，这种金融产品的功能将得到有效发挥，否则，就将大打折扣，甚至可能引致一些异常现象发生。由于金融产品的数量状况，不仅直接制约着相关金融机构的经营规模和对应竞争态势，直接决定着金融市场的供求格局和价格走势，而且直接制约着金融部门服务于实体经济部门的程度，控制住数量也就控制住了金融产品的能量，所以，长期以来，对每种金融产品的数量进行管制就成为了行政管制的重要内容（这与运用计划机制管住每个工商企业的生产数量大致相同）。1996 年以后，随着信贷指标取消，这种数量管制在商业银行表内业务中明显弱化，但在公司债券①、股票等证券品种中依然严重存在。2001 年以前，企业债券和股票基本按年度计划指标进行发行，此后，虽计划指标被取消了，但每次、每年可发行的数量依然在行政主管部门的直接控制之下（虽然行政主管部门在年初也未必确切知道当年将发行的实际数量）。

对金融产品的数量进行管制会产生一系列负面效应。以公司债券为例，在中国境内，为了控制企业融资行为、防范由发行人到期难以兑付本息所引致的公司债券风险，90 年代中期以后，对申请发行公司债券就实行了由中央主管部门统一审批的政策。到 2001 年底，公司债券（不包括金融债券）的余额仅有 879 亿元，远低于 19000 亿元的国债余额和 14000 亿元的可流通股市值。2002 年，经审批的公司债券发行数量明显增加，但也仅有400 多亿元。与此形成鲜明对比的是，2001 年底，美国由联邦政府债券、市政债券和国库券等构成的政府债券为 6.5 万亿美元，而由抵押贷款债券、公司债券、资产证券化债券和公司短期融资证券等构成的公司债券多达11.2 万亿美元，后者远多于前者。中国境内公司债券数量稀少，使得公司

---

①　中国境内实际上没有公司债券，只有企业债券，而企业债券与公司债券之间有着一系列重要区别，但为了分析的方便，在此我们暂不作区分。

债券的功能无法有效发挥，从而引致了一系列问题的发生，主要表现为以下五个方面：

其一，限制了利率的市场化进程。利率市场化主要是指存款利率和贷款利率的市场化。资金供给者在金融产品上具有充分的选择能力是实现利率市场化的基础性条件，换言之，在可选择的金融产品数量严重不足的条件下，资金供给者实际上缺乏充分的选择能力，由此，利率市场化程度必然受到限制。2002 年 2 月，在第 8 次降息之后，一方面，银行吸收的存款快速增加，1—9 月，城乡居民储蓄存款累计增加了 10461 亿元，同比多增 3512 亿元；企业存款累计增加 6402 亿元，同比多增 1710 亿元①。另一方面，商业银行的存差继续扩大，从 2001 年底的 3.1 万亿元增加到 4 万亿元。降息本来意味着存款利益的减少和贷款利益的增加，因此，具有抑制存款增加和抑制存差增加的功能，但这些情形在现实中并没有明显表现。其中的一个重要原因在于，在公司债券数量严重稀缺的条件下，公司债券难以成为存贷款的替代产品而进入资金供给者的选择范围，因此，对他们来说，暂时闲置的资金不用于存贷款别无出路。如果金融市场中有着数量充裕的公司债券（其利率一般高于存款利率），相当一些城乡居民和企业就可能将资金用于购买公司债券，商业银行也会将一部分资金用于购买公司债券（虽然利率可能低于贷款利率但流动性高于贷款），由此，公司债券就成为推进存贷款利率市场化的重要机制。在有着大量闲置资金而又缺乏公司债券（或其他金融产品）的条件下，资金供给者实际上处于无选择状态，由此，存贷款利率的市场化将较难实现。

其二，制约了商业银行存款结构的调整。2002 年 9 月底，城乡居民储蓄存款余额已达 8.4 万亿元，占商业银行存款余额的 50% 以上，这种存款结构对商业银行来说，一方面意味着吸收存款的成本过高。全国 3 万多个储蓄网点的主要任务是吸收居民存款，其成本（包括吸储、保管、兑付等）占商业银行经营成本的比重相当高。另一方面意味着商业银行面临严重的"挤兑提款"风险。在反省 1988 年 5 月的挤兑提款事件中，人们将居民的巨额存款称为"笼中虎"，而如今的居民存款数额已高于 1988 年 10 多倍。

---

① 《货币信贷总量增速加快》，载《中国证券报》2002 年 10 月 16 日。

虽然 90 年代以来没有再发生居民集中挤兑提款的现象，但并不证明已不存在此种风险。如果有着大量的公司债券可供居民选择，城乡居民的相当一部分存款资金转化为购买公司债券的资金，那么，这些资金就可通过公司债券发行人集中存入商业银行，使银行存款结构中的企业存款比重上升而居民存款比重降低，不仅有利于缓解前述两方面的问题，而且有利于提高相关企业在银行的信用能力。

其三，妨碍了证券价格制衡机制的发挥。在政府债券、公司债券和股票这三种基本证券中，公司债券的收益—风险一般处于中间状态，有着制衡政府债券价格和股票价格的功能。中国股市价格长期处于高位运行，每股市价的回报率远低于银行存款利率，而公司债券利率一般高于银行存款利率，在这种条件下，如果有着数量充裕的公司债券，就将使相当一部分股市资金转投资于公司债券，从而，在一定程度上抑制股价高位运行状态。但在数量严重匮乏的条件下，公司债券的这种价格制衡机制几乎无法正常发挥。

其四，影响了证券投资基金的发展。组合投资是证券投资基金运作的基本方略。在国债利率低下而股票市价过高的条件下，缺乏数量充裕的公司债券，基金管理人要实现有效的投资组合是极为困难的。多年来，中国境内的基金投资组合几乎集中于股票组合，使得基金运作业绩明显随股市走势而大幅变动，难以充分体现出专业理财的优势。2001 年 10 月以后，开放式基金发行屡屡难以完成预期数量也与此直接相关。如果有着数量充裕的公司债券（其利率一般高于国债），则基金管理人可以将公司债券列入投资组合的重要工具，在股价下落时可通过公司债券市价上升来获得投资收益，在股价上扬时可通过出售公司债券转投资于股票来增加投资收益。由此，不仅投资组合的运作空间将明显扩大，而且投资收益也比单纯投资于股市要稳定得多。这样，证券投资基金对广大资金供给者的吸引力就将大大增强。

其五，束缚了金融产品创新。公司债券作为证券市场中数额最大的证券品种，又有着连接货币市场与资本市场的功能，是金融产品创新的重要基础。在国际金融市场中，不论是工具性金融新产品还是交易性金融衍生产品，以公司债券为基础的金融新产品都大大多于以股票为基础的金融新产品。但在中国境内，公司债券市场受数量稀缺所束缚难以正常展开其运行态势，也就难以为以此为基础的各种金融产品创新提供基本条件，因此，近年来，各方人士对证券产品创新的研讨基本局限于股票方面〔如股指期货、中国存托凭证（Chinese Depository Receipt，CDR）等〕。

如果将眼界扩展到经济和金融信用体系的建设，扩展到金融产业与实体经济部门的联动关系，扩展到国民经济运行中的资金配置和资产结构调整，扩展到金融市场的对外开放等方面，则可以进一步发现公司债券数量管制所引致的其他一系列负面效应。

取消对金融产品的数量管制，一方面，要求政府主管部门取消对每只证券发行规模实行的审批制或核准制，实行登记备案制，将主要精力从对每只证券的发行文件进行审查转移到对证券市场中的违法违规行为进行监管上来；另一方面，准许各个企业与金融机构根据具体经济态势和金融市场走势，自主选择发行（承销）证券的规模，推进证券市场各品种在数量上的供求平衡和各种证券之间的制衡机制形成。

四　放松对金融产品价格的管制

商品价格是商品市场发挥其功能的基本机制，与此对应，金融产品的价格也是金融市场发挥其配置（或再配置）金融资源功能的基本机制。金融产品价格管制的实质性含义是，金融资源由政府部门运用行政机制予以配置，由此，金融资源配置在一定程度上（甚至在相当大的程度上）偏离效率原则和为实体经济服务的原则就成为不可避免的现象。多年来，金融效率低下、金融改革落后于企业改革等现象的发生均与金融产品的管制直接相关。对金融产品价格的管制，既包括对金融产品的直接定价，如法定利率，也包括对金融服务价格的管制，如规定证券承销费。这些价格的管制，严重限制了金融产品价格机制的充分发挥，由此引致了三类负面影响的发生：

第一，金融产品价格的调节功能严重减弱。突出表现在三个方面：一是由于各类利率长期由中央银行决定，各类金融机构不得突破中央银行的规定自行决定利率，由此，不论是资金供给者还是资金需求者，对利率变动都缺乏市场的敏感反应。1996 年 5 月以后，存贷款利率连续 8 次下调，其中，1 年期存款利率从 10.98% 降低到 1.96%，1 年期贷款利率从 12% 左右降低到 5.31%，但城乡居民储蓄存款余额不仅没有减少反而快速增加，商业银行的各年贷款余额的增长幅度也没有明显提高，这意味着利率调节资金价格的功能在相当大程度上未能有效发挥。二是受利率不得超过存款利率 40% 的规定限制，各个企业发行的公司债券在利率上趋同。正常营运且有着较高效益的企业（如国家电力总公司、中国电信、中石油等）与正处于建设期内的企业（如三峡工程）发行的债券在利率上基本一样，这意味着公司债券利率市场化程度相当低。三是在政策"调控"影响下，盈利水平相差甚大、公司品质不尽相同的各类股票在市价上的差异并不明显，甚至屡屡发生一旦上市公司严重亏损从而股票被划入"ST""PT"行列，股价就大幅上涨的现象，这意味着上市公司股价的市场化程度依然有待提高。

第二，各类金融产品价格之间的相关度太低。公司债券利率的变动因公司债券规模太小而无力影响股价，但存贷款利率的降低对股价变动的影响也极为有限。虽然一些人用利率降低来解释 1996 年至 1997 年 5 月期间的股价高涨，但这无法解释 1997 年 10 月至 1998 年 12 月连续 4 次降息而股市却呈下落走势的现象。各类金融产品价格之间的相关程度太低，不仅意味着这些金融产品之间缺乏基本的替代效应，而且意味着各类金融产品的市场并未有效形成一个有着内在有机关联的金融市场。

第三，金融机构之间的价格竞争难以有效展开。价格竞争是市场竞争的一种基本方式，服务质量竞争在很大程度上以价格竞争为前提条件。在金融产品价格管制的条件下，金融机构之间的价格竞争受到严重制约，服务质量的有效改善也缺乏足够的客观压力。在实行法定利率的条件下，各家质量不同的商业银行在服务价格上是无差别的，这意味着通过增加服务项目（如在提供贷款时帮助相关企业理财或提供财务顾问方面的服务）所增加的经营成本极难通过利率变动（或服务加价）获得补偿，而不提供这些服务项目也不会引致利益损失，由此，在缺乏价格竞争的基础上，商业银行要有效地提高服务质量是相当困难的。多年来，中小企业贷款难的一个重要原因就在于，对商业银行来说，为这些企业办理贷款的成本与大型企业相比差别不大，但大型企业申请的贷款额较大，每笔贷款的经营成本较低，中小企业申请的贷款数额较小，每笔贷款的经营成本较高，鉴于此，一些商业银行设置种种障碍限制受理中小企业的贷款申请以降低经营成本。在由主管部门直接限定证券承销费的条件下，证券经营机构在承销证券中提供新的服务项目不能增加收入，不提供这些服务也没有利益损失，因此，在缺乏服务价格竞争的基础上，证券经营机构要提高服务质量面临着严重的财务限制。10 多年来，在证券业中一个突出的现象是，担任上市公司配股、增发新股主承销商的证券公司绝大多数不是这家上市公司首次发行股票的主承销商，这意味着相当多证券公司向其客户提供服务缺乏基本的连续性。在由主管部门直接限定证券交易佣金的条件下，证券经营机构要为不同的投资者提供差别服务也将遇到财务困难。

近年来，随着金融市场的发展，金融机构之间的市场竞争也在增强，但受价格管制及其他方面因素的限制，金融机构之间的有效竞争格局尚未真正形成。一个典型的现象是，虽有一些金融机构因违法违规而被关闭，但没有 1 家金融机构是在竞争中被淘汰的，而"有效竞争"的基本含义则是"优胜劣汰"。

在中国境内，金融产品的价格管制大致存在三种情形：一是运用相关法律法规赋予的权利进行价格管制，如存贷款利率、公司债券利率等；二是有关主管部门以法定利率为基本依据直接决定价格，如国债利率、贴现率等；三是通过"劝说""指导"或"政策调控"等手段影响价格，如拆借市场利率、股市价格等。放松对金融产品的价格管制，就是从这三方面入手，弱化政府主管部门在制定或形成金融产品价格中的直接行政干预，提高市场机制决定价格的程度，使金融产品价格真正成为引导各方参与者预期和行为的基本信息，并通过价格竞争来推进金融机构之间的经营竞争和服务竞争，实现优胜劣汰。

五 取消对金融产品交易的管制

交易是金融产品存在和发展的基础性条件。对金融产品发行人来说，金融产品能否交易以及交易的自由程度直接影响着金融产品的发售规模、发售的连续性和发售价格等问题；对投资者来说，金融产品能否交易以及交易的自由程度直接影响着资金的流动性状况、投资收回、价格变动及其预期等诸多问题；对金融市场来说，金融产品能否交易以及交易的自由程度直接关系着市场机制的发挥状况、市场规模的展开状况和市场发展的前景，因此，金融产品的交易市场至关重要。也正是因为交易市场对各方参与者和金融市场发展本身具有特殊的重要性，所以，它也成为行政管制的一个重要方面。

金融产品交易的管制主要表现在四个方面：一是对金融产品可交易性的管制，即哪些金融产品可进入交易市场，哪些金融产品不准进入交易市场，由行政主管部门决定；二是对金融交易市场的管制，即设立哪些金融交易市场直接由行政主管部门决定，凡未经主管部门批准设立的金融交易市场均为非法市场，将予以禁止或取缔；三是对金融产品的交易方式予以管制，即金融产品的交易方式由主管部门直接决定，超出这一范畴就属违法违规；四是对金融产品的交易走势予以直接干预。

对金融产品交易的管制引致了一系列问题的发生：

第一，造成了同一金融产品在权益上的不平等。在中国境内，同一金融产品被人为地分割成可交易和不可交易两大类的现象屡屡发生。例如，面向居民发售的凭证式国债、记账式国债属不可交易的国债，面向金融机构发售的国债或网上发售的国债属可交易国债；面向居民发售的公司债券属不可交易的债券，通过网上发售或面向机构投资者发售的公司债券属可交易公司债券；面向社会公众发售的股票属可交易股，由发起人等持有的国有股、法人股、外资股属不可交易股。在所有这些场合中，各种可交易的金融品种与不可交易的金融品种就名义而言权益是平等的，但就事实而言，权益是不平等的，由此，不仅引致了不可交易证券与可交易证券在价格上的明显差距，而且引致了证券交易市场在价格、成交量和走势等方面的异常（2001 年 6 月，在国有股减持的背景下股市暴跌就是一个有力的证明）。

这种同一金融产品被划分为可交易与不可交易两大类的情形，不仅使得金融交易市场的运行机制难以有效发挥，市场参与者的行为难以规范和成熟，而且引致了一系列不规范现象的发生。近年来，A 股市场中发生的种种不规范现象甚至违法违规行为均与同一股票被分割成流通股与不流通股有着直接或间接的内在联系。

第二，限制了金融交易市场的有效形成。金融产品交易是金融市场得以形成和发展的基础性条件。金融交易市场按存在形态可分为有形市场和无形市场，按金融产品可分为拆借市场、贴现市场、外汇市场、证券市场等，按市场层次可分为交易所市场、场外市场和私人（或私下）市场等。根据交易各方的要求不同，同一金融产品可选择不同的市场进行交易。在发达国家中，在交易所上市的股票，既可以在交易所内交易，也可以在交易所外交易（由此形成了三级市场），还可以私下交易；在国际金融市场中，在一地交易所上市的股票可以申请在另一地交易所或场外市场挂牌交易，如中国的 H 股可通过 CDR 方式在美国证券交易市场进行股票交易。因此，金融产品交易本来是一个相当灵活由交易各方自主并自由选择的行为。但在政府部门管制的条件下，金融产品交易只有经行政批准才能展开，由此，在金融产品是否可交易成为一种行政特许权利背景下，金融市场的形成和发展也将受到严重限制。在中国境内三种情形是相当突出的：一是只存在有形市场不存在无形市场，主要原因是，对政府部门来说，有形市场便于直接掌控，而无形市场难以"抓住"；二是只存在中央部门集中控制的一个层次金融市场，不存在多层次金融市场，主要原因是，对中央部门来说，多层次金融市场不便于掌控；三是各类金融市场的内在关联度相当低，主要原因是，对分管部门来说，金融市场内在关联程度越高就越难以独家掌控。综观这三种情形可以看到，中国境内的金融交易市场基本上是一种单层次彼此分离的有形市场格局。

第三，限制了金融交易方式的多元化。为交易各方当事人的具体情况和具体目的不同所决定，金融产品的交易方式本来是多种多样的。从买卖方式来看，既可直接买卖也可委托买卖，既可限价委托买卖、随市委托买卖也可全权委托买卖，既可现货交易也可信用交易还可期货交易，既可做多也可做空，如此等等；从交割方式来看，既可当日交割、次日交割也可例行交割还可远期交割、掉期交割，不一而足。但在金融产品交易管制的条件下，为了便于政府部门对交易的控制，丰富灵活的交易方式变得单调划一。10 多年来，在中国境内的金融市场上，除会员单位可以直接买卖外，买卖方式基本限制在现货交易的限价委托和随市委托范围内；除拆借市场和外汇市场实行当日交割外，交割方式基本限制在次日交割范围内（虽然有过短期的当日交割，但也有过短期的再次日交割）。这种交易方式的单调划一不仅严重限制了市场各方参与者的选择权和金融交易市场的活跃程度，严重限制了金融产品的发行、金融产品创新和金融交易市场的有效发展，而且严重制约了金融市场服务于实体经济的功能提高和金融市场国际化的步速。

第四，干扰了金融交易市场的正常走势。受各种因素影响，每种金融产品的交易波动和走势有着自己内在的规律。债权债务类金融产品、股权类金融产品和汇率类金融产品在交易中的价格波动、交易量变化、指数走势等大相径庭；甚至同一只股票因上市公司的特殊性及受其他特殊因素的影响，在不同时间也有着不同的价格走势和交易量变化。但在对金融产品交易实行管制的条件下，有关政府部门总希望将金融产品的交易状况限制在自己可控范围内，由此，选择种种措施直接干预金融产品的交易量、价格走势，不仅严重打乱了投资者的市场预期和根据这种预期做出的投资选择，为一些机构通过内幕信息来谋取巨额投资收益提供了机会，而且使金融交易市场运行长期难以进入规范化轨道，金融机构之间的交易市场竞争难以正常展开。一个典型现象是：涨跌停板规则，在各国（各地区）股票市场中是作为一种临时性应急措施在短时间内采用的，但在中国境内却作为一种常态条件下的交易规则（自 1996 年底使用至今）。此外，政府部门出台政策抬市或打市、组织证券经营机构抬市之类的现象不胜枚举。

取消对金融产品交易的管制，主要表现在四个方面：一是放松并逐步取消对金融产品可交易性的管制，将金融产品可进入交易市场的选择权交给市场各方参与者和交易市场的组织管理者，行政主管部门将主要精力集中到有法监管上来，对那些不符合有关法律法规或市场规则的交易行为进行查处。二是放松并逐步取消对金融交易市场的管制，将金融交易市场的形成和设立交给金融产品交易活动去解决，只要有利于金融产品流通而又不损害他人（包括对方和第三者）权益的公平交易行为就不应运用行政手段予以干预、禁止甚至取缔，由此，既可推进有形交易市场的设立和发展，又可推进无形交易市场的形成和发展，为形成多层次多元化有着内在有机关联的金融产品交易市场系统创造基础性条件。三是放松并逐步取消对金融产品交易方式的管制，将具体交易方式的选择权交给从事具体交易活动的各方参与者和交易市场组织管理者，并积极推进服务于金融产品交易的专业性中介机构的形成和发展，以防范金融产品交易的风险、提高交易的选择性和活跃程度。四是取消对金融产品的交易走势的直接行政干预，建立既宽松又规范的金融产品交易机制和政策环境，增强各方参与者的市场预期能力和投资选择能力，通过投资资金在各个金融市场之间的自由流动，推进各种金融产品之间替代功能、互补功能和组合功能的提高。

（原载《财贸经济》2003 年第 2 期）

中国银行体系中资金过剩的
界定和成因分析
——一论资金流动性过剩

　　1995 年以后，在中国经济运行的过程中，银行体系内的资金相对过剩现象引起了人们的关注。10 多年过去了，这一现象非但没有得到缓解而且呈现日益加重的趋势。2006 年下半年以后，"流动性过剩"成为一个被普遍使用的概念，一些人将中国经济运行过程中出现的物价上升、股价上涨、房价上行乃至信贷、投资和经济增长偏快等现象主要归因于流动性过剩，似乎流动性过剩成了"万恶之源"。但是，在中国经济运行中何谓流动性过剩、如何度量、主要成因是什么、有何政策效应、可选择的解决方案有哪些等一系列相关问题上，却一直未能达成基本的共识。为此，有必要就这些问题展开更加深入的探讨。但鉴于这一论题涉及的问题较多，不是一篇文章中所能讲清的，所以，笔者拟分几篇文章分别予以探讨。

一　资金相对过剩的界定和度量

　　流动性是货币金融活动中的一个基本范畴。不论从理论上看还是从实务上看，"流动性"一词大致有三个层面的含义：一是货币和货币资产，如凯恩斯（1930）的"流动性偏好"理论；二是资产的变现难易程度和变现能力，如商业银行经营中的流动性分析、上市公司的流动比率分析等；三是市场的资金充裕程度。在通常条件下，对"流动性"的数量分析集中于"多"和"少"，由此，有了"流动性充裕""流动性紧缺"等表述。但是，"流动性过剩"的实质问题不仅在于"流动性"含义，更重要的是"过剩"。其内在机理是，在经济运行中"过剩"现象带有比较明显的贬义，意指"缺乏用途""效率降低""资源浪费"等，因此，研讨"流动性过剩"中的核心问题在于"过剩"（包括"过剩"的界定、成因、效应和对策等），而不在于单纯地界定什么是"流动性"。

要缓解流动性过剩，就需要弄清楚"流动性过剩"中的"流动性"是何含义并如何度量，由此引致了对"流动性"的界定和度量问题。具有代表性的观点（夏斌等，2007[①]；唐双宁，2007[②]）主要认为：流动性过剩是指货币当局货币发行过多、货币供应量的持续走高，从而，引致银行存贷差的持续扩大，社会可用资金的大量过剩；因此，可用 M_2（广义货币）或 M_1（狭义货币）的增长率与 GDP 增长率的幅差计算出流动性过剩的数量，或者用存贷款金融机构的存差资金数量计算出流动性过剩的数量。这一认识值得商讨。

第一，用 M_2（广义货币）或 M_1（狭义货币）增长率与 GDP 增长率的幅差很难直接度量流动性过剩的数量和走势。强调以货币供应增长率与 GDP 增长率的幅差来计算流动性过剩的内在根据是：假定 GDP 增长率为 8%，在货币流通速度不变的条件下，货币供应量也应增长 8%；如果 M_2 增长率为 15%，则多出来 7 个百分点增长率的货币缺乏用途，因而处于"过剩"状态（前几年，有人将这一现象称为"货币的迷失"）。但是，问题也就由此产生了。

首先，从图 1 中可以看出，在 1988 年以来的中国经济增长过程中，以 M_2 为代表的广义货币增长率始终高于 GDP 增长率，同时，在时间序列中 M_2 增长率与 GDP 增长率的幅差总体上呈现缩小趋势（即从 1995 年之前的 10—20 个百分点缩小到 2000 年以后的 10 个百分点以内）。如果认为 M_2 增长率与 GDP 增长率之间的幅差就是过剩的流动性，那么，不仅流动性过剩现象早在 20 世纪 80 年代就已存在，而且如今状况相比 2000 年以前已大有改善，由此提出了一个基本的逻辑问题，即缓解流动性过剩的论题，为什么不是在这一现象比较严重的 1995 年之前提出，而在这一现象已明显改善的 2006 年之后才提出？

---

① 夏斌、陈道富：《中国流动性报告》，载《证券时报》2007 年 7 月 9 日。

② 唐双宁：《关于解决流动性过剩问题的初步思考》，《经济研究》2007 年第 9 期。

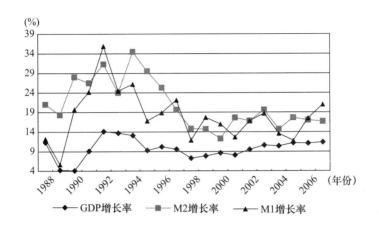

图1　货币增长率与 GDP 增长率走势图

资料来源：《中国统计年鉴》（2006），数据不足部分根据《中国金融年鉴》（1993）计算得出。

其次，M_2 的增长率提高是否意味着 GDP 增长率的提高？在中国的货币统计中，M_0 为流通中的现金，M_0 +（企业）活期存款为 M_1，M_1 + 准货币为 M_2，其中准货币由企业定期存款、城乡居民储蓄存款和其他存款（如财政存款、证券公司的客户保证金等）构成。如果仅仅停留在"货币"概念这一层面，根据图1中 M_2 增长率高于 GDP 增长率的状况可能会推论出，存在着由于货币过多而推进信贷高速增长从而投资过热和经济过热的潜在危险，存在着由于货币过多而引致通货膨胀的危险，如此等等。但是，如果具体地分析 M_2 的结构及其效应，得出的结论就可能截然不同。以2007年底为例，M_2 与 M_1 的差额达到25.09万亿元，其中，城乡居民储蓄存款达到17.25万亿元，占比达68.75%，由此提出一个问题，城乡居民将大量资金存入银行是否直接推动了 GDP 增长率的提高？例如，2005—2007年的3年间，城乡居民储蓄存款余额分别增加了2.15万亿元、2.05万亿元和1.10万亿元，与这些资金用于消费相比，它们是抑制了 GDP 的增长率还是推动了 GDP 增长率的提高？另外，从图1的走势中可以明显看到，20年间 M_2 的增长率有两个明显的走低年份，2000年的增长率从1999年的14.7%下落为12.3%、2004年的增长率从2003年的19.6%下落到14.7%，但同期 GDP 增长率的走势却从1999年的7.9%上升到2000年的8.6%，2003

年的 10.6% 微落于 2004 年的 10.4%。毋庸赘述，M_2 增长率提高并不具有直接推动 GDP 增长的内在效应，也不具有推高物价上行的内在功能。

最后，M_2 或 M_1 是否属于"货币供应量"范畴？从 M_0、M_1 和 M_2 的关系来看，除 M_0 属于央行发行的货币外，M_1 和 M_2 中大于 M_0 的部分不是央行发行的货币，因此，它们不列入央行的资产负债表，也不属于央行的货币供应量范畴。当然，如果这些资金通过存贷款金融机构的贷款等运作进入了经济运行过程，就将具有货币效能，但这同时也意味着，如果它们没有流出存贷款金融机构，则不具有货币效能。企业存款、城乡居民储蓄存款和其他存款流入银行体系却没有流出银行体系，则意味着这些资金沉淀在银行体系，形成了过剩的资金，但这种状况仅仅从存款角度考察货币动向是不能完全确定的，因此，仅仅根据 M_1、M_2 的增幅无法判定资金是否过剩。实际上，对央行来说，M_1 和 M_2 只是货币统计的口径，它们具有监察货币供应可能状况的意义，并不一定就是经济运行过程中的货币供应量。

第二，存差不足以成为度量流动性过剩状况的直接指标。存差是指存贷款金融机构中存款余额大于贷款余额的现象。这一指标既反映了资金流入银行体系的情况也在一定程度上反映了资金流出银行体系的情况，因此，与 M_2（或 M_1）增长率与 GDP 增长率的幅差相比，客观程度较高。从图 2 中可见，在 1995 年之前，中国的存贷款金融机构的存贷款余额一直处于贷差（即贷款余额大于存款余额）状态，此后 13 年来存差数额处于持续扩大的走势状态，到 2007 年底，存差数额已达 12.77 万亿元。如果说在 2000 年之前，"存差"尚且能够在一定程度上反映银行体系中资金相对过剩状况的话，那么，如今这一指标已不再能够用于这一分析了。主要理由有以下几点：

首先，2000 年以后，随着资产结构的调整和资本市场的发展，商业银行等金融机构的资产中"有价证券及投资"类资产大幅增加；同时，随着资本市场进一步发展和"金融脱媒"现象的进一步增加，商业银行等金融机构资产结构中的"有价证券及投资"类资产比重还将继续提高，由此，"存差"现象更加突出。"有价证券及投资"类资产的增加，同样是商业银行等金融机构资金运作的结果，因此，"存差"的存在及数额大小并不能够反映银行体系中资金相对过剩的实际情形。例如，在图 2 中，2007 年 12 月底，商业银行体系中的存差资金高达 12.77 万亿元，但同期这些金融机构中的"有价证券及投资"仅为 6.28 万亿元。

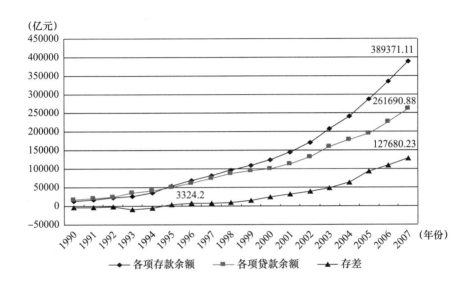

图 2　银行体系存差走势图

资料来源：根据《中国金融统计年鉴》和《中国人民银行统计季报》整理。

其次，在实行法定存款准备金制度的条件下，商业银行等金融机构必须按照法定存款准备金率的规定向央行上存资金，由此，使可用资金减少，必然发生存差现象。例如，2007 年 12 月法定存款准备金率为 14.5%，基于此，商业银行等金融机构纳入广义货币的存款余额 37.29 万亿元，应缴纳的法定存款准备金数额达到 54071.8 亿元。

最后，在存贷款金融机构的正常经营运作中总需要留有一定数量的备付金，以满足存款人的随时提款，这些备付金也以存款方式进入了存贷款金融机构，但在未支付给存款人之前滞留于存贷款金融机构之中，它们并不属于"过剩资金"。从表 1 中可以看到，2007 年 12 月底，这部分资金数额为 2596.35 亿元。

虽然通过上述各项计算和扣除，可以大致得出银行体系中资金过剩的具体数额，但经过这些扣除后的余额已不是"存差"概念所能解释的了。

表 1　　　　　　　其他存款性公司资产负债表（2007 年 9—12 月）　　　　单位：亿元

报表项目	2007 年 9 月	2007 年 10 月	2007 年 11 月	2007 年 12 月
国外资产	19635.63	21672.65	19489.34	19912.16
储备资产	59159.16	60091.84	63097.65	70503.51
准备金存款	56384.93	57717.52	60695.93	67907.16
库存现金	2774.23	2374.32	2401.72	2596.35
对政府债权	26115.79	26909.86	27294.62	29011.18
其中：中央政府	26115.79	26909.86	27294.62	29011.18
央行债券	37859.61	37949.37	37385.16	38633.40
对其他存款性公司债权	56354.35	56215.06	56871.00	56316.51
对其他金融机构债权	12475.54	12748.06	13994.86	12755.1
对非金融机构债权	230884.41	232670.43	234247.65	234912.88
对其他居民部门债权	49544.79	50225.23	50746.66	50747.47
其他资产	29143.45	30294.58	30362.35	28410.74
总资产	521172.73	528777.08	533489.29	541202.95

资料来源：中国人民银行网站。

第三，针对上述观点，刘锡良等（2007）① 提出了一个比较复杂的计算公式，即银行体系过剩的流动性 = 银行持有的流动性 – 法定存款准备金 – 交易性储备需求 – 预防性储备需求 – 正常的投机性储备需求。提出这一公式的意图在于将计算流动性过剩的过程简单化，以利于把握过剩流动性的数额，但结果恰恰相反，它使问题更加复杂了。

首先，银行体系内的流动性是一个非常复杂的现象。它既包括银行体系内的货币资产，也包括银行体系内的各种证券类资产，还包括存贷款金融机构在央行的各种债权，即它大致等于银行体系资产总量减去银行体系的各种固定资产和待摊资产的余额，因此，以"银行持有的流动性"为总量来研讨流动性过剩数额从一开始就陷入了计算银行体系流动性总量的复杂过程中，这不利于便捷地计算从而把握过剩流动性的数额。

其次，"交易性储备需求""预防性储备需求"和"正常的投机性储备

——————————

① 刘锡良等：《商业银行流动性过剩问题的再认识》，《财经科学》2007 年第 2 期。

需求"等概念不论在理论上还是实践中都是很难确切界定从而计算的范畴。例如，对任何一家商业银行来说，其资产中的"货币资产""库存现金""证券类资产"等哪项属于"交易性储备需求"、哪项属于"预防性储备需求"、哪项属于"正常的投机性储备需求"，恐怕没人说得清楚。更不用说什么是"正常的投机性需求"，什么是"非正常的投机性需求"了。通过对这些难以确切界定的概念进行逐项扣减，恐怕很难弄清"银行体系过剩的流动性"是什么。

最后，"银行体系过剩的流动性"实际上是一个含混的命题。在任何时候任何场合，对银行体系来说，恐怕都不存在过剩的证券类资产（如果确实存在过剩的证券类资产，只需要将这些证券卖出转换为货币资产，它就不过剩了），也不存在过剩的库存现金。虽然就极端而言，银行体系中可能存在过剩的固定资产（如闲置的办公楼或其他设备），但它们不属于流动性范畴。因此，对银行体系而言，所谓的过剩流动性，其真实含义应当是过剩的货币资产（即资金）。既然如此，就没有必要将问题引到"交易性储备需求""预防性储备需求""正常的投机性储备需求"乃至"证券类资产"，等等，只需直接指出这种资金过剩的可把握度量的指标即可。

过剩的流动性是指流入银行体系而又没有流出银行体系的资金，由于银行体系的资金主要来源于存款，因此，过剩的流动性必然与存款有着直接关联。从各项存款指标来看，只有"超额存款准备金"能够贴切地反映过剩资金，因此，它是把握和度量过剩资金的主要概念。以超额存款准备金为对象来把握和度量过剩资金的内在机理主要包括以下三个方面：

其一，与超额存款准备金对应的概念是法定存款准备金。对存贷款金融机构来说，向央行缴纳存款准备金并非一种自愿性行为，也非正常的经营活动，因此，央行需要实行强制措施从存贷款金融机构中获得存款准备金，这就是为什么存款准备金之前需要加上"法定"的缘由（"法定"即强制，如果存贷款金融机构不按规定缴纳法定存款准备金，央行就可以"违法"为由对其强制征纳并进行罚款）。目前，中国法定存款准备金的利率为1.89%，1年期存款利率为4.14%，1年期贷款利率为7.29%，这些利率之间的关系直接表明，商业银行等存贷款金融机构并不愿意将吸收的存款以法定存款准备金方式缴纳给央行。在此条件下，向央行缴纳法定存款准备金，直接意味着利率的损失。但是，如果商业银行等存贷款金融机构不仅向央行缴纳了法定存款准备金而且在央行账上还存入了另一笔巨额资金（即超额存款准备金），那么，就可大致判定，这笔资金实际上属于无直接用途的资金，属于过剩的资金。图 3 反映了 2006 年至 2007 年底中国商业银行等存贷款金融机构的超额存款准备金变动状况，从中可以看出，2006 年以后，虽然法定存款准备金率先后提高了 12 次，比率从 7.5% 上升到 14.5%，但到 2007 年 12 月超额存款准备金数额依然高达 1.44 万亿元，超额存款准备金率达到 3.85%。这些资金长期存放在央行账上，并没有真正投入经济运行之中，且属于商业银行等存贷款金融机构非自愿的存款，因此，属于过剩性资金范畴。

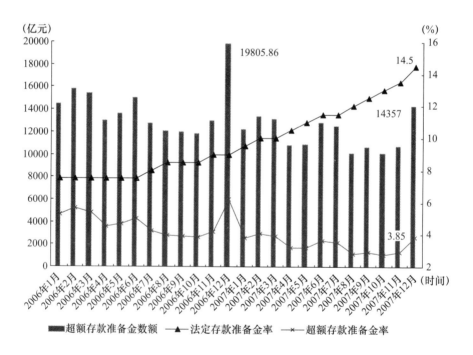

图 3　超额存款准备金走势图

资料来源：根据中国人民银行网站相关数据计算。

其二，超额存款准备金的直接存在形态就是资金，这比较容易把握和度量，以避免陷入上述以"流动性"为对象的理不清和复杂计算之中①。

其三，从后文的分析中可以明显看出，2003 年以后，中国货币政策实践中存在的提高法定存款准备金率、发行央行票据等政策的紧缩效应未能充分显示，是与超额存款准备金的存在密切相关的，由此，抓住了超额存款准备金，也就容易弄清货币政策着力点的"抓手"。

但彭兴韵（2007）对用超额存款准备金来度量过剩资金提出了异议，认为："以商业银行的超额准备金来刻画银行流动性过剩，或者以它来衡量经济体系的总体流动性过剩程度……这种看法就更不准确了。商业银行持有超额准备金，包括持有的库存现金和在中央银行的（法定准备金之外的）存款，是为了应对存款者取款需要和保证清算的正常营运而持有的必要最低收益资产。尽管商业银行的超额准备金需求因各种因素而变化，无论如何，商业银行的最低准备金都不可能达到或接近于零……"②并进一步提出了两个值得深入研究的问题：

其一，商业银行持有的库存现金是否属于超额准备金范畴？为了满足存款人提款或资金汇划的需要，商业银行必须将一部分存款以库存现金的方式保留在账上，这属于正常经营的范畴。但是，这些库存现金并不存入央行，不是商业银行在央行账上的准备金，因此，也不属于超额存款准备金范畴。从表 1 中可见，在除央行之外的"其他存款性公司资产负债表"中，"储备资产"由"准备金存款"和"库存现金"两部分构成，其中，"准备金存款"是商业银行等金融机构在央行的存款，它包括法定存款准备金和超额存款准备金，因此，"库存现金"不是这些金融机构在央行的存款，不属于超额存款准备金范畴。商业银行等金融机构在央行的"准备金存款"数额可能随着贷款及其他用款（如购买证券类资产等）而变化，但只要这些资金还以"准备金存款"方式存放在央行账上，就不构成这些金

---

① 余永定（2007）认为："流动性过剩（excess liquidity）的准确翻译应该是'过剩流动性资产'。其传统上的定义为：商业银行所拥有的超过法定要求的存放于中央银行的准备金和库存现金。从这个定义出发，容易看出所谓'过剩流动性资产'就是商业银行所拥有的超额准备金。商业银行所拥有的超额准备金越多，金融体系中的过剩流动性资产就越多。"引自《理解流动性过剩》，载《国际经济评论》2007 年第 7—8 期。

② 彭兴韵：《流动性、流动性过剩与货币政策》，《经济研究》2007 年第 11 期。

融机构正常经营运作中的资金。

其二，超额存款准备金是否可能等于或小于零？超额存款准备金并非中国特有，在发达国家中，商业银行等存贷款金融机构也需要将一部分资金以超额存款准备金的方式存放在央行账上，这主要是因为"超额准备金作为一个缓冲物帮助存款机构避免其准备金账户中出现持有期准备金不足或隔夜透支，这两种情况都要受到罚款"[①]。由于超额准备金使用效率很低，所以，在美国"大银行投入好多精力管理准备金和存款流量以达到最终不持有超额准备金而又能保持日常业务运转的目的"[②]。这意味着，对这些大银行来说，超额准备金是有可能为零的。超额准备金存在的另一种解释是满足每日资金清算的需要。在美国，"为了实现资金清算，存款机构通常需要持有超额储备，称为'必要清算余额'……大多数情况下，存款机构都不愿意建立这一必要清算余额，因为这要求更加关注准备金管理。必要清算余额不计入总准备金或超额准备金"[③]。由此看来，满足资金清算并非一定是超额准备金的真实用途。

从中国实际情况来看，存差现象是在 1995 年以后发生的，如图 2 所示。在此之前，存贷款金融机构体系中存在的是贷差，贷款余额大于存款余额的资金通过央行再贷款机制解决。在此条件下，存贷款金融机构吸收的存款资金尚难以满足贷款的资金需求，更谈不上有富余资金以超额准备金方式存放在央行账上了，因此，超额存款准备金为零的现象是存在的。既然没有超额准备金，各家存贷款金融机构之间每日资金清算也就不可能通过这一账户展开，那么，它们之间的每日资金清算是通过哪个账户进行的？另外，随着电子技术的应用，各家存贷款金融机构之间的每日资金清算利用电话、电传和电子系统只需在几秒钟之内就能完成头寸资金的汇划，也就没有理由在央行账上存放 1 万多亿元资金以满足资金清算所需了（如图 3 所示）。

在经济运行中，不论是政府部门、企业部门、居民部门还是金融市场都不可能发生流动性过剩的现象，只可能发生流动性充裕或流动性紧缺等现象，

---

① ［美］安·玛丽亚·缪兰德克：《美国货币政策与金融市场》，中译本，中国金融出版社 1995 年版，第 146 页。

② 同上书，第 159 页。

③ 同上书，第 160 页。

或者在实物面上发生某种产品、生产能力等过剩的现象。在中国，始于1995年的流动性过剩实际上是银行体系内的资金相对过剩，它的直接度量指标就是超额存款准备金，因此，从货币政策角度来看，应以超额存款准备金为基本"抓手"来缓解资金相对过剩，以提高这些过剩资金的使用效率。

二　海外资金流入并非资金过剩的真实成因

资金相对过剩的成因是什么？换言之，是什么机制造成了一部分资金处于过剩状态之中？对此，海内外大多数学者和机构都认为，中国经济运行过程中存在的流动性过剩的情况是由国际因素所引致的。具体来看，又分为两种：其一，认为是在全球流动性过剩的背景下，一些国际热钱寻求投资机会，通过各种渠道（合法的和非合法的）流入中国，由此，造成了中国的资金流动性过剩。其二，认为是由于中国多年来的对外贸易顺差，大量外汇流入国内。由于这些外汇在国内不可投入使用，需要从央行兑换人民币资金，由此，促使央行在增加外汇储备的同时投放了过多的人民币资金，造成资金流动性过剩。这两种看法的共同点在于，它们都认为中国经济运行过程中的资金流动性过剩是由外生变量引致的。果真如此吗？答案是否定的。

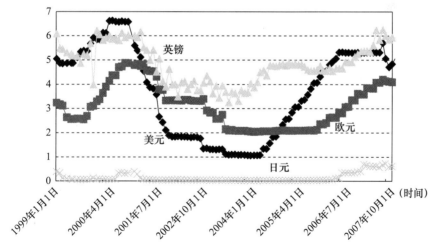

图4　各主要发达国家利率走势图［以伦敦同业拆借利率（LIBOR）为基准］
资料来源：根据 Wind 资讯的数据整理。

　　"全球流动性过剩"虽然为许多人所引用并作为论证相关论题的前提或依据，但它本身却是一个缺乏最基本论证的命题。首先，从美、英、法、德、日等发达国家的情况来看，是否存在一种能够令商业银行等存贷款金融机构将资金搁在账上闲置（即不投入使用）的机制？不论在理论上还是在实践上，都无法证明它是存在的。在这些国家中，根据法律规定，放款（不论是贷款还是购买证券或是运用其他方式）是商业银行等存贷款金融机构的法定权利，没有任何一个监管部门可以下令禁止它们放款，而出于市场竞争和经营效率考虑，各家金融机构又总是努力将每一笔资金充分使用，因此，对这些国家来说，不存在资金流动性过剩的问题。其次，这些发达国家不仅没有资金流动性过剩的问题，而且金融市场及各个经济主体的资金并不充裕。利率理论指出，当金融市场的资金紧缺时，利率呈上升走势；当金融市场的资金充裕时，利率呈下行走势。从图4中可见，2004年8月以后，美国的隔夜拆借利率快速上行。在此后长达3年左右的时间内，美元、英镑、欧元和日元的利率总走势呈上行趋势。这说明，在这些国家中并不存在资金充裕的现象，更不用说，资金流动性过剩了。另外，这些国家的金融市场是一个国际性市场，如果在其他的国际金融市场中存在着资金充裕状况，则过多的资金在寻求较高利率过程中将自然流向这些发达国家并由此抑制利率的上行，但事实上，这种现象并没有发生。资金尚不充裕，也就更谈不上"过剩"了。另外，如果金融市场资金充裕，资金意味着购买力需求，那么，在这些发达国家中就必然存在着比较严重的通货膨胀现象。但从图5中可见，在2000年至2007年7月的7年多时间内，以2000年为100计算的CPI上涨率，美国为120.81、欧元区为116.6、日本为98.11，美国的年均数不足3个百分点，这恐怕很难被列入通货膨胀范畴，更不用说，日本的CPI呈现下落走势了。再次，一些人以近年来国际市场上的石油、铜、铁矿和黄金等的价格上扬为例，强调这是资金过剩引致的；也有人以国际热钱涌动、寻找投资机会为例，强调这部分资金属于过剩资金。但这些看法都将"资金过剩"等同于了"资金充裕"。金融市场中的资金充裕是已投入使用或正在使用的资金，对任何的资金持有者来说，这部分资金都不是"闲置""无效率"的；过剩资金是没有投入使用（更不是正在使用）的资金，它处于闲置、无效率状态中。由此，国际市场中的石油、铜、铁矿和黄金的价格上扬，即便不考虑其他影响因素，从资金面上说，至多只是由资金充裕导致的需求强劲所引致的后果。它既不是资金过剩的结果，也无法证明"资金过剩"现象的存在。最后，假定在主要发达国家中存在着资金过剩的现象，那么，在 2007 年 8 月美国次贷危机发生以后，这种资金过剩格局怎么转变成了资金紧缺格局，以至于欧盟央行、美联储等需要动用巨额资金投放金融市场来缓解相关金融机构的流动性危机？显然，不符合逻辑。

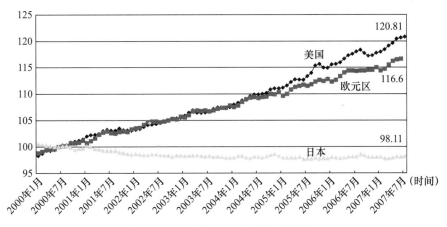

图 5　各主要发达国家 CPI 走势图

资料来源：根据 Wind 资讯的数据整理。

　　以外贸顺差为依据来证明中国经济运行中资金过剩的海内外学者较多。其基本逻辑是，外贸顺差引致央行在对冲外汇资产中投放大量的货币，由此，引致资金过剩。按照西方学者的观点，这种现象的发生将导致三方面严重的后果：一是央行货币政策目标的偏离。货币政策本应以维护币值稳定为目标，但在贸易顺差巨额发生的条件下，央行投放货币的目标转向对冲外汇占款（对应地增加外汇储备）；在外贸顺差持续巨额增加的过程中，央行的货币政策被对冲外汇占款"牵着走"，其独立性以及宏观调控功能也随之丧失了。二是随着货币投放量的增加，流通中的货币必然超过商品交易所需数量，由此，信贷增长过速、投资增长快速必然引致通货膨胀和经济过热。由于外贸顺差是一个持续过程，所以，这种信贷过速增长、投资快速增长、通货膨胀和经济过热都将互为因果且愈演愈烈，进入恶性循环。三是在这些过速、过热的背景下，经济社会正常的生活秩序被打乱了，由此，不仅存在着发生金融危机、经济危机的极大风险，而且极大地增加了引发社会危机的风险。要避免这些情况的发生，就必须减少贸易顺差，实现国际收支中的"经常项目"和"资本与金融项目"的双平衡。但是，这些推论存在着一系列值得进一步分析和推敲之处。

首先，从外贸顺差的资金流程来看，在净出口的条件下，外贸企业获得了外汇净收入，但由于它们并不在央行开户和结算，所以，也就不可能直接将这些外汇资产卖给央行，同样，央行也不可能通过向这些外贸企业购汇而投放货币。我国实行意愿结汇制度以后，外贸企业获得的外汇最初存放于它们的商业银行账户中，由此，体现在商业银行账户中。假定，商业银行体系中共有 10000 亿元人民币资产，某月外贸企业的外汇收入达 5000 亿元人民币，它们均存入了这些外贸企业的开户行，由此，反映在商业银行的资产负债表中就是：左栏"负债"增加 5000 亿元外汇存款、右栏"资产"增加 5000 亿元外汇资产，即商业银行体系中的资产增加到 15000 亿元。如果外贸企业需要将这些外汇存款兑换为人民币资金，则兑换过程是，商业银行以 5000 亿元人民币资产兑换外贸企业的 5000 亿元外汇存款，兑换后，商业银行体系中原先的 10000 亿元人民币资产转变为 5000 亿元的人民币资产和 5000 亿元的外汇资产，但因外贸企业将外汇存款兑换为人民币后，不可能将这些资金立即取用，所以，依然以存款方式暂放在商业银行体系的账户中，所以，商业银行体系中的"资产方"依然有着 10000 亿元的人民币资产，所不同的是"负债方"的 5000 亿元外汇存款转变成了 5000 亿元的人民币存款。在这个过程中，央行并不需要投入任何数量的人民币。

在中国境内，商业银行体系中的外汇资产不能直接使用，所以，商业银行有着将外汇资产兑换成人民币资产的内在要求。由于对商业银行体系来说，商业银行彼此间将外汇资产兑换为人民币资产是没有意义的（既不可能减少商业银行体系中的外汇资产，也不可能将商业银行体系中的外汇资产转变为人民币资产），所以，它们只能与央行兑换。央行与商业银行之间的外汇兑换至少存在着两种机制：一是央行通过发行人民币，从商业银行手中换取外汇；二是央行从商业银行手中换取人民币，然后，再将这些人民币与商业银行兑换外汇。2003 年以后，中国主要采用的是第二种机制，即中国人民银行先通过提高法定存款准备金率或向商业银行发行央行票据（或这两种方法同时运用），从商业银行体系中获得人民币资金，然后再向商业银行购买外汇资产。具体来看，假定央行通过提高法定准备金率（或发行央行票据）从商业银行体系中获得了 5000 亿元人民币资产，由此，商业银行体系资产结构由原先的"10000 亿元人民币资产 + 5000 亿元外汇资产"转变为"5000 亿元人民币资产 + 5000 亿元外汇资产 + 5000 亿元对央行的债权"，然后，央行再用 5000 亿元人民币资产从商业银行体系中购买 5000 亿元外汇资产，结果是，商业银行体系中的资产结构转变为"10000 亿元人民币资产 + 5000 亿元对央行的债权"，央行的资产负债表中左栏"负债"增加了 5000 亿元的商业银行存款、右栏"资产"增加了 5000 亿元的外汇资产。在这个过程中，央行实现了外汇占款的对冲，但并不需要发行任何数量的人民币。

从表 2 中可见，2004—2007 年的 4 年间，在中国人民银行资产负债表中，"资产方"的"外汇"数额从 4.6 万亿元增加到了 11.5 万亿元，绝对值增加了 69228.72 亿元，但同期"负债方"的"货币发行"数额仅从 2.3 万亿元增加到 3.3 万亿元，绝对值增加了 9867.58 亿元。4 年间货币发行增加了 9000 多亿元，年均不足 2500 亿元，仅能满足 GDP 增长过程中对货币增加的需求，远不足以对冲外汇储备的增加值。这说明，在外汇储备快速增加的过程中，中国主要不是通过发行货币来对冲外汇占款的。另外，从表 2 中同时可看到，"负债方"的"金融机构存款"和"发行债券"数额快速增加。"金融机构存款"主要由法定准备金所构成（大于法定准备金的部分为超额准备金），"发行债券"的市场名称为央行票据。这两项的数额分别从 3.6 万亿元增加到了 6.8 万亿元、1.1 万亿元增加到 3.4 万亿元，绝对值分别增加了 32743.07 亿元和 23390.12 亿元，这是对冲外汇占款的主要资金来源。因此，中国对冲外汇占款主要是通过从商业银行体系中获取人民币资产来实现的。既然如此，也就不存在西方学者所认为的一系列严重现象发生的可能性。

其次，从央行投放的人民币走势来看，如果中国人民银行主要通过发行货币来对冲外汇占款，那么，受各月之间对冲外汇数量不同的影响，每年各月间的人民币发行量走势一定是呈波浪起伏且快速上行的。但从图 6 中可见，除年初受元旦、春节影响从而年初的货币发行量较大外，每年各月流通中的现金并没有因外汇储备的月度增加状况不同而大起大伏地波浪式上行。这说明，每年各月间的外汇储备增加主要不是靠发行货币来对冲的。

表2 中国人民银行资产负债表 单位：亿元

项目	2004 年 12 月	2005 年 12 月	2006 年 12 月	2007 年 12 月
国外资产	46960.13	63339.16	85772.64	124825.18
外汇	45939.99	62139.96	84360.81	115168.71
对政府债权	2969.62	2892.43	2856.41	16317.71
对存款货币银行债权	9376.35	7817.72	2856.41	7862.80
对特定存款机构债权	1047.85	4874.29	6516.71	12972.34
对其他金融机构债权	8865.09	13226.11	21949.75	
对非金融机构债权	136.25	66.73	66.34	63.59
其他资产	9300.05	11459.57	11412.84	7098.18
总资产	78655.33	103676.01	128574.69	169139.80
储备货币	58856.11	64343.13	77757.83	101545.40
货币发行	23104.00	25853.97	29138.70	32971.58
金融机构存款	35672.79	38391.25	48459.26	68415.86
非金融机构存款	79.32	97.91	159.87	157.96
发行债券	11079.01	20296.00	29740.58	34469.13
国外负债	562.28	641.57	926.33	947.28
政府存款	5832.22	7527.23	10210.65	17121.10
自有资金	219.75	219.75	219.75	219.75
其他负债	2105.96	10648.33	9719.55	14837.14
总负债	78655.33	103676.01	128574.69	169139.80

资料来源：中国人民银行网站。

有人用基础货币的增加来证明央行投放货币量的增加。这里存在着一个对基础货币内涵的把握问题。基础货币（又称"高能货币"等）通常由央行发行的现金和商业银行等金融机构在央行的债权两部分构成。由于在西方国家央行不向商业银行等金融机构发行央行票据，所以，它们的基础货币在央行资产负债表中由现金和商业银行等金融机构存款两部分构成。在中国，2003年以后，央行向商业银行等金融机构发行了大量央行票据，由此，基础货币由央行投放的现金、商业银行等金融机构存款和央行票据（即表2中的"发行债券"）三部分构成。在这三部分中，除现金属央行投放的货币外，其他两部分是央行运用法定准备金工具和发行央行票据从商业银行体系中收取的货币。这些货币即便在央行用来向商业银行体系购买外汇资产的场合，也不属于央行的投放货币范畴，因此，除现金之外的基础货币增加不足以说明在经济运行中央行投放的货币量增加，它仅能够证明央行运用的货币政策工具缺乏紧缩效应。

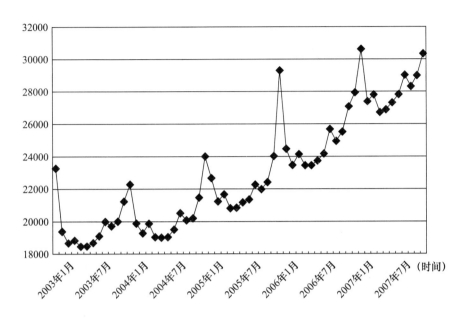

图6 流通中现金（M0）走势图

资料来源：中国人民银行网站。

　　最后，从物价走势看，2007年3月以后，中国经济运行过程中呈现出了物价快速上行的走势，一些人以此为据，认为是在外汇储备增加背景下央行投放过多货币所引致的，但这不符合事实。从图7中可见，2007年3月以后，中国的CPI突破了3%的关口，11月达到了最高点6.9%，2008年2月进一步达到了8.7%，由此，似乎证明了由货币投放过多引致的通货膨胀。但是，这种结论要能够成立，需要回答两个基本问题：其一，在中国，外贸顺差从而外汇储备快速增加并非只是出现在2007年，那么，在2005年和2006年外贸顺差加速增长和外汇储备快速增加的背景下，为什么CPI大部分月份在2%以下运行？其二，2007年3月以后的CPI上涨是各种物价的普遍上涨还是某些物价（如食品类）上涨所致？从图7中可见，引致CPI上涨的主要成因在于肉禽及其制品的价格快速上行；从图8中可以进一步看出，除居住价格较快上行外，交通运输及服务和娱乐文化用品及服务的价格呈下落走势，家庭设备用品及服务虽受到了国际市场的石油价格、铜价、矿价、铝价和金价等快速上涨的影响，但其价格上行幅度也仅在2%左右。因此，如果不是简单地拿CPI数据进行论证，而是具体地看看CPI中的各个构成部分的价格走势，就无法得出如下结论，即 2007 年之后中国经济运行中的 CPI 快速上行是货币投放过多所引致的。与此对应，更无法证明，这种货币投放过多是由外贸顺差快速增长所引致。正因如此，尽管央行于 2007 年先后采取了 10 次提高法定准备金率、6 次提高存贷款利率和发行巨额央行票据等措施，CPI 依然居高不下且继续上行。

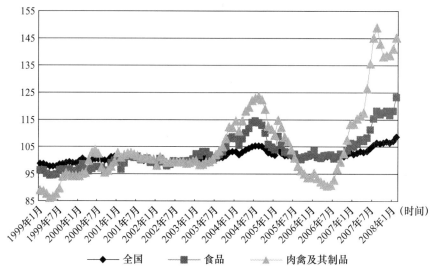

图 7　CPI 和食品类物价走势图

资料来源：根据 Wind 资讯的数据整理。

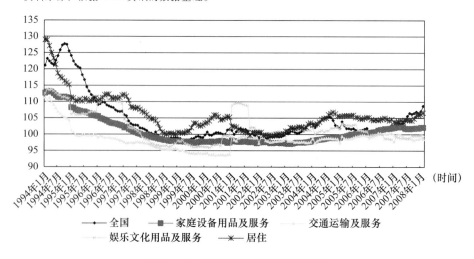

图 8　CPI 和非食品类物价走势图

资料来源：根据 Wind 资讯的数据整理。

总之，中国经济运行中存在的资金相对过剩的现象不是由海外资金流入所引致的，它实际上是由中国的国内因素所引致的，即内生的。

三 资金过剩源于储蓄 > 资本形成 + 外贸顺差

消费 + 储蓄 = 消费 + 投资是宏观经济最基本的恒等式，由于等式两边的"消费"是等价概念，所以，最终落实为"储蓄 = 投资"。在储蓄 ≠ 投资的条件下，如果储蓄 < 投资，可通过净进口予以弥补，即储蓄 + 净进口 = 投资；如果储蓄 > 投资，可通过净出口予以平衡，即储蓄 = 投资 + 净出口。在现实中，净出口表现为贸易顺差，所以，储蓄 = 投资 + 贸易顺差。但在中国，事实却是：储蓄 > 投资 + 贸易顺差，这种状况反映到金融面上，就表现为资金相对过剩。

在中国官方每年的经济统计数据中，不论是以生产法计算的 GDP 还是以支出法计算的 GDP 都是平衡的，因此，似乎并不存在储蓄 > 投资 + 贸易顺差的状况。但是，如果不是停留于这些统计数据的表面，而是将相关数据联系起来深究其中的逻辑关系，就不难发现存在着一系列值得进一步深究的问题。

首先，从 GDP 中的投资构成来看，"投资"由"资本形成"和"存货"两部分构成，在储蓄 = 投资中，通常将储蓄 > 资本形成的部分都纳入"存货"范畴；同理，在储蓄 > 资本形成 + 贸易顺差中也将其差额纳入"存货"范畴，由此，从直接计算上看，就实现了储蓄 = 资本形成 + 存货 + 贸易顺差，就此而言，"储蓄 > 投资 + 贸易顺差"是不可能发生的。但是，经济统计反映的是现实经济活动中的数量关系，在经济统计失准的条件下，将不同年份经济统计数据进行对比（或将同一年份的相关经济统计数据进行对比）就会发现，"储蓄 > 投资 + 贸易顺差"是有可能发生的。2005 年在对 2004 年之前的 GDP 重新核查后，确定中国的 GDP 少统计了 2.5 万亿元，在此基础上，对 1993—2004 年的 GDP 进行了新的调整，由此有了表 3 与表 4 同年份数据的差别。将表 3 与表 4 进行数据对比，可以看到，"国内生产总值""最终消费"和"资本形成总额"等数据有所调高，"存货增加"的调整幅度最大。以 2004 年为例，表 3 中的"存货增加"数值为 523.9 亿元，表 4 中则为 4050.7 亿元，升幅高达 6.73 倍（但这还不是最高的，

2000 年对比的升幅更高）。这意味着，如果以表 3 "存货增加" 数据为基础得出了 "储蓄 = 资本形成 + 存货 + 贸易顺差" 结论，在代入表 4 数据计算后，就将发生 "储蓄 > 资本形成 + 存货 + 贸易顺差" 的情形，其差额至少为表 4 中的 "存货增加" 减去表 3 中的 "存货增加"，即 4050.7 亿元 − 523.9 亿元 = 3526.8 亿元。换言之，基于表 3 的 2004 年平衡式，在以表 4 的数据为基础来看时，是不平衡的。

表 3   中国支出法 GDP 构成 （1996—2004 年）   单位：亿元

年份	国内生产总值	最终消费	资本形成总额	货物和服务净出口	固定资本形成总额	存货增加
1996	68330.4	40003.9	26867.2	1459.3	23336.1	3531.1
1997	74894.2	43579.4	28457.6	2857.2	25154.2	3303.4
1998	79003.3	46405.9	29545.9	3051.5	27630.8	1915.1
1999	82673.1	49722.7	30701.6	2248.8	29475.5	1226.1
2000	89340.91	54600.9	32499.81	2240.2	32623.8	−124
2001	98592.9	58927.4	37460.8	2204.7	36813.3	647.5
2002	107897.6	62798.5	42304.9	2794.2	41918.3	386.6
2003	121730.4	67493.5	51554.7	2682.1	51303.9	250.8
2004	142394.2	75439.7	62875.3	4079.2	62351.4	523.9

资料来源：国家统计局网站。

表 4   中国支出法 GDP 构成 （1996—2005 年）   单位：亿元

年份	国内生产总值	最终消费	资本形成总额	货物和服务净出口	固定资本形成总额	存货增加
1996	74163.6	43919.5	28784.9	1459.2	24048.1	4736.8
1997	81658.5	48140.6	29968	3549.9	25965	4003
1998	86531.6	51588.2	31314.2	3629.2	28569	2745.2
1999	90964.1	55636.9	32951.5	2375.7	30527.3	2424.2
2000	98749	61516	34842.8	2390.2	33844.4	998.4
2001	108972.4	66878.3	39769.4	2324.7	37754.5	2014.9
2002	120350.3	71691.2	45565	3094.1	43632.1	1932.9
2003	136398.8	77449.5	55963	2986.3	53490.7	2472.3
2004	160280.4	87032.9	69168.4	4079.1	65117.7	4050.7
2005	186700.9	96918.1	79559.8	10223	77464.4	2095.4

资料来源：国家统计局网站。

如果说仅仅发生了对 1993—2004 年数据的一次性调整是偶然的，那么，2007 年又发生了对 2006 年的 GDP 增长率的调整（从 10.7% 上调为 11.1%）就不能再用此语解释了。实际上，如果查验各省市的 GDP 增长率与全国 GDP 增长率之间的关系，可以发现一个奇怪的现象，即前者的数值均高于后者的数值。

其次，从居民收入来看，根据三部门架构，企业部门是资金的需求者，居民部门和政府部门是资金的供给者，后者供给给前者的资金是它们在满足消费后剩余的资金，由此，在"消费＋储蓄＝消费＋投资"的恒等式中，"储蓄＝投资"的数量取决于居民部门和政府部门的消费剩余数量。2000 年以来，虽然政府部门的财政收入增长快速，但其财政支出也呈快速增长态势，以至于在每年的财政决算中依然有着 3000 亿元左右的赤字。在财政支出中也有一部分用于固定资产投资（即资本形成），但其数额和比重都不高。例如，2006 年政府财政支出总额为 40422.73 亿元，"经济建设费"数额为 10734.63 亿元，占财政支出比重为 26.56%，占当年全部资本形成总额 94103.2 亿元的 11.41%（假定"经济建设费"均用于资本形成的投资）。这意味着，资本形成中的资金供给仍主要依靠居民部门。

从居民部门的收入来看，表 5 列出了 1990—2005 年的 16 年间城乡居民每年储蓄存款增加额和城镇职工的年工资收入总额，通过这些数字对比，可以发现一个有趣的现象，2002—2005 年的 4 年间，有 3 年新增储蓄存款数额超过了城镇职工的工资收入总额。虽然城镇职工的工资收入总额并不代表全国城乡居民的年收入总额，但它在城乡居民收入总额中所占的比重应当是比较高的；同样，城乡居民储蓄存款也非仅为城镇居民的储蓄存款，但城镇居民的储蓄存款在其中所占比重也是较高的，约为 80%。在这种背景下，两个数字相差如此之大，假定每年新增的储蓄存款均为城镇居民存入，那么，它意味着城镇居民将当年工资收入全部存入商业银行体系也还不足以完全达到表 5 中的数字。另一种解释是，居民的实际收入（即工资收入＋非工资收入）比统计数据反映的收入要高得多，从而，在满足了消费以后，依然有着大量的消费剩余资金存入商业银行体系。

城乡居民将大量消费剩余资金存入商业银行体系，在实物面上意味着，他们暂时放弃了与新增储蓄存款数额相对应的消费品，这些消费品如果不转化为资本形成过程中的投资品，就将形成"存货"。由此，从表5中的数据可以推测出，经济统计数据中的遗漏数额不会太小，这些遗漏数额很有可能构成"储蓄 > 投资 + 贸易顺差"的一部分。

表5　　　　　　　　　　　　　居民收入状况　　　　　　　　　　单位：亿元

年份	城镇职工年工资收入总额	储蓄存款年增加额	储蓄存款余额
1990	2951.1	1923.4	7119.8
1991	3323.9	2121.8	9241.6
1992	3939.2	2517.8	11759.4
1993	4916.2	3444.1	15203.5
1994	6656.4	6315.3	21518.8
1995	8100	8143.5	29662.3
1996	9080	8858.5	38520.84
1997	9405.3	7758.96	46279.8
1998	9296.5	7615.4	53407.47
1999	9875.452	6253	59621.8
2000	10656.19	4976.7	64332.4
2001	11830.85	9457.6	73762.4
2002	13161.07	13233.2	86910.6
2003	14743.51	16631.6	103617.3
2004	16900.17	15929.4	119555.4
2005	19789.86	21496.8	141051

资料来源：国家统计局网站。

最后，假定"储蓄 = 资本形成 + 库存 + 贸易顺差"，以表3中2004年的数据为基础，应当存在着如下关系：储蓄 > 资本形成的产品部分，在结构上应能满足净出口的产品结构需求，同时，由于这种产品结构的平衡是在市场机制作用下实现的，所以，在年度的月份间应当有如下现象与其对应，即某种产品可能因出口量较多而引致国内市场供不应求从而导致价格上扬，当这种产品的国内价格上行到与出口价格水平并未呈现出（甚至高于出口价格）时，一些产品转到国内市场销售，由此，多次反复，达到该种产品的国内价格与出口价格的局部均衡。但在2004年以后外贸顺差快速增长的过程中，并未呈现出这种内销产品和出口产品的市场均衡走势。要令这种现象存在，有一个条件是必不可少的，即"储蓄 - （资本形成 + 净出口）"的剩余量要明显大于经济统计中的"库存"。两者的差额，既是调节净出口产品结构的蓄水池，也属于实体经济面上实物形态的剩余范畴。正是因为存在着这种剩余，所以，在净出口大幅增长的同时，不仅出口品的价格没有大幅上升，而且国内绝大多数工业制成品价格（在国际市场资源价格大幅上涨的条件下）的上升依然受到供过于求市场格局的严重制约。

虽然，要准确计量实体经济面中的过剩状况是比较困难的，但曾在 2005 年提出的产能过剩大致反映了这种过剩状况的存在。金融是实体经济运行的反映，从这个意义上说，资金过剩实际上是实体经济运行中实物过剩在金融面上的表现，因此，它是中国经济运行中内生的，故缓解这一现象的对策也应从中国经济内部去寻求。

主要参考文献

［1］王国刚：《中国资本市场的深层问题》，社会科学文献出版社 2004 年版。

［2］王国刚：《中国金融改革与发展热点》，社会科学文献出版社 2007 年版。

［3］Magnus Axegaard：Excess Liquidity and Effectiveness of Monetary Policy：Evidence from Sub – Saharan Affrica，IMF，Working Paper，WP/06115.

［4］Rasmus Rufer and Vivio Stracca：What Is Global Excess Liquidity，and Does It Matter? EBC，Working Paper Series No. 696，2006.

［5］Thorsten Polleit and Dieter Gerdesmeier：Measures of Excess Liqiudity，ECB Working Paper Series，2006.

［6］唐双宁：《关于解决流动性过剩问题的初步思考》，《经济研究》2007 年第 9 期。

［7］余永定：《理解流动性过剩》，《国际经济评论》2007 年第 7—8 期。

［8］彭兴韵：《流动性、流动性过剩与货币政策》，《经济研究》2007 年第 11 期。

（原载《财贸经济》2008 年第 5 期）

中国银行体系中资金过剩的效应分析

——二论资金流动性过剩

　　始于 1995 年的商业银行体系中的资金过剩，作为一种重要的经济变量，对中国的经济运行和金融运行产生了一系列值得关注的效应。2006 年下半年以后，一些人将物价上升、股价上涨、房价上行乃至信贷、投资和经济增长偏快等现象的主要成因都归咎于资金过剩，强烈主张实行紧缩的货币政策。从 2007 年的实践来看，央行先后 10 次提高法定准备金率、6 次提高存贷款利率并净发行了 4700 多亿元的央行票据，货币政策的从紧措施不论在频率上还是在程度上都达到了空前的水平，但以超额准备金为计量对象的资金过剩状况并未得到根本缓解，物价上升、股价上涨、房价上行乃至信贷、投资和经济增长偏快等现象也没有发生实质性改变，由此，提出了以下基本问题：资金过剩与物价、资产价格上涨等现象之间是否存在着直接的因果关系？资金过剩与信贷、投资和经济增长偏快等现象之间是否也存在着直接的因果关系？究竟该如何看待资金过剩的经济和金融效应？

一　资金过剩对提高法定准备金率的效应分析

　　资金过剩，由于是以"资金"命名的，所以，稍有一些经济学常识的人都自然想到了货币政策。但资金过剩，究竟是从松货币政策的结果，还是从紧货币政策的结果？许多人并没有对此进行深入的探讨。其原因在于，他们往往将资金过剩与资金充裕视为同一范畴。"资金过剩"是指资金处于"闲置""无用途"和"效率浪费"状态；"资金充裕"是指处于使用状态的资金较多。一个直接的可判断的情形是，相对于资金充裕而言，实行紧缩的货币政策，可将经济运行中或金融市场中的一部分资金收到央行手中，由此，使较为充裕的资金状态转为相对较紧的资金状态；但相对于资金过剩而言，实行紧缩的货币政策，将经济运行中或金融市场中的资金收到央行手中，只能是使已过剩资金的数额进一步增加。反之，在资金充裕的条件下，实行放松的货币政策，将使经济运行中或金融市场中比较充裕的资金更加充裕，但它同时将使过剩资金数额相对减少。由此来看，面对资金过剩状况，试图运用紧缩的货币政策予以缓解，恐怕是无效的。

　　2007 年，中国先后 10 次提高了法定准备金率，其数值从 9% 上升到 14.5%，提高了 5.5 个百分点。法定准备金的数额从 2006 年底的 28653.4 亿元增加到 54058.86 亿元，增幅高达 88.66%。在各项货币政策工具中，西方学者提出了用于提高法定准备金率的"休克疗法"乃至"猝死疗法"。其含义是，与运用货币投放量、公开市场业务和再贴现率等手段相比，由于法定准备金率手段具有强制性和突然性特点，对各家存贷款金融机构来说，法定准备金是必须缴纳且不得讨价还价的资金，所以，一旦宣布提高法定准备金率，经济运行中和金融市场中的资金就会突然性地紧缩。中国人民银行发布的《中国货币政策执行报告（2007 年第四季度）》中指出："2007 年末货币乘数（广义货币供应量/基础货币）为 3.97。[①]"在此基础上，以 2007 年的中国金融数据为依据进行计算，2007 年净增 25405.46 亿元法定准备金的紧缩效应可达到 100859.68 亿元，相对 2007 年底各项人民币贷款 261690.88 亿元而言，如果减少了 100859.68 亿元，其绝对值不仅将大大低于 2006 年底的各项人民币贷款（这意味着 2007 年信贷资金没有任何可增加的余地），而且人民币贷款余额将回到 2004 年 1 月的水平（此月各项贷款余额为 161730.64 亿元），由此，对经济运行和金融市场产生的紧缩效应是极为严重的。但从 2007 年的实际情况来看，这种紧缩效应并没有发生，与 2006 年底的各项贷款余额 225285.28 亿元相比，2007 年新增信贷资金达到 3.64 万亿元，比 2006 年底增长了 16.16%。

　　如此紧缩的货币政策却没有产生紧缩效应，这不仅不符合延续了 100 多年的教科书定理，而且令海内外研究者感到一头雾水。其实，如果不是囿于已有的思维框架，不是将资金充裕与资金过剩相混淆，解开这一谜团

---

　　① 这一计算是否合理，还可对其进行深入探讨，但我们在此先以此数据为基础展开分析。

是很容易的。从表 1 中可见, 2007 年 1 月 15 日提高了 0.5 个百分点的法定准备金率后, 金融机构在央行的超额准备金率还有 3.78 个百分点, 假定金融机构在 2 月吸收的存款没有增加(从而, 金融机构在央行的存款也没有增加), 则 2 月 25 日再次提高 0.5 个百分点的法定准备金率后, 超额准备金率就将从 3.78 减少为 3.28。虽然对于各家存贷款金融机构来说, 由于其超额准备金数额不同, 提高法定准备金率对其业务活动的影响也就不同, 但对金融机构整体而言, 由于超额准备金本来就属于过剩资金范畴, 所以, 这部分资金转为法定准备金后, 对商业银行体系的资金松紧程度而言, 在直接关系上并不会产生多少实质性的影响。

表 1 　　　　　　　　**2007 年存款准备金率变动表** 　　　　单位: 亿元, %

时间	金融性公司在央行的存款	纳入广义货币的存款	法定存款准备金率	超额准备金率	超额准备金
2006 年 10 月	37965.57	307528.44	8.5	3.85	11825.65
2006 年 11 月	41033.00	311702.45	9	4.16	12979.78
2006 年 12 月	48459.26	318371.10	9	6.22	19805.86
2007 年 1 月	42943.03	323348.59	9.5	3.78	12224.91
2007 年 2 月	46619.14	327749.20	10	4.09	13404.94
2007 年 3 月	46817.03	336400.42	10	3.92	13186.90
2007 年 4 月	46457.85	339237.81	10.5	3.20	10855.61
2007 年 5 月	48632.04	342733.30	11	3.19	10931.38
2007 年 6 月	53147.04	350674.27	11.5	3.66	12819.50
2007 年 7 月	53509.09	356312.37	11.5	3.52	12533.17
2007 年 8 月	53215.72	359112.97	12	2.82	10122.16
2007 年 9 月	56133.42	363794.23	12.5	2.93	10659.14
2007 年 10 月	57661.01	365623.60	13	2.77	10129.94
2007 年 11 月	60775.81	370502.28	13.5	2.90	10758.00
2007 年 12 月	68415.86	372909.02	14.5	3.85	14357.00

资料来源: 本表根据中国人民银行网站数据计算整理。

一个有趣的现象是, 央行在征求提高法定准备金率的意见时, 主要商业银行大多表示理解和赞成。究其原因，主要有两点：其一，超额准备金率为0.89%，法定准备金率为1.89%。对各家商业银行来说，既然这笔资金是搁在央行账上的暂时无用途资金，那么，与其以"超额准备金"方式获得0.89%的利率，还不如以"法定准备金"的方式获得1.89%的利率，因此，将这笔资金由超额准备金转为法定准备金容易得到主要商业银行的支持。其二，央行提高法定准备金率所获得的资金，在从商业银行体系中购买外汇资产后，又流回了商业银行体系。对主要商业银行来说，由于外汇资产在国内是不可直接使用的，因此，它们属于非生息资产。但将这些外汇资产转为在央行的"法定准备金"存款后却可获得1.89%的利率。这一利率虽然比较低，但也好于不生息。也是因为提高法定准备金率所得到的资金被央行用于对冲外汇占款，所以，央行准许存贷款金融机构以外汇资产缴纳法定准备金。

由于提高法定准备金率所获得的资金，在从商业银行体系中购买外汇资产时，又回流到了商业银行体系，因此，商业银行体系中的人民币本币资金并没有因法定准备金率的提高而减少。由于就商业银行体系来说，缴纳法定准备金的资金主要来源于超额准备金，所以，在央行购买了外汇资产后，这些资金（假定没有因商业银行体系用款而漏出）又被商业银行体系以超额准备金的方式存入央行账户。因此，在不断提高法定准备金率后，商业银行体系依然有巨额的超额准备金。从表1中可以看到，在连续10次提高法定准备金率的条件下，2007年各月的超额准备金数额有增有减，但2007年末的数额仅比2006年末减少了5448.86亿元。这种变化，与其说是由提高法定准备金率所引致的，不如说是由商业银行体系的用款数额（包括贷款、购买证券等）变动和吸收存款数额变动所造成的。

以上分析表明，在超额准备金大量存在的条件下，提高法定准备金率并未产生紧缩货币的政策效应，但这并不等于说提高法定准备金率是无效的。实际上，如果不通过提高法定准备金率方式来对冲外汇占款，央行可能需要通过发行货币（即M_0）来对冲外汇占款，由此，在对冲外汇快速增长的背景下，必然引致货币发行量的大幅增加，并由此引致其他一系列问题的发生。从这个意义上说，提高法定准备金率会起到抑制放松银根的作用。因此，2007年中国连续提高了10次法定准备金率，虽缺乏紧缩效应，却产生了避免银根放松的政策效应。

从实践来看，法定准备金率理论的一个严重缺陷是，它指出了央行通过提高法定准备金率从商业银行体系中收取了资金，但并没有指出这些资金的"去向"。因此，给人们造成了一个错觉：似乎这些法定准备金一旦收到央行手中就"消失"了，不再进入经济运行或金融市场了。实际上，法定准备金在央行运作过程中大致存在着三种情形：一是用于公开市场业务和再贷款、再贴现。在此情况下，通过提高法定准备金率所获得的资金，又通过央行的这些操作部分或大部分回流到了商业银行体系。二是对冲外汇占款。在此情况下，通过提高法定准备金率所获得的资金，又通过央行向商业银行体系购买外汇资产而回流到了商业银行体系。三是闲置锁定。在此情况下，收到央行手中的法定准备金处于无用途状态，它本身就是过剩资金。在这三种情形中，第一种和第二种的紧缩程度及其所产生的效应，取决于央行通过运作将多少法定准备金又投入了金融市场或商业银行体系。只有第三种情形，才会产生符合法定准备金率理论的紧缩效应。但现实中常常发生的是前两种情形。在现代货币政策运作过程中，第三种情形几乎不存在。因此，如果停留于第三种情形来理解 2007 年中国提高法定准备金率的运作，就将出现政策判断上的失误。

二　资金过剩对提高存贷款利率的效应分析

2007 年是中国有史以来提高存贷款利率最为频繁的一年，1 年期存贷款利率先后提高了 6 次，由此，大致形成了如图 1 所示的存贷款利率在 1995—2002 年间的下行走势和 2004—2007 年间的上行走势。是什么原因引致了 2007 年存贷款利率不断上调？主要根据有两点：抑制信贷增长过快和物价上行过快。关于物价上行的问题，稍后再议，在此主要探讨存贷款利率上调对信贷增长的影响。

2002 年 2 月以后的存贷款利率调整是从 2004 年 10 月 29 日开始的。2004 年 10 月 28 日，中国人民银行发布的《关于调整人民币基准利率的通知》（以下简称《通知》）中指出：从 2004 年 10 月 29 日起，人民币 1 年期存贷款基准利率上调 0.27 个百分点；人民币贷款利率以基准利率为下限，

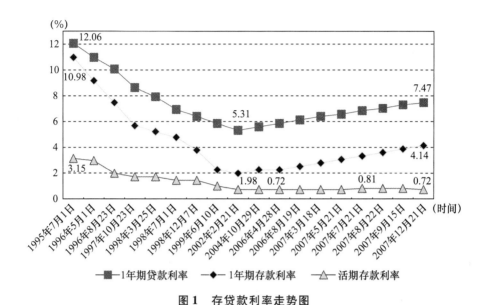

图1　存贷款利率走势图

资料来源：中国人民银行网站。

上浮幅度全部放开；人民币存款利率以基准利率为上限，下浮幅度全部放开；放宽人民币贷款利率浮动区间并允许人民币存款利率下浮，是稳步推进利率市场化的又一重要步骤，有利于金融机构提高定价能力，防范金融风险；各家存贷款金融机构应"根据自身经营状况、资金成本和企业风险程度等因素合理确定存贷款利率"。当时《通知》被媒体视为存贷款利率进入上行通道的标志，一些学者也以此判定，中国的存贷款利率已由 1996 年 5 月后的下行走势转为上行走势。但实际上，这个通知是一个加快人民币存贷款利率市场化改革步伐的标志。首先，将原先的"法定利率"改为"基准利率"，表明了货币政策当局弱化了"法定利率"中包含的行政机制的强制性，因此，《通知》的标题和第 1 段话的核心不是加息，而是改息。其次，第 2—4 段规定，贷款利率以基准利率为下限、上限全部放开，存款利率以基准利率为上限、下限全部放开，这是几十年来从未有过的重大措施。它意味着人民币存贷款利率的市场化进程迈出了关键的一步。如果这一政策得以顺利实行，则离人民币存贷款的市场利率形成只差一步之遥。《通知》中还强调，各家存贷款金融机构应适应这种利率市场化进程的需要，在自主确定存贷款利率水平的同时，避免竞争行为的不规范，以维护市场的有序竞争。从这样一个角度来看，2006 年 4 月以后，央行运用行政手段连续 8 次提高存贷款基准利率，是与《通知》精神不一致的，同时，其政策效应也是值得关注的。

第一，从提高贷款基准利率上看，货币经济学强调，提高贷款利率具有抑制贷款增长的功能。其内在机理是，在提高贷款利率的条件下，鉴于贷款成本的增加，贷款申请者对贷款的需求将减少，因此，提高贷款利率是一项紧缩信贷从而从紧的货币政策。但是，对中国众多企业而言，在申请贷款中究竟是资金的可得性更重要还是贷款利率高低更重要？例如，对一个企业来说，当它向商业银行申请贷款 5000 万元时，商业银行开出两种方案供其选择：一是按照年利率 8%（高于图 1 中 2007 年 12 月 21 日之后 1 年期贷款利率 7.47% 的水平）的水平为其提供 5000 万元贷款；二是不批准它的贷款申请。该企业将选择何种方案？在绝大多数情形下，企业将选择前一种方案。在没有其他的融资渠道（如发行债券等）可选择的条件下，如果一家企业因利率提高了 0.27 个百分点而放弃申请贷款，那么，可以大致判定，即便贷款利率不提高，也不应为这家企业提供贷款。理由是，在没有其他融资渠道的条件下，这家企业会因贷款利率提高 0.27 个百分点而放弃贷款申请，说明这家企业的经营状况不佳，以至于只要贷款利率再提高 0.27 个百分点它就将无偿债能力而陷入困境。对于那些具有偿债能力的企业来说，贷款利率提高 1—2 个百分点并不是放弃贷款申请的决定因素，因此，只要企业的经营效益（如资金利润率）高于贷款利率，贷款利率的提高并不会产生抑制信贷增长的作用。

表 2 　　　　　　　 **2005 年第四季度各利率浮动区间贷款占比表** 　　　单位:%

	合计	下浮	基准	上浮				
		[0.9,1.0)	1.0	小计	(1.0,1.3]	(1.3,1.5]	(1.5,2.0]	2.0 以上
合计	100	24.29	26.47	49.24	26.67	8.27	11.37	2.73
国有商业银行	100	30.62	28.29	41.09	34.61	5.27	1.14	0.07
股份制商业银行	100	33.44	31.49	35.07	33.55	1.07	0.11	0.34
区域性商业银行	100	27.05	21.01	51.94	36.45	8.69	5.36	1.44
城乡信用社	100	3.13	5.28	91.60	14.56	22.40	44.07	10.57

资料来源：同期的中国人民银行货币政策执行报告。

表3				2006 年第四季度各利率浮动区间贷款占比表				单位：%

	合计	下浮	基准	上浮				
		[0.9,1.0)	1.0	小计	(1.0,1.3]	(1.3,1.5]	(1.5,2.0]	2.0 以上
合计	100	25.81	26.63	47.56	27.90	7.32	10.63	1.71
国有商业银行	100	31.52	29.96	38.53	35.48	2.54	0.49	0.02
股份制商业银行	100	40.75	30.21	29.03	28.56	0.42	0.05	0.00
区域性商业银行	100	24.34	18.73	56.94	41.60	10.71	4.20	0.43
城乡信用社	100	1.51	4.62	93.87	17.16	23.67	45.49	7.55
政策性银行	100	26.43	72.15	1.42	1.42	0.00	0.00	0.00

资料来源：同期的中国人民银行货币政策执行报告。

表4				2007 年第四季度各利率浮动区间贷款占比表				单位：%

	合计	下浮	基准	上浮				
		[0.9,1.0)	1.0	小计	(1.0,1.3]	(1.3,1.5]	(1.5,2.0]	2.0 以上
合计	100	28.07	27.69	44.24	27.17	7.31	8.47	1.29
政策性银行	100	31.63	67.12	1.25	1.24	0.00	0.01	0.00
国有商业银行	100	35.64	28.82	35.54	33.04	1.97	0.46	0.07
股份制商业银行	100	35.20	35.45	29.35	28.75	0.52	0.03	0.05
区域性商业银行	100	33.31	20.39	46.30	32.65	9.27	3.75	0.63
城乡信用社	100	2.42	5.40	92.18	22.41	26.02	38.03	5.72

资料来源：同期的中国人民银行货币政策执行报告。

　　在资金过剩的条件下，各家存贷款金融机构本能上要求将资金投入使用，由此，贷款利率下行将是一个主要趋势。按照央行 2004 年 10 月 28 日《通知》的要求，各家存贷款金融机构的贷款利率应以基准利率为下限，但从表2 至表4 中却可看出"下浮"的比重不断提高，"合计"一栏的数值从 2005 年的 24.29% 上升到 2007 年的 28.07%。如果不是城乡信用社的数值较低的话，从国有商业银行、股份制商业银行、区域性商业银行和政策性银行的数值来看，下浮比例基本都在 1/3 左右。这意味着有相当多的贷款是在违反基准利率下限规定的条件下投放的。在此背景下，运用行政机制强力将贷款利率上调，实际上并不符合资金供求关系的内在要求。

　　从逻辑关系上讲，如果贷款利率确有上行走势，那么，在贷款利率上限放开以后，各家存贷款金融机构已经按照高于基准利率的规定发放贷款，央行再不断地提高贷款基准利率又有何必要？

第二，从提高存款基准利率上看，在资金过剩条件下，作为存款资金需求方的存贷款金融机构有着降低存款利率的内在要求。虽然物价上涨使得存款利率为负，但按照资金供求关系决定利率水平的市场机理要求来看，它并不是提高存款利率的主要机制。换言之，在物价上涨条件下，即便存款利率为负，存贷款金融机构也没有义务通过提高存款利率水平来保障存款人的实际利率为正。更何况，商业银行体系中存在着巨额尚未有效发挥作用的过剩资金，为此，存贷款金融机构已承担了对应的巨额成本。从这个意义上说，提高存款利率不是存贷款金融机构的业务要求，只是货币政策当局的单方面意向。

值得注意的实践效应有三点：一是在任何的货币理论中，就提高存款利率的政策而言，都不具有抑制或紧缩信贷的功能。因此，2006 年以后连续 8 次提高存款利率不具有抑制信贷增长过速的功能。二是假定提高贷款利率具有抑制信贷增长的功能，那么，在商业银行体系的放贷规模受到抑制的背景下，提高存款利率水平意味着刺激过多的资金以存款方式流入商业银行体系，其结果将是商业银行体系中的资金过剩状况更加严重。由此来看，提高存款利率不是化解资金过剩的有效措施。三是提高存款利率必然使商业银行体系中的运营成本提高，为此，商业银行为了消化这些新增成本，在缺乏其他金融运作选择的条件下，必然倾向于提高贷款利率和扩大贷款规模；由于资金过剩，以市场方式提高贷款利率比较困难，所以，扩大贷款规模就成为主要的选择。可是，这样一来，其结果就违背了货币政策当局紧缩信贷的初衷。

第三，从 1 年期贷款利率与活期存款利率之间的利差来看，在 2004—2007 年的连续 9 次提高存贷款利率过程中，1 年期存贷款利率之间的利差没有明显扩大（其中，2006 年 4 月提高了 1 年期贷款利率 0.27 个百分点，但 1 年期存款利率没有调整；2007 年有 2 次 1 年期存款利率上调 0.27 个百分点，而 1 年期贷款利率仅上调 0.18 个百分点），但 1 年期贷款利率与活期存款利率之间的利差却明显扩大，在图 1 中这一差额从 2004 年 10 月的 4.59 个百分点扩大到 2007 年 12 月的 6.75 个百分点。金融经济学理论认为，在利差扩大的过程中，商业银行贷款投放是一个扩张的走势。其内在机理是，利率是资金的价格。资金运作中的风险高低是决定利率水平的主要因素。对商业银行来说，存贷款业务中面对着两个利率（即存款利率和贷款利率），由此，贷款利率水平的决定就主要由"存款利率+贷款风险"所构成，在具体的业务操作中也就表现为利差大小。在利差较小条件下不可投放的贷款，在利差扩大的过程中成为可投放贷款，由此，贷款对象（包括企业、项目等）扩大了，贷款规模也将会随之扩大。从表5中的数据可知，在企业存款和储蓄存款中，活期存款大致占比50%，这意味着，在存贷款利率上调过程中，商业银行体系中有一半左右的资金处于利差扩大状态，由此，商业银行可承受贷款风险的能力随着利差扩大而提高，其贷款规模也将相应地扩大。

表5　　　　　　　　　**企业存款和储蓄存款的期限结构**　　　　单位：亿元，%

项目 年份	企业活期 存款	活期储蓄 存款	企业定期 存款	定期储蓄 存款	合计	活期所占 比例
2004	74502.52	41416.53	25382.15	78138.86	219440.06	52.83
2005	83146.0	48787.45	45224.7	92263.54	269421.69	48.97
2006	98802.64	58575.92	52767.10	103011.38	313157.04	50.26
2007	122026.89	67461.59	64117.33	108287.86	361893.67	52.36

注：表中数据不包括事业单位存款、财政存款和其他存款。

资料来源：根据中国人民银行发布的数据整理。

在此可以看到一个矛盾的利率理论：货币经济学认为，提高利率具有紧缩信贷的功能；而金融经济学则强调，在利率提高的过程中，随着利差的扩大，信贷规模将扩张。那么，在2005年以后的中国实践中哪种理论（从而效应）更符合实际呢？

首先，从货币政策当局的调控预期上看，2005—2007年的3年间新增信贷数额的调控预期目标分别为2.5万亿元、2.5万亿元和2.9万亿元，但执行的结果从表6中可见，这3年新增人民币贷款的数额分别达到17326.90亿元、30594.89亿元和36405.60亿元。换言之，除2005年新增贷款数额小于调控目标之外，2006年和2007年的新增贷款数额都大大高于调控目标，而2005年恰恰是没有出台提高存贷款利率政策的年份。

表6　　　　　　　　　　　金融机构人民币贷款变动表　　　　　单位：亿元,%

时间	各项贷款余额	贷款同比增长率	新增贷款数额	新增贷款月度环比增长率
2005 年 1 月	181082.96	11.97	3719.47	
2005 年 2 月	182042.30	11.13	4678.81	25.79
2005 年 3 月	185461.32	10.76	8097.83	73.08
2005 年 4 月	186889.10	10.30	9525.61	17.63
2005 年 5 月	186274.10	9.22	8910.61	− 6.46
2005 年 6 月	186178.70	9.58	8815.21	− 1.07
2005 年 7 月	185859.75	9.40	8496.26	− 3.62
2005 年 8 月	187756.60	7.88	10393.11	22.33
2005 年 9 月	190941.90	10.07	13578.41	30.65
2005 年 10 月	191168.27	10.04	13804.78	1.67
2005 年 11 月	193416.93	10.38	16053.44	16.29
2005 年 12 月	194690.39	9.77	17326.90	7.93
2006 年 1 月	199492.05	10.17	4801.66	
2006 年 2 月	201020.25	10.43	6329.86	31.83
2006 年 3 月	206394.59	11.29	11704.2	84.91
2006 年 4 月	209555.78	12.13	14865.39	27.01
2006 年 5 月	211649.97	13.62	16959.58	14.09
2006 年 6 月	215302.59	15.64	20612.20	21.54
2006 年 7 月	216935.55	16.72	22245.16	7.92
2006 年 8 月	218836.14	16.55	24145.75	8.54
2006 年 9 月	221035.86	15.76	26345.47	9.11
2006 年 10 月	221205.32	15.71	26514.93	0.64
2006 年 11 月	223141.55	15.37	28451.16	7.30
2006 年 12 月	225285.28	15.72	30594.89	7.54
2007 年 1 月	231031.18	15.81	5745.90	
2007 年 2 月	235168.74	16.99	9883.46	72.01
2007 年 3 月	239585.58	16.08	14300.30	44.69
2007 年 4 月	243805.22	16.34	18519.94	29.51
2007 年 5 月	246277.97	16.36	20992.69	13.35
2007 年 6 月	250792.58	16.48	25507.30	21.51

时间	各项贷款余额	贷款同比增长率	新增贷款数额	新增贷款月度环比增长率
2007 年 7 月	253106.67	16.67	27821.39	9.07
2007 年 8 月	256135.42	17.04	30850.14	10.89
2007 年 9 月	258970.33	17.16	33685.05	9.19
2007 年 10 月	260331.43	17.69	35046.15	4.04
2007 年 11 月	261205.40	17.06	35920.12	2.49
2007 年 12 月	261690.88	16.16	36405.60	1.35

资料来源：本表根据中国人民银行发布的《金融机构人民币信贷收支表》整理。

其次，从新增贷款的月度环比来看，2005 年各月间的新增贷款增长大致走势是，1—4 月新增贷款高速增长，5—7 月呈负增长走势，8—12 月再呈快速增长态势。这大致反映了商业银行体系在一年的各月份的贷款投放动态，即一般每年的 5—7 月属贷款投放的"淡季"，由此，在月度环比中，这几个月的贷款增量呈负增长走势。但 2006 年和 2007 年的走势却与此不同。在 2006 年的各月份贷款增量走势中，虽然与 1—4 月相比，5—7 月的新增贷款增长率有所降低，但依然保持着较高的增长水平，其中，6 月达到 21.54%。这恐怕很难说与 4 月的提高贷款基准利率无关。在 2007 年的各月份贷款增量走势中，继 1—4 月贷款增量高速增长之后，5—9 月依然高位运行，直到 11 月实行了行政性窗口指导以后，新增贷款的增速才明显下落。这样一种走势，与 2007 年内连续 6 次提高贷款基准利率有着内在的关联。

具体来看，2005 年以后，主要商业银行中的大部分银行已发股上市，未发股上市的银行也在积极准备发股上市，由此，三方面机制对这些商业银行的增量在各月份之间的分布发挥着重要作用：其一，监管指标。2003 年之后，存贷款金融机构开始全面落实 1988 年的《巴塞尔协议》关于最低资本充足率的规定，同时，中国银监会要求它们按照贷款质量提足拨备资金，由此，各主要商业银行一方面努力将资本充足率保持在 8% 以上，并通过内部的风险管理机制和经营效率原则进行经济资本的分配使用，另一方面尽可能地将当年发放的贷款在年内收回，以免因贷款余额过多而影响到年底的资本充足率数值和提取较多的拨备资金（拨备资金从税后利润中提取，这将明显影响税后利润的数额）。其二，经营业绩。上市银行要做出令投资者满意的经营业绩，同时，这些上市银行的高管人员和行员的收入也与经营业绩挂钩，为此，他们就要努力将当年实现的收益在当年收回。由于迄今中国的银行还主要依靠贷款获得营业收入，而贷款资金在大多数情况下是在到期日才偿付本息，因此，在年初投放较多的贷款并争取在年底收回这些贷款，对上市银行的经营业绩表现是一种有利的选择。其三，超额准备金数额。从表 1 中可以看到，商业银行体系中存在着巨额的超额准备金，这些资金通过各项存款进入商业银行体系，对每家存贷款金融机构来说，其都是硬性成本，将它们投入使用是提高经营业绩的一个关键举措。因此，只要监管部门不采取行政机制予以限制，各家存贷款金融机构都有着将这些资金转化为贷款资金的内在要求。商业银行的这些机制与实体经济运行在各月份间对资金的需求通过市场机制作用而大致吻合。每年年初是各家实体经济企业展开供销订货、采购资本品、进行投资项目安排等经营活动的关键时期，为此，需要有较多的资金支持，也就形成了较大规模的贷款申请。

这样，内外部机制共同决定了每年初的贷款数额较大，贷款增长率也较高。这种势头理应在 5 月以后就将自然下落，但 2006 年和 2007 年，鉴于 1—3 月贷款增速较高，货币政策当局急忙出台了提高贷款利率的措施，以抑制贷款增速较高的势头，可结果却是扩大了活期存款与 1 年期贷款之间的利差，刺激了存贷款金融机构的放款热情，使得 5—8 月贷款增速依然在高位运行，最后，不得不通过行政性窗口指导予以限定。

由以上分析可知，提高存贷款利率不仅未能抑制过剩资金向贷款资金的转化势头，反而，加速了这一转化进程。表 1 的数据对此也是一个有力的佐证，进入 2007 年以后，超额准备金数额基本上呈现出快速减少的走势，只是到 11 月采取了行政性窗口指导限制各家存贷款金融机构继续新增贷款数额以后，超额准备金数额才呈现增加走势。由此可以得出结论：提高存贷款利率水平，在刺激贷款增加的条件下，有利于缓解资金过剩的状况；在抑制贷款增加的条件下，将促使过剩资金进一步增多。从这个意义上说，中国经济运行中的资金过剩状况的加重，与抑制信贷增长的政策是直接相关的，因此，紧缩信贷增长的政策不是缓解资金过剩的有效措施，相反，它可促使过剩资金增加。

三　资金过剩对价格上涨的效应分析

在存在巨额资金过剩的背景下，2007 年中国经济运行中发生了物价上涨、房价上行和股价上扬等一系列现象。就直接感观认识而言，这些现象似乎与货币有着某种联系，于是一些人就强调它们是由资金流动性过剩引致的，与此对应的政策措施就应是弱化以至消解资金过剩状况。但是，这些认识过于表象，只要深入探讨这些价格上涨的具体成因，就不难发现它们与资金过剩之间并无直接关联，相反，资金过剩状况的存在和加重对这些价格上涨会起到一定的抑制作用。

第一，物价上涨。2007 年 CPI 一路上行，11 月达到 6.9% 的高点。如果我们不讨论 CPI 构成不合理给人们造成的错觉的话，至少也应具体看看引致 CPI 高涨的主要内容。从国家统计局公布的情况看，2007 年 4 月以后的物价上涨，首先是由猪肉和肉制品的价格上涨引致的，其次是由粮食、植物油等农产品的价格上涨引致的，再次是由石油等价格上涨引致的，最后是由房价上涨从而租金上涨引致的。这些物价上涨大致可分为两种情形：一是供不应求引致价格上涨，二是国际市场价格上行引致国内价格上行。这两种情形恐怕都很难与货币政策挂钩，既不是松的货币政策的结果，也不可能通过紧缩货币政策而解决，因此，不是货币政策现象。一个简单的疑问：加息了，猪就长肉了？实际上，在提高存贷款利率的条件下，猪不仅不长肉反而掉肉。内在机理是，加息之后，生产猪饲料的厂家成本增加了，猪饲料就贵了；规模化养猪大户的贷款成本上升了，养猪的积极性就降低了。显然，在这一背景下，贸然选择提高利率的政策，其实践效应可能是南辕北辙的。

发达国家的实践证明，在工业化、城镇化进程中农产品和资源类产品的价格是持续上行的。在我国，为了支持工业发展，改革开放前长期通过工农业产品价格剪刀差的机制将农业本来可获得的一部分收益转移到工业产品中，这种状况在改革开放 30 多年后的今天依然没有发生根本改变。建设社会主义新农村，支持"三农"发展，首先需要按照市场规律，给农民以通过市场机制可获得的收入。如果这一取向不明确，每当农产品价格上行就考虑动用各种政策手段予以"打压",恐怕只能使工农业产品的价格扭曲状况更加严重。从这个意义上说,面对猪肉及其制品、粮食、植物油等农产品价格高涨,首要考虑的应当是如何运用各种政策措施来调动农民的生产积极性,并通过这些机制来缓解相关农产品的供不应求状况,而不是一看到物价上行,就认为是货币政策现象,以所谓的"通货膨胀"冠名,然后,在此冠名下,简单照搬教科书中关于治理通货膨胀的方法——紧缩货币来解决由农产品价格上扬引致的物价上涨问题。

2007年(也可以包括2004年)的物价上涨与资金过剩并无内在联系。一些人将资金过剩视为资金充裕的一种表现,由此推论,资金过剩就是经济运行中的资金过多,过多的资金直接表现为需求强劲,由此,自然发生需求拉上型通货膨胀。这里实际上出现了置换概念的失误。如上所述,资金过剩是因某种机制被暂时"锁定"而未投入实际经济运行中的资金,它并不直接形成需求,也不可能对所谓的需求拉上型通货膨胀起到直接作用。只有在过剩资金转化为实践中的可用资金的条件下,这些可用资金才形成经济运行中的需求力量。从这个意义上说,资金过剩的数量增加恰恰抑制了物价上行,与此对应,紧缩银根的结果将是一部分可用资金转变为过剩资金,从而,过剩资金的数额进一步增加。

资金过剩是1995年以后就发生的情形,如果要证明它与物价上涨之间存在着某种内在联系,就必须将1995年之后的物价变动状况与资金过剩状况通过数量处理予以分析,而不是简单拿2007年的情况"说事"。实际上,且不说1998年以后多年的物价负增长,就是2005年和2006年的物价数据也很难证明它与资金过剩之间存在正向关联度。

第二,股价上涨。2006年初以后,中国A股市场快速上行,上证指数从1100多点上扬到2007年10月中旬的6124点,最终2007年收盘于5261点,与2005年12月30日的1161点相比,涨幅高达353.14%。在股市高涨过程中,有关流动性过剩与股市走势的关系有着颇多议论,主要有两种观点:一是认为股市的规模扩展、股指上行和股价上涨有利于缓解流动性过剩,因此,强调要通过大力发展资本市场来弱化流动性过剩的压力;二是认为股价高涨意味着资产泡沫的增大,其根源在于流动性过剩,因此,强调要深入探讨流动性过剩与资产泡沫之间的关系,运用政策机制防范由流动性过剩引致资产泡沫和由此增大的金融风险。这两种看法，虽然取向相反，但都将资金过剩与资金充裕视为同一概念，未能在有效区分二者关系的基础上研讨相关问题。

首先，股市并不具有缓解资金过剩的功能。从发行市场来看，认购股票的资金，就投资者角度而言，似乎流出了商业银行体系，但就发行人而言，又存入了商业银行体系。在认购证券投资基金的场合，虽然回流到商业银行体系的资金不再以存款方式体现，按照中国现行货币统计口径计算，它们不被列入货币范畴，但这并未改变这些资金回流到商业银行体系的实质关系。从交易市场来看，就买入股票的一方来说，似乎资金流出了商业银行体系（假定购买方从商业银行提取资金购买股票），但对股票的卖出方来说，卖出股票所得到的资金又以存款方式（包括在证券公司资金账户上的交易保证金）流回了商业银行体系。在债券、权证等证券类产品的发行交易中，资金的流向大致与股票相同。由于在所有这类场合，货币资金在完成了交易媒介功能后，从终点又回流到了起点（尽管就资金数量计算，可能存在某些漏出，但这些漏出的数量相当少，几乎可以忽略不计），所以，它不可能对减少资金过剩数额起到什么实质作用。

其次，中国股市的高涨与资金过剩并无直接的内在联系。如前所述，中国的资金过剩出现于1995年，如果资金过剩与股市高涨之间的确存在着因果关系，那么，就需要先证明1995年以后的10多年来股市走势与资金过剩走势间的相关性，退一步说，至少也需要解释2001—2005年约5年的时间内，在资金过剩状况逐步加重的过程中，为什么股市一路下跌（上证指数从2245点下跌到2005年底的1100多点，期间甚至跌破1000点心理关口）。如果不能对此做出合理的解释，那么，要证明2006—2007年间股市上行是由资金过剩引致的（或主要是由资金过剩引致的）就显得过于牵强。一些人采用的是逆向思维方式，认为如果资金处于紧缺状态，则股市上行将受到来自资金供给方面的压力，从而，难以高行。但是，与资金紧缺对应的概念不是资金过剩，而是资金充裕。不论资金是否过剩，在经济运行中都可能存在着资金充裕和资金紧缺两种状况，因此，不能从资金紧缺、股市就难以上行中推论出，股市上行就是资金过剩的必然结果。

2006年以后，中国股市的一路高涨是由多方面原因所引致的，但与资金过剩状况的存在并无直接联系。具体来看：

　　其一，直接成因。2006 年以来，以股指为计算对象的中国股市快速上行，是由上市公司总股本扩展引致的。中国股指的计算与海外股市不同。海外股指属于取样指数范畴，例如，道琼斯 30 种工业股票指数是在纽约证交所上市的 3000 多家公司中选取 30 只工业股票作为指数计算样本，而中国股指属总和指数范畴，所有上市公司的总股本均被计入指数计算范畴，由此，对取样指数来说，只有在样本股票的股本和股价变化的条件下，股指才发生变化。因此，不论有多少新股上市、非样本股的股本如何变化以及这些股票的价格如何变动，指数不变；与此不同，在中国股市中，即便股价不变，只要有源源不断的新股上市（包括 IPO 的新公司和已上市公司发行新股），随着总股本的增加，股指就将一路上行。从图 2 中可见，2007 年 12 月，中国股市上市公司的总股本达到22416.85 亿股，与 2006 年 1 月 7579.29 亿股相比，股本增长了 195.76%，这意味着，在股价不变的条件下，2006 年 1 月至 2007 年 12 月，中国股指应当上行近 2 倍。其次，股指的快速上行是由股价的快速上涨引致的。从图 3 中可见，全部上市公司的可流通股平均股价在 2007 年初为 9.18 元/股，到 2007 年底（12 月 28 日）上升到 19.40 元/股，这是引致股指快速上行的一个直接因素。与 2006 年的情形相比，在 2007 年的股指上扬中，股价上涨的贡献率明显超过了股本增加的贡献率。

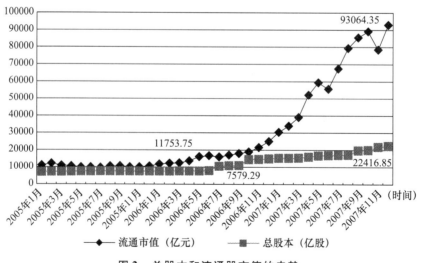

图 2　总股本和流通股市值的走势

资料来源：中国证监会网站。

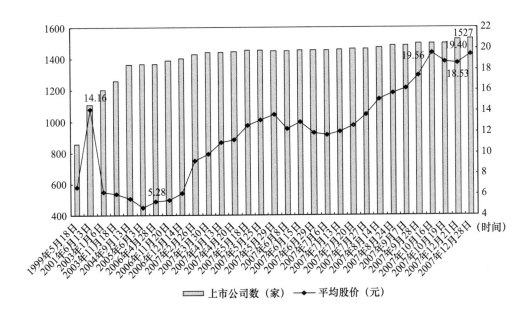

图3　A股上市公司平均股价走势

资料来源：中国证券报。

其二，内在成因。在股市运行中，引致股指快速上行的内在因素主要包括股市的资金供给状况、新股发行状况和上市公司的业绩水平等。2007年中国股市快速上行得到了资金供给的有力支持，这些资金主要来自于城乡居民的消费剩余资金。从图4中可见，2004年至2006年底（12月31日）城乡居民储蓄存款余额分别达到119555.4亿元、141049亿元和164200亿元，与上年相比分别增加了15938亿元、21494亿元和23151亿元。2007年，城乡居民储蓄存款余额在3月份达到175452.6亿元，比2006年底增加了11252亿元，但此后就一路走低，到10月仅为166960.35亿元，这意味着同期少增1万多亿元。如果说2006年的个人投资者入市资金在总量上还只是将本来可能存入银行的资金转投于股市的话，那么，2007年3月以后，则有大量资金是从储蓄存款中提取的。这些资金或者由投资者个人直接投资于股市，或者通过购买证券投资基金和各种理财产品转投资于股市。个人资金大量进入股市，既反映了这些投资者对股市走好的信心，也说明了中国股市大幅上行与商业银行体系内的资金过剩没有多少直接关系。一个突出的现象是，尽管城乡居民储蓄存款余额的绝对数巨额减少，但银行体系内资金相对过剩的状况并未发生根本改变。

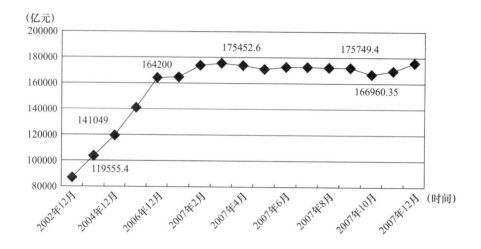

图4   城乡居民储蓄存款余额走势

资料来源：中国人民银行网站。

2007年中国股市快速上行也得益于上市公司的业绩明显提高。从表7和表8中可知，与2006年同期相比，2007年1—6月上市公司的经营业绩大幅提高，其中，A股上市公司的利润总额和净利润分别提高了80.66%和81.39%；即便刨除商业银行、证券公司和保险公司等上市金融机构，非金融类上市公司的利润总额和净利润也分别提高了68.21%和70.23%。上市公司如此高的业绩增长率，在中国股市历史上是不多见的，在全球上市公司中也是不多见的。上市公司的业绩提高有效支持了股市的走高。

其三，外部成因。这一轮股市上行受到外部一系列经济因素的有力支持，其中包括：宏观经济持续走强，2007年中国经济增长率高达11.9%且继续呈现高速增长的势头，可持续的经济景气为上市公司的业绩超预期增长提供了良好健康的外部条件；同时，快速增长的对外贸易及其顺差，也给相关上市公司的业绩提高以有力的外部支持。另外，金融市场中资金相对充裕和社会各方面存在着大量可用于投资的资金，的确给股市的资金供给提供了比较宽松的外部条件。

表7　　　　　　　　A 股上市公司利润表（2007 年 6 月）　　　单位：亿元,%

科目	2007 年 6 月 30 日	2006 年 6 月 30 日	增加额	同比增长
主营业务收入	36003.89	26855.14	9148.75	34.07
主营业务成本	27213.39	20839.17	6374.22	30.59
主营业务利润	8203.66	5559.91	2643.75	47.55
营业费用	2243.99	1720.18	523.81	30.45
管理费用	1507.05	1279.58	227.47	17.78
财务费用	481.77	350.78	130.99	37.34
投资收益	1148.90	260.44	888.46	341.14
利润总额	4772.52	2641.72	2130.80	80.66
净利润	3251.87	1792.74	1459.13	81.39

资料来源：《2007 中国上市公司中期财务分析报告》，《上海证券报》2007 年 9 月 7 日。

表8　　　　　　A 股非金融类上市公司利润表（2007 年 6 月）　　　单位：亿元;%

科目	2007 年 6 月 30 日	2006 年 6 月 30 日	增加额	同比增长
主营业务收入	29423.66	23036.36	6387.30	27.73
主营业务成本	23874.25	18920.94	4953.31	26.18
主营业务利润	5136.34	3795.005	1341.34	35.34
营业费用	1119.51	966.11	153.40	15.88
管理费用	1170.41	1005.67	164.74	16.38
财务费用	381.00	349.51	31.49	9.01
投资收益	294.92	103.78	191.14	184.18
利润总额	2778.09	1657.46	1130.63	68.21
净利润	1916.61	1125.92	790.69	70.23

资料来源：《2007 中国上市公司中期财务分析报告》，《上海证券报》2007 年 9 月 7 日。

　　假定股市上行与资金过剩有着内在联系，或者资金过剩是引致股市走高的主要成因，那么，将表1 中的数据代入，如何解释 2006 年 11 月上证指数突破历史高点（2245 点）以后继续上行，到年底报收于 2675 点，而同时，以超额准备金计算的过剩资金却在 10 月以后持续增加，并在 12 月创出历史新高，达到 19805.86 亿元？又如何解释 2007 年 5—7 月，在股市快速高涨的过程中，以超额准备金计算的过剩资金从 4 月的 10855.61 亿元分别增加到 10931.38 亿元、12819.50 亿元和 12533.17 亿元？

　　第三，商品住宅价格的上行。始于 2003 年的商品住宅价格上涨，虽经近 5 年的多方持续政策调控，到 2007 年依然呈现快速高涨的态势，对此，学术界、实务界和政策制定者从 2004 年起就存在着诸多争议。但在 2007 年之前，基本上没有人将房价上行与资金过剩相挂钩，只是到了 2007 年在强调流动性过剩引致资产泡沫的过程中，才有一些人认为，房价上涨是流动性过剩的一个重要结果。但是，迄今没有人确切地论证过暂时闲置的资金（即过剩资金）如何成为发挥效能的资金从而引致了房价高涨。一个基本的逻辑关系是，假定这些暂时闲置的资金转化成了营运资金，它还属"过剩资金"范畴吗？因此，究竟是资金充裕引致了房价上升，还是过剩资金引致了房价上升？

　　从历史和现实情况来看，在 1999 年之前公房制度存在着一系列严重缺陷，其中一个突出的现象是，每年城镇新建住宅远远不能满足居民生活水平提高后对住房的需求，由此，严重限制了城镇化建设的进程。1999—2001 年，中国展开了城镇公房制度的全面改革，将原先由政府部门和单位的公房产权转变为个人产权。鉴于从 20 世纪 80 年代开始的公房改革走走停停的"经验"，同时，2002 年也还有一些机构（包括政府部门）在进行公房分配，所以，诸多居民依然对此持观望态度，但 2003 年以后，当人们终于认清公房分配历史已经结束的时候，长期累积的购房需求就集中到了市场供给的商品住宅方面。这实际上意味着，从商品住宅起步伊始，中国的住房市场就处于严重的供不应求格局中，但是，自 1998 年之后，中国商品市场就告别了短缺时代，绝大多数商品供过于求的现实，使人们养成了买方市场的思维（一个突出的现象是，在研讨住房市场过程中，极少有人回想起改革开放初期的商品严重短缺时期，大到彩电、冰箱等家用电器小到棉毛衫、肥皂、酱油、醋等日用消费品的几乎各种商品，都曾发生过囤积、炒作、倒卖以及假冒伪劣的现象），由此，在住房市场中形成了严重供不应求的现实与买方市场思维之间的矛盾。

　　在这一矛盾中，一些人将房价上涨的主要成因归结于开发商的囤房、群体（如所谓的温州炒房团）的炒房、个人的投机性购房，等等，有关政府部门出台的一系列政策，在努力抑制购房需求的同时，也在抑制建房从而供房的增长速度。2004 年以后，商品房的每年竣工面积开始小于销售面积，二者之间的差额持续扩大，到 2007 年差额已达 1.78 亿平方米，这意味着商品住宅的供求缺口在不断扩大。一个突出的现象是，到 2004 年，还有不少的现房可供购房者选择，但到 2005 年期房所占比重就超过了商品住宅销售额的 50%，到 2007 年这一比重已高达 70% 左右（在一些城市甚至超过了 80%）。购买期房，是违反消费者购买商品房行为习惯的现象，但还有如此多的人蜂拥购买期房，这足以说明商品住宅市场中供不应求的程度。在商品住宅价格已基本由市场机制决定的条件下，供求缺口的扩大必然引致房价的持续上升，由此，2003 年以后各年中，商品房销售额的增长率以几倍乃至几十倍的速度增长，超过了商品房竣工面积增长率和销售面积增长率。显然，商品住宅价格上涨是由供不应求格局决定的，只要这一格局不变或供求缺口进一步扩大，那么，商品住宅价格还将继续上行。

毋庸赘述，商品住宅价格的上行并非由资金过剩状况的存在及其程度所推进的，相反，资金过剩使得这部分资金不能以信贷方式（包括按揭贷款）投入经济运行中，实际上抑制了当期对商品住宅的需求能力，因此，具有抑制商品住宅价格上涨的功能。

总之，要从资金过剩中探求价格（包括资产价格）上行的成因并由此选择对应的政策举措，是比较困难的。从 20 世纪 90 年代中期以来的实践来看，调控和抑制经济增长过速、固定资产投资增长过快并由此落实到调控信贷增长过快，是引致一部分资金暂时处于过剩状况的主要成因。蓄于水库之水，当未放出时，不可能对下游农田、树木等的涝灾造成影响，一旦发出，就不再是水库之水了。同理，过剩资金既然已被控在"笼"中，处于暂时闲置状态，没有成为营运资金，就不可能对商品价格和资产价格产生实质性的影响。

主要参考文献

[1] 王国刚：《中国金融改革与发展热点》，社会科学文献出版社 2007 年版。

[2] Magnus Axegaard：Excess Liquidity and Effectiveness of Monetary Policy：

Evidence from Sub – Saharan Affrica, IMF, Working Paper, WP/06115.

[3] Rasmus Rufer and Vivio Stracca : What Is Global Excess Liquidity, and Does It Matter? EBC, Working Paper Series No. 696, 2006.

[4] Thorsten Polleit and Dieter Gerdesmeier: Measures of Excess Liqiudity, ECB Working Paper Series, 2006.

[5] 唐双宁：《关于解决流动性过剩问题的初步思考》，《经济研究》2007 年第 9 期。

[6] 余永定：《理解流动性过剩》，《国际经济评论》2007 年第 7—8 期。

[7] 彭兴韵：《流动性、流动性过剩与货币政策》，《经济研究》2007 年第 11 期。

（原载《财贸经济》2008 年第 6 期）

中国银行体系中资金过剩的对策分析

——三论资金流动性过剩

　　鉴于资金过剩对中国经济运行和经济发展有着重要影响，一些学者和政策制定者从各自对资金过剩成因认识的角度出发，提出了一系列政策建议，其中包括减少外贸顺差、积极扩大内需、降低企业储蓄率、提高居民收入水平①、提高法定准备金率、提高存贷款利率、抑制金融资产泡沫、大力发展资本市场和加快人民币升值步伐，② 等等。关于提高法定准备金率、提高存贷款利率和有关资产泡沫的问题，笔者在《中国银行体系中资金过剩的效应分析——二论资金流动性过剩》中已进行了讨论，所以，本文着重讨论减少外贸顺差、积极扩大内需等对策中的问题。

一　减少外贸顺差：作茧自缚或南辕北辙的选择

　　一些人强调，中国经济运行中发生的资金过剩主要是由海外资金流入所引致的，由此，要缓解资金过剩就要弱化海外资金的流入。其典型提法是"减少外贸顺差，缓解流动性过剩压力"。由于海外资金主要是通过两个合法渠道流入中国境内的，即外贸顺差和外商投资，2002 年以后，这二者相比，又以通过外贸顺差流入的海外资金为大，同时，中国外贸的摩擦事件近年来也有增加的趋势，所以，研讨较多地集中于减少外贸顺差方面。

　　为什么要减少外贸顺差？西方经济理论强调，一国要实现宏观经济平衡，

---

　　① 樊钢：《缓解储蓄率过高"三步走"》，《21 世纪经济报道》2007 年 8 月 13 日第 12 版。

　　② 余永定：《当前中国宏观经济的新挑战——兼论目前调控经济运行的 9 大政策建议》，《21 世纪经济报道》2007 年 9 月 17 日第 29 版。

在开放型经济格局中就要实现储蓄＋进口＝投资＋出口（或者储蓄＋进口＋引进外资＝投资＋出口＋资本输出）。如果长期处于外贸顺差状态且不能通过资本输出来实现国际收支平衡，就需要投放大量本币来对冲外汇占款，由此，将引致通货膨胀乃至经济运行秩序混乱；反之，如果长期处于外贸逆差状态且不能通过资本输入来实现国际收支平衡，不仅将严重制约经济增长，而且将不断恶化本国经济运行的国际条件。但是，从经济全球化背景来看，这一理论只考虑了国际贸易本身，没有考虑到随着国际贸易增长，作为媒介的国际货币也有一个增长问题，因此，存在着明显的缺陷。举例来说，假定 2007 年国际贸易数量比 2006 年增长了 10%，在国际货币流通速度不变的条件下，这些国际贸易交易的实现客观上要求增加 10% 的国际货币投放。如果国际货币定义为美元，则需要增加 10% 的美元投放，那么，这新增的 10% 美元是如何投放到国际市场上的？可选择的路径只有两条：一是美国在贸易逆差的条件下，将与逆差额对应的美元投入国际市场；二是美国在"资本与金融项"下逆差的条件下，将对应数额的美元投入国际市场。无论选择哪条路径（或是两条路径同时存在），美国都必然发生国际收支中的"经常项"或"资本与金融项"的不平衡，从而，发生国际收支的不平衡。

外贸平衡是西方经济学始终强调的，也是发达国家政府、机构和学者认为发展中国家应当实现的。但从图 1 中可以看出，1970—2007 年，美、英、法、德、日、加等主要发达国家的经常项目也没有哪一年达到了平衡状态。大致情况是，日、德两国顺差年份较多，其他国家的逆差年份较多。2000 年以后的情形如表 1 所示，德、加、日等国基本保持着经常项目净额顺差的走势，而美、英两国始终处于逆差态势，且逆差数额逐渐增大。外贸平衡理论是发达国家学者创立的，这么多发达国家在如此长的时间内都实现不了外贸平衡，有何道理要求发展中国家应当实现？

在世界各国中，日本是外贸顺差持续时间最长且累计数额最大的国家。在 1977—2006 年的 30 年间，日本经常项目累计顺差数额达到 23974.22 亿美元（远大于中国），但并未引致诸如信贷过速增长、固定资产投资增长率过高和经济过热，更未引致诸如物价快速上涨和资产膨胀等现象。值得强调的是，始于 20 世纪 80 年代末的日本资产泡沫以及 90 年代初的泡沫经济破灭并非由外贸顺差从而经常项目顺差所引致。反过来看，如果不是长期存在外贸顺差，而是存在外贸平衡甚至外贸逆差，对于日本来说，恐怕不仅难以成为世界第二大经济强国，而且国内经济的正常运行也将产生诸多问题。

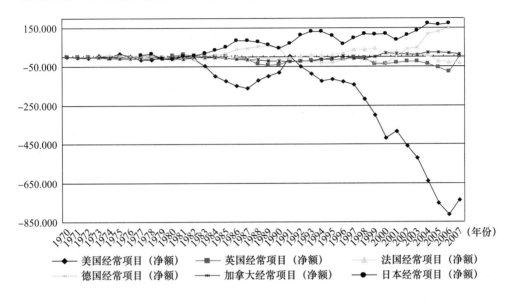

图1　主要发达国家经常项目走势图

资料来源：IMF，IFS。

表1　　　　　　　　　主要发达国家经常项目（净额）状况　　　　单位：10亿美元

年份 国别	2000	2001	2002	2003	2004	2005	2006	2007
美国	-417.324	-384.597	-459.441	-522.101	-640.149	-754.848	-811.486	-738.641
英国	-37.357	-31.416	-24.606	-24.468	-35.184	-54.996	-77.548	—
法国	22.307	26.191	19.703	14.757	10.425	-19.522	-28.315	-30.5673
德国	-31.955	0.482	40.710	49.170	120.325	131.811	150.745	—
加拿大	19.622	16.281	12.604	10.696	22.321	23.408	20.797	12.815
日本	119.660	87.798	112.447	136.216	172.059	165.783	170.517	—

资料来源：IMF，IFS。

从中国历史来看，一些西方经济史学家研究发现，在14世纪至19世纪中叶的几百年时间中，欧洲从美洲开采了大量白银，"可能有一半美洲白银最终流入中国"；"日本出口到中国的白银数量比从太平洋上运来的美洲白银多 3 倍到 10 倍，平均为 6 倍到 7 倍"①。当时产业革命尚未发生，白银的用途主要是充当货币材料和制作工艺品（如器皿、首饰等）。由于欧洲实行金本位制度，白银的货币用途较少；同时，受容易氧化的特点限制，白银作为消费品的使用量也相当有限，因此，欧洲从美洲开采的大量白银需要寻找出路。中国的白银储量并不丰富，但却以白银为本位货币材料，这决定了中国对白银有着大量需求，由此，通过国际贸易大量白银源源不断地流入中国。从当今的用语说，这就是"外贸顺差"。在这段长达 400 多年的历史（就西方学者考究的历史长度而言，实际上可能超过这一长度）中，中国持续外贸顺差，竟然没有找到因此引致中国经济产生负面效应的证据，相反，在明朝解决了自宋、元以后存在的因滥印纸币所引致的通货膨胀。显然，在历史上，长期外贸顺差并未引致中国经济运行产生多少负面效应。

　　减少中国的外贸顺差，对相关发达国家来说，并不见得有多少利益可得。以美国为例，中国出口到美国的产品主要是各种消费品。这些消费品之所以大量出口到美国，主要是因为，对美国厂商来说，缺乏这些产品的生产可能性（即并非缺乏技术，而是因为成本过高使得厂商经营难以维系），由此，在中国大幅减少对美国出口消费品的条件下，下述几种情形必然发生：第一，如果中国出口减少且没有其他国家对美国的同类产品出口增加，则美国市场上必然发生这些消费品的供不应求和对应的价格上涨，这种价格上涨只有达到了美国厂商的生产可能性，新的供给才可能逐步改变市场中的供不应求格局，由此，美国的消费者将承受更高的消费支出。这种状况对美国显然不利。第二，如果中国减少的出口缺口由其他国家出口所填补，那么，由于中国出口的减少与其他国家出口增加之间存在着时滞，由此，在时滞期内这些消费品的价格将上行；如果其他国家出口到美国的同类消费品价格较高，则美国消费者需要付出较多的消费成本；如果其他国家出口到美国的消费品与中国出口价格持平，则对美国来说，只是改变外贸逆差的对象国，外贸逆差数额并没有减少，因此，从中国的外贸顺差减少中，美国并没有得到多少利益。

　　实现外贸平衡的路径主要有两条：减少出口和增加进口。在中国市场

---

① ［德］贡德·弗兰克：《白银资本》，中译本，中央编译出版社 2005 年版，第 206、207 页。

上大部分消费品（除猪肉等少数几种食品外）尚处于供过于求的买方市场格局下，减少消费品出口的最直接后果是，一批外贸企业因出口受阻而倒闭和对应的一批工人下岗。增加进口，似乎是一条可选择之路。如果中国需要的高新技术及其设备等产品能够顺利地以外贸方式得到，那么，中国的外贸顺差可能并不突出甚至可能出现外贸逆差；中国的外贸顺差持续发生的一个主要背景是，发达国家（尤其是美国）并不情愿将这些高新技术及其设备卖给中国，同时，在消费品方面它们的产品价格在国际市场中又缺乏足够的竞争力，由此，如果要增加进口，在很大程度上，就只能是增加消费品的进口（且不说这些消费品的价格较高和可能引致国内物价上涨），其直接后果同样可能引致中国的一批厂商倒闭和对应的一批工人下岗。进一步从中国的外贸结构看，表 2 显示了中国出口品总值中的企业结构，从中不难看出，在中国出口总值中，2004 年以后，外资企业所占比重超过了 55%，中资企业所占比重不足 45%。在此背景下，减少外贸顺差究竟是减少外资企业的出口还是减少中资企业的出口？如果是减少外资企业的出口贸易数额，理由何在？又有哪些政策措施可供选择？反之，如果是减少中资企业的出口贸易数额，内在机理是什么？从实际情况看，只好选择对等同一的政策，其结果只能是：或者国内市场对外资企业进一步开放以化解外资企业由于出口贸易减少所带来的经营规模缩小、企业关闭和工人下岗，或者从事出口贸易的内外资企业将出口产品转为内销，加大国内市场的竞争压力。毋庸赘述，不论选择何种路径减少外贸顺差，对中国的经济运行和经济发展都是不利的。

表 2　　　　　　　　　　　中国出口品总值中的企业结构　　　　　单位：亿美元, %

年份	出口总值	外资企业	外资企业占比	国有企业	其他企业
2002	3255.7	1699.4	52.20	1228.6	327.7
2003	4383.7	2403.4	54.83	1380.3	600.0
2004	5933.7	3386.1	57.07	1535.9	1101.7
2005	7620.0	4442.1	58.30	1688.1	1489.8
2006	9690.7	5638.3	58.18	1913.4	2139.0
2007	12180.1	6855.2	56.28	2248.1	2976.8

资料来源：国家商务部网站。

减少外贸顺差的另一个理由是，中国的外贸快速发展引致了一系列国际贸易中的摩擦。的确，近些年来，随着中国外贸的快速发展，以中国出口产品为对象的国际贸易摩擦事件也有所增加。这些外贸事件，在一定程度上伤害了国人，但一味抱怨和不满是于事无补的。众多国家的实践证明，减少贸易顺差并不见得就能减少国际贸易中的摩擦事件。正确的对应之策应当是以积极主动的精神予以化解。一个突出的实例是，一些国家提高了相关产品的技术标准，由此，对中国出口造成了影响。对此，需要正确认识：任何国家提高某种或几种日常消费品的技术标准，有的是出于安全考虑，有的是出于环保考虑，但在一个市场经济国家中，这些标准绝对不会只针对某个国家的进口商品而实施，它应是对包括其国内厂家在内的所有提供该种产品的厂家而实施的；同时，既然是一项新的技术标准，那么，在实施前，该国政府的有关部门就应做好充分的调查研究，以保障在新的技术标准实施条件下，符合新标准的产品供给依然能够满足市场的基本需求，否则，如果各个厂家（包括该国厂家）都无力按照新标准组织生产，就将造成市场的严重供不应求甚至有行无市，这将引致消费者的强烈不满。实施新标准可能使中国的一些厂家暂时难以适应，尤其是可能引致生产成本上升，但这一方面意味着产品技术质量的提高（相应也需要生产技术提高等），另一方面也是产品进入国际市场所必备的条件，因此，不应以"恶意"冠之，而应积极应对，寻求解决方案。另一个值得关注的现象是，一些国家认为中国的出口产品在实行低价倾销，由此，提出了种种责难。实际上，对任何国家和外贸企业来说，在生产成本不变的条件下，尽可能高的售价总意味着盈利的提高，所以，并无刻意降低价格出口产品的内在要求。一些外贸产品之所以价格较低，既是由国家市场竞争程度决定的，也取决于国内市场供过于求的状况。对中国而言，在资源紧缺（且价格不断上涨）条件下生产的产品，之所以低价出口，主要是因为这些消费品的国内市场供过于求的状况比较严重，使得国际贸易的采购者可以较低的价格购买，然后出口到其他国家。在这种背景下，如果减少外贸顺差则意味着出口品减少，结果将是国内市场的供过于求状况更加严重，产品价格进一步下落。因此，减少外贸出口不是弱化"低价倾销"的有效对策。要改变由所谓的"低价倾销"引致的国际贸易保护主义，中国不仅要努力争得市场经济国家地位，而且需要在经济发展过程中逐步地调整国内价格体系的水平。

外贸顺差的扩大引致了中国外汇储备的快速增加，外界对此颇有微词，也成为要求中国减少外贸顺差的一个重要理由。实际上，中国外汇储备快速增加的一个主要原因在于缺乏足够的外汇使用路径。从19世纪后期开始，发达国家就已变简单的商品输出战略为资本输出与商品输出并重（甚至资本输出为主）的战略。对中国来说，当下需要着力研究解决的主要问题不是由外贸顺差快速增加引致了外汇储备过多，而是如何拓展资本输出渠道，转变简单以商品输出为导向的外向型经济战略。但这种对外发展战略的转变，并不是通过减少外贸顺差就能轻易实现的。

二　积极扩大内需：雾里探花与似是而非的主张

为了避免由减少外贸顺差引致的外贸企业倒闭和工人下岗，一些人提出了扩大内需的主张，强调要通过扩大内需来化解由减少外贸顺差引致的各种经济社会问题。首先，需要指出的是，对中国这样一个有着13亿人口的发展中大国来说，扩大内需永远是发展经济和提高居民生活水平的一项基本国策。改革开放30多年来（尤其是1998年以后），扩大内需成为保障中国经济又好又快发展的一项基本机制，就此而言，主张"扩大内需"是毫无疑义的。但是，如果不是停留在字面理解，而是深入到扩大内需的具体内容，情形就大不相同了。

首先，扩大内需中要扩大的是什么内需？内需可分为投资需求和消费需求两大类，那么，在扩大内需中，是扩大投资需求还是扩大消费需求或是两者都包括？从多年来调控经济增长的重心在于抑制固定资产投资增长过快的实践来看，扩大内需的主要倾向应当在于扩大消费需求。因此，问题延伸到扩大什么消费需求。对任一国家而言，消费需求由政府消费需求和居民消费需求两部分构成，那么，对中国而言，应当扩大的是政府消费需求还是居民消费需求或者两者都包括？要扩大政府的消费需求，客观上意味着政府部门的财政收入应当增加，这将会导致政府部门通过提高税收等路径或者通过增发国债将居民手中的资金集中到其手中。众所周知，提高税收是一项从紧的财政政策，它不符合扩大消费需求的内在要求；将居民手中的资金集中到政府部门，在财政支出中更有可能转化为政府部门的投资，这也不符合抑制固定资产投资增长率过高的要求。从表3中可以看到，1998—2007年，政府财政收入增幅和财政收支增幅都明显超过了同年的经济增长率，这意味着在当年创造的GDP中有更大的份额集中到了政府财政部门的手中，与此对应，居民在GDP中的份额呈下落走势。正因如此，党的十七大报告明确提出，要"逐步提高居民收入在国民收入分配中的比重，提高劳动报酬在初次分配中的比重。"在此背景下，要在已有财政收支及其增幅的基础上进一步通过大幅提高政府财政收入、增加财政支出来扩大政府消费需求不是一个可行的思路。因此，要扩大内需就只能寄希望于扩大居民消费需求。

表3　　　　　　　　　　全国财政收支情况　　　　　　单位：亿元，%

年份	财政收入	财政收入增幅	财政支出	财政支出增幅
1998	9875.95	14.2	10798.18	16.9
1999	11444.08	15.9	13187.67	22.1
2000	13395.23	17.0	15886.50	20.5
2001	16386.04	22.3	18902.58	19.0
2002	18903.64	15.4	22053.15	16.7
2003	21715.25	14.9	24649.95	11.8
2004	26396.47	21.6	28486.89	15.6
2005	31649.29	19.9	33930.28	19.1
2006	38760.20	22.5	40422.73	19.1
2007	51304.03	32.4	49565.4	22.6

资料来源：2006年以前的数据摘自《中国统计年鉴（2007）》，2007年数据引自《关于2007年中央和地方预算执行情况与2008年中央和地方预算草案的报告》。

中国有着13亿人口，扩大居民消费需求是扩大内需的一项基本内容。在20世纪90年代以后的实践中，扩大居民消费需求的直接政策措施主要有两种：一是提高居民的收入水平，由此，推进居民的消费支出增加；二是降低储蓄存款利率，促使城乡居民的一部分存款资金转化为消费资金。从后一项措施来看，不论是1990年以后的降低存款利率还是1996—2002年间的持续8次下调存款利率，均没有对推进城乡居民消费起到多少作用，相反，在这些时期内，居民储蓄存款呈快速增加趋势。从前一项措施来看，图 2 显示了居民消费支出占最终消费支出中的比重长期持续下落，从 1988 年的 80.0% 下落至 2006 年的 72.6%，这在一定程度上反映了城乡居民的收入增长状况，鉴于此，提高城乡居民收入水平是必需的。但是，提高居民收入水平只是为提高居民消费水平提供了条件，并不是直接提高居民消费水平。城乡居民的消费可分为吃、穿、用、住、行、学 6 个方面，需要深入分析在收入水平提高过程中，应着力提高城乡居民的哪些消费从而对提高他们的消费水平和扩大内需具有实质意义。

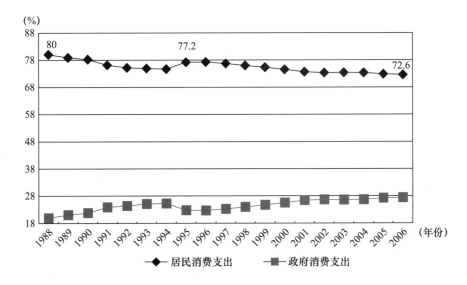

图 2　最终消费支出结构走势图

资料来源：《中国统计年鉴（2007）》。

首先，从"吃"的方面来看，图 3 描述了 1978—2006 年间的城乡居民家庭恩格尔系数走势情况。它反映了随着居民收入水平的提高，"吃"在各种消费中所占比重的逐步下降的趋势。食品类的需求弹性较小，且随着居民收入水平的提高，在收入中所占比重呈下落走势，这决定了，虽然就绝对值而言，在人口增长背景下，随着居民消费的食品质量提高和品种增加（这意味着饮食结构优化），也还有消费增长的空间，但要以此有效拉动消费需求，不仅难度很大，而且潜力相当有限。

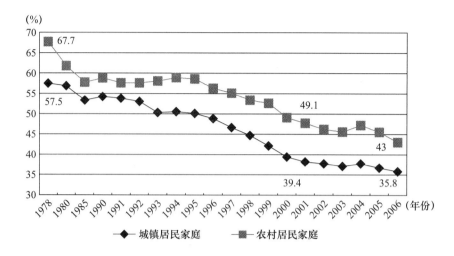

图3　城乡居民家庭恩格尔系数走势图

资料来源:《中国统计年鉴（2007）》。

　　其次，从"穿"和"用"的方面来看，图4描述了1990—2006年间城镇居民人均消费性支出中"衣着"和"家庭设备用品及服务"所占比重的变化情况。从中不难看出，在10多年的时间内，二者均呈下行走势，其中，"衣着"所占比重从1993年的14.24%下落到2006年的10.37%（最低点为2004年的9.56%），"家庭设备用品及服务"所占比重从1990年的10.14%下落到2006年的5.73%。与图3相比可见，这两项的下落幅度虽然不及"吃"的一项，且某些年份还出现了暂时性提高，但在收入水平提高的过程中，居民在这两项上的支出所占比重是日趋减小的，因此，要通过提高居民在"穿"和"用"上的消费性支出比重来对冲由减少外贸顺差所引致的负面影响，虽有一定余地，但比较困难，也缺乏足够的潜力。需要指出的是，城乡居民在"衣着"和"家庭设备用品及服务"方面的支出增长，不仅取决于收入水平的提高，而且取决于他们的文化教育程度、居住环境和医疗保健状况等一系列条件的改善，因此，提高收入水平虽然重要，但不是唯一的决定性因素。

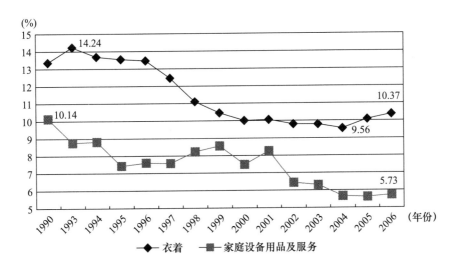

图 4　城镇居民消费性支出中"穿"和"用"所占比重

资料来源：根据历年《中国统计年鉴》整理。

　　社会消费品零售总额反映了当年城乡居民购入的用于生活消费和社会集团购入的用于公共消费的各种消费品的指标。从图 5 中可以看到，1991—2006 年的 16 年间，社会消费品零售总额增长率在大多数年份都高于 GDP 增长率，即便是扣除了 CPI 上涨因素后，这一状况也没有发生实质性改变。社会消费品零售总额增长率高于 GDP 增长率，意味着在当年创造的 GDP 中用于消费的部分增加了，由此，消费占 GDP 的比重应当呈上升走势；社会消费品零售总额增长率等于 GDP 增长率，意味着在当年创造的 GDP 中用于消费的比重不变，由此，消费占 GDP 的比重也应不变。综观图 5 与图 6，情形并非如此。且不说 90 年代中期（例如，1995 年和 1996 年，扣除了 CPI 上涨因素后，社会消费品零售总额增长率分别为 9.7% 和 11.3%，同期 GDP 增长率分别为 9.3% 和 10.2%，但消费率却从 1993 年的 58.5% 下落到了 1995 年的 57.5%，减少了 1 个百分点），就说 2000 年以后的 7 年间，社会消费品零售总额增长率（扣除 CPI 上涨因素）有 4 年是明显高于 GDP 增长率的，其中，2000 年高出 0.7 个百分点、2001 年高出 1.3 个百分点、2002 年高出 3 个百分点、2006 年高 1.15 个百分点，但消费占比却从 2000 年的 61.1% 直线下落 2006 年的 49.9%。

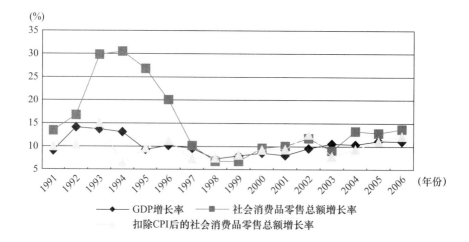

图 5 社会消费品零售总额增长率与 GDP 增长率走势

资料来源：根据历年《中国统计年鉴》整理。

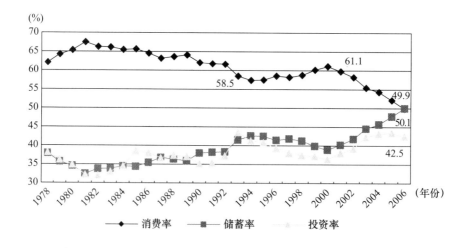

图 6 消费、储蓄、投资占 GDP 比重走势

资料来源：根据历年《中国统计年鉴》整理。

一些人将此归结于收入分配差距，甚至认为存在着两极分化现象。事实上，自改革开放以来 30 多年的经济发展过程中，不存在"穷的越穷"现象，确实有"富的越富"情形，因此，中国经济中不存在"两极分化"现象，但在共同富裕过程中的确存在富裕程度差别扩大的现象。贫富是相对而言的，只要存在富裕程度的差别，就存在不那么富余的社会群体和比较富余的社会群体之间的经济差别，由此，就可称为"贫富差别"。但这绝不意味着，低收入群体的生活在 30 多年中持续恶化以至于比改革开放前更差了。低收入和低保群体的存在，决定了需要采取收入分配政策、推进社会公平分配，给这些家庭及个人以经济上的支持（在 CPI 快速上升时期尤其如此），这是维护经济社会稳定所必需的。但是，这并不意味着，这些低收入和低保群体的经济生活状况会在短期内（如 3—6 个月）得到明显改观。原因有两点：其一，不论在中国还是在其他国家和地区，社会各群体的收入水平呈现阶梯式分布状态，每一上层的收入水平都与就业者的文化教育水平（这意味着早期的家庭教育投资）、个人努力程度、工作能力高低和就业单位状况等一系列因素相关，因此，如果低收入和低保群体的收入水平调整幅度过大、速度过快，将会引致全社会阶梯式收入结构的全面且大幅调整，这反而不利于经济社会生活秩序的稳定。其二，在经济生活中，社会每个群体都是根据自己的可预期收入水平习惯性地展开消费的，虽然就单个家庭（或个人）而言有可能在几个月内突然调整消费习惯，但就一个消费阶层而言，这种情况几乎是不可能发生的。由此，即便是突然给了低收入和低保家庭一笔数额较大（如 1 万元）的额外补贴资金，他们中的绝大多数人也将选择把这些资金以某种方式（如存款、购买国债等）存起来，并不会对拉动他们的消费需求产生太大效应。因此，要通过提高低收入和低保群体的收入水平、促进他们在"吃、穿、用"等方面的消费能力来拉动内需，将是一个漫长的过程。在建设和谐社会的过程中，提高低收入和低保群体的生活水平是非常重要的，也是不可偏废的。但将其作为减少外贸顺差的对应之策，却是不现实的。理由是，如果真要大幅减少外贸顺差，只需采取取消出口退税、实行出口关税、实行出口配额和弱化出口信贷等政策，在 3 个月左右就将收到明显成效，但由此引致的外贸企业产品内销困难不是在这一时间内通过提高低收入和低保群体的收入（从而刺激他们消费）所能对冲的，且不说这些外贸企业的产品结构与低收入和低保群体的消费结构是否匹配。

将表 3 与图 5、图 6 联系来看，不难发现一个奇怪的问题：2000 年以后，构成消费率的几方面因素的每年增长率，或明显高于 GDP 增长率（如财政收支)、或与 GDP 增长率相差不大（如社会消费品零售总额），但 GDP 中的消费所占比重却以每年 1 个多百分点的幅度呈快速下落趋势。其中原因值得深思。

三　扩大非生产性投资：缓解诸多矛盾的可选之策

2000 年以后，中国经济社会发展中产生了几个令人瞩目的现象：其一，中国绝大多数家庭已经达到了温饱型小康生活的水平，这意味着"吃、穿、用"已不再是困扰居民生活的主要因素，因此，中国开始向实现全面小康发展；其二，在工业化的进程中，城镇化成为推进中国经济社会发展的一根主线，由此，城镇化建设、农村人口向城镇转移等现象大量产生；其三，中国经济增长摆脱了 1997 年东南亚金融危机的影响，2002 年以后 GDP 增长率持续保持在 10% 以上的水平，其中，2007 年达到了 11.9%；其四，贯彻科学发展观，以人为本，成为中国经济发展的基本内容，由此，统筹兼顾、节能减排、保护环境等都成为经济发展中必须重视的问题；其五，在经济全球化背景下，中国的外汇资产快速增加（其中，尤为突出的是外汇储备资产快速增加），为中国经济在广度和深度上融入全球经济提供了坚实的资产基础。

在从温饱型小康向全面小康发展的过程中，将扩大消费需求的重心放在提高"吃、穿、用"上是否合适，是值得慎重考虑的。从图 7 中可见，1993—2006 年间，"医疗保健""教育文化娱乐服务""居住"和"交通通信"等与居民"住、行、学"直接相关的消费性支出明显提高，这些项目的总体比重从 1993 年的 22.34% 上升到 2006 年的 44.56%，提高了将近 1 倍。这种走势，一方面反映了在经济发展过程中居民消费结构的变化，是从温饱型小康向全面小康发展的必然结果，另一方面，与发达国家的居民消费结构相比，中国城镇居民消费结构的这种变化还是初步的，换言之，随着经济发展水平的提高和收入水平的提高，这些项目在城乡居民消费性支出中所占比重还将进一步提高，因此，从发展角度看，扩大消费需求的主要内容应当以这些项目为重心。

提高城乡居民在这些项目上的消费能力，不仅取决于他们的收入水平（需求能力），更重要的还取决于这些项目的供给状况。从图 8 城乡居民储蓄

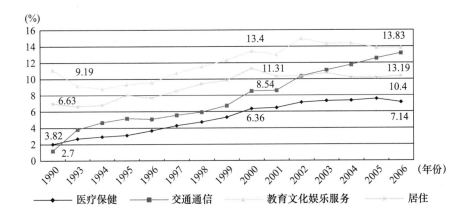

图 7　医疗教育等支出占城镇居民消费性支出的比重

资料来源：根据历年《中国统计年鉴》整理。

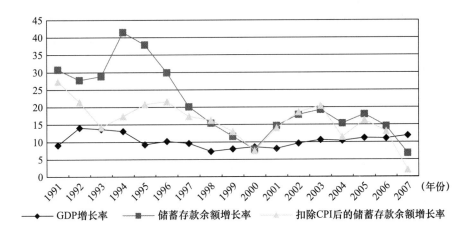

图 8　城乡居民储蓄存款余额增长率与 GDP 增长率走势

资料来源：根据历年《中国统计年鉴》和中国人民银行网站有关数据整理。

存款余额的增长走势中可以看出，在 1991—2007 的 17 年间，除个别年份（如 2000 年）城乡居民储蓄存款余额增长率与 GDP 增长率相差无几外，在大部分年份中，均明显高于 GDP 增长率。扣除 CPI 后的储蓄存款余额增长率与未扣除 CPI 的储蓄存款余额增长率相差不大。这反映了城乡居民拥有较强的消费能力，因此，提高消费率的主要问题不在于城乡居民的有效消费不足，而在于相关产业的有效供给不足。需要指出的是，2007 年是个特例，受股市高速上行的影响，从 3 月开始，城乡居民储蓄存款余额的绝对值就呈减少态势，到 11 月才开始回升，因此，它并不反映城乡居民有货币支付能力的消费能力减弱。

要提高有效供给能力，除发挥现有设施生产能力外，一个有效手段是扩大固定资产投资规模，由此，必然触及一个多年来经济运行中的敏感问题——固定资产投资增长率。管控固定资产投资增长率是中国宏观经济调控中的一个经常性现象。每当经济运行呈现趋热走势，就提高抑制固定资产投资增长率，以降低 GDP 增长率；每当经济运行呈现趋冷走势，就提高固定资产投资增长率，以推进经济走高。几十年中，这一调控机制被屡次运用，以至于成了一种思维定式。2002 年以后，鉴于 GDP 增长率超过了两位数，抑制固定资产投资增长过快更是成为诸多宏观调控政策中首要选项。从图 9 中可以看到，2001 年以后"资本形成"（即固定资产投资）对 GDP 增长率的贡献率在 40% 左右，最高年份（2003 年）达到了 63.7%。因此，着力管控固定资产投资增长率，更是成为实现宏观经济调控目标的重要机制。

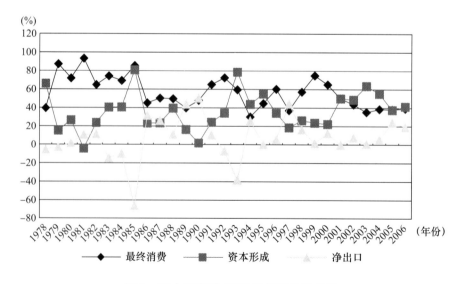

图 9　三大需求对 GDP 增长率的贡献率

资料来源：根据历年《中国统计年鉴》整理。

在工业化与城镇化并进的背景下，固定资产投资必然呈现出高速增长的态势，由此，提出了一个问题——为什么要管控固定资产投资增长率？从相关文献看，管控固定资产投资增长率的直接理由主要有三个：一是固定资产投资增长过快将引致经济过热；二是固定资产投资增长过快将引致资源类产品价格上扬并进一步引致严重的通货膨胀；三是固定资产投资增长过快将引致产能过剩。但这些理由更多的是建立在理论分析模型上的担忧，并非中国经济运行的现实。从图 10 中可以看到：第一，在 1996—2006 的 11 年间，固定资产投资增长率的走势与 GDP 走势并不同步对应。突出的现象是，与 1998 年相比，1999 年固定资产投资增长率从 15.75% 急速下落到 5.1%，而 GDP 增长率却从 7.3% 上升到 8%；与 2002 年相比，2003 年固定资产投资增长率从 16.89% 快速上升到 27.74%，但 GDP 增长率仅从 9.6% 提高到 10.6%；与 2003 年相比，2004—2006 年的 3 年间固定资产投资增长率分别下降到 26.83%、25.96% 和 23.91%，但 GDP 增长率却分别提高到 10.4%、11.2% 和 11.1%。因此，固定资产投资增长率不是影响 GDP 走势的唯一因素，不一定引致经济过热。第二，固定资产投资增长率的走势与物价（CPI 和 PPI）走势并不同步对应。突出的现象是：与 1997 年相比，1998 年的固定资产投资

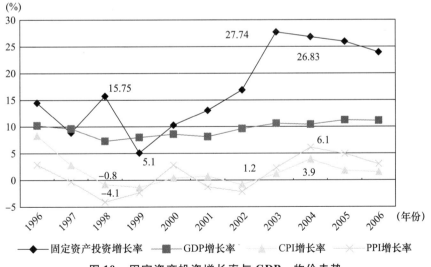

图 10　固定资产投资增长率与 GDP、物价走势

资料来源：根据历年《中国统计年鉴》整理。

增长率从 8.58% 提高到 15.75%，但 CPI 和 PPI 分别从 2.8% 下落到 - 0.8%、从 - 0.3% 下落到 - 4.1%；与 2002 年相比，2003 年的固定资产投资增长率提高了 10 个多百分点，但 CPI 和 PPI 仅分别从 - 0.8% 提高到 1.2%、从 - 2.2% 提高到 2.3%；与 2004 年相比，2005 年固定资产投资增长率下落了 0.87 个百分点，但 CPI 和 PPI 却分别下落了 2.1 个百分点和 1.2 个百分点。显然，固定资产投资增长率不是影响物价走势的唯一因素，它的变化并不一定引起物价的对应变化。

　　固定资产投资增长是否必然引致产能过剩？答案是否定的。在计划经济时代，受"先生产后生活"的取向制约，中国将满足生活需要的投资建设项目作为生产性投资的配套部分而计入固定资产投资范畴，由此，将各种"固定资产投资"都看作是生产性投资。但 90 年代中期以后，在继续推进工业化的进程中，中国展开了城镇化建设。城镇化建设涉及了大量包括商业、金融、教育、医疗、通信、交通等服务业在内的建设和其他公用设施的建设。这方面的固定资产投资增加，为改善居民生活条件、提高他们生活质量和优化消费结构等创造了基础性条件，但物质资料的生产能力并未得到相应提高，因而，有利于贯彻科学发展观、以人为本的理念，是实现全面小康社会所必需的。从中国现实情况来看，长期以来，医疗保健、教育文化娱乐服务和居住等方面的欠账颇多，90 年代中期以后，虽然供给有所增加，但依然供不应求。如图 11 所示，2004—2007 年的 4 年间，除房地产业的投资增长率超过全社会固定资产投资增长率外，交通通信、文化教育、卫生和社会保障、公共事业等的投资增长率基本都明显低于全社会固定资产投资增长率，与此不同，具有典型生产性投资意义的制造业投资增长率却始终高于全社会固定资产投资增长率 10 个百分点左右。从绝对额的关系上看，2003 年制造业固定资产投资为 10744 亿元，交通通信、文化教育、卫生和社会保障、公共事业等项的固定资产投资为 11466.55 亿元，后者比前者高出 6.73%；但到 2007 年，制造业的固定资产投资增加到 35497 亿元，交通通信、文化教育、卫生和社会保障、公共事业等项的固定资产投资仅增加到 21644.06 亿元，后者仅为前者的 60.97%，因此，在管控固定资产投资增长率的过程中，非生产性投资所受到的抑制程度明显高于生产性投资。这是造成与居民"住、行、学"消费相关的供给不足的一个主要成因。

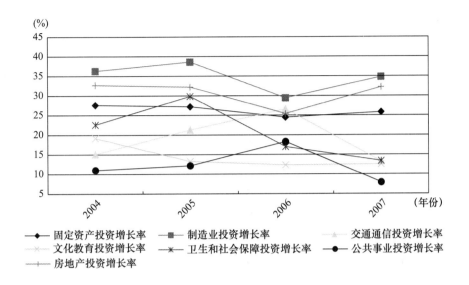

图11 非生产性投资增长率走势

资料来源：Wind资讯。

中国经济正处于工业化与城镇化快速发展的时期，工业化发展与城镇化发展在目标、指标、机制和效应等方面都有着明显的区别。在此背景下，不加区分地将各种投资都归结于"固定资产投资"范畴，很容易将非生产性投资继续看作是生产性投资的配套项目，在管控固定资产投资规模和增速中首先压缩或减少这些非生产性投资，由此，引致与居民"住、行、学"消费相关的供给缺口进一步扩大。

要改变这种格局，必须分离生产性投资与非生产性投资。在固定资产投资规模已定的条件下，适当提高非生产性投资的占比，压缩生产性投资，由此，需要继续管控生产性投资的增长率，适当放开非生产性投资的增长率。毛泽东在《论十大关系》中曾提出了一系列"真想"与"假想"的辩证关系，同理，要扩大消费需求，仅仅从消费品供给上考虑问题是远远不够的。要大幅增加居民"住、行、学"消费相关的供给，必须加大非生产性投资的力度。只有非生产性投资明显增长了，才能为城乡居民的消费结构优化和消费水平提高创造必要的条件，才有可能为缓解资金流动性过剩创造实体经济面的条件。

主要参考文献

［1］［德］贡德·弗兰克：《白银资本》，中译本，中央编译出版社 2005 年版。

［2］［美］罗纳德·I. 麦金农：《美元本位下的汇率——东亚高储蓄两难》，中译本，中国金融出版社 2005 年版。

［3］余永定：《当前中国宏观经济的新挑战——兼论目前调控经济运行的 9 大政策建议》，《21 世纪经济报道》2007 年 9 月 17 日。

［4］刘伟、苏剑：《供给管理与我国现阶段的宏观调控》，《经济研究》2007 年第 2 期。

［5］王国刚：《中国金融改革与发展热点》，社会科学文献出版社 2007 年版。

（原载《财贸经济》2009 年第 3 期）

物价变动并非总是货币政策的函数

1998 年以后，随着中国经济短缺格局的结束，从卖方市场转变为买方市场，物价走势也有了新的变化。在此背景下，一些人简单搬用西方经济学中的"通胀"或"通缩"概念来解释中国经济运行中的物价变动。每当 CPI 正增长上行就称为"通胀"，每当 CPI 负增长就称为"通缩"。如果"通胀"或"通缩"只是用于描述物价走势的一组概念，本无可厚非，但常常发生的是，一旦使用了这组概念，人们习惯将其与货币政策相联系，似乎 CPI 的变动总是由对应的货币政策引致的，因此，在落实到政策主张时，使用这组概念的人总是在逻辑上推演出了相应的货币政策调整。更为严重的是，这种将 CPI 变动简单地归结为货币政策效应的思维，甚至影响到了货币政策决策乃至经济决策层面，由此，需要深入分析物价变动与货币政策的关系。

一　1998 年以来中国的物价变动与货币政策之间缺乏函数关系

时至今日，中国改革开放已走过了 30 多年的历程。在这段历程中，如果以年为计量单位，则中国的物价变动始终没有停止，既有物价上行的时期，也有物价下落的走势，但总趋势是上行的。细究各次物价变动的成因，不仅不尽相同，而且相当复杂。

从物价上行来看，主要有 5 种情形：第一，价格向价值回归过程中的物价上行。在计划经济时代，中国有着相当多的基本生活用品（如粮食、布匹、煤等）处于购销倒挂状态，采用财政补贴方式维系它们的生产销售。在 20 世纪 80 年代的价格改革过程中，一项重要举措就是变"暗补"为

"明补"（由此，在职工的工资中有了"副食品补贴"等科目），这自然引致物价上涨。第二，资源货币化过程中的物价上行。在中国传统体制下，诸如土地、技术等资源是没有价格的（这也是引致这些资源开发利用效能不高的一个主要成因）。在 90 年代以后，这些资源的货币化进程大大加快（同时，货币化程度也明显提高），利用这些资源的各种费用理应计入企业生产销售的财务成本，由此，必然推进商品价格的上行。第三，由商品供不应求引致的物价上行。这是一般经济学原理，无须赘述。第四，由国际市场商品价格上涨引致的国内物价上行。这种物价上行的程度，既取决于国内对相关商品的自给能力和程度，也取决于相关商品的对外开放程度。2008 年上半年，国际市场上大米等粮食价格大幅上涨（上涨了 2 倍左右），中国国内市场中大米等粮食价格并没有随之同幅度上行，一方面是因为国产大米等粮食基本上能够满足国内消费和生产的需要，另一方面是因为国产大米等粮食没有完全参与国际市场循环。与此不同，同期国际市场中的石油等资源类产品价格大幅上涨，对中国的影响较为显著。第五，由货币发行过多引致的物价上行。不论在马克思政治经济学中还是在西方经济学中，这种情形都称为"通货膨胀"。从这 5 种情形来看，前 3 种不是由货币政策过松引致的，货币政策对它们基本无能为力。第 4 种虽然可以利用汇价机制予以弱化，但面对国际市场大宗商品交易中价格上涨，对一国的外汇储备量而言，货币政策可发挥效能的余地相当有限（且不论，通过汇价升值引致的负面效应可能超过正面效应）。只有第 5 种属于"通胀"，货币政策调整会产生明显的效应。

从物价下落来看，主要有 4 种情形：第一，由政府财政机制引致的物价下落。其中，既包括运用财政补贴降低价格（如 2008 年北京市政府对公共交通进行大幅补贴，使得北京公交车、地铁等票价大幅下降），也包括通过降低税收来降低商品价格。第二，由政府行政机制引致的物价下落。这类情形比较复杂，其中，既包括诸如设立蔬菜等农副产品的绿色通道，取消相应的过路费，以降低这些农副产品的价格，也包括动用国家储备来稳定市场乃至打压对应商品的市场价格，还包括政府部门直接出台降价政策。第三，由商品供过于求引致的物价下落。这在仅存在单种或少数几种商品的情形下比较容易理解，但在多数商品近乎同期发生供过于求的情形下，一些人就陷入了迷茫状态。第四，由货币发行过少引致的物价下落。这种情形被称为"通货紧缩"。从这4种情形看，前3种与货币政策基本无关，货币政策紧缩对它们几乎不会产生作用，只有第4种是由货币供给量过少引致的，由此，适当放松货币政策将会产生明显的效应。

在中国，1996年以后10多年的CPI走势和货币供应量走势，如图1所示，以CPI增长率变动为依据，从中可以看出几个重要时期：①1998—2002年间的物价负增长或低增长时期；②2003—2004年间的物价高增长或正增长时期；③2007—2008年间的物价高增长时期；④2009年前6个月的物价负增长时期。

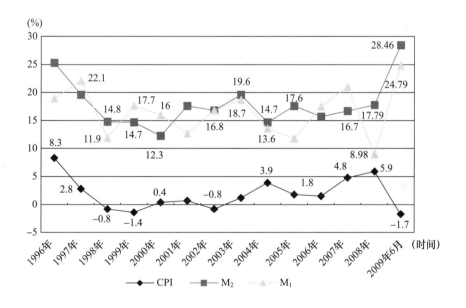

图1　CPI与货币供应量走势（1996年到2009年6月）

资料来源：根据历年《中国统计年鉴》、国家统计局网站和中国人民银行网站整理。

首先，看1998—2002年间的物价负增长或低增长，如果就1998年和1999年的CPI增长率为−0.8%和−1.4%而言，似乎可以得出通货紧缩的判断（相比1996年和1997年CPI分别为8.3%和2.8%，更容易得出这种结论），但如果联系到货币供应量来看，结论就不同了。从 M_2 看，1998—

1999 年的 2 年间，M_2 的增长率分别为 14.8% 和 14.7%，明显高于 CPI 为 0.4% 的 2000 年（这年的 M_2 增长率为 12.3%）；从 M_1 看，虽然 1998 年的 M_1 增长率从 1997 年的 22.1% 下落到 11.9%，由此，似乎可以为 CPI 从 2.8% 降低到 −0.8% 找到一些根据，但 1999 年 M_1 又上升到 17.7%（而 CPI 继续降低到 −1.4%），恐怕就很难再用这种根据来解释了。因此，这一时期的物价下落与货币供应量多少无关。其次，看 2003—2004 年间的物价高增长或正增长（尤其是 2004 年 8 月 CPI 增长率高达 5.3%），但同期 M_2 和 M_1 的增长率分别从 19.6% 和 18.7% 降低到 14.7% 和 13.6%，这恐怕难以直接说明物价上行与货币政策之间的关系了。再次，看 2007—2008 年间的物价高增长，2007 年物价上涨率达到 4.8%，2008 年更是达到了 5.9%，但同时 M_2 的增长率从 2005 年的 17.6% 下落到 2007 年的 16.7%，2008 年 M_2 虽达到了 17.79%，但 M_1 的增长率仅为 8.98%（其中 11 月仅为 6.8%）。因此，将这一时期的物价上涨归咎于货币供应过于宽松，是无法得到数据支持的。最后，看 2009 年 1—6 月的物价负增长，CPI 增长率为 −1.7%，而同期的 M_2 和 M_1 增长率高达 28.46% 和 24.79%，创造了历史的高点，更是与 CPI 负增长不对应。

要将 1998 年以来的中国物价变动界定为"通货膨胀"或"通货紧缩"，就必须有效证明这些物价变动与货币供应量松紧之间的函数关系，但从四个时期的简要分析中可见，这种函数关系是无法确立的。准确地说，这些年只存在物价变动，不存在"通胀"或"通缩"。

二　以"通胀"或"通缩"表述物价变动的负面效应

"通胀"和"通缩"不论在理论上还是在实践中都有着确定的含义和政策主张，在上述四个时期中，以"通胀"和"通缩"来表述物价变动，会产生一系列严重的负面效应。

从理论层面看，这种表述处于逻辑混乱且自相矛盾之中。首先，1998 年的物价下落是由于绝大多数产品都发生了供求平衡或供大于求，从而导致中国经济实现了从卖方市场向买方市场的转变。在商品供过于求的条件下，降价销售成为厂商在市场营销中的第一选择，由此，自然引致物价下降。值得强调的是，这种买方市场格局的形成是中国改革开放、推进经济发展的一个重要目标。大概在 1987 年，有人试图证明社会主义经济只能在短缺中运行和发展，但经过中国人民近 50 年（尤其是改革开放后 20 年）的努力，中国终于甩掉了"短缺经济"的帽子，这是何等伟大的成就！然而，强调要"治理通货紧缩"的主张，却试图改变由买方市场所引致的物价下降，由此，提出了一个逻辑上的问题，这种"治理通货紧缩"的目的究竟是什么——是否再回到卖方市场？其次，2003 年 8 月，随着夏粮收成的完成，中国进入了连续第四个粮食减收的年份，由此，在供不应求的条件下粮食价格上行，这引致了物价向正增长方向转变。对前期主张"治理通货紧缩"的人来说，这应是一个好消息（经过 5 年的呼吁，"通货紧缩"终于结束了，所以应当庆贺），但令人不解的是，他们随即提出了要"防止通货膨胀"的主张，并于 2004 年明确提出了要"治理通货膨胀"的主张。2004 年，在粮价上行和财政补贴的双重作用下，农民的种粮积极性大幅提高，使得当年粮食大幅增收，由此，CPI 增长率在 2004 年 8 月达到 5.3%以后掉头下行，到 2005 年 1 月已降至 1.9%。但一些人无暇顾及这一治理通货膨胀的可喜成果，转而提出了要"防止通货紧缩"的主张（同时，也有一些人强调要继续"治理通货膨胀"，并以当时的 PPI 明显高于 CPI 为依据，认为 PPI 的上涨将传递到 CPI），由此，提出了一个理论问题，是否经济运行中只存在着这样一种情形——要么"通胀"、要么"通缩"，从而，学者们需要不断地在二者之间"折腾"？最后，2007—2008 年间，随着猪肉及肉制品、粮食和食用油等食品类价格的上扬（其中，猪肉及肉制品的价格上行主要由国内因素引致，粮食和食用油价格上行主要受国际市场因素影响），中国又一次进入了 CPI 高涨期，由此，"治理通货膨胀"的呼声再次高涨。随着各项刺激养猪政策的落实和在全球金融危机背景下国际市场价格的回落，进入 2009 年以后，物价大幅下行，7 月 CPI 增长率为 -1.8%，治理通货膨胀取得了不错的成绩，可是一些人又再次转向，当即提出了"治理通货紧缩"的政策主张。从表 1 中可见，在 2008 年的物价上涨中，并非各种消费品的价格普遍上行，在"食品""烟酒及用品""家庭设备及用品""医疗保健用品"和"居住"等价格上涨的同时，"衣着""交通和通信工具"及"娱乐教育文化用品"等的价格呈持续降低走势。其中，涨幅最大的是"食品"，2008 年 1—8 月的涨幅都达到了 2 位数。与此相比，2009 年 2 月以后，"食品"价格呈负增长走势（在实际生活中，猪肉及肉制品、粮食和食用油等的绝对价格下降了），在此背景下，提出"治理通货紧缩"的含义是什么呢？如果这些食品的价格不该下降，那么，为什么在 2008 年同期需要疾呼"治理通货膨胀"？如果这些食品的价格应该下降，那么，提出"治理通货紧缩"的意图又是什么？因此，提出了一个重要的理论问题，即面对物价变动，能否简单地套用"通胀"或"通缩"的理论思维？换言之，是否存在既不需要"治理通货紧缩"也不需要"治理通货膨胀"的物价状态？

表 1　　　　**2008 年 1 月至 2009 年 7 月居民消费价格分类指数变化情况**

时间	CPI	食品	烟酒及用品	衣着	家庭设备及用品	医疗保健用品	交通和通信工具	娱乐教育文化用品	居住
2008 年 1 月	107.1	118.2	102.1	98.1	102.1	103.2	98.9	99.7	106.1
2008 年 2 月	108.7	123.3	102.4	98.6	102.1	103.2	98.6	99.1	106.6
2008 年 3 月	108.3	121.4	102.5	98.8	102.5	103.7	98.3	99.3	107.0
2008 年 4 月	108.5	122.1	102.6	98.6	102.7	103.6	98.3	99.3	106.8
2008 年 5 月	107.7	119.9	102.8	98.5	102.9	103.3	98.4	98.8	107.1
2008 年 6 月	107.1	117.3	103.1	98.5	102.9	103.1	98.9	99.0	107.7
2008 年 7 月	106.3	114.4	103.1	98.6	103.1	103.1	99.7	99.1	107.7
2008 年 8 月	104.9	110.3	103.3	98.9	103.2	102.9	99.8	99.2	107.1
2008 年 9 月	104.6	109.7	103.3	98.8	103.2	102.6	99.8	99.6	106.5
2008 年 10 月	104.0	108.5	103.2	98.7	103.4	102.4	100.0	99.7	104.6
2008 年 11 月	102.4	105.9	103.2	98.3	103.1	102.0	99.3	99.7	101.1
2008 年 12 月	101.2	104.2	102.9	97.8	102.9	101.7	98.6	99.4	98.6
2009 年 1 月	101.0	104.2	102.4	97.3	102.6	101.6	97.5	100.3	97.7
2009 年 2 月	98.4	98.1	102.0	97.7	102.1	101.3	97.0	98.9	97.1
2009 年 3 月	98.8	99.3	101.8	97.7	101.5	101.0	97.5	99.3	96.5
2009 年 4 月	98.5	98.7	101.6	97.7	100.9	100.9	97.8	99.0	96.0
2009 年 5 月	98.6	99.4	101.4	97.7	100.5	100.9	97.7	99.2	95.2
2009 年 6 月	98.3	98.9	101.2	97.7	100.1	100.9	97.6	99.3	94.3
2009 年 7 月	98.2	98.8	101.2	97.6	99.6	100.7	97.3	99.3	94.2

注：以上年为 100。

资料来源：国家统计局网站。

从实践层面看，表 2 显示了 1997—2007 年的 11 年间 CPI 分类指数的变化走势，从中可以看出，食品类价格指数出现了两次大幅上行，即 2004 年的 9.9% 和 2007 年的 12.3%，它们是引致对应年份 CPI 高涨的主要成因。从具体情况看，2004 年主要是粮食价格上涨，2007 年以后主要是猪肉及肉制品价格上涨，这些都涉及农产品和农民的利益。农业是国民经济的基础。在中国存在着比较严重的工农业产品剪刀差，也存在着支持"三农"发展、建设社会主义新农村的繁重而艰巨的任务，由此，提高农民收入，缩小城乡差距，应当是中国经济发展中必须认真解决的问题。改革开放 30 多年来，工农业产品剪刀差的问题非但没有得到解决，而且有着继续扩大的趋势。究其原因，农产品的价值构成与工业品不同是一个主要方面。按照马克思的理论，商品价格应由 C + V + M（其中，C 代表生产资料价值，V 代表劳动力的价值，M 代表剩余价值）三部分构成。中国的工业品价值的确由 C + V + M 构成，但大部分农产品却只由 C + V 构成。由于在农产品中缺乏 M，所以，资本进入农业的倾向大大减弱，金融服务于农业的程度也明显不足。尽管如此，对农民来说，只要能够保证 V 的获得，也还有种粮养猪的积极性。但是，粮食价格在 1996 年达到了高点（84.23 元/100 斤）以后就一路下跌，到 2000 年降至谷底（49.39 元/100 斤），跌幅高达 41.36%。在此背景下，随着农业生产资料的价格上涨，农产品中 C 部分加大，V 的获得更加缺乏保障，在此背景下，尽管各地方政府采取了种种措施力保粮食生产，但粮食种植面积还是从 1998 年的 113787 公顷减少到 2003 年的 99410 公顷（降幅达到 12.63%），由此，引致了粮食的年产量从 1998 年的 51229.5 万吨减少到 2003 年的 37428.7 万吨（降幅达到 26.94%）。这是 2003 年底至 2004 年物价大幅上涨的基本成因。支持这一物价上涨，意味着让农民多少能够从粮食及其他农产品中获得一些收入，以维系 V 的应有水平，激励他们的种粮积极性。但所谓的"治理通货膨胀"则要求抑制粮食及其他农产品的价格上涨，无法调动农民的生产积极性。显然，从实践面情况看，此时提出"治理通货膨胀"是不合时宜的。实践中的政策选择是，在放弃动用国家储备粮打压粮价、让市场机制推进粮价回升的同时，财政部门对种粮农民进行了按照耕种面积的"直补"，从而，刺激了农民种粮积极性，使得 2004 年扭转了持续 4 年的粮食减收走势，稳定了粮食价格，促使 CPI 增长率下行。

表 2　　　　　　　　　1997—2007 年居民消费价格分类指数变化情况

年份	CPI	食品	衣着	家庭设备及用品	医疗保健用品	交通和通信工具	娱乐教育文化用品	居住
1997	102.8	99.9	103.0	100.7	104.7	97.4	100.9	108.3
1998	99.2	96.8	99.2	98.4	102.8	95.8	96.6	101.7
1999	98.6	95.8	97.3	97.7	100.9	94.5	96.8	101.7
2000	100.4	97.4	99.1	97.7	100.3	93.8	97.4	104.8
2001	100.7	100.0	98.1	97.7	100.0	99.0	106.6	101.2
2002	99.2	99.4	97.6	97.5	98.8	98.1	100.6	99.9
2003	101.2	103.4	97.8	97.4	100.9	97.8	101.3	102.1
2004	103.9	109.9	98.5	98.6	99.7	98.5	101.3	104.9
2005	101.8	102.9	98.5	99.9	99.9	99.0	102.2	105.4
2006	101.5	102.3	99.4	101.2	101.1	99.9	99.5	104.6
2007	104.8	112.3	99.4	101.9	102.1	99.1	99.0	104.5

注：上年为 100。

资料来源：根据历年《中国统计年鉴》整理。

2007 年初发生了新一轮的物价上涨，它主要由猪肉及肉制品所引致。从表 3 中可见，与 2006 年相比，2007 年肉猪出栏头数减少了 4699 万头（即下降了 7.68%），猪肉产量减少了 362.7 万吨（即下降了 7.80%）。猪肉产量减少的成因主要在于养猪成本的上升，其中包括饲料价格升高、防疫（如蓝耳病等）成本提高和规模化养猪的设施成本上升等。由于原先猪肉的价格水平无力消化这些成本上升引致的养猪亏损，所以，一些农民不愿继续养猪，由此，导致猪肉供不应求，猪肉价格随之走高并推动了 CPI 上行。但一些学者无视这一现实现象，再次提出了"治理通货膨胀"的政策主张，好在实际操作中，有关政府部门采取了财政补贴措施，其中包括无偿防治蓝耳病、给予一定数额的财政资助等，由此，在 2008 年下半年，生猪存栏量大幅增加，生猪价格从 10 元/斤左右直线下落到 6 元/斤左右。猪肉及肉制品价格的下落，促成了 CPI 增长率下行。以表 1 中的数据为例，2008 年 1—8 月，食品类价格指数上涨率均达到了 2 位数（其中最高峰为 4 月的 22.1%），但 2009 年 2 月以后，随着猪肉价格绝对水平的降低，CPI

增长率呈现负增长走势。在此背景下，再次提出"治理通货紧缩"的实践含义是什么？是预期让猪肉及肉制品再陷入短缺境地从而再次抬高价格，还是预期使食品类中的其他产品（如粮食等）价格走高，以便在 CPI 上行中又一次炒作"治理通货膨胀"？

表 3　　　　　　　　　　　　　　猪肉生产情况

年份	肉猪出栏头数（万头）	猪肉产量（万吨）
2002	54143.9	4123.1
2003	55701.8	4238.6
2004	57278.5	4341.0
2005	60367.4	4555.3
2006	61207.3	4650.5
2007	56508.3	4287.8

资料来源：根据历年《中国统计年鉴》整理。

从实践面的分析中可以看出，不论是"治理通货膨胀"还是"治理通货紧缩"都无助于解决 1998 年以来中国实践中发生的 CPI 增长率变动的问题，需要针对物价变动的具体成因，分别选择不同的政策措施。

从政策层面看，既然将物价变动简单地定义为货币政策松紧的现象，而且央行货币政策的基本目标是保持币值稳定（而物价变动意味着币值变动），那么，在物价变动中，主张调整货币政策松紧程度的呼声不绝于耳，同时，央行的官员也就此频频发表意见。从历史线索看，①在所谓"通货紧缩"的背景下，1996—2002 后的 7 年间，央行先后 8 次下调了存贷款利率，1 年期存款利率从 10.98% 下落到 1.98%、1 年期贷款利率从 12% 下落到 5.31%，其力度之大，可见一斑。下调存款利率的一个重要意图是，希望城乡居民少存款多消费，但结果是，城乡居民储蓄存款余额从 1995 年底的 2.97 万亿元增加到 2002 年底的 8.69 万亿元（之前每年新增储蓄存款为6000 亿元左右，但 2000 年之后，每年新增储蓄存款在 1 万亿元左右）。另外，如图 1 所示，这段时间内的 CPI 走势并没有发生实质性改变。②在2003—2004 年所谓的"治理通货膨胀"过程中，央行于 2003 年 9 月和

2004 年 4 月分别两次提高了法定存款准备金率（共 1.5 个百分点），于 2004 年 10 月提高了存贷款利率（1 年期存贷款利率分别上调 0.27 个百分点），但这些措施对缓解粮食产量的下降并未产生多少正面效应，相反，它引发了其他一系列问题的产生。2004 年 5 月以后，民营经济发展陷入困境、证券公司大幅亏损（以致 10 月以后，一大批证券公司陷入财务困境，由此，拉开了证券公司破产整顿的序幕）等，与此时紧缩的货币政策不无关系。③2007—2008 年间 CPI 高增长期间，央行先后 16 次提高法定存款准备金率（法定存款准备金率从 9% 上升到 17.5%）、6 次提高存贷款利率，但并没有因此遏制住 CPI 不断上行的势头；2008 年 9 月以后的 3 个多月时间内，连续 4 次下调法定存款准备金率、5 次下调存贷款利率（使 1 年期存款利率回到了 2004 年 10 月底的水平，1 年期贷款利率回到了 2002 年 2 月的水平），但 CPI 下行的走势并没有因此而改变。在这些调整中，一系列负面效应随之而来：其一，对养猪户而言，提高利率无助于猪肉及肉制品价格进一步上升，但贷款利率的上升将使养猪专业户的成本（包括由贷款利率上行引致的饲料价格上升）增加，由此，在一定程度上抵消了财政补贴的效能。其二，在不断提高法定存款准备金率过程中，对中小存贷款金融机构来说，由于缺乏外汇资产，只能上缴人民币资金，由此，陷入可贷资金紧张状态，这进一步引致了中小企业贷款的缩减和贷款利率上行，加重了中小企业融资的困难。其三，干扰了货币政策目标的实施。在 CPI 上行中，央行官员屡屡强调要根据 CPI 走势确定存贷款利率的调整并要保障存款利率为正，由此，使得货币政策由宏观经济的需求总量政策向利益分配政策转变，货币政策目标由保持币值稳定向调节利益关系转变。实践的结果是，到 2008 年 9 月存款利率依然为负，这意味着央行信誉已经受损。其四，影响了存贷款利率的市场化进程。2004 年 10 月 28 日，中国人民银行发布了《关于调整人民币基准利率的通知》，强调贷款利率以基准利率为下限，上限全部放开，由各家存贷款金融机构"根据自身经营状况、资金成本和企业风险程度等因素合理确定存贷款利率"，这意味着存贷款利率的市场化将迈出实质性步伐。在商业银行体系内资金过剩的背景下，贷款利率本来有着下行要求（至少说，持续上行是相当困难的），但在"治理通货膨胀"过程中，央行屡屡采取行政机制，强制性地提高贷款基准利率，由此，影响了存贷款利率市场化的应有进程。

中国有句俗语：杀鸡焉用牛刀。1998 年以来中国物价变动的具体成因在各个时期是不一样的，理应选择"具体问题具体解决"的研讨思路和政策取向，但将这些物价变动冠之以"通胀"或"通缩"并由此引致运用货币政策，以需求总量政策来解决某种农产品供不应求（或提高农民生产这种农产品的积极性）问题，只怕是"鸡未能杀死"却"伤了自己"。

三　走出"通胀"或"通缩"的思维误区

物价走势是判断宏观经济走势的一个重要指标。面对全球金融危机的影响，2009 年中国经济运行走势，不仅对中国的未来发展至关重要，而且对全球经济复苏的影响也是举足轻重的。2009 年 1—7 月，中国经济运行扑朔迷离，新增贷款规模、固定资产投资规模等创下了历史新高，工业增加值、制造业采购经理指数（PMI）和发电量缓慢回升，股价、房价上行趋势明显，物价、出口增长率继续维持负增长，GDP 在第二季度达到 7.9%的基础上还将继续上行。从 2009 年后期情况来看，新增贷款规模、固定资产投资规模的全年高增长已成定局，工业增加值、制造业采购经理指数（PMI）、发电量、股价、房价等将继续上行，物价上涨率、出口增长率可能转负为正，第四季度的 GDP 可能达到 10%左右，照此惯性运行，2010年上半年的中国经济将在高位运行，由此，提出了一个问题，中国经济是否又进入了一个类似于 2007 年的"过热"区间？与此对应，是否需要再来一次宏观经济紧缩？在进行这一判断的过程中，对物价变动状况的认定有着不容忽视的作用。虽然在新增贷款规模和固定资产投资规模等高增长而CPI 负增长的背景下，有人强调要"治理通货紧缩"，有人则强调要"防止通货膨胀"，这些争论还难有定数，可是一旦 CPI 转向正增长，"治理通货膨胀"的呼声就将占据上风。

一个值得关注的情况是，在产能过剩比较严重的情形下，中国目前并不具备通货膨胀的现实条件，同时，按照 2008 年物价上涨的翘尾因素分析，2009 年的物价应当呈负增长走势，但是，在《政府工作报告》所列的2009 年国民经济和社会发展的主要预期目标中，居民消费价格（CPI）涨幅被界定在 4% 左右。如此高的 CPI 目标，是计算缺乏科学性，还是已有一些价格调整的预案？从该报告的"2009 年主要任务"中可以看到："推进资源性产品价格改革。继续深化电价改革，逐步完善上网电价、输配电价和销售电价形成机制，适时理顺煤电价格关系。积极推进水价改革，逐步提高水利工程供非农业用水价格，完善水资源费征收管理体制。加快建立健全矿产资源有偿使用制度和生态补偿机制，积极开展排污权交易试点。"这意味着，在 2009 年，随着国民经济增长态势转好，各项经济指标比较理想时，可能启动水、电、燃气等方面的价格改革，这将推动 CPI 呈正增长走势。由此，提出了一个问题，这种由价格调整所引致的 CPI 正增长是否也属"通货膨胀"，需要用从紧的货币政策措施予以抑制呢？如果回答是肯定的，则不仅与政府的价格调整政策相矛盾，而且将引致更为严重的宏观经济紧缩后果。

从中国改革开放 30 多年的历程和今后的进一步发展中可以看到，物价变动是由多种原因导致的，其中大多数与货币政策的松紧基本无关，因此，既不能用"通胀"或"通缩"冠之，也不应对 CPI 变动简单地采取对应的货币政策。只有对于那些因货币发行过多引致的物价上涨或因货币发行过少引致的物价下降，才可冠之以"通胀"或"通缩"，选择对应的货币政策实施影响。

必须认识到一个重要的规律性现象，在工业化和城镇化进程中，农产品、资源类产品（包括矿产品、水、电和燃气等）的价格上行是一个不以人的意志为转移的客观趋势。这既由资源的稀缺性从而绝对地租、级差地租 I 和级差地租 II 所决定，也由这些产品生产的成本（包括环保成本）上升所决定。在此背景下，由这些产品价格上行所引致的物价上涨也是不可避免的。另外，鉴于中国存在着比较严重的工农业产品剪刀差，农产品价格构成中缺乏 M 部分，要真正维护农民利益、推进"三农"发展、激励资本向农业转移，就必须使农产品价格中包含有 M 的内容。这虽然在一定程度上可以通过农业的集约化生产来推进，但农产品价格的上涨也是必然的。在此背景下，宏观调控的目标不在于抑制这些产品的价格上涨（从而抑制由此引致的 CPI 上行），而在于熨平这种价格上涨走势，以防价格上涨过快而影响到经济社会生活的正常秩序。从这个角度上看，问题不在于"治理", 而在于"熨平"。毫无疑问, 在"熨平"这些产品价格上涨过程中, 还需运用财政政策, 在一定时期内该补贴的还要补贴, 但总的取向不应是"补贴"; 应当让农民获得按照市场机制所能够获得的收入, 在此基础上, 再讨论财政补贴问题。否则, 本末倒置, 将会引致更加严重的负面后果。

面对由货币发行量引致的物价上涨, 货币政策的松紧确有其功效。但面对不是由货币发行量引致的物价上涨, 货币政策的松紧非但没有功效而且会产生诸多负面效应。由此来看, 将货币政策目标界定在"保持货币币值的稳定"上是值得重新探讨的。其一, 货币政策没有在任何物价变动条件下都保持币值稳定的功能, 因此, 做不到也达不到这一目标。其二, 将这一目标界定为央行工作的主要目标, 容易使央行在面对物价变动中处于被动境地, 不得不频繁地出台相关货币政策调整措施(以摆脱被动处境), 而这些货币政策举措可能将不仅无的放矢, 而且将引致不良后果。其三, 央行虽是货币政策的调控主体, 但也是维护金融运行稳定的主要部门。"保持货币币值的稳定"主要目的还在于维护经济社会发展秩序和生活秩序的稳定。在防范此轮全球金融危机再度发生过程中, 西方主要国家已将维护金融稳定提高到至少不低于货币政策的程度。在中国经济社会发展过程中, 金融稳定的重要性也将日益凸显, 为此, 与其将央行的主要工作目标界定为"保持货币币值的稳定", 不如将其界定为"保持金融运行秩序的稳定"。这也有利于避免"一旦 CPI 发生变动, 就找央行(或货币政策)"的现象继续发生。

CPI 涨跌和物价变动并不对等, 其中一个重要差别在于 CPI 中各种产品价格的权重设置。在中国的 CPI 中, 食品类所占权重达 1/3, 这在推进温饱型小康过程中是合适的。但如今, 温饱型小康已经基本实现, 在推进全面小康过程中继续采取这种权重计算方法, 就容易产生负面影响。一个突出的现象是, 一旦农产品价格上涨, CPI 随之反映, 而根据"通胀"思维所采取的货币政策直接要求抑制农产品的价格上行。这不利于维护农民的利益, 也不利于理顺价格体系。通货膨胀或通货紧缩是指各种物价(主要是工业制成品)近乎普遍地持续(一般以 6 个月以上为度量标准)上涨或下跌的走势。据此, CPI 的权重构成调整可以选择两种方法: 一是计算核心 CPI, 以此为度量是否通胀或通缩的指标。在计算核心 CPI 时, 不列入食品类，由此，它只反映工业制成品的价格变动趋势，更紧密地反映工业化和城镇化进程中的经济运行态势。二是降低食品类在 CPI 中的权重，从目前的 1/3 降低到与美国、印度等相近的水平（即 10% 左右），以减轻农产品价格变动对 CPI 的影响程度。两种方法中，前者为好；当然，也可两种方法都选用，但以前一种方法为主。

主要参考文献

［1］陈佳贵主编：《中国经济前景分析——2009 年春季报告》，社会科学文献出版社 2009 年 4 月版。

［2］李扬主编：《中国金融发展报告（2008—2009）》，社会科学文献出版社 2009 年 6 月版。

［3］王国刚：《中国银行体系中资金过剩的效应分析》，《财贸经济》2008 年第 6 期。

［4］［美］劳伦特·H. 怀特：《货币制度理论》，中译本，中国人民大学出版社 2004 年 4 月版。

［5］《中华人民共和国中国人民银行法》《中国统计年鉴》和《中国金融年鉴》等。

（原载《经济学动态》2009 年第 10 期）

基于资产负债表的央行调控能力分析

　　央行资产负债表反映着央行的资金来源和资金在各种金融资产中的配置，它既是实施货币政策的结果，也是进一步实施货币政策的基础，因此，分析资产负债表的科目设置、结构变化、规模调整和资产负债走势，有利于探究央行实施货币政策的取向、能力、举措和动向。从相关国家的央行资产负债表对比中可以看到，中国人民银行（以下简称"人行"）的货币政策调控能力较弱，措施较少，效果也常常不能如意。

一　中外央行资产负债表的科目设置分析

　　人行的资产负债表科目设置如表1所示，从中可以看出：第一，在右列的"总负债"之下共有7个二级科目，它表明了人行的各项资金来源。其中，"储备货币"由"货币发行"和"金融性公司存款"两项构成，"金融性公司存款"包括"其他存款性公司"和"其他金融性公司"两项。与经营性公司（如商业银行、实体经济中的各类公司等）资产负债表的右列相比，它没有将右列分为"负债"和"所有者权益"两个二级科目；在"负债"之下没有按照负债的期限结构细分为"流动负债"和"长期负债"等科目；虽有"自有资金"科目，但没有"所有者权益"的专项及其细分科目，这与央行的非经营特性相吻合。因此，总的来看，中国人行资产负债表的右列各栏设置比较简略。第二，在左列的"总资产"之下共有6个二级科目，它既表明了人行的各项资产配置格局，也表明了人行实施货币政策的资金配置能力。尤其是"对其他存款性公司债权""对其他金融性公司债权"两栏反映了人行在资金配置过程中，对存贷款金融机构和其他金融机构的影响能力。与经营性公司（如商业银行、实体经济中的各类公司等）资产负债表的左列相比，它没有将左列分为"流动资产""长期投资""固定资产"和"无形资产及其他资产"等二级科目；尤其是没有属于自己的"固定资产"和"无形资产"，这反映了人行的这些财产属于政府所有的特性。

表1　　　　　　　　　中国人民银行资产负债表（科目设置）

总资产	总负债
国外资产	储备货币
外汇	货币发行
货币黄金	金融性公司存款
其他国外资产	其他存款性公司
对政府债权	其他金融性公司
其中：中央政府	不计入储备货币的金融性公司存款
对其他存款性公司债权	发行债券
对其他金融性公司债权	国外负债
对非金融性公司债权	政府存款
其他资产	自有资金
	其他负债

资料来源：根据中国人民银行2008年《货币当局及资产负债表》资料整理。

　　表2所示是美联储的资产负债表科目设置，其中右列有4个二级科目，比表1所示科目少3个；左列有8个二级科目，比表1所示科目多2个。它反映了美联储的资金来源和资金配置活动与中国人民银行的差别。将表1与表2对比来看：第一，在资金来源方面，美联储的科目与人行大致相同，主要由"流通中的现金"（即"货币发行"）、商业银行存款和政府存款等构成。不同的是，在美联储的负债科目中有着"商业银行库存现金"，在人行的负债科目中没有此项（在中国金融运行中，为了满足营业兑付的需要，各家存贷款金融机构的相当一部分库存现金分别由自己掌控，并不直接存入央行）；同时，在人行的负债科目中有"发行债券"，而美联储的负债科目中没有这一项。另外，美联储资金来源包括"股权"，这反映了美联储的资本是由12家国民银行提供的，并非由政府财政提供。第二，在资产（即

资金使用）方面，与人行相同，美联储也有外汇资产（包括"黄金与外汇储备"和"SDR"）和对金融机构的债权（包括"应收款"和"对国内银行的贷款"等），不同的是，在美联储资产中包括了"财政货币""证券回购"和"信贷市场工具"等科目，它突出反映了美联储通过运用货币政策（包括公开市场业务）对金融机构和金融市场的影响能力。第三，在美联储的资产方面有一个特别科目"误差"，这是其他国家央行资产负债表和其他类型资产负债表所没有的。

表2　　　　　　　　　　美联储资产负债表（科目设置）

总资产	总负债
黄金与外汇储备	存款机构的准备金
SDR	商业银行库存现金
财政货币	支票存款与现金
应收款	联邦政府
对国内银行的贷款	国外
证券回购	流通中的现金
信贷市场工具	其他项
票据	股权
联邦债券	其他
机构债	
银行贷款	
误差	

资料来源：根据美联储网站资料整理。

　　表3所示是日本银行的资产负债表科目设置，其中负债方有10个二级科目，资产方有8个二级科目，分别比人行多3个和2个二级科目，它反映了日本银行资金来源与资金使用的特点。将表3与表1对比可以看到：第一，日本银行的负债除了由"货币发行""准备金""政府存款"和"其他存款"等构成外，还有"现金存款""回购协议"和"已出售票据"等构成。其中，"现金存款"和"回购协议"是人行科目中没有的，"已出售票据"相当于人行的"发行债券"。第二，日本银行的资产除了有"黄金"

"外汇资产""贷款与贴现"和"政府债券"等外，还有"现金""回购协议"和"在其他机构的存款"等科目，而人行则没有这些科目。

表3　　　　　　　　　　日本银行资产负债表（科目设置）

总资产	总负债
黄金	货币发行
现金	现金存款
回购协议（未来收款方）	其他存款
政府债券	政府存款
财政债与金融债	回购协议（未来付款方）
融资债券	已出售票据
长期政府债	其他负债
贷款与贴现	准备金
票据贴现	资本
贷款	特别储备
33条款	
38条款	
存款保险公司	
外汇资产	
在其他机构的存款	
其他资产	

资料来源：根据日本银行网站资料整理。

　　表4所示的是欧洲央行资产负债表的科目设置，与前3个表格相比，它的科目是最多的，这反映了欧洲央行操作的复杂程度。其中，负债方二级科目有12个，资产方二级科目有9个。将表4与表1对比可以发现，在负债科目中，欧洲央行比人行要复杂得多，不仅有"欧元区信贷机构存款""负债凭证发行"和"对其他欧元区居民的欧元负债"等，而且有"对非欧元区居民的欧元负债""对居民的外币债务""对非居民的外币债务"和"SDRs的对应配额"等，它反映了欧洲央行资金来源的复杂结构。但值得注意的是，欧洲央行负债的二级科目中没有"准备金"，这反映了调整法定

存款准备金率这一央行货币政策工具的缺失。在资产科目中，与人行相同，欧洲央行也没有"现金"（或"货币资产"）科目。它的资产科目主要分为"对非欧元区居民的外币债权""对居民的外币债权""对非居民的欧元债权""对欧元区信贷机构的贷款"和"对其他欧元区信贷机构债权"等二级科目，这体现了欧洲央行的资产分布结构和运用资产贯彻货币政策展开宏观调控的空间。但欧洲央行的资产科目中没有专设"国外资产"（或"外汇资产"），这是很有特色的。

表4　　　　　　　　　欧洲央行资产负债表（科目设置）

总资产	总负债
黄金	流通中的货币
对非欧元区居民的外币债权	欧元区信贷机构存款
从 IMF 应收款	现金账户
在欧元区外的存款和证券投资	存款资金
对居民的外币债权	定期存款
对非居民的欧元债权	周转准备金
对非居民的贷款和证券投资	保证金存款
ERM 下的同业信贷	欧元区信贷机构的其他负债
对欧元区信贷机构的贷款	负债凭证发行
主要再贷款	对其他欧元区居民的欧元负债
长期再贷款	对其他欧元区居民（政府）的欧元负债
周转准备金	对其他欧元区居民（其他）的欧元负债
结构性准备金	对非欧元区居民的欧元负债
保证金放贷	对居民的外币债务
偿还保证金的信贷	对非居民的外币债务
对其他欧元区信贷机构债权	非居民的存款债务
对欧元区居民发行的有价证券	非居民的信贷资金
欧元区内政府债务	SDRs 的对应配额
其他资产	其他负债
	重估账户
	资本和储备

资料来源：根据欧洲央行网站资料整理。

各国央行资产负债表科目设置的差别，虽然反映了货币政策在实施中的差异，但仅停留于资产负债表的科目设置，缺乏各科目的数据分析，还不能具体把握各国货币政策实施中的差异，因此，有必要代入相关年份的数据予以进一步探讨。

二　中外央行资产负债表中的负债分析

央行负债数额和负债结构的变化是反映央行货币政策取向和调控结果的一个主要方面。例如，在实行从松的货币政策条件下，央行负债中的"货币发行"将加大、"存贷款金融机构的存款"将减少；反之，在实行从紧的货币政策条件下，央行负债中的"货币发行"将减少、"存贷款金融机构的存款"将增加。因此，分析央行的负债状况变化，有利于分析货币政策的走势和央行的调控能力高低。

表5选列了人行1999—2008年10年间的负债结构数据，从中可以看到：第一，在这10年间，人行的总负债从39171.60亿元增加到了207095.99亿元，增长了428.69%。其中，"储备货币"从33620.00亿元增加到129222.33亿元，增长了284.36%，但引致"储备货币"快速增长的主要成因不是"货币发行"。"货币发行"的数额从1999年的15069.80亿元增加到2008年的37115.76亿元，增长了146.29%；但它在"储备货币"中的比重却从1999年的44.82%降低到2008年的28.72%，与此对应，它在"总负债"中的比重也从1999年的38.47%降低到17.92%。"储备货币"快速增长的主要成因是"金融性公司存款"，它从1999年的14728.50亿元增加到2008年的92106.57亿元，增长了525.36%，由此，在直接关系上可以判定，这10年间，人行主要不是通过"货币发行"来调整债务性资金和贯彻货币政策意图，而是通过"金融性公司存款"从金融运行中获得资金，因此，货币政策不属从松范畴。再具体一点看，2000—2008年的9年间"储备货币"年增长率及其"货币发行"年增长率和"金融性公司存款"年增长率如图1所示，除2005年外，"金融性公司存款"年增长率均高于"货币发行"年增长率，尤其是2004年、2006年、2007年和2008年等4年中，"金融性公司存款"年增长率都在26%以上，由此，推动了"储备货币"的高增长。在"储备货币"

表 5　　　　　　　　中国人民银行负债结构（1999—2008 年）　　　　　单位：亿元

年份 科目	1999	2000	2001	2002	2003	2004	2005	2006	2007	2008
储备货币	33620.00	36491.48	39851.73	45138.18	52841.36	58856.11	64343.13	77757.83	101545.40	129222.33
货币发行	15069.80	15938.31	16868.71	18589.10	21240.48	23104.00	25853.97	29138.70	32971.58	37115.76
金融性公司存款	14728.50	16019.03	17089.13	19138.35	22558.04	35672.79	38391.25	48459.26	68415.86	92106.57
准备金存款	14200.70	16019.03	17089.13							
不计入储备货币的金融性公司存款	3821.80	4534.14	5893.89	7410.73	9042.84	79.32	97.91	159.87	157.96	591.20
发行债券	118.90			1487.5	3031.55	11079.01	20296.00	29740.58	34469.13	45779.83
国外负债				423.06	482.58	562.28	641.57	926.33	947.28	732.59
政府存款	1785.50	3100.38	2850.49	3085.43	4954.71	5832.22	7527.23	10210.65	17121.10	16963.84
自有资金	366.80	356.75	355.21	219.75	219.75	219.75	219.75	219.75	219.75	219.75
其他负债	-541.40	-553.25	-516.79	753.66	474.11	2105.96	10648.33	9719.55	14837.14	13586.45
总负债	39171.60	43929.50	48434.53	51107.58	62004.06	78655.33	103676.01	128574.69	169139.80	207095.99

　　注：其中，2002 年以后，"准备金存款"不再单列，它并入了"金融性公司存款"；2008 年起，删除原报表项目"非金融性公司存款"及其子项"活期存款"，增设"不计入储备货币的金融性公司存款"，所以，1999—2007 年的"不计入储备货币的金融性公司存款"实为"非金融机构存款"；1999—2001 年的"总负债"根据对应科目计算得出。

　　资料来源：中国人民银行网站。

中，"货币发行"的增减意味着货币政策的松紧，而"金融性公司存款"的增减则意味着货币政策的紧松，二者的货币政策取向和效应是相反的。就此而言，2004 年以后的货币政策属于从紧范畴。这似乎与 2004 年以后人行连续 20 次提高法定存款准备金率和 9 次提高存贷款利率的从紧政策取向是一致的，但也有矛盾之处，既然通过提高法定存款准备金率来收紧存贷款金融机构的资金（从而增加了人行的"金融性公司存款"数额），那么，为什么"货币发行"在 2005—2008 年的 4 年间也呈 10% 以上的高增长？由此，货币政策是紧还是松，就不好判断了。第二，在人行的总负债中"发行债券"和"政府存款"呈快速增长趋势。其中，"发行债券"从 1999 年的 118.90 亿元增长到 2008 年的 45779.83 亿元（增长了 384 倍），

"政府存款"从 1999 年的 1785. 50 亿元增长到 2008 年的 16963. 84 亿元（增长了 8. 5 倍），它们的增长率都远远超过了"货币发行"和"金融性公司存款"的增长率。由此，一方面成为人行负债资金的重要来源（从而成为实施货币政策的重要基础），另一方面，降低了"储备货币"在人行总负债中的比重（1999 年为 85. 83%，2008 年降低到 62. 40%）。由于债券发行中市场机制发挥着重要作用（多年来屡屡发生人行发行债券的流标事件），人行难以掌控政府存款的数额，所以，这些资金在总负债中的比重上升，意味着人行掌控资金能力有所弱化。"自有资金"在 1999 年以后连续 3 年减少并在 2002 年以后持续不变的态势也反映了这种掌控资金能力弱化的态势。第三，"其他负债"从对人行总负债的减项（即负数）转为在总负债中占有重要地位，2007 年所占比重达到 8. 77%。这意味着，在金融性公司存款和发行债券之外，人行对其他负债的资金来源依赖程度提高了，它将影响货币政策的选择。

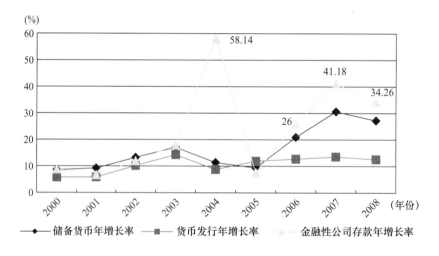

图 1　储备货币及其子项增长率（2000—2008 年）

资料来源：中国人民银行网站。

表 6 选列了美联储 1952—2008 年 57 年的负债结构数据，从中可以看到：第一，"支票存款与现金"占总负债比重最高，1952 年为 56. 3%，2000 年为 88. 44%，2008 年为 54. 34%。在 2008 年 9 月金融危机爆发之前的 50 年多的

表6 　　　　　　　　　　美联储负债结构（1952—2008 年）　　　　　单位：10 亿美元

科目	1952 年	1960 年	1970 年	1980 年	1990 年	2000 年	2007 年 6 月	2007 年 12 月	2008 年 6 月	2008 年 9 月	2008 年 12 月
存款机构的准备金	20.0	17.1	24.2	27.5	38.7	19.0	17.3	20.8	33.5	222.1	860.0
商业银行库存现金	2.8	3.3	7.0	19.8	32.6	44.4	43.5	55.0	45.7	48.0	55.6
支票存款与现金	29.9	30.6	52.0	121.5	264.4	556.4	774.6	792.1	786.3	1149.3	1222.4
联邦政府	1.7	0.9	1.6	3.5	9.5	5.6	5.0	16.4	5.3	332.7	365.7
国外	0.6	0.2	0.3	0.5	0.4	0.2	0.2	0.1	0.2	0.1	1.4
流通中的现金	27.7	29.5	50.0	117.5	254.4	549.3	769.3	773.9	780.7	790.3	834.3
其他项	0.5	0.7	2.2	3.8	4.2	9.3	19.3	21.0	21.3	22.2	23.1
股权	0.3	0.4	0.7	1.2	2.4	7.0	16.1	18.5	19.9	20.3	21.1
其他	0.3	0.3	1.5	2.6	1.8	2.3	3.2	2.5	1.5	1.9	2.0
总负债	53.1	51.8	85.4	172.5	339.9	629.1	887.0	932.8	930.6	1519.5	2249.5

资料来源：根据美联储网站资料整理。

时间内，"支票存款与现金"项下"流通中的现金"（即"货币发行"）始终独占鳌头，1952 年为 90.97%，2000 年为 98.72%，2008 年 6 月为 99.28%。"流通中的现金"占总负债的比重，1952 年为 52.17%，2000 年为 87.32%，2008 年 6 月为 83.89%。这表明，在金融危机之前的 50 多年中，就负债方而言，美联储的货币政策调控主要依靠的是货币发行机制。另外，"支票存款与现金"项下"联邦政府"提供的资金，在 2008 年 9 月金融危机爆发之前始终不大且比重持续降低（1952 年为 5.69%，2000 年为 1.01%，2008 年 6 月底为 0.67%），但在金融危机爆发后，这一科目的资金突发性增多，它在"支票存款与现金"中的比重也急速提高到 16.26%。这反映了在抵御金融危机过程中联邦政府对美联储的支持力度。

第二，"存款机构的准备金"数额，在 2007 年 12 月底之前虽有增减但总体变化不大，它在美联储总负债中所占比重大幅下降，1952 年为 37.67%，

2000 年为 3.02%，2007 年底为 2.23%；但在金融危机爆发后有了明显提高，2008 年底突升到 38.23%。这一方面反映了在 2007 年底之前，美国商业银行体系中并不存在资金过剩的情况（因此，那种认为 2007 年之前存在全球"流动性过剩"的说法，是不符合美国实际的），另一方面反映了在金融危机背景下，美国大量商业银行惜贷并将"过剩"资金转存于美联储的现实（这是引致"流动性陷阱"发生的一个主要成因）。第三，在金融危机爆发之前，美联储的负债结构虽然每年有所变化，但它主要由"流通中的现金"增加所引致，其他科目变动不大，所以，尽管在 50 多年中美国经济经历了一系列巨大调整（其中包括布雷顿森林体系瓦解、美元与黄金脱钩），但美联储的负债结构总体上保持了稳定格局。

表 7 选列了日本银行从 1998 年至 2009 年 4 月 11 年的负债结构数据，从中可以看到：第一，在这 10 多年历史中，"货币发行"始终是日本银行总负债的主要来源，它的比重在 1998 年为 61.23%，2007 年上升到 73.04%，2008 年虽然下降到 66.37%，但仍处于高位。因此，可以判定，就总负债而言，日本银行的货币政策调控主要依靠的是调节货币发行数量（这与美联储

表 7　　　　　日本银行负债结构（1998 年至 2009 年 4 月）　　单位：10 亿日元

科目	1998 年	2000 年	2002 年	2004 年	2006 年	2007 年	2008 年	2009 年 4 月
货币发行	55864.8	63397.2	75471.8	77956.4	79836.7	81277.7	81478.3	78334.1
现金存款	4378.0	6827.0	19562.5	33178.4	10412.5	10123.3	15192.3	13765.1
其他存款	61.5	21.8	1375.6	572.7	22.7	26.7	11822.4	3885.2
政府存款	516.9	9382.7	6331.0	4546.2	4139.0	2872.8	3509.3	3070.3
回购协议（未来付款方）			14525.1	22156.5	15049.8	10475.4	4054.2	9044.3
已出售票据	19585.6	2806.9	1701.4	0.0	0.0	0.0	0.0	0.0
其他负债	772.9	1599.5	1021.9	849.1	418.0	700.7	872.4	857.4
准备金	2898.1	2501.2	2732.0	2784.8	3120.8	3224.3	3226.5	3226.5
资本	0.1	0.1	0.1	0.1	0.1	0.1	0.1	0.1
特别储备	2132.6	2265.3	2404.7	2502.2	2543.8	2582.9	2614.9	2614.9
总负债	91238.2	106796.2	125126.3	144546.7	115543.6	111284.4	122770.8	114798.3

资料来源：根据日本银行网站资料整理。

相似)。第二，"现金存款"是日本银行总负债的重要来源，它所占比重从 1998 年的 4.80% 逐步上升到 2008 年的 12.38%；但增长最快的应属"其他存款"，1998—2008 年 11 年间增长了 191.23 倍，它在总负债中的比重从微乎其微的 0.067% 上升到举足轻重的 9.63%。另外，2001 年 4 月以后，日本银行开始利用"回购协议"获得负债资金以抵补"已出售票据"的减少，但在 2003 年 3 月"已出售票据"为 0 以后，"回购协议"的数额也呈逐年减少走势，转而替代的是"货币发行"的增加。这反映了日本银行从商业银行等金融机构中获得债务性资金的主要机制，已经从借用证券机制转向了利用存款机制，由此，货币政策的独立性得到增强，货币政策操作机制趋于成熟。第三，在这 11 年中，"准备金"的数额变化不大，它在总负债中的比重从 1998 年的 3.18% 降低到 2008 年的 2.63%，因此，在这 11 年的货币政策调控中，日本银行较少运用准备金机制来调整债务性资金数量。

表 8 选列了欧洲央行从 1998 年至 2009 年 4 月 11 年的负债结构数据，从中可以看到：第一，与美、日相近，"流通中的货币"是欧洲央行债务性资金的主要来源，它占总负债比重 1998 年为 49.01%，2006 年上升到 54.58%，2008 年降低到 36.74%，这反映出欧洲央行主要通过货币发行来调整总负债数量。第二，"欧元区信贷机构存款"是欧洲央行负债的重要来源，1998—2008 年 11 年间持续增加，它在总负债中的比重从 12.52% 上升到 23.71%。2008 年 8 月"欧元区信贷机构存款"为 2043 亿欧元，但在 9 月美国引发了全球金融危机以后，它在 10 月猛然增加到了 4589 亿欧元，12 月又增加到 4923 亿欧元。这反映了面对金融危机，商业银行体系惜贷的倾向和步入流动性陷阱的选择。但到 2009 年 4 月，这一数字从高位快速下降，表明了欧元区商业银行体系受金融危机冲击的程度逐步降低，信贷机构将更多的资金用于放贷（而不是存入央行），由此，促进着经济复苏。第三，欧洲央行并非主权国家的央行，按照常理，要获得政府债务是不容易的，但在欧洲央行的负债中却有着对欧元区政府的债务，虽然在 1998—2007 年的 10 年间，这一负债数额逐年有所减少，但在次贷危机尤其是金融危机的背景下，从 2008 年 1 月起，它就急速增大。2008 年 10 月，猛然从 9 月的 623 亿欧元增加到 1094 亿欧元，到 2009 年 4 月已达 1439 亿欧元。这不仅反映了欧洲央行的货币政策得到了欧元区各国政府的积极支持，而且反映了欧元区各国的协

表 8　　　　　　欧洲央行负债结构（1998 年至 2009 年 4 月）　　单位：10 亿欧元

科目	1998 年	2000 年	2002 年	2004 年	2006 年	2007 年	2008 年	2009 年 4 月
流通中的货币	341.7	371.4	374.6	501.3	628.2	678.6	762.9	752.7
欧元区信贷机构存款	87.3	124.6	129.3	138.7	174.1	376.5	492.3	280.4
现金账户	84.4	124.6	129.1	138.6	173.5	223.2	291.7	249.1
存款资金	1.0	0.2	0.2	0.1	0.6	1.9	200.5	31.1
定期存款	1.9	0.0	0.0	0.0	0.0	150.0	0.0	0.0
周转准备金	0.0	0.0	0.0	0.0	0.0	0.0	0.0	0.0
保证金存款	0.0	0.0	0.0	0.0	0.0	1.5	0.1	0.2
欧元区信贷机构的其他负债		0.3	0.0	0.1	0.1	0.1	0.3	0.4
负债凭证发行	13.8	3.8	2.0	0.0	0.0	0.0	0.0	0.0
对其他欧元区居民的欧元负债	61.5	57.0	55.1	42.2	53.4	44.8	91.3	152.3
对其他欧元区居民（政府）的欧元负债	58.6	53.4	49.4	37.0	45.5	36.9	82.3	143.9
对其他欧元区居民（其他）的欧元负债	2.9	3.7	5.2	6.2	8.2	7.8	8.1	8.4
对非欧元区居民的欧元负债	10.0	10.8	8.8	10.9	16.6	45.5	293.6	184.2
对居民的外币债务	0.6	0.8	1.2	0.2	0.1	2.4	5.7	1.7
对非居民的外币债务	3.3	12.4	20.1	10.7	12.6	16.2	10.3	10.6
非居民的存款债务	3.3	12.4	20.1	10.7	12.6	16.2	10.3	10.6
非居民的信贷资金	0.0	0.0	0.0	0.0	0.0	0.0	0.0	0.0
SDRs 的对应配额	5.8	6.7	6.6	5.6	5.6	5.4	5.4	5.6
其他负债	60.7	73.5	64.1	51.4	73.8	131.4	167.4	160.4
重估账户	59.9	117.7	106.3	64.8	122.0	131.1	175.7	203.0
资本和储备	52.6	56.1	64.4	58.2	64.6	68.9	71.6	72.8
总负债	697.2	835.1	832.6	884.2	1151.0	1500.8	2076.7	1824.0

资料来源：根据欧洲央行网站资料整理。

调行动。第四，"对非欧元区居民的欧元负债"（以及 "对非居民的外币债务"）是欧洲央行具有特色的科目。按照常理说，各国央行的负债资金来源于本国居民，但欧洲央行的一部分负债资金却来自于非居民。"对非欧元区居民的欧元负债"不仅有着逐年增长的趋势，而且在 2008 年 9 月以后的金融危机中突然增加（2008 年 8 月为 801 亿欧元，10 月达到 3034 亿欧元）。这意味着，欧洲央行的货币政策受到了这些非居民的约束。第五，"重估账户"也是欧洲央行具有特色的科目，它在总负债中的比重虽然从 1998 年的 8.59% 降低到 2008 年的 8.46%（到 2009 年 4 月又上升到 11.13%），但总的来说，呈现出绝对额逐年增加而比例数变化不大的趋势。

从上述分析中可以看到，在负债结构方面，人行与美、日、欧等央行有着两个主要差别：其一，"货币发行"在总负债中所占比重过低（且有着进一步降低的趋势）。从理论上说，货币发行是央行的专有权，也是央行资金的主体来源。就央行的总负债而言，货币政策各项工具（如货币发行量、法定存款准备金率、利率、再贷款和再贴现以及公开市场业务等）最终都将落实到货币发行量的调整。"货币发行"在总负债中所占比重过低，意味着人行在落实货币政策（不论从松还是从紧）的过程中，可自主选择的余地相当有限，由此，货币政策的实施结果可能时常偏离于货币政策意图。为了弥补货币发行量较少的缺陷，人行选择了大幅增加"金融性公司存款"和"发行债券"的替代方案，这虽然解决了负债资金的数量困难，但也引致了以下问题的发生：通过这些科目所获得的债务资金，不仅需要支付较高的利息（人行每年应支付的利息在 2000 亿元以上），而且在很大程度上运用了行政机制，这既不利于推进货币政策间接调控体系的完善，也不利于切断央行与商业银行之间的行政纽带，保障央行货币政策的独立性。其二，人行的总负债增长率和总负债规模明显大于美、日、欧。这种总负债规模扩大和高增长率主要不是建立在货币发行基础上的，而是运用金融手段的结果。从这个意义上说，人行贯彻实施的，与其说是货币政策，不如说是金融政策，即通过与存贷款金融机构之间的账户资金转换来增加负债资金（从而可操作资金）的数量。值得一提的是，按照汇率折算，中国的经济规模明显小于美国，但人行的总负债却明显大于美联储。2008 年人行的总负债 207095.99 亿元（大致为 30321.5 亿美元），但同期美联储的总负债仅为 22495 亿美元；同时，在总负债数额与 GDP 数额的对比中，人行位居高位，2008 年为 68.88%，而美联储仅为 15.84%。将这些数据代入人行的总负债结构的分析中，可以进一步看出，人行资金来源的窘迫状况和可继续扩展的有限程度。

三　中外央行资产负债表中的资产分析

"负债"记录着央行的资金来源，"资产"则记录着这些资金的使用去向和配置格局，"资产 = 负债"表明央行获得的资金应全额在"资产"中使用和体现。如果说负债方反映着央行通过承担债务的方式来实施货币政策，影响商业银行等金融机构和金融市场的资金数量和流向，那么，资产方则反映着央行通过行使债权的方式来贯彻货币政策意图，调控商业银行等金融机构和金融市场的货币数量。显然，分析资产结构是分析央行贯彻货币政策能力的另一个主要方面。

表 9 列示了人行 1999—2008 年 10 年间的资产结构状况，从中可以看出：第一，资产总额快速增长。10 年间人行的资产总额从 35349.8 亿元增加到 207095.99 亿元，增长了 485.85%，这在下述对比的各国和地区央行资产增长率中，是最高的。第二，"国外资产"快速增加。在人行资产结构中，"国外资产"的比重不仅占据第一位而且呈现快速上升的趋势。1999—2008 年的 10 年间这一比例从 40.9% 直线上升到 78.49%；在"国外资产"中，"外汇"所占比重长期居高不下，1999 年为 97.25%，2008 年为 92.05%；从具体数据来看，"外汇"从 1999 年的 14061.4 亿元急剧增加到 2008 年的 149624.26 亿元，增长了 964.08%。第三，"对其他存款性公司债权"所占比重呈下行走势。1999 年这一比例为 43.49%，2008 年降低到 4.07%，这反映了通过再贷款等机制来调控商业银行等存贷款金融机构资金余缺的力度，在人行的货币政策中的地位已大大降低。第四，"对其他金融性公司债权"数额明显增加，但比重明显降低。从数额上说，人行"对其他金融性公司债权"从 1999 年的 3833.1 亿元增加到 2008 年的 11852.66 亿元（增长了 209.22%，期间 2006 年曾达到 21949.75 亿元，增长了 472.64%），但它占总资产的比重却从 10.84% 下落到 5.72%。这反映了人行对资产管理公司、信托公司等非存贷款金融机构的资金数量调控力度的减弱。第五，人行公开市场业务的资金额扩大，占总资产的比重有所提高。假定"对政府债权"和"其他资产"两项

表 9 　　　　　　　中国人民银行央行资产结构（1999—2008 年）　　　　单位：亿元

年份 科目	1999	2000	2001	2002	2003	2004	2005	2006	2007	2008
国外资产	14458.50	15582.80	19860.40	23242.85	31141.85	46960.13	63339.16	85772.64	124825.18	162543.52
外汇	14061.40	14814.52	18850.19	22107.39	29841.80	45939.99	62139.96	84360.81	115168.71	149624.26
货币黄金	12.00	12.00	256.00	337.24	337.24	337.24	337.24	337.24	337.24	337.24
其他国外资产	385.10	756.28	754.21	798.22	962.81	682.90	861.96	1074.59	9319.23	12582.02
对政府债权	1582.80	1582.80	2821.33	2863.79	2901.02	2969.62	2892.43	2856.41	16317.71	16195.99
其中：中央政府				2863.79	2901.02	2969.62	2892.43	2856.41	16317.71	16195.99
对其他存款性公司债权	15373.90	13519.19	11311.60	12287.64	11982.81	10424.2	12692.01	6516.71	7862.80	8432.50
对其他金融性公司债权	3833.10	8600.37	8547.31	7240.27	7255.95	8865.09	13226.11	21949.75	12972.34	11852.66
对非金融性公司债权	101.50	110.20		206.74	206.25	136.25	66.73	66.34	63.59	44.12
其他资产				5266.29	8516.19	9300.05	11459.57	11412.84	7098.18	8027.20
总资产				51107.58	62004.06	78655.33	103676.01	128574.69	169139.80	207095.99

注：其中，2002—2005 年的"对其他存款性公司债权"的数据为"对存款货币银行债权"和"对特定存款机构债权"两项之和。

资料来源：中国人民银行网站。

主要反映的是人行持有的国债数额和货币资产数额，那么，1999—2008 年的 10 年间，"对政府债权"的数额从 1999 年的 1582.8 亿元快速升至 2008

年的 16195.99 亿元（增长了 923.25%），与此同时，它占总资产的比重从
4.48% 上升至 7.82%；"其他资产"的数额虽从 2002 年的 5266.29 亿元增
加到 2008 年的 8027.2 亿元（增长了 52.43%），但它占总资产的比重却从
10.30% 下降到 3.87%。这两项科目的变化反映了 10 年间公开市场业务规
模明显扩大，它在人行货币政策调控中的地位明显上升。因此可以说，与
1999 年之前相比，人行的调控方式已更多地从直接调控金融机构转向了通
过金融市场的交易来间接调控金融机构资金数量。第六，在人行的资产结
构中没有"货币资产"科目。虽然在实际运作中，人行必然拥有一定数额
的货币资产，但在它的资产结构中看不出有多少货币资产以及货币资产的走
势变化。由于在其他科目中不可能存有人民币货币资产，人民币货币资产只
能寄存于"其他资产"名下，据此，从"其他资产"的数额和走势中可以大
致判断，人行拥有的货币资产数额不大，它在总资产中的比重呈下落之势。

　　美联储的资产结构如表 10 所示，从中可以看出：第一，国外资产的数
额变化不大，它占总资产的比重呈快速下落走势。美联储的国外资产主要由
"黄金与外汇储备"和"SDR"两项构成，1952 年的数额为 233 亿美元，到
2008 年底增加到 379 亿美元，57 年间增长了 62.66%；但同期占总资产的比
重从 45.24% 降低到 1.67%。这不仅反映了在布雷顿森林体系下美联储在维
护美元中心地位的功能走弱趋势，在布雷顿森林体系瓦解后，美联储在维护
美元国际地位的无力趋势，而且反映了与关心国际经济相比，美联储愈益将
主要注意力集中于调控国内金融市场的总体趋势。第二，"财政货币"的数
额明显增加，但在总资产中的比重则明显降低。从绝对额看，57 年间"财政
货币"的数额从 46 亿美元增加到 387 亿美元，增长了 741.30%，但它占总
资产的比重却从 8.93% 降低到 1.70%。就 2007 年 7 月以后的变化而言，虽
然有着次贷危机和金融危机影响的成分，但在 2007 年 6 月"财政货币"占总
资产的比重也已降低到 4.26%，因此，2007 年 8 月开始的次贷危机只是加快
了这一比重降低的速度，并没有改变这一比重降低的总趋势。第三，"对国内
银行的贷款"数额长期基本不变，但发生次贷危机后急剧增加。在 1952 年至
2007 年 6 月的 55 年间，美联储"对国内银行的贷款"大致上维持在 1 亿—3
亿美元之间（尽管这段时间内，美国经济和金融发生了一系列剧烈变化，金
融创新不断深化），但在 2007 年 8 月以后，随着次贷危机和金融危机的爆发，

表10　　　　　　　　　　美联储资产结构（1952—2008 年）　　　　单位：10 亿美元

科目	1952 年	1960 年	1970 年	1980 年	1990 年	2000 年	2007 年 6 月	2007 年 12 月	2008 年 6 月	2008 年 9 月	2008 年 12 月
黄金与外汇储备	23.3	17.7	10.9	16.2	43.6	26.6	31.7	34.2	36.7	34.3	35.7
SDR	0.0	0.0	0.4	2.5	10.0	2.2	2.2	2.2	2.2	2.2	2.2
财政货币	4.6	5.2	7.1	13.8	20.4	31.6	38.5	38.7	38.7	38.7	38.7
应收款	0.7	1.9	4.3	4.5	2.2	0.9	-1.3	0.0	-0.6	-1.0	-1.5
对国内银行的贷款	0.2	0.0	0.3	1.8	0.2	0.1	0.2	48.6	174.2	200.0	544.0
证券回购	0.3	0.4	0.0	3.3	18.4	43.4	25.3	46.5	114.5	83.0	80.0
信贷市场工具	22.2	27.0	62.2	128.0	241.4	511.8	790.5	740.6	509.1	780.9	986.7
票据	0.0	0.1	0.1	0.0	0.0	0.0	0.0	0.0	0.0	0.0	0.0
联邦债券	22.2	27.0	62.1	119.3	235.1	511.7	790.5	740.6	478.8	476.6	475.9
机构债	0.0	0.0	0.0	8.7	6.3	0.1	0.0	0.0	0.0	14.5	19.7
银行贷款	0.0	0.0	0.0	0.0	0.0	0.0	0.0	0.0	0.0		
误差	0.2	0.3	0.9	3.5	6.0	19.3	17.4	16.5	15.2	15.0	16.0
总资产	51.5	52.6	86.1	173.7	342.3	635.9	904.5	951.3	952.0	1541.4	2270.6

资料来源：根据美联储网站资料整理。

美联储"对国内银行的贷款"顿时大幅增加，到 2008 年底这一数额达到了创历史纪录的 5440 亿美元，是 2007 年 6 月 2 亿美元的 2720 倍。这既反映了美联储针对这场危机所实施货币政策的救援力度，也反映了这场危机影响美国商业银行的深刻程度。第四，公开市场业务规模巨大、占比相当高。"证券回购"和"信贷市场工具"是美联储公开市场业务所形成的主要资产，1952 年的数额为 225 亿美元（占总资产比重为 43.69%），到 2008 年底增加到 10667 亿美元（占总资产比重为 46.98%），增长了 464.09%。尤其是在 2008 年 6 月以后，在金融危机的背景下，这两项科目的数额猛然从 6236 亿美元增加到 10667 亿美元，增长率高达 71.06%。这反映了金融危机过程中，美联储通过购买各类证券对金融机构的放款力度。将这两项与"对国内银行的贷款"相加可以看到，与 2008 年 6 月相比，9 月至 12 月美联储通过直接的再贷款和间接的（购买证券等）放款总计向美国的金融机构放出了 8129 亿美元资金，由此推动了美联储总资产从 9520 亿美元快速扩展至 22706 亿美元。第五，美联储的主要资产集中于调控金融机构和金融市场的资金松紧方面。"对国内银行的贷款""证券回购"和"信贷市场工具"是美联储与金融机构发生金融交易的主要科目，美联储通过这些操作影响着金融机构和金融市场的资金松紧。1952 年这些科目的资产数额为 227 亿美元，到 2008 年这些科目的资产数额达到了 16107 亿美元，增长了 699.56%，它们占总资产比重也从 44.08% 上升到 70.94%，成为美联储资产的主体部分。这反映了美联储对美国金融市场和金融机构的影响力。

表 11 反映了日本银行的资产结构，从中可以看出：第一，资产增长较慢。1998 年日本银行的资产总额为 912382 亿日元，到 2008 年达到 1227708 亿日元，11 年间增长了 34.56%，不仅明显低于人行的资产增长率，也明显低于美联储的资产增长率。第二，1998—2008 年的 11 年间，"黄金"和"现金"的绝对额变化不大，二者维持在 6000 亿日元左右，它们占日本央行资产总额的比重从 0.66% 下降到 0.45%，由此可以判断，日本银行的资产增加不是通过黄金和现金的增加形成的。第三，持有的政府债券虽有所增加，但增长率不高。1998 年，日本银行持有的"政府债券"为 520022 亿日元，到 2008 年这一数额增加到 631255 亿日元，增长了 21.39%。具体来看，在 2004 年之前，日本银行持有的"政府债券"数额呈上行走势，此后则呈下行走势。将此变化同"贷款与贴现"的走势相对比，可以看出日本银行对国内金融机构和金融市场的调控取向和力度的调整。第四，"回购协议"呈现波浪式走势。在 2001 年 4 月展开"回购协议"以后，这一科目的数额在 2001 年 5 月达到了 160862 亿日元，但在 6 月以后开始持续走低，在 2008 年 8 月降低到 34300 亿日元；在美国金融危机爆发的背景下，2008 年 9 月"回购协议"猛然上升，达到了 87139 亿日元，随后几个月进一步快速增加，年底达到了历史最高数额 140976 亿日元。这反映了日本银行在应对美国金融危机中的选择。第五，"贷款与贴现"增长快速，是引致总资产增加的主要成因。1998 年的数额为 99257 亿日元，到 2008 年达到 257709 亿日元，增长率为

表 11　　　　　　　　日本银行资产结构（1998 年至 2009 年 4 月）　　单位：10 亿日元

科目	1998 年	2000 年	2002 年	2004 年	2006 年	2007 年	2008 年	2009 年 4 月
黄金	432.8	444.5	441.2	441.2	441.2	441.2	441.2	441.2
现金	167.7	234.4	196.5	216.8	149.0	136.7	180.1	242.8
回购协议（未来收款方）			7509.3	5411.8	5321.2	3513.3	14097.6	10502.7
政府债券	52002.2	56294.3	83123.6	95025.9	80596.4	70461.2	63125.5	64917.3
财政债与金融债			27068.7	29663.5	29082.9	22308.1	21785.0	20569.2
融资债券	23473.4	16095.3	2217.6	5076.0	4692.8	6444.5	6547.5	
长期政府债			56054.9	65362.4	51513.4	48153.1	41340.4	44348.0
贷款与贴现	9925.7	827.4	193.1	111.1	21713.7	29240.4	25770.9	26596.4
票据贴现	16.2	4.8	0.0	0.0	0.0	0.0	0.0	0.0
贷款	1861.8	688.7	193.1	111.1	21713.7	29240.4	25770.9	26596.4
33 条款	1275.5	233.6	0.0	0.0	0.0	21.0	255.6	
38 条款	602.5	459.9	193.1	111.1	0.0	0.0	0.0	
存款保险公司	8047.7	133.9	0.0	0.0	0.0	0.0	0.0	0.0
外汇资产	3412.8	3685.6	4261.3	4433.0	5025.3	5350.8	17287.0	9327.7
在其他机构的存款	0.1	144.5	313.6	16.0	18.2	28.0	0.1	0.1
其他资产	1062.9	1209.5	895.2	715.3	646.3	593.1	598.3	592.2
总资产	91238.2	106796.2	125126.3	144546.7	115543.6	111284.4	122770.8	114798.3

资料来源：根据日本银行网站资料整理。

159.64%；期间，2007 年"贷款与贴现"的数额曾达到 292404 亿日元，比 1998 年增长了 194.59%。从美国次贷危机到金融危机的时间序列看，日本银行"贷款与贴现"的变化似乎与这场危机没有多少直接关系。更具体看，在"贷款与贴现"中，在 2001 年 8 月以后，"票据贴现"科目的数额就长期为 0；引致"贷款与贴现"增长的唯一成因是日本银行对商业银行等金融机构的再贷款数额急剧增加，从 1998 年的 18618 亿日元增加到 2008 年的 257709 亿日元，增长了 1284.19%。"贷款"占总资产的比重从 2.04% 快速上升到 20.99%。将"贷款"和"回购协议"综合起来看，它既反映了日本商业银行等金融机构和金融市场在这一期间资金紧张的状况，也反映了日本银行加大了对这些金融机构和金融市场的调控力度。第六，外汇占款增长快速，是导致资产增长的一个重要因素。1998 年日本银行的"外汇资产"为 34128 亿日元，到 2008 年增加到 172870 亿日元，11 年间增长了 406.53%，是日本银行"资产"中增长率最高的二级科目。与此对应，"外汇资产"占资产的比重从 3.74% 提高到 14.08%。这在一定程度上反映了日本经济长期贸易顺差的走势。

欧洲央行的资产结构反映在表 12 之中，通过分析可以看到：第一，欧洲央行的资产增长率较高。11 年间，从 1998 年的 6972 亿欧元增加到 2008 年的 20767 亿欧元，增长了 197.86%，快于日本央行，但明显慢于人行和美联储的资产增长率速度。第二，"黄金"的增长幅度较快，占比较高。1998—2008 年间，欧洲央行持有的黄金数额从 996 亿欧元增加到 2177 亿欧元，增幅达到 118.57%（增速低于资产增幅）；"黄金"占资产的比重从 14.28% 降低到 10.48%，但与中、美、日相比，欧洲央行资产中"黄金"占比依然是最高的。这在一定程度上反映了欧洲央行并非为一个主权国家央行的运作特点。第三，"对非欧元区居民的外币债权"（相当于"外汇储备"）的数额变动较大，占资产的比重呈下落走势。在 2002 年之前，这一科目的数额大致呈逐步增加走势，但在 2002 年 12 月达到 2486 亿欧元的高点后，开始呈现减少走势，到 2008 年底仅为 1608 亿欧元；它占资产的比重从 1998 年的 33.03% 持续下落到 7.74%，走势与日本央行的"外汇资产"相反。第四，"对欧元区信贷机构的贷款"快速增长。11 年间，这一科目的数额从 1851 亿欧元增加到 8606 亿欧元，增长了 364.94%，远高于"资产"的增长幅度；与此对应，它占"资产"的比重也从 26.55% 上升到 41.44%。具体来看，在 2007 年之后的金融危机背景下，欧洲央行"对欧元区信贷机构的贷款"猛然增大，从 2006 年底的 4505 亿欧元增加到 2008 年底的 8606 亿欧元，增长了 91.03%。其中，"长期再贷款"的变化尤为明显，2006 年底的数额为 1200 亿欧元，2007 和 2008 年分别增加到 2685 亿欧元和 6169 亿欧元，与 2006 年相比，分别增长了 123.75% 和 414.08%。这反映了欧洲央行在应对金融危机过程中对欧元区商业银行等金融机构的支持力度，同时，也反映了欧洲央行调控的重心所在。第五，"对欧元区居民发行的有价证券"呈逐步上行走势。这一科目的数额从 1998 年的 217 亿欧元上升到 2008 年的 2712 亿欧元（增长了

表 12			欧洲央行资产结构（1998 年至 2009 年 4 月）				单位：10 亿欧元	
科目	1998 年	2000 年	2002 年	2004 年	2006 年	2007 年	2008 年	2009 年 4 月
黄金	99.6	117.1	130.9	125.7	176.8	184.5	217.7	240.8
对非欧元区居民的外币债权	230.3	258.7	248.6	153.8	142.3	138.0	160.8	157.9
从 IMF 应收款	29.5	26.7	32.5	23.9	10.7	9.3	13.2	14.4
在欧元区外的存款和证券投资	200.8	232.0	216.1	129.9	131.6	128.8	147.6	143.6
对居民的外币债权	6.7	15.8	19.9	17.0	23.4	43.2	233.8	125.3
对非居民的欧元债权	8.9	3.7	4.0	6.8	12.0	13.6	18.6	20.4
对非居民的贷款和证券投资	8.9	3.7	4.0	6.8	12.0	13.6	18.6	20.4
ERM 下的同业信贷	0.0	0.0	0.0	0.0	0.0	0.0	0.0	0.0
对欧元区信贷机构的贷款	185.1	268.6	236.6	345.1	450.5	637.1	860.6	676.4
主要再贷款	144.9	223.0	191.5	270.0	330.5	368.6	239.6	244.1
长期再贷款	24.7	45.0	45.0	75.0	120.0	268.5	616.9	432.2
周转准备金	6.7	0.0	0.0	0.0	0.0	0.0	0.0	0.0
结构性准备金	0.0	0.0	0.0	0.0	0.0	0.0	0.0	0.0
保证金放贷	6.4	0.6	0.0	0.1	0.1	0.0	4.1	0.1
偿还保证金的信贷	0.0	0.1	0.0	0.0	0.0	0.0	0.1	0.0
对其他欧元区信贷机构债权	2.4	0.6	0.1	3.8	11.4	23.8	57.0	31.4
对欧元区居民发行的有价证券	21.7	26.0	33.1	70.2	77.6	96.2	271.2	294.0
欧元区内政府债务	60.1	57.7	66.3	41.3	39.4	37.1	37.5	37.4
其他资产	84.7	87.0	93.1	120.4	217.7	327.4	219.4	240.3
总资产	697.2	835.1	832.6	884.2	1151.0	1500.8	2076.7	1824.0

资料来源：根据欧洲央行网站资料整理。

1149.77%），是欧洲央行资产中增长幅度最大科目。其中，尤以 2008 年的增加额为突出，当年的数额比 2007 年增加了 1750 亿欧元。这反映了在应对金融危机过程中，欧洲央行通过大量买入有价证券等方式，为商业银行等金融机构经营困难、维护金融市场运行秩序作出努力。

对比上述各国和地区央行资产结构可以看出：第一，在实施货币政策调控的过程中，各国和地区央行的重心不尽相同。美联储主要通过公开市场业务展开，日本银行和欧洲央行主要通过对商业银行等金融机构的再贷款来展开，因此，在资产结构中，这些方面所占资产数额较大、比重较高。与此不同，人行在这些方面明显弱于美、日、欧。就此而言，人行对商业银行等金融机构的调控能力远低于发达国家水平。第二，在对比期内，人行的资产涨幅最高，但它主要是由"外汇"引致的，因此，"外汇"成为人行资产中数额最大、比重最高的部分，且有着继续上行的趋势。与此对比，在美、日、欧的央行资产中，"外汇资产"所占比重大大低于人行，其中，美、欧还有着比重走低的趋势。这反映了人行对国内商业银行等金融机构和金融市场的调控能力明显减弱的趋势，由此，对人行的货币政策调控能力提出了一个严重的挑战性课题。第三，在应对金融危机过程中，美、日、欧央行的资产结构都有了不同程度的变化。其中，美联储以"对国内银行的贷款"和"信贷市场工具"的扩展为特点，日本银行以"回购协议"的扩展为特点，欧洲央行以"长期再贷款"和"对欧元区居民发行的有价证券"为特点，但人行的对策运作在资产结构中的变化没有明显反映。

四　中外央行资产结构与负债结构的链接分析

资产负债表是一个平衡表，它强调通过"负债"获得的资金应当在"资产"中予以全部反映；尽管负债科目与资产科目并不对称，但资产总额＝负债总额是不能改变的。通过资产结构与负债结构的链接分析，一方面从资产方既可以看出负债资金的配置状况，也可以看出资产方对负债资金变动的需求（毕竟负债资金的增减是根据"资产"需求而展开的）；另一方面，也可以看出负债资金的可得状况及其结构对"资产"变动的扩展效应和制约效应，由此，可以进一步看清央行实施货币政策的能力和调控力度的走势。

　　在人行的资产结构中可以看到，资产扩展的主要科目是"外汇"。基本背景是，随着国际收支表中"货物""收益""经常转移""资本项目"和"金融项目"等的顺差发生，大量外汇资金进入中国境内，但作为一个主权国家，在中国境内外汇资金是不可流通的（即不能用于交易支付和结算），由此，各类企业手中持有的外汇资金只能存入商业银行等金融机构；对这些金融机构来说，外汇资产同样不可使用（既不可用于贷款，也不可用于购买各种证券），这在客观上要求人行予以购入。大量购入外汇资产，客观上要求有足够的资金，因此，形成了人行扩展债务资金的内在要求。央行的资金来源，在对策选择上可有两条路径，即发行货币（M0）和从商业银行等金融机构获得债务资金。人行选择的是后一路径，由此，形成了在负债方"金融性公司存款"和"发行债券"大幅增加、在资产方"外汇"大幅增加的关联效应。这种关联效应的传递机制是，人行通过负债机制从商业银行等金融机构手中收取的资金，又通过购买外汇资产而回流到了这些金融机构，因此，2003 年至 2008 年 6 月期间连续 21 次提高法定存款准备金率（法定存款准备金率从 6% 上升到 17.5%）、大量发行央行债券等在金融运行过程中并未产生紧缩货币资金的效应。

　　为了购买"外汇"而从国内金融机构手中获得人民币资金的操作，与其说是货币政策操作，不如说是金融政策操作。主要理由有三点：其一，这种操作并不以人行的"货币发行"为起点，而以从金融机构手中获取资金为起点，运用的是金融机制。其二，这种操作的目的与经济和金融运行中的货币资金没有多少直接关系，也没有引致经济和金融运行中的货币资金松紧，因此，应当不属于通常意义上说的货币政策调控范畴。其三，这种操作的直接结果，在商业银行体系中资产总额不变条件下，只是使"外汇"转变为以"存款"和"持债"等方式的"对央行的债权"；在人行的资产负债表中，"负债总额"的扩大数额与"外汇"的扩大数额大致相仿。从这个意义上说，2003 年以后，人行加大发行债券和提高法定存款准备金率的力度，虽从形式上看是货币政策的实施，但从实质上看却是金融政策的运用。

　　这种金融政策运用的一个后果是，人行的资产配置严重外化（即资产主要集中于对外资产方面）。2009 年 10 月人行的"国外资产"占总资产的比重提高到了 80.90%，比 2008 年底又上升了 2.41 个百分点；其中，"外汇"占"国外资产"的比重高达92.83%，比2008年底提高了0.78个百分点。"资产外化"的对应面是，人行对内配置的资产数额急剧降低，从而，使得央行进行宏观金融的调控能力严重弱化。这引致了两个现象的发生：其一，人行对中国经济和金融运行的货币政策调控越来越集中于"政策"方面，即政策出台和政策监察，已很难在资产数量方面有什么重要的动作。2008年在实行"从紧货币政策"过程中，甚至恢复使用了对存贷款金融机构的新增贷款按季度数额控制的行政管制措施。其二，人行获得债务性资金的余地越来越有限。央行票据发行的流标现象不断发生，说明了通过"发行债券"来增加债务性资金的空间越来越有限；在法定存款准备金率已高达15.5%的背景下，继续运用这一机制来增加央行负债资金的压力也越来越大。2008年末，为了展示"适度宽松的货币政策"的运作，人行将法定存款准备金率从17.5%下调到15.5%，但与此同时，又增发了数额相近的央行票据，形成了"法定存款准备金率"下调所放出的人民币资金与"发行债券"所收进的人民币资金之间的对冲，结果是商业银行等金融机构依然没有因此增加可运作资金。

与人行不同的是，从美联储、日本银行和欧洲央行的资产结构与负债结构关联角度看，"货币发行"是其负债资金的主要来源，"信贷市场工具"和再贷款是其资金运用的主要科目，因此，债务性资金增加的主要成因在于满足国内（或经济体内）金融宏观调控的需要。尤其突出的是美国，2007年6月之前，为了满足"资产"中"信贷市场工具"的规模扩大需要，美联储"负债"中的"支票存款与现金"随之扩展。在次贷危机和金融危机过程中，为了缓解金融市场和金融机构的资金紧缺，在"存款机构的准备金"大幅增加的同时，美联储继续快速增加"支票存款与现金"，以满足"资产"中"信贷市场工具"和"对国内银行的贷款"的需要，因此，"负债"的数量变化是"资产"要求的结果。这反映了一个突出的政策选择——在美元作为国际主要货币的背景下，美联储的政策调控重心依然集中于美国的国内经济和金融市场。在国际市场美元走软过程中，如果运用政策机制支持美元走强不利于对国内经济和金融运行的调控，美联储的选择将是宁愿放弃对美元走强的政策支持，以维护对国内经济和金融运行的调控。从这个意义上说，美联储的立足点始终是国内经济和金融，它的国际政策服从于国内政策，它对国际事务的负责程度取决于这种负责是否会对国内经济和金融运行带来负面效应。

通过"发行货币"来增强资产面的调控能力，这反映了央行在实行货币政策过程中的主动程度。内在机理是，"发行货币"是央行的专有权利。与从存贷款金融机构借入资金相比，货币发行在数量、成本和运作等方面受到的制约较少，因此，央行的主动程度较高；与此对应，通过"发行货币"所得到的资金在资产运作中受到的牵制也较低。就此而言，通过对比可以得知，美联储、日本银行和欧洲央行等的货币政策运作主动程度较高，人行的货币政策运作受制约因素较强，因此，比较被动。

五　调整资产负债表结构　提高实施货币政策的能力

人行承担着运用货币政策调控中国经济和金融运行的重要职责。有效发挥这一职能，不仅对人行是根本性的，而且对推进中国经济和金融的健康发展也是不可或缺的。面对资产负债表恶化的趋势，要提高货币政策的有效性，必须积极改善人行的资产负债表及其结构。资产负债表综合反映着人行各项活动所引致的资金来源分布状况和资金使用配置状况，它涉及诸多复杂的经济活动和金融活动，其中，有些问题的解决并非人行直接可行，还要有赖于体制机制改革的深化、各种经济和金融活动的调整，但也有一系列问题的解决是人行可以着手进行的。其中包括：

第一，在负债面，逐步提高"货币发行"占"储备货币"和总负债的比重，降低"金融性公司存款"和"发行债券"的比重。货币发行是央行各项资金来源中成本最低、主动性最高、可操作性最强的机制。在一般格局中，"储备货币"应主要由"货币发行"构成（货币发行，既可以是纸币，也可以是电子货币）。有人担心，人行加大"发行货币"的数额将引致经济和金融运行中货币过多从而引致通货膨胀和资产价格上行。实际上，这种担心是不需要的。在中国金融运行的过程中，长期发生央行"货币发行"的增长率严重低于信贷增长率的现象。这说明，在央行货币发行不足以满足经济和金融运行需要的条件下，存贷款金融机构将通过信贷机制加大派生货币的创造，因此，即便人行不加大"货币发行"的数量，通货膨胀和资产价格上行的情形也可能发生。换言之，"货币发行"不是引致通货膨胀和资产价格上行的唯一成因。加大"货币发行"，在有效提高人行货币政策操作主动程度的同时，有利于降低存贷款金融机构创造派生货币的能力，从而，提高人行调控宏观金融、抑制通货膨胀和资产价格上行的能力。

第二，在负债面，细化"其他负债"。1999年，人行负债中的"其他负债"为负数，但到2007年已达14837.14亿元（2009年10月更是高达23759.51亿元，占总负债比例达到10.56%）。在对金融机构负债、对政府负债和国外负债等均已单列科目的条件下，"其他负债"由哪些内容构成、来源于何处？这需要细化这一科目才能进行深入分析。

第三，在资产面，增加"货币资产"科目，以反映人行可运作的资金数量状况。多年来，人行的可操作资金隐含在"其他资产"之中，这既不利于清楚地认识和分析人行货币资产的变动状况，给存贷款金融机构以明确的资金可供数量信号，也不利于支持和调整"发行货币"数量的步速。单列"货币资产"科目，有利于人行清楚地把握资产中的人民币资金状况，根据这一指标的数量变化情况、金融机构与金融市场的资金需求状况等，及时地调整"货币发行"的节奏，从而，增强货币政策调控能力；也有利于分析相关货币政策的效应，理解和把握货币政策措施的实际取向。

第四，在资产面，逐步降低"外汇"的数量及其占总资产的比例。在国际收支大量顺差的条件下，外汇资金大量进入中国是一个客观的事实。但如何处置这些外汇资金，可以有多种方式。近年来，中国的处置方式主要是通过人行单方面从外汇市场大量购入，这必然引致央行资产不断向外汇占款集中。缓解人行"外汇"的继续增加及占比提高，有两条路径可供选择：一是利用国际金融危机提供的有利时机，通过各种可操作的方式，加快企业和金融机构"走出去"的战略步伐，将不断进入中国境内的外汇资金转变为中资机构的对外借贷资金、生产性投资和股权性投资，由此，一方面缓解外汇资金流入中国境内所形成的种种压力，减少人行资产配置中的外汇资产占款；另一方面，提高中国经济和金融介入全球化的程度。二是从国家外汇资产思路出发，藏汇于民。国家外汇资产由政府外汇资产、企业外汇资产和家庭外汇资产等构成，将外汇资金集中于政府外汇储备的思路和政策，不利于各类主体多方向多渠道地使用外汇资金，也不利于各

类主体多方式多路径地将外汇资金输出，因此，需要对此做出调整。早在
19 世纪末，西方国家就已积极推进了借贷资本的输出并成功地"从一头牛
身上剥下两张皮"，在 20 世纪的发展过程中，它们又展开了生产资本输出
和金融资本输出。中国在这方面明显落后于西方国家，需要从经济和金融
的各个层面展开各种类型的资本输出，这仅靠政府（尤其是集中式的外汇
储备）运作是远远不够的。在外汇资产减少的条件下，人行将有更多资产
配置于国内金融部门，由此，货币政策调控的能力将随之增强，货币政策
的有效性也将逐步提高。

　　第五，在资产面，细化"对其他存款性公司债权"和"对其他金融性
公司债权"，增加这些科目的资产配置数量。央行货币政策调控在国内的资
产表现，主要反映在对国内金融机构和金融产品的持有数量和比例上，如
果这方面的资产数量较少、比例较低，则说明央行货币政策调控的能力较
差。1999—2008 年的 10 年间，中国经济和金融的规模、运行状况等发生了
一系列重大变化，但人行在这两个科目中的资产一直维持在 2 万亿元左右，
这究竟是反映了央行调控能力增强了还是减弱了？如果将这一时期内，因
国有商业银行不良资产剥离、信托投资公司整顿和农村信用社调整等所支
付的再贷款考虑在内，恐怕"对其他存款性公司债权"和"对其他金融性
公司债权"中真正由于经常性调控所形成的资产就不多了。要真实反映人
行对金融机构的调控，就必须细化这两个科目，以清晰展示央行与金融机
构之间的金融交易状况和走势，体现央行的调控效能。

主要参考文献

［1］李扬：《中国金融改革 30 年》，社会科学文献出版社 2008 年版。

［2］王国刚：《中国银行体系中资金过剩的效应分析》，《财贸经济》2008
　　　年第 6 期。

［3］中国人民银行货币政策执行报告（各期）。

［4］［美］安·玛丽亚·缪兰德克：《美国货币政策与金融市场》，中译本，
　　　中国金融出版社 1995 年版。

（原载《金融评论》2010 年第 1 期）

简论货币、金融与资金的相互
关系及政策内涵*

　　货币、金融和资金之间的关系是市场经济运行中最为常见的也是最为扑朔迷离的现象之一。从西方古典经济学起，货币就作为影响经济增长、价格、投资和就业等的重要变量而被纳入经济学研究范畴，研究的主要内容包括货币职能、货币界定和统计、货币供给与货币需求、信贷和利率等，但很少有人深入细致地探讨过货币、金融和资金之间的内在关系，以至于在相当多论著中以"货币"名义展开的分析实际上研究的是"资金"。20世纪70年代以后，随着金融创新和资本市场的快速发展，金融活动成为众多经济学家关注的新现象（实际上，有关金融现象的理论探讨从50年代就已起步），以"货币"为重心的研究转向以"金融"为重心的研究，但又常常发生"货币"与"金融"之间说不清理还乱的现象。根据理解的不同，一些人提出应将"货币经济学"①与"金融经济学"②相分立③，一些人

---

　　*　本文是国家社科基金重大招标项目（项目批准号09&ZD036）阶段性研究成果，课题主持人：王国刚。感谢董裕平对本文初稿提出的修改意见和匿名评审人对本文提出的修改意见。当然，文责自负。

　　①　［美］约瑟夫·斯蒂格利茨、布鲁斯·格林沃尔德：《通往货币经济学的新范式》，中信出版社2005年版；［加］杰格迪什·汉达：《货币经济学》，中国人民大学出版社2005年版。
　　②　［美］布莱恩·克特尔：《金融经济学》，中国金融出版社2005年版；［美］斯蒂芬·F.勒罗伊、简·沃纳：《金融经济学原理》，上海财经大学出版社2003年版；［美］王江：《金融经济学》，中国人民大学出版社2006年版。
　　③　20世纪90年代初，美国经济学会编制的经济学学科分类体系JEL（Journal of Economic Literature）中，"货币经济学和宏观经济学"属于一大类，即E，其中"货币"部分主要包括货币供求、利率、货币政策；"金融经济学"属于另一大类，即G，包括资产定价、金融机构、公司财务与公司治理等理论，目前，这已是国际学术界比较通行的分类标准。但这并不意味着"货币""金融"和"资金"之间的基本关系在理论上已经厘清了。

又将货币理论与金融理论混编形成"货币、银行和金融市场经济学"①，另一些人则将货币理论包含在金融范畴内编撰了"金融学"②，还有的人强调应分别建立宏观金融学和微观金融学③。在中国④，突出的现象是，基础性教科书的名称基本上由"货币银行学"转变成了"金融学"。尽管发生了如此大的变化，但对"货币""金融"和"资金"等基本范畴的理论解释依然不甚了了。

在实践面上，主要国家大多在中央银行之外建立了专门的金融监管机关（或履行同类功能的若干个金融监管部门），一些国家的中央银行行长甚至提出了"只管货币、不管金融"的政策主张，但又常常遇到一系列矛盾：在运用货币政策进行宏观调控中，是否应当将商业银行等金融机构的信贷活动也纳入调控范畴？在实行紧的（或松的）货币政策中，是否应当对应地调控公司债券、股票和各种证券类衍生产品的发行规模？面对金融市场（尤其是资本市场）的走势波动，是否应当运用货币政策进行调控？如此等等。另一方面，金融监管部门在进行市场监管中也常常遇到相似的矛盾：金融监管部门是否具有运用金融政策进行金融调控的职能？金融监管是否应当根据货币政策的目标而调整监管的严宽力度？金融创新是否应当根据货币政策目标的要求而展开？再一方面，金融政策与货币政策是一个政策还是两个政策？如果是一个政策，那么，是金融政策包含货币政策还是货币政策包含金融政策？如果是两个政策，它们之间又是何种关系？由此，中央银行和金融监管部门之间的职能关系又如何理顺协调？这些难题，在本源上，都要求弄清"货币""金融"和"资金"等范畴的基本内涵和相互关系。

---

① ［美］米什金：《货币银行金融市场学》（Economics of Money, Banking and Financial Markets），中国财政经济出版社 1990 年版；《货币金融学》，中国人民大学出版社 1998 年版。

② 黄达：《金融学》，中国人民大学出版社 2003 年版；王松奇：《金融学》，中国金融出版社 2000 年版。

③ 陈雨露、汪昌云：《金融学文献通论》（宏观金融卷、微观金融卷），中国人民大学出版社 2006 年版。

④ 当然不仅是中国，还可包括日本、中国台湾等地。

一　货币本体：实物还是机能

货币理论、货币政策等均以"货币"命名。从西方古典经济学产生至今的 200 多年历史中，对"货币"的研讨主要集中在货币本体、货币功能、货币构成、货币供求和货币效应等方面，其中，货币本体占据基础地位（货币功能、货币构成等均因货币本体的界定不同而不同），鉴此，我们的探讨也以此为基点展开。

1. 货币并非实物

货币本体回答的问题是"什么是货币"？斯密（1752）认为：货币是"从许多种类货物中"分离出来作为"共同衡量标准"或"共同价值标准"① 的一种货物。马克思（1859，1867）指出：货币是充当一般等价物的特殊商品，"金银天然不是货币，但货币天然是金银"。弗里德曼等（1963）认为："货币是一种资产，是持有财富的一种形式"；"在货币与其他资产之间并不存在任何严格的界限"②。米什金（1995）认为："货币或货币供应可以定义为任何在商品或劳务的支付中或在偿还债务时被普遍接受的东西。"在这些（以及其他）关于货币本体的定义中，货物、商品、资产、东西等等由于具有了某种特定功能而成为货币的本体，这给理论分析和实践活动造成了"货币是一种特殊实物"的错觉。

"货币是一种特殊实物"，这是一种错觉，内在机理有三：第一，所有权。在任一国家（或地区）的经济活动中，任何实物都存在由所有制关系决定的所有权关系，由此，如果货币是一种实物，它也必然存在所有权的归属问题。例如，在经济运行中，实物在归属关系上可分为国家所有、集体所有和个人所有等等，那么，货币是属于国家所有还是属于集体所有或是属于个人所有呢？另一方面，实物在经济权益关系上可分为政府产权、企业产权和个人产权等等，那么，货币是属于政府产权还是属于企业产权

---

① 参见［英］坎兰编：《亚当·斯密关于法律、警察、岁入及军备的演讲》（1892），商务印书馆 1962 年版。

② 参见［美］弗里德曼、施瓦茨：《美国货币史（1867—1960）》，北京大学出版社 2009 年版。

或是属于个人产权呢？在 200 多年的货币理论发展中，没有一个经济学家专门探讨或论及过货币本体的所有权问题或者产权问题①（正如在中国当今，没有一个经济学家探讨过人民币是属于国家所有制范畴、集体所有制范畴还是个人所有制范畴）；同时，千百年来，在众多国家（或地区）现实的经济活动中，既没有人提出过货币本体的所有权问题或产权问题，也没有一个经济主体（家庭、企业和政府等，下同）遇到过由货币本体所有权或产权关系引致的经济活动纠纷，鉴此，可以得出一个基本判断：货币本身并没有所有权关系或产权关系。第二，逐利性。在经济实践中任何一个主体拥有并使用实物总是以其利益为基点的，与此对应，如果货币是一种实物，它就必然具有逐利性特点。但同样的是，在 200 多年的货币理论发展中没有一个经济学家专门探讨或论及过货币本体的逐利性问题。虽然在讨论货币供求时，几乎所有经济学家都分析了利率对货币供求的效应（但这更多的是从实践经验出发做出的一种理论反映，实际上是将"资金"与"货币"相混的结果），但都并没有明确指出货币本身具有逐利性功能（或特点）②，也没有明确指出作为非逐利性的货币政策是为什么能够借助"利率"这一逐利性机制对经济运行中各个主体的活动发挥深刻影响。同时，在众多国家（或地区）现实的经济活动中，从最初的货币产生到货币形式的变化再到中央银行发行货币，谁都没有提出过货币的逐利性问题。假定货币本身具有逐利性，那么，在中国的实践中就应可观察到如下情形：中国人民银行在发行货币时，向接受人民币的各家存贷款金融机构收取按照某种利率计算的利息；或者，人们在购买商品时，应当按照某种利率水平对商品售价打折。但事实上，这些情形都是不存在的。鉴此，可以得出结论：货币本身并没有逐利性。第三，非资产。货币如果是一种实物，那么，它一定属于经济主体的资产范畴（在现代经济中，它首先应在中央银行的资产负债表中表现为资产，但在中央银行资产负债表中"货币发行"列入

---

① 在货币理论史上，众多经济学家都曾从货币需求角度论及过经济主体持有货币的动机和目的。例如，凯恩斯认为，人们持有货币的动机可分为交易动机、预防动机和投机动机三种。但这并未论及货币本体是否存在所有制关系或者产权关系问题。在此之前，配第、洛克和马西等人曾从商品所有权中揭示了利息产生的直接原因，由此，涉及了经济主体持有货币所有权的权益关系，但他们依然没有从货币本体角度分析过货币本身是否存在所有制（以及与其对应的所有权）关系。

② 假定"货币"具有逐利性，那么，这种逐利性依何产生？对此，无人进行过分析探讨。

"负债"之中）；可一旦货币属于资产范畴，所有权、逐利性等特征就自然产生，那么，问题又回归到必须对"货币的所有权、逐利性"做出解释；紧接的问题是，各个经济主体是通过何种机制并如何分别获得货币的（须知，货币具有同质性和共同功能）？如果货币不属于资产范畴，就一国（或地区）范围而言，在现实经济活动中，除了各个经济主体拥有的资产外，再也没有其他无主资产，那么，货币又在哪里？

在历史上，曾有一系列实物充当过货币材料，其中包括贝壳、布帛、铜、铁、金、银和纸张等。货币材料的演变，不仅表明了货币并非固定地是哪一种具体实物，即每一种具体实物只是货币的一个载体而非货币本体（正如电线只是电的载体而非电的本体一样），同时也表明了，货币是这些实物之外的另一个经济范畴。实际上，"货币材料"一词已经直接指明了"材料"并非货币，"货币"也并非材料；"材料"只是货币的一个载体，"货币"只是寄附于材料上的一种经济机能。在中国历史过程中还曾发生这样一种现象：当某种贵金属（如白银）充当主币材料时，为了商品交易的方便，不仅有一些金属（如铜、铁）充当辅币，而且有一些纸张（如银票）充当货币。这明白无误地表明了，货币并非一种具体的实物或者货币并非实物。如果说，这还不足以揭示"货币"与"实物"之间的非自然关系，那么，随着电子技术的发展，出现了看不见摸不着的电子货币，则货币并非实物的关系已为现代科技揭示得清晰无疑了。

到此，问题又回到了起点。货币是什么？这一谜团依然没有解开。

2. 货币是一种经济机能

要解开货币本体之谜，还需要从货币产生和演变的历史入手。马克思在《资本论》（1867）中通过对价值形式演变的分析，深刻揭示了货币起源。其中的关键之点在于"总和的或扩大的价值形式"如何转变为"一般价值形式"，即这一转变需要什么条件。

具体来看，在"总和的或扩大的价值形式"中，20 码麻布 = 1 件上衣，或 = 10 磅茶叶，或 = 40 磅咖啡，或 = 1 夸特小麦，或 = 2 盎司金，或 = 1/2 吨铁，或 = 其他。这意味着，麻布可以与诸多实物相交换，由此，麻布生产者有着较大的交易选择权，可以在较大程度上满足自己对其他商品的需求。但对除麻布以外的其他商品生产者而言，他们彼此间的交换能否成功，却是一件个别的或偶然的事情。在商品交换的历史发展中，"总和的或扩大的价值形式"转变为"一般价值形式"，因此，价值形式成为 1 件上衣，或 10 磅茶叶，或 40 磅咖啡，或 1 夸特小麦，或 2 盎司金，或 1/2 吨铁，或其他商品，＝20 码麻布。深层的问题不在于将等式的左右秩序对换所引致的价值形式变化，而在于：第一，其他商品生产者在不直接需要麻布（例如，茶叶生产者需要小麦）时，他为什么敢于用他生产的商品换取麻布？第二，麻布与其他商品之间的数量关系揭示了一种怎样的经济机理？第三，麻布作为一般等价物的功能究竟有哪些？

从第一个问题上看，其他商品生产者之所以敢于用自己生产的商品换取他并不直接需要的麻布，内在机理有二：其一，通过商品交换的反复实践，他相信拥有麻布就可以换取他所需要的其他商品。以此为基础，他在未得到自己所需商品之前，让渡出了自己生产的商品，因此，这种商品交易是以信用关系为基础的。其二，即便由于某种条件的变化，麻布不再充当一般等价物了，它还是可以作为日用消费品，因此，对其他商品生产者来说，麻布还是具有实用价值的（区别仅在于，对某一具体的商品生产者来说，他可能此一时的消费暂不需要麻布）。从这个意义上说，麻布具有抵押品的含义，它保障了信用关系的实现。就此不难看出，信用关系是货币产生和发展的基础条件，也是货币的内在规定性。在漫长的商品交换发展中，货币的载体不论发生何种变化，信用关系作为其内在的规定性始终不变。劣币与良币、弱币与强币、硬通货与软通货等的区别，也直接依托于信用关系的强弱程度。

何谓"信用关系"？信用关系，在最基本的含义上，是指在彼此信任的基础上就有条件地使用（或让渡）某种物品（或资源）所达成的契约关系和履行该契约的行为过程。其中，"彼此信任"既可以建立在物品（或资源）的基础上，也可以建立在人际关系基础上，还可以建立在制度基础上。在早期商品交换中，这种信任缺乏制度基础，既然是商品交换也就谈不上人际关系，所以，只能建立在对物品（或资源）的基础上。"条件"既可以通过习惯形成，也可以通过试错形成，还可以通过相关各方协商和制度规定等形成。在早期的商品交换中，它更多地通过习惯和试错等方式形成。"使用（或让渡）某种物品（或资源）"，对茶叶生产者来说，用茶叶换取一种眼下对自己缺乏直接实用价值的物品——麻布，实际上是向对方让渡了自己的商品，而对麻布供给者来说，通过麻布与茶叶的交换，获得了茶叶的使用权力。"履行该契约的行为过程"，信用关系的关键在于相关各方的切实守约和履约，这往往不是一次性行为，而是由若干次行为构成的一个过程。假定，茶叶生产者获得了麻布后，用麻布换不了小麦，他就可能选择两种方式：其一，如果认识麻布供给者，他就可能要求麻布供给者提供能够换取小麦的物品（即等价物）或者退还茶叶；其二，如果不认识麻布供给者，他就可能在以后的交换中不再接受麻布（除非他的消费需要麻布），同时，告知周边他人"麻布不具有与他物相交换的能力"，由此，麻布要成为具有货币功能的实物就比较困难了。这种切实履约的关系，在后来的货币发展中通过制度机制成为一种法定强制。

从第二个问题上看，麻布具有与其他商品相交换的能力，一个主要原因是，它在数量上能够反映其他各种商品的价值量关系，即 20 码麻布反映了 1 件上衣、10 磅茶叶、40 磅咖啡、1 夸特小麦、2 盎司金、1/2 吨铁或其他商品之间的比价关系。最初的商品交换，由于上述的信用关系并不稳固又缺乏必要的制度保障，因此，与货币机能只能寄附在实物上相对应，各种商品之间的价值比例关系也表现为它们与货币材料价值之间的比价关系，由此，造成了一种错觉——似乎货币材料是用其自身的价值来衡量其他商品的价值及其比价关系（并由此将各种商品之间的比价关系表现为价格体系）。实际上，反映商品比价关系的机制是货币的一个基本功能，它与充当货币的"材料"是否具有价值以及价值高低并没有内在的直接关系。如果说这一情形在早期的商品交换中还看不清楚的话，那么，随着纸币、电子货币的出现就一目了然了。

各种商品之间比价关系的形成是一个漫长且相对（即不断波动）的过程。它受到一系列因素的影响，其中包括商品的生产成本、交易成本、交易的空间范围、市场供求格局、商品交易频率、各种商品之间的替代状况和互补状况、市场竞争程度、技术进步速度、交通条件以及经济社会的其他因素，因此，在不同区域内各种商品之间的比价关系常常有着差别，在不同时期中各种商品之间的比价关系也会发生变动。这既说明了这种比价关系不是固定不变的、人为安排的，它是通过供求双方无数次的博弈在不断纠错的实践中逐步形成的，也说明了不论用何种实物作为货币材料都不会因实物的物理品质差异而引致商品间比价关系发生实质性变化。由此可见，重要的不是货币材料为何物，而是反映商品间比价关系的货币机制能否有效发挥作用。

从第三个问题上看，在一般价值形式中，麻布起着媒介各种商品交易的作用，由此，买和卖的统一性分裂成了"卖"和"买"两个过程，物物直接交换转变成了商品流通。这种商品流通打破了"产品交换的时间、空间和个人的限制"（马克思，1867），为先卖后买、先买后卖、多次卖一次买、一次卖多次买等行为的展开提供了现实的可能。在此背景下，货币从媒介交易的功能中自然衍生出了支付、结算等功能。这些功能的展开与各种技术进步紧密联系，有效推进了商品交易的发展。

综上所述，货币不是任何一种实物（如货物、商品、资产、东西等），它是一种经济机能。这种经济机能以信用关系为基础以有效反映各种交易物品（包括商品、劳务、金融产品和其他进入交易市场的物品）之间的比价关系为机制，以媒介、实现和推进交易为基本功能。正是因为货币本体是一种经济机能，不是实物，所以，货币本身并没有所有制关系或者产权关系，也没有逐利性。正如，光、热、波等是一种自然属性，它本身并无所有制关系或者产权关系一样。

3. 货币功能和货币创造的修正

根据对货币本体的界定，可以对相关货币功能和货币构成的已有认识做出进一步的修正，其中包括：

第一，货币的价值尺度功能。货币是一种经济机能，在市场经济发展中发挥着至关重要的作用，但它本身不具有与商品价值相对应的价值。早期商品交易中，实物货币的价值不来自于货币功能而来自于实物本身的价值。换句话说，不是货币有价值，而是货币载体的材料有价值。在缺乏制度保障的条件下，货币的信用基础极不稳固，它必然要以具有价值的实物为载体。现代电子货币虽然已将货币本身无价值这一面纱完全揭开了，但如果发生严重的经济社会不稳定状态（如战争、政权更迭等），随着制度保障的信用基础改变，实物货币在一定时期或一定范围内的再现也还是可能的。货币的价值尺度功能，不在于以其载体的价值充当衡量商品价值的尺度，而在于反映各种商品价值之间的比价关系。

第二，货币的贮藏功能。货币不具有价值，也就不具有贮藏功能。所谓的货币贮藏功能，只是一种表象认识。货币资产可以贮藏，因为资产具有价值，所以，实际上具有贮藏价值的不是货币而是资产。在货币理论史上，维克赛尔、缪尔达尔和林达尔等人从货币的价值贮藏功能角度展开了货币对经济运行和经济增长的分析，它具有重要意义。但这些探讨实际上建立在将"货币资产"与"货币"相混的基础上①。不论是从资金平衡表（如政府部门和事业单位）上看，还是从资产负债表（如企业）上看，"货币资产"与其他资产一样均列在"左列"，而在"资产"之外并无"货币"的单独存在，也就不存在被贮藏了的货币。对中央银行来说，每年都可能通过一些途径收回一部分发行在外的现金，但这些现金一旦被收回，也就不再作为货币存在，因此，也没有价值贮藏可言。

第三，货币的统计。在货币理论史上，对货币本体展开探讨的主要目的在于，以此界定何为货币，从而，为经济实践中的货币统计、货币供求估算和货币政策实施等提供理论上的根据。为此，世界各国和地区不仅将中央银行发行的现金计入货币范畴，而且将各种存款和其他具有支付功能的金融工具也计入了货币范畴。但这存在着一个问题：如果说活期存款具有明显的支付功能应列入"货币"范畴的话，那么，各种定期存款在"定期"内并不发挥支付效能，只是一种金融产品，是否也应划入"货币"范畴就值得商讨了。

另一方面，在现实经济活动中依然存在着一系列类似货币的经济现象，诸如航空里程累积、商场饭店的返券、企业高校等单位的一卡通、网络之中的Q币等等，也都以一定程度上的信用关系为基础反映着约定范围内的可选购商品之间的比价关系并具有交易媒介和支付清算功能，因此，都可界定为对应空间范围内的货币。所不同的是，这些"货币"不是国家的法定货币，同时，只在一个极为有限的范围内发挥作用，所以，能量极为有限。但是，随着电子技术的进一步发展，如果这种现象达到相当的规模（例如，在一个城市的较大空间范围内实现了集购物、交通、旅游等为一体的一卡通系统），那么，将它们纳入货币统计从而货币政策考虑范畴就将是

---

① 关于"货币资产"与"货币"的区别，本文第四部分将予以分析。

一个不可避免的选择。这些现象的存在说明了，即使在以法定货币为主的经济环境中依然存在着某种民间创造货币的空间，因此，很难绝对地说，政府信用是市场经济中各类货币的唯一基础。事实上，对一个幅员广大、各地区差别甚大且商业活动繁荣的国家来说，在法定货币之外，存在一些其他层次的货币（或称"准货币"）是可能的，也是不必为怪的。

二　金融本质：资金融通还是权益交易

何谓金融？国内外理论界和实务界迄今没有一个确切的界定。《辞海》（1936）的解释是："谓资金融通之形态也，旧称银根。金融市场利率之升降，与普通市场物价之涨落，同一原理，俱视供求之关系而定。即供给少需要多，则利率上腾，此种形态谓之金融紧迫，亦曰银根短绌；供给多需要少，则利率下降，此种形态谓之金融缓慢，亦曰银根松动。"《新帕尔格雷夫经济学大辞典》（1992）的解释是：金融"其基本的中心点是资本市场的运营、资本资产的供给和定价"。美国的滋维·博迪和罗伯特·C. 莫顿（2000）"金融的定义"标题下认为："金融学是研究人们在不确定的环境中如何进行资源的时间配置的科学。"[1] 黄达（1991）指出："中文'金融'所涵盖的范围有广义和狭义之分：广义金融——指与物价有紧密联系的货币供给，银行与非银行金融机构体系，短期资金拆借市场，证券市场，保险系统，以及通常以国际金融概括的这诸多方面在国际之间的存在，等等。狭义'金融'——指有价证券及其衍生物的市场，指资本市场。洋人对 Finance 一词的用法也并非一种，而有最宽的、最窄的和介于两者中间的三种。"[2] 从这些界定中可以看出，"金融"，就概念而言，使用范围相当广泛，已是现代经济学和市场经济中最为普遍的范畴之一，但就内涵而言，不尽相同且差别甚大。

1. 金融并非资金融通

"资金融通"是中国教科书和相关词典中对"金融"的最常见解释，这

---

[1]　[美] 兹维·博迪、罗伯特·C. 莫顿：《金融学》，中译本，中国人民大学出版社 2000 年版，第 4 页。

[2]　参见黄达《黄达文集》，中国人民大学出版社 1999 年版。

既可能与"资金融通"的字面中有"金"和"融"二字有关，也与实践中企业、政府等经济主体普遍感到资金不足因而有着强烈的融入资金需求（以至于将"金融"简单界定为"融资"）有关。但是，金融并非"资金融通"，主要理由是：

第一，"资金融通"在每一具体场合都突出地反映资金需求者单方面的意向，它并不必然包含有资金供给者的意向和行为，也不包含市场机制在资源配置方面的基础功能。与此不同，任何的金融活动都必然是交易双方意向和行为的结果。在交易中，通过等价交换，资金需求者融入了资金，而资金供给者获得了某种金融产品（并非简单的资金融出）。这一过程所包含的复杂内容和本质特征，是"资金融通"一词很难充分概括的，更不是资金需求者单方面所能决定的。

第二，市场经济贯彻的是等价交换原则①。商品供给者将商品卖出获得资金，与金融产品供给者将金融产品卖出获得资金相比，就获得资金而言，二者并没有多少差别（即都融入了资金），那么，为什么前者被称为"商品交换"、后者被称为"金融交易"？如果这是因为"商品"属有形实物范畴，那么，"劳务""租赁"等的交易中也有资金支付现象，它们为什么不被称为"金融交易"？

第三，在实物投资、股权置换、债转股或股转债等场合，虽然没有资金的直接介入，但依然属于金融范畴。既然"金融"中并非一定存在资金融通的现象，那么，资金融通就不能充分反映和概括金融活动。

2. 金融并非货币

金融并非货币，这是一目了然的。突出的现象有三：一是相当多金融产品（如债券、股票、保单等）的交易需要以货币为媒介和计价。反证推论是，如果货币与金融是等价概念，则金融交易是货币与货币交易，这缺乏应有的经济意义。二是各种金融产品都具有明确的产权关系，例如，存贷款、债券、保单等中包含着债权债务关系，股份、股票中包含着股权关

---

① 等价交换是市场经济的一个基本原则。这一原则得以确立和贯彻的一个基础是，在时空关系上确定的"时点"，即任何的等价交换都以当时确定的地点而成立。离开了由"时"和"点"的确定性所形成的价格关系，就谈不上"等价交换"。参见王国刚、张跃文：《国有商业银行股权"贱卖论"辨析》，《新金融》2008年第8期。

系，信托凭证中包含着委托受托关系，等等，但货币中不包含这些关系。三是各种金融产品都有着对应的逐利性，因此，有着明确的收益要求。既然金融并非货币，那么，金融政策与货币政策就不是等价的概念，与此对应，将"货币供给"划入"金融"范畴，或者将"金融"划入"货币"范畴就是不恰当的。

但另一方面，诸如存款、贷款等金融产品，既具有一般金融产品的特征，又是货币机能的载体，由此，不仅使得金融与货币的关系复杂化，而且使得二者的边界在一定程度上模糊了。在以间接金融为主的格局中，调整商业银行等金融机构通过存贷款机制创造派生货币的能力，对实现货币政策目标甚为重要，由此，中央银行更倾向于将存贷款列入货币范畴予以调控，这强化了货币政策与金融政策的边界模糊。尽管如此，诸如债券、股票、保险、理财产品、共同基金、信托凭证和资产证券化证券等不属于货币范畴，还是明确的。

3. 资本市场不足以覆盖金融

资本市场属直接金融范畴。20 世纪 70 年代末，美国迈出了金融创新的步伐，其中的一个主要特点是，直接金融产品及各种衍生产品快速发展，在一定范围内，形成了由直接金融取代间接金融的趋势。在这个过程中，货币市场、金融市场的概念逐步淡化，资本市场的概念得到特别的强化。但 30 年多来，资本市场并未真正（也不可能）取代银行、保险和信托等金融机制。在实践推进中，以商业银行为主体的金融格局瓦解了，形成的是以资本市场为基础、以商业银行为主导的新型金融体系。在这种新型金融体系中，虽然资本市场发挥着至关重要的作用，但商业银行、保险公司和信托机构的功能依然不可取代。不仅如此，如果没有商业银行积极有效地深入资本市场的各方面创新，资本市场的发展步速和基础作用也将受到严重制约。①

显而易见的事实是，金融包含银行、证券、信托和保险等产业，但资

---

① 在始自 2007 年 8 月的美国乃至西方国家的金融危机中，随着美林公司被美国银行收购，雷曼兄弟公司破产，高盛公司和摩根斯坦利公司转为银行控股公司，投资银行作为一个独立的金融产业瓦解了，由此，以资本市场为重心的金融构架受到严重挑战。

本市场并不完全涵盖银行、信托和保险等产业的一切活动，由此，简单以"资本市场"来界定金融的边界是很难将金融的丰富内容概括在其中的。资本资产定价、资源的时间配置等在资本市场中是重要的，在金融运行中的效用也是无可厚非的，但它们依然不能概括金融的充分内容。金融是与实体经济相对应的一个产业门类，资本资产定价、资源的时间配置等并不能确切地表明金融产业与实体经济的本质区别，因此，不能准确地反映金融的本质规定。

4. 金融机构不足以概括金融本质

金融机构的类型众多，也可从不同角度进行划分。随着金融发展的进一步推进和金融运作的专业程度深化，金融机构的类型还将增加。金融机构是金融运作的组织方式，"金融职能比金融机构更为稳定"，"机构的形式随职能而变化"[①]。从逻辑上讲，金融机构的特性是由金融本质和金融内涵界定的；从市场发展来看，金融机构的类型是由金融市场的专业化竞争程度和科技发展水平决定的，因此，以"金融机构"来界定"金融"是不科学的。

5. 金融本质是资产权益的交易

金融，在本质上，是在资产权益基础上以获得这些权力的未来收益为标的而进行的交易过程和这些交易关系的总和。其中："资产权益"，是指依附于资产上的各种权力和对应的收益。当这些资产权益还只依附于资产之上从而尚未分离出来成为相对独立的交易对象时，与其对应的金融活动是不存在的。只有当资产权益从资产实体中分离出来并以交易对象的方式形成了一个独立的运行过程时，对应的金融活动才可能存在和发展。尽管金融现象林林总总、纷繁复杂甚至扑朔迷离，但寻源追本，总可以找到它们与资产权益的种种内在联系。"以获得这些权力的未来收益为标的"，是指金融交易的目的。各种金融交易的目的不仅在于简单地获得对应的资产权力，更重要的还在于获得对应资产的收益。由于这些资产的未来收益受到诸多不确定因素的影响，同时，确定这些未来收益直接关系着交易是否

---

① 引自［美］兹维·博迪、罗伯特·C. 莫顿《金融学》，中译本，中国人民大学出版社2000年版。

贯彻等价交换原则和交易各方的利益得失，所以，时间（即对"未来"的界定）和风险（即对"不确定性"的衡量）就成为衡量资产价值（从而资产定价）的主要因素。"交易过程"，由从资产权益买卖各方的交易意向表示到实现交易的各种活动、程序、手续和结果等构成。不同类型的资产权益交易在交易内容、交易程序、交易手续和交易结果等方面差异甚大，这决定了它们有着不同的交易过程。"这些交易关系的总和"，是由资产权益交易过程中的各种机构、规则、机制和行为等构成的。不同类型的资产权益交易，参与的机构类型不同、遵循着不同的规则、运用着不同的机制、有着不同的行为特点，这决定了它们彼此间的交易关系不尽相同。

从金融的本质规定中可以看出如下几个特点：

第一，金融与实体经济的异同点。在市场经济中，不论是实体经济还是金融经济都以交易为中心，为此，市场机制的一般原理和规则既适用于实体经济也适用于金融经济①；另一方面，金融与实体经济的区别主要在于交易对象从而交易目的的不同。实体经济中的交易对象是商品，获得商品的目的在于使用价值；金融的交易对象是资产权益，获得资产权益的目的在于未来收益，由此，引致金融经济的一系列特征形成和扩展。

第二，金融围绕资产权益而展开。金融交易的基础、目的和对象都离不开资产权益，由此，认识、界定、开发、评估、组合和管理资产权益就成为金融活动的主要内容。资产权益，在性质上，可分为股权性资产、债权债务性资产和信托性资产等；在权能上，又可分为所有权、控制权、使用权、收益权等等。通过对资产权益的开发和组合，可以形成不同的金融产品。从资金需求者角度看，通过出售一段确定时间内的收益权并承诺到期归还本金，对政府部门、企业来说，可获得债务性资金；通过出售未来的利润分配权，对企业来说，可发股融入资本性资金。从资金供给者角度看，通过购买这些金融产品，在不直接从事资产运作的条件下，可获得对应的资产收益。在原生产品的基础上，通过对权益（包括权能、时间和风

---

① 一些人认为，福利经济学的第一定理不适用一般的金融体系。这实际上是一个误解。这一定理的成立有三个假设前提，即充分竞争、信息完全对称和没有外部性。这些假设前提，从实践角度看，不仅在金融体系中不存在，就在实体经济部门中也几乎不存在。但这并不否定市场机制的一般原理和规则既适用于实体经济也适用于金融经济。

险）的进一步分解和重新组合，开发出了新的权益产品，由此，有了共同基金、可转换债券、股权证、各种资产证券化证券等证券类衍生产品和互换、远期交割、期货、期权等交易类衍生产品。就直接关系而言，相当多衍生产品似乎已远离实体经济的资产关系，但寻根溯源，依然可找到它们之间的内在联系。在美国等西方国家中，始于20世纪70年代末的金融创新，以金融产品创新为中心，其他方面的创新是以此为基础并服务于此而展开的。

第三，金融机构职能在于经营和服务于金融产品交易。金融机构是从事金融产品经营和金融服务的专业性机构。从经营角度说，相当多的金融产品是由金融机构开发、经营和发展的。例如，商业银行经营着存贷款金融产品、保险公司经营着保险类金融产品、资产管理机构经营着资产管理类金融产品、投资基金公司经营着基金单位等等。从服务角度说，一些金融机构为各类企业（包括金融类企业）提供专业化的金融服务。例如，证券公司提供公司债券、股票和其他证券类金融产品的承销服务，提供财务顾问、证券投资、股权投资、项目融资、公司并购、资产重组等方面的专业服务。

需要指出的是，商业银行并非是经营货币的金融机构，而是经营存贷款等金融产品的法人机构。货币作为一种经济机能，并无逐利的内涵，不可能成为经营对象；与此相比，金融产品作为资产权益的载体，有着获得未来收益的可能，才有作为经营对象的经济意义。

第四，资产定价、风险防范服务于金融产品交易。金融交易中贯彻着等价交换原则。与一般商品交换不同的是，在实践过程中，商品价值大致可以通过财务方法在计算成本的基础上进行模拟，但金融产品的价值很难运用同样的方法模拟计算。例如，一笔1000万元1年期贷款的价值是多少？一张面额100元的10年期公司债券的价值是多少？1元/股的股份价值是多少？恐怕没人能给出确切答案。几乎所有的场合，金融产品的"价值"范畴与"价格"范畴是内涵完全相同的同义语①。对存贷款、债券等金融

---

① 由此来看，那种以金融资产价格高于金融资产价值为理由，提出所谓的金融泡沫，是缺乏理论根据的。

产品来说，只有"利率"概念，并无价值范畴的利率和价格范畴的利率之分；对股票等证券来说，票面价值和票面价格、账面价值和账面价格、市场价值和市场价格等是相互替换使用的概念；如此等等。在这一背景下，要贯彻等价交换，理论上和实践中都要求弄清楚何为"等价"，由此，资产定价理论应运而生。但金融产品的定价，既取决于对应资产的未来收益水平，又受到具有替代性的金融产品收益水平的严重影响，还受到相关金融市场状况的制约，其中，存在着诸多未知变量且很难分清因果关系。在此背景下，再考虑"未来"一词并无确切的"时间"边界，各种复杂变量的数量关系就更加难以弄清了。这种复杂的机制关系决定了资产定价理论在实践中的运用迄今依然是雾里看花。

在实践中，资产定价的过程同时是分散风险的过程。商业银行通过贷款的可预期风险来确定贷款利率水准，保险公司通过估算不可预期风险的概率来确定保费水平，证券公司则通过历史比较和路演来探寻发股价格，鉴此，资产定价又称风险定价。30多年来发展的证券类衍生产品（包括信用衍生产品）、交易类衍生产品更是通过资产定价来分散对应的风险。价格是市场发挥基础性作用的基本机制，从这个意义上说，似乎将资产定价（或风险定价）界定为金融的本质规定是有道理的，但在与实体经济的对比中，这种界定难以揭示"资产权益的交易"这一金融独有的特点。实际上，资产定价是伴随着资产权益交易而产生并服务于资产权益交易的，因此，不能本末倒置。

金融交易以获得对应权益的未来收益为标的，金融产品的价格在本质上是由这些未来收益决定的。资产权益的未来收益水平取决于实体经济部门的经营效益水平和投资收益水平，因此，金融产品的价格在深层关系上是由实体经济部门的经营效益和投资收益决定的。就各种金融产品本身的价格而言，每种金融产品的价格在均衡关系上是由各种金融产品的价格体系决定的。如果一种金融产品的价格明显高于风险定价的水准，在没有制度障碍的条件下，其需求竞争将引致价格回落到由均衡关系决定的价格体系范畴；反之亦然。这种由均衡价格体系决定各种金融产品价格的机制关系，一方面决定了一旦某种金融产品的价格偏离了均衡价格体系，就给市场投资者提供了某种程度上的套利机会；另一方面，意味着在国与国之间简单进行金融产品的价格比较常常容易发生判断上的失误，除非对比的各国处于经济和金融完全开放状态，且金融交易不存在制度上的障碍、币种转换中的成本增加和程序上的费用提高。

第五，资产权益的分解和组合。在实体经济中，实物资产受经济技术规则和自然规则制约不可能无限分解和组合。与此不同，这些资产的权益在金融面上不仅可以不断分解组合，而且通过对已有金融产品在权力、收益、时间、数量和程序等方面的再分解组合，还将创造出新的金融产品。始于 20 世纪 70 年代末的金融创新，主要的就是这种金融产品的再创造过程。从极限角度看，金融产品和金融交易可以覆盖国民经济各个层次和各个方面的各种权益，同时，通过近乎无限地分解组合资产权益来不断地再创造新的金融产品和交易方式，由此，推进金融活动的愈益深化，服务于实体经济的发展。

第六，风险—收益的非对称性。资产定价理论和风险管理理论常常强调，风险与收益的对称性①，但在实践中，金融市场参与者各方常常遇到的情形则是，风险—收益的非对称性。二者的差别主要来自于"起点"与"过程"。如果说以债券发行价格为起点，存在着风险与收益的对称情形，那么，随着这一债券的交易过程展开，就将发生风险—收益的非对称情形；根据其每日的交易价格水平，既可能存在风险＞收益的情形，也可能存在风险＜收益的情形。从上市公司的股票来看，在发行市场上购入股票有可能是风险＜收益，而在交易市场中购入股票的风险—收益关系则取决于市场行情的动态，风险＞收益、风险＜收益和风险＝收益的情形都可能发生。一般来说，股市行情越高，则越容易发生风险＞收益的情形，反之亦反。

每种金融产品都具有分散对应风险的功能，但它同时也具有累积风险和扩大风险的功能。为了避免或消解风险，金融市场和金融机构的运作中存在着一系列止损机制和市场结清机制。以债券为例，利率水平是价格风险的止损机制，时间期限是市场结清的时点机制，还本付息是市场结清的

---

① "风险与收益的对称性"这一命题在严格意义上是不准确的。现代资产组合理论强调，对金融资产的选择需要同时考虑其平均收益与风险特征，并根据已有资产和外部环境来加以权衡，因此，同一种资产可能对于风险偏好类型或者禀赋资产的风险特征不同的交易者具有不同的效用。

退出机制。2007 年 8 月以后爆发的美国次贷危机（在 2008 年 9 月以后演化成全球金融危机），从金融运行的深层成因上说，是因为在住房抵押贷款的证券化过程中，通过真实销售、破产隔离和有限追索等机制设立和多级证券化机制，使住房抵押贷款的风险止损机制丧失，金融市场的结清机制严重弱化，以至于金融风险在不断累积和持续扩大中到了不得不通过爆发一场危机来解决的地步。①

三　资金特性：联结货币和金融的基本机制

资金，是指具有货币机能的资产。在政府、企业和居民家庭的资产中总有一部分"货币资产"，即资金。资金具有三个主要特征：其一，资产权力。资金是相关主体总资产的一部分，因此，有着所有权（或产权）的严格界定并受法律保护。任何主体在未经对方同意的条件下，不能获得、占有和使用对方的资金。其二，金融资产。对任何主体而言，资金都是非实物资产，不能直接用于消费、投资和经营，要实现这些目的，资金必须转化为实物资产。就此而言，资金只是代表了一种资产权益，属金融资产范畴。金融资产具有逐利性特征，与此对应，资金也有着明确的获利要求。其三，货币机能。资金是各类资产中唯一具有货币机能的资产，它能够直接购买（或支付）主体所需的各种实物、劳务和金融资产。资金的数量多少意味着经济主体的购买力强弱，同时，对于防范财务危机也甚为重要。就此而言，资金又属货币范畴。资金既具有货币机能又属于金融资产范畴，因此，是连接货币和金融的基本机制（也是引致"货币"和"金融"边界模糊的基本机制）。

在货币理论史上，"货币"常常被当作是"资金"的代用词，因此，有着两种基本的提法：其一，从商品与货币分为两个相对独立的运行形态出发，认为货币是商品价值的表现形式，其对应面是具有使用价值的实物，甚至有人使用"货币资金"的概念（似乎在货币资金之外，还有"实物资

---

① 参见王国刚：《止损机制缺失：美国次贷危机生成机理的金融分析》，《经济学动态》2009年第 4 期。

金"）。其二，将资金与货币混为一谈，甚至视为等价概念。从西方古典经济学到现代经济学的 200 多年时间内，这种混淆比比皆是。只需稍举几个例子就足以说明这类的混乱。杜阁认为："货币有两种不同的评价：一种是表达我们为了取得各种商品所付出的货币数量，另一种是表达一笔货币与它根据商业行为而得到的利息之间的关系。"[1]　米尔顿·弗里德曼认为："对于经济中最终的财富所有者来说，货币是一种资产，是持有财富的一种形式。对于生产性企业来说，货币是一种资本商品，是生产性服务的一个来源，这些生产性服务与其他生产性服务结合起来共同生产出企业所出售的产品。""在货币与其他资产之间并不存在任何严格的界限，且就某些目的来说，对'货币'的不同形式（如对现金和存款）加以区分可能是十分合意的。货币的这些形式中的某一些可能支付利息或可能涉及服务费用，这一正或负收益成为决定货币持有在各种形式间的划分的有关变量"[2]。斯蒂芬·罗西斯说道："从更大的范围来说，货币还有另外一个特征，即它使货币债务成为可能。"[3] 约翰·G. 格利认为："人们之所以需要货币，是因为它的内在边际收益等于或超过消费和投资的边际收益。货币的边际收益取决于预期的价格减缩、预算盈亏轮转的益处，以及实际投资的风险。"[4]从这几段话中可以看到，这些经济学家将财富、资产、所有权、债务、利息、收益和盈亏等与货币相连接，从不同角度强调，这些特性是货币的一个特性或功能，但他们实际上将货币与资金混淆了。

1. 资金与货币

资金的存在方式大致包括现钞、活期存款、定活两便存款等类型。它的货币机能和金融机能依这些存在方式的变化而变化。从货币机能来看，对居民来说，在电子技术尚不发达的条件下，现钞的货币机能高于活期存款，活期存款的货币机能高于定期存款；但如果有个人支票介入其中，那

---

① ［法］杜阁：《关于财富的形成和分配的考察》，商务印书馆 1961 年版，第 69 页。

② ［美］米尔顿·弗里德曼：《弗里德曼文萃》，北京经济学院出版社 1991 年版，第 362、382 页。

③ ［美］斯蒂芬·罗西斯：《后凯恩斯主义货币经济学》，中国社会科学出版社 1991 年版，第 27 页。

④ ［美］约翰·G. 格利：《金融理论中的货币》，上海三联书店 1994 年版，第 29—30 页。

么，在一些场合，个人支票（活期存款）的货币机能并不低于现钞。在电子技术比较发达的条件下，活期存款的支付功能明显提高，其货币机能在某些场合甚至高于现钞。对厂商和政府部门来说，在大多数场合，活期存款的货币机能明显高于现钞。这种货币机能随着电子技术的发展进一步强化。从金融机能来看，现金与现金的交易通常是毫无疑义（也不可能发生）的①，持有现金的直接目的在于满足购物的需要，所以，它并无直接的获利要求。与此不同，活期存款和定活两便存款是金融交易的产物，有着获利性要求，由此，在交易中形成了利率（虽然，具体的利率水平依各种复杂的具体条件而定，在某些国家或某些场合，甚至为零利率）。资金的逐利性是货币政策得以影响厂商利益、资金供给者利益从而令他们对货币政策做出反应的基本成因②。

资金作为金融资产，似乎具有自身的价值，可一旦细究，这种价值又不太容易说清。例如，100 元现金的价值是多少（与此对应，它的价格又是多少）？从票面值看，资金的价值更多地以其购买力界定。当物价上升时，资金的购买力降低，由此，价值较小；当物价下落时，资金购买力提高，由此，价值较大。这种与购买力相关联的价值表明了资金（作为金融资产）的价值内生于实体经济。在金融面上，资金还有一种以利率表现的"价值"。在此场合，利率究竟是资金的价值还是资金的价格，无法确切分离，但实践中，二者几乎是等价的概念（尽管在与物价变动的联系中存在着名义利率和实际利率之分）。资金的价格水平乃至各种金融产品的价格水平，既在各种金融资产的风险和收益均衡中形成，也在与实体经济部门的投资效益协调整合中形成（说到底，金融产品的收益是由实体经济的收益决定的），因此，简单地截取某一数据是很难判别资金价格水平是否适当合理的。在货币理论史上，利率的直接成因有着多种解释，其中包括节欲论、时间价值论、风险定价论等，但从本质上说，它是所有权（或产权）的产物，即在经济活动中任何的资金所有者（或拥有者或供给者）不会毫无代

---

① 在一些特殊场合，现金与现金的交易有着经济意义。例如，大额现金与硬币之间的交易，美国甚至有人专门设立公司，专营硬币与纸钞的交易。

② 西方经济学家在"货币"名义下研讨的货币供求与利率高低之间的关系，实际上是"资金"供求与利率水平的关系。

价地将资金交给他人使用。在物价变动的条件下，资金价值的数量变动直接影响着资金持有者的权益大小，这既是实施货币政策的重要成因，也是货币政策调控目标得以实现的重要机制。

资金可通过存贷款金融机构的存贷款活动而不断地被创造。这一过程，与其称为"货币创造"（从而"货币乘数"），不如称为"资金创造"（从而"资金乘数"）①。二者的主要区别在于，"货币创造"和"货币乘数"过于强调了资金中的货币机能，忽视了资金中的金融机能（尤其是权益关系的效应），由此，可能的实践结果是，为了满足货币政策的要求而影响金融机构的权益要求和金融市场发挥基础性功能的要求。在中国，近年来一个突出的现象是，货币当局屡屡提高法定存款准备金率（2010 年 4 月已高达 20.5%），这有利于限制存贷款金融机构的"货币创造"程度，降低"货币乘数"，贯彻货币政策的意图，但在贷款依然是存贷款金融机构经营获利的主要方式、金融监管要求存贷比不得超过 75%、1 年期存贷款利率明显高于法定存款准备金利率、金融市场中金融工具种类和规模相当有限等条件下，如此提高法定存款准备金率，不仅严重影响着存贷款金融机构经营活动中的资金安排和资金配置，从而影响了它们的经营权益，也给存贷款利率市场化设置了障碍。另一方面，也需注意，不能仅仅从金融资产的角度理解资金的创造过程，否则，可能发生为满足金融机构的运作要求而忽视资金数量对宏观经济运行的影响。

资金，作为金融资产，具有贮藏价值。在以贵金属为资金载体的条件下，资金持有者可根据自己的利益需要，选择将贵金属资金投入经济运行或不投入经济运行（即贮藏）；在纸币和电子货币的条件下，资金持有者贮藏资金的方式包括手持现金、银行存款等。但以银行存款（不论活期、定期）方式存在的资金，究竟是一种金融投资还是简单的资金贮藏就不容易区分了，也许只有在零利率条件下才能够较为清晰地看清贮藏特点。资金的贮藏引致了经济运行中的资金分为两类，即流动中的资金和停滞中的资金，由此进一步引致了货币口径的差异、货币统计的复杂性和货币政策调

---

① 在实践中，银行通过信贷机制投放的资金常常被称为"信用"，由此，在日文中有着"信用乘数"一词。

控的难度。

2. 资金与金融

对于经济运行中的各类主体，持有多少资金是至关重要的。首先，在市场经济中，持有资金是诸多经济活动的起点。马克思曾经说过："商品生产——无论是社会地考察还是个别地考察——要求货币形式的资本或货币资本作为每一个新开办的企业的第一推动力和持续的动力。"① 其次，持有资金是各类经济主体持续从事经济活动和扩展经济规模的基本条件。不论对家庭（个人）、厂商、金融机构还是对政府部门来说，可支配的资金不足都可能引致财务风险，甚至陷入经济活动的困境，因此，保持现金流的充足总是不容轻心之事。最后，各种支出、收入和结余等都表现为资金在数量上的变化，因此，资金是进行经济核算的基本对象。

资金是连接金融与实体经济的基本机制。在国民经济中，金融系统存在的实质意义在于推进和服务实体经济的发展，基本职能是通过资金配置促进资源有效配置，同时，化解实体经济运行过程中的各种风险。这些金融职能的发挥以资金为基础。首先，金融通过将实体经济中的资产权益（及对应的权益收益）分离出来并形成相对独立的交易过程，激励了社会各界资金持有者向实体经济部门提供源源不断的资金，由此，从资金面保障和支持了实体经济的发展。其次，通过金融产品的交易，在价格比较和波动中，激励了资金供给者（即投资者）对相关信息的关注和金融产品发行主体资信状况、运作走向和市场行为等的关注，由此，推进了资产结构优化、公司资信评价、信息公开披露、财务制度完善和治理结构提高等一系列问题的解决②，这同时也是降低实体经济运作风险、提高资金使用效率的过程。再次，金融不仅为权衡实体经济部门运作的机会成本提供了市场标尺，而且为实体经济运行过程中出现的诸多问题提供了解决方案。其中包括资本预算、项目融资、公司并购、资产重组和资产证券化等等。最后，金融成为推进实体经济中资源有效配置（和再配置）的一个主要机制。一

---

① 引自马克思《资本论》（第二卷），中译本，人民出版社1975年版，第393页。

② 在历史上，这些问题是在金融交易中提出并在金融交易推动下解决的。参见［美］约翰·S. 戈登《伟大的博弈——华尔街金融帝国的崛起》，中译本，中信出版社2005年版。

个突出的现象是，资金总是向经济效益好、运作效率高和具有良好发展前景的地区、产业和企业集中。

资金是各种金融产品和金融交易的共同基础。首先，资金是金融产品的最原生形式。当资金以现金方式存在时，它的金融性质是未完全确定的。如果以股权投资方式使用，资金转化为股权性资产；如果以借贷方式（包括购买债券、票据和租赁等）使用，资金转化为债权性资产；如果以信托方式使用，资金转化为信托资产；如果以保险方式使用，资金转化为保险资产。其次，资金是金融产品的最基础形式。以现金和活期存款方式存在的资金在价格上是最低的（其利率为零或近乎为零），其他各种金融产品以其性质、风险和期限的不同而高于现金和活期存款。再次，资金既是各种金融产品的起点也是它们的终点。各种金融产品的流动性高低以其转换为资金的速度和程度来界定。流动性高的金融产品，利率相对较低，反之则较高。最后，资金既决定了各种金融产品的同质性明显高于各种实物商品，也决定了各种金融产品之间的替代性和互补性明显高于实物商品。资金的这些金融功能，是货币政策得以影响金融市场各种活动的基础性机制。但在现代金融理论中，常常不注意资金（以及与此对应的货币、信用等）的金融效应（甚至不将资金作为一个基本的金融现象进行分析），由此，导致套利均衡定价模型难以解释资产价格水平的整体波动（尤其是资产价格在明显偏离由预期收益水平决定的高位波动），在一定程度上为金融市场中的投机行为提供了理论上的口实。

资金作为货币资产，维系着由各种金融交易所形成的金融链条。资金充裕，既可推进金融产品规模的扩大和交易价格的提高，也可激励金融产品创新并推进金融交易链条的延伸；反之，资金紧缺，既可抑制金融产品规模、引致交易价格下落，又可抑制金融产品创新和金融交易链条的延伸。金融产品的价格下落，将直接引致持有这一金融产品的金融机构（和非金融机构）的财务损失，甚至陷入财务危机。如果这种金融产品在金融市场中所占比重较大且价格持续下降，就将引致金融产品价格体系的整体下落，从而引致众多金融机构的财务亏损和多米诺骨牌效应，甚至引发金融危机。西方国家的此轮金融危机，从金融市场面来看，先是在 2007 年 8 月以后普遍发生了资金链断裂，尽管美联储、欧盟央行和相关国家的央行不断向市场注入巨额资金，但依然不能有效缓解资金链断裂问题，随后，在金融产品价格体系整体下落的背景下，众多金融机构多米诺骨牌式地发生严重的财务亏损，陷入破产境地，由此，在 2008 年 9 月以后次贷危机转变为全面的金融危机。如果前一阶段以降低利率、投放资金为特征，以维系金融交易价格和金融链条，那么，后一阶段则是以股权收购、政府担保（存款兑付）和国际协调为特征，以避免主要金融机构破产、存款人资金转移和危机进一步深化。但这些措施是否真能有效防范金融危机的再次发生，还有待于今后的实践验证。

四 货币政策：调控资金流量与 维护金融秩序稳定

提起货币，人们自然想到货币政策。货币政策作为宏观经济政策的构成部分，不论在理论上还是在实践上都是在"二战"以后才成为一个普遍现象，但有关货币在经济运行和经济发展中的功能问题探讨，就近代史而言，可追溯到 200 多年前。如果再往前追溯，在中国则可从公元前 11 世纪的周朝开始（"比西方货币史学者所说的世界铸币术的发明时间要提早四百多年"[①]）。在几千年历史中，为了满足商品交易的需要，政府发行了一系列以金属和贵金属为载体的货币（包括辅币）。这些货币发行由国库掌控、以政府信用为保证，具有财政性发行的特点，它有着明显的"货币"特征，相比之下，"资金"特点并不突出。近代随着纸币的出现，法定货币的发行转为金融性发行。在与贵金属挂钩的条件下，纸币在价值上代表着对应的贵金属数量；在与贵金属脱钩以后，纸币发行量成为政府的债务范畴。在央行资产负债表中，"货币发行"计入"负债"，与此对应的货币数额在尚未转化为其他资产之前记为"货币资产"，这突出反映了货币发行和使用的金融特性，也表明现代经济中法定货币从最初的创造就已是"资金"。

货币政策以"货币"来定义的主要成因有三：一是发行货币是央行的独有权利，也是央行资产的主要来源和发挥各项主要职能的资金基础。二

---

① 千家驹、郭彦岗：《中国货币史纲要》，上海人民出版社 1986 年版，第 17 页。

是央行调控工具的使用以具有货币功能的资产（即资金）为重心，不论是数量机制（包括货币发行量、法定准备金率等）还是价格机制（包括再贷款利率、再贴现率和公开市场业务等）最终都围绕资金数量而展开。三是具有货币功能的资产总量代表着全社会的需求总量。在经济运行中，以购买力体现出来的总需求直接影响着物价和资产价格并由此影响到各类经济主体的切身利益。对于维护经济运行秩序和金融运行秩序的稳定，调控货币资产总量是至关重要的。从央行资产负债表上看，在"总负债"中，如果"货币发行"占比较高，表明了央行调控能力的主动性较高（且资金的直接成本较低），反之，则表明央行负债资金大量来于借款，其调控能力比较被动（且资金的直接成本较高）；在"总资产"中，如果央行的大部分资产在国内配置，表明了央行的主要注意力在于展开国内的经济和金融运行调控；但如果央行的大部分资产配置于海外，则表明了央行对国内的经济和金融运行调控能力较低[①]。

就理论层面而言，货币的内涵是清楚的，可一旦介入实践层面就模糊了。一个突出的实例是：在各国的货币统计中都将各类存款记为货币范畴。在中国，M_0 为央行发行的货币，M_0 + 企业等机构的活期存款为 M_1，M_1 + 准货币（准货币由企业等机构的定期存款、城乡居民储蓄存款和其他存款构成）为 M_2，因此，在 M_2 中扣除 M_0 之后的剩余部分均为"存款"（以2010 年 12 月底的数字为例，M_2 总额为 725774.05 亿元，其中 M_0 为44628.17 亿元，二者差额 681145.88 亿元为各类存款）。由此提出了三个问题：第一，就各类主体将资金存入商业银行的行为而言，对市场上的物价上行是起到推高作用还是抑制作用、对 GDP 的创造是起到推进作用还是抑制作用？如果起到的是抑制作用，那么，这些存款（尤其是定期存款）的增加与货币增加是否属于同类现象（从而，需要将这些存款列入货币范畴）？如果起到推进作用，就需要回答一个逻辑矛盾的问题，即各类经济主体不购买商品而将资金存入商业银行，是如何推进了物价走高和 GDP 上行的？第二，存款在性质属于各类经济主体的资产范畴，就"存入商业银行"的行为而言，是他们彼此分散的自主行为，央行的货币政策是否有足够的

---

① 　参见王国刚《基于资产负债表的央行调控能力分析》，《金融评论》2010 年第 1 期。

能力改变这些资金的归属关系并影响这些经济主体将资金存放于商业银行的行为？如果没有这种能力，那么，为什么将这些存款列入货币范畴和货币政策调控范畴？第三，在各类经济主体将持有的资金大量存放于商业银行等金融机构的条件下，按照 M_2 计算的货币数量将明显增加（由此，M_2 的增长率可能大于 GDP 增长率，M_2 的数值也可能高于 GDP 的数值），但这是否意味着中央银行的货币投放过多和通货膨胀压力增大，与此对应，中央银行是否需要对由存款增加引致的货币数量增加实行从紧的货币政策，又如何实行？[1] 将"存款"列入"货币"范畴也许有两个解释：其一，各类经济主体的"活期存款"有着支付功能，发挥着与货币相同的功能，更何况在现代经济中已不可能存在大额购物继续选择现金支付的方式。但这一解释对定期存款是不合适的（"定期存款"在定期内不可使用，这决定了它实属金融产品范畴，其变现能力低于可交易的各种债券，因此，也没有货币功能），即便对活期存款也只有部分的解释力（即对活期存款中沉淀的部分缺乏解释力），面对中国商业银行体系中各类存款有着 50% 左右为定期存款的结构，这一理由显然是不充分的。其二，以存款方式进入商业银行体系的资金在商业银行运作中又使用出去了，同时，M_2 中大于 M_0 的部分实际上是由商业银行信贷机制所创造的。但从这一角度研讨已不是"存款资金"而是"信贷资金"了。信贷资金的发放属于资金的再创造过程，既然如此，为什么不直接将信贷资金的投放规模列入"货币发行量"并以此作为调控货币发行量的政策"抓手"？由此，"货币发行量"的主要构成内容是"货币"还是"资金"？从调控"货币总量"角度看，以"存款"为抓手的效应可能不如以"信贷规模"为抓手。内在机理是，不论是企业存款、居民存款还是政府存款在增加额和增长率两方面都受到当年新增信贷规模和贷款增长率的直接制约。就此而言，在实施货币政策中，也许以"信贷规模"为抓手要比各项货币政策工具更加有效[2]。

　　以"存款"界定货币内涵在实践中遇到的另一个挑战是，那些不以

---

　　[1]　具体分析可参考王国刚《中国银行体系中资金过剩的界定和成因分析》，载《财贸经济》2008 年第 5 期。

　　[2]　参见约瑟夫·斯蒂格利茨、布鲁斯·格林沃尔编著《通往货币经济学的新范式》，中信出版社 2005 年版。

"存款"名义而在实践中发挥货币作用的资金是否应当列入"货币"范畴？其中包括：以"托管"名义存入各家银行托管的资金，与各种理财产品对应的资金，各类商务和交通等一卡通内的资金等等。毋庸赘述，中国 M_2 以"存款"为主要对象，只涵盖了经济运行中的一部分资金流量，未能充分将各种资金包含在内，这也许形成了对 M_2 内涵进行修补的理由。从更加广泛的视角出发，应考虑将全社会的资金总量和流动性总量等纳入货币政策的监测范畴。

货币政策的目标在理论层面上似乎也是清楚的，但一进入实践层面又模糊了。保持币值稳定是货币政策的最终目标，与其对应，保持国内物价稳定和对外汇价稳定也就成了货币政策目标的实践"抓手"。在此背景下，防范和治理通胀（或通缩）屡屡成为货币政策当局的首要任务和经常性工作。但是，问题随之而来。第一，在现实经济运行中，"流通中货币数量"（或"货币投放量"）是否是影响物价变动的唯一因素？从发达国家 19 世纪以后的历史看，在工业化和城市化进程中物价上行是一个不以人们意志为转移的客观规律，其中，既包含了土地价格、劳动力价格、农产品价格和资源类产品等，在货币化过程中引致的物价上行，也包含技术贬值、税收调整、国际市场价格变化（包含国际游资投机性炒作引致的大宗商品价格变化）和供求关系变动引致的物价变动。这一系列因素引致的物价变动是否都可通过一国货币政策的调整予以消解？如果答案是肯定的，那么，货币政策就近乎是一个万能政策了（且不说，货币政策以何机制、有何功能来消解这些因素引致的物价变动）；如果答案是否定的，那么，可以得出结论，"保持币值稳定"在相当多场合是不可能实现的。这意味着将"保持币值稳定"列为货币政策终极目标是不切实际的。第二，实施货币政策以维护币值稳定的目的何在？是为了维护货币的购买力和政府信用，还是为了维护经济金融运行秩序的稳定？如果是前者，实行固定价格制度也许是最有利的选择，可是这样一来，价格处于非变动中，市场机制也就失去了发挥作用的基本条件。如果是后者，那么，物价稳定从而币值稳定就不可能长期存在，货币政策的最终目标就应进行调整。2008 年爆发的国际金融危机给出了一个重要启示——"金融稳定"的重要性丝毫不低于"货币政策"。金融稳定的实质含义是金融运行秩序的稳定。在不影响金融运行秩序稳定的条件下，金融市场中交易规模的大小、交易价格的高低、交易活跃程度的强弱以及金融机构的多少等不应成为影响货币政策选择和货币政策目标的主要因素。同理，如果物价变动尚处于大多数经济主体可承受的范围内，经济运行秩序不会发生实质性不稳定，货币政策也就不见得进入非调整不可的境地。实际上，保持货币稳定，在大多数场合，是"资金"从保值增值角度提出的要求。如前所述，货币是以信用关系为基础以有效反映各种交易物品（包括商品、劳务、金融产品和其他进入交易市场的物品）之间的比价关系为机制以媒介、实现和推进交易为基本功能的经济机能，其本身并无价值界定，也就不存在"币值"的稳定问题，但资金不同，它存在着以货币标价的价值，同时，保值又是最基本的权益要求。由此，"保持币值稳定"这一货币政策最终目标与其说是反映了"货币"要求还不如说是反映了"资金"要求。第三，货币政策作为需求总量的调控政策，在面对物价上行（或下落）走势时，实行从紧（或从松）政策措施中是否只有积极效应没有负面效应？如果答案是肯定的，那么，其内在机理是什么？如果答案是否定的，那么，在选择和实施货币政策中是否需要深入分析和权衡各种利弊关系，以明确实施货币政策的取向、力度、节奏和时间，避免因"松"和"紧"之间的频繁变动（甚至引致经济运行秩序不稳）给相关经济主体权益带来较大的负面损失？

诸如法定存款准备金率、利率等货币政策工具在理论上的分析是不彻底的，在实践中屡屡发生误解或偏差。从法定存款准备金率来看，理论分析停留于提高法定存款准备金率将资金从商业银行收到央行手中（由此收紧了银根），但这些资金到了央行手中，央行如何运用却不再继续分析，似乎一旦资金收紧也就"蒸发"了。事实上，通过再贷款、再贴现、购买外汇资产以及从商业银行手中购买证券等方式，央行通过提高法定存款准备金率所收紧的资金是可能回流到商业银行体系的。反之，在降低法定存款准备金率的条件下，央行也可以通过减少再贷款、再贴现、购买外汇资产和购买证券等方式，使商业银行系统中的资金保持不变。从利率来看，货币本身没有价值也无追逐收益的内在机制，它对利率高低不可能有反应；对利率高低有反应的应当是资金，利率机制的对应面是资金。长期以来，在运用利率机制中有两个问题是没有说清的：第一，"提高利率收紧银根、降低利率放松银根"并未说清"谁提高了谁的利率、收紧谁对谁的银根；谁降低了谁的利率、放松了谁对谁的银根"。这一命题的实际含义应当是"央行提高央行利率、收紧了央行对商业银行的银根；央行降低央行利率、放松了央行对商业银行的银根"。但在中国实践中屡屡发生的是，央行直接决定商业银行存贷款基准利率（相当于"政府给企业定价"），在此背景下，央行提高商业银行的存贷款基准利率不见得有收紧商业银行信贷资金的功能①，反之，央行降低商业银行的存贷款基准利率也不见得有放松银根的效应。第二，利率是否能够有效影响资金流量？从此轮国际金融危机的演变历程看，尽管美联储、欧洲央行等已将利率降低到近乎为零的程度，但依然没能有效缓解市场中的资金严重不足态势，使经济和金融陷入了"流动性陷阱"之中，以至于次贷危机转变为金融危机。2010 年 11 月 3日，美联储推出了第二轮量化宽松政策。"量化宽松"政策的推出，标志着运用利率机制调节资金流量的政策已经失效。由此来看，利率政策并非解决资金流量问题的万能机制。

经济运行中的流量资金不足并不一定是资金数量不足。从次贷危机开始，美联储就向金融市场和金融机构投放了巨额资金，试图缓解资金紧缺的状况，但这些资金并没有切实地流向实体经济部门和资金紧缺的金融机构，而是通过商业银行等金融机构又存入了美联储。在这种背景下，要走出"流动性陷阱"，使资金数量转变为资金流量，仅靠货币政策的放松是不够的，还必须着力实施刺激经济的财政政策，以提高金融机构向实体经济部门供给资金的信心和投资者投资于金融市场的信心。从这个意义上说，货币政策的选择和实施必须关注全社会的资金流向、流速和流量以及相关的影响因素。

五　金融监管：防范资金流断裂和
维护金融运行秩序

防范和化解风险是金融监管的重心所在，也是金融活动得以存在和发

---

① 具体分析可参考王国刚《中国银行体系中资金过剩的效应分析》，载《财贸经济》2008 年第 6 期。

展的经济根据。2008 年以后的国际金融危机更是强调了防范和化解风险的重要性。就风险而言，一方面风险是客观存在的。每一项经济活动或金融活动都存在对应的风险，同时，风险是不可消灭的；不存在无风险的经济活动或金融活动（只有在某种经济活动或金融活动消失的条件下，与其对应的风险才可能消失）。在此背景下，风险只能通过各种机制予以防范和化解。另一方面，金融是识别、评估（或度量）、组合（或分散）和管理风险的基本机制，因此，风险的发生条件、大小、走势和效应等常常通过金融机制而显示并通过金融机制而化解。金融风险主要有三个来源，即实体经济部门转移到金融部门的风险、金融部门运作过程中产生的风险和海外传导进入的风险。在理论上"风险"较多地被定义为"不确定性"，但在实践中"风险"常常被理解为"可能发生的损失"。尽管经济损失可以用实物、生产能力、销售额和企业破产等衡量，但从价值的可比性和财务机制出发，比较普遍的还是用资金计量。由此，维护资金安全（换言之，防范和化解风险资金风险）就成为金融监管的一个重点。

在理论上，金融风险可分为系统性风险和非系统性风险。这些风险本来是针对金融市场而言的，但因金融市场的系统性风险可能给宏观经济运行带来严重的后果，2008 年的全球金融危机就是在美国资产证券化市场发生严重的系统性风险的背景下爆发的，所以，金融的系统性风险就具有了宏观意义。另一方面，非系统性风险在某些条件下可能演化成系统性风险。此轮美国金融危机中，一些大型金融机构陷入经营困境，由于其业务面和对金融市场的影响力过大，一旦倒闭破产可能引致系统性风险，从而出现了"大而不能倒"的现象，同时，也引致了对系统重要性金融机构的关注。为了避免金融风险给国民经济运行带来严重影响，宏观审慎监管的要求应运而生。

有一个问题是值得深入探讨的：如果说对 1 家金融机构而言，财务亏损未必一定引致倒闭，但资金断裂（或现金流断裂）从而缺乏偿付（或兑付）到期债务能力必然引致破产，那么，这种微观的非系统性风险是通过何种机制转化为系统性风险的？金融系统犹如生命体，资金是这一系统的血液。资金流动推动着金融产品、金融机构和金融市场的运动，从而整个金融系统的生命运动。一旦资金在某个点停止了运动，就将在金融系统中造成一个梗阻点；资金停止运动的"点"越多，金融系统中的梗阻点就越多；如果这些梗阻点形成了"片"（甚至"网"），金融系统的崩溃从而系统性风险的发生就为期不远了。这些梗阻点主要发生在金融市场和金融机构两方面。金融市场是资金供给者与资金需求者通过金融产品实现交易的场所，金融产品的交易规模、价格、活跃程度等等，既受到金融产品特性制约，也受到资金供给数量制约。一旦资金紧缺，金融产品的交易规模、交易价格和成交数量等就将严重降低；在资金缺乏的场合，金融产品的交易不可能实现，金融市场将呈现有行无市的状态。另一方面，证券、保险、信托和租赁等类型的金融机构是资金的需求者，一旦缺乏资金供给，现金流断裂，它们的经营活动就将陷入财务危机；存贷款金融机构虽然具有资金的创造功能，但这种创造功能也基于资金供给（例如，没有存款就不能创造贷款）。引致资金流量大面积梗阻的直接成因比较复杂，从直接观察角度看，主要有三：一是当某种或某几种金融产品价格走势呈现大幅下落时，投资者或因严重亏损已缺乏资金或不愿意继续增加资金投入，引致这些金融产品的价格加剧下行，使得与这些金融产品交易对应的资金流动停止，这些金融产品因缺乏交易资金而成片"坏死"，成为有毒资产。二是当某家或某几家金融机构在经营活动和市场运作中严重亏损引致资金短缺时，因无力偿付到期债务牵连到相关金融机构的资金流断裂，使得后者也陷入由资金紧缺引致的财务危机困境，由此，在资金链断裂背景下，一大批金融机构相继陷入"坏死"境地。三是在上述一种情形发生或两种情形同时发生的背景下，拥有资金的金融机构和投资者担心厄运降临，不愿意向金融市场投入资金，也不愿意继续向其他金融机构放出资金，宁愿将资金停留自己手中（或存入央行），由此引致对应数量的资金停止流动。在美国次贷危机转变为金融危机过程中和金融危机深化过程中，这三种情形相继发生又几乎同时存在。由此来看，单家金融机构或单一金融产品引致的资金风险并不可怕，它也不至于转化成系统性风险，但如果由此引致的资金流断裂有着"由点成片"的危险，那么，非系统风险就可能转变为系统性风险。从这个意义上说，金融监管的重心不在于防范单家金融机构或单一金融产品中存在的微观风险，而在于防范由非系统风险引致的资金流成片断裂。

在市场竞争中，优胜劣汰意味着必然有一些金融机构可能"出局"。所谓"大而不倒"，担忧的是，有着众多客户的大型金融机构一旦发生破产倒闭事件，将给经济金融运行秩序造成重大冲击，由此，提出了强化对系统性重要金融机构的监管问题。从中国的实践经验看，在有效安排好业务转移从而客户转移的条件下，个别大型金融机构的破产倒闭不会对正常金融运行秩序产生太大的冲击，更不可能引致金融危机。因此，"大而不能倒"的真实含义，不是指某家大型金融机构在金融市场竞争中不能倒闭破产，而是指应避免由此发生资金流断裂所引致的多米诺骨牌效应。

为何要防范和化解金融风险？基本理由是，一旦金融风险大面积发生，不仅将严重扰乱正常的金融运行秩序（从而引致金融危机），而且可能给实体经济运行以严重冲击甚至引致经济危机。在金融实践中，通过对历史经验的总结和现实活动的监管，对那些可能引致系统性风险的金融行为通常的选择是运用法律等制度机制予以禁止，在这方面，金融监管的重心在于依法监管，坚决打击各种违法违规的行为。但金融活动毕竟是一个纷繁复杂的过程，其中又有诸多的创新在不断展开，鉴此，金融监管就不能停留于执法层面，还必须建立必要的预警机制和应急机制，将各种可能引致系统性风险的现象和行为纳入监控视野，以防患于未然。但这并不意味着，金融监管需要将金融运行中的所有风险都纳入监管范畴，实际上，大量非系统风险或微观风险应交由具体的金融机构自己承担，否则，这些金融机构的经营运作将处于财务软约束境地，金融监管将陷入"一管就死、一放就乱"的境地。真正应纳入金融监管范畴的是，金融机构之间的资金流量、流向和流速，金融机构与金融市场之间的资金流量、流向和流速，目的在于防范资金流的成片梗阻。

金融交易围绕各类资产权益的未来收益而展开，资金在其中的作用与一般商品交易大致相同。与此对应，金融监管的侧重点应当是金融市场中的各种交易行为，其目的在于维护金融市场在公平机制下运行。金融交易并不创造价值，但有着引致资产价值在参与者之间重新分配的功能。在交易中，获利方所得到的收益或者由证券发行人提供（如债券利息、股息等）或者来源于交易对手方的资产价值转移，因此，金融交易本身并非国民财富的创造过程，也不具有财富效应。从直接关系上看，资金在交易中似乎只起计价、媒介、支付和结算等货币作用，但资金还代表着需求，资金数量对交易价格的形成有着至关重要的影响，同时，对交易各方来说，资金是资产的一部分，交易运作的盈亏通常以资金计量，因此，资金流量和流向成为金融交易中重新分配资产（或财富）的一个主要载体。所谓风险，对金融市场参与各方来说，实际上是以资金计量的资产价值可能面临的损失；对金融市场来说，关键是资金的流出入是否合法有序从而市场运行秩序是否稳定。在金融市场运行秩序稳定的条件下，参与者可以根据自己的能力和各方面信息形成最基本的预期并以此为基础展开交易活动；在运行秩序不稳定的条件下，不仅可能引致参与者的操作预期难以有效形成，而且可能引致多数参与者从避免金融资产价值损失出发选择运作策略，加剧市场走势不稳的趋势。金融监管并非金融调控。从货币政策属于宏观调控机制中引申出"金融调控"是不合逻辑的。事实上，金融调控的目标、工具和机制等都无法明确界定。在"金融调控"名义下，金融监管部门根据自己的偏好，选择政策机制和行政机制对金融市场走势施加影响，不仅将扰乱市场参与者的预期、交易活动状态和金融产品价格，而且可能引致资金流的点状梗阻乃至片状的梗阻从而产生更加严重的风险。

在金融市场中，价格机制处于核心地位。每种金融产品的价格不仅直接连接着对应的交易各方权益，而且与其他金融产品的价格相关联。每种金融产品的价格在结构上均有着由其特定的权益、成本、时间和风险等一系列因素决定的构成（其中包含着阻止损失的机制），但同时这些因素在价格形成中又与其他金融产品的相关因素相协调。例如，在一级市场上，债券的定价既考虑到了发行人的资信状况、债券期限、发行规模、发行人和持有人的分别权益、先前已发行债券的定价水平等因素，也考虑到了存贷款利率及其走势、二级市场交易状况、经济基本面走势、资金面状况和政策面可能的变化等因素。在二级市场上，拆借利率、债券价格、股票价格和其他产品价格的形成，既与发行市场的各类价格相连接，也受到交投各方力量所形成的供求关系影响，还受到央行利率、存贷款利率、资金面状况、经济基本面走势等诸多因素的制约。值得一提的是，各种金融产品以风险—收益关系为基础形成的"均衡"价格体系并非如数学方程式所表述的恒等式，它实际上只是一个趋向均衡而永远不可能达到均衡的非均衡过程，因而，是一个在不断波动中调整的过程。就此而言，金融监管需要着力关注的不是一种或几种金融产品的价格波动走势，而是各种金融产品在交易中所形成的价格趋于均衡的稳定运行，应特别重视各种金融产品之间的价格关联，避免对某种（或某几种）金融产品价格的过度监管所引致的价格体系扭曲。另一方面，金融产品价格的高低必然受到对应的资金数量影响，因此，金融监管需要特别关注由社会游资投机性炒作引致的一种或几种金融产品价格的大起大落走势，防范由资金流变化引发的金融市场风险。

利率是资金的基本价格，利率变化直接影响着资金的流量、流速和流向。利率市场化是金融产品价格市场化的基础性条件，在缺乏市场利率体系的条件下，金融产品的价格体系难以有效形成，也很难充分有效地发挥配置金融资源的基础性作用。在中国，活期存款利率界定了各种金融产品的最低利率水平（即零利率），定期存款利率也界定了对应期限固定收益证券的最低利率水平。形成市场利率，既需要改革由政府部门直接决定金融机构存贷款利率的管制机制，需要提高金融机构对市场利率的应对能力（其中包含金融机构的财务硬约束、对市场利率的预期能力、对金融产品的定价能力以及防范和化解利率风险的能力等等），也需要提高央行调控市场利率的能力、提高监管部门监控市场利率走势的能力，还需要社会各界包容由利率市场化引致的利益格局调整。利率的市场化过程是各种金融产品在市场运行中重新定位和形成新的价格体系的过程，它必然要求相关各方的取向、利益、行为和资产负债表等诸多方面的重新调整，因此，不能操之过急，应渐进稳步地推进，以免给经济社会运行带来不利的冲击。

创新是金融发展的基本动力，也是金融提高服务质量和服务深度的客观路径。金融创新是对已有规则的突破，必然对原有的金融运行秩序产生冲击，要求调整和完善金融监管框架。20世纪70年代末从美国起步的金融创新，在推进金融发展的同时也给2007年以后的次贷危机和金融危机留下了隐患。这方面的教训是，金融监管的创新未能跟上金融产品创新和金融市场创新，出现了金融创新过度的现象和金融创新脱离实体经济发展要求的现象。对中国而言，金融创新中的主要问题不是"过度"而是"不足"，为此，适当放松对金融机构的管制，从机构监管为主转向功能监管（或行为监管）为主，为金融创新提供一个较为宽松的监管环境，是金融监管体制改革深化的一个重要方面。在此背景下，随着金融机构在产品创新和市场创新等方面的深化，监管体制机制需根据新的变化进一步调整完善，尽管如此，对金融市场和金融机构的资金流动状况实施监管，是一个不变的取向。

六　政策含义简述

就范畴而言，在性质、对象、机制和功能等方面，货币和金融分属不同的领域，二者不可相混。但二者都建立在"货币资产"（即资金）的基础上并与资金的运作紧密相连，由此，由资金特性所决定并通过资金路径，二者又连为一体，形成了"货币金融"的统一构架，这是引致理论上的货币经济学和金融经济学难以准确划分、实践上的货币政策调控和金融监管难以明确界定的主要成因。但如果不是着眼于资金，货币和金融从而货币政策和金融监管的边界还是可以依据各自的界定予以划分的。这一划分的政策含义包括：

实现金融政策与货币政策的相对分离。金融与货币分属不同范畴。如果说货币政策是一个影响各个产业从而国民经济总量关系的宏观政策的话，那么，金融政策则是影响金融产业发展和金融市场发展的政策，它具有很强的微观性质。货币政策有着比较明确的政策目标和政策工具，但金融政策很难有长期固定的政策目标，也缺乏始终不变的政策手段。因此，不能从货币政策具有宏观调控功能中推演出金融政策也属于宏观调控政策（更不能将金融政策置于货币政策范畴内）。从某一具体的金融产业（如银行业、证券业、信托业和保险业等）政策来看，虽然可能具有某种宏观经济效应，但并不直接属于宏观经济从而宏观调控范畴。对金融市场中的各种交易活动、金融创新和金融发展来说，维护市场运行秩序稳定是金融监管的基本目标和主要工作内容。

在实现金融监管与货币政策分离的条件下，应重视以资金为基点协调货币政策和金融监管的配合。一方面货币政策需要将国民经济运行中的资金总量（包括流量、流速和流向）纳入调控视野，与此对应，需要将存贷款金融机构创造资金的活动纳入货币政策调控的范畴。由此，应将城乡居民储蓄存款中的活期存款转纳入 M_1 范畴，弱化 M_2 在货币政策调控指标体系中的地位，建立全社会资金总量、流动性总量等监测指标体系。那种"只管货币、不管金融"的货币政策取向，是不符合实践过程的，也是难以切实贯彻的。但值得注意的是，将存贷款金融机构创造资金的活动纳入货币政策调控范畴，并不意味着应当运用行政机制直接管制这些金融机构的存贷款业务活动，应更多考虑的是运用央行利率、再贴现率等价格机制和公开业务操作等机制来间接影响存贷款金融机构的相关业务活动。另一方面，金融监管部门需要将资金在金融机构的流出入、金融机构之间的资金流动状况和金融市场的资金流出入等纳入监管视野，建立对应的监测指标体系，关注相关的资金流动情况，防范异常的资金流动，防止游资的恶意炒作，维护金融运行秩序的稳定。存贷款金融机构的贷款过程同时就是资金的创造过程，因此，应予以特别监管。除了严格资本充足率管理、控制存贷款比例、完善贷款拨备机制和防范不良贷款等外，监管举措还应扩展到资产负债结构的变化、贷款余额的结构变化、新增贷款的流向和流速、资金流的梗阻等方面。值得注意的是，存贷款毕竟是这类金融机构的主要经营业务，直接影响着它们的权益和经营发展，也存在着各种复杂的行为和运作风险。因此，金融监管的重心不在于贷款数量，而在于贷款的流向和流速，防范存贷款金融机构违法违规地发放贷款，促使贷款质量的提高和存贷款金融机构的资产结构优化。

建立以资本市场为基础以商业银行为主导的金融体系，加快证券、保险和信托等金融产业发展，推进间接金融为主格局的转变①，减弱存贷款金融机构在金融体系中创造资金的能力，强化资本市场配置金融资源的能力和效率，将逐步深化和推进货币和金融的分离，有利于进一步完善货币政策和金融政策的协调配合。

利率市场化是实现金融监管与货币政策分离的基础性条件之一。改变存贷款利率的行政管制和政府定价，是利率市场化推进过程中的难点。其

---

① 需要指出的是，一些人常常将直接金融与间接金融相对应，认为弱化间接金融为主的格局，就是大力发展直接金融。实际上，在金融体系中，除了直接金融和间接金融之外，还有既不属于直接金融也不属于间接金融的领域和资金，如保险、信托等。在弱化间接金融为主格局中，这些金融产业也需要加快发展。

中一个关键之点是，应充分发展存贷款的替代品，尤其是各种固定收益证券中的公司债券。由于固定收益证券的利率对于资金供给者和需求者是同一价格，因此，对存贷款中的不同利率有着直接的冲击和替代功能。但在固定收益证券规模较小的条件下，这种替代功能的发挥极为有限，存贷款利率的差别状况就将延续。另一方面，在固定收益证券未能充分发展的条件下，资金需求者对债务性资金的需求比较集中地体现为对贷款资金的需求，由此，也就很难提高他们与贷款发放机构之间的谈判能力。要改变这种状况，就必须扩展资金需求者的融资选择权，使他们能够至少在发行公司债券与获得银行贷款之间进行选择。

金融监管与货币政策的协调配合，并不意味着金融监管在取向、力度和机制上需要与货币政策完全一致。金融活动具有相对独立的市场规则，它的状况对实体经济的结构调整和战略发展有着至关重要的影响。在金融交易中，金融活动形成了一系列具有独特特点的规则，不可能简单地按照货币政策调控的要求来安排金融监管。正如货币政策调整并不直接要求实体经济部门的供给（生产规模、营销规模等）调整一样，货币政策调整也不直接要求金融交易规模的调整。货币政策调整对金融活动的影响是一个间接的过程，对不同类型的金融交易影响也不尽相同。那种强调，在实行紧的（或松的）货币政策条件下，金融监管部门应当对应地实施收紧（或放松）债券、股票、共同基金、理财产品、信托产品、保单和其他金融产品发行规模、交易规模的政策主张，实际上混淆了金融和货币的关系，是不可取的。

主要参考文献

［1］陈雨露、汪昌云：《金融学文献通论》（宏观金融卷、微观金融卷），中国人民大学出版社 2006 年版。

［2］黄达：《金融学》，中国人民大学出版社 2003 年版。

［3］黄达：《黄达文集》，中国人民大学出版社 1999 年版。

［4］马克思：《资本论》（第一、第二卷），人民出版社 1975 年版。

［5］千家驹、郭彦岗：《中国货币史纲要》，上海人民出版社 1986 年版。

［6］王国刚：《基于资产负债表的央行调控能力分析》，《金融评论》2010

年第 1 期。

［7］王国刚：《中国银行体系中资金过剩的界定和成因分析》，《财贸经济》
2008 年第 5 期。

［8］王松奇：《金融学》，中国金融出版社 2000 年版。

［9］［英］坎兰：《亚当·斯密关于法律、警察、岁入及军备的演讲》
（1892），商务印书馆 1962 年版。

［10］［美］布莱恩·克特尔：《金融经济学》，中国金融出版社 2005 年版。

［11］［美］兹维·博迪、罗伯特·C. 莫顿：《金融学》，中译本，中国人
民大学出版社 2000 年版。

［12］［法］杜阁：《关于财富的形成和分配的考察》，商务印书馆 1961
年版。

［13］［加］杰格迪什·汉达：《货币经济学》，中国人民大学出版社 2005
年版。

［14］［美］米尔顿·弗里德曼：《弗里德曼文萃》，北京经济学院出版社
1991 年版。

［15］［美］米尔顿·弗里德曼、施瓦茨：《美国货币史（1867—1960）》，
北京大学出版社 2009 年版。

［16］［美］米什金：《货币银行金融市场学》，中国财政经济出版社 1990
年版；《货币金融学》，中国人民大学出版社 1998 年版。

［17］［美］斯蒂芬·F. 勒罗伊、简·沃纳：《金融经济学原理》，上海财
经大学出版社 2003 年版。

［18］［美］斯蒂芬·罗西斯：《后凯恩斯主义货币经济学》，中国社会科学
出版社 1991 年版。

［19］［美］王江：《金融经济学》，中国人民大学出版社 2006 年版。

［20］［美］约翰·G. 格利：《金融理论中的货币》，上海三联书店 1994
年版。

［21］［美］约瑟夫·斯蒂格利茨、布鲁斯·格林沃尔德：《通往货币经济
学的新范式》，中信出版社 2005 年版。

（原载《金融评论》2011 年第 2 期）

"货币超发说"缺乏科学根据

"货币超发"是流行于中国经济学界和金融学界多年的一个说法。2010年第四季度以来，随着物价、房价和 GDP 等增长率的提高，曾经沉寂一段时间的"货币超发"说法再次成为热点。有学者试图将 CPI 增长率、房价增长率等的上行解释为因货币发行过多所导致的通货膨胀，也有学者将此类现象进一步联系到自 20 世纪 90 年代以来中国经济运行中出现的"货币迷失"现象，以此为依据，他们主张实行提高法定存款准备金率、存贷款基准利率等措施，实施更加紧缩的货币政策。笔者认为，"货币超发说"不论在概念的内涵把握上还是在实践成因的解释上都是缺乏科学依据的，与此对应的政策主张也是南辕北辙的。

一　"货币超发说"在理论上并不成立

多年来，有关"货币超发"的计算公式主要有三个：其一，$[M_2$ 增长率 $-($GDP 增长率 $+$ CPI 增长率$)]$ M_2 数额 $=$ 货币超发数额；其二，$(M_2/$GDP $-1)M_2 =$ 货币超发数额；其三，M_2 数额 $-$ GDP 数额 $=$ 货币超发数额。这三个公式相比，最后一个公式较为简洁，以下的分析也以它为对象，由此得出基本机理对前者也是适用的。以 2010 年底数字为例，M_2 数额为725851.79 亿元，GDP 数额为 401202 亿元[①]，因此，超发的货币数量大约为32.47 万亿元，占 M_2 比重达到44.73%。先不论 M_2 的具体含义，就直接关系上看，这一公式在经济学常识方面存在着明显的缺陷，主要表现在

---

① 2010 年国内生产总值核算初步核算为 397983 亿元。2011 年 9 月经国家统计局初步核实为401202 亿元，比初步核算数增加了 3219 亿元。

以下三个方面：

第一，经济学的逻辑关系缺陷。在理论上，经济金融运行中所需的货币数量主要由交易、投资和手持现金等部分构成，其中，交易需求是最基本的。在目前的中国经济中，交易涵盖的内容包括商品、劳务和金融等方面，因此，流通中所需的货币量应满足这些交易的需求。与此不同，GDP是当年新创造的价值量（它的实物表现是最终产品），它与交易中所需的货币量在数量关系上并无直接联系。以交易中的商品为例，从价格构成看，一般商品均由生产资料转移过来的价值（C）、劳动力价值（V）和利润（M）三部分构成，其中，后两部分是新创造的价值，形成 GDP①。在经济运行中，任何商品的这三部分价值都是作为一个整体进入交易环节的（并不存在仅由 V + M 构成的商品），为此，货币作为交易媒介，在数量上最基本的要求是应当满足商品交易的整体需要，这决定了"流通中的货币量 = 商品价格总额/同一货币流通速度"公式的成立。如果"货币超发说"的逻辑能够成立，即流通中的货币数量只与新创造的价值（V + M）相关，那么，首先应当证明的就不是货币是否超发，而是进入交易环节的商品价格在构成上只包括 V + M（即 C 部分是不进入商品交易的），然后，再证明流通中货币数额是否与 GDP 数额相对应。但遗憾的是，迄今为止尚没有相关论证。换句话说，"货币超发说"必须回答，如果商品交易只是新创造价值的交易，那么，商品价值中的 C 部分是通过什么机制回到生产者手中，与此对应，商品的价格如何定价、企业的财务成本如何计算、税收如何计量等一系列问题，并由此对经济学这方面基本理论提出修改意见。另外，在经济实践中，进入交易环节的并不只有实物商品，还有劳务、金融产品等。金融部门在经营中所得到的利息收入和其他收入是从实体经济部门的利润中转移而来的，因此，在统计 GDP 时将它们作为统计对象，但这并不意味着金融产品交易中只需要与这些金融收入相对应的货币量。例如，在面值为 100 亿元、年利率为 4% 的国债中，交易中所需货币量是以面值额 100 亿

---

① 在价值形态，GDP 是一个国家或地区所有常住单位在一定时期内生产的全部产品价值与同期投入的中间产品价值的差额，即所有常住单位的增加值之和（这相当于一国或地区当年创造的新价值）。此外，GDP 数值中还应包括当年的折旧部分，但 GDP 中不包含由原辅材料转移过来的价值。为了分析的方便，我们暂且舍去"折旧"。

元为基准还是以 4 亿元（即 100 亿元面值的 4% 利率）为基准？如果是后者，就必须回答为什么 4 亿元的交易额可以获得 100 亿元面值的债权，并由此改写金融学中几乎所有的金融产品定价理论。总之，从货币的交易功能出发，各种交易品的价格总额至少应包括商品价格总额＋劳务价格总额＋金融产品交易总额，然后再研讨货币数量是否能够超过实现这些交易的需求量。由此，只要粗知经济学原理（甚至没有学过经济学原理，但从事过经济实践活动）的人都可一目了然地知道"货币超发说"在这方面的逻辑缺陷。

第二，货币理论缺陷。众所周知，货币的基本功能主要有二：满足交易的需要和满足价值贮藏的需要。由此，货币可分为交易货币和贮藏货币两类。其中计价、支付和结算等是交易货币的延伸功能。在中国，M_2 中包含着企业定期存款和城乡居民定期存款。定期存款在定期内是不用于交易活动的货币，属于贮藏货币范畴。由表 1 中可知，2010 年底，在 M_2 中仅"企业和居民定期存款"就达 26.93 万亿元。"货币超发说"将这些定期存款都列入交易货币的范畴并由此计算货币的超发数量是没有道理的。

表 1 　　　　　　　　　　　M_2 中的定期存款占比 　　　　　　　　单位：亿元,%

年份	M_2 余额	企业和居民定期存款	定期存款占比
2002	183246.94	84226.03	45.96
2003	219226.81	97676.8	44.56
2004	250802.79	103521.01	41.28
2005	296040.13	137488.24	46.44
2006	345577.91	155778.48	45.08
2007	403401.30	170973.39	42.38
2008	475166.60	224371.42	47.22
2009	610224.52	269068	44.09
2010	725851.79	269326.2	37.11

注：由于在公布的数据中"财政存款"等没有列出"定期存款"科目，所以，我们假定这些类型的存款均为"活期存款"。

资料来源：中国人民银行网站。

在货币经济学中，流通中所需货币量虽然有多种表述方式，也存在争议，但至少有一点是达成共识的，即流通中所需货币量并不简单由交易中的商品价格总额、劳务价格总额和金融产品价格总额等相加决定，还必须考虑到货币流通速度。在货币流通速度加快的条件下，与增大了的交易品总额对应的货币数量可能减少；反之，在货币流通速度减缓的条件下，与减少了的交易品总额对应的货币数量可能增加。但"货币超发说"对"货币流通速度"似乎"并不了解"，直接将货币数量与 GDP 数量相权衡，把大于 GDP 数额的货币量界定为超发货币。从实物商品来看，这种界定如果能够成立，首先必须证明由货币流通速度变化引致的货币数量变化与商品交易中的 C 部分正好相等，从而在货币流通量的函数关系中可以舍弃"货币流通速度"，在待交易的商品总额中可以舍弃"C 部分"，但尚没有这方面的论证。从金融产品来看，这种界定如果能够成立，则必须证明由金融产品交易次数引致的货币流通速度变化与金融产品交易中的非收入部分正好相等，从而在货币流通量的函数关系中可以舍弃"金融产品交易次数"，在金融产品交易总额中可以舍弃"非收入部分"，但依然没有这方面的论证。事实上，舍弃了货币流通速度和交易品总额的关系，货币数量不论是等于还是小于或是大于 GDP 数量都无法直接证明货币在数量关系上是适当的还是过少或是超发，由此，"货币超发说"得以建立的货币经济学的相关理论基础就不知所在了。

第三，财务学缺陷。财务是任何一个经济主体进行经济活动的重要基础。不论是买入商品、卖出商品还是投资（包括金融投资）活动或是手持现金都需要根据市场价格计算投入产出的货币量。按照"货币超发说"的界定，交易中的商品只包含当年新创造的价值（V + M），不包含 C 部分的价值回归，那么，对工商企业来说，这或者意味着 C 部分是不可能通过商品交易得到补偿的，或者意味着不可能存在由 C 不能补偿所引致的亏损发生，在这两种情形下，工商企业的财务活动都失去了基础条件，从而可以不要再进行成本核算等方面的财务活动了。与此相似，对金融机构来说，它意味着金融产品价格中不包含非收入部分（例如，吸收存款中不包含本金只包含存款利息、发放贷款中不包含本金只包含贷款利息、债券交易中只包含收益率不包含债券价格、股票交易中只包含价差不包含购入股票的成本价，等等），那么，金融机构也就可以不再进行盈亏方面的财务活动了。与此对应，所谓的经营风险、市场风险和操作风险等也都可以不再考虑了。这种情形是哪个财务学理论提出的，又是哪个国家在何时实行过？

毋庸赘述，"货币超发说"在理论上是缺乏支持的。理论是实践的总结，缺乏相关理论支持的说法，自然也就不符合实践的要求。

二　"货币超发说"缺乏实践依据

"货币超发说"以"货币"为研讨的核心概念，其中，以中国的 M_2 为货币计量对象和研讨对象的人为多。可惜的是，他们虽然知道 M_2 这一名词，却很少有人清晰阐述过 M_2（以及各层次货币统计）的真实含义，由此，望文生义地引致了一系列问题的发生。

从货币统计来看，中国有三个层次的货币（即 M_0、M_1 和 M_2），它们之间的关系大致是：M_0 为央行发行的货币（即各种纸钞），M_0 + 工商企业的活期存款 = M_1，M_1 + 准货币 = M_2，其中"准货币"由工商企业定期存款 + 城乡居民储蓄存款 + 财政存款 + 证券公司客户保证金 + 其他构成。从这三个层次货币统计中可以看出一个简单问题，M_2 - M_0 = 各类存款。以 2010 年底数据为例，M_2 的数额为 725851.79 亿元，M_0 的数额为 44628.17 亿元，二者差额 681223.62 亿元是由各类存款构成的。由此提出了三个问题：第一，这些存款是央行发行的货币吗？答案是否定的。居民、企业（包括各种非政府机构）和政府部门的存款并非央行发行的货币。一个直接的理由是，央行只发行了 M_0。如果各类存款也都记为央行发行的货币，则不需要三个层次的货币统计，只需要一个层次就行了。既然不是央行发行的货币，那么，央行也就缺乏机制直接调控各类存款数额的多少。由此可见，"货币超发说"试图通过央行紧缩货币来抑制 M_2 的数额增加、达到 M_2 数额与 GDP 数额的相等是不切实际的。第二，与存款相对应的资金数额在用于存款而言，是抑制了 GDP 增加（或增长）还是拉动（或刺激）了 GDP 增加？如果是抑制了 GDP 增加，那么，随着存款数额的快速增加，存款数额与 GDP 数额之间的差距拉大就是必然的，由此，M_2 数额大于 GDP 数额就不足为怪。如果是存款行为拉动了 GDP 增加，那么，就必须回答一个基本问题：各经济主体不到市场购买商品、劳务和金融产品，将资金存入银行，这种行为是如何提高了最终消费从而如何拉动了 GDP？第三，各类经济主体将资金存入银行的行为,是抑制了物价上行还是拉动了物价上行?
换句话说,这些资金是涌入市场(购买商品、劳务和金融产品等)对物价
上行影响更大,还是存入银行(不进入市场购买商品、劳务和金融产品等)
对物价上行影响更大?稍有点经济活动常识的人对此都不难做出正确的回答。
也还有一种说法,认为存入银行的资金又被银行以贷款等方式投放出去了,
由此,将影响物价走势。但这时该研讨的问题已不是货币统计中 M_2 的数额,
而是在此范畴之外的贷款问题,同样,也不再是"货币超发"问题了。

在中国经济运行中,$M_2 > GDP$ 并非始终存在的现象。从图1中可见,在
1995年之前,$M_2 < GDP$ 是一个长期存在的现象。其中,1990年 M_2 为
15293.4亿元、GDP 为18667.8亿元,GDP 大于 M_2 的数额为3374.4亿元;
到1995年,M_2 增加到60750.5亿元、GDP 增加到60793.7亿元,GDP 大于
M_2 的数额减少到43.2亿元。但在这段时间内,没有学者按照 $M_2 = GDP$ 的思
维方式提出过货币发行过少(或"货币缺发")的问题。从1996年开始,
$M_2 > GDP$ 的现象才逐步展开,二者的差额从1996年的4918.3亿元快速增加
到2010年的327868.8亿元。这种现象之所以发生,最直接的成因不在于央
行发行货币过多,而在于这一期间内的各类存款快速增加。从图2中可见,

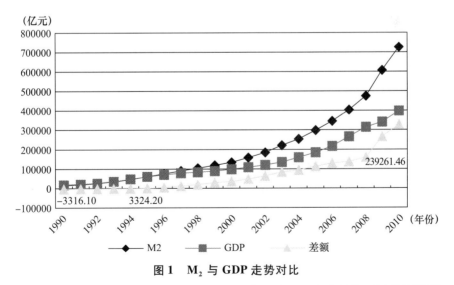

图1　M_2 与 GDP 走势对比

资料来源:苏宁主编《中国金融统计(1949—2005)》和中国人民银行网站、国家统计局网站。

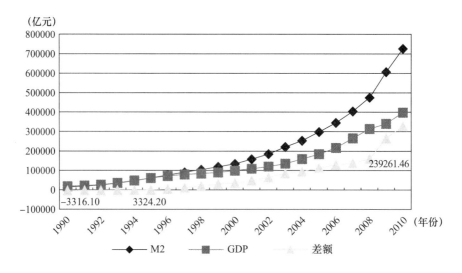

图 2　中国存差走势图

资料来源：苏宁主编《中国金融统计（1949—2005）》和中国人民银行网站。

在 1995 年之前，在金融运行中存在着比较严重的贷差现象（即金融机构的贷款余额大于存款余额），其中，1993 年贷差达到 3316.1 亿元，占贷款余额的比重高达 10.07%。但 1995 年以后，这种状况发生了根本性转变，从贷差变为存差（即金融机构的存款余额大于贷款余额）。1995 年首次发生存差时的数额为 3324.2 亿元，到 2010 年存差数额已达 239261.46 亿元。存差数额的大量发生，是直接由存款数额增加引致的，其中，既包含城乡居民储蓄存款的增加，也包含工商企业存款和政府部门存款的增加。以城乡居民储蓄存款为例，如图 3 所示，1979—2010 年，城乡居民储蓄存款余额从 281 亿元快速增加到 303302.2 亿元，增长了 1078.37 倍；即便是 1996—2010 年，也从 1995 年的 29662.3 亿元增加到 2010 年的 303302.2 亿元，增长了 9.23 倍。从每年新增储蓄存款的绝对额看，1989 年突破了 1000 亿元大关，达到 1365.4 亿元，从 1949 年算起，这花费了 40 年时间；1994 年突破了 5000 亿元大关，达到 6315.3 亿元，从 1989 年算起花费了 5 年时间；2002 年突破了 1 万亿元大关，达到 13148.25 亿元，从 1994 年算起用了 8 年时间；2005 年突破了 2万亿元大关，达到 21495.6 亿元，从 2002 年算起用了 3 年时间；2008 年突破

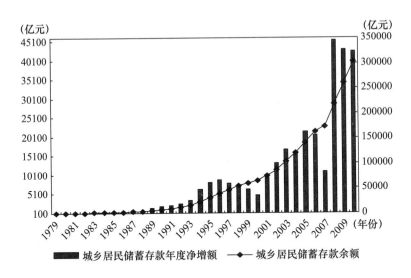

图3　城乡居民储蓄存款余额与年度净增额

资料来源：苏宁主编《中国金融统计（1949—2005）》和中国人民银行网站。

了4万亿元大关，达到45351.2亿元，从2005年算起也仅用了3年时间。城乡居民储蓄存款余额及其年度净增额的快速增加必然引致M_2的快速增大。在2010年$M_2 - M_0$所剩余的681223.62亿元中有303302.2亿元是由城乡居民储蓄存款余额构成的。如果说这也属于"货币超发"范畴，则直接意味着城乡居民不应该有如此多的存款，由此，可选择路径只有两条：一是鼓励城乡居民将储蓄存款和每年收入尽可能地用于购买各种消费品。面对如此巨额的资金进入消费品市场，几乎可以毫无疑问地断定，消费品价格将全面大幅地上涨，随着"笼中虎"的出笼，通货膨胀将不可抑制地发生。二是抑制城乡居民的收入提高，使其消费剩余资金大幅减少。这既不符合城乡居民的要求，也不符合经济发展中的政策取向。

"货币超发说"认为，$M_2 > GDP$是引致CPI上行的主要原因。其暗含着这样一种逻辑：如果$M_2 < GDP$，CPI就失去了上行的货币数量能力，也就不会发生通胀。在中国经济运行中，1995年之前$M_2 < GDP$的状况长期存在，但依旧发生过1984—1985年、1988年、1992—1994年3次高通胀。这说明，CPI增长率是否上行与M_2是否大于GDP并无直接的内在关联。

在中国经济运行的历史中，为何$M_2 > GDP$的现象在1996年发生、存差现象在 1995 年发生？要厘清这一时点问题，还需要从更加深刻的经济运行层次查找原因。图 4 描述了中国 GDP 中消费率、储蓄率和投资率的走势，从图 4 中可以看出，1994 年之前，尽管消费率呈下滑走势（从 1981 年的 67.51% 下降到 1993 年的 58.50%），但投资率与储蓄率相差不大（年度之间看，有时投资率大于储蓄率，有时投资率小于储蓄率），在 2 个百分点左右。但 1994 年之后，投资率就一直低于储蓄率，尤其是 2000 年之后，随着消费率占 GDP 的比重从 62.3% 下降到 2009 年的 48%，这一趋势更为明显。从宏观经济学理论上说，储蓄率＞投资率的部分可通过对外贸易顺差将实物转移到海外来平衡。但这些外贸顺差并不是将实物白送给他国消费，那么，在金融上的表现是什么？一个简单的现象是，外贸顺差通过各家工商企业将所得外汇资金兑换为人民币资金后存入中国境内的商业银行，这在商业银行账户中表现为吸收存款的增加，在货币统计中表现为 M_1 的增加（如工商企业活期存款的增加）和 M_2 的增加（如工商企业定期存款的增加）。此外，这些外贸企业将一部分资金用于支付就业者的工薪，就业者将未使用的资金存入商业银行，则商业银行账户的储蓄存款增加，货币统计中的 M_2 增加。从表 2 中的数

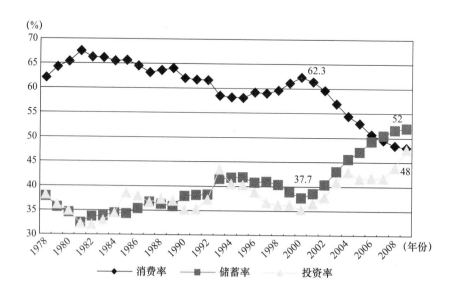

图 4　消费率、储蓄率和投资率走势

资料来源：国家统计局网站。

表 2	GDP 中消费率、储蓄率和投资率		单位：%
年份	消费率	储蓄率	投资率
2000	62.3	37.7	35.3
2001	61.4	38.6	36.5
2002	59.6	40.4	37.8
2003	56.9	43.1	40.9
2004	54.4	45.6	43
2005	52.9	47.1	41.6
2006	50.7	49.3	41.8
2007	49.5	50.5	41.7
2008	48.4	51.6	43.9
2009	48	52	47.7

资料来源：国家统计局网站。

据可知，2000 年以后，投资率与储蓄率之间的差额呈现不断扩大的趋势，尤其是 2005 年以后，二者的差额从 3 个百分点以内扩大到了 5—9 个百分点。在实物面上，这些差额主要通过外贸顺差来平衡，但在金融面上，就表现为企业存款和城乡居民存款的增加。

　　"货币超发说"的一个重要依据是，美国的 M_2 明显小于 GDP。不弄清概念的具体内涵，简单地拿美国数据直接对比中国数据，是一种不恰当的方法。且不说美国的 M_2 与中国的 M_2 在内涵上的差别（从而二者不能直接对比），就说美国长期处于外贸逆差境地，即可知它的 GDP 中储蓄率占比较低，且储蓄 < 投资，由此，不论是居民储蓄存款还是工商企业存款都较少。在这种背景下，M_2 < GDP 是必然的。美国的国情与中国不同，中国不可能以美国的 M_2 < GDP 的关系式为标准进行所谓的中国货币政策导向调整。

　　通过以上分析可以得知，中国经济运行中存在的 M_2 > GDP 现象在直接成因上是由各类存款引致的，在深层次上是由 GDP 中消费率占比下滑同时投资率明显低于储蓄率所引致的，它与央行的货币发行量多少并无直接关系。因此，这一现象在名称上不应以"货币超发"冠之，在政策取向上也不是紧缩货币所能解决的（一个实例是，2008 年实行了从紧的货币政策，但城乡居民储蓄存款的当年新增额突破了历史高点，达到 45351.2 亿元；

当年的 M_2 为 475166.6 亿元，GDP 为 316228.8 亿元，二者差额为 158937.8 亿元，大于 2007 年的 135637.6 亿元）。如果真要解决问题，就必须从深层次缩小投资率与储蓄率的差距，同时，努力提高消费率在 GDP 中的比重。要做到这一点，就必须切实转变经济发展方式，调整和优化经济结构（尤其是根据消费结构升级的要求调整和优化经济结构)[1]，逐步改变消费率下行的趋势，提高消费率在 GDP 中的比重。

三　"货币超发说"的政策主张南辕北辙

2010 年 5 月以后，中国的 CPI 突破了 3%，呈现出了新一轮的物价上行走势。这是"货币超发说"再次提出的主要背景。它强调物价上行是因为货币发行过多引致的，属于通货膨胀范畴，因此，解决问题的方案就应是实行紧缩的货币政策，通过提高法定存款准备金率、提高存贷款基准利率等收紧银根[2]。这里的问题关键在于，如何认识此轮 CPI 上行的成因。

从图 5 中可以看到，在经历了 2009 年 CPI 的负增长以后，2010 年的 CPI 走势仅因翘尾因素就处于正增长态势（其中，最高点为 6 月的 2.1%，全年在 1% 以上)[3]。除了翘尾因素外，影响 2010 年（乃至 2011 年）CPI 走势的主要因素有五个方面：第一，自然灾害。根据民政部等 12 部门的核定，2010 年是中国近 20 年来仅次于 2008 年的第二个重灾年份。全国各类自然灾害共造成 4.3 亿人次受灾，农作物受灾面积 3742.6 万公顷（其中绝收面积 486.3 万公顷），倒塌房屋 273.3 万间，损坏房屋 670.1 万间，因灾直接经济损失 5339.9 亿元。其中包括，1—3 月，西北、华北、黄淮、江淮 24 个省份发生严重低温冷冻和雪灾；4 月 14 日青海玉树发生 7.1 级强烈地震，人员伤亡惨重；5—8 月，在持续性暴雨成灾的影响下，长江上游干流、汉江支流、鄱阳湖、吉林第二松花江、辽宁浑江等多条河流发生超历史纪录

---

① 参阅王国刚《城镇化：中国经济发展方式转变的重心所在》，《经济研究》2010 年第 12 期。

② 参阅王国刚《简论货币、金融与资金的相互关系及政策内涵》，《金融评论》2011 年第 2 期。

③ 参见发展改革委《2010 年价格运行情况与政府调控措施》，中央政府门户网站 2011 年 1 月 24 日。

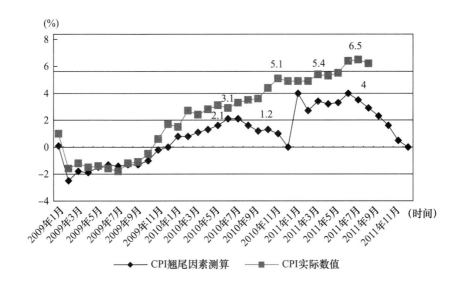

图5　CPI翘尾因素测算与实际数值走势

资料来源：国家统计局网站。

洪水，灾害损失巨大；8月8日甘肃舟曲发生特大山洪泥石流灾害，是新中国成立以来最为严重的山洪泥石流灾害；9月，台风"凡亚比"重创广东，导致严重的人员伤亡；10月，海南接连遭受两次严重暴雨洪涝灾害，台风"鲇鱼"登陆福建并造成严重影响；11—12月，东北、内蒙古以及浙江、安徽、江西、湖南等地遭受低温寒潮和大雪袭击①。因灾直接经济损失，对城市居民意味着家庭财产损失，但对农民而言，它还应包括生产资金（含借贷资金）的损失。受此影响，2010年5月以后，先是蔬菜、继之生猪，然后是瓜果和棉花等农产品价格大幅上行，由此导致了CPI上行。第二，政府部门调价。2009年的CPI预测为负增长（见图5），但《政府工作报告》列出的预期目标为4%，个中差别主要是由提高粮食收购价格和推进水、电、油、气等资源性产品价格改革造成②。但2009年5月，在有些地方刚刚开始进行资源型产品的价格调整，就引发了媒体炒作。为了保证建

---

① 参见《民政部发布2010年全国自然灾害损失情况》，民政部网站2011年1月14日。

② 参见2009年《政府工作报告》第三部分。

国60周年大典的顺利举行，暂停了政府调价。从2009年11月开始，这些措施才陆续重新启动，由此，它必然影响到2010年乃至更长一段时间内的CPI走势。第三，游资炒作。这是2010年物价走势中的一个新现象。从年初炒作绿豆、大蒜和辣椒到后来炒作蔬菜、棉花、水果，再到年末炒作中草药，游资都成为物价上涨的重要推手。第四，物流成本。按照有关部门计算，仅过路费就占到农产品价格的18%左右；同时，摊位费、停车罚款等也成为影响物流成本的重要因素。第五，国际因素。2010年受农产品（尤其是粮食）歉收、国际热钱炒作等多方面因素影响，国际农产品市场价格大幅上行，通过农产品的进出口机制，国际市场的价格波动也影响到国内CPI走势。从这些引致CPI上行的因素看，没有一项与货币政策的松紧直接相关。正因为如此，2010年11月19日国务院出台的"稳定消费价格总水平"的16条措施中，从所用的概念提法到具体举措均没有提及"通胀"和货币政策。这16条措施主要包括两方面内容：一是运用财政政策，给从事种植业、养殖业的农民以灾后生产的补贴，通过免收过路费等降低农产品的物流费用，通过财政补贴或给经销商减免税收等降低农产品的销售价格，通过财政转移支付等提高低保和无收入群体抵御物价上涨的能力。二是运用行政措施，有力打击游资炒作，落实省长的"米袋子"工程和市长的"菜篮子"工程，促使相关农产品的供给能力提高。2011年6月以后，按照翘尾因素的走势，CPI本应下行，但受到猪肉及肉制品短缺引致的价格上涨影响，CPI非但没有下行，反而突破了6%的上涨率（7月为6.5%）。对此，2011年7月12日，国务院召开了常务会议，专门研究促进生猪生产持续健康发展的政策措施。在出台的5项措施中4项为财政政策，即便是涉及信贷的，基本政策取向也是"强化信贷和保险支持"，即"增加对规模养殖企业的信贷支持，为规模养殖场和小区提供信用担保服务。抓紧研究建立规模养殖企业联合体担保贷款方式"，而不是实行紧缩货币政策。

试想一下，如果不是实施这些财政政策和行政措施，按照"货币超发说"的政策主张，继续提高法定存款准备金率和存贷款基准利率，如何使得在灾害中已倾家荡产的各类农民有足够资金从事种植业、养殖业生产，如何降低农产品的物流费用，如何打击游资对农产品的恶意炒作，又如何抑制由某些农产品暂时的供不应求所引致的CPI增长率上行？毫无疑问，物价变动总是货币现象，但它并非总是货币政策松紧所引致；通货膨胀总是货币政策现象，但中国发生的并非通货膨胀，只是物价上涨，因此，稳定物价总水平的政策主要选择是财政政策。正如感冒可以引起发烧但发烧并非都是感冒引起的一样。如果不查清病因，对不同成因引致的发烧都用感冒方式治疗，不仅不能治疗疾病，反而将延误治疗时间，引致更加严重的后果。因此，如果真想抑制 CPI 上行，就应对症下药地分析 CPI 上行的各主要成因并以此选择对策，而不是简单从"货币超发"出发，面对不同成因的物价上涨，简单以通胀界定并选择从紧的货币政策。

2001 年以来，中国先后发生了 3 次物价上涨。每次物价上涨期间，总有人将其称为通货膨胀，直接将成因归结为货币发行过多，并屡屡使用 M_2 和 M_1 的数值及其增长率予以证明。在当期 M_2 或 M_1 的数值及其增长率难以解释物价上涨的背景下，又提出了以滞后期进行证明的设想。为了厘清这一关系，我们进行实证检验。

本实证分析所涉及的数据包括 M_0 增长率（用 M0R 表示）、M_1 增长率（用 $M1R_1$ 表示）和 M_2 增长率（用 M2R 表示），CPI 月度同比数据以及 CPI 增长率（用 CPIR 表示）。数据频度为月度数据，数据长度为 2001 年 1 月至 2010 年 12 月。原始数据均根据万得（Wind）资讯数据库整理得出。

为保证分析结果的可靠性，首先，对相关指标进行稳定性分析。稳定性检验利用 ADF（Augmented Dickey – Fuller Test）方法进行单位根检验，检验结果如表 3 所示，从中可以看到，除变量 M1R 和 CPI 在 10% 的显著性水平下没有通过检验之外，其余变量都通过了稳定性检验。M_1 之所以没有通过稳定性检验，内在机理有二：一方面，M_1 中除了 M_0 部分外，主要由工商企业的活期存款构成。以 2010 年底数值为例，M_1 为 266621.54 亿元，其中工商企业活期存款为 221993.37 亿元，占比 83.26%。影响工商企业的活期存款的因素主要包括企业经营过程中的每日销售收入、短期贷款转换而来的活期存款、企业定期存款转换而来的活期存款、出售证券（如债券、股票等）所获得的资金和出售资产所获得的资金，等等，显然，M_1 的数量变化在相当大程度并不直接与央行发行的 M_0 多少相关联。另一方面，工商企业活期存款购买的主要是生产经营活动中的各类生产资料，而 CPI 增长率反映的主要是各类消费资料价格变化，二者难以直接关联。其次，在剔除不稳定指标后，对通过稳

表3   单位根检验

变量	ADF 值	结论	备注
M0R	− 14. 2560 ***	稳定	
M1R	− 2. 0100	不稳定	在 10% 显著性水平下不能拒绝单位根存在
M2R	− 5. 3637 ***	稳定	
CPI	− 2. 2246	不稳定	在 10% 显著性水平下不能拒绝单位根存在
CPIR	− 9. 6953 ***	稳定	

注： *** 、分别表示在 1% 、显著性水平上拒绝存在单位根原假设。

定性检验的各指标进行交叉相关性分析。经计算，变量 M0R、M2R 和 CPIR 之间的相关系数如表 4 所示，M_0 增长率、M_2 增长率与 CPI 增长率保持正向变动，但相关性很弱。再次，计算变量 M0R、M2R 和 CPIR 之间延迟数 l 分别为 1—6 个月的交叉相关系数，结果表明：其一，CPI 增长率与 M_0 之间存在着较弱的同步正向相关性，但与 M0R 的三期滞后交叉相关系数超过 0.1，说明 M_0 的当期增长率的提高，在一定程度上意味着 3 个月后的 CPI 增长率的提高。其二，CPI 增长率与 M_2 增长率之间也存在着较弱的同步正向相关性。CPIR 与滞后 3 期和滞后 6 期的 M2R 交叉相关系数均大于 0.1，说明 CPI 的当期增长率的提高，在一定程度上意味着 3 个月和 6 个月后的 M_2 增长率的提高。同时，CPIR 与超前 1 期和 4 期的交叉相关系数均接近于 − 0.2，说明 CPI 的当期增长率的提高，在一定程度上意味着 1 个月和 4 个月后的 M_2 增长率的降低。最后，进行格兰杰因果检验，以弄清 CPI 与 M_2 增长率 M2R、M_0 增长率 M0R 之间在时间意义上的因果关系。由于 CPI 是非平稳的过程，直接进行格兰杰因果检验，可能存在伪回归（Spurious Regressions）问题，所以，为保证检验

表4   相关系数表

变量	CPIR	M0R	M2R
CPIR	1. 0000	0. 0643	0. 0012
M0R	0. 0643	1. 0000	0. 4183
M2R	0. 0012	0. 4183	1. 0000

结果的可靠性，我们采用稳定的 CPI 增长率 CPIR 替代 CPI。检验结果如表 5 所示，即除了 M0R 是 CPIR 的格兰杰原因之外，M2R 与 CPIR 之间并不存在格兰杰意义上的因果关系。

表 5　　　　　　　　　　CPIR 与货币与信贷变量因果检验

原假设	F – Statistic	Probability	结论
M2R does not Granger Cause CPIR	0.2095	0.8113	M2R 不是 CPIR 原因
CPIR does not Granger Cause M2R	1.8891	0.1560	CPIR 不是 M2R 原因
M0R does Granger Cause CPIR	2.8244	0.0635	M0R 是 CPIR 原因
CPIR does not Granger Cause M0R	0.0899	0.9141	CPIR 不是 M0 原因

M_2 及其增长率不可能是 CPI 增长率的成因，内在机理在于，M_2 中的绝大部分数额由各类存款构成（2010 年底的占比为 93.85%），而存款（数额及其增长率）本身并不具有引致 CPI 增长率上行的功能。从这个意义上说，不论"货币超发"现象是否存在，M_2 数值高于 GDP 数值本身并不会导致 CPI 增长率的提高，也不存在"货币超发说"屡屡强调的通胀压力问题。至于 M_0 作为央行发行的货币，的确有着影响 CPI 上行的功能，但因它的数额较小，在 M_2 中所占比重很低（2010 年为 6.15%），同时，与 GDP 数值相比也较低（2010 年 M_0 数值与 GDP 数值相比仅为 11.21%），所以，并不能成为"货币超发说"的基本依据。

主要参考文献

[1] 范从来：《中国货币需求的稳定性》，《经济理论与经济管理》2007 年第 6 期。

[2] 韩平、李斌：《中国 M2/GDP 的动态增长路径、货币供应量与政策分析》，《经济研究》2005 年第 10 期。

[3] 刘明志：《中国的 M2/GDP（1980—2000）：趋势、水平和影响因素》，《经济研究》2001 年第 2 期。

[4] 王国刚：《城镇化：中国经济发展方式转变的重心所在》，《经济研究》2010 年第 12 期。

［5］王国刚：《简论货币、金融与资金的相互关系及政策内涵》，《金融评论》2011年第2期。

［6］谢平、张怀清：《融资结构、不良资产与中国 M2/GDP》，《经济研究》2007年第2期。

［7］张杰：《中国的高货币化之谜》，《经济研究》2006年第6期。

（原载《经济学动态》2011年第7期）

中国货币政策调控工具的操作机理分析：2001—2010

随着中国经济发展进入"十二五"阶段，中国货币政策从 2008 年的"从紧"、2009—2010 年的"适度宽松"回归了 2007 年之前的"稳健"，中国人民银行（以下简称"人行"）的工作重点将更多地考虑加快构建逆周期的金融宏观审慎管理制度框架，这意味着中国货币政策调控正步入一个新的历史时期。在此背景下，回顾和分析 21 世纪前 10 年的中国货币政策调控历程、内在机理及其效应情况，从中探寻带有规律性的现象，对推进中国货币金融理论发展和完善货币政策实践都具有重要意义。

货币政策体系可分为最终目标、中间目标和操作工具等，其中，操作工具是调控过程中实现预期目标的基本手段，也是传导货币政策意图的主要机制[1]。在货币经济学中，货币政策操作工具主要包括货币发行量、法定存款准备金率、再贷款利率和再贴现率、公开市场业务等[2]。在 2001—2010 的 10 年间，中国货币政策工具还包括了存贷款基准利率、人行债券（又称"央行票据"）和新增贷款管制（又称"窗口指导"）等。限于篇幅，同时也因中国的国情与西方国家有着较大差别，在货币政策工具上，国内流行着简单套用西方理论却难以切实解释中国货币政策工具的内在机理的现象，所以，我们的分析集中于探讨这些政策工具的选择成因、运作

---

① 参见 Sellon，Gordon and Stuart Weiner（1996），"Monetary Policy Without Reserve Requirements：Analytical Issues"，Economic Review，Quarter Ⅳ，5 - 24；Koop，Gary（2009），"On the Evolution of the Monetary Policy Transmission Mechanism"，Journal of Economic Dynamics & Control，33，997 - 1017；Demiralp，Selva（2010），"Money，Reserves，and the Transmission of Monetary Policy：Does the Money Multiplier Exist？"，Board of Governors of the Federal Reserve System，Working Paper，May 2010。

② 卡尔·E. 瓦什：《货币理论与政策》（中译本），中国人民大学出版社 2001 年版。

过程和实践效应等方面。

对中国货币政策工具的种类及其效应进行专门分析的文献相对较少。谢平、刘锡良等[①]认为，中国货币政策工具，指中国人民银行作为中央银行为实现货币政策目标而采取的手段，包括数量和价格两类实质性调控工具、选择性信贷政策和窗口指导两类指导性政策工具。与中国货币政策工具、目标的变迁相伴随，中国货币政策的传导机制也发生着深刻的变迁。戴根有等[②]认为，货币市场的发展为扩大公开市场操作提供了条件，存款准备金制度和再贴现机制的改革为中央银行提供了新的间接调控手段。樊明太[③]简要考察了中国金融结构转型中的货币政策机制，包括货币政策的工具、效率前沿和规则及相应的货币传导机制变迁轨迹，根据结构分割点原则，实证检验、估计和分析了金融结构变迁对货币政策的适用工具和反应函数的影响以及对货币传导的利率机制的影响，认为金融结构变迁深刻地影响着货币传导机制的性质和作用程度。

从实践面看，2001—2010 年，备受关注的货币政策工具主要包括法定存款准备金率、人行债券、存贷款基准利率和新增贷款规模管制。鉴于此，我们的分析也主要从这些工具展开。

一　调整法定存款准备金率的机理

继 20 世纪 90 年代法定存款准备金率呈下调之势之后，2001—2010 年，其基本上呈上行趋势。从图 1 中可见，在 1999 年 11 月 21 日法定存款准备金率达到历史最低点 6% 以后，在 21 世纪的前 10 年，尽管货币政策取向多次调整，但法定存款准备金率却呈现了快速上行的趋势。与其他货币政策工具相比，法定存款准备金率具有因法定而强制性的特点。央行在运用这一工具时，金融机构不能与央行进行任何的价格或数量"谈判"，只能遵守

---

① 谢平、刘锡良：《从通货膨胀到通货紧缩：20 世纪 90 年代的中国货币政策》，西南财经大学出版社 2001 年版。

② 戴根有等：《关于当前货币政策的几个问题》，《中国金融》2000 年第 6 期；戴根友：《中国稳健货币政策的实践与经验》，《管理世界》2001 年第 6 期。

③ 樊明太：《金融结构及其对货币传导机制的影响》，《经济研究》2004 年第 7 期。

照办。央行调整法定存款准备金率对金融机构的可贷资金（从而派生货币的创造）有着直接影响，与此相应，它对金融机构的经营活动也有直接的影响。从理论角度说，一旦央行提高法定存款准备金率就直接收紧了金融机构的银根；反之，则放松了金融机构的银根①。但仅从货币乘数计算公式来判断法定存款准备金率的调控效应，有着重要的理论缺陷。它舍去了金融机构经营过程中的各种备付金、购买证券和对贷款客户的偿债能力审查等，因而，与实践状况有着明显差距。除此之外，还有一个重要的缺陷在于，它未能指出央行通过提高法定存款准备金率所收取的资金是如何使用的？造成这些资金似乎一旦收到央行账户就"蒸发"掉了的假象。

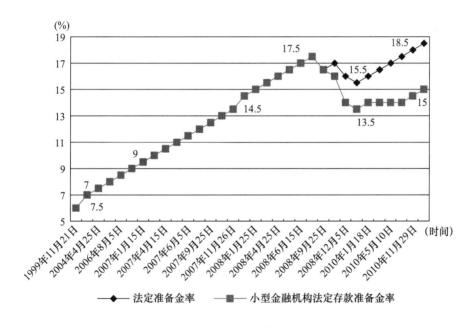

图 1　2001—2010 年法定存款准备金率走势图

资料来源：中国人民银行网站。

　　表 1 列示了 2001—2010 年 10 年间每年年底按照人行规定的法定存款准备金率，金融机构应当缴纳的法定存款准备金数额。从中可以看出，法定

---

① 米什金：《货币金融学》（中译本），中国人民大学出版社 1998 年版。

存款准备金数额的大小，既受到法定存款准备金率高低的直接影响，也受到金融机构吸收的各类存款余额大小的直接影响。以 2010 年 12 月底法定存款准备金 12.6 万亿元为例，在货币乘数为 4 的条件下，它将收紧的资金量达到 63 万亿元以上，而同期金融机构的贷款余额仅有 47.9 万亿元，远不足以抵补法定存款准备金率提高所引致的银根收紧效应。如果真的出现这种情形，那么不需要其他货币政策工具的介入（如管制新增贷款规模等），2003 年以后的经济运行早就陷入了通货紧缩和严重衰退的境地。但事实上，2003 年之后中国经济并没有发生通缩的困扰、依然走出了高速增长的态势。重要的并不在于这一耐人寻味的矛盾现象存在，而在于如何合理地解释法定存款准备金率持续提高过程中的资金运行走势。

表 1   **2001—2010 年的法定存款准备金**

时间	法定存款准备金率（%）	各类存款余额（亿元）	法定存款准备金（亿元）
2001.12	6	138403.89	8304.23
2002.12	6	165968.51	9958.11
2003.12	7	199480.58	13963.64
2004.12	7.5	229334.30	17200.07
2005.12	7.5	272008.46	20400.64
2006.12	9	318505.29	28665.48
2007.12	14.5	373066.98	54094.71
2008.12	15.5	440947.64	68346.88
2009.12	15.5	571977.55	88656.52
2010.12	18.5	681223.62	126026.37

资料来源：根据中国人民银行网站数据计算整理。

从表 2 的"金融性公司存款"一栏中可见，其数额均大于表 1 中的对应年份"法定存款准备金"的数额（大于的部分为"超额准备金"），由此可以判定，在提高法定存款准备金率过程中，各家金融机构的确按照人行的要求缴纳了法定存款准备金。就此而言，经济运行中的资金没有因法定存款准备金率屡屡提高而紧缩的成因，不在于各家金融机构未缴纳或拖延缴纳法定存款准备金。那么，内在机理何在？

表2　中国人民银行负债结构（2001—2010）

单位：亿元

科目	2001年	2002年	2003年	2004年	2005年	2006年	2007年	2008年	2009年	2010年
储备货币	39851.73	45138.18	52841.36	58856.11	64343.13	77757.83	101545.40	129222.33	143985.00	185311.08
货币发行	16868.71	18589.1	21240.48	23104.00	25853.97	29138.70	32971.58	37115.76	41555.80	48646.02
金融性公司存款	17089.13	19138.35	22558.04	35672.79	38391.25	48459.26	68415.86	92106.57	102429.20	136665.06
准备金存款	17089.13									
不计入储备货币的金融性公司存款	5893.89	7410.73	9042.84	79.32	97.91	159.87	157.96	591.20	624.77	657.19
发行债券		1487.5	3031.55	11079.01	20296.00	29740.58	34469.13	45779.83	42064.21	40497.23
国外负债		423.06	482.58	562.28	641.57	926.33	947.28	732.59	761.72	720.08
政府存款	2850.49	3085.43	4954.71	5832.22	7527.23	10210.65	17121.10	16963.84	21226.36	24277.32
自有资金	355.21	219.75	219.75	219.75	219.75	219.75	219.75	219.75	219.75	219.75
其他负债	-516.79	753.66	474.11	2105.96	10648.33	9719.55	14837.14	13586.45	18653.20	7592.23
总负债	48434.53	51107.58	62004.06	78655.33	103676.01	128574.69	169139.80	207095.99	227535.02	259274.89

注：其中，2002年以后，"准备金存款"不再单列，被并入了"金融性公司存款"；2008年起，删除原报表项目"非金融性公司存款"及其子项"活期存款"；2001年的"总负债"根据对应科目计算得出。

资料来源：中国人民银行网站。

在提高法定存款准备金率的条件下，如果人行果真"冻结"了对应数量的资金，那么，在人行的资产负债表的"资产方"就必然有这笔资金的存在。但在表 3 显示的人行历年各项资产中，不仅找不到这笔资金，甚至连"人民币资产"的科目都没有①。如此巨额的法定存款准备金不可能在运行中"蒸发"，唯一的解释只能是，人行在得到这些资金后又将它使用出去了。那么，人行是如何使用这些资金的呢？

结合表 2 和表 3 可以看到：在"资产方"，人行的最大资产为"外汇"，2010 年底已高达 20.68 万亿元（占人行"总资产"的比重为 79.75%）。如此巨额的外汇资产增加需要以人民币资金予以对冲，但在"负债方"，"货币发行"科目下 2010 年的数量仅为 4.87 万亿元，与"外汇"科目下的 20.68 万亿元相差甚大。要进行外汇资产的对冲，就必须有足量的资金来源。既然"货币发行"不足，就只能借助其他渠道。从"负债方"看，2001—2010 年，增长最快的当属"金融性公司存款"，它在 2010 年底达到 13.67 万亿元，占总负债的比重达到 52.71%。"金融性公司存款"的余额主要由金融机构缴纳的法定存款准备金构成，由此可知，人行屡屡提高法定存款准备金率的主要用途在于对冲外汇占款。基本的操作过程是：人行提高法定存款准备金率→金融机构按规定向人行缴纳法定存款准备金→人行的"金融性公司存款"增加→人行使用这些资金向金融机构购买外汇资产（从而"外汇"增加）→金融机构按照法定存款准备金率要求缴纳给人行的人民币资金又回流到金融机构②。在这一循环过程中，就金融机构整体而言，以缴纳法定存款准备金率名义交给人行的人民币资金又通过人行购买外汇资产回到了原点，因此，人民币资金并没有减少。法定存款准备金与外汇占款的这种对冲机制决定了，在 2003 年以后，尽管法定存款准备金率屡屡提高，但经济运行中的资金并没有发生严重紧缩；同时，它也决定了，在 2011 年以后，只要还需对冲外汇占

---

① 有关对人行资产负债表的分析，可参见王国刚《基于资产负债表的央行调控能力分析》，《金融评论》2010 年第 1 期。

② 另一种可能的操作过程是：人行提高法定存款准备金率→金融机构以表 3 "金融性公司存款"中的超额准备金按规定向人行缴纳法定存款准备金→人行的"金融性公司存款"不变，但其中的超额准备金数额减少→人行使用这些资金向金融机构购买外汇资产（从而"外汇"增加）→金融机构再将这些资金存入人行，由此，"金融性公司存款"增加。这种操作过程与文中的操作过程在循环结果上是一致的。

表3　中国人民银行资产结构（2001—2010）

单位：亿元

年份	2001	2002	2003	2004	2005	2006	2007	2008	2009	2010
国外资产	19860.40	23242.85	31141.85	46960.13	63339.16	85772.64	124825.18	162543.52	185333.00	215419.60
外汇	18850.19	22107.39	29841.80	45939.99	62139.96	84360.81	115168.71	149624.26	175154.59	206766.71
货币黄金	256.00	337.24	337.24	337.24	337.24	337.24	337.24	337.24	669.84	669.84
其他国外资产	754.21	798.22	962.81	682.90	861.96	1074.59	9319.23	12582.02	9508.57	7983.06
对政府债权	2821.33	2863.79	2901.02	2969.62	2892.43	2856.41	16317.71	16195.99	15661.97	15421.11
其中：中央政府	—	2863.79	2901.02	2969.62	2892.43	2856.41	16317.71	16195.99	15661.97	15421.11
对其他存款性公司债权	11311.60	12287.64	11982.81	10424.2	12692.01	6516.71	7862.80	8432.50	7161.92	9485.70
对其他金融性公司债权	8547.31	7240.27	7255.95	8865.09	13226.11	21949.75	12972.34	11852.66	11530.15	11325.81
对非金融性公司债权	—	206.74	206.25	136.25	66.73	66.34	63.59	44.12	43.96	24.99
其他资产	—	5266.29	8516.19	9300.05	11459.57	11412.84	7098.18	8027.20	7804.03	7597.67
总资产	—	51107.58	62004.06	78655.33	103676.01	128574.69	169139.80	207095.99	227535.02	259274.89

注：其中，2002—2005年的"对其他存款性公司债权"的数据为"对存款货币银行债权"和"对特定存款机构债权"两项相加之和。

资料来源：中国人民银行网站。

款，法定存款准备金率依然有着继续上调可能和上调空间。

通过提高法定存款准备金率来对冲外汇占款，在对金融机构的整体关系上虽然没有紧缩效应，但它有效防范了通过巨额"货币发行"对冲外汇占款可能引致的通货膨胀、经济过热和一系列经济社会问题。从这个意义上说，它维护了中国金融运行秩序的稳定，支持了国民经济稳步持续发展，因此，是积极有效的。

需要注意的是，由于外汇资产在各家金融机构中的分布是不平衡的，因此，在利用提高法定存款准备金率对冲外汇占款过程中，对那些吸收外汇存款（从而外汇资产）较少的金融机构来说，以法定存款准备金名义缴纳给人行的人民币资金并不会因人行购买外汇资产而流回，所以，依然有着明显的资金紧缩效应。缺乏外汇存款（从而外汇资产）的主要是中小金融机构，在法定存款准备金率屡屡提高的过程中，它们的可贷资金日益紧缩；虽然也可通过银行间拆借等途径在一定程度上缓解资金紧张状况，但利率成本将大幅上升，由此引致两方面情形发生：一是这些中小金融机构向小微企业的放款力度明显降低。这是导致 2006 年以后小微企业疾呼贷款难的一个重要成因。二是它们向小微企业放款的利率水平明显上升，甚至超过一部分小微企业的承受能力。这是导致 2006 年以后小微企业贷款难的另一个重要成因。从这个意义上说，提高法定存款准备金率并非完全没有资金紧缩的效应，也并非对经济运行走势毫无影响。这种情形也解释了长期困扰人们的一个实践反差现象——"宏观层面上资金相对过剩、微观层面上感到资金相当紧缺"的成因。

二 发行人行债券以调剂对冲头寸的机理

结合表 2 和表 3 可以看到，如果说在 2005 年以前"货币发行" + "金融性公司存款"大于"外汇"的话，那么，在 2006 年之后前二者之和就小于后者了，这意味着即便屡屡提高法定存款准备金率，人行所得资金依然不足以对冲外汇占款，存在一定程度的余额缺口。由此，对冲外汇占款的人民币资金不足部分是如何解决的？"发行债券"成为人行通过市场调节资金余缺的一个主要机制。然而，这一机制与法定存款准备金率工具相类似，同样存在对冲外汇的资金回流效应。

对人行来说，"发行债券"最初主要是为了增加公开市场业务操作所需证券，但随着需要对冲的外汇资产快速增加，"发行债券"的主要用途转向了调节对冲资金余缺。这些资金的循环与法定存款准备金相类似，基本流程是：人行向金融机构发行债券→金融机构购买人行债券并将对应资金交给人行→人行再使用这些资金向金融机构购买外汇资产（从而"外汇"增加）→金融机构购买人行债券的人民币资金回流到金融机构。毋庸赘述，人行"发行债券"对金融机构整体而言同样没有紧缩资金的效应。但由于各家金融机构的外汇资产分布并不平衡，因此，对中小金融机构也有一定的紧缩效应。

"发行债券"与调整法定存款准备金率成为人行对冲外汇占款的重要机制。一个突出的实例是，2008年9—12月，人行连续3次将法定存款准备金率从17.5%下调到15.5%，按此操作人行应向金融机构回吐人民币资金。在人行账上缺乏人民币资金的条件下，其流程大致是：人行在海外卖出外汇资产获得外汇→再将外汇卖给国内金融机构从而获得人民币资金→人行降低法定存款准备金率→将人民币资金回吐给国内金融机构。但实际操作并非如此，实践过程中的基本流程是：人行通过加大"发行债券"获得人民币资金→降低法定存款准备金率→将人民币资金回吐给金融机构。具体情形如表4所示：2008年8—11月，人行的"外汇"资产从13.95万亿元增加到14.7万亿元，由此可以判定，在9月以后的降低法定存款准备金率过程中，人行没有卖出

表4　　中国人民银行资产负债表简表（2008年6月至2008年12月）

单位：亿元

时间	2008.06	2008.07	2008.08	2008.09	2008.10	2008.11	2008.12
资产							
国外资产	149580.16	152623.49	154339.66	157908.88	159574.64	159941.35	162543.52
外汇	134249.44	137690.05	139521.46	143122.88	146602.17	147032.37	149624.26
负债							
储备货币	115353.05	116446.80	117589.81	117336.06	115715.30	119332.71	129222.33
货币发行	33075.73	33285.24	33698.35	34876.09	34043.37	34456.46	37115.76
金融性公司存款	82277.32	83161.56	83891.46	82459.97	81671.93	84876.25	92106.57
发行债券	41801.74	41717.56	42278.96	45911.46	47429.35	46527.10	45779.83

资料来源：根据中国人民银行网站数据整理。

外汇资产；另外，在"负债方"，"金融性公司存款"在 8 月达到 8.39 万亿元，但 9 月和 10 月分别减少到 8.25 万亿元和 8.17 万亿元，因此，在降低法定存款准备金率过程中，人行的确向金融机构回吐了人民币资金。那么，这些资金是怎么循环的呢？从"发行债券"一栏中可见，8 月的数值为 4.23 万亿元，9 月和 10 月的数值分别增加到 4.59 万亿元和 4.74 万亿元，新增加额均大于同期"金融性公司存款"减少的数额，因此，人行是用"发行债券"所得资金回吐给金融机构的。

　　"发行债券"和提高法定存款准备金率同属人行债务性资金来源，但在具体操作中，它们对人行和金融机构有着不同的意义。从人行角度看，提高法定存款准备金率是一项强制性机制，它形成的债务在期限方面并无限制条件、在利率方面比较低（2008 年底之前为 1.89%，2008 年底之后为 1.62%，均明显低于 1 年期存款基准利率），因此，是一种"深锁定"的债务。与此不同，"发行债券"更具有市场化的操作含义，其在规模、利率、期限等方面都受到交易对方——金融机构的购买意愿限制，且需要持续地进行"卖新债还旧债"的操作，因此，是一种"浅锁定"的债务。假定这些债券均为 1 年期且每月到期的数额均等分布，那么，2010 年底 40497.23 亿元的债券余额就意味着，在 2011 年人行每月需要发行 3375 亿元左右的新债才能维持债券余额不变。在人行债券规模持续扩大的条件下，金融机构每月认购的意愿难以持续，引致 2007 年以后人行债券发行流标的现象时有发生，对此，人行选择了运用行政机制定向发行的方式，但即便如此，要持续扩大债券规模，也还有不少困难。因此，从人行角度出发，更愿意选择提高法定存款准备金率的方式来筹集债务资金对冲外汇占款。从金融机构角度看，如果仅在购买人行债券和缴纳法定存款准备金之间做出选择，它们宁愿选择购买人行债券，一方面，人行债券的利率通常要比法定存款准备金高过 1 个百分点以上，收益率较好；另一方面，即便不说在购买中有着较大的选择余地，仅仅人行债券是可交易的证券，就有利于经营资金的头寸调度。

三　调整存贷款基准利率的机理

　　2004 年 10 月 28 日，人行出台了《关于调整人民币基准利率的通知》

（以下简称《通知》），迈出了存贷款利率的市场化步伐①。该通知的要点大致有三：一是将此前的"法定利率"一词改为"基准利率"，由此，弱化了存贷款利率决定的行政色彩；二是强调贷款利率以基准利率的 0.9 倍为下限、上限全部放开，存款利率以基准利率为上限、下限全部放开；三是要求各家金融机构"严格执行调整后的基准利率和浮动区间，加强利率风险管理，根据自身经营状况、资金成本和企业风险程度等因素合理确定存贷款利率"。但 2006 年 4 月以后，人行屡屡运用行政机制调整存贷款基准利率，使得存贷款利率市场化进程发生了新的变化。

从图 2 中可见，2002—2010 年，人行先后 17 次调整了金融机构存贷款利率。从人行公布的相关信息看，调整存贷款基准利率的理论依据主要有二：一是利率的高低直接调节着银根的紧松，即货币经济学中说的"提高利率收紧银根，降低利率放松银根"。二是应努力实现存款的正利率，即货币经济学认为负利率有着一系列负面效应。但是，这些所谓的理论依据，存在着诸多似是而非之处。

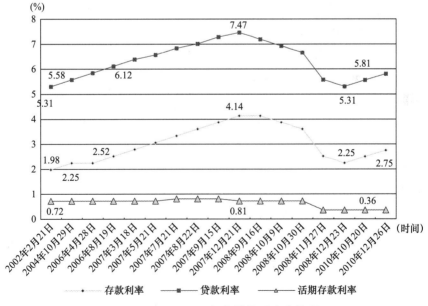

图 2　2002—2010 年存贷款利率走势图

资料来源：中国人民银行网站。

---

① 中国人民银行：《2004 年第四季度中国货币政策执行报告》。

先从前一个理论根据看，尽管几百年来，几乎所有的经济学家和金融学家都熟知"提高利率收紧银根、降低利率放松银根"这一定理，但几乎没有人分析过"谁提高了谁的利率、收紧了谁对谁的银根"（反之，"放松了谁对谁的银根"）这一关键问题。从发达国家的实践看，这一定理的内涵应当是：央行提高央行的利率，收紧了央行对商业银行等金融机构的银根。例如，美联储提高了联邦基金利率，就提高了商业银行等金融机构从联邦基金借款的成本，从而收紧了联邦基金对这些金融机构放款的数量。反之，央行降低了央行利率，也就放松了央行对商业银行等金融机构的银根。但在中国，人行每次调整的不是央行利率，而是金融机构的存贷款利率（这有着政府给企业定价的特点）。由于内在机理不同，其效应就很难用"提高利率收紧银根"的定理予以解释。具体来看：

首先，央行提高金融机构的贷款利率未必有紧缩银根效应。在这方面有两个问题值得探讨：其一，在 2004 年 10 月以后，随着《通知》落实，金融机构已有在基准利率之上决定贷款利率的自主权，在此条件下，人行再按照每次 0.27 个百分点（2010 年以后改为每次 0.25 个百分点）亦步亦趋地运用行政机制提高贷款基准利率是否与《通知》精神相逆而行？其二，在贷款市场中金融机构尚处于优势地位的条件下，对中国的绝大多数企业来说，在申请贷款过程中，是贷款的可得性更重要还是贷款利率高低更重要？

表 5 列示了 2004—2010 年间金融机构人民币贷款各利率浮动区间占比情况，从中可以看出，"下浮"和"基准"的占比呈现提高的走势（从 2004 年第四季度的 47.79% 上升到 2009 年 12 月的 64.45%），与此对应，"上浮"占比呈现降低的趋势。2004 年以后，银行体系内资金相对过剩情形逐步增强（以至于有了"流动性过剩"的说法），各家金融机构在贷款市场中的竞争愈加激烈，贷款利率有着下行的压力。在此背景下，人行在 2006—2007 年运用行政机制陆续 8 次上调贷款基准利率，与市场机制导向的要求并不一致。

贷款基准利率上调的一个直接结果是，工商企业为同数额贷款付出的资金成本提高了，那么，这种成本上升能否有效抑制工商企业的贷款需求呢？从货币经济学理论上说，答案是肯定的。但这种肯定的回答有着太多假定条件，以至于它很难符合实际情况。提高 0.27 个百分点（乃至 1.08 个百分点，下同）的贷款利率，要能够明显抑制工商企业的贷款需求，至少应达到如下

表5　　　　　　　　金融机构人民币贷款各利率浮动区间占比表　　　　　单位:%

时间	下浮	基准	上浮水平				
	(0.9, 1)	1.0	小计	(1, 1.3)	(1.3, 1.5)	(1.5, 2)	2 以上
2004 年第四季度	23.23	24.56	52.21	28.98	9.90	10.66	2.68
2005 年第四季度	24.29	26.47	49.24	26.87	8.27	11.37	2.73
2006 年第四季度	25.81	26.63	47.56	27.90	7.32	10.63	1.71
2007 年第四季度	28.07	27.69	44.24	27.17	7.31	8.47	1.29
2008 年 12 月	25.56	30.13	44.31	27.81	5.75	7.27	3.49
2009 年 12 月	33.19	30.26	36.55	21.38	5.13	6.64	3.40
2010 年 12 月	27.80	29.16	43.04	25.69	5.66	8.18	3.51

资料来源：中国人民银行相关各年第四季度货币政策执行报告。

条件之一：其一，新的贷款资金在工商企业的经营运作中不产生利润，以至于对借款人来说，新增加的利息纯属成本增加；其二，工商企业的利润率极低，以至于在不增加新增贷款条件下已有贷款的利率只要再提高0.27个百分点，它们就将陷入亏损境地；其三，申请贷款的工商企业在运用这些贷款中面临着本金严重损失风险以至于已有经营利润都难以填补；其四，工商企业的经营规模具有较大弹性，以至于贷款利率提高后，它们可以及时通过大量缩减已有业务（包括订单等）来减少贷款；其五，工商企业有着足够多的账面资金，以至于在利率提高的条件下，大量偿还到期（甚至包括未到期）的银行贷款而不影响其正常经营活动。显然，只要存在前三个条件中的任何一种情形，贷款都面临着巨大风险，金融机构因此不会给工商企业发放贷款，所以，不论工商企业的意愿如何，也不论贷款利率是否提高，这些贷款本来就会因偿债能力不足而不成立的。符合第四种条件的工商企业即便有也极为有限，提高利率来限制对这些工商企业的贷款，在金融机构的贷款总量关系上是缺乏实际意义的。在第五种情形下，工商企业既然在账面上有着足够多的资金，也就不需要急着申请新的贷款（在贷款利率明显高于存款利率条件下，更是如此）。

　　贷款利息是金融机构从工商企业等借款者经营运作利润中分取的一部分收益。对工商企业来说，通常只有在经营利润减去利息支出后依然有较大剩余的条件下，才可能大量借入贷款资金；对金融机构来说，只有在工商企业具有较强的还本付息能力的条件下，才愿意向他们大量放款。这意味着，贷款利率的任何幅度提高都可能明显抑制贷款需求的假定是不成立的。一个基本的事实是，贷款利息只是企业经营总成本构成中一个不太大的部分，贷款利率上升 1 个百分点，对企业经营总成本上升的影响幅度远低于 1 个百分点。如果 1 家企业连经营总成本上升 1 个百分点都难以承受，又如何防范生产过程中原材料或零部件的价格上涨（例如，多年来中国的 PPI 上涨率均在 5% 以上）、员工工薪提高、管理过程中的成本增加、市场营销过程中费用增加（如广告费支出增加）以及其他方面的开支增加等风险，同时，金融机构又如何敢于给这类企业发放贷款？

凡上述种种说明一个内在机理，在一定限度内，提高金融机构的贷款利率并不具有明显的抑制贷款需求从而紧缩贷款增长的效应。

其次，提高存款利率具有迫使金融机构增加贷款的效应。从图 2 中可见，人行在提高 1 年期贷款基准利率的同时，大多也提高了 1 年期存款基准利率。在货币经济学中，提高存款利率的直接效应是刺激存款增加，由此，对金融机构来说，在吸收的存款数量增加且成本提高的条件下，能够做出什么选择？如果金融市场中有着大量利率（或收益率）高于存款基准利率的债券等金融产品，也许他们还有选择余地，但如果真有这类金融产品存在，在存款基准利率未提高时，金融机构早就足额购买了；另外，存款基准利率提高通常引致交易中的金融产品价格在波动中收益率降低；此外，在中国金融市场中，可供对冲存款基准利率提高的产品和机制相当稀缺。这些条件决定了，金融机构应对存款基准利率提高的措施基本上只剩一个——加大发放贷款的力度。将这一选择与贷款基准利率提高效应相连接可以看到：提高贷款基准利率缺乏紧缩银根的效应，提高存款基准利率有着迫使金融机构增加贷款数量的效应，所以，提高 1 年期存贷款基准利率的结果是放松银根。

最后，虽然每次提高 1 年期存贷款基准利率的数值基本一致，由此，它们之间的利差没有大的变化（不是完全没变），但从图 2 中可见，1 年期贷款基准利率与活期存款利率之间的差额却有着扩大走势。2002 年 2 月，1 年期贷款与活期存款之间的利差为 3.33 个百分点，到 2007 年 12 月二者为

6.66 个百分点，扩大了 1 倍。金融机构的贷款利率在通常条件下是如何决定的？金融经济学认为，它主要由三个因素构成：一是资金成本，在此处为存款利率；二是经营成本；三是可预期风险（即违约率），它在利率上表现为净利差。净利差越大意味着金融机构承受贷款风险的能力越强，则可放贷规模越大；反之，则可放贷规模越小。如果说在利差为 2 个百分点时，某家商业银行的贷款客户可能有 1 万家的话，那么，在利差为 3 个百分点时，它的贷款客户可能就扩大到 2 万家。向 2 万家客户发放的贷款数额必然大于向 1 万家客户发放的贷款数额。

　　此外，如果活期存款占金融机构负债结构的比重较低，那么，1 年期贷款与活期存款之间利差扩大对金融机构的贷款行为影响不大。但从表 6 中可见，在企业存款和居民储蓄存款中"活期存款"占比达到 50% 左右，由此，1 年期贷款与活期存款之间利差的扩大就将对金融机构的贷款规模扩大发挥重要影响。这种贷款规模扩大的可能性，在下述机制作用下成为现实：2006 年以后，主要商业银行（包括国有控股商业银行和股份制商业银行）大多完成了发股上市工作，一般员工和高管人员的薪酬收入基本与经营业绩高低挂钩，由此，他们有着通过扩大放款规模提高经营业绩从而增加个人薪酬的内在冲动。

表 6　　　　　　　　　　企业存款和储蓄存款的期限结构　　　　　　单位：亿元，%

年份	企业 活期存款	活期 储蓄存款	企业 定期存款	定期 储蓄存款	合计	活期所 占比例
2004	74502.52	41416.53	25382.15	78138.86	219440.06	52.83
2005	83146.0	48787.45	45224.7	92263.54	269421.69	48.97
2006	98802.64	58575.92	52767.10	103011.38	313157.04	50.26
2007	91718.37	67461.59	62685.53	108287.86	330153.35	48.21
2008	97499.04	78336.79	80702.58	143668.84	400207.25	43.94
2009	134747.32	100541.28	108837.62	160230.38	504356.60	46.65
2010	164536.07	126264.39	88424.20	180902.00	560126.66	51.92

　　资料来源：中国人民银行网站。

2006 年 4 月，在贷款增长率上行的背景下，人行开始提高贷款基准利率，但贷款增长率并没有因此而下行，反而从 3 月的 11.29% 上行到 12 月的 15.72%；2007 年 3 月开始，人行连续 6 次提高存贷款基准利率，贷款增长率却从 2 月的 16.99% 上行到 10 月的 17.69%；2007 年 11—12 月，人行开始实行对新增贷款规模的行政管控措施，由此，引致贷款增长率下行。实行新增贷款规模的行政管控措施，意味着运用存贷款基准利率来调控贷款规模（从而调控货币数量）的预期目的未能达到。

提高存贷款基准利率的另一个理论根据是消解存款负利率的现象。主要理由：一是在由物价上行导致负利率条件下，对企业来说，贷款利率实际上打了折扣，由此，为贷款的低成本所刺激，企业申请贷款的意愿将明显增加。贷款的增加将引致物价的进一步上升，并引致负利率状况加重和企业申请贷款的意愿进一步提高。如此循环下去，将陷入经济过热和恶性通胀。二是在负利率条件下，存款人不愿将资金存入金融机构（转用于购买其他金融产品），而金融机构原先吸收的存款又已用于发放贷款，由此，将引致金融机构的流动性紧缺，一旦存款人从金融机构提取存款遇到困难，就可能引致众多存款人的"挤兑"；如果某家金融机构因无力兑付存款而倒闭，存款人就可能纷纷从其他金融机构中提款，由此，不仅将引致金融机构的连锁倒闭，而且将引致经济社会生活秩序陷入混乱。三是在负利率条件下，国内资金在寻求收益的过程中，可能向海外流出，由此，引致国内资金紧张，从而影响到经济发展和社会生活。要避免这些情形发生，就必须保障存款正利率。但是，这些理论根据在分析中暗含了太多假定条件，从而严重偏离了实际。

从图 3 中可见，2001 年以后，与物价 3 次上涨相对应，也发生了 3 次存款负利率现象，最高值的时间分别是：2004 年 7—8 月的 -3.72%、2008 年 2 月的 -4.56% 和 2010 年 11 月的 -2.35%。但从图 3 中同样可以看出，存款负利率转变为正利率的主要成因不在于提高了存款利率，而在于 CPI 增长率的下行。2004 年的负利率在 2005 年 1 月 CPI 增长率降低到 1.9% 以后转变为了正利率。2008 年的存款负利率在 2008 年 11 月 CPI 增长率降低到 2.4% 以后转变为了正利率。需要指出的是，这种存款正利率是按照 CPI 增长率与 1 年期存款利率在同期中计算的。由于 CPI 增长率的计算方法是"同比"，不是按照不变价累计，所以，在与 1 年期存款利率进行同期对比中有着正利率反映。但如果 CPI 数值选择按不变价累计，则 1 年期存款利率可能均为负数。假定以 2000 年的 CPI 数值为 100，则 2001—2010 年间的 CPI 增长的累计值如表 7 所示，从中可以看到，2004 年以后的 1 年期存款利率均为负数，同时，存款利率不论怎么提高也很难等于或超过 CPI 增长的累计值。从这个意义上说，存款负利率很可能是一种长期且不可逆转的趋势。

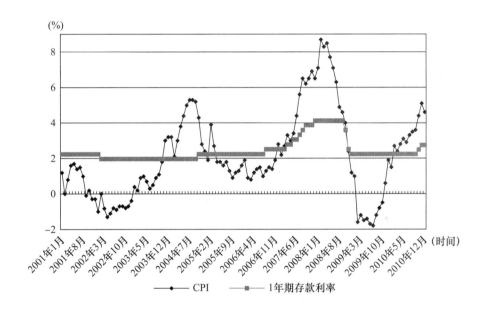

图 3　CPI 增长率与 1 年期存款利率走势

资料来源：中国人民银行网站和国家统计局网站。

　　负利率是否必然引致企业贷款的增加？关键的问题不在于企业申请贷款的内在冲动（这种冲动在存款正利率条件下同样存在），而在于金融机构在贷款市场中是否有着充分的信贷决定权和预算约束是否硬化。在主要商业银行已建立比较完善的风险控制体系和信贷问责制的条件下，是否发放贷款并不单方面取决于企业的需求，还要考虑企业的偿债能力、资本充足率及其他各项监管指标的约束、金融机构自身的资产结构（如流动性充足程度等）以及其他一系列条件，因此，负利率条件下的企业贷款申请程度并不是决定金融机构是否放款的唯一因素。

表 7 　　　　　　　CPI 增长的累计值与 1 年期存款利率对比表 　　　　　单位：%

年份	CPI 增长率	CPI 增长的累计值	1 年期存款利率
2001	0.7	0.69	2.25
2002	−0.8	−0.12	1.98
2003	1.2	1.08	1.98
2004	3.9	5.02	2.25
2005	1.8	6.91	2.25
2006	1.5	8.53	2.52
2007	4.8	13.73	4.14
2008	5.9	20.44	2.25
2009	−0.7	19.59	2.25

资料来源：根据《中国统计年鉴》（2010）计算得出。

负利率是否将引致金融机构的资金紧缺？肯定的回答存在着一系列不符合实际的假定条件。其一，在负利率条件下，存款人不把资金存入金融机构，这些资金又投向何方？如果这些资金用于购买非存款类金融产品，那么，它们转移到卖方手中后又投向何方？只有一个可能，又被卖方存入了金融机构。因此，如果分析不是停止于这些资金用于购买其他金融产品，而是按照资金流向继续展开，就不难发现，这些资金总是要以存款方式流入金融机构的，由此引致的改变充其量不过是存款人的身份变化（如居民储蓄存款变为企业存款），对金融机构整体而言，流入的存款量没有减少。其二，假定存款人在购买非存款类金融产品中比较集中地从某家金融机构取款，然后金融产品的卖方再将这些资金存入另一家金融机构，在此情形下，可能发生前家金融机构资金短缺的现象，但在一般情况下依然不会产生因挤兑而倒闭的后果。这是因为，金融体系中存在着一系列机制可调剂和缓解资金紧缺，其中包括资金拆借、央行再贷款和存款保险等，因此，并不会发生因某家金融机构出现"挤兑"而引致倒闭的多米诺骨牌效应和经济社会生活秩序混乱现象。

负利率是否将引致资金大量流向海外？且不说中国资本账户中的金融交易项目并未充分对外开放，国内资金缺乏流向海外的基本路径；也不说中国近年来面临的主要问题不是资金外流而是外汇资金大量流入国内，从而，如何强化"走出去"战略，促使企业更多地使用外汇资金进行海外投资运作成为政策要点；即便在资本账户已充分开发的发达国家中，存款负利率也不见得屡屡引致了大量资金外流，以至于国内经济发展受到严重影响。日本在 20 世纪 90 年代泡沫经济破灭以后，持续了 20 年的存款负利率，也没有因资金外流严重制约其经济发展。2008 年金融危机爆发以后，美国也处于存款负利率境地，但 2010 年在走出金融危机困境中，它的 GDP 增长率依然在 2% 以上，同样没有发生资金大量外流抑制经济发展的现象。

在存款负利率条件下，通过提高存款利率争取实现存款正利率这一初衷实际上是通过利率来调整存贷款市场各方参与者（甚至包括金融市场参与者）之间的利益关系而实现的。货币政策属需求总量政策，并不具有调整经济运行中利益关系的机能，以此来解决存款负利率问题是十分困难的。

四　运用行政机制管控新增贷款的机理

我国于 1998 年取消了信贷规模计划管理，标志着货币政策在实施过程中将更多地运用非行政机制从直接调控向间接调控转变。此后，在"窗口指导"下，虽然在货币政策中间目标中列出了每年新增贷款规模指标，对金融机构的贷款活动也使用了一些行政机制影响，但还基本属于"打招呼"范畴。2007 年 11 月以后，在实施从紧的货币政策过程中，以"对金融机构信贷规模硬约束"的名义，实行了新增贷款规模的行政管控措施。其中，2007 年 11—12 月，要求各家金融机构不再增加新的商业性贷款；2008 年将新增贷款规模控制在 3.64 万亿元，并按季度进行管控；2010 年虽然实行适度宽松的货币政策，但依然将新增贷款规模界定在 7.5 万亿元，对各家金融机构的贷款规模按季度实行行政管控。

诺贝尔经济学奖获得者约瑟夫·斯蒂格利茨曾明确指出："货币之所以重要，是因为它与信贷之间的关系。……信贷获取能力的变化对经济活动的水平具有显著影响，而真实利率水平的变化对经济波动的影响似乎要小一些。""货币制度是一组更广泛制度当中重要的一组，这些广泛的制度被用于提供信贷、监控贷款，或者更广泛地说，支持跨期交易"①。但从传统货币经济学看，对贷款规模实行行政管控并不属于货币政策工具范畴，它的实行意味着运用提高法定存款准备金率、存贷款利率、发行债券和公开市场业务等工具已难以实现货币政策调控的中间目标，因此，属无奈之选。在存贷款利率已部分市场化（如贷款以基准利率为下限，上限放开）的条件下，实行新增贷款规模的行政管控也引致了一系列新现象的发生：

第一，挤压贷款利率快速上行。贷款利率是贷款资金的价格。对新增贷款行政管控导致了可贷资金的紧缺，由此，使得贷款利率快速上行。2007年12月21日提高存贷款基准利率之后，6个月期基准利率为6.57%、1年期贷款基准利率为7.47%，但在表8中，2008年1—10月，金融机构贷款的平均利率均高于基准利率1个百分点左右。11—12月在连续5次降低贷款基准利率的前提下，6个月期基准利率为4.86%、1年期贷款基准利率为5.31%，但金融机构的贷款平均利率依然高过基准利率1个百分点以上。2008年底，金融机构的贷款余额为30.34万亿元，1个百分点的贷款利率意味着金融机构从客户方多收了3034亿元利息。这是引致2008年实体经济部门经济效益下滑而金融机构业绩明显提高的一个重要因素。

表8　　　　　　　2008年1—12月金融机构贷款平均利率表　　　　单位:%

期限	1月	2月	3月	4月	5月	6月	7月	8月	9月	10月	11月	12月
6个月（含）以内	7.06	7.09	7.32	7.42	7.37	7.28	7.31	7.31	7.12	6.78	6.50	5.55
6个月—1年（含）	8.33	8.40	8.72	8.70	8.62	8.47	8.58	8.69	8.38	8.18	7.66	6.64
1—3年（含）	7.98	7.99	8.69	8.31	8.35	8.41	8.43	8.47	8.20	8.00	7.54	6.26
3—5年（含）	7.68	7.82	7.98	7.91	7.77	8.04	7.95	8.00	7.91	7.61	7.17	6.18
5—10年（含）	7.66	7.63	7.72	7.74	7.70	7.78	7.73	7.78	7.84	7.51	6.96	6.11
10年以上	7.20	7.14	7.27	7.24	7.33	7.37	7.37	7.29	7.41	7.18	6.84	6.04

资料来源：中国人民银行：《中国货币政策执行报告（2008年第四季度）》。

---

① 引自［美］约瑟夫·斯蒂格利茨《斯蒂格利茨经济学文集》（中文版），第四卷，中国金融出版社2007年版，第187、207页。

第二，金融机构成本转嫁。在新增贷款规模受到限制从而资金紧缺的条件下，金融机构在贷款市场中优势地位更加强化。客户迫于需要贷款，迁就了一些金融机构的不合理要求。例如，金融机构给企业集团授信原先只是举办一个签约仪式，授信额度内的贷款资金落实到具体项目并办理了具体贷款手续后才开始计算利率。但 2008 年，一些金融机构从授信签约之后就按照授信额度记取 1 个百分点左右的利率。又如，在发放贷款之前，金融机构通常要对放贷项目进行调研考察，所需费用计入金融机构经营成本。但 2008 年，一些金融机构将这些费用转由客户承担。

第三，影子银行作用凸显。在银行金融机构贷款规模受到严重制约以后，各种绕开规模限制的影子银行方式随之出现，变通方式的贷款数额急剧增加，其中包括银信合作、理财产品，等等。2008 年新增贷款 4.77 万亿元，但银信合作达到 1 万多亿元的规模；2010 年新增贷款 7.95 万亿元，银信合作规模达到 3 万亿元左右。

第四，金融机构的贷款投放偏离正常节奏，形成规模倒逼。2008 年和 2010 年在按季度管控贷款规模的机制下，出现了金融机构尽可能将每个季度的贷款额度在第一个月投放出去，从而使得在各月份之间的贷款投放数额偏离了正常节奏。2008 年第四季度，在抵御美国金融危机冲击和扩大内需、刺激经济的宏观政策背景下，人行于 11 月 3 日宣布不再对金融机构贷款规模实行硬约束。在行政管制取消的条件下，金融机构新增贷款的投放出现突发性反弹。2008 年 11—12 月，本属贷款淡季，新增贷款 12487 亿元，占全年新增贷款的 26.18%；2009 年第一季度新增贷款 46160 亿元，与 2008 年全年新增贷款 47703 亿元接近；2009 年前 6 个月新增贷款 74052 亿元，是 2007 年全年 36406 亿元的 2.03 倍；2009 年全年新增贷款 96288.96 亿元，是 2008 年的 2.01 倍。金融机构贷款节奏的快速变化，不仅对 2010 年（以及此后）的宏观经济走势产生了重要影响，而且也对货币政策调控提出了难题。

第五，贷款规模并未完全控住。2008 年的新增贷款规模管控指标为 3.64 万亿元，但 10 月就已突破这一限制，达到 37964.22 亿元；2010 年新增贷款规模管控指标为 7.5 万亿元并按照"3322"的比例进行季度管控，但第一季度新增贷款 26101.66 亿元、占 7.5 万亿元的 34.8%，上半年新增贷款 46361.81 亿元、占 7.5 万亿元的 61.82%，前 9 个月新增贷款

62857.57亿元、占7.5万亿元的83.81%，全年新增贷款79512.77亿元，比7.5万亿元多了6.02%。

尽管对新增贷款规模的调控存在着上述一系列负面效应，但与调整法定存款准备金率、发行人行债券和调整存贷款利率等政策手段相比，就实现货币政策中间目标而言，它的有效性程度还是最高的。

五　中国货币政策调控的难点及对策建议

2001—2010年，人行在运用货币政策进行宏观调控中时常处于矛盾的尴尬境地。其中，有的矛盾来自于经济运行中各项指标之间的相互掣肘。例如，促进经济增长有利于增加就业，但要推进经济增长就要加大放贷，随着货币供应量增加，通胀压力就将增大，这不利于币值稳定；反之则反是[1]。有的矛盾来自于开放经济条件下的内外经济差别。例如，在外汇资金大量流入境内且人民币汇价升值的背景下，人行不加大购买外汇资产力度，将不利于金融机构的资金运行和外贸企业的经营发展，但通过发行货币来购买外汇资产又将严重加大通胀压力[2]。还有的矛盾来自于社会舆论。例如，在由若干种农产品短缺引致的物价上涨中，社会舆论较普遍地将其认定为通胀，由此，要求采取紧缩的货币政策。对此，人行不采取紧缩举措将面临"行政不作为"的责难，采取紧缩措施又很难准确把握对相关实体经济部门和经济运行走势的负面影响程度。尽管矛盾重重，人行还是针对经济运行中出现的各种新情况、新问题，积极应对，综合运用货币政策的各种工具和调控机制，支持了经济又好又快地发展。

从运用货币政策工具的角度看，虽然提高法定存款准备金率和发行人行债券等举措在总体上并没有收紧银根的效应，但有着导向紧缩货币的效应和引致某些金融机构资金紧缩的效应，这有利于释放货币"从紧"的信号。由此，既解决了对冲外汇占款所需资金的困难，又避免了因大量发行

---

① Zhang, Chengsi (2011), "Inflation Persistence, Inflation Expectations, and Monetary Policy in China", Economic Modelling, 28, 622 – 629.

② 开放经济条件下的货币政策，是货币政策研究中的一个重要论题，可从不同角度予以分析。国内外学者在这方面的论著甚多。因不是本文的重心所在，所以笔者未加细述。

货币可能引致的流通中货币过多从而发生通货膨胀的后果。此外，虽然提高存贷款基准利率具有扩张信贷的功能，但这种扩张的程度又受到新增贷款规模管制的制约，同时，在"提高利率收紧银根"的真切含义未理清的条件下，它也有收紧银根的信号功能。由此，既具有传递货币政策取向的效应，又具有根据具体情况灵活调整新增贷款扩张程度的效应。虽然从单项工具看，在某一具体时点的效应与货币政策取向并不一致，但从各项工具的综合作用看，有效降低了单一工具可能带来的负面影响，在化解了各种错综复杂矛盾的同时，较好地发挥了货币政策在宏观经济调控中的作用。

从 2001—2010 年间中国货币政策的发展来看，其在形成和实施中也存在一系列需要进一步深入探讨的难点，主要表现在以下几方面：

第一，调控能力正逐步减弱。资产数量是人行进行货币政策调控的基础性条件。从表 3 中可见，人行总资产中"国外资产"所占比重从 2001 年的 41.01% 快速上升到 2010 年的 83.09%，这意味着人行资产已主要转为国外配置，与此对应，国内调控能力将明显减弱。假定"其他资产"属人行可用资金范畴，那么，它占人行总资产的比重已从 2002 年的 10.30% 降低到了 2.93%；其绝对额从 2005 年的 11459.57 亿元减少到 2010 年的 7597.67 亿元。与此同时，金融机构的资产总量从 2000 年底的 133325.32 亿元增加到了 2010 年底的 805879.09 亿元，人行"其他资产"占金融机构总资产的比例仅为 0.94%，因此，人行可用人民币资产与金融机构总资产相比只是杯水车薪。与此不同，在美联储的资产结构中，2008 年 6 月（金融危机爆发前）"黄金与外汇储备"和"SDR"等国外资产所占比重仅为 4.09%，其余资产均在美国国内配置，其中，仅"对国内银行的贷款""证券回购"和"信贷市场工具"等科目下的资产就占总资产的 83.80%，而美元属国际货币体系中的核心货币。人民币资产数量是人行实施货币政策、影响金融机构经营运作的物质基础。由于严重缺乏可用的人民币资产，引致人行的宏观金融调控能力明显减弱，货币政策越来越具有"导向"意义。也是在这一背景下，从 2007 年以后人行不得不在一定程度上恢复了 1998 年就已停止的信贷规模行政管控措施。未来，流入中国的外汇资金还将继续增加，如果仍然以法定存款准备金和发行债券为主要对冲机制，那么，人行总资产在中国国内的配置比例还将降低，人行运用货币政策进行调控的能力也将随之降低；但如果以"货币发行"为主要对冲机制，将引致货币发行过多和严重的通胀。这是人行调控中的一个难点。

第二，价格调控依然困难。变数量调控为价格调控是完善中国货币政策调控的一个方向，要实现这一转变就必须实现存贷款利率的市场化。存贷款利率的市场化过程，不仅涉及一系列金融体制机制的改革创新，而且涉及存款人、贷款人、借款人和其他市场参与者之间的一系列权力、利益和行为的调整，既需要硬化相关金融机构的财务预算约束（包括实施金融机构的破产制度），也需要给工商企业等机构以市场化融资的自主权，使它们在银行贷款、发行债券及其他融资方式之间具有充分的选择权，还需要完善和严格市场规则，打击各种扰乱乃至破坏市场秩序的行为。这些条件的形成绝非一日之功，也不是毕其功于一役所能奏效的，但只要这些条件未在存贷款利率市场化过程中有效形成，数量调控（或一定程度上的数量调控）向价格调控的转变将难以实现。

第三，对冲外汇占款的可运作空间趋于缩小。通过提高法定存款准备金率和发行债券来对冲外汇占款，虽然对金融机构整体的人民币资金影响不大，但对那些缺少外汇资产的中小金融机构来说，20%的法定存款准备金率已是一个接近存贷比（75%）临界的比率，如果继续提高，不仅将严重影响这些中小金融机构的正常经营活动，而且将进一步加重小企业（乃至微小企业）的融资难并由此引致就业等诸多问题的发生。

第四，中间目标的指标选择依然困难。多年来货币政策中间目标以 M_2 增长率为主要选择，但从 M_2 的构成上看，一方面，大量的定期存款并非当期使用的资金（如表6所示，仅企业和居民的存款中，2010年底定期存款占比就超过了48%，数额达26.93万亿元），并不发挥交易货币效能，将其列入货币政策调控范畴是否合适？另一方面，在实践中又存在大量发挥货币功能但未列入统计范畴的因素，其中包括住房公积金存款、委托存款、地方财政存款、证券投资基金的托管资金、各种类型的一卡通以及信用卡透支额度，等等。重新修订的指标可能不仅限于 M_2，还包括 M_1（如居民储蓄存款中活期存款、证券投资基金的托管资金、各种类型的一卡通以及信用卡透支额度等是否应纳入 M_1 范畴）。这些修订后的指标要成为实现中间目标的关键性指标，还必须符合可测性、相关性和可控性等方面的要求，这又将涉及相关各方之间复杂的权益关系。

第五，物价上涨压力依然很大。在工业化和城镇化过程中，农产品和资源类产品的价格上涨是一个不以人的意志为转移的客观规律；在美元不断走软、垄断经营和国际资本投机炒作等机制的作用下，国际市场上的大宗商品价格也有走高的趋势，由此，在中国经济发展中，物价上扬是一个不可避免的现象。虽然这些物价上涨不是由货币政策较松所引致的，但它毕竟属于人民币购买力贬值范畴，对"保持币值稳定"的货币政策最后目标提出了严峻挑战，由此，提出了货币政策最终目标是否应当向"通货膨胀制度"转变？

"优化货币政策目标体系，健全货币政策决策机制，改善货币政策的传导机制和环境"是"十二五"规划纲要①提出的中国货币政策体系需要进一步完善的主要内容。从2001—2010年间实践经验来看，若要实现这些目标，需要进行一系列的体制机制创新，具体体现在如下几个方面：

第一，调整和完善人行资产负债表结构。主要工作有三：一是在"资产方"明确列示"人民币资产"，以透明人行可操作的人民币资金状况。二是减少外汇储备数额。在留足需要作为储备的外汇资产后，通过设立外汇平准基金、鼓励和支持借贷资本输出和生产资本输出等积极推进外汇资产"走出去""藏汇于民"等机制，将多出的外汇资产部分从人行资产分离出来，逐步使人行资产的大部分集中用于国内的宏观金融调控，增强人行对金融机构和金融市场的资产调控能力。三是改善人行的负债结构。人行负债主要来源于金融机构的现状是难以长久持续的。要加大人行"负债方"中"货币发行"的占比，提高人行通过"货币发行"主动获得债务性资金的能力，进而提高人行的资产调控能力。

第二，完善货币政策的中间目标和操作手段。从前10年的实践经验看，在各项工具中调控信贷规模（或新增贷款规模）在贯彻货币政策意图中是比较有效的，因此，这一方向还需坚持，但屡屡采取行政机制调控的方式需要调整。一个可考虑的选择是，加强与金融监管部门协调，将信贷政策工具纳入货币政策的操作工具范畴，通过对信贷政策工具（如资本充足率、拨备率、流动性比率和杠杆率等）的调整间接影响金融机构的放贷

① 引自《中华人民共和国国民经济和社会发展第十二个五年规划纲要》第48章。

活动，同时，给金融机构以较多的选择权。另外，需要修订和调整监控指标体系，不仅要修订 M_2 和 M_1，还要进一步论证和完善金融总量、流动性总量和社会融资总量等指标，使它们更加符合中国实践状况，具有较强的可测性、相关性和可控性，成为贯彻货币政策意图的重要根据和重要抓手。此外，在人行资产负债表完善过程中，逐步建立以调整人行利率并由此影响金融机构存贷款活动为特征的价格调控机制。

第三，大力发展公司债券市场，积极推进存贷款利率的市场化。要推进存贷款利率市场化，必须给工商企业、存款人和金融机构以及其他的市场参与者以金融产品的选择权。公司债券利率对资金供给者和资金需求者是同一价格，它高于存款利率、低于贷款利率，因此，是存贷款的替代品。大力发展公司债券市场的一个重要含义是，公司债券的发行规模应达到能够与贷款余额规模相匹配的程度。2010 年底中国的贷款余额已达近 48 万亿元，如果公司债券余额仅有几万亿元是很难发挥其替代功能的，为此，需要按照《公司法》和《证券法》的规定，加大加快公司债券的发行。

第四，完善货币政策最终目标。"币值稳定"对内为物价稳定、对外为汇价稳定，由于在物价变动和汇价变动中存在着诸多复杂因素（货币发行量只是其中之一，不是唯一），所以，将调控物价和汇价的职责都归于货币政策，既超出了货币政策的功能，又是人行所难以通过履职实现的。稳定币值的目的在于维护金融和经济的运行秩序稳定，因此，从逻辑关系上讲，也许将维护金融秩序稳定列为货币政策的最终目标更为合适。

第五，构建逆周期的金融宏观审慎管理制度框架。2008 年爆发的美国金融危机给货币政策当局提出了强化金融宏观审慎管理制度的问题，透视了货币政策、金融稳定和宏观审慎管理之间的内在联系，诸如构建逆周期的货币政策调控体系、完善资本制度、强化对系统重要性金融机构的监管、加强对影子银行和衍生品交易的监管等都纳入到这一管理制度之中。对中国而言，虽然尚未经历过金融危机的洗礼，但"他山之石，可以攻玉"，也必须根据国情和经济发展的要求，建立起货币政策、金融稳定和宏观审慎管理之间的协调机制和制度体系，由此，给货币政策当局提出了一个崭新的课题。

（原载《中国社会科学》2012 年第 4 期）

中国货币政策目标的实现
机理分析：2001—2010

　　货币政策目标一般分为最终目标和中间目标，中间目标既是实现最终目标的直接抓手，又与货币政策工具①直接相连。在理论上，货币政策是宏观经济政策的构成部分，因此，宏观经济政策最终目标也就成为货币政策的最终目标。它主要包括稳定物价、充分就业、经济增长和国际收支平衡等；货币政策中间目标由货币供应量、利率、国内信用增加额等构成。货币政策目标的形成，既受到宏观经济预期目标的制约，又积极影响着宏观经济目标的实现。随着中国经济发展进入"十二五"阶段，中国货币政策从2008年的"从紧"、2009—2010年的"适度宽松"回归了2007年之前的"稳健"，中国人民银行（以下简称"人行"）的工作重点，一方面将更多地考虑加快构建逆周期的宏观审慎政策框架，货币政策的实施将更多地考虑把流动性管理的总量调节与健全宏观审慎政策框架相结合；另一方面，将继续根据经济和金融运行状况，考虑到国际因素对国内的影响，提高货币政策的针对性、灵活性和前瞻性，确立符合国情特点的货币政策调控目标并运用适当的政策工具和其他调控手段，推进经济和金融平稳运行。这意味着中国货币政策调控正步入一个新的历史时期。在此背景下，回顾和分析21世纪前10年的中国货币政策目标的实现机理，从中探寻带有规律性的现象，对推进中国货币金融理论发展和完善货币政策实践都具有重要意义。

---

　　① 货币政策框架应包括最终目标、中间目标和操作工具等。由于对操作工具内在机理的分析，笔者已专文予以探讨，所以，本文将主要篇幅集中于对货币政策最终目标和中间目标的分析方面。

一 中国货币政策最终目标的实现机理

货币政策最终目标是央行期望达到并通过货币政策中间目标实施和货币政策工具操作努力实现的预期结果。世界各国的货币政策最终目标，因国情差别和具体历史条件不同，虽有差异，但大致接近。《中华人民共和国中国人民银行法》规定：中国的"货币政策目标是保持货币币值的稳定，并以此促进经济增长。"这一界定，虽然与此前的"发展经济、稳定币值"相比具有向单一目标转变的特征，在一定程度上体现了货币政策的独立性，但也留有双重目标的色彩。尽管如此，"稳定币值"的最终目标还是清楚明晰的。

2001—2010 年的 10 年间，人行没有明确提出货币政策的最终目标及其调控指标。但鉴于以货币供应量等中介目标与最终目标的相关性正在降低，同时，存贷款利率市场化尚待时日，所以，一些学者强调应从中国国情出发，现阶段暂时放弃中介目标，直接盯住通货膨胀目标。在封闭经济的假设基础上，奚君羊（2002）讨论了严格通货膨胀目标制和灵活通货膨胀目标制，针对中国目前的货币供应量目标缺乏有效性状况，认为可以借鉴通货膨胀目标制对中国货币政策目标进行重新界定。钱小安（2002）认为，中国目前对于货币政策最终目标和中介目标两者之间的选择，出现了本末倒置的情况，以案例分析为基础论证了"通货膨胀目标制度"对于提高货币政策效率的意义。姜波克、朱云高（2004）认为，对于发展中国家来说，低通货膨胀率是资本账户开放的成功保证；随着人民币资本账户开放度越来越大，中国应该实行通货膨胀目标制。中国是否应实行"通货膨胀目标制"从理论上还可继续展开不同角度的研讨，但通货膨胀（以及"币值稳定"）却是 2001—2010 年 10 年间货币政策实践中不可回避且屡屡成为热点的论题。

在中国经济运行中，与"币值稳定"对应的概念主要有两对：通货膨胀和通货紧缩、物价上涨和物价下跌。如果这两对概念只是用以表述 CPI 增长率变化的走势，本无可异议。但 2003 年以后，大部分学者在选用"通胀"来定义中国的 CPI 增长率上行过程中几乎无一例外地都直接将其与货币政策相连接（并且只与货币政策相连接），似乎货币政策较松是引致 CPI 增长率上行的唯一成因。其主要根据有二：从理论上说，通胀总是货币现象，通胀是由于货币发行过多引致的物价上涨；从实践上说，2001—2010 年，货币供应量（M_1 和 M_2）的增长率长期高于 GDP 增长率5—10 个百分点，这为随后的通胀提供了货币条件。但是，这些认识似是而非，并不符合实际情况。

从实践面看，2001—2010 年，中国的 CPI 增长率上行超过 3% 的时间段主要有三个，即 2003 年 11 月至 2004 年 10 月、2007 年 3 月至 2008 年 10 月以及 2010 年 5 月以后。如图 1 所示，从 CPI 构成的 8 类消费品中看，这三次 CPI 增长率上行的直接成因主要在于"食品类"价格的快速上涨，而"非食品类"价格上涨的幅度都没有超过 3%。由此可以判断，这种 CPI 增长率上行不是由 8 类消费品价格的普遍上涨所致。在这三个时间段中，引致"食品类"价格上行的主要因素并不相同。在第一时间段中的主要因素是"粮食"，随后是"蛋"和"肉禽及其制品"；在第二时间段中的主要因素是"肉禽及其制品"，随后是"蛋"；在第三时间段中的主要因素是"干鲜瓜果"，随后是"蛋"和"粮食"。由此说明，CPI 增长率上行主要是某些农产品暂时供不应求导致的，不是由货币发行过多所导致的各种商品价格普遍上涨。与此对应，要解决这些问题不是靠单方面紧缩货币政策所能奏效的。从实际情况看，

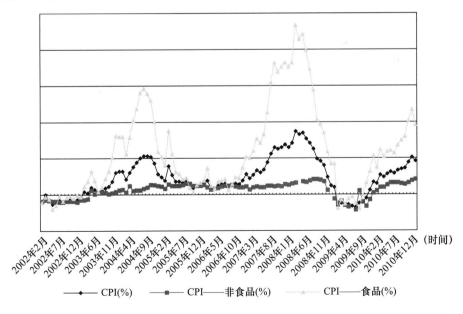

图 1　2002—2010 年中国 CPI 增长率走势图

资料来源：国家统计局网站。

2004 年缓解粮食供不应求的主要政策是，给种粮农民以财政直补（中央财政给每亩地直补 10 元，各地方财政再根据当地具体情况追加种粮补贴）和取消农业税等，以调动农民种粮的积极性；2007—2008 年解决肉禽及其制品短缺的主要政策是，给养猪户以财政直补（每只母猪 100 元和免费医治蓝耳病等），以缓解养猪户的经济困难；2010 年在稳定消费价格总水平的取向下，国务院出台了 16 项措施①，其中包括财政政策和行政措施，但没有 1 项直接涉及货币政策。在这三个时间段内，为了减缓"食品类"价格上涨给部分消费者生活带来的严重影响，政府又提高了低保、低收入和大学生等群体的财政补贴水平。显然，这三个时间段的 CPI 增长率上行，只是物价上涨，并非通货膨胀。

　　从理论上说，通货膨胀是指由于货币发行过多所引致的物价持续且普遍上涨的状况，因此，通胀总是货币现象。但物价上涨并不等于通胀（须知通胀或通缩只是物价变动中一类现象，并非物价变动的全部现象），引致物价上涨的成因也不见得都是货币政策太松。引致物价上涨的成因除了货币发行过多（从而通胀）外，至少还有下述七种情形：其一，政府运用行政机制调价。且不说 20 世纪 80 年代在购销倒挂条件下的政府调价引致的物价上涨，就是 2010 年的物价上涨中也包含了因政府对水、电、气、油和交通运输等调价引致的价格上涨因素。其二，供不应求。商品供不应求必然引起价格上涨，这是经济学的一个基本原理。上述三个时间段中，农产品（从而"食品类"）价格上涨分别是由两三种农产品短缺所引致的。其三，资源类产品价格上涨。在建立市场经济新机制过程中，一些资源类产品（如土地等）的货币化将引致物价上涨，另一些资源类产品（如矿产、水等）将随着开采成本或贮存量减少而价格提高并由此进一步引致相关产品的价格提高。其四，财政政策。中国实行的是"价内税"制度，在商品价格中包含了增值税等各类税收，一旦这些税率上调，就可能引致商品价格上行（反之，在运用财政补贴机制的条件下，粮食等农产品的价格将下行，在动用国家储备平抑物价的条件下，物价也将下行）。其五，商家销

---

① 见国务院《关于稳定消费价格总水平　保障群众基本生活的通知》，中国政府网，2010 年 11 月 19 日。

售。在端午节、中秋节等节日之前，商家抬高粽子、月饼等销售价格，将引致物价上行（反之，在对商品价格打折出售、加量销售条件下，物价将下行）。其六，游资炒作。当游资借助某种（或某几种）产品的暂时短缺进行炒作时，将引致这些产品的价格上涨。2010 年的物价上涨中也包括了国内游资炒作的因素。其七，国际市场因素。在国际市场中资源类产品的垄断经营、农产品的供不应求、国际游资的投机炒作、某些国家的贸易保护主义、战争或政局动乱等都可能引致相关产品价格的上涨。毋庸赘述，上述种种情形下的物价上涨都不是由货币发行量过多引致的，也不是靠调整货币政策取向、使流通中的货币数量趋紧所能解决的。在各种复杂因素中，货币政策只是影响价格水平的一个因素（不是唯一因素），因此，货币现象并非都是货币政策现象。

从货币现象与货币政策的关系看，首先，在人类历史的长河中，货币已存在几千年，货币政策的理论证明和付诸实践不足百年（在中国不足 20 年）。其次，货币将商品价值表现为价格，覆盖到每件商品（从而所有商品），是一个客观现象；但货币政策作为需求总量管理的政策，是主体见之于客体的实践活动，是一种主观活动。货币政策的选择既取决于宏观经济调控的目标和意图，也取决于对价格体系内在规律和内在机制的认识程度。货币政策的状况影响到宏观经济中需求总量，但并不必然覆盖到每种（更不用说每件）商品。在实行从紧的货币政策条件下，存在着某些种类商品的价格上升的现象；在实行从松的货币政策条件下，也存在着某些种类商品价格上涨的现象。再次，商品价格的货币表现归根结底是价格规律作用的结果，影响商品价格走势既有供给因素也有需求因素，其中，货币数量多少只是需求的一个因素，而货币政策又只是影响货币数量的一个因素。最后，对某种具体商品而言，在特定时点介入购买的货币数量多少会直接影响到这种商品的价格高低，但货币政策对此可发挥的作用极为有限（甚至无能为力）。例如，清明扫墓的花卉价格、端午节前的粽子价格、中秋节前月饼的价格，等等。

有学者强调，任何一种具体商品价格在特定时点的变动，表面上由货币数量多少所引致，实质上是由前期货币政策松紧所决定的。因为价格上涨总是说明购买这种商品的货币多了，价格下跌总是说明购买这种商品的货币少了。因此，在价格波动中货币政策是解脱不了干系的。这种认识实际上建立在一个自相矛盾且违背货币流动性特点的假设基础上，即一方面它假定在各种商品之间配置的货币数量是不变的且不可流动的，因此，与每种商品对应的货币是一个既定的数量；在这一既定货币量的条件下，这种商品供求关系形成了均衡价格。另一方面，它又假定一旦某种商品出现供不应求，与供给量不足相对应的货币数量将流出（即货币在各种商品间的配置是可流动的）该种商品的交易，从而，均衡价格不变，物价不会发生波动。按照这种认识，自从有了货币政策以后，市场的价格机制就不存在了，价格机制通过价格波动调节供求关系和资源在各个产业部门中的配置也同样不存在；存在的就只是货币政策机制，市场经济通过价格机制配置资源的关系就转变成了货币政策机制配置资源的关系。这种认识显然既不符合相关理论也不符合各国的经济实践。

简单运用货币政策来解决某些农产品供不应求所引致的物价上涨，可能贻误时机并产生一系列负面效应。例如，2010 年 5—7 月由于诸多省区大面积暴雨成灾引致蔬菜、水果、棉花等农产品生产受到严重损失，相当多农民处于血本无归的境地。在此条件下，如果简单提高贷款利率来抑制物价上行，不仅无助于支持农民灾后生产，而且将加重农民的种菜种果等的负担，挫伤他们的生产积极性。又如，2010 年从年初开始国内游资就利用某些农产品的供给缺口进行炒作（其中包含绿豆、大蒜、辣椒等），7 月以后又利用蔬菜、水果和棉花的歉收进行炒作，对此，运用紧缩的货币政策几乎无济于事。与简单强调收紧货币政策不同，中央政府主要选择了财政政策和行政措施，既通过减免过路费、给经销商以税收优惠等政策，努力稳定农产品的市场价格，又给种菜种果农民以补贴，提高他们灾后生产能力，再辅之以行政机制严厉打击游资的投机炒作，保障了市场秩序稳定和城乡居民的生活秩序。

中国的农产品长期处于紧平衡格局中，2000 年以后，大约每隔 3 年，某种或某几种的农产品就将发生暂时性短缺，由此，引致物价上涨。面对某些农产品暂时性短缺引致的物价上涨，货币政策不论是"松""紧"还是维持"中性"，通常无济于事。如果将其定义为"通胀"并实施紧缩的货币政策，不仅不能有效促进农产品的供给增加，而且将引致非农产业经营运作的全面紧缩（2010 年底商业银行等金融机构的 47.9 万亿元贷款余额中，农业贷款仅为 6584.11 亿元，占贷款余额的 1.38%）和运用贷款进行农业生产的产品减少，加重了物价上涨压力。解决农产品暂时性短缺引致的物价上涨，应主要选择财政政策。

从引致物价变化的复杂因素中可以看出，简单以 CPI 高低（或通胀）作为中国货币政策最终目标的设想是不符合中国实际要求的。其主要原因是，在西方国家中 CPI 增长率连续 6 个月超过 3% 被定义为通货膨胀，这是西方国家根据它们实践经验总结的监控性指标，但它们通常所讲的 CPI 是核心 CPI，即不包含农产品和资源类产品的 CPI。但中国的 CPI 不仅包含了农产品，而且"食品类"在 CPI 中的占比还达到了 1/3 左右。因此，不能简单将西方国家的范畴直接套用到中国。在图 1 中，2001 年以后"非食品类"的价格上涨幅度一直没有超过 3%。如果"非食品类"相当于西方国家的核心 CPI，那么，中国在 2001 年后的 10 年内就没有发生过通胀。

西方国家核心 CPI 中，所以不包含农产品和资源类产品的主要原因有二：一是这些产品受自然因素影响很大（尤其是农产品的供给呈现蛛网走势），不属于直接可控范畴。如果以此来选择货币政策的松紧，将给经济和金融运行带来较强的负面影响。二是在舍去了农产品和资源类产品之后，在成熟市场条件下，工业品和服务业的供求关系比较容易判断。当某种工业品供不应求时，可通过加大生产能力，在较短时间内增加供给，使价格回归。但当大部分工业品普遍出现价格上行时，就可判断流通中的货币过多，选择紧的货币政策。

为了进一步探讨中国货币供应量增长率与 CPI 增长率之间的关系，我们进行实证分析。实证分析所涉及的数据包括 M_0 环比增长率（用 M0R 表示）、M_1 环比增长率（用 M1R 表示）、M_2 环比增长率（用 M2R 表示）、总贷款环比增长率（用 LTR 表示）、CPI 月度同比数据以及 CPI 环比增长率（用 CPIR 表示）。数据频度为月度数据，数据长度为 2001 年 1 月至 2010 年 12 月。原始数据均根据万得资讯（Wind）数据库整理得出。首先，在稳定性检验中，我们利用 ADF 方法进行单位根检验，检验结果表明，除变量 M1R 和 CPI 在 10% 的显著性水平下没有通过检验之外，其余变量都通过了稳定性检验[①]。其次，进行相关性分析。计算变量 M0R、M2R、LTR 和

---

① 为了节省篇幅，我们将实证过程中的相关表格删除。

CPIR 之间的相关系数结果表明：一方面，M_0 增长率、M_2 增长率与 CPI 增长率保持正向变动，但相关性很弱；另一方面，贷款增长率与 CPI 增长率反向变动，但相关性程度也很低。再次，计算变量 M0R、M2R、LTR 和 CPIR 之间延迟数 l 分别为 1—6 个月的交叉相关系数，结果表明：其一，CPI 增长率与 M0R 之间存在着较弱的同步正向相关性，但与 M0R 的三期滞后交叉相关系数超过 0.1，说明 M_0 当期增长率的提高，在较弱程度上将引致 3 个月后的 CPI 增长率的提高。由此来看，人行通过提高法定存款准备金率等机制对冲外汇占款（而不是通过增发货币来对冲）在稳定物价和币值方面是有效的。其二，CPI 增长率与 M_2 增长率之间也存在着较弱的同步正向相关性。CPIR 与滞后 3 期和滞后 6 期的 M2R 交叉相关系数均大于 0.1，说明 M_2 的当期增长率的提高，在较弱程度上意味着 3 个月和 6 个月后的 CPI 增长率的提高。同时，CPIR 与超前 1 期和 4 期的 M2R 交叉相关系数均接近于 -0.2，说明 CPI 的当期增长率的提高，将在较低程度上引致 1 个月和 4 个月后的 M_2 增长率的降低。这说明，人行通过监控 M_2 增长率来争取物价从而稳定币值，有其积极意义。其三，CPI 增长率与贷款增长率 LTR 之间存在着较弱的同期反向相关性。CPIR 与滞后 3 期 LTR 交叉相关系数为 0.1445，与滞后 5 期的 LTR 交叉相关系数为 -0.1318，说明当期 LTR 提高，在较弱程度上分别意味着 3 个月和 5 个月后的 CPI 增长率的提高和降低。CPIR 与超前 1 期和 4 期的 LTR 交叉相关系数均在 -0.2 附近，说明 CPI 的当期增长率的提高，在较低程度上意味着 1 个月和 4 个月后的 LTR 降低。由此反映了人行调控新增贷款从而提高贷款增长率，在促进物价稳定和币值稳定方面是有效的。最后，进行格兰杰因果检验，以分析 CPI 与 M_2 增长率 M2R、M_0 增长率 M0R 以及总贷款增长率 LTR 的时间意义上的因果关系。检验结果表明，除 M0R 是 CPIR 的格兰杰原因之外，其他变量与 CPIR 之间均不存在格兰杰意义上的因果关系。

这些实证结果进一步说明，以"存款"为主要构成的"货币供应量"增加，实际上抑制了物价的上涨，而不是推进物价上涨。与此对应，一旦这些存款大幅减少（包括增长率大幅降低和绝对额大量减少），物价普遍上涨（即通胀）的可能性就明显增大了。我国 20 世纪 80 年代中期以后的连续多次的通胀就是在这种背景下发生的。

　　综上所述，2001—2010 年间中国的物价上涨主要不是由货币政策因素引致的，换句话说，这几次的物价上涨不是由人行调控不力所引致的。舍去非货币政策因素引致的物价上涨，就人行调控力所能及的范围而言，通过各种调控工具和措施的实施，在经济持续快速发展过程中，有效防止了通货膨胀的严重发生，为实现"保持人民币币值稳定"这一最终目标做出了积极努力。但是，由于引致物价上涨的成因相当复杂，众多非货币政策因素不是人行运用货币政策调控所能消解的（它们更多地需要依靠财政政策和行政机制），因此，将"保持币值稳定"作为货币政策最终目标与货币政策功能之间存在着比较明显的不匹配矛盾。

　　中国货币政策的最终目标不仅在于保持币值稳定，而且有"促进经济增长"的内涵。为了探讨货币供应量增长率与 GDP 增长率之间的关系，我们进行实证分析。本实证分析所涉及的数据中的货币供应量增长率与前述一致，不同的是增加了固定资产投资同比增长率（用 INVQR 表示）和 GDP 同比增长率（用 GDPQR 表示），同时以 D_ 代表相应指标的一阶差分。数据频度为季度数据，数据长度为 2001 年第一季度至 2010 年第四季度。原始数据均根据万得资讯（Wind）数据库整理得出。

　　首先，进行稳定性分析的结果表明，除变量 M2QR 和 GDPQR 在 10% 的显著性水平下没有通过检验之外，其余变量都通过了稳定性检验。其次，进行相关性分析的结果表明，M_0、M_1 同比增长率与投资同比增长率同期相关性都不大，意味着货币供应量对同期投资影响有限。计算变量 M0QR、M1QR 和 LTR 之间延迟数 l 分别为 1—6 个月的交叉相关系数说明：一方面，M0QR 与 INVQR 的同期相关系数很小，但 M0QR 与 INVQR 的滞后 1—3 期交叉相关系数显示当期的固定资产投资的增长暗示未来 1—4 个季度货币发行量可能增长。M0QR 与 INVQR 的超前 2—3 期交叉相关系数为负，表明当期 M0QR 的增长暗示未来 2—4 个季度的固定资产投资增长放缓。这在某种程度上说明货币供应量是对实体经济的被动反映。另一方面，M1QR 与 IN-VQR 的滞后和超前交叉相关系数所反映趋势与 M0QR 一致，这印证了货币供应量是对实体经济的被动反映。最后，对 GDPQR 与 M2QR 进行协整检验，以分析两者之间是否存在长期稳定关系。根据 Johansen 协整检验结果，指标之间可能存在一个协整方程。GDP 增长率（即 GDPQR）与广义货币量

（即 M2QR 增长率）之间的协整方程可表示为：

$$GDPQR = -73.4838 + 4.6051 \times M2QR \tag{1}$$

这一公式说明，在长期趋势中，M_2 增长率与 GDP 增长率之间存在着正向稳定关系。因此，人行在维护币值稳定的过程中，通过货币政策的调控，较好地促进了经济增长的实现。

二　中国货币政策中间目标的变化机理分析

与发达国家不同，中国货币政策的一个特点是，每年均提出了货币政策调控的预期目标。表 1 列示了 2001—2010 年中国货币政策调控的预期目标和实际执行结果，从中可以看出如下几方面情势：

表 1　　　　2001—2010 年中国货币政策调控的预期目标和实际执行结果

年份	预期目标				实际执行结果			
	M_2 增长率（％）	M_1 增长率（％）	M_0 增加额（亿元）	新增贷款（亿元）	M_2 增长率（％）	M_1 增长率（％）	M_0 增加额（亿元）	新增贷款（亿元）
2001	13—14	15—16	1500	13000	15.40	12.65	1036.15	12943.63
2002	13	13	1500	13000	19.86	18.39	1589.63	18979.23
2003	16	16	1500	18000	19.64	18.67	2476.8	27702.3
2004	17	17	—	26000	14.40	14.09	1722.26	18367.26 *
2005	15	15	—	25000	18.04	11.78	2564.33	17326.90
2006	16	14	—	25000	16.73	17.48	3039.8	30594.89
2007	16	—	—	29000	16.73	21.02	3261.7	36405.60
2008	—	—	—	36400	17.79	8.98	3884.64	41703.77 **
2009	17	—	—	na	28.42	33.23	4028.01	96288.96
2010	17	—	—	75000	18.95	20.40	6381.2	79512.77

注：* 表示该数据按照报表数计算，但实际新增贷款数额为22878.3亿元，二者差额为建行和中行在进行股份制改制过程中核减的不良贷款数额。** 表示该数据按照报表数计算，但实际新增贷款数额为47703.77亿元，二者差额为农行在进行股份制改制过程中核减的不良贷款数额。

资料来源：相关各年《货币政策执行报告》和中国人民银行网站。

从货币政策调控的预期目标看，有四个情势令人关注：第一，以 M_2 和 M_1 增长率、M_0 和新增贷款数额等指标为货币政策调控的预期目标，这意味着中国货币政策调控主要围绕"数量"而展开。2002 年以后，虽然利率市场化改革有了积极的推进，人行先后 17 次运用利率机制展开调控，但调控货币数量始终是货币政策的主要着力点。尤其是考虑到以"新增贷款"作为预期目标中的一个主要指标，同时，"新增贷款"的年度数额从 2001 年的 1.3 万亿元上升到了 2010 年的 7.5 万亿元，更是如此。与此对应，在这段时间内，"价格调控"并不明显。实际上，货币政策工具不论是以"数量"为特征还是以"价格"为特征，最终都将落脚于影响经济社会生活中的货币数量。第二，预期目标中的指标数量呈现逐步减少的阶段性特征，从多元向二元或一元收敛。这些变化反映了中国货币政策调控的中间目标尚在逐步探索形成过程中，还不是一个比较成熟有效且相对稳定的指标体系。第三，主要指标的调控数值与货币政策导向的变化并不一致。例如，2001—2007 年实行的是稳健的货币政策，其中，2004—2007 年间稳健货币政策的取向是"适度从紧"，但 M_2 和 M_1 增长率调控的预期数值从 2003 年以前的不足 16% 上升到了 2004 年的 17%，新增贷款的调控数值则从 2003 年之前的不足 1.8 万亿元提高到了 2.5 万亿元以上。在这些变化中很难判定"适度从紧"货币政策的真实意图是"从紧"还是"从松"。货币政策调控的预期目标在指标上和数值上的反差暗含着人行在选择和实施货币政策调控中缺乏一以贯之的理论思路、政策机理、运作规则和技术支持。第四，各项预期目标值之间内在的逻辑关联度较低，其数值缺乏最基本的匹配关系，以至于预期目标体系中的指标数量处于增减不定的变化中。

从货币政策的实际执行结果看，突出的现象是大部分年份各项指标的执行结果与预期目标有着较大差别。其中，M_2 增长率的执行结果低于预期目标的只有 2004 年，其余年份执行结果均高于预期目标，最大差值为 2009 年的 11.42 个百分点；与此不同，M_1 增长率的执行结果有 3 个年份低于预期目标、3 个年份高于预期目标；新增贷款的执行结果有 3 个年份小于预期目标，其余年份执行结果均大于预期目标，最大差值为 2008 年的 1.13 万亿元。对此的可能解释是：预期目标是根据政府每年的经济增长预期目标和宏观经济政策取向等因素形成的，但每年经济运行的实际结果与经济增

长的预期目标并不一致，由此，引致了货币政策预期目标与实际执行结果
的差别。具体来看，2003 年之前每年的《政府工作报告》中没有明确提出
GDP 增长率的预期目标，2004 年提出的 GDP 增长率预期目标为 7% 左右、
2005—2010 年间提出的 GDP 增长率预期目标均为 8% 左右，但实践结果
是，2004—2010 年的 GDP 增长率均明显高于预期目标，由此，引致 M_2 增
长率的实际执行结果高于预期目标。从表 2 中可见，除 2009 年在"扩大内
需、刺激经济"以抵御国际金融危机冲击的背景下，M_2 增长率的执行结果
与预期目标差幅大于 GDP 增长率执行结果与预期目标的差幅外，在大多数
年份，M_2 增长率的执行结果与预期目标差幅均明显小于 GDP 增长率执行结
果与预期目标的差幅。就此而言，很难以 M_2 增长率的执行结果与预期目标
之间的差别来证明这段时间内中国货币政策调控的失效。当然，也可以从
其他角度展开分析。例如，以货币政策调控为"因"、以 GDP 增长率的执
行结果为"果"，认为 M_2 增长率的执行结果与预期目标之间的差别是由货
币政策调控不力引致的。但经济运行乃至 GDP 增长率的实际变化有着众多
复杂因素相互作用（甚至包括国际因素），如果仅仅归因于货币政策，不但
过于简单，而且也缺乏足够的说服力。

表 2　　　　　GDP 增长率、M_2 增长率的预期目标与执行结果的差幅　　　单位:%

年份	GDP 增长率预期值（1）	GDP 增长率执行结果（2）	差幅（2）/（1）-1	M_2 增长率预期值（3）	M_2 增长率执行结果（4）	差幅（4）/（3）-1
2004	7 左右	10.1	44.29	17	14.40	-15.29
2005	8 左右	11.3	41.25	15	18.04	20.27
2006	8 左右	12.7	58.75	16	16.73	4.56
2007	8 左右	14.2	77.5	16	16.73	4.56
2008	8 左右	9.6	20	—	17.79	—
2009	8 左右	9.2	15	17	28.42	67.18
2010	8 左右	10.3	28.75	17	18.95	11.47

资料来源：GDP 增长率预期值来自于对应年份的《政府工作报告》，GDP 增长率执行结果数值
来源于国家统计局网站。

在中国货币体系中各层次货币的定义分别是：M_0 为流通中的货币，M_1（狭义货币）$= M_0 +$ 活期存款，M_2（广义货币）$= M_1 +$ 准货币（其中，准货币由定期存款、储蓄存款、财政存款和证券公司客户保证金等构成）。这意味着，$M_2 - M_0 =$ 各类存款，由此引致了两对矛盾：其一，效应矛盾。从形式上看，M_2 的增加表示着广义货币量的增加，它对于物价上涨、GDP 增长等都有着直接的拉上效应；但从内容上看，M_2 与 M_0 的差额由各类存款构成（其中，活期存款是尚未用于购买商品的交易货币，定期存款是定期内通常不用于购买商品的贮藏货币；定期存款要成为交易货币，首先需要将其转变为活期存款或现金），存款增加意味着这些货币并未用于购买商品（包括劳务，下同），因此，与这些货币用于购买商品相比，它们实际上发挥着抑制物价上涨和 GDP 增长的作用[1]。其二，可控性矛盾。M_2 既然被定义为广义货币，人行每年又将 M_2 增长率列入货币政策调控的预期目标，那么，从直接的逻辑关系上讲，M_2 增长率就应处于可控范畴内。但除了 M_0外，M_2 的其余部分均由存款构成。由于人行对各类主体的各种存款不具有直接的可测性和可控性，所以，它对 M_2 增长状况的可控力也较差。这些矛盾的存在，是引致上述不同看法的主要成因，也是引致人行在 M_2 增长率之外又将新增贷款等指标列入货币政策中间目标的主要成因。

为了理清 M_2 增长率、M_1 增长率、M_0 增加额和新增贷款额之间的逻辑

---

[1]　有人认为，M_2 减去 M_0 的剩余部分尽管为"存款"，这些存款通过商业银行发放贷款又使用出去了，因此，以"存款"名义减少的购买力又通过"贷款"机制增加了。这种认识在很大程度上是停留于西方教科书的常识之中的结果。从具体实践看，第一，且不说，商业银行为维持正常经营所应留下的备付金，也不说中国主要商业银行的法定存款准备金率已高达 20%（为此，需要缴纳 16 万亿元以上的法定存款准备金），就说"存差"在 2010 年底已达 239261.46 亿元，占存款余额 718237.93 亿元的 33.31%。存差的含义是，商业银行的存款余额大于贷款余额的部分，也即商业银行吸收的存款中未以贷款方式投放的部分。因此，存款均转化为贷款的认识是不符合实际的。第二，"各项存款"主要由企业存款、城乡居民存款和政府存款等构成。从来源角度说，要减少 M_2 的数额，就必须减少这些存款。2010 年底，M_2 减去 M_0 的差额（即各类存款）为681223.62 亿元，其中，企业存款 244495.62 亿元，居民储蓄存款 303302.49 亿元，财政存款25454.97 亿元。在此背景下，如果要减少存款余额（从而减少 M_2 数额），一方面，需要回答减少哪个主体的存款；另一方面，由于"存款"来源于收入，要减少存款就必须减少这些主体的收入，那么，应当减少哪个主体的收入？第三，中国 CPI 中所涉及的物价是社会消费品零售总额，贷款主要投放给各类企业，因此，企业的贷款增加如何成为推高社会消费品零售价格上行的主要因素？这恐怕很难从西方教科书中找到现成的原理性解释。

关系，进一步认识人行在 2001—2010 年间货币政策中间目标调整的合理性，我们进行实证分析。实证分析所涉及的数据包括 M_0 增长率（用 M0R 表示），M_1 增长率（用 M1R 表示）、M_2 增长率（用 M2R 表示）、总贷款增长率（用 LTR 表示）、中长期贷款增长率（用 LLR 表示），短期贷款增长率（用 LSR 表示）以及居民储蓄存款增长率（用 RDR 表示）。数据频度为月度数据，数据长度为 2001 年 1 月至 2010 年 12 月，增长率皆率为环比意义下的增长。原始数据均根据万得资讯（Wind）数据库整理得出。

为保证分析结果的可靠性，首先，对相关指标进行稳定性分析（M0R、M1R 和 M2R 的稳定性检验）。检验结果表明，除变量 M1R 在 10% 的显著性水平下没有通过检验之外，其余变量都通过了稳定性检验。M_1 未能通过检验的主要成因是，M_1 减去 M_0 的剩余部分主要为企业的活期存款。企业活期存款的来源比较复杂，其中至少包括：企业经营过程中的每日销售收入、短期贷款转换而来的活期存款、企业定期存款转换而来的活期存款、出售证券（如债券、股票等）所获得的资金和出售资产所获得的资金等，因此，M_1 增长率的变化可能存在着除 M_0 与新增贷款以外其他因素影响。M_1 未能通过检验，较好地解释了 M_1 增长率在 2007 年以后退出了货币政策调控的预期目标体系的成因。其次，进行相关性分析。变量 M0R、M2R、LTR、LSR、LLR 和 RDR 之间的相关系数分析结果表明：第一，M_0 增长率与 M_2 增长率、中长期贷款增长率、居民储蓄存款增长率之间存在较强正相关性，但 M_0 增长率与短期贷款增长率的相关性很小。第二，M_2 增长率与总贷款增长率之间存在着很高的正相关性，同时，也与 M_0 增长率、中长期贷款增长率、短期贷款增长率和居民储蓄存款增长率之间存在较强正相关性。第三，短期贷款增长率与中长期贷款增长率之间存在负相关性，但相关性较弱。第四，总体而言，居民储蓄存款增长率与贷款增长率之间的相关性并不特别显著，总贷款增长率与居民储蓄存款增长率之间的相关系数为 0.27，但短期贷款增长率和中长期贷款的增长率与居民储蓄存款增长率之间的相关系数都没有超过 0.2。第五，企业存款增长率与居民储蓄存款增长率及 M_0 增长率之间存在负相关性，但与 M_2 增长率及贷款增长率之间是正相关的。最后，进行交叉相关系数计算。变量 M0R、M2R、LTR、LSR、LLR 和 RDR 之间延迟数 l 分别为 1—6 个月的交叉相关系数实证，结果表明：其一，M_0 增长率与 M_2 增长率、中长期贷款增长率、居民存款增长率之间存在较强的同期相关性，这意味着 M_0 增长率的波动性与它们之间基本保持同步。相对于 M_0 增长率与总贷款增长率同步相关系数为 0.23 而言，M_0 增长率与总贷款增长率的 2 期滞后的交叉相关系数为 -0.35，意味着 M_0 增长率与总贷款增长率之间存在较强的 2 期滞后的反向相关性。M0R 与短期贷款增长率滞后和超前各期之间的交叉相关系数都不高，说明 M_0 增长率与短期贷款增长率之间的相关性不强。这些相关性情况较好解释了 2004 年以后 M_0 退出货币政策调控的预期目标体系的成因。其二，M_2 增长率与总贷款增长率之间存在着很高同期正向相关性，同时与中长期存款增长率、短期贷款增长率以及居民储蓄存款增长率之间也存在着较强的同期相关性，但指标间超前和滞后交叉相关系数相对于同期相关系数都较小，意味着 M_2 增长率与这些指标之间的波动性基本保持同步。其三，总贷款增长率、中长期贷款增长率、短期贷款增长率与居民储蓄存款增长率各期之间的交叉相关系数主要介于 0.2—0.3，说明居民储蓄存款增长率与各类贷款增长率之间的相关性并不很强。其四，企业存款增长率与总贷款及短期贷款增长率之间存在着相关性，但与长期贷款增长率的相关性不强。

在中国经济运行中影响 M_2 的因素很多，其中 M_0、存款和贷款是主要因素。为了准确估计 M_0 增长率 M0R、存款增长率 EDR 和 RDR 对 M_2 增长率的影响，我们采用公式（2）作为基本估计模型进行回归分析。

$$M2R = c + \beta_1 \times M0R + \beta_2 \times RDR + \beta_3 \times EDR + \gamma + \varepsilon \qquad (2)$$

其中：$M2R$ 表示 M_2 增长率，c 为常数项，RDR 为居民存款增长率，EDR 为企业存款增长率，γ 表示诸如 LTR 等相关控制变量，ε 为扰动项。

回归结果表明，2001 年 1 月至 2010 年 12 月，M_0 增长率、居民存款增长率、企业存款增长率对 M_2 增长率存在显著的正向解释力度，同时，总贷款增长率、中长期贷款增长率以及短期贷款增长率也存在着显著的正向解释度。

由于影响贷款的直接因素包括 M_0、M_2 以及各类存款，为有效估计 M0R、M2R、EDR 和 RDR 对 LTR 的影响，我们采用公式（3）的估计模型进行回归分析。

$$LTR = c + \beta_1 \times M0R + \beta_2 \times M2R + \beta_3 \times EDR + \beta_4 \times RDR + \varepsilon \qquad (3)$$

其中：$M0R$ 表示 M_0 增长率，$M2R$ 表示 M_2 增长率，c 为常数项，RDR 为居民存款增长率，EDR 为企业存款增长率，ε 为扰动项。

结果表明，2001 年 1 月至 2010 年 12 月，M_0 增长率、居民存款增长率、企业存款增长率对总贷款增长率存在显著的正向解释力度。

格兰杰因果检验结果表明：其一，$M2R$ 和 $M0R$ 以及 $M2R$ 与 EDR 之间存在双向格兰杰因果关系，$M2R$ 与 LTR 之间不存在格兰杰意义上的因果关系。其二，LLR 和 LSR 仅仅只是 M_2 的格兰杰原因，而 $M2R$ 又是 RDR 的格兰杰原因。其三，LTR 与 LSR、$M0R$、EDR、RDR 之间均存在双向格兰杰因果关系，但与 LLR 之间不存在格兰杰意义上的因果关系。

这些实证结果较好地解释了为什么在 2007 年以后货币政策调控的预期目标体系中的指标仅剩"M_2 增长率"和"新增贷款"这两项指标；也较好地解释了在 2008 年货币政策调控的中间目标只有"新增贷款"一项和 2009 年只有"M_2 增长率"一项。但依然有一个问题未能清晰，即在 M_2 增长率与贷款增长率之间何谓"因"、何谓"果"。从货币经济学角度看，存款只是提供了贷款的资金来源。对金融机构来说，吸收的各类存款既可以用于发放贷款，也可以用于购买各种证券，还可以在其他用途上使用，因此，存款并不一定直接引致贷款。与此不同，贷款是金融机构创造"派生货币"（或派生资金）的基本机制，新增贷款从金融机构发放给相关主体（企业、居民和政府等）的同一时刻就转成了这些主体在金融机构账户中的存款，因此，在新增贷款与 M_2 增长率之间存在着新增贷款为"因"、M_2 为"果"的内在机理。由此来看，将"新增贷款"作为货币政策调控的中间目标可能是较好的选项。

综上所述，乍一看表 1 中各项指标的数据，似乎感到中国货币政策调控的中间目标在 2001—2010 年处于不断变化且难有章法可循状态，但经过以上分析可知，这些中间目标在运行中的调整，既反映了中国货币政策调控的中间目标体系尚处于积极实践的探索之中，又通过中间目标数量逐步收敛到"新增贷款"等指标而显示了符合中国特色的货币政策调控的中间目标趋于成熟。

实际上，以"新增贷款"作为货币政策调控的中间目标依然存在缺陷，尤其是考虑到 2008 年和 2010 年运用行政机制管控新增贷款规模的实践效果，这种缺陷更加明显。一个可替代的选择是变"新增贷款"为"贷款增长率"，一方面，从上述实证分析中可见，"贷款增长率"与 M_2 增长率之间存在着很高同期正向相关性；另一方面，与新增贷款数额相比，"贷款增长率"具有一定的弹性，更有利于增强货币政策在调控中的针对性和灵活性。从这个角度上说，也许应将信贷政策纳入货币政策，将其作为实现中间目标的基本政策更为合适。毫无疑问，是否将"贷款增长率"纳入货币政策调控的中间目标、是否将信贷政策（以及对应的机制）作为货币政策调控中间目标的主要机制等还有待进一步的实践探索和经验总结（虽然现代货币理论认为，信贷渠道在货币政策影响实体经济的传导过程中具有十分重要的作用）。

三 完善中国货币政策调控目标的若干建议

货币政策是宏观经济调控政策的主要构成部分之一。货币政策的目标、取向、力度和节奏既取决于经济和金融运行走势，受到宏观经济调控总目标、总要求的制约，又影响着经济和金融运行态势，影响着宏观经济调控的有效程度。从这个意义上说，在一国范围内，实际上并不存在独立于经济和金融运行之外的货币政策，也不存在独立于宏观经济调控政策之外的货币政策。"优化货币政策目标体系，健全货币政策决策机制，改善货币政策的传导机制和环境"是"十二五规划纲要"提出的中国货币政策体系需要进一步完善的主要内容。从 2001—2010 年 10 年间的实践经验来看，要进一步完善中国货币政策调控目标，需要解决一系列问题：

第一，以 CPI 中的非食品类指数走势为稳定物价、保持币值稳定的基本政策抓手。2001—2010 年，引致中国 CPI 大幅波动的主要成因是由某种或某几种农产品暂时供给短缺引致的"食品类"指数波动，其频率大约每 3 年来一次。在"十二五"时期乃至更长一段时间内，这种情形还将趋势性地发生。主要成因有三：一是在工业化和城镇化进程中，农产品的价格上行是一个不以人的意志为转移的客观规律。虽然，可以采取多种政策措施将每年农产品价格上涨幅度控制在城乡居民消费可承受的范围内，但这一趋势是货币政策无力改变的。二是中国以占全球 7% 的土地养活着 22%

的人口，农产品的平衡是一个长期趋势。由于自然灾害或政策不到位等因素影响，每隔几年总可能有几种农产品因供给不足引致价格大幅上扬从而引致 CPI 中的"食品类"指数明显上行。三是中国农产品（尤其是种植业产品）的价格构成中通常不包含利润，这是 20 世纪 50 年代以后为支持工业化发展运用行政机制压低农产品价格（从而将这部分利润转移到工业品中，以提高工业投资积极性）的结果。这种价格结构不仅极大地抑制了工业资本、城市资本向农业的投资热情，极大地抑制了金融服务于农业的市场空间（因为金融的利息等收入来源于利润的让渡），而且极大地削弱了农民抵御各种农业生产风险的能力。从中国的 CPI 中舍去"食品类"，尽管"非食品类"尚难与发达国家的核心 CPI 直接对比，但有着相似的意义，由此，对厘清和实施货币政策最终目标有着如下几方面的积极意义：

其一，可以避免因"食品类"上行所引致的 CPI 增长率上扬的困扰。面对 CPI 增长率上行，一些人屡屡以"通胀"表述。一旦界定为通胀，货币政策的应对之方就是收紧银根。但在中国的贷款余额中，用于农产品生产的部分不足 2%。这意味着，因农产品价格上行，由 98% 以上贷款余额支持的工业生产和服务业经营都将承受资金收紧之苦，有着"城门失火、殃及池鱼"之效应。一旦将"非食品类"价格指数置于货币政策测度范畴，这种情况就将随之消失。

其二，可以更加清晰地把握"保持币值稳定"的真切含义。通货膨胀均为货币现象，因此，需要运用货币政策予以化解。但物价上涨并非都是通货膨胀（在中国尤其如此）。物价上涨总是商品价格的上涨，商品总是以货币标价的，但这并不意味着，物价的涨跌总由货币政策的松紧所引致。农产品价格上行是货币政策近乎无能为力的趋势。如果将"食品类"指数列入货币政策测度的 CPI 范畴，实际上意味着"保持币值稳定"是不可能实现的，由此，货币政策将陷入两难境地：或者弱视国民经济中非农产业的产业对资金的需求状况，一旦发生农产品价格上行引致的 CPI 增长率高涨，就实行从紧的政策取向（从而，实际上，货币政策被农产品价格走势所"绑架"），使得经济和金融因资金吃紧而进入下行通道；或者为了满足经济和金融运行整体趋势的要求，不收紧银根，使得"保持币值稳定"的最终目标落空。一旦将"非食品类"作为把控"保持币值稳定"的直接监控目标，这些困扰就将消失，由此，货币政策目标选择和操作措施也将随之清晰。

其三，可以更有的放矢地缓解农产品价格上行所引致的 CPI 上涨。农产品价格上行的成因相当复杂，但如前文所述，解决问题的基本政策选择是财政政策和深化体制机制改革。将包含"食品类"的 CPI 列入货币政策监测范畴并依此选择货币政策措施予以应对，就可能弱化财政政策的实施力度（甚至忽视财政政策），结果不利于及时有效地缓解这些农产品的供给不足问题。相反，如果将"食品类"价格上涨置于货币政策监测之外，将有利于理顺物价上涨中的货币政策与财政政策的应对关系，从而，一方面着力运用财政政策缓解农产品的供给短缺，协调农产品的供求关系；另一方面，有效运用货币政策维护经济和金融运行秩序的稳定，实现货币政策与财政政策的协调运作。

第二，调整货币口径，明确各层次货币含义，以利于选择货币政策中间目标的监测指标。中国目前的货币层次分为 M_0、M_1 和 M_2，其中，M_1 和 M_2 的划分标准并不科学，这是引致有关货币政策研讨中各种意见分歧的一个主要成因。货币按照功能特点可分为交易货币和储藏货币两种。交易货币是满足当期各种交易所需要的货币（包括暂时的沉淀货币），储藏货币是不用于当期交易的货币。从各项存款角度看，活期存款基本属于交易货币范畴，各种定期存款基本属于储藏货币范畴；这些定期存款要用于交易，必须先转化为活期存款。在目前中国的 M_1 中除了 M_0 外，只包含了企业的活期存款；而 M_2 中除了 M_1 外，既包含了企业的定期存款和城乡居民储蓄存款中的定期存款，也包含了城乡居民储蓄存款中的活期存款、机关团体的活期存款、财政性存款等，由此，使得 M_1 和 M_2 的货币特性边界不清。在各类研讨中，相当多的人直接视 M_2 为交易货币总量，将 M_2 增长率与 CPI 增长率、GDP 增长率等指标相联系，提出了"货币超发"、通货膨胀等一系列判断。调整货币口径的含义是，按照交易货币和储藏货币各自的特性，重新界定和调整 M_1 和 M_2 的划分边界，将各种活期存款以及具有活期存款性质的存款（如通知存款、保证金存款和临时性存款等）归为 M_1，将各种定期存款归为 M_2 大于 M_1 的部分。由此，明确 M_1 为交易货币范畴，M_2 大于 M_1 的部分为储藏货币范畴。

第三，逐步将人民币汇率纳入中间目标的调控范畴。"保持币值稳定"，对内是物价，对外是汇价，二者之间的联系随着国际化程度的展开而加深。中国自加入世界贸易组织以来，商品市场的国际化程度明显提高；劳务市场、金融市场的国际化程度也将在进一步开放中提高。面对开放型经济形成的格局，货币政策的调控重心将从主要关注中国境内因素变化拓展到关注境内外各种因素对中国境内经济和金融运行的影响力度，为此，以人民币口径为主来选择货币政策中间目标的调控体系也将逐步拓展到将汇率等纳入中间目标的调控体系。汇率虽然不是影响境内物价走势的唯一因素，但在开放型经济中是一个不容忽视的经济变量。尤其是，在中国对国际市场大宗商品的依赖程度不断提高和中国介入全球经济尺度不断深化的背景下，汇率政策的影响力度更加突出。汇率政策属于实现货币政策最后目标的中间目标范畴，它与利率政策等构成实现最终目标的中间目标政策体系。

主要参考文献

［1］奚君羊：《通货膨胀目标制的理论思考——论我国货币政策中介目标的重新界定》，《财经研究》2004 年第 4 期。

［2］钱小安：《货币政策规则》，商务印书馆 2002 年版。

［3］姜波克、朱云高：《资本账户开放研究：一种基于内外均衡的分析框架》，《上海金融》2004 年第 4 期。

［4］范从来：《论货币政策中间目标的选择》，《金融研究》2004 年第 6 期。

［5］劳伦斯·H. 怀特：《货币制度理论》（中译本），中国人民大学出版社 2004 年版。

［6］约瑟夫·斯蒂格利茨：《通往货币经济学的新范式》（中译本），中信出版社 2005 年版。

［7］王国刚：《物价变动并非总是货币政策的函数》，《经济学动态》2009 年第 10 期。

［8］王国刚：《中国货币政策调控工具的操作机理：2001—2010》，《中国社会科学》2012 年版。

（原载《经济研究》2012 年第 12 期）

存贷款利率市场化改革的难点、
路径选择和应对之策

　　"稳步推进利率市场化改革"① 是中国金融体系调整和完善货币政策调控机制的一项战略性举措，也是金融体系体制改革深化的一个重点和难点。中国的利率市场化改革设想早在 1993 年就已提出了②。1996 年以后，按照"先外币后本币，先贷款后存款，先长期后短期，先大额后小额"的操作策略，利率市场化改革逐步推进，到 2004 年累计放开、归并或取消的本、外币利率管理种类已达 118 种③。2004 年 10 月 28 日，中国人民银行（以下简称"人行"）出台了《关于调整人民币基准利率的通知》，迈出了人民币存贷款利率④市场化改革的步伐。但此后人行屡屡运用行政机制调控存贷款基准利率，按照市场机制决定存贷款利率并配置金融资源的格局并未形成，建立由市场机制决定存贷款利率的改革目标仍未实现。利率是资金的价格，既是债权债务性金融产品的基本价格，也制约着股权类金融产品价格的水平。从中国利率系统中各个利率体系的相互关系上看，存贷款利率占据基础性地位，它们的市场化程度直接制约着各种金融产品价格体系的市场化程度。存贷款利率的市场化改革是一项复杂艰巨的系统工程，其中存在着一系列巨大的改革风险，贸然举步很可能引致金融体系乃至经济运行的剧烈动荡（甚至可能引致金融危机），带来难以估量的损失。从这个意义上说，存贷款利率的

---

　　① 引自《中华人民共和国国民经济和社会发展第十二个五年规划纲要》第四十八章。

　　② 在此之前，1983 年国务院已授予中国人民银行在法定贷款利率基础上浮动 ±20% 的权利。但这一权利到 1987 年才在流动资金贷款中使用。1993 年，《关于建立社会主义市场经济体制改革若干问题的决定》和《国务院关于金融体制改革的决定》中，明确提出了利率市场化改革的基本设想。

　　③ 参见中国人民银行：《〈货币政策执行报告〉2004 年第四季度》。

　　④ 本文下述除特别标明外，"存贷款利率"均指"人民币存贷款利率"，"存款利率"均指"人民币存款利率"，"贷款利率"均指"人民币贷款利率"，如此等等。

市场化改革深化标志着中国利率市场化改革进入了攻坚阶段，其利益覆盖面、难度、风险和复杂程度远远超过了以往的利率改革，既需要使有关各方充分了解这一改革的深刻程度，也需要更加慎重地选择解决方案和推进路径。

一 利率和利率市场化的已有文献简述

利率市场化改革的基本含义是，在消解金融抑制过程中，利率的形成机制从行政管制逐步走向以市场机制为基础并最终形成市场利率的过程。简言之，利率市场化是实现或达到市场利率的过程。这意味着，一方面，只要利率形成机制从行政决定向市场决定迈进，不论其进度如何，都属于利率市场化范畴；另一方面，只要市场利率尚未形成，利率市场化的进程就未结束。

在货币经济学史上，有关利率和市场利率的文献汗牛充栋，几乎所有经济学家都从不同角度对利率问题提出了自己的观点，主要涉及利率性质、利率来源、利率形成机制、利率水平、影响利率水平的因素和利率效应等方面，大致线索如下：古典学派产生于威廉·配弟，初步形成于亚当·斯密，完成于魏克塞尔和费雪，其间经历了 200 年左右的历史。古典学派的利率理论以自由竞争为背景，从充分就业、储蓄化自动转化为投资出发，认为利率是由市场上的资本供求自行决定的，强调市场自发的均衡和调节作用。他们认为，储蓄和投资通过利率机制而均衡，投资（I）与利率（i）成反比，储蓄（S）与利率（i）成正比，利率水平是由储蓄与投资（从而资本供给和需求）均衡点形成的。其中，杜阁（1776）认为，贷款利息产生于货币所有者的所有权；贷款利息可以看作是一种衡量一个国家的资本多寡和衡量该国家所从事的各种企业规模大小的寒暑表。马克思（1894）认为，利息来源于剩余价值，是剩余价值中由产业资本让渡给银行资本的一部分；利率水平既由利润率水平决定，也由资本的产业间竞争和资金供求关系等决定。凯恩斯（1936）认为，古典利率理论只是一种特殊的利率决定理论，必须推翻这一利率理论，重建一般的货币利率理论。他指出，按照储蓄和投资的界定，它们总是相等的，所以，利率水平并不是由储蓄和投资的均衡决定的。实际利率水平主要由货币数量与灵活偏好（即货币需求）二者共同决定，即由货币供给与货币需求达到均衡状态时决定的。与此不同，俄林和罗伯森等（1937）认为，利率并不像凯恩斯所说的纯粹是一种货币现象，它不是由货币供求关系决定的，而是由可贷资金的供求关系决定的。可贷资金的供给由当前储蓄、固定资本的出售折现所得、窖藏现金的再回用和银行体系所创造的新增货币量（即贷款的净增额）等形成，需求则由当前投资、固定资本的重置、现金的新增累积或窖藏等形成。他们强调，利率水平是这些因素形成的供应曲线和需求曲线的交点所决定的。希克斯（1946）强调，不应孤立地看待利率问题。它是一种价格，像其他价格一样，必须把它作为一个相互关联的体系的一部分来加以决定。利率是一般价格体系的一个构成部分，只要价格预期是既定的，利率的任何变更都会以同一的比例改变同时期的出产与进货的贴现价格。他引入了国民收入这一重要因素，建立了 IS－LM 模型。在该模型中，利率和收入水平由商品市场和货币市场的相互作用所决定。IS 曲线表示商品市场的均衡，由储蓄供给等于投资需求情况下所有的利率和收入的组合构成；LM 曲线表示货币市场的均衡，由货币供给等于货币需求情况下所有的利率和收入组合构成。当经济处于均衡（即既满足商品市场均衡又满足货币市场均衡）时，只有一个利率和收入水平，这就是 IS 曲线和 LM 曲线的交点。此后，新古典经济学将利率作为经济变量，在利率与货币供求、国民收入决定、商品市场与货币市场均衡等相互关系中研究利率水平的形成，强调利率作为经济变量对经济运行的调节作用。20 世纪 80 年代以后，斯蒂格利茨（1988）等展开了信贷配给条件利率水平决定的机制分析。他们认为，在信息不对称的市场中，并不贯彻"谁出价最高，谁就获得资金"的拍卖市场原则，因此，利率失去了信息传递的功能。信贷配给有两类情况：一是在众多相似的借贷款者中，一些获得了贷款，其他却没有获得贷款（即使他们愿意支付更高的利率）；二是在信贷量既定的情况下，社会上一些明显可分的借款者无论以何种利率都无从获得贷款。在信贷配给的情况下，市场均衡利率并不是由借贷资本或货币供求均衡所决定的利率水平，而是使银行收益最大化的利率水平。银行收益的大小取决于投资项目的风险分布，这决定了，即使货币供求没有变化，银行利率水平也会改变。从西方主流经济学的利率理论中可以得出三个要点：第一，西方学者虽然普遍探讨了利率各方面的问题，有时也提出了"名义利率"与"实际利率""市场利率"和"自然利率"等范畴，但很少将利率作为一个体系进行系统分析，似乎各种金融产品之间只存在一个利率；第二，他们虽然从各种角度探讨了利率水平的形成机制，分析了利率的各种效应，但没有从利率体系出发，研究某一具体的利率形成机制及其对应的金融效应和经济效应，所以，他们几乎没有涉及存贷款利率在市场利率体系中的特殊性及其效应，也没有分析存贷款利率市场化的难点；第三，西方的这些利率理论虽然对中国的存贷款利率市场化改革具有参考意义，但借鉴价值相当有限。

20 世纪 70 年代以后，凯恩斯主义理论和政策主张受到了麦金农（1973）①和肖（1973）②的系统反驳。他们使用"金融抑制"（Financial Repression）和"金融深化"（Financial Deepening）等范畴分析了在发展中国家中政府管制利率政策及其后果。金融深化理论强调，政府应放松利率管制，使利率充分反映资金的供求关系变化，成为利率市场化改革的重要理论依据。但从严格意义上说，在利率形成与作用机制上，麦金农和肖的理论并没有真实突破西方古典或新古典理论。换句话说，利率市场化的理论实际上更多地来源于对凯恩斯主义政策实践的批判而不是利率理论本身的新发展，这种理论基础上的不足直接影响到了利率市场化的实际效果。在"金融深化"理论的指导下，从 20 世纪 70 年代末以后，发展中国家以及发达国家开始了包括利率市场化在内的金融改革。从实际效果来看，马来西亚等国在 1980 年以后的利率自由化改革政策取得了较好效果，但智利、阿根廷、乌拉圭等发展中国家的这些金融改革却难以如意。这引发了经济学家对"金融深化"理论的反思。这些金融发展理论，虽然指出了发展中国家金融体制机制中存在的各种问题并试图通过金融约束来弱化负面影响，但均没有具体地论及发展中国家如何通过深化体制机制的改革创新，选择适当的政策措施，有序地逐步推进利率市场化进程，更没有深入研讨利率体系中的存贷款利率的地位、影响力、市场化条件和改革程序等。

90 年代中期以后，伴随着中国利率市场化改革的展开，国内学者的探

---

① 罗纳德·I.麦金农：《经济发展中的货币与资本》（中译本），上海三联书店 1988 年版；《经济市场化的次序——向市场经济过渡时期的金融控制》（中译本），上海三联书店 1997 年版。
② 爱德华·肖：《经济发展中的金融深化》（中译本），上海三联书店 1988 年版。

讨主要集中在以下五个方面：第一，利率市场化的含义。李扬（2001）认为，对于货币当局而言，利率市场化有两个方面的实际含义：一是利率决定方式的市场化，即利率的风险结构、期限结构和利率水平不再由货币当局直接决定，而是逐渐转变为由金融资产的供需双方依据金融市场供求状况而自行决定。二是利率管理方式的市场化，即货币当局对利率的管理不是通过行政性手段来实现，而是运用自有的金融资源和货币政策手段，以市场参与者身份，通过货币市场交易来改变金融市场的资金供求状况，最终通过调控基准利率来影响整个金融市场利率水平。王国松（2001）认为，利率市场化即为利率自由化，当一国利率水平及其结构主要由市场供求以及经济活动中的风险程度、通货膨胀程度、经济性质等市场因素共同决定时，即实现了利率市场化。戴根有（2001）认为，利率市场化改革的目标是建立中央银行利率为基础、货币市场利率为中介、金融机构存贷款利率由市场供求决定的利率体系和形成机制。第二，利率市场化改革的必要性。王召（2001）指出，由于我国对利率实行管制，利率水平很难作为影响全社会投资变动的信号。这种不由市场决定的利率对宏观经济变量解释作用不强，给货币政策实现直接调控向间接调控的转变制造了障碍。方先明等（2005）认为，我国利率工具的时滞效应非常明显，表明我国利率传导机制的梗塞较大，改进我国利率调控政策效果的主要方法还是要通过利率市场化改革的不断推进。盛朝晖（2006）指出，在我国由于利率市场化改革仍在推进，经济主体对利率变化的敏感度不如对信贷数量的变化，因此，利率渠道的作用小于信贷渠道。盛松成等（2008）指出，由于我国不同层次利率之间尚未形成市场化的传导链条，货币政策难以通过利率渠道来传导，主要通过信贷渠道来传导，同时，信贷规模构成我国事实上的货币政策中介目标。第三，利率市场化的条件。黄晨等在参照国外金融市场确定基准利率经验的基础上，提出了以银行间市场回购利率作为短期利率的基准，并对利用银行间现券市场的国债到期收益率作为长期基准利率提出了建设性构想。蒋竞（2007）、邹蜀宁等（2008）采用不同方法，对再贴现利率、同业拆借利率、债券市场回购利率、债券市场现券交易利率和 Shibor 之间的相关关系，以及各自成为基准利率的可行性进行了分析。季晓静（2009）认为，引入"利率走廊"调控模式对日趋成熟的银行间同业拆借利率

(Shibor) 进行调控，将为推动我国利率市场化改革提供另一条途径。周小川 (2011) 认为，推进利率市场化应满足的条件包括：金融机构正当的市场竞争、达标金融机构必须具备财务硬约束、完善货币政策传导机制、提高风险定价能力、中间业务等一系列金融产品的市场化定价等。此外，也还有研讨利率与汇率从而利率政策与汇率政策关系的。第四，利率市场化改革与汇率改革。熊鹏 (2005) 认为，在中国，短期内利率对汇率的影响较弱，长期内影响较强，但无论期限长短，这种影响都是反方向的。顾标等 (2007) 通过实证表明：实际利差和进出口状况不足以对人民币实际汇率的走势作出充分解释；同时，人民币实际汇率具有较强的"自回归性"和明显的非线性动态调整特征。王爱俭等 (2006) 认为，要使人民币利率政策与汇率政策更好地协调，应注意三方面问题：①在一定程度上强化人民币汇率政策，弱化利率政策；②畅通利率政策传导渠道；③增强内需对经济的拉动作用。第五，利率市场化改革的风险。萨奇 (1996) 认为，利率市场化后将出现高利率的风险。摆脱了低利率束缚的利率自然冲向较高的水平，这是利率市场化后利率趋于上升的内在原因，通货膨胀预期、货币对外贬值风险等是推动利率上升的外在因素。黄金老 (2001) 区分了阶段性风险和恒久性风险，认为阶段性风险是指商业银行不能适应利率市场化的环境的短期风险，这一风险不大；恒久性风险是利率市场化后商业银行面对的长期存在的利率风险，对此应采取措施予以化解。李扬 (2003) 认为，国有企业软预算约束、银行治理结构不完善等是利率市场化改革的风险。利率市场化不是"由市场放任自流决定利率水平"；在任何情况下，货币当局都必须保持对利率的调控权。从这些成果看，国内学者对利率市场化改革相关问题的探讨是比较充分的，既有较高的共识，也有广度深度。但这些研究较少涉及存贷款在中国金融体系中的地位、存贷款利率市场化改革在利率市场化改革中的效应和难点等问题。

二 中国金融体系中资源配置格局调整

存贷款利率市场化改革的难点，首先是由中国金融体系特点所决定的。在宏观经济学两部门模型中，居民（或家庭）部门是资金盈余部门，厂商

（或实体企业）部门是资金赤字部门，这两个部门共同构成了实体经济部门。经济运行中资金流动的基本走向是，居民部门的盈余资金流向厂商部门，以支持财富创造，因此，金融活动原本在居民部门和厂商部门之间展开（其中，居民部门是资金的供给者、厂商部门是资金的需求者），这意味着各项金融权力原本属于实体经济部门。具体的资金流动路径包括：第一，居民部门以投资方式向厂商部门提供股权性资金，以购买债券等方式向厂商部门提供债权性资金；第二，厂商部门中，各家实体企业彼此以投资方式提供股权性资金，以购买债券、借贷、融资租赁等方式提供债权性资金；第三，厂商部门将经营运作收益以股息、利息等方式回报给居民部门。在金融发展过程中，金融机构从实体经济部门独立出来，成为专门从事金融业务的组织，但这并不以剥夺或否定实体经济部门的金融权力为前提。

但在长期的计划经济时期，中国的资金供给由政府部门运用财政机制控制，切断了居民部门与厂商部门之间的资金（从而金融）联系，切断了居民部门和厂商部门之间的直接金融联系，也剥夺了它们的金融权力，形成了居民部门将盈余资金存入存贷款金融机构[①]、存贷款金融机构再将资金贷放给厂商部门的格局。改革开放30多年来，尽管中国金融快速发展，但这一格局并没有发生实质性改变。主要特点有三：第一，实体经济部门（包括厂商和居民部门）缺乏最基本的金融权力。对居民部门而言，除了存款，消费剩余资金几乎没有其他的金融运作渠道；对厂商部门而言，除了从存贷款金融机构中获得贷款，也极少有其他获得资金的渠道。金融活动的各种权利成为存贷款金融机构的专有权，没有这些金融机构的准许，实体企业基本得不到由居民部门供给的资金。第二，存贷款金融机构成为嵌入实体经济部门之中的卖方垄断机构，既以低廉的利率从居民部门获得资金，又以高昂的价格将这些资金贷放给厂商部门，从中获得巨额利差。第三，直接金融转变为间接金融。公司债券属于直接金融范畴，它直接连接着发行债券的公司资金需求和购买债券的居民资金供给。但在切断了居民部门与厂商部门的资金供求直接连接关系的条件下，各种公司债券主要由存贷款金融机构购买，由此，形成了居民部门将资金存入存贷款金融机构、

---

① 爱德华·肖：《经济发展中的金融深化》（中译本），上海三联书店1988年版。

存贷款金融机构再用这些资金购买公司债券的流程，即资金供给者并不与资金需求者直接连接的状况。由于存贷款金融机构贯彻着审慎性经营运作原则，属于风险厌恶者范畴，对公司债券风险的可接受程度远低于由人数众多所形成的居民部门，这使得厂商部门的公司债券发行销售受到严重制约。

在中国金融体系中，与其他各种金融产品相比，不论是数额还是比重，存贷款在体量上都占主体地位，存贷款金融机构成为经济运行中的资金配置主渠道。这不仅决定了存贷款数量变动资产配置等影响力度和对其他金融产品的影响力度，决定了存贷款变化对货币数量从而货币政策的影响力度，而且决定了存贷款金融机构的经营运作对整个金融体系和国民经济运行的影响力度。与此相比，实体经济部门和金融市场在金融资源配置中则处于弱势地位。

表1显示了2001—2013年存贷款余额在金融机构资产中的变化趋势，从中可以看出：第一，虽然各项存款占资金来源的比重在13年间呈下降趋势（从2001年的93.54%降低到2013年的88.86%），但依然是金融机构经营运作资金的最主要来源。与2001年相比，2013年的各项存款增加了6.65倍。第二，虽然各项贷款占资金运用的比重在2001—2013年也呈下降趋势（从2001年的73.15%降低到2013年的61.12%），但依然是金融机构集中资金的最主要路径。与2001年相比，2013年各项贷款增加了5.4倍。第三，吸收存款、发放贷款是金融机构展开经营运作最主要也是最重要的业务活动，因此，存贷款数量的变化直接影响着存贷款金融机构的经营状况及其对经济社会的影响力度。

表1   2001—2013年存贷款余额在金融机构资产中的变化趋势

项目	2001年	2003年	2005年	2007年	2009年	2011年	2012年	2013年
资金来源（或运用）总计	153539.78	225313.26	302042.84	454267.97	681874.78	913226.33	1024067.49	1174666.17
各项存款	143617.17	208055.59	287169.52	389371.15	597741.10	809368.33	917554.77	1043846.86
金融债券	51.38	2226.27	5672.79	11505.04	16203.41	10038.83	8487.57	6681.0
各项贷款	112314.70	158996.23	194690.39	261690.88	399684.82	547946.69	629909.64	718961.46
有价证券及投资	23112.65	30259.47	34942.13	62789.96	86643.15	109304.11	133313.92	125399.38
各项存款占比(%)	93.54	92.34	95.08	85.71	87.66	88.63	89.60	88.86
各项贷款占比(%)	73.15	70.57	64.46	57.61	58.62	60.00	61.51	61.12

资料来源：中国人民银行网站；《金融机构人民信贷收支表》。

　　20 世纪 90 年代中期以来，中国就在强调要大力发展直接金融，改变间接金融为主的金融格局。但从表 2 中可见，一方面，诸如国债、央行债券等非存贷款类债权性金融产品的每项余额均远低于"各类存款余额"或"各类贷款余额"，即便是这些非存贷款类金融产品的余额总量在 2013 年底也仅为 249004 亿元，分别占"各类存款余额"和"各类贷款余额"的 23.86% 和 34.63%。因此，在债权类金融产品中存贷款余额所占比重居于不容置疑的主体地位（即便再加上每年的股票发行融资额和证券投资基金等融资额也不可能从根本上改变这种格局），间接金融的格局并未发生实质性变化。另一方面，即便是这些债权类金融产品，也主要由存贷款金融机构运用从实体经济部门吸收的存款资金进行购买，因此，只是存贷款的补充品，不是存贷款的替代品，基本属于间接金融范畴。将表 2 与表 1 连接可以看出，各类经济主体（居民部门、厂商部门和政府部门等）消费结余

表 2　　　　　　　　**2001—2013 年中国债权债务类金融产品规模**　　　　　　单位：亿元

年份	各类存款余额	各类贷款余额	国债余额	央行债券余额	金融债券余额	公司债券余额	企业债券余额	短期融资券余额	中期票据余额
2001	143617.17	112314.70	10973.18	—	8418.63		336.10		
2002	170917.40	131293.93	16326.93	1487.50	9875.14		643.00		
2003	208055.59	158996.23	21034.60	3376.80	11789.69		917.00		
2004	240525.07	177363.49	24176.74	11707.94	14507.97		1232.50		
2005	287169.52	194690.39	26702.57	22627.84	19686.44		1801.50	1380.50	
2006	335434.10	225285.28	29048.17	32299.65	25387.92		2831.50	2667.10	
2007	389371.15	261690.88	46502.61	36586.95	32269.75	52	4422.10	3203.10	
2008	466203.32	303394.64	48753.36	48120.95	40968.34	400	6803.45	4203.10	1672.00
2009	597741.10	399684.82	55411.38	42326.11	50952.26	1038.4	10970.67	4561.05	8634.65
2010	718237.93	479195.55	62628.29	40908.83	59355.94	1641.4	14511.10	6530.35	13591.12
2011	817651.51	547946.69	73839.07	21289.72	76652.95	2896.6	16799.49	5023.50	19742.70
2012	943943.14	629909.64	80735.93	13439.72	95197.93	5491.4	23012.23	—	24922.00
2013	1043846.86	718961.46	91780.65	5521.72	88719.58	13300.00	23358.65		26323.40

　　注：国债包括记账式国债和储蓄国债（电子式）；金融债券包括政策性银行债、政府支持机构债券、商业银行债和非银行金融机构债券；企业债券包括中央企业债券、地方企业债券和集合企业债券。

　　资料来源：各类存贷款余额数据来自中国人民银行网站；国债、央行票据、金融债券和企业债券数据来自中国债券信息网；公司债券数据来自 Wind 资讯。

资金和运作结余资金的主要使用方式是"存款",同时,从金融体系中获得资金的主要方式是"贷款",因此,在中国金融体系中,存贷款是资金集中和资金配置的主要机制,存贷款金融机构则是资金集中和资金配置的直接主体。

以存贷款为主体的金融格局直接影响着货币数量和货币政策的操作。从表3中可见,2001—2013年,各项存款占 M_2 的比重长期在90%以上,并且有继续提高的趋势(从2001年的93.94%上升到2013年的94.34%);工商企业活期存款占 M_1 的比重虽变化不大,但也长期在60%以上。在各项存款和企业活期存款分别为 M_2 和 M_1 的主体构成部分的条件下,各项存款增长率和企业活期存款增长率也就直接制约着 M_2 增长率和 M_1 增长率。由于各项存款的增减在直接关系上是由各类经济主体的收入和支出关系决定的,企业活期存款的增减在直接关系上是由实体企业的资金来源状况和资金使用状况决定的,它们并不主要由人行发行的货币数量制约,所以,在由各项存款为主要构成的货币结构中,人行要通过运用货币政策工具来直接影响到它们的数量增减也就困难重重[1]。

在经济运行中,全社会固定资产投资的增长率对GDP增长率有着直接且持续增强的影响力度。2000—2012年,最终消费率从62.3%降低到49.5%,资本形成率则从35.3%上升到47.8%[2]。在全社会固定资产投资资金来源构成中,来自于"国内贷款""自筹资金"和"其他资金"三个科目的资金数额占全社会固定资产投资资金总额的比重高达90%以上,并且有着持续上行的趋势(从2000年的88.51%上升到2012年的94.05%)。毫无疑问,在"自筹资金"和"其他资金"中有一部分资金属于投资主体的自有资金(例如,实体企业将营业利润转投资、城乡居民个人开厂办店或自建房等投资),但从实体企业每年的盈利数额和城乡居民个人投资数额来看,这两个科目中的大部分资金还是通过各种方式来源于存贷款金融机构的贷款。例如,2005—2012年规模以上工业企业的利润总额分别为14802.54亿元、19504.44亿元、

---

① 参见王国刚《简论货币、金融与资金的相互关系及政策内涵》,《金融评论》2011年第2期;《中国货币政策调控工具的操作机理:2001—2010》,《中国社会科学》2012年第4期。
② 引自《中国统计年鉴》(2013),第62页,中国统计出版社2013年版。

表3　　　　　　　　　　　　存款余额与 M_2 和 M_1 的对比　　　　　　单位：亿元，%

年份	M_2	各项存款	各项存款/M_2	M_2增长率	各项存款增长率	M_1	企业活期存款	企业活期存款/M_1	M_1增长率	企业活期存款增长率
2001	152888.50	143617.17	93.94	19.98	16.0	59871.59	37366.49	62.41	19.86	13.81
2002	183246.94	170917.40	93.27	19.86	19.01	70882.19	45352.99	63.98	18.39	21.14
2003	214358.84	208055.59	97.06	16.98	21.73	80815.22	53585.88	66.31	14.01	18.15
2004	250802.79	240525.07	95.90	17.0	15.61	95971.01	61833.98	64.43	18.75	15.39
2005	296040.13	287169.52	97.0	18.04	19.39	107279.91	66222.96	61.73	11.78	7.10
2006	345577.91	335434.10	97.06	16.73	16.81	126028.05	77744.82	61.69	17.48	17.40
2007	403401.30	389371.15	96.52	16.0	16.00	152519.17	95500.88	62.62	21.02	22.84
2008	475166.60	466203.32	98.11	17.79	19.73	166217.13	101790.78	61.24	8.98	6.59
2009	610224.52	597741.10	97.95	28.42	28.22	221445.81	139997.29	63.22	33.23	37.53
2010	725851.79	718237.93	98.95	18.95	20.16	266621.54	164536.07	61.71	20.40	17.53
2011	851590.90	817651.51	96.02	17.32	13.84	289847.70	191968.20	66.23	8.71	16.67
2012	974148.80	943943.14	96.90	14.39	15.45	308664.23	203448.39	65.91	6.49	5.98
2013	1106524.98	1043846.86	94.34	13.59	10.58	337291.05	216591.39	64.22	9.27	6.46

资料来源：中国人民银行网站；其中2001年和2002年的"企业活期存款"数据来源于苏宁主编《中国金融统计（1949—2005）》，中国金融出版社2007年版。

27155.18 亿元、30562.37 亿元、34542.22 亿元、53049.66 亿元、61396 亿元和61910 亿元，农村农户固定资产投资和建房数额分别为3940.6 亿元、4436.2 亿元、5123.3 亿元、5951.8 亿元、7434.5 亿元、7886 亿元、9089.1 亿元和9840.6 亿元，但同期"自筹资金"和"其他资金"的数额分别为70138.75 亿元、90360.2 亿元、116769.67 亿元、143204.87 亿元、193617.42 亿元、244041.6 亿元、279734.3 亿元和325775.4 亿元，远大于工业企业利润总额和农村农户固定资产投资总额之和。因此，存贷款金融机构的贷款运作状况是影响全社会固定资产投资状况和 GDP 增长率的主要因素。

中共十八届三中全会通过的《中共中央关于全面深化改革重大问题的决定》（以下简称《决定》）指出，要发挥市场在配置资源方面的决定性作用。存贷款的主体性地位表明了，在中国金融体系运行中存贷款金融机构占据着配置资源的决定性地位，由此，提出了一个问题：在中国的市场经济体制建立过程中，金融资源配置究竟应由存贷款金融机构决定还是由金融市场决定？价格是资源配置的基本机制。存贷款利率市场化改革，不仅要求改变存贷款利率的形成机制（即从行政机制调控存贷款利率水平转变为由市场机制界定存贷款利率），而且要求调整非市场化的金融体系，改变由存贷款金融机构通过存贷款机制集中配置大部分（乃至绝大部分）金融资源的状况，归还居民部门和厂商部门的金融权力，充分发挥金融市场在形成各种债权性金融产品利率体系和配置金融资源中的基础性作用，这必将引致实体经济部门和金融部门中各种各样的深刻调整和连锁反应及上述状况的实质性改变，是一场具有决定性意义的攻坚战。

三　存贷款利率市场化改革的难点

1992 年中国迈出了建设市场经济新体制的步伐。在此背景下，展开了利率市场化改革，原因在于迄今为止，作为利率体系主体部分的存贷款利率市场化依然举步维艰。一方面原因在于，存贷款利率的改革有着牵一发而动全身的效应，因此，需要审慎出战；另一方面原因在于，存贷款利率市场化改革所需要的各种相关条件并未有效形成[①]。存贷款利率市场化改革的难点主要体现在以下几个方面：

第一，人行运用资产调控货币和金融的能力严重降低。在存贷款利率由市场机制决定的条件下，人行不应再继续运用行政机制直接管控存贷款基准利率和新增贷款规模，但从金融运行和经济运行的稳定性要求出发，存贷款利率又不应在"完全自由放任"的金融市场环境中形成。解决这一难题的关键是，人行拥有充分可调控的资产并通过运用这些资产来影响存贷款金融机构可使用资金数量和各种金融产品的价格走势，从而可以通过运作这些资产来有效影响存贷款市场利率并由此进一步影响经济运行走势，实现货币政策的预期目标。

---

① 那种认为存贷款利率市场化改革条件已基本成熟的观点是值得商讨的。参见于学军《利率市场化改革条件已成熟》，《金融时报》2011 年 11 月 7 日；李稻葵：《利率市场化改革条件已成熟》，新浪财经讯 2012 年 3 月 17 日。

但从表 4 中的数据可以看出①，人行的资产大量被"外汇"所占用。2003—2013 年间，人行总资产增长了 4.12 倍，同期，"外汇"增长了 7.56 倍，由此引致"外汇"占资产的比重从 48.12% 快速上升到 83.29%。这意味着，人行的绝大多数资产放于海外配置，可用于在中国境内配置的资产不足 17%（并且随着"外汇"资产的继续增加，人行可用于中国境内配置的资产比重还在继续降低）。此外，"对其他存款性公司债权""对其他金融性公司债权"和"对非金融性公司债权" 3 项的数额，在 2003—2013 年，虽然从 19445.01 亿元增加到 2013 年的 22080.25 亿元，但所增加的数额甚少。由表 1 可知，金融机构人民币资金来源从 2001 年的 153539.78 亿元增加到 2013 年的 1174666.17 亿元（增长了 6.65 倍）、各项存款余额从 143617.17 亿元增加到 1043846.86 亿元（增长了 6.27 倍），但人行对这些金融机构的债权数额增加量仅为 2635.24 亿元。这表明，人行已严重缺乏可调控资产，与此对应，对

表 4 　　　　　　　　中国人民银行资产结构（2001—2013）　　　　单位：亿元

年份	2001	2003	2005	2007	2009	2011	2012	2013
国外资产	19860.40	31141.85	63339.16	124825.18	185333.00	237898.06	241416.90	272233.53
外汇	18850.19	29841.80	62139.96	115168.71	175154.59	232388.73	236669.93	264270.04
货币黄金	256.00	337.24	337.24	337.24	669.84	669.84	669.84	669.84
其他国外资产	754.21	962.81	861.96	9319.23	9508.57	4839.49	4077.13	7293.66
对政府债权	2821.33	2901.02	2892.43	16317.71	15661.97	15399.73	15313.69	15312.73
对其他存款性公司债权	11311.60	11982.81	12692.01	7862.80	7161.92	10247.54	16701.08	13147.90
对其他金融性公司债权	8547.31	7255.95	13226.11	12972.34	11530.15	10643.97	10038.62	8907.36
对非金融性公司债权	—	206.25	66.73	63.59	43.96	24.99	24.99	24.99
其他资产	—	8516.19	11459.57	7098.18	7804.03	6763.31	11041.91	7652.04
总资产	—	62004.06	103676.01	169139.80	227535.02	280977.60	294537.19	317278.55

注：2003—2005 年的"对其他存款性公司债权"的数据为"对存款货币银行债权"和"对特定存款机构债权"两项相加之和。

资料来源：中国人民银行网站。

①　关于人行资产负债表的分析可参阅王国刚：《基于资产负债的央行调控能力分析》，《金融评论》2010 年第 1 期。

存贷款金融机构进行调控的能力已严重减弱。"其他资产"是人行直接可用的资金。其数额在 2002—2005 年呈增加趋势,但此后却呈减少趋势,从 2005 年的 11459.57 亿元减少到 2013 年的 7652.04 亿元(见表 4),占人行总资产的比重从 2002 年的 10.30% 降低到 2013 年的 2.41%,占这些金融机构人民币资金来源的比重从 2003 年的 3.78% 降低到 2013 年的 0.65%。这表明,人行经常性可灵活运用的资产,除了通过公开市场业务对存贷款金融机构资金流动性状况进行微调外,已难有实质性影响力了。

　　货币政策工具的运用中有着"提高利率收紧银根,降低利率放松银根"的表述。它的实践含义是,央行提高央行利率,收紧了央行对金融机构和金融市场的银根;反之则反是。在此,所谓银根,指的是央行通过再贷款、再贴现或购买证券等渠道向存贷款金融机构和金融市场的放款数量。要有效发挥央行利率的导向作用和对金融体系的资金数量影响力度,一个基本前提是,央行有着足够的可用于支持调控的资产,但从表 4 和表 1 的对比中可以看出,人行严重缺乏这方面的资产。在可用于调控的资产不足而调控职能又不能因此而减弱的背景下,2004 年以后,在货币政策调控中,人行只能屡屡动用法定存款准备金率、存贷款基准利率和对新增贷款规模的行政管控等政策措施。其中,提高法定存款准备金率所获得的资金又通过集中用于对冲外汇占款而回流到存贷款金融机构,它虽有利于避免因对冲外汇占款而大量发行人民币引致的通胀,但在调控这些金融机构可运作资金方面并无多大效应。提高存贷款利率虽有着"提高利率收紧银根"的政策意向,但它面对的不是人行利率和人行资产,所以,非但没有紧缩效应,反而有着扩张贷款的效应,难以达到人行的调控目的。由于这些政策工具难以达到调控的目的,为了有效调控经济金融运行中的资金数量和贷款增长率,人行只得选择对新增贷款规模实行行政管控的非货币政策措施。

　　由此,人行实际上面对着两难抉择:一方面,在存贷款利率市场化背景下,继续运用行政机制直接决定存贷款金融机构的存贷款基准利率和管控这些金融机构的新增贷款规模,明显违背由市场机制形成存贷款市场利率的要求;另一方面,在缺乏足够可用于调控的资产数量条件下,又缺乏运用央行利率调控银根松紧的能力,极易使市场化的存贷款利率和其他利率的走势处于失控状态,给经济和金融运行带来严重的不确定性和不稳定性。显然，在人行可控资产数量足以满足货币政策调控需要这一条件未形成的条件下，要实现存贷款利率市场化目标比较困难。

第二，存贷款金融机构硬约束的市场条件难以有效形成。在存贷款金融机构已改制为公司制并且相当部分已成为上市公司的条件下，它们的财务硬约束似乎已经形成。但财务的硬约束并非只是一个盈亏问题，它直接取决于这些金融机构的商业模式和盈利模式。从表1中可见，在中国，存贷款金融机构的资金来源以吸收存款为主、资金运用以发放贷款为主，且处于卖方垄断的市场优势地位。这决定了只要能够充分吸收存款和发放贷款，它们的财务盈亏基本处于无虑态势。从存款市场看，存贷款金融机构卖出存单、城乡居民和实体企业等经济主体买入存单。由于城乡居民和实体企业缺乏最基本的金融运作权力，所以，在这一市场中，存贷款金融机构处于卖方垄断的优势地位。如表5所示，2012年6—7月连续2次下调存款利率，1年期存款基准利率从3.5%降低到3%，但当年城乡居民储蓄存款新增额达到55915.15亿元，创下了历史新高。这种现象不论称为"强制储蓄""被动储蓄"还是"刚性储蓄"都反映了存贷款金融机构在储蓄存款市场的垄断优势。同时，"各项存款余额"从2011年底的80.94万亿元增加到2013年底的104.39万亿元，也反映了存贷款金融机构在存款整体市场的卖方垄断优势。从贷款市场看，存贷款金融机构卖出贷款单、实体企业等经济主体买入贷款单。在这一市场中，存贷款金融机构也处于卖方垄断的优势地位。在表2显示的债权债务类金融产品规模中，如果将政府性证券（国债和央行债券等）舍去，则在企业面和居民面的债权类金融产品规模中，到2013年底，存贷款金融机构贷款余额所占比重高达78.90%，因此，贷款成为实体企业营运资金的主要来源。在这种条件下，对实体企业来说，贷款资金的可得性比贷款利率水平的高低更为重要，所以，只要对贷款利率具有承受能力（例如，利润率高于贷款利率），即便贷款利率有所提高（例如，提高1—2个百分点），企业对贷款数量的需求并不会明显减少。在资金紧缩条件下，为了维持正常的经营运作，企业甚至可能在贷款利率高于经营利润率的条件下继续借款。由表5可知，1年期贷款利率从2003年的5.31%上升到2007年的7.47%（提高了2.16个百分点），但表2中同期的各类贷款余额从2003年底的15.9万亿元快速增加到2007年底的26.17万亿元，增长了64.59%。从存贷款金融机构

表5   存款利率调整与存款变化   单位:%，亿元

年份	1年期存款利率	1年期贷款利率	活期存款利率	新增储蓄存款	储蓄存款余额	各项存款余额
1995	10.98	12.06	3.15	8143.5	29662.25	53882.10
1996	7.47	10.08	1.98	8858.59	38520.84	68595.59
1997	5.67	8.64	1.71	7758.96	46279.80	82392.79
1998	3.78	6.39	1.44	7127.67	53407.47	95697.94
1999	2.25	5.85	0.99	6214.33	59621.8	108778.90
2000	2.25	5.85	0.99	4710.58	64332.38	123804.35
2001	2.25	5.85	0.99	9430.05	73762.43	143617.17
2002	1.98	5.31	0.72	13148.22	86910.65	170917.40
2003	1.98	5.31	0.72	16707.00	103617.65	208055.59
2004	2.25	5.58	0.72	15937.74	119555.39	240525.07
2005	2.25	5.58	0.72	21495.60	141050.99	287169.52
2006	2.52	6.12	0.72	20536.31	161587.30	335434.10
2007	4.14	7.47	0.72	10946.89	172534.19	389371.15
2008	2.25	5.31	0.36	45351.16	217885.35	466203.32
2009	2.25	5.31	0.36	42886.31	260771.66	597741.10
2010	2.75	5.81	0.36	42530.83	303302.49	718237.93
2011	3.5	6.56	0.5	40333.40	343635.89	809368.33
2012	3	6	0.35	55915.15	399551.04	917554.77
2013	3	6	0.35	48050.53	447601.57	1043846.86

注：在一些年份，一年中有多次存款利率的调整，本表的存款利率仅取当年年底的数值。其中，1995—1998 年的数据引自苏宁主编《中国金融统计（1949—2005）》。

资料来源：中国人民银行网站。

的利息收入看，在存贷款为主要业务内容的条件下，它们的经营性收入主要来自于存贷款中的利差。存贷款利差减去经营成本后的剩余部分，成为它们的主要利润来源。假定存贷款金融机构的贷款资金都来源于 1 年期存款资金并且这些资金的贷款期限均为 1 年，再假定存贷款基准利率均为上年末的水平，由此，将表 5 中存贷款利差代入其中，可粗略估算出 2005—2013 年这些存贷款的利差收入分别为 6483.19 亿元、7502 亿元、9420.87亿元、10103.04 亿元、12230.36 亿元、14663.38 亿元、16767.17 亿元、

18897.29 亿元和 21568.84 亿元。这种估算是不精准的，从表 6 与表 1 的关系中可以看出，实体企业和城乡居民的定期存款余额明显小于同期的贷款余额，1 年期贷款的基准利率与活期存款之间的利差远高于 1 年期存贷款之间的利差，如果再考虑到 3—5 年期的贷款利率要高于 1 年期贷款利率等因素，则存贷款金融机构的实际利差收入要高于上述的粗略数额。但仅从此粗略估算中就可依稀看出，存贷款金融机构依其卖方垄断的优势地位从实体经济部门获得的经营收入状况①。

表 6　　　　　　　　　　　　金融机构存款结构　　　　　　　　单位：亿元，%

年份	企业活期存款	活期储蓄存款	企业定期存款	定期储蓄存款	合计	活期占比
2004	74502.52	41416.53	25382.15	78138.86	219440.06	52.83
2005	83146.0	48787.45	45224.7	92263.54	269421.69	48.97
2006	98802.64	58575.92	52767.10	103011.38	313157.04	50.26
2007	91718.37	67461.59	62685.53	108287.86	330153.35	48.21
2008	97499.04	78336.79	80702.58	143668.84	400207.25	43.94
2009	134747.32	100541.28	108837.62	160230.38	504356.60	46.65
2010	164536.07	126264.39	88424.20	180902.00	560126.66	51.92
2011	191968.20	137576.22	104169.11	210469.40	644182.93	51.16
2012	203448.39	158271.76	125446.87	247919.83	735086.85	49.21
2013	216591.39	178050.21	147524.01	283319.79	825485.4	47.81

资料来源：中国人民银行网站。

在存贷款金融机构的卖方垄断优势地位依然显著的背景下，如果贸然展开存贷款利率市场化（即取消存贷款基准利率的行政管控），很可能出现如下几种情形：其一，在尽力吸收存款"大战"从而存款利率大幅提高的背景下，存贷款金融机构利用贷款垄断优势地位，将贷款利率提高（即"高进高出"），由此，既有效消化了存款利率高企引致的资金成本上升，又获得了充足的营业利润，结果是实体企业的盈利水平明显降低。这不符

---

① 2011 年中国银行业获得了 10412 亿元的利润，引起了社会的强烈反响，所谓"垄断暴利"充斥于耳，它实际上与银行业卖方垄断的优势地位直接相关。

合"切实降低实体经济发展的融资成本"的要求①。其二，在存款利率上行过程中，如果贷款利率难以上行，存贷款金融机构则可通过扩大贷款规模来获得充分的营业利润（类似于 2009 年的"以量补价"状况），结果很可能引致投资过热、通货膨胀和经济过热。其三，在贷款数额和贷款利率受到实体企业需求限制的条件下，这些金融机构可以通过压低存款利率（这不需要"共谋"，只要"跟随"就行），实行"低出低进"策略，结果是存款户的利益明显降低。在所有这些情形中，一方面，存贷款金融机构的商业模式、业务结构从而资产结构都没有发生实质性调整，它们的财务硬约束也不可能真实形成；与此同时，实体企业和城乡居民依然处于缺乏金融权力的境地。另一方面，一旦发生经济社会生活秩序不稳定乃至通胀、经济过热等，存贷款利率市场化改革进程将陷入涅槃的磨难。

以存贷款为主的业务模式是否可持续，尤其是在存贷款利率市场化改革过程中，如果存贷款利差收窄，这种业务模式是否还可支持存贷款金融机构的进一步发展？这是多年来不少人对中国金融机构提出的营运模式的质疑。问题不在于这种质疑对错与否，而在于存贷款金融机构转换经营模式需要具备哪些金融市场条件。假定中国的债权类金融产品结构依然如表 2 所示，那么，要使这些金融机构改变以存贷款为主的业务模式就几乎是不可能的。如果在存贷款利率市场化过程中，果真发生大批存贷款金融机构因存贷款利差收窄而陷入严重的经营困境，不仅将引发比较严重的系统性风险，给金融体系带来超乎预期的冲击、震荡甚至引致金融危机，而且可能因担忧这些情形的发生，有关部门出台暂停存贷款利率市场化改革的政策，使得这一改革半途而废甚至体制机制复归。

第三，实体企业和城乡居民在金融市场中买方选择权难以形成。存贷款金融机构在存贷款市场中的卖方垄断优势地位的存在，直接表明了作为它们交易对手方的实体企业和城乡居民在这一市场中缺乏最基本的金融交易选择权。微观经济学的市场理论认为，在一个完全竞争的市场中，价格既不是由卖方彼此间的单向竞争决定的，也不是由买方彼此间的单向竞争决定的，应是由买卖双方之间的三向竞争决定的。买方市场与卖方市场的

---

① 引自 2012 年 12 月中央经济工作会议公报。

主要区别在于：在买方市场条件下，买方有着较为充分的交易选择权；这种买方选择权制约着卖方的市场选择，迫使其按照买方的要求及其变化实现经营运作的转变。在卖方市场条件下，买方缺乏这些最基本的选择权，只能在卖方提供的产品中抉择自己的交易行为。在金融体系中，各种金融产品在资金基础上展开交易，它们之间的互补性和替代性远高于实体经济部门，因此，实体企业和城乡居民的买方选择权本来是比较充分的。但受体制机制制约，市场机制在配置金融资源方面尚难发挥基础性作用，原属于实体企业自主权范畴的证券发行需要经历复杂的金融监管部门的行政审批（或称"核准"）和筛选程序，由此，一方面对绝大多数实体企业来说，除了从存贷款金融机构获得贷款外再无其他融资渠道，融资选择权丧失了；另一方面对绝大多数城乡居民来说，消费剩余的资金除了用于存款外再无其他金融投资运作渠道（在表2的各种证券中，除了"国债余额"包含有居民持有的部分外，其他证券品种几乎完全由各类金融机构持有，其中，存贷款金融机构持有了70%以上），对金融产品的选择权也丧失了。缺乏金融交易选择权意味着，在金融交易中实体企业和城乡居民处于买方弱势地位。存贷款利率市场化改革需要得到实体企业和城乡居民的全力支持，但在处于买方弱势的条件下，一旦这一改革在实质上展开，他们将无力通过市场的买方力量形成对存贷款金融机构运作的有效约束机制，结果是他们的权益极易受到各种负面影响。同时，在买卖双方的市场地位差别悬殊的格局中，要发挥市场机制作用、形成比较合理的存贷款利率是相当困难的（在更多场合，形成的是扭曲的不利于维护实体企业和城乡居民利益的存贷款利率水平）。

一个需要关注的问题是，在中国，对广大城乡居民来说，存款利率具有公共福利的保障特点，尤其是，近年来在CPI增长率上行的过程中，"保证存款利率为正"理念贯彻，更是强化了存款利率的公共福利特点。在此背景下，如果存款利率在市场化过程中，贯彻了海外活期存款利率为零（在一些场合，甚至要向存款人收取管理费用）的惯例，则城乡居民的理念和情感将受到严重冲击（某种程度的过激行为也可能发生），由此，可能引致金融运行秩序的不稳定。按照表6所示的居民活期储蓄存款和当期年底的活期存款利率计算，2004—2013年的活期存款利息分别为298.20亿元、

351.27 亿元、421.75 亿元、485.72 亿元、282.01 亿元、361.95 亿元、454.55 亿元、687.88 亿元、553.95 亿元和 623.18 亿元，对一部分居民来说，这些利息收入是重要的。更不用说，活期存款利率是各类存款利率的基准，一旦它降低为零，则各类存款利率也将下行。这将在更大程度上影响到存款人的利益。

存贷款利率市场化改革，调整的是中国金融体系中占主体地位的金融产品价格，它不仅将引致各类金融产品及其价格在买卖双方竞争中重新定位，引致金融体系的体制机制再造，而且将从实质关系上引致介入金融活动的各方经济主体的权益关系重大调整。在上述难点未有效解决之前，简单以"放开"为取向，很难达到预期目的。因此，存贷款利率市场化改革的进程，应当是一个创造条件的渐进式"调整"过程。

四 存贷款利率市场化改革的路径选择

2012 年以后，在存贷款利率市场化改革的进程中，人行推出的改革措施主要有三：第一，2012 年 6 月 8 日和 7 月 6 日，人行在下调存贷款基准利率过程中，将金融机构的贷款基准利率下浮区间和存款基准利率上浮区间分别扩大为 0.7 倍和 1.1 倍，由此，改变了自 2004 年 10 月 29 日以后的存贷款基准利率上下线限制。就此，有学者强调说，存贷款利率市场化改革已迈出实质性步伐，并预期随着存贷款基准利率的浮动区间扩大，利率市场化改革将近于完成。第二，2013 年 7 月 20 日，人行发出了《关于进一步推进利率市场化改革的通知》（以下简称《通知》），其中指出：取消金融机构贷款利率 0.7 倍的下限、取消票据贴现利率管制和取消农村信用社贷款利率 2.3 倍的上限。对此，有学者强调说，这是存贷款利率市场化改革的里程碑事件，它标志着存贷款利率中 90% 以上已经市场化，还需要将存款利率上限放开，中国的存贷款利率市场化改革就完成了。第三，2013 年 10 月 25 日，在人行的指导下，贷款基础利率集中报价和发布机制正式运行。对此，有学者指出，这标志着贷款利率市场化已经实现。毫无疑问，存贷款基准利率浮动区间的扩大，有利于增强存贷款利率的弹性，强化存贷利率变动给存贷款金融机构业务活动带来的压力，迫使他们关注存贷款供求关系变化。但这些运用行政机制进行的存贷款利率调整措施，并不足以实现存贷款利率的市场化。主要原因如下：

第一，从 2013 年 7 月 20 日人行放开贷款利率下限来看，一方面，这一措施在 2012 年 7 月 6 日就可实行。内在机理是，按照 1 年期存款基准利率为 3% 且可上浮 10%、1 年期贷款基准利率为 6% 且可下浮 0.7 倍计算，1 年期存款利率的上限为 3.3%、1 年期贷款利率的下限为 4.2%，由此，存贷款利差仅为 0.9%，而工、农、中、建等国有控股商业银行经营存贷款业务的成本大致就在 0.9 个百分点，股份制商业银行、城市商业银行等中小型存贷款金融机构的经营成本均高于 0.9 个百分点，因此，几乎没有哪家存贷款金融机构会按照贷款基准利率下浮 0.7 倍放出贷款。从这个角度说，人行放开贷款利率下限的措施不过是将实践中几乎不存在的运作行为以制度方式透明了，并无实质性意义。另一方面，人行并未取消对贷款基准利率的调控。从《通知》中的用语看，"放开"与"取消"有着明显的区别。"放开"可以是一种权宜性措施，即今天开放、明天收紧，今天放开此项收紧他项、明天放开他项收紧此项；今天扩大浮动区间，明天缩小浮动区间（既可以扩大存贷款的净利差，也可以缩小净利差），这种变化带有很强的主观随意性和行政机制引致的不确定性。"取消"则意味着人行不再拥有和使用此项行政权力。通知中并没有宣布"取消"对贷款基准利率的行政管控，同时，还明确强调"个人住房贷款利率浮动区间不作调整，仍保持原区间不变，继续严格执行差别化的住房信贷政策"，因此，"放开"是以弱化对贷款利率的行政调控机制为前提的。

值得一提的是，人行在拥有存贷款基准利率调控权的同时，也拥有对每年新增贷款规模的调控权。既然新增贷款规模还用行政机制掌控，就意味着贷款规模是一个稀缺性资源，它的价格总走势趋于上行（即高于贷款基准利率）。在此条件下，期待放开贷款利率下限能够使得贷款利率达到市场化的目标，只能是一种奢求。

第二，存贷款利率作为资金的价格，应在买卖双方之间的三向竞争中形成，但 2012 年推出的上述三项措施，集中在卖方（即存贷款金融机构）中实施，对提高买方（即实体企业和城乡居民，下同）的市场竞争力（即与存贷款金融机构竞争的能力）并无实质性意义，至多只是使实体企业在贷款环节中少付了点利息、城乡居民在存款环节中多得了点利息。如果存贷款利率市场化改革仅停留于这一层面，那么，由市场机制决定存贷款利率从而金融体系格局改变、金融资源配置状况调整的目标就不可能实现。

第三，从利率体系中看，在成熟市场经济条件下，基准利率是指金融市场中无风险无套利的利率，它根据各种金融产品的性质、期限、风险和条件在金融交易中形成。存贷款并非无风险无套利的金融产品，因此，并无存贷款的基准利率。在我国，存贷款基准利率是从 2004 年以前的存贷款法定利率衍变而来的。近 10 年来，虽然名称改变了，存贷款的浮动区间也扩大了，但它作为政府部门运用行政机制给存贷款金融机构主要产品定价的状况并没有发生实质性改变。另外，在成熟市场经济条件下，存贷款利率水平和走势从而存贷款规模等受到金融市场中其他各种债权债务性产品利率和交易状况的严重制约，而中国的情形是，存贷款基准利率决定了其他各种债权债务性产品的利率和走势。这既凸显了存贷款利率的基础性作用，也凸显了其他各种债权债务性产品与存贷款之间缺乏竞争的状况。这种缺乏竞争的状况，在深层机制上，是实体企业和城乡居民通过金融市场的金融产品交易与存贷款金融机构之间的竞争严重不足。在此条件下，不论人行如何运用行政机制放松对存贷款的上下限管制，都很难创造出有利于提高买方竞争力的金融市场条件，也很难使得利率体系按照市场机制的要求形成。

在我国，推进存贷款利率市场化有两条路径可选择：一是内科手术式调控，即通过人行不断运用行政机制直接调整存贷款金融机构的人民币存贷款利率（包括水平、浮动区间等）来推进。二是外科手术式改革，即通过发展存贷款及其利率的替代产品（例如，公司债券、资产证券化证券和各种财富管理产品等）运用金融市场的机制力量从外部推进存贷款金融机构的存贷款利率市场化改革。这种外科手术式改革的过程，同时就是金融机构业务转型、金融产品创新和金融市场在重新调整中发展的过程。自1996 年以来利率市场化所走过的操作路线和 2013 年已展开的存贷款基准利率浮动区间扩大等，选择的是内科手术式改革。但正如行政机制不可能创造出市场机制一样，内科手术式的利率调整也不可能造就建立在市场机制充分发挥作用基础上的存贷款市场利率体系。

存贷款利率市场化改革作为中国金融体系再造的关键性举措，是一个"三位一体"工程，它需要同时解决存贷款利率由市场机制形成、存贷款金融机构业务转型和金融市场创新发展三个相辅相成的问题。但在内科手术式调整中，人行只具有调控存贷款基准利率的职能，缺乏一举解决这三个问题之招。在运用行政机制调整存贷款基准利率中，虽有可能扩大利率浮动区间，但它既难以改变金融机构在存贷款中的卖方垄断市场格局，又难以给金融机构业务转型、资产结构调整和盈利模式转换提供可选择的市场条件，还难以推进金融市场的创新发展，因此，不可能达到"三位一体"工程的目标。与此不同，外科手术式改革，从发展金融市场中的存贷款替代品入手，通过直接金融机制，在利率同一的条件下，既满足了资金供给者（居民、厂商和政府等部门）追求较高收益率的要求，又满足了资金需求者降低融资成本的要求；同时，通过资金供给者在存贷款金融机构的存款数量减少，使这些金融机构贷款在资产中的比重下降，迫使它们的资产结构从而业务结构和盈利模式等转变。在这个过程中，随着直接金融的宽度、广度和深度的展开，资金供给者和资金需求者有了更多的金融选择权，与存贷款金融机构展开竞争的能力增强，存贷款金融机构卖方垄断格局逐步被打破，由买卖各方在竞争中共同决定存贷利率水平和金融产品结构的格局逐步形成。此外，金融市场的创新发展又给存贷款金融机构的业务转型和盈利模式转变提供了外部条件，使它们能够在市场竞争中通过差异化经营、产品创新和服务质量提高等机制，落实优胜劣汰的市场规则。

内科手术式调控主要依赖行政机制展开，不仅很容易陷入分业监管条件下的众多行政机制与利益关系协调的困境中，使存贷款利率市场化改革的复杂程度和摩擦程度大大增加，甚至可能因认识差异、政策转向和某些具体情况而发生暂停或挫折。外科手术式改革则运用市场机制，避开了行政利益关系，一旦相关制度和操作方式确定，基本能够顺利展开。另外，内科手术式调控政策出台在时点上具有一定程度的突发性，给参与市场交易的各方行为选择和价格变动以突然性冲击，不利于熨平存贷款利率市场化改革中的各种波动（甚至是引致波动的重要成因）。与此相比，外科手术式改革在时间序列上是一个渐进过程，每笔直接金融产品的发行和交易都不至于给交易各方造成重要的直接冲击，但各笔交易的渗入又将引致交易各方的取向、选择和行为方式发生实质性改变。随着各种替代存贷款的金融产品在规模上的扩大、在品种上的增加和在价格上的多样，将有效改变存贷款资产占主体地位的状况，推进债务性金融产品的收益率曲线形成。因此，这一路径对人行的货币政策选择、金融机构运作和金融市场的运行、对实体企业和城乡居民的利益影响，有着滴水入土的效应。

五　存贷款利率市场化改革的应对之策

为了应对存贷款利率市场化改革，应以发挥市场机制为基本取向，主要选择外科手术式的措施，通过渐进路径，在逐步促使条件成熟的过程中，推进存贷款市场利率体系和机制的形成。具体体现在以下三个方面：

第一，通过调整人行所持有的外汇资产数额来完善资产结构，提高人行资产在国内的配置比重，以此提高人行货币政策的调控能力。

调整人行持有外汇储备资产的理念。首先，需要确立国家外汇资产的认识。一国的外汇资产并非集中于政府手中才属于该国的外汇资产。从理论上说，一国外汇资产应由政府部门持有的外汇资产 + 企业部门持有的外汇资产 + 居民部门持有的外汇资产等构成，其中，政府部门持有的外汇资产只是一国外汇资产的一部分，因此，应从国家角度（而不是政府部门角度）来看待外汇资产的数量关系和结构关系。其次，政府部门持有的外汇资产也不一定都是外汇储备资产。它应当包括政府部门的外汇储备资产和政府部门的外汇投资资产。最后，在这些分别由各主体持有的外汇资产中，可以通过外汇交易来调节各个主体的外汇资产余缺。

在调整外汇资产理念的基础上，分离人行以储备资产之名所拥有外汇资产。具体分离方式包括：其一，在充分考虑各种因素的条件下进行估算，明确用于经常性支付所需要的外汇数额，将其界定为外汇储备资产。这部分外汇资产继续由人行持有，计入人行资产负债表的"资产方"。其二，通过各种估算，明确应纳入政府外汇投资资产的数额。这部分外汇资产，既可以通过设立外汇投资基金方式，也可以通过设立外汇投资公司的方式，由中央财政从人行购买。这部分外汇应集中用于生产资本输出。其三，取消结售汇制度，从外汇体制机制上积极鼓励实体企业实施"走出去"战略，将一部分外汇资产留存于实体企业手中，使它们在推进借贷资本输出和生产资本输出中有一个比较顺畅的用汇自主权。其四，扩大存贷款金融机构的持有和使用外汇的自主权和经营权，鼓励他们通过借贷资本输出，有效使用外汇资产。其五，通过金融机构渠道（包括财富管理产品等），展开居民的外汇投资交易，使一部分外汇资产留存于居民手中。毫无疑问，这些体制机制调整必然涉及外汇管理体制的改革。

截至 2013 年底，人行总资产数额为 317278.55 亿元，其中，"外汇"为 264270.04 亿元（占总资产比重达到 83.29%）。根据 6 个月进口数额、非贸易项的支出和外商投资利润汇回等因素估算，再加上必要的调控人民币汇率市场和风险防范等因素，人行大约留下 1.2 万亿美元左右的外汇储备（按照现价计算大约 7.4 万亿元人民币），调整出 19 万亿元的外汇储备资产，并将这些资产用于国内配置，由此，人行资产的国内配置比重将从 14.2% 提高到 70% 以上，货币政策的调控能力也将随之提高。毫无疑问，这种计算是粗略简单的（随着贸易顺差和外商投资的增加，流入境内的外汇资金还将增加，更是显示了这种计算的粗略程度），但仅此就可看出，人行降低总资产中"外汇"所占比重不是一个短期内一蹴而就的战役，而是需要渐进展开。

随着资产结构的调整，人行负债结构也将发生相应的调整。发行货币是央行的专有权，也是央行主动负债且成本最低的资金来源。从美联储、欧洲央行和日本央行的负债结构看，在 2008 年 6 月之前（即金融危机爆发之前），它们的负债中货币发行所占比重分别达到 99.28%、66.37% 和 36.74%。但在人行 2013 年底的负债结构中，货币发行所占比重仅为 20.48%。2003 年以来，人行大量资产主要是通过提高法定存款准备金率和发行人行债券等被动负债形成的。频繁使用这些工具，不仅表明了人行主动调控能力的降低，给金融运行带来一系列负面影响，而且大大增加了人行的资金来源成本。在资产结构调整过程中，随着外汇资产的减少，人行资金来源将更多地通过发行货币而获得，由此，人行主动运用央行利率等价格工具来调控金融运行中资金数量的能力将明显提高。在此背景下，包括存贷款在内的金融市场利率将在央行利率导向的路径中发挥其效能。

第二，扩大公司债券等存贷款替代品的发行规模，运用金融脱媒机制，迫使存贷款金融机构实现业务结构和商业模式转型，运用金融市场力量强化这些金融机构的预算约束硬度。

在金融产品中，公司债券是存贷款的基本替代品。公司债券作为直接金融的基础性产品，具有直接连接资金供给者与资金需求者的功能。从资金供给看，虽然通过购买公司债券，资金流向实体企业，实体企业又将这些资金存入存贷款金融机构，似乎并没有减少资金进入存款的数额；但它避免了由贷款所引致的派生存款发生，因此，对存贷款金融机构来说，具有减少存款余额的功能。从资金需求看，公司债券的发行属于实体企业的权利范畴，公司可根据经营运作需求自主地发行债券，避免了因信贷政策频繁调整所引致的资金供给数量波动与实体企业正常经营之间的不协调程度；同时，公司债券的发行减少了实体企业对存贷款金融机构贷款的需求，这将迫使这些金融机构业务转型。从利率看，公司债券利率对资金供给者和资金需求者是同一利率，它高于存款利率而低于贷款利率，不存在由存贷款金融机构媒介所引致的存贷款利差现象，因此，既有利于资金供给者也有利于资金需求者。在近年公司债券的发行中，5 年期公司债券的年利率大约高于 1 年期存款利率 2 个百分点，低于 1 年期贷款利率 1.5—2 个百分点。显然，公司债券对存贷款金融机构以存贷款为主的业务结构有着重要的外部约束，是形成存贷款金融机构预算硬约束的强有力的外部市场机制。

公司债券对存贷款余额的冲击程度取决于规模效应。从表 2 看，虽然以"金融债券""公司债券""企业债券""短期融资券"和"中期票据"等为名的公司债券余额在 2008—2013 年期间有了明显增加，但与 2013 年底的 718961.46 亿元的贷款余额相比依然过少。要使公司债券能够在实体企业融资中担当重任，公司债券的余额规模就必须足以与贷款余额相匹敌。考虑到每年新增贷款还将继续增加，各类公司债券的发行规模如果能够快速增加并超过新增贷款规模，那么，要达到公司债券余额与贷款余额相抗衡程度，不是短期内所能实现的。这同时意味着，公司债券发行（从而余额）规模对存贷款利率的影响是一个渐进的过程，它不仅为存贷款金融机构的业务结构调整和商业模式转型留下了操作空间，而且为介入金融市场的各类经济主体逐步适应新的市场格局提供了客观环境。通过加快公司债券市场发展的方式是一种不动声色、较易为各方面经济主体接受的外科手术式改革，它所引起的各方面震动和负面效应明显较小。

推进公司债券市场发展关键是，恢复它的直接金融特性，因此，公司债券应着力向资金供给者（包括城乡居民和实体企业）发行，改变集中向金融机构发行的状况。为此，需要着力解决好五个方面问题：一是切实落实《公司法》和《证券法》的相关规定，有效维护公司在发行债券中的法定权利。从 1994 年以后，发展公司债券市场就是中国证券市场建设的一项重要制度性工作。1994 年 7 月 1 日起实施的《公司法》第 5 章专门对发行公司债券做了规范，其中规定，股份有限公司 3000 万元净资产、有限责任公司 6000 万元净资产就可发行公司债券，公司债券余额可达净资产的 40%。2005 年，在修改《公司法》和《证券法》中，这些规定移入了《证券法》中。但近 20 年过去了，按照这一数额规定的公司债券鲜有发行。二是取消发行环节的审批制，实行发行注册制，改变"五龙治水"① 格局，同时，强化公司债券交易环节的监管。三是积极推进按照公司债券性质和发行人条件决定公司债券利率的市场机制形成，在此基础上，逐步推进以公司债券利率为基础的收益率曲线形成，完善证券市场中各种证券的市场定价机制。四是积极发挥资信评级在证券市场中的作用，为多品种多层次的公司债券发行和交易创造条件。五是推进债权收购机制的发育，改变单纯的股权收购格局，化解因未能履行到期偿付本息所引致的风险。

第三，加大金融产品创新力度，为存贷款金融机构业务结构调整和商业模式转型创造可选择的条件，也为实体企业和城乡居民在变"存款"为"金融投资"过程中提供充分可选择的金融产品，由此，推进存贷款利率的市场化改革。

以存贷款为主要业务内容并非存贷款金融机构的本意选择。多年来，金融业务的单一格局，不仅受到社会各界的诟病，而且极大地制约着存贷款金融机构之间的竞争。不打破这种格局，非但难以实现加快公司债券发展的预期目标，而且还可能妨碍存贷款金融机构的业务转型，给存贷款利

---

① "五龙治水"指在公司债券发行审批中，国家发改委负责审批企业债券，人行负责短期融资券、中期票据和债务性融资工具，中国银监会负责审批金融债券和各种银行债券，中国证监会负责审批上市公司债券、可转换债券和证券公司债券，中国保监会负责审批保险公司债券，由此形成的公司债券发行市场依行政机制而分割的状况。

率市场化改革带来各种障碍。另外，存贷款金融机构和金融市场要给企业和居民提供多层次、多元化的金融服务，满足他们在风险偏好多样化的金融投资需求，仅仅发展公司债券也是远远不够的，还必须为不同类型的金融投资者提供不同类型的金融产品（包括金融组合产品）。2008 年爆发的国际金融危机由美国等西方国家的金融创新过度所引致，但中国金融体系的一个主要问题不是金融创新过度，而是金融创新严重不足。

金融创新以金融产品创新为基础。通过重新组合各种金融原生品在权益、期限、收益率、交易方式和管理方式等特征，金融产品创新主要在三个方面展开：一是证券类衍生产品，如可转换公司债券、基金债证券、股权证和资产证券化证券，等等；二是与信托、租赁、担保和保险等金融机制相连接的新产品；三是存贷款衍生产品。金融创新的过程，是不断满足实体企业和城乡居民的金融投资需求、使这些资产逐步按照市场机制配置展开的过程，此间，他们的存款将随着金融产品创新的发展而转变为金融投资，贷款需求也将逐步减少；这一背景将迫使存贷款金融机构随着市场格局的变化及时进行资产结构调整和商业模式转变，而金融产品创新也提供了这种转变的市场条件。由此，在这些变量互动和竞争中，存贷款利率市场化改革进程逐步向宽度和深度展开。不言而喻，缺乏金融产品创新，存贷款利率市场化改革很可能陷入各方均输的境地（从而难以顺利推进）；有效展开金融产品创新将形成各方多赢的格局。

从更加宽广的视野看，存贷款利率市场化改革与存款保险制度建立、汇率形成机制改革和资本账户开放等相互连接（但在相互关系上很难列出先后次序）。在金融体制机制改革中，它们相辅相成，是一个同步渐进的过程。从这个意义上说，金融产品创新也是推进存款保险制度建立、汇率形成机制完善和资本账户进一步开放的基础性工作。

主要参考文献

[1]　[法] 杜阁（1776）：《关于财富的形成和分配的考察》，商务印书馆 1961 年版，第 65 页。

[2]　[德] 马克思（1894）：《资本论》（第三卷），人民出版社 1975 年版，第 401—414 页。

［3］［英］凯恩斯（1936）：《就业、利息和货币通论》，商务印书馆 1993 年版，第 143 页。

［4］［英］希克斯（1946）：《价值与资本》，商务印书馆 1995 年版，第 143 页。

［5］［美］斯蒂格利茨（1988）：《不完美市场与新凯恩斯经济学》，《斯蒂格利茨经济学文集》（第四卷），中国金融出版社 2007 年版。

［6］［美］罗纳德·I. 麦金农：《经济发展中的货币与资本》，上海三联书店 1988 年版。

［7］［美］罗纳德·I. 麦金农：《经济市场化的次序——向市场经济过渡时期的金融控制》（中译本），上海三联书店 1997 年版。

［8］［美］爱德华·肖：《经济发展中的金融深化》，上海三联书店 1988 年版。

［9］［美］赫尔曼、穆多克、斯蒂格利茨：《金融约束：一个新的分析框架》，中国经济出版社 1998 年版。

［10］易纲：《中国改革开放三十年的利率市场化进程》，《金融研究》2009 年第 1 期。

［11］钱小安：《金融开放条件下利率市场化的动力、约束与步骤》，《世界经济》2003 年第 5 期。

［12］李扬：《中国利率市场化：做了什么，要做什么》，《国际金融研究》2003 年第 9 期。

［13］陆磊：《市场结构和价格管制：对中国利率市场化的评析》，《金融研究》2001 年第 4 期。

［14］赵英军：《利率自由化：并非自由的选择》，中国经济出版社 1999 年版。

［15］阎素仙、陶建新：《从国际经验看中国的利率市场化改革》，《天津师范大学学报》2004 年第 3 期。

［16］马胜杰：《从国际经验看中国的利率市场化改革》，《世界经济》2001 年第 5 期。

［17］王国松：《存贷款利率市场化次序安排的有效性与风险性》，《财经研究》2004 年第 2 期。

［18］刘芳：《利率市场化改革的制度分析和国际经验借鉴》，《中央财经大学学报》2002 年第 6 期。

［19］萨奇：《利率市场化与高利率关系的国际经验》，《国际金融研究》1996 年第 1 期。

［20］黄金老：《利率市场化与商业银行风险控制》，《经济研究》2001 年第 1 期。

［21］杨德勇：《垄断与产权：我国利率市场化的制度性障碍》，《财经问题研究》2002 年第 1 期。

［22］许崇正：《论中国利率市场化》，《经济学动态》2001 年第 1 期。

［23］陈伟光：《论中国利率市场化改革的次序性和渐进性原则》，《国际经贸探索》2003 年第 6 期。

［24］王国松：《中国的利率管制与利率市场化》，《经济研究》2001 年第 6 期。

［25］Alain P. Chaboud and Jonathan H. Wright, Uncovered Interest Parity: It Works, But not for Long, Journal of International Economics, July 2005 Volume66, Issue2, 349 – 362.

［26］Alan Gelb, Financial Politics, Growth and Efficiency, World Bank Working Paper, 1989.

［27］Carlos C. Bautista, The Exchange Rate – interest Differential Relationship in Six East Asian countries, Economics Letters, July 2006, Volume92, Issue1, 137 – 142.

［28］Fry, M., J., Saving, Investment, Growth and the Cost of Financial Repression, World Development, 1980, Vol. 8.

［29］Gianluca Benigno and Pierpaolo Benigno, Exchange Rate Determination Under interest Rate Rules, Journal of International Money and Finance, October, 2008, Volume27, Issue6, 971 – 993.

［30］Lanyi and R. Saracoglu, Interest Rate Politics in Developing Countries, IMF, Occasional Paper, 1983, p. 27.

［31］Mathias Hoffmann and Ronald MacDonald, Real Exchange Rates and Real Interest Rate Differentials: A Presentvalue Interpretation, European Economic Review, November 2009, Volume53, Issue8, 952 – 970.

[32] Menzie D. Chinn, The (partial) Rehabilitation of Interest Rate Parity in the Floating Rate Era: Longer Horizons, Alternative Expectations, and E-merging Markets, Journal of International Money and Finance, February 2006, Volume25, Issue1, 7 – 21.

[33] Boot, A. and Thakor, A. , Financial System Architecture, The Review of Financial Studies, 1997, Vol 10, No. 3, pp. 693 – 733.

[34] Dutta and Kapur, Liquidity Preference and Financial Intermediation, Review of Economic studies, 1998, Vol. 65 No. 3 , pp. 551 – 572.

[35] Fry, M. J. , Money and Capital or Financial Deepening in Economic Development? Journal of Money, Credit and Banking, 1978, Vol. 10, No. 4, pp. 464 – 475.

[36] Galbis, V. , Financial and Economic Growth in Less – Developed Counties: A Theoretical Approach, Journal of Development studies, 1977, Vol. 13, No. 2, pp. 58 – 72.

[37] Goldsmith, R. W. , Financial Structure and Development , New Haven, CT: Yale University Press, 1969.

[38] Gurley, J. G. and Shaw, E. S. , Financial Structure and Economic Development , Economic Development and Cultural Change, April, 1967.

[39] Hellman, T. , Murdock, K. and Stiglitz, J. , Financial Restraint: To Wards a New Paradigm, Aoki, Masahiko et al. (eds.) The Role of Government in East Asian Economic Development: Comparative Institutional Analysis. Oxford: Clarendon, 1997.

[40] Kapur, B. K. , Alternative Stabilization Policies for Less – Developed Economics, Journal of Political Economy, 1976, Vol. 84, No. 4, pp. 777 – 796.

[41] King, R. , and Levine, R. , Finance, Entrepreneurship, and Growth: Theory and Evidence, Journal of Monetary Economics, 1993, No. pp. 523 – 542.

[42] Levine, R. , Bank – Based or Market – Based Financial System: Which Is

Better? NBER Working Paper, 2002.

[43] Mckinnon, R. I., Money and capital in Economic Development, Washington D. C. : Brookings Institution, 1973.

[44] Murdock, K. and Stiglitz, J., The Effect of Financial Repression in an Economy with Possitive Real Interest Rates: Theory and Evidence, Mimeo, Stanford University, Stanford, 1993.

[45] Schumpeter, J., The Theory of Economic Development, Cambridge, MA: Harvard University Press, 1912.

[46] Shaw, E. S., Financial Deepening in Economic Development, Oxford: Oxford University Press, 1973.

[47] Fry, Maxwell J., Money, Interesting and Banking in Economic Development, Baltimore: John Hopkins University Press, 1988.

[48] Gelb, Alan H., Financial Policies, Growth and Efficiency, World Bank Working Paper, Country Economic Department, 1989, No. WPS202.

[49] UTarhan Feyzilglu, Nathan Porter, and Elod Takats, Interest Rate Liberalization in China, IMF Working Paper, WP/09/171, August 2009.

（原载《金融评论》2014 年第 2 期）

第二篇
资本市场改革与发展

公有股进入交易市场的难点与对策

同一企业发行的同种股票应股权平等，这是股份经济的一个基本规则。但在我国股市中，这一规则的贯彻却受到严重阻碍。突出表现是：企业发行的 A 种普通股股票，个人股可以在上海和深圳上市交易，法人股和国有股却不可上市交易。近年来，中国股市暴涨暴跌、入市者热于"炒股"冷于"藏股"、股市机制发育艰难等，均与公有股不可入市直接相关。公有股为何难以入市？如何才能入市？这些问题为大众所关心，也是本文讨论的重心。

一　故障：传统经济与市场经济冲突

中国的公有资产长期在传统经济的框架中运行，深刻贯彻着传统经济的运行原则和运行机制。在实行股份制过程中，虽然企业运行机制和原则有了重要变化，公有资产采取了法人股和国有股的形式，但公有资产的内在机制并无多大变化，由此决定了公有股的运行与股市的要求难以协调。具体来看：

第一，产权矛盾。股市运行对产权有两个基本要求：一是入市者必须拿自己的财产进行投资，对资本的运作拥有充分的自主权；二是入市者必须充分承受股票买卖的后果——享受收益、承担损失。但这两个要求在公有股的运作中均无法实现。以国有股为例：首先，国有股产权主体不清。国有股在直接关系上是政府部门拥有的股份，其产权主体似乎是清楚的，可仔细追究是哪一级的哪个政府部门拥有，产权主体就不清楚了。对一个市级企业来说，它的国有股主体究竟是市政府还是省政府、国务院？是行业主管部门还是财政部门、国有资产管理部门？谁都说不清。在主体不清的情况下，谁拥有运作国有股的权力也就无法弄清。其次，国有股的利益主体不清。与产权主体不清相对应，产权利得无法落实到具体的主体上。在国有股运作成功、回报丰厚时，利得归谁、如何分配均不清楚；在国有股运作不成功、资本损失时，操作者不仅要负经济上的亏损责任，而且可能要负政治责任。这种利益与责任的不对等性，责任无限大而利益无限小的现状，使得谁也不敢在国有股入市方面轻举妄动。

第二，政策限制。入市交易对持股者来说，"卖"意味着放弃股份，实现资本回收；"买"意味着获得股份，实现资本投入。通过入市交易来调整资本投向和资本结构，这本来是资本运作的正常行为。但一些制定政策的人习惯用传统经济中的所有制关系来看待股份结构，认为在国有企业改造为股份企业后，国有股和法人股应在每个企业中都占控股地位；公有股若进入交易市场，企业股份结构中的公有比重可能降低，企业的公有性质将改变。因此，它们在政策上规定，法人股只能在法人之间转让，国有股不可进入交易市场。

第三，目标摩擦。通过交易获取利益是一般入市者的基本目标，为此，入市者总是要充分利用股市涨跌所提供的各种机会来达到自己的目的。但对公有股尤其是国有股来说，情形就不同了。国有资产既有追求利得的内在要求又要承担稳定社会生活秩序的职责，资本要求和政府职责的矛盾，在实行股份制后，具体地落实到国有股上。从资本的要求上说，在近年股市价格飞涨的情况下，卖出国有股，将使国有股的资本增加几倍乃至几十倍；在股市价格下降的情况下，买入股票，将使国有股的股份总数大大增加。因此，利用股市波动来运作国有股，利益极大。但从政府职责上说，国有股一旦入市，就可能利用其强大的实力操纵市场，不仅不利于股市本身的平稳和成长，而且可能给社会生活秩序的稳定埋下隐患。国有股直接控制在政府手中，在"求稳怕乱"的心理支配下，政府职能的要求高于资本要求，国有股不可入市交易就理所当然。

公有股的运行机制与股市要求难以吻合还有其他方面的具体表现，但由上述几点已可看出，公有股难以入市的根本原因在于，公有股运行中所贯彻的传统经济原则和机制与股市中贯彻的市场经济原则和机制之间的不和谐性，因此，公有股要进入股市，必须按市场经济的要求改革公有股的运行原则和机制。

二　效应：公有股入市与不入市的利弊选择

改革公有股的运行原则和机制，客观上要求对公有股入市与不入市的
效应状态进行讨论。就眼下来说，公有股入市必然对上海和深圳股市造成
重大冲击，股市价格将大幅度回落，股市运行态势将发生重要变化。1992
年 8 月，上海股市价格的狂跌与"公有股入市"的传言直接相关。但从推
动中国股市成长的角度看，公有股不入市，股市将一直处于畸形状态，股
市运行机制的正常化目的难以达到，因此，公有股入市势在必行。

股价居高不下、股市涨跌无常是目前中国股市的一大特点。从股价上
看，每股面值 1 元的 A 种股票，在上证所的市价最高可达 90 元以上（1993
年 3 月 12 日爱使电子每股最高达 91. 20 元），新上市股票的开市价也高达
84 元和 79 元（1993 年 2 月 19 日市百一店和华联商厦）；与此相对应，相
当多的股票市盈率达到了令人难以置信的程度，1993 年 2 月在上证所交易
的 38 只股票中市盈率超过 100 倍的有 27 只，市盈率最高的达 2000 多倍
（爱使电子），这表明，大多数股票的市价已大大与企业的业绩相脱节。从
股市波动上看，1993 年 2 月 15 日以来，上证综合指数跌宕起伏、呈下降趋
势，其中指数高点曾达到 1560 左右（1993 年 2 月 15 日）、低点则探到 950
以下（1993 年 3 月 25 日），上升幅度大时一日可达 150 点（1993 年 2 月
24 日指数为 1264. 96，1993 年 2 月 25 日则为 1410. 36），下降幅度大时一
日可达 140 点（1993 年 2 月 26 日闭市时指数为 1339. 88，1993 年 3 月 1 日
开市后则下降到 1199. 73）。从图 1 可以看出，1993 年 2 月 15 日以后，上
海股市在多空双方的搏杀中呈下降趋势，陡升陡降形成了几个"W"形，
波动的频率和幅度都是异常的。

若将时间上推到 1992 年 11 月中旬，则上证综合指数的波动更加剧烈。
从 1992 年 11 月中旬到 1993 年 2 月 15 日，上证指数从 398 点一路上扬到
1536 点，增幅高达近 3 倍。3 个月内股价指数如此强劲地上升，实为罕见
（见图 2）。

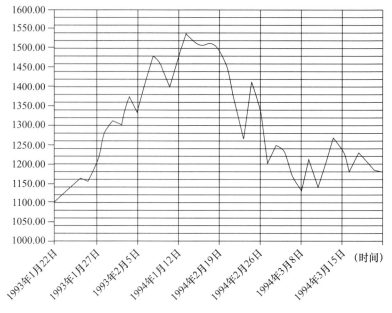

图 1　上证综合指数趋势图（一）

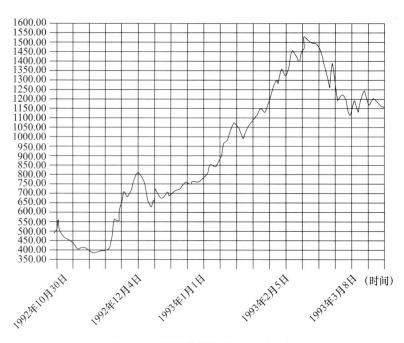

图 2　上证综合指数趋势图（二）

　　股价为何居高不下、股市为何涨跌无常？许多人用供求关系来解释。目前，上海和深圳股市中上市 A 种股票的面值近几十亿元，而入市资金则高达 2000 多亿元。因此，在现象形态上确实呈现着股票严重供不应求的格局。但是，供不应求无法解释 1993 年 2 月 15 日以后交易网点增加、股票账户增多而股市下滑的现象，也无法解释进入 3 月后上市公司分配方案出台而股市继续下滑的矛盾。上述情形之所以发生，在深层关系上是因为中国股市缺乏基本的稳定机制和调节机制。从稳定机制上说，上海和深圳上市公司的 A 种股票股份达数百亿元，只是由于政策的限制，公有股不能入市交易，才使得股票的上市量严重小于股票的可供量，因此，供不应求不是无股可供而是政策限制了供股量。从调节机制上说，若公有股可入市交易，在牛市强劲时，可抛出一定数量的公有股，以缓冲股价暴涨，在熊市迅猛时，可吃进一定数量的股票，以阻止股价狂跌。由此可见，本来是可以利用公有股来调节股市波动的，但由于公有股不能入市，调节功能在很大程度上就落到了大户和机构身上。大户和机构的行为有着很强的营利性，在散户云集的条件下，他们的联手操作直接影响着股市的波动和走势。1993 年 2 月 22 日以后，上证指数的陡跌陡涨在很大程度上就是大户和机构联手操作的结果，以致 2 月 27 日上证所需要急忙出台对他们的交易实行限制的措施。在当今中国，个人资本分散且实力不足，公有资本仍占据着主导地位，只有允许公有股入市，才能促进股市的稳定机制和调节机制迅速成长，才能改变眼下数百万人乐于"炒股"当股民、冷于"藏股"当股东的状况。从这个意义上说，只要公有股不入市，中国股市就不可能成熟，也不能健康发展。

　　建立社会主义市场经济体制，是中国经济改革的目标模式。股票市场是现代市场经济的重要组成部分，对中国市场经济的发育成长也有着重要的促进功能。但是，如果公有股不入市，股市本身发育不良，那么，它的多项功能也就不能有效发挥。具体来看：

　　第一，股市强调平等、买卖自由。通过股票买卖，原来由政府部门持有和法人持有的股票可能转移到社会公民手上，而后者持有的股票也可能转移到前者手中。这在深层关系上打破了传统经济中各种经济成分之间的所有制壁垒，使资源能够在全社会范围内流动和有效配置，使企业从所有制的封锁中解脱出来，走进市场，接受社会的监督和约束；社会公民也将从关心自己的利益出发，具体地关心企业的运营业绩并提高自己的投资者素质。公有股不可入市，事实上贯彻着传统经济中依所有制划界的机制。保证公有股在各个上市公司中占主导地位的政策，一方面使政府部门可利用控股地位对上市公司继续实行"政企不分"的管制；另一方面使广大的社会公民感到他们在上市公司中势单力薄，缺乏应有的影响力。为了维护控股地位，公有资本只能静止封闭、不参加资源流动和有效重组，而这一切又以极高成本为代价；为了维护自己的利益，绝大多数社会公民只能将注意力从企业转向股市，通过股价波动来获取自己的收益和表达共同的需求。从一定意义上说，公有股与个人股在股市上的不平等与它们在企业中的股权能力不平等、在所有制关系中地位不平等是相互对应的，而这一系列不平等既是股市所不允许的也是市场经济所反对的。

第二，股市的一个重要功能是调节资源在各产业部门和各企业的配置。"调节"一方面使资源向有发展前途和效益良好的产业和企业集中，促进产业结构优化和企业发展，另一方面使资源从"夕阳"产业和落后企业中流出，进行产业淘汰和企业淘汰。在调节过程中，股市通过价格变动分别对产业和企业做出评价，这种评价事实上是社会的评价。在公有股入市的条件下，社会评价由政府部门（国有股）、各法人组织（法人股）和社会公民（个人股）的行为共同形成，具有强烈的客观性和强制性。然而在公有股不入市的条件下，情形就大大不同了。公有股不入市给人们以这样一个信号：政府部门和法人机构为了维护自己的利益不会置上市公司的经营状况于不顾，企业不会被淘汰，因而，人们可以放心地把对上市公司的要求寄托于公有股的股东，大胆地"炒股"。1990 年深圳股市暴涨中，股民这种心理相当强烈，1992 年底开始的上海股价狂升、突破"天价"与这种心理也直接相关。在这种格局下，各上市公司股票市价的变动既不是社会评价的结果，也不充分反映股民们对上市公司状况的评价。与此相对应，股市促进产业结构优化和企业进步的功能也大为弱化。

第三，现代股市是一个有严格法制的股市，没有完善的法律规范，不可能有股市的成熟和正常运转。在股市中，法制的"公平"以股市、上市公司及股东行为的公开与公平为前提。公有股不入市意味着公有股运作处于非公开状态。事实上,在公有股运作中,行政管制仍相当强硬地存在,股市运行中已有的各项规定基本上都是针对个人股实行的。因此,就股份总量而言,非公开的、受行政机制支配的股份所占的比例相当高,个人股运作的公开程度和公平程度也受到影响,机构与大户联手操作与这种公开和公平的不充分性密切相关,各类内幕人员的内幕交易也与此相关。因此,公有股不入市在相当程度上维护着传统经济中的行政管制机制和"人治",影响着与股市的公开性和公平性相适应的各种法律机制及社会监督机制的形成。

1992年7月,STAQ法人股内部流通系统开通,曾给公有股的交易以希望。但STAQ系统的法人股交易一开始就以相当程度的非公开性和非公平性为前提,一些主要规则带有明显的"人为"色彩。恒通、玉柴、蜀都三只股票在STAQ系统最初的交易比较活跃,而在9月下旬以后则逐渐沉寂下来,一些曾入市的法人撤销股东账户、退出市场,做市商对做市感到负担沉重且兴趣消退,STAQ系统的法人股交易处于"不活"状态,一个基本原因就在于此。

综上所述,公有股不入市有着种种消极效应,从推进股市运行成熟和促进市场经济成长,以及促进上市公司规范化和资源有效配置来看,公有股入市已是必须要解决的问题了。

三　对策:公有股入市的条件与措施

公有股入市绝非是一项简单的工程,从比较角度来看,其复杂程度将大于个人股入市交易,而国有股的入市交易又比法人股来得复杂。公有股要入市交易必须注重解决下述问题:

第一,公有股的产权主体和股东权益。公有股入市首先要解决股权主体的确立问题,无主体则股权无法行使。确定股权主体对法人股来说相对容易,而对国有股来说则比较困难。要解决困难,重要的是把国有资产主体和国有股主体、国有资产管理者与国有股经营者区分开来。在我国当前条件下,各个政府部门对国有资产拥有的权利难以明确且相当复杂,所以,确定国有资产主体有一定的困难,但这并不意味着国有股的主体不能确定。

国有股主体可以有两种状态：一是以国有资产管理者的身份行使股权。在这种条件下，国有股的主体实际上是政府部门，国有股主体的确立与国有资产主体的确立合为一体。所以，国有股产权主体的确立比较复杂困难，即使解决了，其独立化和国有股入市也相当复杂困难。二是国有股主体以国有股经营者的身份行使股权，在这种条件下，国有股的主体不是政府部门而是经营国有股资本的机构。这样，国有股的产权主体独立化和国有股入市的主体问题就比较容易解决。这种主体的具体形式可以是国有资产经营公司、投资公司和集团公司等，它们承接由政府部门交给其经营运作的国有资本，享有完整的股东权利，从关心自身利益出发关心资本在各产业和各企业的投入结构及流动效益，同时又成为切断政府部门与企业直接行政联系、改变政府部门运用控股权来管制企业（即"政企不分"）的隔离机制，形成不同于政府部门、能够独立行使股东权利的国有股经营组织，是国有股入市的一个基本前提。

第二，公有股的股权分散化。股权过于集中是目前公有股的一大特征。上市公司股权结构中，国有股所占比重高的可达60%—70%，低的也占20%以上，单个法人所持股份高的可达30%—50%。股权过于集中固然有利于公有资本主体的控股，但不利于股市运行和公有股入市。一个基本原因是：在股权集中的条件下，公有股一旦入市将操纵股市，在股价上升时大量抛出，获取价差收益，在股价下跌时大量吃进，获取资产控制权，这样，不需几个回合，入市的大量个人资本就将转移到国家或法人手中，结果只能导致个人股的消失和股市的终结。公有资本控股与股权集中是两个可分离的问题，不能将二者视为一体，因而采取简单化的政策；换句话说，要保证公有资本控股，并不一定需要采取把股权集中在少数几个股东手中的方法，完全可以采取把股权分散在几十个、几百个乃至几千个法人股东（国有股经营组织也是法人）手中的办法来达到。公有股股权分散化，一方面不会削弱公有股在上市公司中的控股地位，有利于公有股与个人股在企业中的权益平等；另一方面有利于防止公有股操纵股市、坐吃价差的状况发生，打消个人股股东对公有股的恐惧感，实现公有股与个人股的市场平等。实现公有股股权分散有两个措施必须实行：一是在企业改组中，原因有资产形成的国有股不能简单地集中到一个乃至几个国有资产经营组织者手中，应从股市交易要求出发分散股权；法人股的形成也应充分分散。二是发起人拥有的股份，除了在时间上限制其入市交易（如规定发起人的股份只有在公司运行满一年才能转让）外，一旦入市交易，在一段时间（如6个月）后对其所持股份的比重也应加以限制。

第三，公有股份与个人股份的形成机制的公平化。我国目前国有股和部分法人股的股份形成机制与社会个人股相比，相当不公平。国有股和发起人中的法人股大多按账面净资产或新投入资本以股票面值形成股份，社会个人股则主要采取溢价发行来形成。这种股份形成机制，一方面使公有股在股份形成中无偿地获取了社会个人股入上市公司的实际成本的好处，阻碍着公有股入市交易；另一方面又促使社会个人股在高价位上开市交易，市价居高。举例来说，假设某上市公司在改组时，账面国有净资产为1000万元，经评估达1600万元，国有股股份按账面净资产形成1000万股；发行社会个人股1000万元，按溢价1∶5发行。实收资本为5000万元，这样，这家公司的股本总额为2000万元，实际资本为6600万元。由于公司的实际资本由股东按股权比例共同占有，国有股与社会个人股的股权比例为1000万比1000万，国有股实际占有的公司净资产达3300万元，比其入股的实际资本（净资产评估值）多出1700万元，而个人股则比其入股的实际资本少了1700万元，所以，国有股通过不公平的股份形成机制得到了1700万元的好处。公司的利润归股东所有，各股东按股权分配利润。假定公司实际资本6600万元的税后利润率为10%即660万元利润，则国有股与个人股按股权分别获得330万元收入，但按各自实际投入的资本计算的利润率则大不相同，国有资本按1600万元计算的利润率为20.63%，个人投资按5000万元计算的利润率为6.6%，二者相差2倍以上，有如此丰厚的利润，国有股当然不能转让，而个人股则因利润微薄必须及时脱手。显然，公有股要入市交易，应使其从形成的一开始就具有必要性和紧迫感，因此，公有股在形成中应与社会个人股同股同价。行政权力、政策允诺决不能成为政府部门获取创业利润的理由；同时，保证国有资产保值增值也决不应成为上市公司的法定责任（因为，上市公司应保障全体股东的投资利益而不是满足某些股东的要求，公司运营中客观存在着风险）。

第四，建立健全股市的法律机制，维护"公开、公平、公正"原则，用"法治"取代"人治"。这包括公开与股市相关的各种信息，禁止内幕交易和任何形式的操纵股市行为，防止股市中的权力交易，严格执法，等等。为此，需要尽快出台证券法、证券交易法、公司法、投资法、经纪人法及其他相关法律，并建立一支经过培训并能够严格执法的队伍。

公有股入市还涉及其他一系列问题，如思想认识问题、国有股的职能问题等。从思想认识方面来说，有一个问题是需要弄清的，即保证公有制的主导作用，一靠公有资本在国民经济资本总量中的比重，二靠公有资本的活力。它既不要求也不可能长久做到国有资本在每个企业中都占控股比例，因此，不可将宏观上的比例关系直接套用到每个微观单位——企业上。从国有股的职能方面来说，国有资本承担着稳定和收益双重目标，国有股则主要承担收益目标（稳定目标是次要的）。为此，国有股对股票市场虽具有调节机能和稳定机能，但这些机能的充分发挥还要靠非股份的国有资本在证券市场上的功能来达到，如国债数量、结构和利率。它们与股票的比例及收益对比等。简言之，在公有股入市以后，不能把股市的调节和股市稳定运行的希望完全寄托在公有股身上，而应运用各种金融手段来达到调节的目标。

公有股入市是公有资本走向市场进入全社会有效配置的重要一步。这一步走得好坏和快慢，直接关系着企业（包括上市公司）运行机制的转换、宏观调控机制的转换、股市的发育成长和国民经济的发展。因此，要积极、慎重、稳妥地进行，要重视与其他相关改革配套展开。

（原载《财贸经济》1993 年第 8 期）

国民：中国资本市场上的重要角色

资本市场是社会主义市场经济的重要组成部分。十几年来，我国的债券、股票及基金等市场迅速发育，但资本市场的体制性基础架构问题并未根本解决。有两个问题尤为发人深省：国民在中国资本市场上究竟扮演什么样的角色？中国资本市场的成长主要依靠谁？

一　国民能够成为资本市场的投资主体

能否进入资本市场，以是否拥有投资能力为首要前提。长期以来，在实行"低工资低收入"和限制个人投资政策的背景下，国民的投资难以有效开展。一些人据此认为，国民不拥有投资能力，只有政府和企业才是国民经济的投资者。但是，这种认识既不符合理论规范也不符合实践状态。

从理论上讲，投资可分为原始投资和派生投资。在本源关系上，国民经济中的原始投资只能来自于政府和国民。政府通过占有国有资产和财政收入，拥有原始投资能力；国民通过拥有消费剩余的货币，也拥有原始投资能力。企业（及其他非政府性机构）的营运资本或来自于政府投资，或来自于国民投资，或来自于政府和国民的投资组合，因此，它们不是原始投资者，只是原始投资的接受者；它们所进行的投资，也只是政府和国民原始投资的派生物，即派生投资。派生投资的取向、规模及活跃程度最终取决于原始投资的取向、规模及活跃程度，派生投资的收益最终也将返回给原始投资者。所以，政府和国民是国民经济的真正投资主体。

从实践上看，近十几年来，随着个人收入水平的提高，国民手中拥有的剩余货币迅速增加，形成了两个令人瞩目的现象：其一，国民手中拥有的金融资产数额巨大且增长势头迅猛，国民整体拥有了巨额投资能力。据统计，1988—1993 年的 6 年间，国民储蓄存款余额由 3801.5 亿元上升到 15203.5 亿元，平均每年增加 1900 亿元（1994 年第一季度又增加了 1500 亿元左右）①；1988—1992 年的 5 年间，全社会固定资产投资总额中城乡居民的投资数量分别为 1022.1 亿元、1032.3 亿元、1001.2 亿元、1182.9 亿元和 1221.99 亿元；仅储蓄存款和直接投资两项相加，每年国民拥有的新增投资能力就达 3000 亿元左右，这还不包括他们在国库券、金融债券、企业债券、外汇、股票、基金等方面的投资。其二，政府的财政投资能力虽随财政收入增加而提高，但其绝对量和增长速度都明显低于国民的投资能力，国民整体拥有的投资能力（即新增能力）超过了政府部门的财政投资能力。据统计，国家财政支出中用于经济建设的费用，1988 年为 1397 亿元，1989 年为 1435.25 亿元，1990 年为 1546.22 亿元，1991 年为 1608.6 亿元，均小于国民整体每年新增的 3000 亿元左右的投资能力。从对 1988—1992 年间全社会固定资产投资资金来源情况（见表 1）的分析可进一步看到：①国家预算内投资的绝对额及占全社会固定资产投资中的比重呈下降趋势，其中，绝对额 1992 年比 1988年减少了 68.48 亿元，即 17%，占全社会固定资产投资的比重由 1988 年的 8.96% 下降到 1992 年的 4.26%，减少了 4.7 个百分点，即 50% 以上；②国

表 1　　　　　　　　　**全社会固定资产投资资金来源情况**　　　　　　单位：亿元

年份	1988	1989	1990	1991	1992
投资总额	4496.54	4137.73	4449.29	5508.80	7854.08
国家预算内投资	402.68	341.64	387.65	372.95	334.2
国内贷款	914.59	716.36	870.88	1292.19	2152.02
利用外资	254.51	274.15	278.26	316.27	457.14
自筹投资	2416.94	2355.50	2329.49	2878.61	4024.63
其他投资	457.87	450.09	583.01	648.79	886.99

资料来源：《中国金融年鉴》（1993）。

---

① 《中国经济年鉴》（1992、1993、1994）；《中国金融展望》（1994）。

内贷款和自筹投资的绝对额及占全社会固定资产投资的比重都呈上升趋势，其中，国内贷款 1992 年比 1988 年增加了 1237.43 亿元，即 136.3%，自筹投资 1992 年比 1988 年增加了 1607.69 亿元，即 66.5%，二者占全社会固定资产投资的比重由 1988 年的 74.1% 上升到 1992 年的 78.6%。国内贷款的资金来自国民的储蓄存款，自筹投资中虽有一部分来自政府在国有企业中的税后留利，但相当大的部分来自企业债券、金融债券、社会集资及国民在非专业银行的储蓄存款。因此，就投资能力的总量关系而言，国民整体的实力已成为推动经济发展的主要力量。

政府和国民在投资取向和投资要求上有一系列重要差别：第一，政府作为政治主体和宏观经济的调控主体，其投资首先必须满足稳定社会经济秩序的需要，因此，不能以收益性为首要目标；而国民的投资则基本以追求最高回报为取向。第二，政府作为一个系统整体，手中拥有的资本集中且巨大，可以直接投入企业或大型项目的建设中；而国民人数众多，每个人手中拥有的货币资本相当有限，常常不足以进行直接投资，因此，客观上要求有一个市场过程来实现资本集中。第三，受以上特点制约，政府对资本的安全性比较重视，而对资本的流动性要求较低；国民虽然也重视资本的安全性，希望企业在运营中达到资本的保值增值，但由于个人或少数人常常不能左右企业的行为，每个人具体意向不一且变化甚多，所以对资本的流动性要求较高，客观上要有一个资本的流动市场来满足国民的要求，否则，资本的集中过程难以顺利进行。可以说，资本市场尤其是股票市场是应国民的投资要求而产生、形成和发展的，使国民能够成为资本市场的投资主体和主导力量。

十几年来，国民的整体投资能力未能有效集中、充分发挥，这与资本市场的发育不充分直接相关，但更深层的问题在于，投资由政府部门主导的计划经济机制仍在持续发挥作用。一个典型的现象是：国民手中的大部分货币通过储蓄转化为政府部门可直接支配控制的资金（"投改贷""拨改贷"政策的实行，专业银行贷款额度的计划控制均与此相关）。在这个过程中，国民的投资能力转化成了政府部门的投资能力，从而形成了投资能力对比与实际投资格局之间的反差（这可从表 2 与上述数字的比较中看出）。

国民投资能力的这种转化，从现象形态上看，对政府部门是有利的。

第一，通过转化，政府手中集中了巨额可支配资金，有利于增强政府的金融管制实力和对国民经济各环节各部门的直接调控能力，保障政策的落实和目标的实现；第二，在正常情况下，投资利润大于储蓄利息，政府部门可获取二者之间的差额，使国有经济实力增强，财政收入增加。但从深层关系上看，则有诸多不利：

表 2　　　　　　　　　　全社会固定资产投资结构　　　　　　　单位：亿元

年份	1988	1989	1990	1991	1992
投资总额	4496.5	4137.7	4449.3	5508.8	7854.98
国有制	2762.8	2535.5	2518.6	3628.1	5273.64
集体所有制	711.7	570.0	529.5	691.8	1359.35
城乡居民	1022.1	1032.3	1001.2	1182.9	1221.99

资料来源：《中国金融年鉴》（1993）。

第一，银行贷款和财政投资有一系列重要差别（例如，银行贷款必须重视资金的收益率和流动性，而财政投资则强调资金运用的政策性），财政部门一旦把二者都置于自己的直接调度之下时，就难免陷入复杂的矛盾中。一方面视银行贷款为财政投资甚至财政补贴，强调资金运用的政策性。为实现政策目标，要求专业银行严格按照政府部门规定的计划额度和计划项目发放贷款；为保障社会稳定，要求专业银行向微利、无利甚至亏损的企业及项目进行贷款。这不仅会使资金收益率大大降低，而且会使大量资金难以回流。另一方面又视财政投资为银行贷款，强调有偿使用财政资金并按期偿还投资，使一些应由政府投入资本来建设的国有及公用设施，从一开始就陷入全额负债的困境中，这种银行贷款和财政投资相混的状态，既不利于理顺财政关系，又不利于理顺金融关系，更不利于实现政府部门的职能转变。

第二，对企业运营来说，投资和贷款有着不同的意义。投资形成的是企业的资本金，企业可以永久性使用这部分资金；贷款形成的是企业的负债，企业必须按期还本付息。投资者通过资本金关系来承担企业的运营风险和分享经营成果，贷款人则通过借贷关系要求企业首先保障债务的清偿，由此差别产生了一系列的重要变化。其一，由于在储蓄的场合，存款人既无必要也无可能关心资金的去向及使用效果，所以，国民对企业的关心程度、约束程度严重弱化。其二，由于企业缺乏足够的资本金，在负债重压之下，不得不积极寻求短期能见效益的项目，或者干脆长期欠款不还，这一方面加剧了企业行为的短期化，另一方面又影响了金融信用关系的正常化。其三，企业在还本付息后剩余的净资产归谁？政府部门认为，给企业的贷款是由政府部门全额担保的，因此，净资产应属国有；银行部门认为，给企业的贷款是由它们全额担保的，迄今为止，那些收不回的贷款，财政部门并未予以承担，所以净资产应属提供贷款的银行；企业则认为，既然已经还本付息，那么，剩余的净资产就应归企业，否则，它们积极努力地偿还贷款就毫无意义了。净资产归属不清，由净资产所带来的收益归谁所有也就自然不清。不难看出，这一系列变化不利于理顺企业的资本—负债关系，不利于增强企业的发展后劲，更不利于现代企业制度的真正建立。

第三，对国民经济发展来说，国民手中的货币是用于储蓄还是用于投资，具有不同的意义。其一，这部分货币若用于储蓄，虽然通过贷款途径，这部分货币可转化为生产基金，但存款人随时可提现，因此，这部分货币的消费基金性质并未完全改变，需求压力、物价上涨压力将随着储蓄增大而增大；这部分货币若用于投资，就完全转化为生产基金，这对于增加供给、稳定物价都有积极意义。其二，这部分货币用于储蓄时，扩展的是货币市场；这部分货币用于投资时，发展的是资本市场。货币市场虽然起到短期融资的作用，但对协调产业结构、促进产业结构优化等所起的作用不大；资本市场通过资本的不断流动，对促进资源有效配置、产业布局合理化、产业结构优化等发挥着极为重要的作用，对盘活存量资产、指示新的投资方向等也有重要意义。其三，经济运行面临一系列风险，在国民手中的货币通过储蓄转化为政府可支配的资金的情况下，风险主要由政府承担，一旦发现决策偏差或决策失误，就可能使国民经济发生"大震"；在这些货币通过资本市场转化为国民投资的情况下，风险由千百万人承担，他们的决策一方面可弥补政府决策的不足，另一方面一旦发生失误，仅为小震、微震，从而增强国民经济发展的稳定性。1992 年 6 月，上海股指从 1420 点下跌到 383 点，1993 年 2 月至 1994 年 7 月上海股指从 1530 点下跌到 333

点，均未引起经济社会大动荡，这从一个侧面反映了国民承受风险的能力。由此来看，国民投资能力全部通过储蓄所发生的转化，不利于国民经济健康、协调、快速地发展。

当然，国民手中拥有的剩余货币不可能全部用于投资，也很难全部用于储蓄。从发达国家的情形看，它们在储蓄、债券和股票间的分布大致各占1/3。而我国目前的结构大致是：储蓄占近80%，债券和股票占不足20%。要改变这种结构，使其趋于合理化，一方面必须大力发展资本市场，确立国民在资本市场中的主导地位；另一方面必须深刻认识传统结构以及相关政策的缺陷，从而调整政策取向。

二 国民投资的体制效应

中国的经济改革从企业"破题"，这有其历史原因。十几年来，人们想尽种种办法，迄今未能解开政企不分的"套结"，基本原因就在于企业运作的财产归政府部门所有。所以，要解决政企分开问题，就必须着手解决企业的财产关系；换言之，要企业不依附于政府部门，就必须解决"企业依附于谁"的问题。现代经济学认为，国民经济的微观基础由企业和国民两部分构成，其中，国民是企业的基础，是微观基础的基础。据此，只有运用国民的力量，才能解开政企不分的"套结"；企业只有依附于国民，才能解开依附于政府部门的链扣。为此，必须充分认识国民投资以及资本市场的意义。

长期以来，许多人对"国民"的认识基本局限在"劳动者"的范畴内，认为国民对经济发展的贡献只是提供劳动和聪明才智。这种认识，与传统体制的要求是相一致的，但不符合市场经济的要求。一个典型的现象是：20世纪80年代以来，随着收入水平提高和市场繁荣，国民的消费者身份已逐步培育起来。国民在消费上的要求及其变化，有力地推动或拉动着企业生产发展和国民经济进步。但是，"劳动收入减去消费支出后的剩余部分干什么用"这一问题并没解决。问题严重性在于：第一，这些剩余货币的历年存量已达万亿元左右，每年还在以数千亿元的速度增加，若停留在消费环节，将给改革深化、市场发展以巨大压力；第二，对国民来说，若用于储蓄，在储蓄利率低于通货膨胀率的条件下，这些货币事实上处于贬值状态。剩余货币的主要出路在于"投资"。实际上，在经济领域中国民应是由劳动者、消费者和投资者三重身份构成的，国民的投资者身份在其投资活动中形成。毫无疑问，靠剩余货币的积累而单独或合伙办厂开店的个人只是全体国民中的少数，对绝大多数人来说，投资于资本市场（尤其是股票）是培育投资者身份、开展投资者行为的重要途径。

有人认为，国民个人投资入股将导致企业资本被个人掌握而私有化，所以，应予以反对和限制。这里存在着一个严重的认识误区——如何看待国民个人及其投资问题。当我们面对一个人时，可称其为"个人"，他的资本可称为"个人资本"甚至"私人资本"；但当我们面对的不是单个人，而是成千上万人乃至几亿人时，是否还可认为他们只是"个人"？他们的资本只是"个人资本"甚至"私人资本"呢？不能。第一，从理论上讲，马克思在 1865 年曾精辟指出：在股份公司内，"那种本身建立在社会生产方式的基础上并以生产资料和劳动力的社会集中为前提的资本，在这里直接取得了社会资本（即那些直接联合起来的个人资本）的形式，而与私人资本相对立，并且它的企业也表现为社会企业，而与私人企业相对立。这是作为私人财产的资本在资本主义生产方式本身范围内的扬弃"。"在股份公司内……这种财产不再是各个互相分离的生产者的私有财产，而是联合起来的生产者的财产，即直接的社会财产"。[①] 马克思尚且认为，联合起来的个人资本不是私人资本，而是社会资本，它在资本主义条件下起着扬弃私有制的作用，那么，我们有什么理由认为，这种联合起来的个人资本还是私人资本，在社会主义条件下起着发展私有制的作用呢？第二，从实践上讲，人们一旦把资本投入企业，各个人的资本就联结为一体，以致任何少数人都不能简单地决定资本运作。各个投资者生活于社会不同的阶层，有着不同的经历、素养和要求，他们的共同意志和利益已超越了"个人"的局限，具有社会性，因此，资本运作已不服从个人意志和利益。资本市场中"用脚投票"对资本运作的制约，也证明了这一点。第三，从政策上讲，如今，绝大多数国民都有了剩余货币，若将有投资能力和投资意向的几千

---

① 马克思：《资本论》第 3 卷，第 493—494 页。

万国民乃至几亿国民都列入"私有"范畴，作为限制和反对的对象，摆到经济发展的对立面，那么，社会主义究竟依靠谁？总之，不能用"只见树木不见森林"的形而上学观点来看待国民的投资行为。社会主义建设，不仅要依靠国民的劳动和聪明才智，而且要依靠几亿国民的数以万亿元计的投资。

国民投资以及资本市场，在培育起国民投资者身份和投资行为的同时，对深化体制改革、建立市场经济也有着一系列极为重要的作用。

第一，彻底打破"铁饭碗"，充分发挥每个人的才能。打破"铁饭碗"，从改革伊始就已提出，十几年来也作过种种尝试，但一直难以解决。一个基本原因在于：对城镇大部分人来说，他们用于支撑其消费者身份（即生存）的支点只有一个——劳动者身份（即工薪收入）；一旦"饭碗"被打破了，生存也将存在困难，所以，维护"饭碗"，是维持生计的基本手段。即便才智难以发挥、放弃新的发展机会以及面对其他不利条件，也要委曲求全地保住"饭碗"。要打破"铁饭碗"，企业领导将面对某些失业者的发难，政府部门将面对失业者所引发的社会不稳定。有人认为，通过社会保障体系的建立和完善，这些问题可以得到解决。但是，哪怕拿当今发达国家中最有利于失业者的福利制度作为参照，要长久地解决众多失业者的一系列生活问题也是极其困难的。

这里有两种现象值得深思：其一，近年来，每年都有数千万的"农民工"从西到东、从北到南涌入城市。论对城市生活的熟悉程度、论整体文化水平、论在城市中的亲朋好友关系，他们与城市居民相比都不占优势。但为什么他们能流动而城市中的许多人不敢？深究起来，一个根本原因在于：自实行联产承包制后，每个农户有了一块承包田，对外出打工的农民来说，即便找不到工作，回去后仍有饭吃；而对城市职工来说，贸然打破"饭碗"去闯天下，一旦找不到工作，吃饭就成问题，因此，本事再大，也要充分考虑"后顾之忧"，宁愿"窝"着。其二，西方国家自1987年进入经济衰退以后，失业问题相当严重。24个经济合作与发展组织成员国领取失业救济金的人数高达3500万人，失业率高达8.5%，其中一半以上国家的失业率达10%以上。1994年1月，欧洲联盟的平均失业率达到10.9%。这些国家失业人口如此众多且时间长达6—7年，但并没有发生18—19世纪那样的大量人口死于饥饿、疾病和寒冷的悲剧，也没有发生大规模"造反""示威"乃至暴力事件。这固然与这些国家的福利制度有关，但另一个重要原因是，这些失业者曾进行过各种投资，在失业期间，可用投资收入来贴补生活，维持家计。

培育国民投资行为、发展资本市场，使国民在劳动者身份以及劳动收入暂时失去时，有一个维持生存、调整发展取向的收入支撑点，这对彻底打破"铁饭碗"是极为重要的。笔者在调查中发现，南方的一些企业职工，较早介入了投资活动和资本市场，对于打破"铁饭碗"顾虑较少，甚至自己砸掉了它，寻求更有利发挥、发展才智的事业，这是很有教益的。"铁饭碗"问题解决了，企业改革的一个深层障碍也就克服了。

第二，促使政企分开，确保企业的法人权益。企业的运营风险说到底要由投资者承担。在国有独资的条件下，政府部门集行政主体和投资主体于一身，由行政干预所造成的损失可以由其投资者身份来承担，所受社会约束相当弱。这是维系政企不分的重要机制。在国民投资以及企业的投资者结构发生变化的情况下，若政府部门再直接插手企业事务，将受到其他投资者的抵制和反对。尽管目前相当多的股份制企业中政企分开问题未完全解决，但政府部门插手企业事务的行为既失去了合法性也承受着越来越大的社会压力，报界的公开披露、讨论乃至运用法律手段来解决问题的事件屡屡出现。这说明，国民已开始从投资者身份出发，关心企业的权益和运营成效，正成为促使政企分开的主要力量。另外，国民通过资本市场进行投资，使企业本身置于市场中。对股份制企业来说，运营活动面临两个过去不曾有过的压力：一是必须充分及时地向投资者披露各项重大信息，接受来自社会各方面的咨询和监督；二是必须充分维护自己的形象，避免"曝光"，防止被"收购"。这些压力迫使企业重视维护自己的权益、端正自己的行为。若无国民投资和资本市场，则无当今股份制企业的发展；同样，若无国民投资行为的成熟和资本市场的成熟，也很难有现代企业制度的成熟。

第三，促进市场经济体制的迅速成熟。"公开、公平、公正"是市场经济的三大原则。"公开"——政策公开、信息公开、行为公开。对谁公开？首先是对国民公开，对投资利益相关者公开。"公平"——地位公平、权利公平、利益公平。对谁公平？首先是对国民公平，进行同一投资的各投资者依其投资量而界定权益，等量投资拥有等量权益。"公正"——立法公正、执法公正、仲裁公正。对谁公正？首先是对国民公正，国民不拥有任何特权，他们共同的要求是最合理正义的。国民是市场经济的真正微观基础和行为主体。离开了国民的要求，市场经济的三大原则难以确立，市场经济的具体运行机制也难以形成和完善。

三　国民投资与资本市场发展

国民投资主要通过资本市场而开展，资本市场也主要依赖国民投资的开展而发展，二者相辅相成的关系决定了促进国民投资与发展资本市场是同一过程的两个方面，缺一不可。近年来，随着股票发行和交易，我国资本市场迅速成长，国民投资也大幅增加。1992 年底，沪深证交所的上市股票仅 71 只，股本总额仅 156.85 亿元，市场总值 1041 亿元；到 1993 年底，上市公司数已达 184 家，股票 218 只，市场总值达 3700 多亿元；到 1994 年 9 月中旬，上市公司增长到 287 家，股票 334 只，股本总额 666.14 亿元，市场总值达 5700 多亿元。但受传统观念和计划经济的影响，政策仍选择以"管""控"为主的"试点"取向，在相当大的程度上限制了国民投资和资本市场的成长。在股权结构上，强调国有股要占控股地位。股份公司的设立基本上采取增量方式，即原国有资产评估后转为国有股，然后募集一定数量的法人股和个人股以及外资股，从而形成股份公司的资本关系。到 1994 年 9 月，沪深上市公司的股权结构见表 3，流通股在沪深上市公司中只占 16.23% 和 28.30%。

表3					沪深上市公司的股权结构			单位：亿股
	股份总额	国有股	发起法人股	一般法人股	流通股	外资发起法人股	流通 B 股	国有股占比（%）（含一般法人股）
沪市	454.38	230	32.86	42	73.76	5.3	25	67.1
深市	211.76	63.9	29.85	34	59.92	7	10.65	60.73

资料来源：《证券市场周刊》1994 年第 41 期。

　　这意味着：一方面，股份公司的大部分资本并没有进入资本交易市场（从资本形成来看，甚至没有进入资本发行市场），只处于不可流动的停滞状态，国民投资对股份公司的影响相当有限；另一方面，按同比例计算，沪深 A 股市值 3927.73 亿元和 1562.96 亿元中，不可流动的数量达 3290.26 亿元和 1120.64 亿元，可流动部分的市值仅 637.47 亿元和 442.32 亿元，资本市场的真实规模不大。在市场结构上，注重直接或准直接的行政"管""控"。债券、股票的发行，一方面严格实行计划控制、额度管理，另一方面严格执行自上而下的层层会审批准，以各地方政府为主组成股票发行小组，实施股票的发行。股票交易，严格限制在沪深两个证交所，几百万股民、几百家券商的交易行为集中在这两个有限的市场范围内，由此产生了一系列问题。

　　促进国民投资、发展资本市场，必须改变观念，调整政策，为此：

　　第一，要实现三个观念的转变。①对公有制的认识不能仅停留在国有制上，由国民个人的联合投资所形成的资本关系是一种新的公有制形式（笔者将它称为国民所有制，以区别于国有制和传统的集体所有制）。这种公有制对完善社会主义经济关系、建立市场经济新体制和促进国民经济发展都极为重要，因此，不能认为国民个人投资所形成的只是非公有制关系。②对国有资本的认识不能仅停留在企业层次上，应从总量关系上来把握和运作国有资本。在全国 500 多万家企业中，国有企业只占百分之十几，国有资本在每个企业中都占控股地位，既无可能也无必要。应充分重视国有资本的流动性问题，国有资本从某些企业中转移出来，投入另一些企业，并不会削弱国有经济在国民经济中的地位和作用，相反，它的导向作用和活力将得到增强与发挥。因此，要重视通过资本市场来实现国有资本的流动和转移。③对国民投资的认识不能停留在个人直接投资上。资本市场的一个重要功能是把个人手中分散的有限的资本集中成一个巨大的可创办一系列大项目的资本。通过资本市场，国民投资可以有效弥补甚至在一定程度上取代政府的直接投资，满足企业发展和大型项目建设的需要，因此，要从资本集中和总量关系上来认识国民的投资能力。这些认识问题的解决，是实现政策调整的前提。

　　第二，协调金融市场中货币市场和资本市场的结构关系，调整国民手中的货币在这两个市场上的投入比例，逐步形成以资本市场为主的金融市场格局。国民手中的货币大部分用于储蓄，投入资本市场的部分不足20%，这种格局的形成，与我们实行的"重储蓄、轻投资"政策密切相关，为此，必须调整政策取向，使资本市场的发展和国民投资有一个较好的政策环境。有人担心，资本市场的发展会减少储蓄存款的数量从而影响金融市场的稳定。这种担心是不必要的。首先，在资本市场发展中，储蓄存款占国民所拥有的金融资产的比例确实会降低，但其绝对量仍将增加。近几年来，国民购买的国库券、金融债券、企业债券、股票和基金达2000亿元左右，但储蓄存款的绝对量并没减少，反而大幅度上升。其次，金融市场的稳定不是靠把国民手中的货币吸纳在银行中就能充分维系的。从与商品市场的联结程度来看，这些货币投在资本市场上要比投在货币市场上更能抵御或消解物价上涨的冲击和商品市场的波动；从与利率关系联结程度来看，这些货币投在资本市场上要比投在货币市场上更有利于市场利率的形成、稳定及功能发挥。因此，不能用传统观念来衡量金融市场的稳定。最后，货币市场和资本市场的结构调整是一个逐步进行的过程，它主要通过调整国民每年新增剩余货币的投向来实现，对目前已发生的存贷关系冲击不大，不致使信用关系陷入困境。

第三，调整资本市场的内部结构，理顺各方面关系。包括：①调整债券市场和股票市场的结构。建立"以国债为主"的资本市场是近年的政策取向，受此制约，每年的国债发行规模明显大于股票规模。1993年，国债发行380多亿元，股票额度50亿元；1994年，国债发行1000多亿元，股票额度迄今未下。国债是资本市场的一个重要运作品种，但从国民投资与企业运营的关联度来说，投资于国债与储蓄存款比较接近。一个典型的现象是：国民所购买的绝大部分国债都处于"沉淀"状态，进入交易市场的不多，他们对国债资金的使用既无关心的可能也无关心的必要。要推进企业产权关系的调整，提高国民对企业运营的关心程度和约束程度，必须着力发展股票市场，使国民的利益和要求通过股票市场而与企业紧密相连。发展股票市场，可以使原先准备由政府投资的项目转为由国民投资，从而减少财政支出中用于投资的部分，使财政收入主要用于行政事业发展、公用设施等方面，减轻财政压力。②扩大股票发行规模，调整股票发行的产业结构。1993 年，政府计划内的股票发行额度 50 亿元，但由于定向募集公司的存在，法人股、内部职工股的发行量达数百亿元之多；1994 年 7 月以后，随着《公司法》的实施，定向募集公司已不能设立，若股票发行规模再控制在原有范围内，将使股票市场的发展减慢，因此，应考虑扩大股票的发行规模。上市公司的产业结构不合理是近年股票发行的一大问题。沪深两所上市公司中不少企业规模小，不具产业代表性，而国民经济中一些急于发展的基础设施项目和高科技项目又苦于资金不足，难以建设。一些地方采取各种方式大量引进外资，以保证项目尽快建成，但引进外资的现期代价和远期代价相当之高。要改变这种状态，必须调整股票发行政策，使股票的发行市场向基础设施、高科技、原材料等项目倾斜，与此相对应，应在一定程度上实行资本授权制度、建业股票和建业股息制度，以缓解处于施工期而无经营效益的大型建设项目的资金困境，同时培育国民的长期投资行为。③调整股票交易市场的结构。一方面，证券交易所只限于沪深两地的状况不能满足我国资本市场发展的需要，建立第三家、第四家证交所已是大势所趋。为此，要积极创造条件，使新的证交所尽快投入运行。另一方面，我国幅员辽阔，目前又已有数千家定向募集公司，完全采取证交所的集中交易，不利于证券市场自身的发展和运行机制的理顺，因此，需要发展一定数量的场外交易来满足区域性的资本投资、流动等方面的要求，使国民投资有更广泛的选择空间。在调整交易市场结构过程中，应重视调整交易市场中的股权结构，改变国有股和法人股不可流通的状况，逐步扩大可流通的股份数量，由此促进股份公司中国有股与个人股的结构变化，盘活国有资本。④调整股票结构。无纸化记名股票只是股票的一种形式，局限于此，不利于完整发挥股票的各种功能，也不利于股票市场的全面发展和结构优化。为此，在无纸化记名股票的扩展中，应注意适当地发展有纸化无记名股票（包括普通股、优先股）以及基金、可转换债、认股权证等股票的派生品种，使国民有更多的投资选择机会。

第四，调整资本市场的运行机理，促进市场机制的充分形成。包括：①加强法制建设，减少行政干预。目前，资本市场的运行受政策因素影响甚大，以致有人戏称其为"政策市"。这固然与资本市场本身的不健全、不完善有关，但与政府部门的行政干预、政出多门以及传统管理行为也直接相关。要改变这种状况，必须严格执法。②信息披露的准确性、完整性、及时性直接影响着资本市场的稳定与波动，关系着资本市场的成长与成熟。信息主要通过各新闻媒介披露。新闻媒介不仅要正面报道和披露各种信息，而且应强化其对投资者、上市公司、证券商、证交所以及有关政府部门的监督功能，防止信息的虚假、失真，有效维护新闻的公正性和市场的"三公"原则。③提高各中介机构的素质，强化它们的责任关系。咨询机构、资产评估机构、会计师事务所、律师事务所、证券商等是资本市场的中介机构，它们的行为直接影响到国民投资的利益、资本市场的成长以及政策的落实、法制的实施。中介机构的行为不规范是我国资本市场中的一个重要问题，这与从业人员的素质、经验有关，也与中介机构自身的体制及财产关系密切相关。增强中介机构的责任关系，促使其行为规范化，应对咨询机构、资产评估机构、会计师事务所、律师事务所等实行无限责任制并严格审定从业人员的资格及经历。

（原载《经济研究》1994 年第 12 期）

公有股进入流通市场的难点与出路^①

　　我国在企业股份制改组中，通过国有净资产转股、发行法人股等途径，形成了以国有股、法人股为代表的公有股。公有股的存在，原本是为了维护公有经济在企业中的控股地位，发挥公有经济的主导作用，但由于股票作为资本市场中的一种金融工具，其生命力在于流通，而公有股不可流通，所以在现实中引发了一系列本来不应有的矛盾。公有股能否进入流通市场，既令人关注，又困难重重，但它确实直接影响着中国资本市场（尤其是股票市场）发展的总格局。因此，有必要对其中的一些重要问题作深入探讨。

　　股票的流通市场包括场内市场和场外市场。公有股进入流通市场，指的是进入这两种市场，而不是其中的某一种。因此，不能认为，公有股入市就一定是进入场内市场进行交易。

一　观念转变：政策调整的重要前提

　　公有股进入流通市场的首要难点，不在于市场本身有何障碍，而在于人们观念上和心理上的一系列"担忧"。代表性的"担忧"主要有二：①担心国有股进入流通市场，在股票买卖中，国有股大量转移到个人手中，使企业的国有控股地位受影响，甚至使企业的"性质"发生变化；②担心公有股进入沪深证交所，使已上市的股票盘子猛然扩大，供求关系剧变，导致人气消散、股价暴跌、股市崩盘，并进一步引发其他社会问题。从直接关系上看，这些担忧不是没有道理的，相反，理由相当充分且思虑甚深。但若把思路放宽些，眼界放远点，就会发现，这些担忧是可以消解的，问

---

　　① 本文是"中国资本市场的培育与发展"课题的阶段性成果。

题并不像"担忧"的那么严重，那么难以克服。

从"担忧"的第一方面情况来看，国有股进入股市，在交易中，确实可能发生国有股大量转移到个人手中，使具体企业的国有控股地位发生变化的情况，但这并没有什么值得担忧的。其一，在国有股进入交易的状态下，若政府对某家上市公司特别看重，完全可以不出卖其拥有的股份，甚至还可以通过市场买入一些股份，这样，控股地位不仅未削弱，反而可以增强。因此，是否放弃对具体企业的控股权，不取决于国有股是否入市，而取决于持股者的意向；换句话说，不能认为，入市就一定是股权在转让中失去。其二，在全国700多万家企业中，国有独资和国有控股的企业并不占多数，但这并不妨碍国有经济在目前国民经济中的地位和作用。对国有经济来说，有意义的是，如何有效调配其资产，促进产业结构的合理化和优化，而不是在每家企业中都占控股地位。因此，放弃对某些企业的控股权，通过股票交易，将资本（以及交易中所得收益）投向急需发展的产业部门，创办新企业或扩展老企业的规模，是正常的、有利的。其三，企业既然已经实行股份有限公司制度，其国有独资的性质就已变为社会共有的性质（按马克思的说法，企业为"社会企业"，其资本为"社会资本"），不论国有股占不占控股地位，这种社会共有的性质是不变的，因此，不存在改变企业"性质"的问题。

国有股不进入流通市场，在形式上是维护了国有经济在具体企业中的控股地位，但实际上，对发挥国有经济的整体功能、中国资本市场的健康发展和国民经济的协调发展，都是极其不利的。

第一，国有股不入市，意味着大部分国有资产将长期"冻结"在具体企业的运营中，由此产生几个问题：其一，这部分国有资产存量难以盘活。在财政投资极其有限的条件下，国有资产存量难以盘活，这本身就意味着国有经济的资产调度能力和配置能力的下降，这对发挥国有经济在整个国民经济中的导向作用是相当不利的。其二，国有股不入市，意味着国有经济自动放弃了在入市条件下本来可得到的一部分股份转让的收益，这对国有经济的实力增强，也是不利的。其三，国有股不入市使国有经济在每年企业的配股中遇到资金调度的困难时，常常只能放弃权利。近两年来，这种情形屡见不鲜。总之，国有股不入市既不利于维护国有经济的权益，促进国有经济发展，也不利于发挥国有经济的整体功能。

第二，国有股不入市，使中国股市长期处于不协调状态，其一，国有股不入市，意味着在中国资本市场上，"论出身定成分"的现象将长期存在下去，同是股票和股东，本应权益平等，但因出身不同、股东身份不同，结果地位不同、权益不同。在这种态势中，中国股票市场不可能逐步完善。其二，国有股为政府部门所持有，在它不入市的条件下，各政府部门均可以股东的身份介入股份公司，这样，股份公司要真正成为独立法人相当困难。几年来，股份公司（包括上市公司）的运行机制唯以充分转换，与相关政府部门的行为是密切相关的。政企不分问题不彻底解决，中国股市不可能真正成熟。其三，国有股不入市，意味着中国股票市场还有一大部分股票未与市场接轨，未经市场整合，这样，交易市场上的股价、股指及交易方式等都还是不完全的、不成熟的，与此相对应，股票市场的发展也只能是非整体性的、非协调性的。

第三，国有股不入市，一方面使国有经济在调度资源、促进产业结构合理化和优化方面的能力受到限制，不利于国民经济的协调发展；另一方面意味着资本市场在调度各方面资源、实现资源有效配置过程中有相当大一部分是无能为力的，这也不利于国民经济的协调发展。

在观念转变中，还有一个问题必须解决——对公有制的认识不能仅仅停留在国有制和集体所有制上，由国民个人的联合投资所形成的资本关系是一种新的公有制形式，即国民所有制。这种公有制对完善社会主义经济关系、建立市场经济新体制和促进国民经济发展都是极为重要的。那种把国民个人投资视为"私有"范畴的认识，既不符合马克思主义的观点也不符合经济现实。从政策上讲，若将有投资能力和投资意向的几千万国民乃至几亿国民都列入"私有"范畴，作为限制和反对的对象而摆到经济发展的对立面，那么，社会主义究竟依靠谁？不能用"只见树木、不见森林"观点来看待国民个人的投资入股行为，也不能将对公有制的认识固定化。

再谈"担忧"的第二方面，从公有股（不论是国有股还是法人股）上市来看，它确实将使上市股票的总量扩大了，但是否一定导致人气消散、股市暴跌，却是未必。

第一，股市扩容只要速度得当不会导致股指暴跌。1992年底，在沪深上市股票 71 只，上市公司股本总额达 156.85 亿元，其中流通般（A 股）52 亿元左右；到 1994 年 9 月中旬，上市股票增加到 334 只，上市公司达 287 家，股本总额 666.14 亿元，其中流通股（A 股）138.68 亿元。若将 1995 年底上市公司的总股本减去发起人中的法人股、外资股和 B 股，则 1994 年 9 月中旬可流通的 A 股总数已超过前项余额。这意味着，在 1993 年后的一年多时间里，若不发行 A 股和送配股，而是将公有股推入股市，其扩容规模不会超过目前已上市的股票总量。在一年多的时间里，尽管金融紧缩、股票扩容，但股市依然活跃，有过 1993 年 12 月和 1994 年 8 月底两次冲破千点的表现。这足以说明，扩容未必导致股指暴跌。

第二，问题的关键在于心理承受能力。1995 年，沪深股市的扩容完整规模可能达 100 亿元左右。对此，人们似乎有较强的心理准备。而目前沪深上市公司中，国有股加一般法人股仅 870 亿元；其中 294 亿元的国有股即便挂牌，也将有相当大一部分由于种种原因而在一段时间（甚至较长时间）内不会发生实际交易。因此，只要有效告示投资者，使他们做好心理准备，同时，采取适当的步骤上市，国有股的上市不致引起投资者惊慌失措、人气消散。一年多来，几家上市公司通过配股方式把一部分国有股和法人股转为可流通的个人股上市交易，并没引起股市的动荡。这也从一个侧面反映出：公有股入市，并不像一些人担心的那样可怕。实际上，投资者、证券商、上市公司等股市行为主体对股市变动的承受力明显高于我们一些制定政策人的估计程度。1992 年 11 月沪市股指跌到 383 点，1994 年 7 月跌到 333 点，股民并未惊慌失措，一些证券商仍在发展新的网点，上市公司运行正常，都是明显的例证。

二 股权定位：国有股入市的前提条件

公有股进入流通市场的第二难点是股权定位。这主要是国有股的问题。主要表现有二：

第一，国有股名义上是国家持有的股份，但实际上为政府持有。由于政府是一个自上而下的庞大系统，这样，国有股究竟由哪级政府的哪个部门持有就说不清了，进而，谁来运作、谁对运作行为负责及利益归谁等也就都说不清了。因此，即便允许国有股上市，也可能导致国有股的卖出无人操作或胡乱操作。这个问题不解决，国有股难以入市。

第二，国有股是在国有企业进行股份制改制中通过资产评估，把净资产转为股份而形成的。1994年以前，大部分企业这种转股是按1∶1或明显低于个人股的发行价来形成国有股的。由于股份形成时的价格不平等，许多人认为，国有股占了社会公众股的便宜，因此，国有股若要上市，必须重新调整，使其与社会公众股进入流通前的状况大致平等，否则，二级市场上的投资者难以接受。这个问题不解决，国有股入市也会遇到困难。

这两个问题，前者强调的是股权的主体定位，后者强调的是股权的数量（实际上是平等权益）定位。二者的解决，涉及一系列政策法规问题，也涉及体制的改革和调整问题（尤其是股权的主体定位），但未必解决不了。

从股权的主体定位来说，国有企业的资产最初是由政府部门运用财政投资或信贷投资形成的，其中，有的是中央的投资，有的是地方的投资，有的是财政部门的投资，有的是主管部门的投资。因此，可以考虑通过对资产来源关系的清查，理清各级各部门的投资数量及比例关系，在此基础上，协商讨论各级各部门分别应持有的数量，从而确立各部分股权的具体持有主体，使国有股具体地落到各持有主体手中，由他们来运作，对运作行为负责并享受相关利益。毋庸讳言，在这个过程中，有许多矛盾、困难甚至利益冲突要解决，但第一，这些矛盾、困难及利害关系早晚总要解决，与其让其积累到非解决不可时再解决，不如利用此时机主动去解决；第二，可通过制定有关政策，求同存异，随时解决问题。

从股权的数量定位来说，求得国有股与社会公众股进入流通前的状况大致平等，有多种方法。例如，可以采取国有股缩股的办法，即将现有的国有股数量按一定的比例缩小，从而使上市公司在净资产总量不变的前提下，总股本减少，这需要对财务报表作新的调整和说明。又如，可以将一部分国有股以较低的价格（高于每股净资产，低于原社会公众股的发行或现市场价格最低价）转让给持有流通股（A股）的股东，使这些投资者能得到一些补偿。不论采取何种方法，第一，国有股的一定退让都是必须的，这不是国有财产的流失，而是还利于民；第二，平等只能是相对的，不可过分计较，不可忘记总的目标。

上市公司的公有股上市问题，包括了国有股和法人股，但只要把国有股入市问题解决好了，法人股问题就相对易于处理。另外也必须看到，随着上市公司的数量增加，需要解决入市问题的公有股数量也在增加。若现在不重视并着手解决公有股的流通问题，以后的压力将更大，解决起来的难度也会更大。因此，不可以掉以轻心。

三　政策调整：法人股进入流通市场的基本保障

公有股进入流通市场的第三个难点，是股权的合法性问题，这主要针对定向募集公司的法人股而言。1992 年至 1994 年 5 月，根据《股份有限公司试点规范意见》，在推进企业股份制试点工作中，全国各地先后组建了4000 多家定向募集公司，发行了 1000 多亿元的法人股，公司股本总额达3000 亿元左右。1994 年 7 月 1 日起，《公司法》开始实施。由于《公司法》中规定，股份有限公司只有发起设立和社会募集设立这两种形式，没有定向募集设立这种形式，所以，定向募集公司及其法人股的合法性成为问题。

有人认为，定向募集公司既然已失去合法的地位，那么，这些公司的法人股进入流通市场就缺乏法律根据，所以，不能考虑它们的入市问题；也有人认为，在 4000 多家定向募集公司中，有相当一些是不够规范的，若让它们入市，将不利于规范化管理和提高股份有限公司的质量；还有人认为，这些法人股在当时是由各地方政府部门批准发行的，几乎没有经过中央政府部门批准，如果允许它们进入流通市场，一方面不好控制和管理，可能引起混乱；另一方面可能给其他企业以示范，引出新的定向募集公司的设立，或引起法人股的数量扩张，因此，不宜让它们入市。

定向募集公司的法人股进入流通市场，是讨论公有股入市不可回避的主要问题。第一，1992 年实行定向募集公司制度，是作为深化企业改革的一项重要举措实施的，既有全国的法规，各地方政府部门（如体改委、国资局、计委、人民银行及企业主管部门等）也积极努力。如今，定向募集公司由于《公司法》的实施而失去合法地位，理应对它作出政策上的安排，否则，无论如何是交代不过去的。

第二，投资购买定向募集公司法人股，大致有两种情况：一是机构购买。一些法人机构用自有资金或贷款资金购买了法人股的，原本想这些法人股能够较快进入流通，资金可收回并有一定的盈利，但怎知一下子被死死"套牢"，在金融紧缩从而资金吃紧的情况下，这种"套牢"使一些企业陷入困境。二是个人购买，一些个人假借法人名义，通过集资或其他途径购买了法人股。虽说大部分人并不急等用钱，对资金被"套"有一定承受力，但由于定向募集公司地位不稳、法人股前途未卜，而他们又是假借法人之名购买法人股，总有不合法之嫌，所以，对所持的法人股感到担心，急于脱手。目前，持有法人股的机构数以万计，持有法人股的个人数以百万计。这些机构和个人心里不踏实，给地方政府部门和定向募集公司以巨大压力，同时，也隐藏着引发其他社会问题的危险。定向募集公司及其法人股的地位和去向问题，拖的时间越长，累积的矛盾将越多越深，引发其他社会问题的危险也将越大。这不能不引起充分的重视。

第三，还有一种动向值得注意：一些原准备在中国进行投资、收购国有企业或上市公司的境外资本，眼下已把目标转向了定向募集公司。他们清楚地看到，许多机构和个人急于卖出手中持有的法人股，可以利用买方优势，将价格压低，以明显低于项目投资或收购国有企业及上市公司的代价，收购定向募集公司；而定向募集公司数量众多，其中不乏业绩好、有发展前景的企业，同时，又有着在未来某个时间上市的可能性，真可谓一举数得。这种收购的发生，虽有利于缓解持有法人股的机构和个人给政府部门及定向募集公司造成的压力，但从财产关系上说，由低价转让造成的中国资产的流失是难免的。一些人已经看到这种后果，主张用政策手段限制乃至禁止外资购买法人股。但这种政策并不能有效解决问题。其一，即便是外资的直接收购行为被禁止了，我们的间接收购行为也将展开。须知，在这种收购中，买卖双方有着利益的一致性，完全可以用多种形式成交。其二，法人股问题的症结不在于外资是否收购，而在于如何解决其本身的出路问题。"堵"只是治标之举，根本点在于如何治本，因此，"堵"不是办法。

解决定向募集公司及其法人股的问题，既要实事求是、尊重客观现实，又要因势利导、开渠引水。"实事求是、尊重客观现实"的含义是：既然定向募集公司中的法人股有相当一部分是由个人投资购买的，不少人又因"名不正"而心中不踏实，不如尊重这一客观现实，对由个人投资的股份直接发给记载个人姓名及身份证号码的股权证，以使这些人放心。这种做法，虽与这两年的政策法规要求不符（如政策规定，法人股只能由法人单位认购），但其有利于安定一方，缓解许多已经发生和可能发生的矛盾，而且从股票性质来说，也有利于打破将股票分为国家股、法人股的人为界限；由于新的定向募集公司不能再设立，所以，单独发行法人股的现象已不允许再出现，这样，将已有法人股中的个人投资部分确认下来，也不致引起新的混乱。

"因势利导，开渠引水"的含义是：1995 年，《证券法》的公布实施，势在必行。《证券法》将从中国证券市场发展的整体格局角度来规定证券市场的基本结构，其中，确认场外市场和柜台交易的合法地位，是不可避免的。这样，目前各地方设立的证券交易中心（或产权交易中心）的法律地位就得到了确认。这些证券（或产权）交易中心需要有自己的经常性交易品种，各地方政府也会从缓解矛盾出发，将一些效益好、质量高的定向募集公司的法人股推入交易中心，开展市场买卖。在这种环境下，若再用政策堵道，将引发一系列严重冲突。所以，不如因势利导地开渠引水，给定向募集公司的股票流通以出路。

定向募集公司的法人股（以及国有股）进入场外交易市场，需要有一系列法规政策相配套，其中包括：第一，在定向募集公司的股票进入流通市场后，应允许社会公众进入市场买卖，一方面使定向募集公司通过市场过程而转变为社会募集公司，取得合法地位；另一方面打破国有股、法人股和个人股的人为界限，使股票真正成为社会性的金融工具。第二，定向募集公司股票进入流通市场，不能一哄而上，需要严格掌握标准，进行规范化管理。一方面，条件不达标、行为不规范的公司不能入市；另一方面，已入市的公司，若不能继续达到规范要求，应采取退出市场的措施。因此，既要有入市制度，也要有退市制度。第三，股票发行不再分社会公众股、法人股等不同类别。若继续实行计划额度，则计划总量应包括所有的股票，由此阻止定向募集公司入市后法人股的重新扩张；若实行标准控制，则企业申请的发行数量应为发行总量（而不仅仅是社会公众股）。与此对应，发行的审批制度也应调整，改变中央部门批准社会公众股、地方部门批准法人股的结构，实行统一审批制度。第四，建立场内交易与场外交易相衔接的市场制度。上市公司若条件不能继续满足场内交易的要求，应退出证交所，转为场外交易；在场外交易市场中挂牌的公司，若条件成熟，可申请在证交所挂牌，成为上市公司。这种制约关系，有利于推进证券市场的成熟。

（原载《金融研究》1995 年第 5 期）

创业投资：建立多层次资本市场体系

在当今经济发展和市场竞争中，科技进步及其产业化具有决定性的意义。创业投资是推动科技进步及其产业化的极重要机制。深省东南亚及日本、韩国等国家的金融危机，一个深层的原因就在于：未能有效地开展创业投资，推动科技进步及其产业化。我国"科教兴国"战略的落实，离不开创业投资的充分展开。可以说，能否有效地构造创业投资所需的各种条件（包括政策优惠、市场机制、社会环境等），直接关系着"科教兴国"战略的成效和经济可持续发展的前景。鉴于此，本文就建立多层次资本市场体系支持创业投资，提出一点粗浅看法，以抛砖引玉。

一 创业投资：基本内涵和主要特征

创业投资（Venture Investment）是指通过向开发高新技术或促使其产业化的中小企业提供股权资本，通过股权转让（交易）来收回投资并获取投资收益的投资行为。1996 年，世界经济合作组织的科技政策委员会在《创业投资与创新》研究报告中认为，创业投资是一种向极具发展潜力的新建企业或中小企业提供股权资本的投资行为。

由于创业投资具有相当高的风险，所以一些人将其称为"风险投资"。但风险投资并不能真实地反映"创业投资"的实质内涵。首先，创业投资以"创业"为基点，即不论是资金投入者还是知识投入者，都以开发某种高新技术产品为开创事业的起点和事业发展的基本立足点；而风险投资强调"风险"，由于任何投资都存在风险，所以"风险投资"概念容易使投资者偏离"创业"的基点。其次，创业投资强调股权性投资，即"不能拿他人的资金进行冒险"，对投资者来说，这是一个严格的财产约束；与此不同，在风险投资中，投资者可以利用借贷资金进行"投资"（例如，我国一些企业利用银行借款进行项目扩张），极易发生投资活动中的财产约束软化。再次，创业投资强调投资回收和投资回报主要靠股权转让（交易）来实现，因此，一方面要求投资者注意所创"事业"的质量和成熟度，另一方面要求资本市场为股权转让（交易）提供必要的支持；风险投资强调承受"高风险"、获取"高收益"，容易使投资者忽视"事业"而注重"炒作"。最后，在创业投资中，"高风险—高收益"的关系，是一种建立于"创业"基点上的客观联系，并非主观追求；但我国一些机构为获取高收益，假借风险投资的"名义"，利用他人资金进行运作，一旦发生亏损，就用"高风险"来解释，在这类场合，"高风险—高收益"实际上是由主观追求形成的。使用"创业投资"概念，有利于避免"风险投资"概念可能带来的种种误解。

创业投资，受"创业"的制约，其主要特征有四：

第一，以人才、技术、资本三要素为主要构成。"创业"要解决的基本问题是，将人们头脑中的某种构想转化为可感知的高新技术并利用这种高新技术创造出相应的高新产品。在这个过程中，一方面，人才是核心，缺乏具有对应知识的人才，不可能创出"事业"；另一方面，资本是财产基础，缺乏必要的资本，头脑中的知识难以转化为可感知的高新技术，"创业"也无从谈起。这种人才、技术、资本三者的有机联系，使创业投资明显区别于其他产业投资。

第二，投资周期较长。创业投资常常需要经过五个阶段——种子（研制开发）阶段、初创（事业开创）阶段、幼稚（早期发展）阶段、产业化（完善成熟）阶段和市场化（持续发展）阶段，才能完成一项高新技术产品的产业化和市场化过程。在这五个阶段中，第一至第四阶段属真正的创业过程，它们耗费的时间一般为3—7年。从资金特征看，虽然在第四阶段，高新技术产品逐步成熟并初步展示其产业化前景的条件下，企业可能争取到一定数量的借贷资金，但在第一至第三阶段，企业运作的资金几乎完全由股权性资金构成。因此，在企业连续展开第一至第三（或第四）阶段运作条件下，投入"创业"的资金及知识产权常常需要有一个较长的"固化"期。

第三，高风险。从发达国家的实践看，与一般的产业投资相比，创业投资的年成功率较低。种子阶段的成果能够为初创阶段采用的比例大致只有10%，初创阶段的成果能够转入幼稚阶段的比例大致只有20%，幼稚阶段的成果能够成功进入产业化阶段的比例也只有30%左右。从第一至第四阶段，每年的成功率相当低（时常不足1%），因此，投资风险相当大。虽然未能转入下一阶段的成果并非完全被淘汰了，其中一部分经过进一步完善，可能在以后的年份进入下一阶段，但其投资成本毕竟会大大增加。

第四，股权转让。在创业投资过程中，投资者可以通过卖掉所开发的高新技术，获得回收投资并得到投资收益（在非连续展开各阶段运作的场合尤其如此），也可以通过新兴企业的经营收益得到投资收益（在连续展开各阶段运作的场合尤其如此），但在绝大多数场合，投资回收和投资回报主要是通过股权转让（或交易）完成的。因此，是否有一个便利的股权转让（交易）市场，对创业投资的展开具有决定性意义。

二 资本市场：推动创业投资的金融支持

发展创业投资，从金融支持的角度上说，主要问题是如何满足其资金的需求并按照资金特性来建立和发展相应的市场。

资金，从性质上说，可分为资本性资金（即股权性资金）和债务性资金两种。资本性资金一般通过投资形成，债务性资金则通过借贷关系形成。为投资周期长、投资风险高等特点以及借贷资金的性质所决定，创业投资不可能依靠借贷资金来展开。

第一，财产约束关系难有效率。借贷资金通常有着明确的还本付息期限。如果资金使用者对还本付息有着极强的责任心，那么，运用借贷资金，将给高新技术的研制开发、新事业开创、新产品完善以重大的经济压力和时间压力，使开发者和经营管理者的"创业行为短期化"，不利于"创业"；如果资金使用者认为，借贷资金属他人资金，对还本付息并不在意，那么，运用借贷资金，就将导致财产约束软化，使开发者和经营管理者能够把创业投资中的高风险转嫁给相关金融机构（而这种风险转嫁不符合金融机构的经营原则）。

第二，产权主体和产权价值难以明确。在信贷投资条件下，企业还本付息之后，剩余资产的产权归谁？如果归金融机构，不利于调动开发者和经营管理者的积极性，其结果很可能是本息难以如期偿付；如果归开发者和经营管理者，则金融机构承担了"创业"风险却没有"创业"产权，显然不合理、不公平。产权的真实意义在于价值。在高新技术的"创业"中，产权的价值不仅在于资金（或实物）投入量，更重要的还有知识产权的价值、高新技术发展潜力的价值等。这些价值通常需要通过市场机制予以评价和确认，但在借贷资金投资体系中，没有这种市场评价和确认机制，无法明确"创业"产权的价值量，这样，要激励开发者和经营管理者的"创业"积极性，相当困难。

第三，"创业"的连续性难有保障。"创业"是一个过程，从种子到市场化的五个阶段中，资金的投资量以几何级数持续增大。例如，种子投资可能在几万元至几十万元，初创投资可能在几十万元至几百万元或更多，幼稚阶段的投资可能在几百万元至几千万元，等等。为了保障"创业"的连续性，实现高新技术产品的产业化和市场化，各阶段所需的投资必须得到落实。即便在各个阶段不是由同一投资者进行投资的情况下，高新技术成果的购买者也要继续投资，以实现"创业"的连续性。但这种投资的连续性，在运用借贷资金投资时，受制于金融机构的运作原则、借贷资金的本性等限制，极难得到确实的保障。20世纪80年代以来，我国一些高新技术项目的开发之所以未能取得期望中的效果，一个重要原因不在于所开发的高新技术缺乏先进性和市场前景，而在于简单运用借贷资金，使"创业"的连续性在资金供给政策的调整变化中被打断。

"创业"所需的资金应属资本性资金，这种资金不能通过借贷关系形成，只能通过投资关系确立。因此，创业投资资金只能由投资者提供，其中既包括政府部门、国有企业等，也包括社会居民、非国有企业、外资等。

20世纪80年代以来，随着国民收入分配格局的变化，政府部门可用于"创业"的投资资金占全社会投资资金的比重日渐下落。1997年，国家预算内投资占全社会固定资产投资的比重已降低到3%以下。虽然，通过增发国债、调整投资结构等措施，增加财政对"创业"的投资力度，还有相当大的潜力，但仅靠财政投资，仍远远不能满足我国高新技术"创业"对资本性资金的需求；更不用说，在诸多制度障碍和市场障碍未克服的条件下，国有产权与开发者知识产权的结合，尚难有较好的实现方式。在发达国家的实践中，政府部门的财政投资，以"扶持"（而不是产权和收益的"索取"）为主要取向，财政资金不是创业投资的主要资金。

创业投资的资金将主要来源于社会居民。1996 年以来，银行存款利率连续五次下调（1 年期储蓄存款利率从 10.98% 下落到 4.77%），而城乡居民储蓄额仍以每年几千亿元的规模增加（到 1998 年 6 月底，城乡居民储蓄存款余额已高达 5 万亿元，金融资产总量已达 6.5 万亿元）。这既表明了城乡居民有着巨额的投资能力，也反映了目前的金融渠道和金融工具已远不能满足城乡居民投资需求。为此，积极开拓直接投资、股票、投资基金、债券等渠道，将居民手中分散的资金集中起来，是大力推进创业投资中一个亟待解决的问题。但拓展投资渠道和金融工具，只是解决问题的开始。要调动广大居民投资于"创业"的热情，还必须解决如下几个相互关联问题：

第一，风险—收益的分散。创业投资的高风险，靠少数人的实力难以承担，为此，需要通过市场机制，将风险逐步分散，转由多数人承担；与此相应，创业投资的收益也需在风险分散中转由多数人享有。

第二，资产价值的发现和实现。投资者之所以投资于创业领域，其基本经济追求在于获得较高收益，因此，是否有一个客观的机制来保障高新技术价值的发现和实现，成为调动投资者投资热情的一个至关重要的前提条件。高新技术的经济价值，不可能简单地通过财务核算来确定，只能通过市场评价来发现和实现。

第三，投资资金的"退出"。投资者一旦投资于"创业"，资金就固化为资产。在缺乏"退出"机制的条件下，投资者将面临无法继续投资、难以通过市场过程分散风险并获得投资回报等一系列困难。受制于"退出"障碍，居民的选择常常是"宁存款不投资"。为此，建立投资"退出"的市场机制，是吸引居民及其他投资者开展投资行为的一个关键。

只有资本市场，能够较全面、有效地解决这些问题。自 20 世纪 80 年代中期，创业投资在我国就已展开。十几年来，相当多的创业投资机构运作艰难，成效并不令人满意，一个基本原因在于缺乏与"创业"相适应的资本市场。显然，建立与创业投资相适应的资本市场体系，是推动"创业"发展、激励创业投资的金融支持之基点。

三　多层次：支持创业投资的资本市场体系

"创业"从种子到市场化的五个阶段，对投资的需求量不尽相同；不同的高新技术"创业"，对投资的需求量也有相当大的差别。所以，仅采取一个规则、一个层次的市场，只能满足创业投资在某一个阶段的需要。要满足创业过程的全面需求，应当根据创业投资在各阶段的特点，建立不同层次的资本市场，从而形成多层次的资本市场体系。股权的非公开转让、企业（项目）购并、项目出卖、资产证券化、企业清算等，虽也都属于资本市场的范畴，但就主要方面而言，建立多层次的资本市场，是指建立多层次的股票、基金证券、债券等证券的发行市场和交易市场。简言之，我们以下所讨论的多层次资本市场，是指与创业投资不同阶段要求相适应的以股票为主要对象的证券发行市场和交易市场。

1992 年以来。我国主板市场（即 A 股市场）快速发展，有关法律法规和政策逐步形成系统，从各方面界定了进入该市场的条件。但这些条件的适用对象，主要是在比较稳定的产业中经营业绩较好的大中型企业。例如，发起人认购的股本数额不少于 3000 万元，股票发行后的公司股本总额不低于 5000 万元，企业有 3 年以上的经营业绩且连续盈利，无形资产占总资产的比重不高于 20% 等；又如，股票发行实行"计划指标控制"（只有获得了计划指标，才有申报审批材料的资格），可流通股仅限于社会公众股（国有股、法人股不可流通），信息披露以"正面宣传为主"，上市公司实际上的"终身制"等。对处于"创业"过程中的企业来说，主板市场的规定条件，只有创业活动进入第四（产业化）阶段中后期或第五（市场化）阶段以后才能达到。如果简单以主板市场的条件来支持创业投资，将难以支持"创业"过程的最重要部分（第二至第四阶段）的开展，其结果将是，金融支持在"创业"过程的最重要环节上仍然"虚置"。如果简单放松主板市场的约束条件，支持处于初创期、幼稚期和产业化初期的企业入市，由于这些企业运作具有相当高的风险，其经营发展的前景尚未清晰，所以，将大大增加主板市场的运行风险，甚至可能带来严重的社会问题。因此，较好的选择是，建立与主板市场相分立的、主要为高新技术企业和创业投资服务的第二板市场和场外市场。

第二板市场主要解决的是创业过程中处于幼稚阶段中后期和产业化阶段初期的企业在筹集资本性资金方面的问题，以及这些企业的资产价值（包括知识产权）评价、风险分散和创业投资的股权交易问题；场外市场主要解决的是创业过程中处于初创阶段中后期和幼稚阶段初期的企业在筹集资本性资金方面的问题，以及这些企业的资产价值（包括知识产权）评价、风险分散和创业投资的股权交易问题。

第二板市场、场外市场与主板市场共同构成多层次的资本市场体系。从上升阶梯看，经过场外市场"培育"一段时间后，在有关条件满足第二板市场规定的前提下，企业可以申请转入第二板市场；同样，经过第二板市场"培育"一段时间后，在有关条件满足主板市场规定的前提下，企业可以申请转入主板市场。由此，场外市场、第二板市场与主板市场呈现入市条件逐步严格、企业素质逐步提高的上升走势。从下降阶梯看，已进入主板市场的上市公司，当经营状况下降或其他条件不能满足主板市场要求时，可退入第二板市场；已进入第二板市场的上市公司，当经营状况下降或其他条件不能满足第二板市场要求时，可退入场外市场。由此，改变了上市公司的"终身制"。

建立多层次的资本市场体系，是规范资本市场运作、有效防范金融风险的重要举措。其一，多层次的资本市场体系，通过上升机制，使上市公司的质量经过下一市场的"培育"而提高，同时又通过下降机制，使质量降低的上市公司退入下一市场，从而既有利于保证上市公司质量与其市场层次相对应，又能够迫使上市公司为争取进入上一市场（或避免退入下一市场）而努力提高自身质量。其二，创业投资和企业（如高新技术企业、创业投资公司等）运作具有高风险、高收益的特点。高风险、高收益在创业的各个阶段逐步形成和展开，在未进入市场之前，既难以明晰也无法量化，多层次的资本市场体系，通过不同层次的市场机制，逐步展示这些风险和企业的资产价值，同时又通过"上升"和"退出"机制，迫使这些企业努力降低风险，提高运作质量和资产价值。与高新技术企业直接进入主板市场相比，这种由多层次市场分担"创业"风险的结构，具有较高的回避风险和抗风险的能力，而"创业"企业可能给市场带来的风险也较低。其三，建立多层次资本市场体系，使每一层次市场运作规范化都有两个可对比的参照对象，这有利于促进各层次市场运作的规范化，进而促进我国资本市场的整体规范化。

值得特别强调的是，第二板市场与场外市场，虽然在资本市场的层次上低于主板市场，但这并不意味着，与主板市场相比，它们的规范程度更低。从实际情况看，作为主要为创业投资服务的市场，第二板市场和场外市场可能对企业入市的某些条件作出较宽松的规定，例如，发起人认购的股本数额可能低于 3000 万元，股票发行后的公司股本总额可能低于 5000 万元，企业可能不需有 3 年以上的经营业绩，无形资产占总资产的比重可能高于 30％ 等；但在一系列重要方面则更接近于国际规则和我国实际要求，比主板市场更加规范，例如，上市公司的股份均为可流通股（当然发起人股份的入市有一定时间限制），股票发行不实行"计划指标控制"而采取"标准控制"，股票发行价格不实行"预审控制"而由市场机制选择，每笔交易金额将受到适当约束，上市公司将实行督导员制度，信息披露将实行全面追逐报道，上市公司的财务状况将实行季报等。

四　第二板市场：主要运作规则的简要构想

设立第二板市场，直接目的有四：一是建立创业投资"退出"机制，为高新技术企业、创业投资公司等机构，提供吸引创业资本（包括创业投资基金）所必要的市场条件；二是通过这一"退出"机制，提高创业投资的流动性，分散创业投资的风险，促进创业投资资金的良性循环；三是通过这一市场机制，有效评价创业资产（包括知识产权）的价值，促进知识与资本的结合，推动知识经济的发展；四是提高资本市场的客观约束力，促使高新技术企业运作质量提高，以推进我国高新技术产业化进程。

如前所述，第二板市场主要服务于创业过程中处于幼稚阶段中后期和产业化阶段初期的企业。这些企业中，有的已初露其产业化的端倪，有的已开始了产业化的起步，有的虽距产业化还有一定的距离但往产业化方向发展有着较大的可能性。它们的共同特点是：一方面，经过若干年种子、初创、幼稚阶段的研制生产，产品的技术难题已基本解决，中试已经通过，眼下亟待扩大生产规模，但企业的资产规模（基本由资本性资金构成）太小，无法满足最基本的规模经济的要求，因此，急需资本性资金的支持；另一方面，由于这些企业的产品尚未大批量进入商品市场，用户对其价格、质量、数量等的认同度较低，销售渠道、营销方式尚未形成，同时，一些产品可能存在尚需完善的技术问题，新一代产品也可能在不久之后就可问世，因此，产业化能否真正展开并具有较长久的市场生命力，仍不能完全确定，即风险依然较大。

鉴于这些特点，第二板市场的大部分运作虽可直接运用现行有关法律法规予以规范，但仍有一些运作规则，可能需要"突破"以主板市场为对象的各项规定；另外，鉴于高新技术企业具有较高的风险，且主板市场也不完全规范，所以，第二板市场应更多地注意借鉴国际惯例和经验，从这个意义上说，第二板市场可能比主板市场更加严格规范。第二板市场与主板市场的重要差别，可能主要包括（但不限于）以下几点：

第一，申请股票上市的条件。在公司股本上，由于这些企业的资产规模较小，在大多数场合，股票发行后的公司股本总额可能低于5000万元，发起人持有的股份也可能低于3000万元，因此，应考虑将这方面的条件适当降低。例如，调整为"股票发行后的公司股本总额不低于4000万元，发起人持有的股份不低于1500万元"。

在股权结构上，为避免公司的股份过于集中以及由此带来的一系列弊端，对公司最大股东持有的股份比例可以作出限制，例如规定"最大股东持有的股份不得超过总股本的25%"。另外，为了激励高科技人才的积极性、强化其责任心，单个自然人持有公司股份的比例可突破"不超过5‰"的规定。

在新股发行量上，由于募股资金集中用于支持高新技术产品的产业化进程，在大多数场合，所需资金量在几千万元至1亿多元，发行过多新股、募集过多资金，不利于约束这些企业的主业投资，也不利于防范风险，因此，在新股发行量方面应作出较严格的限制。例如，"申请在第二板上市的公司，可一次性申请发行3000万元（面值）以下的社会公众股"。所谓

"一次性"，是指该公司申请在第二板市场上市时，只准发行一次新股，发行结束后，不得再以任何方式（包括送配股）再增资扩股。

在经营业绩上，高新技术的竞争及换代日趋激烈和迅速，相当一些高新技术产品的研制开发到步入产业化不需太长的时间；有关三年业绩且应连续盈利的规定，对拟进入第二板市场的高新技术企业来说，可能意味着延缓了产业化进程（甚至丧失了机遇）。因此，对申请进入第二板市场的高新技术企业，可考虑适当放松这方面的规定。例如，将经营年限缩短到2年以上（即申请人应提供最近两个完整财务年度的报表），且设最低盈利要求（让投资者和市场作出选择）。

在公司治理上，为了规范高新技术企业的内部运作，使其更符合现代企业制度的要求，同时，也为了有效维护投资者权益，防范这些企业的不规范行为给第二板市场运行及给投资者造成的风险，申请在第二板市场上市的公司应设立独立董事制度。独立董事应由法律、商业、金融等方面的专家担任，且与公司及主要股东之间不存在任何利益关系。与主板市场实行的辅导员制度不同，第二板市场将实行督导员制度。督导员由有资格的中介机构承担。其主要职责是：对高科技企业（特别是申请上市和已上市公司）的经营管理、投资活动、财务运作、制度建设、发展规划等业务活动提供咨询、辅导并进行监督，及时向有关监管部门报告被督导企业的业务情况，每半年至少公开发表一份独立的督导报告书。申请进入第二板市场的公司，应与督导员机构签署有关协议，接受至少2年的督导。

显而易见，除股本规模、经营年限、无形资产比例等少数条件外，第二板市场的上市条件不比主板市场更宽松。

第二，股票挂牌交易的条件。在可流通股上，设立第二板市场的一个重要原因是为创业投资提供"退出"渠道，因此，必须改变国有股、法人股不可流通的状况，实行上市公司股份均可进入股市交易的规则。为了强化发起人股东和其他实质性股东（如主要技术骨干的无形资产所形成股份）的责任，应对这些股份的入市交易实行一定的时间限定（如公司上市2年后）和每次买卖都应公告的制度。此外，对这些公司中的外资股，应准予入市转让。但在我国的资本项目尚未对外开放前，外资股东只可卖出股份，不可再买入股份。

在挂牌期限上，第二板市场是一个介于主板市场和场外市场之间的市场，为了促进在该市场挂牌的公司努力创造进入主板市场条件，同时，也为了降低第二板市场自身的风险，应实行挂牌的限期制度，以改变上市公司的"终身制"。例如，自上市之日起计算，公司的股票挂牌时间为 5 年，如 5 年内未能转入主板市场，则上市公司必须摘牌，退出第二板市场。

在每笔交易金额上，第二板市场的投资风险相对较高，主要投资者应由有较强鉴别能力和承受风险能力的投资者（如机构投资者、专业投资者等）构成。为了抑制小额的散户投资者参与买卖，可能对每笔最低交易金额进行限制，例如限定为 5 万元。

在业绩报告上，为了增加投资者对上市公司营业状况的了解，也为了防范风险、强化对上市公司经营行为的约束，与主板市场相比，第二板市场要求的经营业绩公告时间可能缩短，例如实行财务报表的季报制度。

第三，监管和风险防范。在资格认定上，为了防止"虚假"，申请上市的创业企业身份（如高新技术企业、创业投资公司等）及证券品种（如股票、创业基金证券等）是否符合第二板市场的要求，应由得到授权的政府主管部门或准政府机构予以认定；同样，为第二板市场服务的有关中介机构，其执业资格也应由得到授权的政府主管部门或准政府机构予以认定，并接受相应的监管。

在证券发行上，与鼓励创业企业发展的政策相对应，有关证券（如股票、基金证券等）的发行，将不实行"计划指标控制"，而是根据有关法律法规的规定进行控制，即"标准控制"，以避免"指标控制"下发生的各种问题在第二板市场中延续。

在发行审批方式上，与目前主板市场的合规性审查方式不同，第二板市场可能实行实质性审查（如现场审查），以缩小申报材料与实际状况的差距，降低由"水分"带来的风险。

在信息披露上，与主板市场中实行的"正面宣传为主"的方式不同，第二板市场将实行全面信息的追踪披露，即无论利好、利空，也无论经营状况、投资状况、内部管理、商业信誉、技术前景等，只要不涉及知识产权保护和商业秘密的，媒介均可予以报道披露，使投资者能够得到最充分的公开信息。

此外，在其他方面，第二板市场也可能会选择更为严格、更为规范的规则。

五　场外市场：重新定位与运作要点

近年来，我国各地方先后建立了一批证券交易中心、自动报价系统和柜台交易市场。这些场外市场主要定位于为当地的法人股、内部职工股、基金证券等的交易流通服务，在证券发行规则、上市规则、交易规则、结算规则、监管规则（包括信息披露）等方面不尽相同。其中，一些机构的管理相当混乱，一些上市企业的质量低下，极易引发金融风险和社会问题，因此，对它们进行彻底整顿是极为必要的。但是，整顿的目的不在于完全取消这一市场，而在于有效规范这一市场。

建立比较完善的创业投资体系，促进高新技术企业的发展，客观上要求有一个比较规范的场外市场与其相适应。理由有四：

第一，创业投资支持的中小型高新技术企业为数众多（可达数十万家乃至上百万家），其中相当大一部分处于初创阶段的中后期或幼稚阶段的前中期，即处于创业过程中的"嗷嗷待哺"时期。如果用第二板市场的规则来衡量，它们极难发股筹资；如果缺乏后续投资，它们的进一步成长将面临严重的威胁，而这又将严重威胁高新技术创业的持续开展和"后继有人"。要解决这一问题，客观上要求有一个能够满足处于初创阶段中后期或幼稚阶段前中期的创业企业募集资本性资金需求的场外市场。

第二，我国地域辽阔，中小投资者手中拥有巨额资金，却又分散在各地。受通信条件制约，中小投资者对外地企业的情况很不了解，这常常限制了他们的投资热情。建立场外交易市场后，由于在各地方场外市场中上市的是本地的中小型高科技企业，投资者对它们的了解程度较高，又由于该市场具有交易价格较低、交易费用较低等优点，所以，对吸引中小投资者是相当有利的。

第三，高新技术企业的运作风险较高。在我国，目前企业行为相当不规范，其风险更高。规范高科技企业的运作，降低相关风险，仅靠企业"练内功"是不够的，还必须有足够的市场强制性约束。因此，高新技术企业在进入第二板市场之前，先在场外交易系统中上市，接受这一市场的规范化"培养"和社会监督，在运作规范化、经营业绩、投资者认同等问题得到较好解决的条件下，再申请进入第二板市场，有利于降低它们直接进入第二板市场可能产生的风险，也有利于降低资本市场体系的整体风险；同时，由于在场外市场上市时，高新技术企业受地域、发股数额及交易量相对较小的限制，投资者数量较少，这样，即使发生某种风险，政府主管部门出面解决也相对容易，不至于引发第二板市场甚至资本市场体系的全面风险。从退市角度看，在第二板市场中表现不佳（或在规定的挂牌期限内无法转入主板市场）的上市公司，需要有一个满足其退市需求的场所；同样，目前已在主板市场挂牌的一部分上市公司，在其条件不能满足有关规定时，也需要有一个满足其退市需求的场所，这种"退市"场所，只能是场外市场。因此，建立规范的场外市场，有利于打破上市公司的"终身制"，强化市场对上市公司运作的整体约束。

第四，我国目前存在着26家证券交易中心（包括自动报价系统），它们大多拥有自己的计算机系统及其他设施，固定资产总额达几十亿元。简单地将它们取缔，这些资产将面临巨额损失。设立规范的场外交易市场，可以利用这些设备和其他固定资产，为创业投资系统和高新技术的快速发展服务。

规范场外市场的含义有（但不限于）三：一是实现场外市场的重新定位，即场外市场应主要是为处于初创阶段中后期或幼稚阶段前中期的高新技术企业（或创业投资基金）投融资服务的市场，其次是为从主板和第二板市场中退出的上市公司服务的市场；二是场外市场是一个由各省、市、自治区分别设立的场外交易中心（或自动报价系统）经全国联网后形成的无形市场，是与主板、第二板市场相分立的市场；三是场外市场的证券发行、上市、交易、结算、监管（包括信息披露）等各项规则全国统一。

规范的场外市场，为其职能定位所决定，在股票发行、上市和交易等方面，应有一系列不同于主板和第二板市场的规定。

从申请股票发行来看，特有的规定可能包括（但不限于）：申请发行股票的企业，应是经地方主管部门确认为高新技术的股份制公司，公司已存续两年以上，有良好的发展前景；公司发行新股的申请和审批手续，由当地主管部门负责，股票发行前的公司资产负债率不高于50%；公司只准向社会公众公开发行新股一次，且发股面值不超过1500万元人民币；新股发行后，公司的总股本不低于2000万元（面值）人民币，其中，发起人持有的股份数额占公司总股本的比例不低于35%，最大股东持有的股份数额不超过公司总股本的25%；公司自新股发行至在场外市场挂牌交易期间，不得进行送配股及其他增加股份的行为；等等。

从股票申请上市来看，特有的规定可能包括（但不限于）：在新股发行时，全国场外市场的上市委员会不对新股上市作任何实质性承诺；新股发行已满6个月（以发行结束日起计算）后，公司才可提出在场外市场上市的申请；公司上市申请经全国场外市场的上市委员会审查通过后，方可在上市公司当地的场外交易中心（或自动报价系统）挂牌交易；除公司上市申请所应提供的其他材料外，必须有公司督导员的有关资料和督导方案，督导期不少于2年；除特殊情况且得到全国场外市场的上市委员会许可外，公司的《上市公告书》与其《招股说明书》中所载的业务目标、投资项目及主要指标等不应有任何不利于投资者的实质性变化。

从股票的挂牌交易来看，特有的规定可能包括（但不限于）：公司的股票上市申请已经全国场外交易系统的上市委员会审查通过；公司股份均为可流通股，但发起人和其他实质性股东持有的股份在公司股票挂牌后的2年内不得交易转让，2年后可入市交易，且每次都必须进行公告；公司中的外资股，可准予入市转让，但在我国的资本项目尚未对外开放之前，外资股东只可卖出股份，不可再买入股份；每笔证券的交易金额不低于5000元；公司应每季度公告其财务报表（可不经审计），但中期财务报告和年终财务报告必须经会计师事务所审计，同时，在中期报告和年终报告中，应在"业务目标陈述"中披露公司的整体目标、市场潜力、主要的风险因素，并与前期相比较。

场外市场的运行具有自己的特点，主要表现在：第一，场外市场是一个全国性的无形市场，其股票发行规则、上市规则、交易规则、结算规则、监管规则（包括信息披露）等实行全国统一的规范，行情显示系统、交易系统、资金清算和股权登记过户系统等由全国场外市场管理委员会运用全国性系统统一管理；第二，全国场外市场管理委员会属会员性机构，其最高权力机构为会员大会；第三，全国场外市场管理委员会接受中国证监会的监管。

整顿原有的场外交易网点，建立规范的场外市场是一项艰巨的系统工程。其主要工作包括（但不限于）：

第一，制定规则，即制定并出台全国统一的场外市场的证券发行规则、上市规则、交易规则、结算规则、监管规则（包括信息披露）等。

第二，整顿清理，即根据出台的上述规则，对现有的证券交易中心（包括自动报价系统）及挂牌证券进行整顿清理，凡不符合规则要求的证券交易中心（包括自动报价系统）须限期整改，在限期内仍无法满足规则要求的，予以停业；凡不符合规则规定条件的挂牌证券，停止其挂牌资格，令其退出市场。

第三，建立全国统一、符合规范要求的行情显示、交易、资金清算和股权登记过户等系统，同时，建立全国场外市场管理委员会。

第四，凡符合规则要求的证券交易中心（包括自动报价系统）和挂牌证券进行联网，纳入全国场外市场的交易系统，展开交易。

第五，规范并明确各地方主管部门的职责，确定高新技术企业的身份，按照高新技术企业的股票发行规则，选择一部分质量高、发展前景好的高新技术企业，发行新股，开展场外市场的运行。

（原载《改革》1998 年第 6 期）

虚拟经济并非虚假经济

自 1997 年 7 月东南亚经济危机发生之后，实体经济、虚拟经济和虚假经济的关系问题，就引起了国内外学术界和实践部门的关注。究竟如何看待实体经济、虚拟经济和虚假经济，对我国深化改革、推进经济建设和经济发展都有着极为重要的意义。本文就论题简述如下：

一　实体经济与虚拟经济的基本关系

在经济运行中，实体经济是用于描述物质资料生产、销售以及直接为此提供劳务所形成的经济活动的概念，主要包括农业、工业、交通运输业、商业、建筑业、邮电业等产业部门。

虚拟经济则是用于描述以票券方式持有权益并交易权益所形成的经济活动的概念，在现代经济中，主要指金融业。虚拟经济目前尚未成为学术界通用的概念，人们较多使用的是虚拟资本。在马克思理论中，虚拟资本是指在资本的所有权与经营权分离的基础上，资本的所有者以股权（或股票）形式所持有的资本。在《新帕尔格雷夫经济学大辞典》（第二卷，第340 页）中，"虚拟资本是指通过信用手段为生产性活动融通资金"。由此来看，虚拟经济不仅包括证券业、资本市场，也不仅包括货币市场，而且包括银行业、外汇市场等，是一个涵盖金融业的概念。

在历史过程中，虚拟经济产生于实体经济发展的内在需要，并以推进实体经济的发展为基本目的。从这方面说，虚拟经济的主要功能有二：一是通过发行和交易相关票券，披露企业的财务信息及其他有关信息，引导资金流动，促进和调整经济资源在各实体经济部门和企业间的配置，提高经济效益；二是促进企业组织制度的完善（例如，没有股权分散、股票交易，就没有现代股份公司及其内部治理结构），同时，通过提供各种金融工具，促使实体经济部门分散运作风险。

在现代经济中，货币已不是黄金等贵金属。纸币、电子货币等作为信用货币，本身就是"虚拟"的；银行等经营货币及创造货币的过程，与实体经济相比，也属"虚拟"范畴。货币、资金等金融工具，犹如血液，已深入到国民经济的各个方面，实体经济的正常运行，也已离不开虚拟经济。一个典型的例证是，银根一收紧，实体经济部门立即就有反应。综观世界各国，可以说，没有虚拟经济，就没有现代经济。

近50年来，尤其是20世纪80年代以来，虚拟经济中一个令人瞩目的现象是，在金融创新中，金融衍生产品快速发展。金融衍生品的主要功能在于分散和防范金融风险，并通过促进资金流动（包括国际流动）来促进经济资源的有效配置。80年代中期，随着"广场协议"签署，日元大幅度升值（日元与美元的比价从240∶1急速升至140∶1），由此导致了我国的日元外债在价值上的严重损失（一些使用日元外债的企业，迄今难以"翻身"）。如果我们在借入外债中，能够及时地运用外汇中的某些运作手段（如套期保值），则不致发生这类损失。在国际社会中，运用金融衍生产品来防范金融风险的例子不胜枚举。毫无疑问，如世间其他事物一样，金融衍生产品也有其负作用，但这些负作用是可通过严格金融法治、加强金融监管等予以控制和防范的。

二　实体经济与虚假经济的关系

虚假经济是用于描述经济运行中虚假成分的概念。在国内外学术界，这一概念用得不多，近年较为流行的是"泡沫经济"。实际上，所谓"泡沫"，指的就是经济运行中的虚假成分。

日本的泡沫经济破灭与银行、股市等金融活动直接相关，东南亚危机冠以"金融"危机之称，是因一些人认为，虚假经济主要存在于金融部门，是虚拟经济的产物。但是，这一认识既不符合历史，也不符合现实，更不利于实现"两个转变"，保障经济的可持续发展。

从历史上看，从1825年至1920年的95年间，主要西方国家先后发生了 11 次经济危机（其中，1857 年以后的经济危机成为世界性经济危机）。这些危机并不主要都是由虚拟经济引发（此时，虚拟经济并未成为与实体经济相对独立的经济现象）的，而是由实体经济部门中的虚假因素导致的。对此，恩格斯曾深刻地描述说："运动逐渐加快，慢步转成快步，工业快步转成跑步，跑步又转成工业、信用和投机事业的真正障碍赛马中的狂奔，最后，经过几次拼命的跳跃重新陷入崩溃的深渊。如此反复不已。"（《反杜林论》单行本，第 273 页）

从现实来看，日本泡沫经济与房地产热直接相关，而房地产业属实体经济范畴；东南亚金融危机虽从金融市场发生，但其深刻原因则在于实体经济部门缺乏足够的国际竞争力，从而导致对外贸易的持续逆差，外汇储备剧减。如果说，在日本泡沫经济、东南亚金融危机中还有虚拟经济的负面作用的话（例如，在日本泡沫经济中，有股市热、银行信贷不严等问题；在东南亚金融危机中，也有汇市和股市的热炒、银行信贷不严等问题），那么，韩国的危机则主要是由实体经济部门（大企业）的虚假问题所引致的。

事实上，实体经济中并非没有虚假经济。在实体经济运行中，虚拟经济形成的原因相当复杂，概括起来，主要有三种情形：其一，虚假的市场繁荣，使已生产出来的相当一部分产品实际上成为过剩产品，这部分产品成为经济的虚假部分。1920 年以前，主要西方国家的经济危机就属这种情形；日本、东南亚等国房地产热的后果也属这种情形。其二，由于科技进步缓慢、设备陈旧、工艺落后等原因，造成产品（服务）缺乏基本的市场（包括国际市场）竞争力，难以销售。这些生产能力及产品，成为经济的虚假部分。苏联解体后，俄罗斯的卢布大幅贬值，不是由于卢布发行过多，根本原因是由科技进步缓慢、设备陈旧、工艺落后等所造成的经济严重贬值。其三，由于体制弊端、管理制度混乱、资产质量低下等原因，使产品成品过高、性能不全、使用不便，从而在国际市场竞争中，难以为客户所接受。这些生产能力及其产品，形成了经济的虚假部分。东南亚国家、韩国的危机，相当程度上就是由此引发的。

此外，"假、冒、伪、劣"、走私、地下经济也属实体经济中的虚假部分。

值得一提的是，经济产出的低估，属虚拟经济的另一种形态。例如，在计划经济时代，我国相当一部分产品价格低于价值，相当一部分实物采取非货币化形式直接分配或消费，造成实际的经济产出大于宏观经济数据，或者说，宏观政策调控的经济活动少于实际经济活动。这种低估型虚假经济，在直接关系上，虽不至于引发经济运行中的风险及危机，但对市场经济建设、资源的有效配置、经济的可持续发展等均有负面影响。

三　虚拟经济与虚假经济的关系

虚拟经济与虚假经济的联系似乎一目了然，但事实并非如此。虚拟经济运行中，虚假成分的形成原因相当复杂，表现也多种多样。简单地说，主要有三种情形：

其一，货币发行过多，导致投资膨胀、消费膨胀和通货膨胀。货币投放量过大，一方面由中央银行投入流通中的货币造成，另一方面则由商业银行创造的派生货币造成，在经济膨胀的情况下，大于真实经济的部分即形成泡沫，也就是经济的虚假部分。

其二，金融资产质量低下、价格膨胀。金融资产质量低下有多种表现。对银行等存款机构来说，坏账、呆滞账过多，是资产质量低下的表现；对证券市场来说，债券到期不能如期兑付本息、股票市价远高于其内在价值等，也是金融资产质量低下的重要表现。在资产质量低下的情况下，金融资产的实际价值已大大低于账面价值，其差额属虚假成分。所谓金融泡沫、股市泡沫，实际上指的就是这种由金融资产质量低下或金融资产价格膨胀所形成的虚假成分。

其三，币值高估或低估。在币值高估的情况下，以外币计算的经济总量被扩大，扩大的部分属虚假范畴；在币值低估的情况下，以外币计算的经济总量被缩小，缩小的部分也属虚假范畴。

虚拟经济中的虚假成分，是引发金融风险甚至金融危机的重要根源。1929 年的世界大危机，主要原因在于纽约股市崩盘。但是，虚拟经济建立在实体经济的基础上，虚拟经济中所发生的诸多虚假，与实体经济的虚假有着千丝万缕的联系，在大多数场合，前者主要是由后者导致的。简要地说：

第一，货币投放量过大，在很大程度上是由实体经济挤压导致的。我国 1992—1994 年间的货币投放量大幅增加，就其主要原因来说，是计划经济体制尚在银行等金融机构中发挥作用的条件下，实体经济部门通过"倒逼"而迫使金融机构投放的。一个典型的现象是，我国的通货膨胀总是与投资膨胀联系在一起，相应地，每次抑制通货膨胀也都首先从压缩固定资产投资入手。

第二，金融资产质量低下，主要是由实体经济部门中的企业资产质量低下导致的。我国银行等金融机构中存在着大量不良贷款。这些贷款之所以不良，主要原因在于它们在实体经济部门中以企业的不良资产形态存在着。证券市场中，股票市价之所以高于其内在价值，主要原因在于上市公司的资产质量、市场竞争力和经济效益等重要经济指标年年下滑；公司债券之所以质量低下，主要原因在于企业无力到期还本付息。

第三，币值高估的主要原因在于实体经济部门的科技进步缓慢、市场竞争力减弱、产出成本增高等，东南亚、韩国等国家和地区的情形就是如此。

四　若干政策建议

从现实情况来看，实体经济部门的资产质量将是一个基本的关节点。企业资产质量不高主要表现为：

第一，资产负债率过高。我国工业企业的资产负债率大致在 70% 左右，这意味着，它们的净资产已 100% 地抵押过两遍以上，已再无可供抵押担保从而获得贷款的资产。因此，这些企业缺乏的不是债务性资金，而是资本性资金。缺乏资本金，直接意味着企业严重缺乏增加资产、推进经营发展的后劲。我们估计，要将企业的资产负债率降低到 50% 左右，目前需要补充的资本金达 30000 亿元以上。

第二，资本结构不合理。我国国有企业目前大多数为独资性国有企业，虽然有些已改为有限责任公司，但大多数是各国有企业相互参股。在各级政府资金极为有限的条件下继续采取这种方式就意味着，这些企业的资本性资金将难以得到充分的补充，同时，"政企不分"的状况也难以得到根本性改变。

第三，资产的科技含量不高。20世纪80年代以来，我国企业的技术进步相当快速，这对支持国民经济的快速发展起到关键作用。但这些技术进步主要是通过"引进"形成的。企业资产质量的高低，在极大程度上由其技术的先进性和市场竞争力决定。开发并运用高科技，是促使不良资产转变为优良资产的关键性机制。

第四，资产规模过小。我国企业的资产规模以"小"为典型，绝大多数企业的资产规模难以达到规模经济的要求，这在相当大的程度上限制了高科技的大规模运用，导致资源配置不合理、产品成本过高。一些企业集团虽名义上有很多资产，但这些资产投放于多个产业、多种产品生产，结果仍然是没有规模经济。面对国际大公司的市场挑战，我们需要发展自己的"航空母舰舰队"，而这种舰队，不是拼凑起来的，而是一个有机整体。

从金融机制上说，运用银行机制，可以解决一部分实体经济部门资产质量低下的问题，但鉴于企业资产中目前严重缺乏的是资本性资金，推进高科技产业化迫切需要资本性资金的有力支持，改善企业资本金结构也只能运用资本性资金来解决，推进资产并购重组更需要补充资本性资金，同时，我国目前资本性资金最大的供给者已由政府财政转变为广大居民，所以，关键点在于：发展资本市场，动员千百万居民的资金转化为实体经济运行所需的资本性资金，为国民经济的可持续发展提供长期性财产基础。为此：

第一，在加快资本市场规范化建设的同时，应着力加快资本市场的发展。这不仅包括扩大证券品种的规模，也不仅包括增加新的证券品种，而且包括拓展和开辟新的市场，扩大居民投资渠道和企业获得资本性资金的渠道。其中，存量股份制、债权转为社会股权、将建设建立在运用资本经营方式运作固有资产的基础上等，都是可重点采取的具体措施。

第二，积极推进创业投资，加快高科技产业化步伐。知识经济是将知识转化为经济的过程，在这个过程中，创业投资的功能极为重要。为此，积极创造条件，鼓励社会各界参与创业投资，开发新技术、新工艺、新市场，至关重要。

第三，积极创造条件，促进实物的货币化和资产证券化。实物的货币化和资产证券化是市场经济发展的必然产物。实物的非货币化有着诸多弊端，资产的非证券化则严重限制着资产的准确定价和资产存量的盘活。

　　第四，加强金融监管，防范金融风险。加强金融监管的关键问题是，运用何种机制和规范。在双重体制并存的条件下，运用计划经济机制，虽可一时抑制某些现象，但不利于金融市场的成长，结果可能造成更大的风险。为此，应特别重视运用符合市场经济的规则，强化金融监管。

　　　　　　　　　　（原载《中国证券报》1999 年 8 月 13 日）

四问证券投资基金

——关于对证券投资基金功能认识的探讨

自 20 世纪 90 年代初起，为了促进证券投资基金（以下简称证券基金）的早日出台，正面研讨和宣传证券基金的积极功能自然成为"主基调"。在这个过程中，具有代表性的观点大致有四个：一是认为发展证券基金，可以保障股市运行的稳定（甚至认为，证券基金是股市的"稳定器"），变股市的"投机"性质为"投资"性质；二是认为发展证券基金，可以有效分散股市的风险；三是认为专家运作的收益将高于股民个人投资的平均收益；四是认为证券基金是股市的主要机构投资者，要改变股市投资者的结构，就必须发展证券基金。

在证券基金出台之前以及之后的一段时间内，强调这些积极功能，也许是必要的，但时至今日，继续停留在这些认识上，就显得过于简单了。基本原因是：这些认识，就其本身来说，存在诸多偏颇，未能真实反映证券基金的经济社会效应。

一 证券基金本身具有稳定股市的功能吗？

有人认为，证券基金实行专家运作机制，必然重视证券组合和长期投资，在专业分析和理性投资的条件下，不会发生股民个人"盲目投资"和"跟风"现象，因此，其投资行为不仅不会引起股市波动，而且可以稳定股市。这一认识，有三个值得探讨的问题。

第一个问题，证券基金公司或证券基金管理公司（以下简称基金）是否属营利性机构？这一问题的答案，对把握证券投资基金的基本点具有根本性意义。毋庸赘述，基金是以盈利为基本目标的机构。那么，基金是如何获得收入和盈利的呢？证券基金投资于各类证券，其收入只能来自于这些证券，具体包括证券买卖差价收入、利息、股利等。在实践过程中，由于与股价相比，股利收入通常低于银行存款利率，而设立基金的基本目的也不在于获得股利收入，所以，基金的主要收入实际上来自于股票买卖差价。所谓股市运行稳定，是指股指或股价维持大致不变或不发生波澜起伏的态势。如果股指或股价基本不波动，那么，基金如何从股票交易中获得差价收入，又如何以其收益水平来吸引基金投资者？换句话说，既然投资股市，基金收入只能来自于股票买卖差价，买卖差价越大则收入可能越多，而股票买卖差价的形成，又只能发生在股市波动中，那么，基金从其本性上，就不希望股市处于股价"稳定"态势。

受盈利本性所决定，基金既不具有股市"稳定器"的功能，也不可能为"稳定"股市而放弃可得的交易差价。不仅如此，以下三方面原因，还会导致基金更加关注盈利水平：

其一，基金并非 1 家，在激烈的竞争中，为了更多地吸引投资者，为了争取管理更多的基金，不论是基金公司还是基金管理公司，在盈利水平上都丝毫不敢掉以轻心，为此，各基金均十分关心股市"热点"和"题材"，重视"跑赢大市"。

其二，按法律法规要求，各家基金必须定期公布其主要的投资组合和基金单位净值，这种定期公告具有评价和衡量这些机构运作水平的功能，从而鞭策它们通过股市操作获得更多盈利。

其三，单个股民在股市中的投资失败，影响的只是其本人，至多涉及家庭成员。而基金在股市投资中的失败或盈利水平较低，在信息公开披露情况下，将承受来自基金投资者、监管部门及社会各界的重大压力。这种资金运作的压力，对基金管理人员和操作人员来说，远大于股民个人。

从国际范围来看，在某些情况下，基金不仅不能稳定股市，而且可能给股市及其他金融市场造成严重冲击。1997 年东南亚金融危机，虽有着东南亚有关国家的内在经济原因，但就直接导因而言，与索罗斯的基金运作及其他国际性基金的跟进是分不开的。所谓"苍蝇不叮无缝的鸡蛋"，是因为无利可图；之所以选择泰国，是因为有高额盈利可图。此后，索罗斯等国际性基金对中国香港金融市场的"攻击"，则直接暴露了这些国际性基金的逐利本性。

第二个问题，"理性投资"是否能保障股市稳定？所谓"理性"，是指人们行为是否在意识的支配下发生。有人强调，基金因拥有诸多专家和充分的信息，能够较准确把握股市动态，进行"理性投资"；而股民投资缺乏这些优势，所以常常"跟风"。这引出了两个问题：

其一，信息。在一个规范的股市中，信息应是完整公开的，为此，就信息的可得性而言，基金和个人处于同等地位（在中国，由于信息公开机制不规范，一些机构想方设法获取内部信息，以进行股市操作，这是违法违规的），并无权利差别，所不同的是，基金投资量较大、投资品种较多，需要收集处理的各方面信息较广，而股民个人投资量较小、投资品种较少，需要收集处理的信息也较窄。即便如此，就个股操作而言，与某些股民个人相比，基金专家的意见也不见得有多少高明之处。内在原因有三：一是受信息不对称、信息时滞、信息筛选、信息淹没、信息失误等的影响，任何机构和个人都不可能准确完整及时地得到一切信息；二是在任一时点，人们所得到的信息总是过去产生的，而人们要面对的，又总是未来的市场，因此即使是在最佳的状态下，人们也只能预期股市（或股票）的未来走势，而不可能把握每一细节，更不可能支配股市（或股票）；三是股市投资受到"股感"的明显影响，而"股感"建立在对所操作股票的长期经验累积基础上。总之，从信息角度，得不出基金投资比股民投资更加"理性"从而更加高明的结论。在这方面，华尔街的"飞镖"理论，是很有教益的。

其二，跟风。"风"者，趋势也；"跟风"者，即跟随股市走势也。首先，基金投资是否不跟风？作一个设想，在牛市即将来临时或初期，大部分投资者都不购股、追涨，即不"跟风"，那么，牛市从何而来？反之，在熊市即将来临时或初期，大部分投资者都不售股、撤资，即不"跟风"，那么，熊市又从何而来？既然任何机构和个人都不可能支配股市，那么，在预期股市翻转时，不跟风，又如何？难道基金及其他机构在大量抛售股票时，股民应积极承接，或基金及其他机构在大量购股时，股民应积极售股，才能称作"理性"、不跟风吗？

其次，股民都"跟风"吗？也不见得。由于各人的具体情况（例如，对股市走势、个股价格、投资目标、资金状况、风险承受能力等的判定）

不同，所以，在牛市期间，有人购股，也有人售股；在熊市期间，有人售股，也有人购股，否则，股市成交量从何而来？因此，不能以是否"跟风"来判定是否"理性"。

最后，在中国股市中，"庄家"成为股市的领头羊（有所谓"无庄不成市"一说）。"坐庄"的目的在于获得买卖差价收入，而其基本机制，就是"设局""抬价"，在其他投资者（包括股民）跟进时，"脱手""出筹"。在这个过程中，若无"跟风"，又如何有"庄家"？近年来，"庄家"中不乏基金机构，由此形成一对矛盾：在主张设立基金时，"批评"股民的"跟风"；在基金运作中，期待着股民的"跟风"。由于一只基金的设立是一时行为，而基金运作是长期行为，所以，对基金来说，更倾向的恰恰就是股民"跟风"。

显然，从所谓"理性投资"中，看不出基金具有稳定股市的功能。在一些场合，甚至有增强股市波动的要求和行为（例如"坐庄"）。

第三个问题，基金可以促使股市从"投机"转向"投资"吗？不见得。理由有二个：

其一，从投资上看，在中国股市中，投资是指持有股票6个月（有人认为应为3个月）以上的现象。持有股票6个月以上，主要原因有二：一是股票品质优良，股价预期处于上升态势；二是"被套"。就前者而言，可称为"投资"（后者则难以用此概念）。以此标准来衡量，在我国证券基金的持股总额中，这种"投资"所占比例并不高，而短线持股的比例并不低，因此，基金是否以投资为主，就值得重新思考。同时，为上述因素所决定，与股民个人相比，基金更担心"被套"或"踏空"，一旦预感股市翻转，就抢先售股或购股。因此，其究竟是引导股市从"投机"转向"投资"，还是加强了股市"投机"，也是值得研究的。

其二，中国股市的"投机"性质，究竟是由投资者（包括身份、结构等）决定的，还是由股票品质决定的？如果是前者，则通过改变投资者的身份、结构、投资取向等，将逐步减弱股市的"投机"性；如果是后者，则在投资者（包括基金等机构投资者）身上做文章，恐无多大效果。从1992年以来的股市发展来看，中国股市的"投机"成因，主要不在投资者方面，而在上市公司即股票品质方面。试设想，如果上市公司成长状态良好，每股盈利逐年明显提高，股价稳步上扬，有多少人（包括机构）愿意短期持有而得小利？正是因为上市公司问题太多，上市后的经营效益就总体而言又逐年下降（甚至严重亏损），才导致绝大多数投资者不敢长期持股，只能频繁换手。在这种情况下，不论是股民还是机构投资者（例如基金、证券公司等），在股市操作上都只能选择以"投机"为主的策略（即便是由国外大牌基金或投资银行来操作也是如此）。既然股市"投机"的成因不在投资者，那么，增强基金实力（例如增加基金家数、增大基金规模等），也难以为股市从"投机"转向"投资"提供多大贡献。相反，如果基金依靠其资金、人才、信息等方面的实力，继续"坐庄"炒股，股市的"投机"还将强化。基金不拥有促使股市从"投机"转向"投资"的功能，这进一步说明了基金没有稳定股市的职能。

二 证券基金本身具有分散股市风险的功能吗？

对于基金分散风险的功能，国外学者最初讲的是，基金有利于分散"投资风险"。这一理论传到中国后，不知何时，一些人将其扩展为基金能够分散"股市风险"，并以此为据来证明基金可以稳定股市运行。证券基金能够分散股市风险吗？答案是否定的，主要原因有三：

其一，基金无法分散股市的系统风险。股市运行受到众多因素的影响，在大类上，可分为经济、政治、军事、文化、宗教和自然等6类，其中，"经济"又可分为宏观经济、产业结构、上市公司、股市供求关系、制度政策等诸多方面。从股市整体运行来看，当这些因素中某一项或某几项发生重大变化时，股指和股价走势将发生明显的翻转，从而产生系统性风险。那么，在系统性风险形成前或出现后，基金有何特长能够帮助股市分散风险呢？换句话说，当某一因素即将发生或已发生重大变化时，基金有何能力来保障股市走势不发生翻转或重大变化？

从对系统风险的预期来看，如果系统风险在未发生时，就已为某家基金所预测，据此，其将股票大量卖出。这一行为，属于分散股市风险吗？否。因为这只是这家基金的正常运作，股市风险并未分散。即便假定各家基金都预期到某种系统风险将发生，提前采取行动，极可能的后果也只是促使系统风险提前发生。例如，当各家基金均认为后市不看好而纷纷抛售股票时，其他机构和股民也将"跟进"，则结果是使股市提前下落。在这一情况下，股市的系统风险并未分散，只是提前了。

基金属营利性机构范畴，在股市大幅下落时，即便自己逃脱出了"危难"，也无义务和能力运用其资金来"拯救"其他陷入危机的机构，又哪有能力和职责来"拯救"股市？更何况，不论是单只基金还是全部基金，都缺乏分散股市系统风险的机制和工具。有人说，在股市大幅下落时，基金不将手中持有的股票大量抛售，这属于分散股市风险的行为（因为，如果抛售，股价将跌得更深）。然而，这一现象究竟是因股市突然大幅下落，致使基金的持股"被套"，还是基金在股价突然下落时，选择的一种分散股市风险的行为，不必多费笔墨。一个简单事实是，在股市突然翻转时，上市股票并不都集中在基金手中，那么，是否也可以用同一原理来证明，那些"被套"的股民及其他机构也都具有分散股市风险的功能？

其二，基金无法分散股市的非系统性风险。股市的非系统性风险，主要对单只股票或某类股票而言，其引发因素十分复杂且相当具体。对基金来说，如何分散股市的非系统性风险？在预期某只股票将大幅下落时，是集中资金大量购入以缓解其下落步速，还是赶快出售"库存"？在股价下落期间，是坚决持股，还是利用当前时机，抓紧售股？答案是显而易见的。

其三，强制基金"做市"既不符合股市运行要求，也不符合基金投资者的要求。有人认为，有关主管部门可以通过赋予基金"做市商"的资格或类似职能，使基金拥有分散股市风险的职能和义务，从而在股市下落（或预期将下落）时，基金能调用资金"抬市"，降低风险程度；在股市上扬时，基金能大量"出筹"，以防范风险发生。这一认识实际上建立在计划经济思维的基础上，试图将基金运作纳入贯彻政府意图的范围内，其后果是十分危险的。须知，基金资金并非财政资金，由政府部门操纵基金运作，将给基金业发展带来严重的后果。即便基金"做市"，股市风险也不会分散和消解，在某些情况下，还可能加剧。

基金不仅无法分散股市风险，甚至不能分散化解其自身的投资风险。1952年，芝加哥大学的亨利·马科维茨教授在其发表的《资产组合选择》一文中，首次采用股票投资收益率历史数据的方差作为风险衡量指标，并将投资总风险划分为系统风险和非系统风险两类，指出与证券市场的整体运动相关联的宏观系统风险，如购买力风险、利率风险、政策风险、市场风险等不能通过投资分散化加以消除；而只影响某一具体证券的非系统性风险，如公司破产风险、流动性风险、违约风险、管理风险等才可通过同时投资于多种股票予以弱化。

通过证券组合投资来分散非系统风险的一个重要前提是，能找到足够多收益互不相关的证券。但令人遗憾的是，在资本市场中，各种证券的收益率存在着很高的正相关度，即它们都趋于对同一影响因素（比如商业周期和利率）做出相同的反应。因此，基金虽然通过分散投资可以明显降低证券组合的风险，但却不能完全消除风险（弗兰克·J.法博齐，弗朗哥·莫迪利安尼，1998）。

在中国，基金可以投资的金融工具为境内依法上市的股票和债券，其中，债券以国债为主。在资金规模已定的条件下，基金的股票投资和持有债券、货币资金之间存在此消彼长的关系。对不同时期内基金的债券和货币资金仓位（上市国债品种属于高流动性的资产，这里把基金持有的国债归于货币性资产）状况变化进行分析，可以观察出，基金货币性资产的增减与股市大盘的升降有着密切的关系。在股市处于上升期时，基金的货币性资产明显减少，而在股市处于下落期时，货币性资产比重则逐渐回升。因此，货币性资产比重的变化，反映了基金追求收益、回避市场风险的行为取向。降低货币性资产，有利于提高基金的收益，而增加其他证券的持有量，对于回避市场风险、减少损失的效果却不太明显。原因在于，目前我国的证券市场发育仍不成熟，市场中没有能够回避及降低系统风险的衍生金融工具可以利用。在股市下落时，基金管理人只有抛售股票、将其置换成货币性资产这一条路可走。货币性资产在规避风险的同时，不可避免地具有收益低的特点，这难免影响基金的净值。

反观美国的共同基金，其投资工具的多样性是中国这样的新兴证券市场国家所不及的。共同基金大致可分三大类，即股票基金、债券收益基金和货币市场基金（包括免税货币市场基金和应税货币市场基金）；进一步又可细分为21种。股票基金多投资于股票等高价值含量的证券及国际证券，债券收益基金多投资于政府债券、抵押贷款证券、公司债券以及这些债券的投资组合，货币市场基金则主要投资于期限短、流动性强、信誉高的货币市场工具。此外，美国还有比较完善的期权、期货等金融衍生品市场，为基金投资提供大量的盈利机会和对冲风险的便利。因此，不能因为美国的基金有较强的分散非系统风险能力，就认为中国的基金也自然具有这种能力。

对基金投资者来说，投资风险不仅来自于基金的投资运作，而且来自于基金的代理。在证券基金中，存在着两级契约安排，也就产生了两个层次的委托代理关系，即基金投资者与基金管理公司之间的委托代理关系、基金管理公司内部管理者与操作者之间的委托代理关系。委托人和代理人之间的信息是非对称的，即委托人对代理人已经采取了什么行动或应该采取什么行动的信息，并不充分了解。

三 证券基金的投资收益一定高于
股民投资的平均收益吗？

由于有专家进行运作，再加上有着较强的市场走势分析能力和投资组合能力，所以，一些人强调说，基金的投资收益必然高于股民的平均收益。这是基金吸引基金投资者的一个重要"卖点"，也是各基金发起人和管理人反复强调的"重点"。基金的投资收益总能高于股民的平均投资收益吗？未必。

从股市运行态势来看，如若基金是在股市低点进行投资的，而投资后，股市又能逐步上扬，那么，在大多数场合，基金的投资收益确实有可能高于股民的平均投资收益；如若股市是一个有着较强"投资"特征的市场，即投资收益将随持股时间的"延长"而递增，则基金投资收益也有可能高于股民的平均投资收益；但如若股市是一个"投机性"市场，且基金又在股指高位进入市场，那么，基金的投资收益在多大程度上可能高于股民的平均投资收益，就值得认真研究了。具体来说，1998年3月以后，中国新设的证券基金主要投资于A股市场，又是在股价高位入市，在这种条件下，基金的投资收益不见得时时高于股民的平均投资收益。

实际上，各只基金受不同因素制约，其操作业绩差别甚大。即便在发达国家，也不是每家基金的资产净值增长率都能高于股民平均市盈率的。更不用说一些基金还可能在经营中亏损倒闭。1998 年以来，美国长期资产管理公司的危机、索罗斯量子基金陷入困境等都说明了，专家操作并不总能自然地保证基金追求高收益的成功，甚至连资金的安全性也不能保证。因此，不应将"专家操作"炒得过高。而且在当今中国的各只基金运作中，究竟有多少是真正的"专家"尚属疑问。

四　发展机构投资者就是发展证券基金吗？

作为一个新兴市场，中国股市目前仍然是一个以个人投资者为主的市场。有人认为，中国股市换手频繁、股价波动较大（"换手"频繁的另一表述是"投机"程度高），主要成因是股民在投资者中所占比重过高。中国股市的换手率的确高于成熟的国际股市。1998 年，沪深两市的换手率分别为297％和283％，而同期纽约、伦敦、中国香港三市场的换手率分别只有69％、47％和62％。据统计，在沪深两市的成交笔数和成交额中，机构投资者所占比重通常低于 10％。但是，股民所占比重高，是否就是换手率高的成因？调整投资者结构，是否只有"发展证券基金"这一条路可走？这值得我们深入探讨。

股市换手率过高，是否由股民造成？未必。股市换手率高的成因，大致可从三个角度进行分析：一是上市公司。如若上市公司业绩良好、股价持续提高，则投资者频繁买卖股票，除了缴付成交手续费外，并无多少好处；反之，上市公司业绩持续下滑，而投资者又常常处于信息不对称的劣势地位，只好通过频繁换手来寻求获利机会。二是资金性质。如若投资者投资于股市的资金是自己的，则资金的抗跌性较强，即便股价暂时下落，投资者也未必急于将股票脱手；反之，资金是借贷的，受借贷期限和利率的制约，资金抗跌性较低，只能通过股票的频繁换手来保障资金的流动性并防范风险。三是"坐庄"。如若股市中较为普遍地存在"坐庄"现象，由于"庄家"操作一般通过吸筹、抬价、出货等几个阶段完成，为了吸引其他投资者"入套"，在抬价和出货阶段，就必须频繁交易"庄股"，以造成"庄股"交投活跃的气氛，由此，换手率高的格局自然形成；反之，没有"庄家"做局，投资者分别从不同角度对个股进行评判，其换手率将低于有"庄家"的情况。一个典型的现象是，在中国股市中，每当熊市发生，换手率普遍较低，一个重要原因就是，此时"坐庄"比较困难。由于对投资者来说，上市公司的品质是客观的，所以，从投资者角度讨论换手率高低，主要集中在后两个成因上。

从资金性质来看，虽然在 1994 年以前，由于"透支"炒股现象的存在，一些个人"大户"的资金不完全来源于自有资金，但是一方面，绝大多数中小散户极难获得"透支"待遇，所以他们的资金几乎完全是自有的；另一方面，随着几次"透支"大清查，不少"大户"损失惨重，1995 年以后，股民资金中的借贷成分日渐趋微。与此不同，机构投资者的资金，有相当大的一部分由借贷资金构成。1999 年 7 月以前，券商等机构投资者从商业银行等机构获得借贷资金较为困难，但它们一方面仍通过各种非规范途径获得借贷资金，另一方面一些券商挪用客户保证金进行股市操作。在这两种情况下，对机构投资者来说，均存在着严重的变现压力，而短期（甚至超短期）操作，是缓解变现压力、保障资金流动性和安全性的基本举措，因此，频繁换手就成为必然。1999 年 7 月以后，随着各种融资政策的出台，券商等机构获得借贷资金有了正式安排的渠道，但短期变现压力却并未因此而缓解。

基金用于股市投资的资金按理说是由基金投资者投入的资金形成的。在实行封闭式基金条件下，只要封闭期未满，就没有还款的压力，因此，进行长期投资是可能的，即没有必要短期换手，但由于前文所述原因（参见基金投资的"投机"和"投资"分析）以及以下两个原因，短期换手也是极为重要的：

其一，据统计，截至 2000 年 6 月 30 日，基金管理公司从债券回购交易中共融入资金 96.78 亿元，并且 7 天、14 天和 21 天的品种占融入资金量的 89%。与此对比，26 只新基金净值总规模 748 亿元，扣除 4 只转制小基金，实际上接受《证券投资基金管理暂行办法》关于组合比例约束的基金净值规模为 731 亿元。按基金的债券投资应达 20% 计算，22 只基金应持有债券 146.2 亿元，由此，融入资金占债券资金的比重达 66.2%。虽然融入资金占基金净值的比重较低（仅为 13.24%），利率也较低（回购的加权平均利率为2.4524%），但这些资金绝大多数为短线资金，在股市中，只能用于短线操作，因此，为了保障这些资金的按期偿还，重视其换手率和流动性也就成为必然。

其二，按规定，基金每年收益90%以上需以现金方式分红。为了保证分红所需现金，基金在分红前几个月就面临脱手筹码以套现的压力，这在股市交易中，也自然表现为换手率提高。有人认为，基金可以先从银行借款进行分红，然后再在日后还款，这实际上只是使基金脱手筹码的时间略为后移，并未改变其由于脱手筹码导致换手率高的问题。

从"坐庄"来看，股民几乎没有"坐庄"的资金实力和可能，因此，"庄家"均为机构投资者。虽然目前尚无基金"坐庄"的公开报道，但"跟庄"已是基金操作的一个重要方法。"坐庄"需要提高换手率、抬高股价波幅，而"跟庄"则对换手率的提高和股价波幅的抬高起着推波助澜的作用。显然，在目前条件下，发展机构投资者（包括证券基金）未必能够改变股市的高换手率（或高投机性）格局。

发展机构投资者，是否以发展证券基金为最佳选择？这是值得认真研究的。一个重要事实是，在以美国为代表的成熟股市中，从过去到现在，在股市中发挥主导作用的机构投资者，都不是证券基金，而是那些拥有稳定的长期资金来源的非银行金融机构（例如保险公司）及一些契约型资金组合（例如养老基金等），至于基金，则只是在20世纪70年代以后才发展起来的一种资金组织安排，其中有一些种类，如货币市场相互基金等，由于其在性质上更接近商业银行，向来就不是资本市场的主要参与者。

在90年代以前，美国的股市基本上是一个以居民投资为主的市场。1989年，居民持有的上市公司股票占总市值的50.7%，第二大持有人（各种保险公司、养老基金、退休基金等）占28.8%，而基金的份额仅为6.5%。进入1990年以后，这一格局发生了重要变化。一方面，居民持有的比例持续下降，1999年已降低到42.4%；另一方面，机构投资者持有的份额明显上升，1999年达到57.8%。但是，在机构投资者中，发挥重要作用的并不是基金，而是那些拥有稳定的长期资金来源的非银行金融机构，即保险公司、养老基金、州和地方政府退休基金等。1999年，非银行金融机构和非金融机构持有比例达到30.2%。虽然受80年代的美国市场利率剧烈波动影响，无利率监管约束的共同基金获得了长足发展的机遇，基金持有的上市公司股票份额快速提高，但直至 1999 年底，也只有 17.9%。

同时，值得关注的是，在 1989—1999 年的 10 年间，美国非银行金融机构和非金融机构持有的份额相对稳定，基本维持在 30% 左右小幅波动，而居民持股份额减少的部分与投资基金份额增加的部分相差不多。股市发展需要有大量的新增资金支持。从资金供给角度说，基金的资金主要来源于个人投资者。如果个人投入股市的资金（包括增量）是确定的，则基金的发展，只是使资金从个人手中转移到基金手中，股市的资金供给难有更多新的增量。与此不同，非银行金融机构和非金融机构的资金，主要不来自于股市中的个人投资者，对股市发展来说，发展这些机构投资者不仅可获得大量的新增资金，这些机构投资者还将随股市发展而增加其资金投入。如美国这些机构持股额从 1989 年的 10000 亿美元增加到 1999 年的 50000 多亿美元，持股比例非但没有降低，而且略有提高。这是中国在发展机构投资者的过程中，必须充分注意的。

（原载《中国证券报》2000 年 8 月 14 日）

新经济·网络经济·财富效应

世纪之交，随着美国网络股的爆发，在我国，网络股也成为一种"时尚"。一些人运用"新经济""财富效应"等概念，在"网络""网络股"中大做文章。眼下，这股风潮已呈下落趋势，在这个过程中所张扬的一些观点也未得到深入探究，因此，有必要对有关问题作进一步的探讨。

一 新经济与网络经济

20 世纪末，在美国经济持续 100 个月左右增长的背景下，美国的一些经济学家认为，持续经济增长的主要原因，是新一代高新技术的快速发展、金融创新和金融自由化、经济全球化等新的经济因素，并用"新经济"来描述由这些因素所引致的经济新格局。

何为"新经济"？不同的经济学家因研究角度不同而认识不尽相同，大致可概括为四种：其一，强调"新经济"是以新一代的高新技术革命为基础并由此形成的经济运行和经济发展新格局，其中，新一代高新技术包括现代电子技术、现代通信技术、生物工程（尤其是基因工程）、航天航空技术、新材料等。

其二，认为"新经济"是以新一代的高新技术革命、金融创新和金融自由化以及贸易全球化等为基础的经济全球化新格局。

其三，提出"新经济"是以现代电子技术及通信技术为代表的信息技术以及由此形成的经济新格局。

其四，主张"新经济"是以互联网为基础的经济格局新变化。

不论国外人士的认识有多少差别，有一点是清楚的——迄今尚未有人能够准确地界定"新经济"的内涵和边界。

"新经济"作为一种经济现象，在世纪之交就引起了许多中国经济学者及其他方面人士的关注。在这个过程中，一些人简单地将上述第四种认识运用于探讨中国的现状，一方面认为新经济就是"网络经济"，"现代"的内涵就是互联网，有了"网络"就有了现代生产力，没有网络就没有现代生产力，因此，要构建新经济，提高经济和企业的质量，就应"建网""上网""触网"，除此之外别无出路；另一方面强调"美国的今天，就是中国的明天"，既然在美国互联网产业年产值已占第一大产业的地位并继续快速增长（其实，这一判断是不正确的），那么，在中国大力创建网络公司、网站以促进网络经济的快速成长也是必然的。此外，他们还列举了美国网络公司的上市数量、市值增长速度等数据，强调在中国，网络经济、网络公司以及网络股等也都有着不可估量的发展前景，甚至主张热炒"网络股"。

笔者认为，互联网作为高新技术、信息技术的一个主要组成部分，对于改变厂商和金融机构的信息获取处理方式、市场交易方式、商务运作方式、业务操作方式、内部监管方式以及居民生活方式、政府部门的工作方式（包括监管方式）等，都有着极为重要的作用，对这方面的技术开发和应用，应引起社会各界的高度重视，并应予以大力推动。但是，其中也有一些重要问题值得关注。

第一，互联网本身并非就是生产力。何为"经济"？何为"生产力"？经济是由生产、贸易、服务等各种经济活动和经济关系有机关联所形成的总体格局，生产力是生产物质产品（或提供劳务服务）的能力。在经济运行和生产力发展中，信息有着极其重要的作用，这是不容置疑的，与此相对应，互联网作为一种快速传递信息的工具，在提高经济运行效率、促进生产力发展中，也有着极为重要的作用（为此，我们强调应充分重视发展互联网）。但是：

其一，虽然在现代经济中，一些西方经济学家将"信息"列为继土地、资本、劳动力、技术、管理等之后的一个生产力要素。但这只是强调"信息"在形成和发展生产力中的重要性，既不意味着"信息"可以取代其他生产要素而成为唯一的生产要素，也不意味着"信息"本身可以生产制造物质产品或直接解决经营问题。正如人们所说，没有信息就没有生产力，但却不能说有了信息就有了生产力。因此，信息只是生产力和经济运行的必要要素，不是充分要素，更不是充要要素。

互联网作为快速传递信息的载体，对于人们打破地域限制、国界限制快速地传送和获得信息，其功能的重要性是无可置疑的。但信息传送再快、信息获得再及时，也只是信息，在没有资本、劳动、技术和管理等要素的作用下，绝不会转变为"生产力"，更不用说还有"信息垃圾"之类的问题了。

其二，互联网可以快速地实现各种交易，例如商品交易、资金划拨和结算等，从而将引起交易方式的变革。但迄今为止，在技术上能够解决的问题仅限于交易手续方面，而交易对象（商品和劳务）还是需要通过具体的配送系统（或服务）才能送达用户，而大量非标准化的产品、价值低的商品或需要用户直接用感官进行判别的商品，仍难以在网上办理交易手续。因此，一方面，互联网所解决的只是交易手续问题，并非完整的交易过程；另一方面，互联网解决的只是一部分标准化商品的交易手续问题，而非一切商品的交易手续问题。

其三，网络可以为办公自动化、企业内部管理等提供一个便捷的资料、档案、数据等方面的管理手段，从而为管理效率提高提供有利的条件。但是，网络本身不是企业管理活动，也无法代替企业管理过程。真正的管理活动和管理过程，仍需由企业的管理人员来完成。

显然，互联网的功能是有限的，不能将其过分夸大，更不能将"新经济"仅仅归结为互联网上的经济活动。

第二，互联网并不等于高新技术。现代高新技术包括电子技术、通信技术、生物工程、航天航空技术、新材料等诸多方面，IT只是其中的一部分，不是全部。即便在IT产业中，占主导地位的也首先是电子、通信、计算机等高新技术，互联网只是一个依托于现代电子技术和通信技术所建立的信息传送和办理交易手续的网络状平台。"现代电子技术 + 现代通信技术 + idea = 互联网"，这一公式表明，一旦离开了电子技术和通信技术，互联网所剩的就只有"idea"，并没有多少高新技术可言。

第三，"网络经济"只是对在互联网上进行信息传送和办理交易手续等经济活动的概括，不是对所有经济活动和经济现象的概括，因此，它绝对不意味着可以取代农业、工业、商业、交通业、金融业等各个产业而成为唯一的产业。不仅如此，"网络经济"还需要众多产业的支持。

一个值得注意的问题是，有些报道说，1999 年，美国互联网"产业"实现的产值达 5000 多亿美元，"成为名副其实的第一大产业"。这一概念是不准确的。其中，所谓"产值"，并非互联网所生产，仅是在互联网上办理交易手续的交易额。略有经济学常识的人都知道，按照 GDP 统计方法，一个产业对国民经济的贡献，只能按其净收入（即增值额）计算，而不能按其销售额计算。据此，互联网的"产值"不应该按其办理手续的成交额计算，而应该按各个网络公司的收入总额计算。如若假定网络公司能够从网上办理交易手续的交易额中获得 2% 的收入，则 5000 多亿美元的交易额也仅有 100 亿美元左右的净收入，而这些收入，在美国各产业的净收入对比中，几乎排不上什么名次。显然，就互联网"产业"的净收入而言，其在美国绝非"名副其实的第一大产业"。

二　网络经济与网络公司

随着电子和通信技术的快速发展，互联网的功能将进一步提高，现今大量的信息传递、商贸交易、银行业务、证券投资等活动，将通过网上进行，因此，互联网有着广阔且良好的发展前景。鉴于这一前景初露端倪，一些"赶潮人"纷纷筹集资金，在短期内蜂拥建立了几万家乃至几十万家网络公司，由此，引出了一个"网络经济"与"网络公司"的关系问题。

笔者认为，互联网作为快速传递信息和实现交易活动的渠道，一方面有利于降低信息成本和交易成本，提高经济效率，改善服务质量；另一方面有利于完善企业的内部管理，优化企业的资产结构和投资结构，促进企业的发展，增强企业的市场竞争力。因此，对各企业来说，建立与互联网相连接的网站是十分重要的。但是，是否每个企业都需要建立网络公司，或者是否需要在国内建立几万家乃至几十万家网络公司，却值得认真研讨。

从公司经营中的财务收支情况来看，在市场竞争中，一家公司生存和发展的最基本前提是有足够的收入来满足其各项开支的需要，收入不足或入不敷出的公司，迟早是要关门倒闭的。各国网络公司的收入来源大致可分为以下几种类型：一是交易收入，即通过网络直接出售信息、资料或提供有偿咨询服务等获取收入；二是代理收入，即在 B—B、B—C 中，协助厂商销售产品，从中获得代理费或销售手续费；三是会员收入，即就某一部分网络服务实行会员制，会员需缴费方能入会，网络公司则定期或不定期地向会员提供规定的服务（包括信息服务）；四是广告收入，即吸引厂商在互联网上刊登广告，网络公司依此向厂商收费。

网络公司的财务支出主要由四项内容构成：一是设备、通信线路、办公用房的购买或租用费用；二是人工即聘用各类人才的费用；三是资料、信息、办公、公关、税收等费用；四是广告费用。

虽然各网络公司的 idea 定位不尽相同，但有一点却是相同的，即费用支出较"硬"（即必须付出），营业收入较"软"（即未必一定有）。由于费用支出较大（在中国，创办一家规模不大的网络公司，大致需要投资几十万元乃至 100 多万元，其每年运行费用大致在 100 万元左右），而收入相当有限，所以，不论在中国还是在其他国家，绝大多数网络公司都处于亏损状态，有盈利的网络公司寥寥无几。导致这种状况的原因比较复杂，从中国情况来看，笔者以为，下述情况是值得重视的：

第一，网络经济的发展前景不等于网络公司的发展前景。由于投资量较小，且没有太复杂的技术问题，只需一个 idea 加上几十万元乃至 100 多万元资金（用于购买或租用设备与通信线路等），花费一个月左右时间，就能从无到有，创办一家新的网络公司或网站。所以，在短短的几个月时间内，受"网络热"的感召，在全国蜂拥出成千上万个网络公司或网站。各网络公司创办者对其宗旨和目标均信誓旦旦，但其真实取向大致有五：一是将发展网络经济作为一项事业，将创办网络公司作为一种"创业"行为，准备为此付出努力和代价，以获取未来的市场及回报；二是将创办网站或网络公司作为交流信息、改善内部管理、提高服务质量、拓展服务领域、增强市场竞争力等的一个重要手段；三是将创办网络公司或网站作为一种投机交易的对象，随时准备以高价将网络公司或网站出售给他人，以获取高额出售的"回报"；四是将设立网络公司或网站作为一种"时尚"或点缀，以表明本厂商没有落后于"新经济"或新潮流；五是将"建网""触网""上网"等作为一种题材，以利于股票炒作。

由于网络公司或网站为数众多，每一网络公司均需像模像样地证明自身的价值，因此，运用各种方式拉客户、通过各种媒体做广告以扩大知名度等现象应运而生。在这场竞争中，本来就有限的客户群，或者被分割为众多小批客户，从而难以达到任何一家网络公司的规模经济最底线，或者使客户感到无所适从而退出"需求"行列。由此，使网络公司陷入了这样一个怪圈中：为了扩大客户和知名度—增加资金投入—投资成效不理想—再增加投资，其结果是，费用上升而客户及收入并未随之有效增加，公司处于持续亏损状态。事实上，目前几乎全部的网络公司都在"打消耗战"，只要能达到盈亏平衡点就属优胜者（且不论有无盈利）。对相当多完全自负盈亏的网络公司或网站来说，恐怕用不了太长时间，就将因难以维持生存而关闭。

第二，网络经济的发展离不开经济社会诸多因素的支持，同样，网络公司的发展也离不开经济社会条件的制约。从我国目前情况来看，至少有三方面因素制约着网络公司的业务发展。

其一，收入水平。网络用户以上网为前提，为此，费用（计算机等设备费用和上网费用）和时间就成为制约用户的基本因素。在当今的中国，能够买得起计算机并付得起上网费的个人占总人口的比例相当有限，因此网民要从几百万人增加到几千万人乃至上亿人尚待人们收入水平的提高和上网费用的降低。

有人认为，那些只为厂商服务的网络公司日子会好过些。确实，大多数厂商不像居民那样盘算费用，但在各类中介机构相互竞争的市场格局中，网络公司所能提供的服务，其他机构都几乎已提供过了。对厂商来说，一方面，接受网络公司服务而"挤走""老伙伴"是否必要是值得认真考虑的；另一方面，究竟有多少事情需要网络公司来提供服务或者网络公司能够给厂商提供多少特殊的服务，也值得考虑。

其二，电子技术和通信技术的发展水平。网络公司或网站的运行，有着较高的经营成本，为此，需要有相当的经营收入来支撑。我国网络公司或网站的收入主要依赖商家广告、销售信息、提供商品销售的中介服务等。但受目前的电子技术限制，与传统方式相比，网络服务在许多方面尚未真正获得明显的市场优势。例如，与报刊、电视等媒体相比，网络缺乏便捷的优点，网民又极少为了看广告而上网，因此，厂商大多不愿意在网站上刊登广告（这是导致曾经热炒的"点击率"在短期内失去其商业热点地位的主要原因）。再如商品销售，在 B—C 的方式中，虽有一些消费者从网上购物，但商家发现配送成本过高，同时，绝大多数消费者也发现网上购物缺乏足够的实感性和选择性，因此，除国外的汽车、标准产品等有限种类的商品外，绝大多数商品尚未有成功的案例。

其三，信用系统的完善程度和发展水平。与发达国家相比，我国的信用系统相当不完善。绝大多数居民至今缺乏最基本的个人信用概念，许多厂商的信用记录也不能令人满意，更重要的是，全社会的信用体系并未有效建立，要改变这种状况短期内不太可能，由此，网上银行、网上证券、网上零售、电子商务（如 B—B）等，要在几年内在各相关产业市场中占据主要地位，绝非易事。

毋庸赘述，网络经济以及网络公司的发展，绝不可能超越我国经济社会生活的现实条件。

三 网络股与财富效应

在追赶网络经济的"浪潮"中，我国股市出现了一种令人难解的现象：哪个上市公司"沾"上互联网，那个公司的股票市价就快速上扬。为了从理论上解释这种现象，也为了"鼓励"投资者大胆购买网络概念股，一些人从国外"引进"了股市财富效应理论。如今，虽然当初热炒的网络股价格已明显回落，股市对网络股的期望值也大大下降，但所谓的股市财富效应理论仍被用以解释"新经济"概念股及其他热炒的概念股。

从见诸各报刊的文章来看，股市财富效应的内在逻辑大致可表述为三个要点：其一，每只股票的价格均是由该股的未来收益和收益水平决定的，因此，"新经济"概念股、"网络股"的市价上扬，意味着股市已将这些产业或企业的未来收益提前到现期分配；其二，既然股市已将"新经济"或"网络"产业及其企业的未来收益提前到现期分配，那么，也就意味着对这些产业或企业在现期创造财富的能力（如盈利能力）不能简单以现期的财务状况为依据（因为这些产业或企业的"实际"财富数量大于其财务报表上的资产数量及盈利数量），而应以其发展前景（即未来收益的现期分配）

为依据；其三，既然这些产业及企业的股价上扬是由其未来收益的现期分配所导致的，那么，这种股价上扬是有现实经济基础的，不会造成"泡沫"，也不属"泡沫"范畴，并且有利于促进投资和消费，扩大内需，在政策上应采取积极的态度，予以支持。

在此，笔者以为，有几个问题值得深入探讨：

第一，股票市价与未来收益是一种什么样的关系？首先，在传统的股价计算公式中，股价等于预期的未来收益除以利率。以此为据，似乎股票市价是由未来收益决定的，但这种"似乎"，即便不讨论其漏掉了"利率"因素，也忽视了"预期"这一关键因素。对股市投资者来说，"预期"不是盲目猜想，而是建立在起初的经济生活基础上的。这种真实的经济生活基础至少包括具体产业及上市公司创造财富（包括盈利水平）的历史业绩、现实状况和发展前景等。由于投资者无法准确地把握某家上市公司的未来（事实上，任何人、任何机构均无法准确地作出这种判定），因此，把握历史和现状，以此为基础进行"预期"，具有决定性意义。显然，离开了"预期"及其真实基础来讨论"未来收益决定股价"是一个误区。其次，在现实生活中，预期的未来收益，只是决定股票市价的一个因素。决定股价的因素，在大类上可分为经济、政治、军事、文化、宗教和自然等6类，其中，"经济"又可分为宏观经济因素、产业经济因素、上市公司因素、股市供求关系、制度政策等众多因素。正是因为股价是由众多因素综合决定的，所以，全球各国股市的走势，从历史过程上看，没有一个是符合上述传统计算公式"规范"的，仅以"未来收益"来讨论股价是远远不够的。

一个值得思考的问题是：在"庄家"运用大量资金哄抬"新经济股"或"网络股"的过程中，谁能说清楚这是一个"套"、一个"局"，还是一个追求"未来收益"的行业？

第二，财富分配究竟是现实的还是观念的？股市交易本身并不创造价值。股票买卖、股价变动，就财富分配而言，发生的至多是入市投资者的财富在买方和卖方之间的再分配。在这个过程中如若考虑税收、交易手续费、过户费等因素，则买卖各方的财富总量非但不会增加反而处于逐笔减少状态中，即一部分财富被财政、券商、交易所等分走了。从年度来看，这种财富的减少，一般可通过上市公司的利润分配予以弥补。在上市公司的股利分配数量较大时，投资者的财富总量可能增加，反之，则减少。这一系列现象说明一个最基本的道理：财富分配是一个现实经济过程，即只有现实的财富，才能进行现实的分配。然而，股市财富效应却告知人们，可将未来的收益用于现期分配。这不免令人产生三个疑问：

其一，"未来"是何时？是 3 年、5 年后，还是 8 年、10 年后，或是 30 年、50 年乃至更长时间之后？不论是中文还是外文，"未来"一词均指今后相当长的时间，并无准确的时间界限。既然如此，那么，究竟是将"未来"多少年的收益用于现期分配？既然未来的收益已被现期分配掉了，那么，未来年份的股市价格又是将何时的收益用于分配？答案只能是"未来"的"未来"，结果就是不断地"寅吃卯粮"，若有一天没有"卯粮"可吃，股市势必崩盘。这是股市的正常运行态势吗？

其二，未来收益的具体数量是多少？我们假定，"未来"的时间界限是确定的（例如 5 年），那么，接下来的问题就是，在这段时间内可用于分配的收益有多少？由于财富分配事关各投资者的切身利益，所以财富数量至关重要。但是，迄今没有哪一个主张股市财富效应的人告知过投资者"未来收益的具体数量"究竟是多少。他们所说的只是"很大""巨大""不可估量"等。这种数量概念，对投资者只有观念上的刺激意义，并非现实可得，因此从实际分配效果来看，与"很小""非常小""极其小"等并无实质差别。

略有经济学常识的人都懂得，收益与风险是一对孪生姐妹。主张股市财富效应的人，为何不认真地告知人们，未来的高收益是与未来的高风险并存的？股市财富效应的对应面是股市风险效应？这一现象本身就值得深思。

其三，未来收益通过何种机制用于现期分配？未来收益是在未来的经济活动中创造的，这恐怕没人有疑义也没人能改变，那么，未来才创造出来的财富（收益），如何能进入现期分配范畴？我们迄今未能真实地解决"时间隧道"问题，如何能够到"未来世界"去，将其收益拿到现期进行分配？主张财富效应的人，没有告诉我们，我们也无从得知，但有一点是清楚的，即在经济生活中，不论哪种财富分配，其对象均是现期的财富，而非未来的财富。

　　显然，"财富效应"给投资者提供的是一份"观念大餐"。但这一"大餐"能否从"观念"转为现实，取决于未来经济活动的实际成效，而非取决于股市价格高低，更非取决于财富效应理论的张扬。

　　第三，股价上扬是否有利于刺激需求？近年来，在股价快速上扬时期，人们可以看到这样一些现象：一些获利的投资者，在消费场合出手不凡；一些投资者从股市获利后，将一部分资金转入实业投资；一部分上市公司趁股市上扬，高价发行新股（包括配股）；等等。这些现象似乎都证实了股价上扬有利于扩大投资需求和消费需求。然而，这些现象并非一个完整的过程。

　　一个简单的问题是：这些获利的投资者、上市公司等，其扩大投资或扩大消费的资金从何而来？对获利投资者来说，他之所以获利，是因为他在股价较高时将持有的股票卖掉了。既然股票是卖掉了，必有买方，所以，获利投资者的资金来源于购买其股票的投资者。同样，上市公司高价发行新股，其售股资金也来源于购股投资者。由此，问题转为：这些购股投资者是否因购股而引致需求减少？

　　购股投资者因购股而引致的需求减少，大致有两种情况：直接减少和间接减少。所谓直接减少，是指投资者因将资金用于购股而在一段时间内使自我的投资需求或消费需求减少；所谓间接减少，是指投资者因将资金用于购股、减少存款等金融资产而导致的他方投资需求或消费需求减少。由于缺乏对购股投资者投资需求或消费需求情况的调查，因此我们无法判断股价上扬时期购股投资者的需求是否直接减少，但间接减少却是清楚的。一个基本动向是，每当股市高扬，投资者或从银行提款或减少银行存款，将资金转入股市投资。在这种情况下，原本通过存贷款机制提供给工商企业或投资项目的资金减少了，与此相对应，这些企业或投资项目的投资需求以及由此引致的消费需求也随之减少。在这个过程中，以总量计算，很难说股市高扬能够刺激经济运行中的总需求增加。

（原载《经济理论与经济管理》2000 年第 5 期）

公司型：中国证券投资基金组织模式的基本选择

证券投资基金（以下简称"基金"）就组织模式而言有两种形式——契约型和公司型，选择何种组织模式来有效推动中国的投资基金发展，一直是业界研讨的一个重大问题。2000年10月"基金黑幕"的曝光、年底中国证监会对有关基金管理公司违规操作的检查、2001年12月基金巨额申购"深高速"事件的发生等都提出了如何规范和发展基金的问题。笔者认为，维护基金持有人的权益是基金得以生存的基础性条件和发展的核心问题，从中国的金融市场条件和发达国家的基金发展趋势来看，发展公司型基金应成为基金发展模式的主要政策取向。

一 基金的组织系统及其核心

基金，作为资金运作的一种组织，是指按照共同投资、共享收益、共担风险的基本原则和股份有限公司的相关原则，运用信托关系的机制，将各个投资者彼此分散的资金集中起来以实现预期证券投资目的的投资组织制度。从参与者角度而言，基金是由基金持有人、基金组织、基金管理人、基金托管人等通过信托关系构成的组织系统；但从基金运作的核心而言，这一组织系统的形成和运作始终围绕维护基金持有人的权益而展开，因此，基金在组织制度上有如下一些基本规定：

第一，基金持有人的地位。各国（和地区）在法律上都规定，基金持有人是基金资产的所有者，对基金享有资产所有权、收益分配权和剩余资产分配权等法定权益；基金持有人大会是投资基金的最高权力机构，有权对投资基金的一切重大事项做出决策。因此，基金的设立、组织模式选择和投资运作都必须以维护基金持有人的权益为基本点。由于基金持有人彼此分散，所以，《基金章程》就成为反映各个基金持有人共同意志和权益要求的法律文件。《基金章程》应由基金持有人大会（或其他能够反映基金持有人集体意志的机制）议决通过，方才具有法律效力。

第二，基金管理人的职责。就法律关系而言，基金管理人的最基本职责是，不违反基金章程、基金契约及有关法律文件的规定，不侵害基金持有人的合法权益，维护基金持有人的权益并努力实现基金资产保值增值。基金持有人通过信托关系将基金资产交给基金管理人管理运作。在信托关系的形成中，《基金契约书》具有特别重要的意义。这不仅因为《基金契约书》是规范基金持有人与基金管理人之间的资产信托关系、各自职责和权益及其他有关事宜的法律性文件，而且因为《基金契约书》是基金持有人得以约束基金管理人管理和运作基金资产活动、解决与基金管理人之间权益纠纷的基本法律文件。因此，《基金契约书》的内容应经基金持有人（或其代表）与基金管理人认真磋商研讨，并经双方签署后方能生效。

第三，基金托管人的职责。就法律关系而言，基金托管人的最基本职责是，代表基金持有人监督基金管理人运用基金资金进行投资运作的各种活动，对基金管理人违反基金章程、基金契约及其他有关法律文件的投资行为予以制止，维护基金持有人的财产和权益不受损失。《基金托管契约书》是规范基金持有人与基金托管人之间的资产托管关系、各自职责和权益及其他有关事宜的法律性文件。基金托管人既然是受基金持有人的委托，对基金管理人的投资运作进行监督，那么，《基金托管契约书》就应由基金持有人与基金管理人磋商研讨并经双方签署后生效。

基金的组织体系简图如图 1 所示。

从图 1 中不难看出，基金是通过集中彼此分散的投资者的资金而形成的投资组织，同时，在信托关系中委托人一旦与受托人达成协议，将财产交由受托人管理，在法律上就视这些财产为受托人所有，委托人不能超越信托协议的规定干预受托人对财产的运作、管理和处分，由此，如何切实保障投资者的权益在现实中就成为规范基金运作并决定基金发展的基本实践要点。具体体现在以下四个方面：

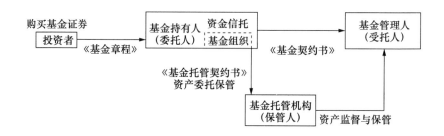

图1　基金的组织体系简图

其一，通过何种机制来保障《基金章程》的法律效力形成？在股份有限公司中公司章程等文件通过股东大会议决并进行工商登记而成为具有法律效力的文件，那么，在基金中投资者彼此分散极难召开基金持有人大会的条件下，通过何种机制来形成《基金章程》的法律效力呢？

其二，通过何种机制来保障《基金契约书》的法律效力形成？其中包括：如何建立基金持有人对基金管理人的监督约束机制，以防止基金管理人违背基金持有人权益进行基金资金的运作，促使基金管理人守信尽职，避免资产损失、收益损失或资产风险增大？如何保证基金持有人在与基金管理人发生权益纠纷时有一个可依据的合法文件？

其三，通过何种机制来保障《基金托管契约书》的法律效力形成？其中包括：如何既强化基金托管人对基金管理人的监督约束力度，使基金托管人守信尽职，成为维护基金持有人权益的重要机制，又避免基金管理人成为基金托管人的客户从而发生二者在某种程度上的"合谋"，损害基金持有人权益？

其四，如何通过竞争性遴选机制来选择基金管理人和基金托管人，从而既提高他们的服务质量又降低有关收费？

二　中国契约型基金的制度缺陷

1998年3月以后中国新设立的基金均为契约型基金，而1997年11月出台的《证券投资基金管理暂行办法》（以下简称《暂行办法》）是迄今有关基金设立和运作的最主要制度文件（《开放式证券投资基金试点办法》以

《暂行办法》为基础）。契约型基金与公司型基金的主要区别在于，没有一个专门代表并维护基金持有人权益的有形机构——基金公司，由此，在制度安排上引致了如下问题：

第一，基金的基本经济关系不清楚。基金的设立和运作以信托关系为基础。但在《暂行办法》中，既没有有关"信托"的用语，也没有有关"信托关系"的表述，甚至连"委托人""受托人"的概念都没有，由此，实际上很难说清楚基金持有人与基金管理人之间究竟是一种什么样的经济关系，而其余几个问题均与此直接相关。

第二，基金持有人权益在制度上缺乏基础性界定。《暂行办法》第二十九条规定：基金持有人享有六项权利，即出席或委派代表出席基金持有人大会；取得基金收益；监督基金经营情况并获取基金业务及财务状况的资料；申购、赎回或转让基金单位；取得基金清算后的剩余资产；基金契约规定的其他权利。《暂行办法》第三十条规定：有下列五种情形之一的应当召开基金持有人大会，即修改基金契约、提前终止基金、更换基金托管人、更换基金管理人以及中国证监会规定的其他情形。仔细分析上述两个条款，不难发现一个最基本的问题——基金持有人大会定位并不清楚：其一，在基金组织体系中基金持有人大会处于何种地位？是一个最高权力机构从而有关该只基金的一切重大事项均需由该机构议决通过，还是一个一般的议事机构从而有关该只基金的重大事项可以不由该机构议决？其二，投资基金的设立是否需要召开基金持有人大会？一只基金的设立至少涉及两方面事项：一方面，《基金章程》《基金契约书》《基金托管契约书》等文件的议决通过；另一方面，选择基金管理人、基金托管人等。如果基金设立需要召开基金持有人大会，那么，为什么在"基金持有人大会"的职权中没有关于"议决基金设立""议决并通过有关基金设立文件""选择基金管理人和基金托管人"等相关规定；如果投资基金设立可以不召开基金持有人大会，那么，这些事项又通过什么机制来解决？其三，既然基金持有人大会连议决《基金章程》等文件、选择基金管理人和托管人的权力都没有确定，又何谈"修改基金契约、提前终止基金、更换基金托管人、更换基金管理人"等等？

第三，基金设立和运作缺乏基础性文件。从法律文件来说，在基金组织体系中，《基金章程》是一项基础性文件，《基金契约书》《基金托管契约书》及其他文件都是以此为根据的。但在《暂行办法》的全文中却没有有关《基金章程》的任何内容，由此，提出了一个基本问题，在缺乏《基金章程》对设立基金的目的，基金类型和规模，基金资金运作，基金持有人的权益，基金管理人和托管人及其他当事人的选择、职责和权益，基金收益分配政策等一系列问题做出具体规定的条件下，《基金契约书》和《基金托管契约书》是根据什么而制定的？有人说根据《暂行办法》的有关规定。但是，《暂行办法》只是对各只基金中的一些共性规则做出了规定，并没有对每只基金特性做出具体规定，犹如在《公司法》与股份公司的《公司章程》关系中不能因为有了《公司法》就可以没有股份公司的《公司章程》一样，也不能因为有了《暂行办法》就可以没有每只基金的《基金章程》，更不用说，《暂行办法》中并没有关于《基金章程》的内容。

第四，基金主要文件的法律效力难以形成。在基金中，《基金章程》《基金契约书》和《基金托管契约书》等主要文件是否具有法律效力，对于保障基金持有人的权益和基金管理公司的规范化运作，具有根本意义。然而，在《暂行办法》第四章"基金持有人的权利和义务"中却没有涉及这些文件如何获得法律效力的规定。从实践来看，在基金发起设立和资金募集过程中，虽然有关发起人（如基金管理公司）在"基金招募说明书"中披露了有关信息，并将《基金契约书》《基金托管契约书》等作为备查文件，供投资者查阅，但并没有任何法律法规明确规定，一旦基金设立，这些文件自然具有法律效力。

第五，如何选择能够维护基金持有人利益的基金管理人和基金托管人，是一个悬而未决的问题。《暂行办法》虽然对基金管理人和基金托管人的任职资格、职责、退任、更换等做出了规定，但基金管理人、基金托管人究竟由谁选择及如何选择，在基金运作中又代表谁的利益、为谁负责均没有明确规定，由此引致了两方面现象的发生：一是基金主发起人与基金管理公司的第一大股东合一，就此而言，基金主发起人发起设立基金的基本意图究竟是为广大基金持有人谋取利益还是为了从担任基金管理人中获得高额收益？说不清。二是基金托管人究竟应由基金持有人选择从而为基金持有人负责，还是应由基金管理人选择从而努力为基金管理人提供高质量的服务？尽管基金托管人如何形成没有明确规定，但在现实中，基金托管人均由基金管理人选择；同时，当"基金管理人有充分理由认为更换基金托管人符合基金持有人利益"时应当更换基金托管人并由"基金管理人提名新任基金托管人"①的规定，更是使基金托管人将基金管理人当作一个马首是瞻的客户，难以大胆地行使监督职能。

三　中国契约型基金的实践问题

基金组织体系在制度上的不完善必然引致实践中的各种问题。从1998年以来的基金运作来看，以下问题需要引起关注：

第一，基金与基金管理公司的关系。在契约型基金中，基金资金实际上由基金管理公司控制和运作。在运作基金资产中，基金管理公司可以有两种取向：一是在信托关系制约下，受"代人理财"的信誉制约，重视维护基金持有人权益，积极为基金持有人谋取尽可能高的收益，同时，严格防范基金资金的运作风险；二是将基金资产看作是一笔可由自己控制运作的资产，在不公开或直接违反《暂行办法》及有关文件规定的条件下，尽可能为自己谋取利益，甚至通过某种方式"转移"基金资产的收益。在中国的实践中，突出表现在以下三个方面：

其一，申请设立基金的发起人与申请设立基金管理公司的发起人或者基本合一或者主要由基金管理公司担任，与此对应，设立基金的各项申报材料或者由主要发起人制作或者由基金管理公司制作，由此，设立基金究竟是广大投资者的需要还是基金管理人的需要说不清，基金文件中的一系列规定（除《暂行办法》中规定的以外）内容，究竟是为了维护基金持有人的权益还是维护基金管理人的权益也说不清。

其二，绝大多数基金管理公司的法人代表均由基金第一发起人的法人代表担任，主要管理人员也大多来自基金发起人机构（甚至第一发起人机构），由此，代表基金持有人和基金管理人在《基金契约书》《基金托管契约书》上签字的实际上是同一个人，结果是，这种签字究竟是站在基金持

---

① 引自《中国证券报》2002年2月25日第15版。

有人立场上还是站在基金管理人立场上说不清。

其三，基金管理公司运作基金资金的行为与其第一发起人之间存在着千丝万缕的内在关联。2000年以后，股市中的各种传闻恐非空穴来风：基金管理公司协助其第一发起人"坐庄"，联手"抬价"；第一发起人与其基金管理公司进行关联交易，后者"承接"前者"吐出"的"被套"股票，协助前者转移风险，或者前者买入后者的获利股票，进行盈利转移；基金管理公司将一部分基金资金"借给"第一发起人，当所购股票"被套"时以股还资，当股票盈利时售股还账；等等。

第二，基金管理公司对基金业的垄断。基金管理属资产管理范畴，本是一个竞争性市场，但在中国的契约型基金组织体系中，基金持有人无法行使选择管理人、托管人及其他方面的权利，实际上处于缺位状态，而基金管理公司又是以管理运作基金资产为唯一职能的机构，对基金设立和运作有着左右各方的能量，因此，基金业实际上被基金管理公司所垄断。具体表现在以下四个方面：

其一，在中国契约型基金中担任基金管理人的机构只能是基金管理公司，维护基金管理人的共同权益成为基金管理公司的一致性行为。一个典型的事件是，2000年10月，《财经》杂志刊登了《基金黑幕》一文后，10家基金管理公司不是各自认真反省自己的运作行为，而是联手出击，信誓旦旦地发表声明说，基金管理公司的运作是各类机构投资者中最规范的，绝无"黑幕"并保留对《基金黑幕》作者提起诉讼的权利。然而，随后的中国证监会调查却证明一些基金管理公司的运作有着明显的违规现象，个别人甚至问题严重。按理说，10家基金管理公司各有自己的独立利益，同时，每家基金管理公司对其他9家的内部情况也不见得一清二楚，因此，要联手发表声明实在是不易之事，鉴于此，联合声明的发表只能建立在一个共同利益的基础上——维护垄断利益。事实上，按照发达国家的法律规定，仅仅就10家基金管理公司发表联合声明就足以判定为"同盟"或"垄断"。

其二，基金管理公司影响着基金法规政策的形成。在中国现行体制下，有关基金的法规政策在形成中，以征求业内意见为重要机制。由于基金管理公司是基金业内占据支配地位的机构，基金持有人缺乏有形机构来独立地反映他们的意见，所以，所谓征求基金业内意见实际上主要是征求基金管理公司的意见，由此，基金管理公司对基金法规政策的形成就有了重要的影响力。如前文所述，在契约型基金的制度缺陷中可以清楚地看到，一系列制度规定明显有利于基金管理公司，不利于维护基金持有人的权益。

其三，在基金托管人由基金管理公司选择的条件下，基金托管人对基金管理公司的运作监督流于形式。2001 年 12 月，在"深高速"增发新股的申购中，各家基金在基金净值仅为 780 多亿元的条件下，47 只基金申购资金总量高达 1056 亿元①。对此，人们再次提出，基金托管人的监督职能何在？事实上，在基金托管人由基金管理公司选择的条件下，各家商业银行都将基金管理公司当作重要的大客户，唯恐"得罪"基金管理公司而失去这笔大业务，因此，睁一眼闭一眼，在监督上很少与基金管理公司"较劲"。这不仅使一些基金管理公司的违规行为得以实施，而且也加强了基金管理公司在基金业中的垄断。

其四，基金管理公司收取的基金管理费具有垄断性质。1999 年几家基金管理公司达成协议，将基金管理费率由 2.5% 下调到 1.5%。以此计算，假定 1 家基金管理公司管理 80 亿元规模的基金资金且基金净值等于基金原值，则按 1.5% 费率计算，每年收取的管理费高达 1.2 亿元，而 1 家基金管理公司在运作基金资金中所耗费的各项成本在 2000 万元左右，差额高达 1 亿元左右。如将这些差额计为基金管理公司的盈利，再考虑基金净值的增长，那么，就基金管理公司的注册资本而言，基金管理公司发起人的每年投资收益率可稳达 100% 以上，远远高于其他各个产业的投资收益率。

第三，基金运作中存在着一些不规范的现象。基金作为一类机构投资者在证券市场中应与其他机构投资者和个人投资者处于公平地位，基金运作应遵守有关规定和《基金契约书》的规定，但在实践中，这些基本的行为规范并没有得到有效的贯彻。主要表现在以下两个方面：

其一，基金特权。在 1998 年设立新基金以后，中国证监会就开始给基金以特权。当时规定，在每只新股（IPO）发行中，每只基金可以不参加申购而直接按新股总发行额的 5% 购入新股；由于各只新股品质不同，由此，

---

① 参见《基金业再爆黑幕》，《经济参考报》2002 年 1 月 9 日。

基金还可根据自己的取向选择是否运用这一特权。在中国股票市场中发行价与交易价之间存在着巨大的差额,因此,授予基金直接购买新股的特权实际上就是直接将这部分差价收益"送"给基金(在这种背景下,基金运作"跑赢"股市绝非基金管理人之能事,而是特权的"功劳")。2000年以后,这种认购新股的特权被取消了,但新的特权又出现了。例如,2002年4月9日,有关媒体报道说,根据基金申购新股有关文件的最新规定,基金管理公司运用基金资产参与股票发行申购,单只基金所申报的金额不得超过该基金的总资产①。这实际上意味着,基金管理公司可按单只基金的总资产来申购新股,而其他机构投资者和个人投资者均只能按照所持有的货币资金量申购新股。如若某只基金账面资产结构为证券90%、货币资金10%,则意味着按总资产申购新股的数量要比按货币资金申购新股的数量大9倍。

其二,基金融资。2000年以后,随着国债抵押贷款、股票质押贷款、非银行金融机构进入拆借市场等融资渠道的拓展,一些基金管理公司也开始运用基金资产进行融资。其中尤为突出的是,一些基金管理公司将基金资产中的国债用于抵押,获得贷款后再投资于股票;一些基金管理公司通过拆入资金认购新股(IPO),以争取获得较多的新股筹码。这些行为不仅使《暂行办法》中关于"1只基金投资于国家债券的比例不得低于该基金资产净值的20%"的规定形同虚设,而且违反了基金设立时的《基金契约书》中的有关规则,许多基金将"动用银行信贷资金从事基金投资""从事资金拆借业务""将基金资产用于抵押、担保、资金拆借或者贷款"等列入"基金管理人禁止行为"中②。基金融资的直接结果是基金负债。不论有多少理由可证明这种负债多么有利可图,负债总是有风险的(例如,2001年7月以后,股市快速下落,市值损失高达30%以上),一旦发生风险,最终承担后果的总是基金持有人,由此,这种基金融资是否得到了基金持有人的同意?

一些基金管理公司强调说,基金融资是有关法规政策准许的,因此,

---

① 《基金申购新股有新规》,《中国证券报》2002年4月9日。

② 参见《中国证券报》2002年2月25日第15版。

没有违规之处。但如若没有一些基金管理公司的强烈呼吁（甚至多方游说）解决融资问题，如若各家基金管理公司在有关政府部门征求意见时能够充分强调基金持有人的权益保障问题，那么，这些法规政策中准许基金融资的条款可能就没有了。

四　中国契约型基金的条件制约

历史上，契约型基金最初是由英国创造的。为了投资购买海外高利率债券，1868 年英国政府出面组织了由专业人士管理运作的以投资美国、欧洲和殖民地国家高利率债券为主要对象的"外国和殖民地政府信托投资"（Foreign and Colonial Government Trust），由此，迈出了设立契约型基金的第一步。英国基金选择"契约型"主要有三方面原因：其一，缺乏股份有限公司的法律规范。英国的股份有限公司法是在 1878 年出台，1879 年实施的。在股份有限公司制度不存在的条件下，要集中众多投资者的资金从事海外债券投资，必然受到有限责任公司制度中关于股东人数限制的制约，由此，为了突破这一制度的制约，英国在经济组织模式上选择了"契约型"。同时，其余两个条件也为契约型基金的形成提供了制度保障。其二，具有比较完善的信用制度。通过第一次产业革命，英国不仅成为世界上最富有的国家，殖民地面积达到英国本土面积的 110 倍，而且建立了比较完善的信用制度和信用体系，在此背景下，守信尽职已成为公司高管人员的第一要则和行为习惯，由此，能够在较高程度上保障基金持有人的合法权益不受侵害。其三，具有比较成熟的信托制度。在世界各国中，信托制度最初是在英国建立的，并且英国的信托制度也最为成熟。不论是财产信托、金钱信托还是私人信托，在 19 世纪 60 年代的英国都已相当成熟，由此，守信尽职地为委托人管理运作好财产不仅成为受托人的第一要则，而且也是信托市场竞争得以约束受托人行为的基本机制。

与此对比，中国的制度条件是：第一，《公司法》已于 1994 年 7 月开始实施，股份有限公司制度不仅合法，而且在近 8 年的实践中积累了丰富的经验。第二，信用制度迄今相当不完善，不论是个人的社会信用体系还是机构的信用体系都还存在着严重的缺陷，各种不诚信不守信的现象不胜枚举，因此，社会各界强烈呼吁"诚信""守信"。这意味着守信尽职并未成为公司高管人员的第一要则和行为习惯。第三，《信托法》虽然已于2001年出台，但信托制度尚未真正建立，信托业务依然尚未有效展开，信托市场竞争几乎谈不上。显然，英国建立契约型基金的条件在当今中国基本不存在。

事实上，尽管英国各方面条件比较成熟，但是，一方面，在维护基金持有人权益方面，契约型基金依然存在着严重的缺陷。正因如此，美国于1921年设立了第一只基金（契约型）以后，于1924年设立第二只基金就改为公司型，此后，美国的基金均实行了公司型制度。到2001年底，美国的基金资产总净值已达69700亿美元，占全球基金总净值的60%以上①。另一方面，契约型基金在组织制度上存在明显缺陷。鉴于此，90年代以后，英国、日本及其他实行契约型模式的国家和地区纷纷加大设立公司型基金的力度，并采取各种措施引入公司型基金的某些机制来改造已有的契约型基金（从而使契约型基金转变为信托型基金），因此，公司型基金成为世界各国（和地区）基金组织模式的主要发展趋势。

五 公司型基金与中国基金业发展的政策选择

从组织体系上说，公司型基金与契约型基金的最直接区别在于，在公司型基金中存在一个代表并维护基金持有人权益的有形机构——基金公司，而在契约型基金中没有这个机构。基金公司的存在使公司型基金的组织体系与契约型基金有了根本性区别。

从基金设立来看，在公司型基金中，基金发起人的职责主要为：一是研究证券市场，发现商机，设计基金（包括基金类型、规模、投资对象等）；二是制作基金设立的各项主要文件（草案），包括申请设立基金的登记（或核准）文件；三是发起设立基金，销售基金证券，募集基金资金；四是在基金资金募集成功以后，组织召开基金持有人（和基金持有人代表）大会，议决《基金章程》等重要文件，选举基金董事会成员，设立基金公

---

① Net Assets of Mutual Funds，U. S. A. ICI 2001 Mutual Fund Fact Book.

司。在这一过程中，基金的有关事务均属基金持有人范畴，与基金管理人、基金托管人无关，因此，基金发起人的基本职责在于为基金持有人寻求投资商机。但在中国的契约型基金中，这些事务或者属于与基金管理公司设立混一的发起人事务，或者直接就是基金管理公司的事务，而发起设立基金的主要目的在于管理运作这笔基金资金。

从基金资金的委托来看，在公司型基金中，基金设立后，基金公司代表全体基金持有人通过竞争性遴选机制来分别选择基金管理人和基金托管人，其中，竞投标方式是经常被采用的。在竞投标中，各个基金管理人不仅应根据有关法律法规和《基金章程》的相关规定提出管理运作该基金资产的方略（包括风险防范），而且应提出基金管理费率的方案；各个基金托管人不仅应根据有关法律法规和《基金章程》的相关规定提出保管该基金资产、监督基金管理人对基金资产运作的方略（包括风险防范），而且应提出基金托管费率的方案。在此基础上，基金公司分别与中标的基金管理人和基金托管人签署《基金契约书》和《基金托管契约书》，因此，在基金资金委托过程中，基金公司占据主导地位（这意味着基金持有人占主导地位）。但在中国的契约型基金中，基金资金的委托过程几乎是一个表面形式，既无竞争性遴选机制，基金管理公司又在其中占据了支配地位。

从基金运行过程来看，在基金资产投入运作以后，基金管理人和基金托管人应按照《基金契约书》和《基金托管契约书》的规定，定期（每周、每月等）向基金公司提交基金资产报告、运作建议报告及其他资料。同时，基金公司的董事会也应定期（如每月）召开一次例会，一方面，审查这些报告，并将审查通过的基金投资结构、基金资产状况等报告向基金持有人公开披露；另一方面，对基金管理人和基金托管人的运作提出指导性意见，以强化对基金管理人和基金托管人的约束。在必要的时候，基金公司甚至直接委托独立公共会计机构对基金管理人、基金托管人的该基金账户进行查账审计。因此，在公司型基金中，基金公司处于基金运行的中心地位，基金管理人、基金托管人的行为围绕基金公司的要求而展开。但在中国的契约型基金中，基金管理人占据中心地位，各项基金运作行为围绕基金管理人的要求而展开。

从基金运行中的约束机制来看，在公司型基金中，基金公司一方面直接约束着基金管理人和基金托管人的行为，基金管理人或基金托管人如若违反《基金契约书》或《基金托管契约书》的有关规定，基金公司可随时予以更换；另一方面，基金公司又通过基金托管人约束着基金管理人的运作行为，同时，还可以通过聘请独立公共会计机构进行查账审计来约束基金管理人或基金托管人的行为。此外，基金公司还可以将基金资金分别委托不同的基金管理人管理运作来促使这些基金管理人提高服务质量，例如，将 100 亿美元的基金资金分割为两个 50 亿美元（或做其他分割）后分别委托给两家基金管理人管理运作，由此，形成这些基金管理人之间的竞争约束。但在中国的契约型基金中，基金管理人的行为近乎无约束，即便是证券监管部门的约束，在一些场合，也只表现为"父子关系"中的谴责。虽然在《暂行办法》和基金设立的有关文件中也有更换基金管理人或基金托管人的条款，但基金持有人彼此分散、意见难以统一，又没有一个真正能够代表或反映他们共同意见的机构，所以，这种更换几乎是不可能的。

美国共同基金的组织体系如图 2 所示：

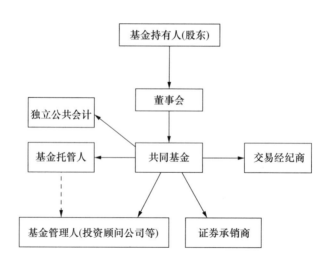

图 2　美国共同基金的组织体系图

值得一提的是，为了强化基金管理公司的治理结构，促使基金管理人重视维护基金持有人的权益，克服内部人控制、道德风险、逆向选择等弊端，证券监管部门也出台了一系列政策措施，如要求基金管理公司董事会中增加独立董事。但这些政策措施未能从根本上调整基金组织体系，因此，效能极为有限。有人说，在基金组织体系中实行独立董事制度是从美国"引进"的。然而，美国的情况与此极为不同。从 90 年代开始，美国开始在共同基金中推行独立董事制度，要求董事会中的独立董事人数应占多数，但实行独立董事的机构不是基金管理人机构而是基金公司，目的在于促使基金公司更有效地代表和维护基金持有人权益，防范基金公司的董事因内部人控制、道德风险、逆向选择等而给基金持有人权益带来损失。因此，不应将基金公司的独立董事制度与基金管理公司的独立董事制度相混淆。

有效维护投资者（包括机构投资者和个人投资者）权益已是中国证券市场规范化建设和进一步发展的根本性问题。对基金业来说，有效维护基金持有人的权益，也已是基金市场健康发展的至关重要的问题。要有效解决这一实质性问题，从多年来中国的实践以及国际基金市场发展来看，一个基本的制度选择应是建立公司型基金的组织体系，为此，需要考虑解决好以下几个问题：

第一，《证券投资基金法》应以公司型基金为主思路。《证券投资基金法》的研究和起草工作已进行多年，但受前期基金实践的影响，大部分条款是按照契约型基金设计的。这种状况如若不及时予以调整，将对中国未来的基金业发展造成重大影响。既然契约型基金在组织体系上存在着诸多缺陷，既然中国实行契约型基金的条件还不成熟，既然公司型基金已是国际基金业发展的总趋势，那么，中国继续实行契约型基金就缺乏必要的根据。

第二，新设基金应尽量选择公司型的组织体系。对中国来说，设立公司型基金是一项创新，许多具体问题尚待实践中逐步解决完善，虽然已有10 多年的股份有限公司实践经验可供实行公司型基金参考，但要解决的现实问题依然不少，因此，一方面需要加强对公司型基金组织体系、运作方式及其他内容的研究；另一方面需要在实践中探讨完善，鉴此，应考虑对新设基金实行公司型组织体系，并据此出台有关公司型基金的监管法规及政策。

第三，在条件成熟时逐步将现有的契约型基金调整为公司型基金。将契约型基金调整为公司型基金需要满足诸多条件，在公司型基金的运作尚处于探索性实践的过程中，贸然将现有的契约型基金调整为公司型基金是不合适的，因此，不应操之过急。

第四，在推出公司型基金的基础上，基金设立应对内开放，取消现行的审批制度，实行核准制度，并积极创造条件，争取早日向登记制度过渡，以推进中国基金业的全面发展。

第五，随着公司型基金的发展，基金业应由现今的以基金管理公司为主导的结构转向以基金公司（即基金持有人）为主导的结构，有关政策和自律机构也应据此调整。

主要参考文献

［1］《证券投资基金管理暂行办法》《开放式证券投资基金试点办法》及有关法律法规文件。

［2］王国刚等：《四问证券投资基金》，《中国证券报》2000 年 8 月 14 日。

［3］蔡概还：《投资基金法律定位宜以信托关系为主》，《中国证券报》2002 年 1 月 31 日。

［4］《基金黑幕》，《财经》2000 年第 10 期。

［5］林义相等：《证券投资基金投资分析和运作》，上海远东出版社 1998 年版。

［6］U. S. A. ICI 2001 Mutual Fund Fact Book.

［7］Robert C. Pozen, The Mutual Fund Business, The MIT Cambridge, Massachusetts, London, England.

（原载《财贸经济》2002 年第 10 期）

建立和完善多层次资本市场体系

《中共中央关于完善社会主义市场经济体制若干问题的决定》指出，应"建立多层次资本市场体系，完善资本市场结构，丰富资本市场产品"。这不仅明确了中国资本市场发展的目标模式是建立多层次的资本市场体系，改变单一市场格局是未来一段时间内中国资本市场改革的一项基本任务，而且在深层次上提出了资本市场发展应充分服务于经济发展要求的内在机理。要充分理解建立多层次资本市场体系的必要性，就必须从经济运行和经济发展的高度弄清资本市场的基本功能。

一　发挥资本市场机制，解开资金供求的"死结"

1996 年以后，在中国经济运行过程中，就金融面而言，逐步形成了资金相对过剩和资金相对紧缺并存的格局。在 8 年时间里，这一格局呈现出越来越严重的趋势。

从资金相对过剩来看，根据《中国人民银行统计季报》提供的资料，有三个数字是引人注目的。①商业银行等金融机构中的存差资金（即存款余额大于贷款余额的差额）快速增长。在 1995 年以前，全国金融机构的信贷资金处于贷差（即贷款余额大于存款余额）的状态，但从 1995 年起，贷差就转变为存差，而存差额从 1995 年底的 3324.2 亿元快速增长到 2003 年10 月的 49200 亿元。存差资金的大量存在直接意味着商业银行中存在着大量未通过贷款途径贷放出去的资金。虽然有价证券及投资可解释其中的一部分存差，但到 2003 年 6 月底，此科目占款也仅 27757.0 亿元，远小于40000 多亿元的存差额。因此，可认为商业银行中依然存在大量未通过贷款途径发挥效能的资金，这反映为资金相对过剩。②城乡居民储蓄存款余额大幅增加。1995 年底全国居民储蓄存款余额为 29662.2 亿元,在 1996 年 5 月—2002 年 2 月连续 8 次降息(1 年期储蓄存款利率从 10.98% 下落至 1.98%)和征收利息税的背景下,储蓄存款余额非但没有减少,反而快速增加,2002 年底人民币本币储蓄存款余额达到 86910.7 亿元,而 2003 年 10 月本币储蓄存款余额更是达到 10 万亿元(同比增长 18%)。居民储蓄存款的大幅增加表明,作为资金主要供给者的城乡居民总体并不缺乏资金,而利率一降再降背景下的储蓄存款余额大幅增加,更是反映了资金相对过剩的现实。③企业存款余额大幅增加。企业存款余额在 1995 年底为 17182.8 亿元,到 2002 年底已增加到 60028.6 亿元,在 2003 年 10 月底更是增加到 74500 亿元(同比增长 22.5%),这说明在经济运行中至少有一部分企业处于资金比较宽裕的状态。

从资金相对紧缺来看,1996 年以后,中国经济的市场格局由原先的供不应求转向了供过于求,卖方市场转向买方市场。1998 年以后,几乎所有的产品都进入了买方市场。在买方市场形成的背景下,企业竞争展示了与原先卖方市场竞争不同的特点,同时,也引导了对资金供给的巨大需求:①价格竞争。降价成为众多企业在市场竞争中首选的对策,由此,物价连续多年持续走低,迫使企业尽力通过扩大生产规模、实现规模经济来降低单位产品成本,以避免在竞争中被淘汰的命运;而实现规模经济在客观上就要求有新资金的投入。②技术竞争。相当多的企业努力提高生产技术或运用高新技术来提高产品的性能、质量和适用性以提高市场竞争力,而不论是开发新技术、研制新产品,还是运用高新技术,都必须有新的资金投入。③服务竞争。许多企业努力增设服务网点,提高服务质量,以维持原有的市场份额或争取新的市场份额,这也要求更多的资金投入。④并购重组。买方市场形成直接意味着经济结构进入了一个重要的调整时期,由此,公司并购、资产重组等现象必然大量发生,而要开展这些活动又需要有充分的资金支持。尽管众多企业有着巨大的资金需求,但这种需求在相当长一段时间内却一直难以得到满足,因此,在实体经济面呈现出资金严重短缺的现象。

为何在金融面发生资金相对过剩的时候在实体经济面却呈现资金相对紧缺呢?一些人的解释是银行"惜贷"。就商业银行存在着大量存差资金而言，这种解释似乎是有道理的，但只要认真探讨就不难发现，这种说法是不符合实际的，也是不符合逻辑的。"惜贷"一词来源于"惜售"。"惜售"是指某些商家利用商品供不应求的条件而囤积商品，造成市场上商品供不应求的格局更加严重，物价进一步上升，然后再将商品卖出以谋取超额利润的行为。但对中国的商业银行来说，"惜贷"没有任何好处。从利率来看，其一，1996 年以后的利率走势呈下落趋势，1 年期贷款利率从第 1 次降息前的 12% 降低到 2002 年 2 月第 8 次降息后的 5.31%，因此，商业银行不可能从所谓的"惜贷"中获得超额利率收益。其二，中国实行的是法定利率制度，以高于这一利率规定发放贷款是违规的，因此，商业银行不可能通过"惜贷"来获得超额利率收益。其三，大量存差资金的存在给商业银行造成了严重的利率收益损失。在 1 年期贷款利率为 5.31% 的条件下，如若商业银行存差资金为 40000 亿元（如 2002 年底），在这些资金没有其他用途的情况下，商业银行的贷款利率直接损失高达 2000 多亿元。因此，"惜贷"对商业银行并无益处。

实体经济中企业资金紧缺的主要原因不在于商业银行"惜贷"，而在于企业的资产负债率过高。在中国，绝大多数企业的实际资产负债率普遍在 70% 左右（高的甚至可达 90% 以上）。这意味着企业的净资产已被百分之百地抵押过两遍以上，既无新的净资产可供抵押以从商业银行中获得新的贷款，也无富余的净资产可为其他企业申请贷款提供担保，因此，在 1995 年 10 月实行《贷款通则》以后，商业银行一改在此之前的贷差为存差。多年来，尽管根据企业生产经营的实际状况，商业银行对那些资产负债率较高但依然有较好盈利水平（或盈利前景）的企业继续给予新增贷款，但这并不能解决绝大多数企业资金紧缺的问题，相当多的企业还是苦于缺乏足够的资金来满足生产经营的发展需要和市场竞争的需要。

在金融运行过程中，资金从性质上可分为债务性资金和资本性资金两种。由此来看，"资金相对过剩"的实际含义应是"债务性资金相对过剩"，"资金相对紧缺"的实际含义则是"资本性资金相对紧缺"。资产负债率过高，意味着企业真正缺乏的不是债务性资金而是资本性资金，而商业银行等金融机构通过贷款途径所发放的资金只能是债务性资金，不仅不能直接形成资本性资金，而且还要求以企业所拥有的资本性资金为基础以满足抵押或担保的需要。从这个意义上说，解开"资金相对过剩和资金相对紧缺并存"的"死结"的基本路径不可能是增加银行贷款，众多企业将缓解资金紧缺的希望寄托于商业银行放松贷款条件是不切实际的。

资本市场既是形成资本性资金的基本路径，也是实现资本性资源有效配置的基本机制。要解决众多企业资本性资金严重短缺的问题，必须大力发展资本市场。值得特别注意的是，自20世纪80年代中期实行"拨改贷""投改贷"以后，中国绝大多数企业就一直是依赖银行贷款来解决生产经营发展所需资金的，由此导致了三类现象的严重发生：一是受银行贷款的期限约束，相当多的企业难以开展长期性经营行为，经常陷入"找米下锅"的境地。二是银行贷款随着企业经营状况恶化而转变为不良贷款，甚至企业破产也难以收回本金。三是国民经济运行缺乏长期性资产支持，因此，经济走势随着银根放松和紧缩而大起大落。这些现象如若持续存在将严重影响经济结构调整目标的实现，而且将严重影响经济的可持续发展进程。要改变这些现象，基本的选择就是快速增加企业的资本性资金，使企业经营发展以及国民经济发展建立在由长期性资产支持的基础上，使银行贷款建立在由资本性资金支持的基础上，因此，加速资本市场发展就成为解决企业发展乃至经济发展中资金（资产）问题的一项举足轻重的政策选择。

二　建立多层次资本市场体系，推进实体经济快速发展

中国是一个发展中大国，根据经济发展需要和与国际接轨的要求，资本市场发展的总体目标应该是建立多层次的现代资本市场体系，其中，多层次是指资本市场应由交易所市场、场外市场、区域性市场、无形市场等多个层次的市场构成。

建立多层次资本市场体系是由金融与经济的基本关系决定的。对任何国家来说，金融体系存在的全部意义就在于为经济运行和经济发展而服务，资本市场作为金融体系的一部分，其存在和发展的全部意义也在于此。中国幅员辽阔、人口众多，作为一个发展中国家，不仅东部地区、中部地区和西部地区彼此间的经济发展水平差别很大，即使在同一省内部经济资源状况、经济技术水平、市场发展水平等也相差甚远，与此相对应，各地区、

各省的企业状况、投资者状况等也不尽相同。美欧一些经济学家曾经对一些中小发展中国家的经济结构进行了考察分析，得出了二元经济结构的结论，而中国的经济结构差异性远远超过了二元经济范畴，即便概括为五元经济、六元经济也不过分。在这种情况下，采取全国统一标准建立单一层次的全国性资本市场，至少将导致两种情形发生：如若全国统一标准以东部地区的经济发展水平界定，那么，中部地区和西部地区的经济运行及经济发展就很难得到资本市场的支持；反之，如若全国统一标准以西部地区的经济发展水平界定，那么，资本市场不仅只能在低水平上扩展，而且将因"僧多粥少"效应严重限制东部地区和中部地区的经济发展。显然，这两种情形都不利于发挥资本市场支持经济发展的作用。

建立多层次资本市场体系也是由产业组织结构的基本关系决定的，资本市场的各项功能最终将落实到为实体经济服务。中国有着上千万家企业，为产业特点所决定，各类企业在资产规模、技术水平、市场条件、销售收入、盈利能力等方面的差别相当复杂，即便划分为大、中、小型企业依然显得过于简单，更不用说每家企业在经营发展的不同时期对资本市场也有着不同的要求。在这种情况下，如若以大中型企业为对象建立单一层次的全国性资本市场，必然在满足大中型企业需要的同时，使众多中小型企业的直接融资需求得不到满足；如若以中小型企业为对象建立单一层次的全国性资本市场，又必然使相当多的大中型企业在"排队"效应的制约下难以利用资本市场实现直接融资。为产业关联关系所决定，各类企业的发展是相互制约、相互依存的，中小型企业得不到有效发展，大中型企业的发展也将受到严重限制，因此，如果资本市场不能通过多层次体系分别满足各类企业的直接融资需求，那么，随着企业结构的失衡，经济的可持续发展就将面临困难。在国际社会中，美国、日本的经济发展水平明显高于中国，但它们不仅有着7家以上的证券交易所，而且有覆盖全国的场外交易系统，还有以私下交易为主要内容的无形市场；欧洲的资本市场更是多种多样，既有伦敦、巴黎、法兰克福等国际化的证券交易所，也有EASDAQ、AIM等市场。在微观层面上，这种多层次资本市场体系的建立，主要是为了满足各类企业不同层次的直接融资需求。与这些发达国家和地区相比，中国企业的状况要复杂得多，因此，如果资本市场不能有效地为各类企业提供多层次的直接金融服务，其自身存在的价值就要大打折扣了。

建立多层次资本市场体系还是由投资者的复杂需求所决定的。20 世纪 90 年代以后，城乡居民成为经济运行和经济发展的主要资金供给者，金融投资成为他们经济活动的一项重要行为；同时，随着金融改革的深化和金融运作的多元化，诸多企业和社会团体也有了从事金融投资的需求。但是，各个个人和机构在资金数额、信息处理能力、投资心理、投资取向、资金期限等方面不尽相同，它们的金融投资选择也相当复杂。在这种条件下，如若仅存在单一的全国性资本市场，势必使相当多投资者的金融投资需求不能得到满足。1996 年以后，在连续 8 次降息（并征收利息税）的背景下，城乡居民每年新增储蓄存款数额非但没有减少，反而大幅增加，突出反映了可供他们进行金融投资选择的资本市场产品数量严重短缺，同时也说明，要满足广大投资者的金融投资需求，必须建立符合居民分散特点的多层次资本市场体系。投资是扩大社会再生产的基本机制。在市场经济中，通过资本市场机制将居民手中分散的资金向企业集中，是保障企业获得扩大再生产所需长期性资金的主要过程。如若不能满足投资者的多层次金融投资的需求，必然发生某种程度的强制储蓄存款现象，而这一现象的另一个表现就是，相当多的企业缺乏经营发展所需的长期性资金。中国众多企业长期严重缺乏资本性资金的主要原因，不在于缺乏这种资金的供给，而在于缺乏多层次资本市场体系，不能有效地将城乡居民手中分散的资金集中起来转换为企业发展所需的长期性资金。

三　建立多层次资本市场体系，推进防范金融风险的市场机制建设

金融风险是经济运行和金融活动中存在的可能导致某种损失的不确定性。20 世纪 90 年代中期以后，在买方市场形成和经济结构调整的背景下，不论是实体经济面还是金融面都凸显金融风险，防范和化解金融风险成为保障经济安全和经济可持续发展的一个重要机制。

金融风险首先表现在商业银行等金融机构的不良贷款方面。尽管 1999 年四大国有商业银行等金融机构剥离了 14000 多亿元的不良贷款，但按照

五级分类计算，全国存贷款金融机构依然有着相当大数额的不良贷款。导致这种情况发生的一个重要原因是缺乏多层次资本市场体系，其内在机理是：通过存款途径进入商业银行等存贷款机构的资金本来可以有两个投放渠道，即贷款和投资证券，但在资本市场结构单一且规模较小的条件下，众多存贷款机构难以通过投资证券放出资金，常常只能通过贷款投放资金，因此，在工商企业严重缺乏资本性资产且资产负债率居高不下的情况下，由贷款途径投放的资金在固化为工商企业的实物资产后就很容易转变为不良贷款。要改变这种被动状况，商业银行等存贷款机构的相当一部分资金就必须通过证券形式（如公司债券、商业票据等）投放给工商企业，在增加工商企业资本性资金的同时，提高商业银行等存贷款机构的资产流动性和业务运作的选择能力。目前，中国的存贷款金融机构由国有商业银行、股份制商业银行、城市商业银行、农村信用合作社等构成，它们的资产规模、地理区位、业务内容和发展取向不尽相同，在此条件下，单一结构的资本市场即便规模较大，能够满足大型商业银行的证券投资需求，也很难满足众多中小存贷款机构的证券投资需求，因此，不良贷款的形成依然难以得到有效根治。显然，要有效防范和化解由不良贷款带来的金融风险，建立多层次资本市场体系，以满足各类存贷款金融机构的证券投资需求，是一个重要机制。

金融系统在本质上具有识别风险、评价风险、分散风险和管理风险的功能，但要发挥这些功能，资本市场的多层次性、金融产品的多元性和金融机构的多样性就应处于比较完善、比较协调的发展格局中。在资本市场多层次体系建立健全且比较发达的条件下，商业银行等存贷款机构可在识别、评价各类金融业务风险的基础上将资金分别投放于贷款、证券和相关表外业务上，从而通过组合运用资金来分散和管理金融风险；商业银行等金融机构的贷款（包括不良贷款）风险可在识别、评价和细分的基础上，运用各种资产证券化机制或各种结构性金融机制予以分类、分解、重组和管理；工商企业的营运资产和不良资产风险可在识别、评价的基础上予以分解、组合和分散，并通过资产组合、资产重组、资产证券化等途径进行管理；资本市场投资者的投资风险也可在识别、评价和细分各种金融产品风险的基础上，通过投资组合、品种调换、交易方式调整等途径予以分散、回避和管理。但是，在资本市场结构单一且品种单一的条件下，金融系统的这些功能都很难得到有效发挥，在一些场合，不仅难以有效识别风险、评价风险、分散风险和管理风险，甚至可能导致金融风险的放大、累积和突发。在公司债券市场不发达且多层次市场结构无法形成的条件下，商业银行等存贷款机构的信贷资产风险要通过资产证券化路径和结构性金融路径予以识别、评价、分散和管理几乎是不可能的，资产管理公司要利用资产证券化、结构性金融等机制来处置不良资产也举步维艰。在资本市场品种单一（如仅有股票）且层次单一（如只有证券交易所）的条件下，各类工商企业要利用资本市场机制来改善财务状况、调整资产结构、进行资产重组等相当困难，机构投资者要通过投资组合来分散风险也难乎其难。

防范金融风险可以有两类机制，即行政机制和市场机制。运用行政机制可以在一定时间内抑制金融风险，避免其转变为金融动荡，但这种抑制通常是以牺牲经济发展和金融发展为代价的，并累积着金融风险，最终将以运用财政资金对冲金融不良资产为结果。20世纪90年代中期以来，有关部门运用行政机制试图从各方面抑制金融风险，并运用财政资金消解商业银行等存贷款机构的不良贷款，虽有一定成效，但未能形成有效的防范和化解金融风险的机制，同时，又抑制了金融改革和金融发展的正常进程，给实体经济发展带来了不小的负面影响。运用市场机制防范金融风险，实际上是通过运用各层次资本市场、各种金融工具彼此间的替代、互补、对冲和组合机制，一方面，将金融风险分散为由各个微观主体分别承担而避免风险集中发生给经济社会生活带来动荡；另一方面，通过各个微观主体的市场选择和市场运作而化解这些金融风险。从这个意义上说，建立多层次资本市场体系，就是要推进防范和化解金融风险的市场机制的形成，改变继续运用行政机制来抑制金融风险的倾向和行为。

四 建立多层次资本市场体系过程中应防止的几种倾向

中国经济依然深受计划机制影响，在此背景下，建立多层次资本市场体系必然是一项艰巨复杂而需循序渐进的系统工程。从十多年的实践来看，在建立多层次资本市场体系过程中，应注意避免如下几种倾向的发生：

第一，避免单纯追求建立全国统一市场。要避免运用行政机制建立多层次的全国性资本市场的现象发生，需要注意解决三个问题：①应避免运用财政资金（或由行政机制安排的资金）投资建立证券交易市场，鼓励会员机构和民间资金投资建立证券交易市场。②应避免从方便行政管理出发将证券交易市场的组织机构行政化，尤其是不应安排其行政级别以及将其纳入行政管理系统，运用行政机制管理证券市场组织机构的人、财、物。③应避免从"有形化"的行政思维出发，只建立有形市场，禁止或取缔无形市场。

第二，避免运用行政标准规范多层次资本市场体系的发展。在中国目前的条件下，实际上存在着三类不同的"规范"，如果不弄清这些规范的内涵，很容易在规范化的过程中发生越来越不规范的现象。

计划经济的规范和市场经济的规范。计划经济规范与市场经济规范是两类性质、取向和标准完全不同的规范。在计划经济看来，市场经济的一切都是不规范的；在市场经济看来，计划经济的一切也都是不规范的。由于两个方面的原因，计划经济的规范比较容易为行政部门所接受：一是计划机制强调运用行政权力来"管理"经济活动，确立行政部门无所不能的"权威"和指挥全国的地位；二是计划机制不主张由社会机制（或市场力量）来监督和约束行政部门的行为，要求社会各界唯行政决策马首是瞻，保障行政部门的独断专行。在此背景下，如果不重视规范化的内涵和标准，很容易产生运用计划机制来规范市场行为，结果是体制复归。因此，不能用计划经济的标准来规范多层次资本市场体系的建立。

制度规范和机理规范。在依法治国的环境下，遵守法律法规的规定当然是规范化的基本含义。但是，在资本市场上，20世纪90年代初以后制定的法律法规，存在着三种缺陷：一是在《公司法》《证券法》等法律中相当多的条款受计划机制影响和当时的历史条件的制约，明显不符合市场机制要求，一些条款在国有经济和非国有经济中实行不公平待遇，一些条款明显带有行政权力法律化的色彩。二是在出台法规与执行法规同属一个行政部门职能的条件下，相当一些法规条款反映的不是市场机制的要求，而是这些行政部门的行政要求，甚至是部门利益的要求。三是一些对市场主体具有行政强制性的文件本身以"通知""指引"甚至"评论员文章"等不符合法律法规的方式出台，给制度规范带来了可由行政部门任意增减的随意性。中国的经济体制尚处于深化改革的过程中，这意味着随着市场经济的成长和相关条件的变化，法律法规的进一步修改完善是不可避免的，但由于有关法律的修改完善常常滞后于实践，同时，相当一些新的实践活动又缺乏现有法律的规定，由此，引出了一个重要问题：是强求于制度规范，以至于"只要法律法规上没有规定可以做的事都不能做"，还是遵循市场机理，凡是符合市场要求的事，"只要法律法规上没有明确禁止的都可以做"？换句话说，在运用现有法律法规来规范市场主体活动的过程中，是强调市场机理的要求还是刻板地强调制度条款？从发展角度看，凡是不符合市场机理的制度条款最终都将被修改，所不同的是，如果继续贯彻带有明显计划机制性质的制度，不仅要付出很高的经济成本，而且将延缓市场创新的开展。

单一市场规范和多层次市场规范。不同层次的资本市场首先依不同的发行标准、上市条件和交易规则而划分，多层次的资本市场意味着有多层次的发行标准、上市条件和交易规则，在这个系统中，用任一层次的市场规则来看待另一层次的市场规则，都可以得出"对方不规范"的结论，由此，引出了这样一个问题：是运用单一市场规则来规范多层次资本市场活动，还是运用多层次市场规则来分别规范对应层次的资本市场活动？关于二板市场的争论实际上就反映了这一问题，主张不建或缓建创业板市场，就是用单一市场规则来权衡多层次市场规则的结果。然而，市场的灵魂在于竞争，单一市场所形成的垄断是没有出路的。

第三，避免由行政部门承揽市场微观主体的非系统性风险。发展多层次资本市场体系必然存在着各层次资本市场的风险。对行政监管部门来说，防范和化解市场风险的重心在于防范和化解系统性风险，而不在于防范和化解包括非系统性风险在内的一切市场风险，与此相对应，非系统性风险应由各个微观主体独自承担。在承揽非系统性风险的条件下，行政监管部门难免陷入各种不分巨细的繁杂事务中，无法集中精力建设多层次的资本市场体系，或者出于担心包括非系统性风险在内的各种风险发生，不敢大胆地开展多层次资本市场体系的建设。总之，应将非系统性风险交给各个微观主体独自去防范和化解，不应由行政监管部门代行其责。只有在这种条件下，行政监管部门才可能将重心放在多层次资本市场体系的建设和依法打击违法违规活动方面。

五　深化改革、积极创新，推进多层次资本市场体系的建设

在中国现有的条件下，推进多层次资本市场体系的建设是一项综合性创新工程，既需要进行体制创新和机制创新，也需要进行市场创新和运作方式创新，还需要进行产品创新和机构创新。创新的过程，同时也是深化改革的过程，为此，按照市场机制的要求开展综合改革势在必行。

第一，体制创新。资本市场的现行体制是一个高度中央集权分部门管理的行政体制。就主要特征而言，这一体制与20世纪80年代以前的计划经济体制相比，并无实质性差别。在"条条管理"的原则下，中国证监会负责管理股票、基金证券、可转换债券和公司债券等证券品种，国家发改委负责管理企业债券，中国银监会负责管理金融债券，财政部负责管理国债，中国人民银行负责管理债券利率等。在管理中实行的基本是审批制和其他行政体制，因此，更多的是"管制"而不是"监管"。在各主要实体经济部门的中央部委均已撤销，从而高度中央集权体制已发生实质性转变的条件下，资本市场的管理继续实行带有明显计划经济色彩的体制，不仅严重制约了资本市场的发展，使资本市场发展严重滞后于实体经济发展的要求，而且严重妨碍了资本市场服务于实体经济发展的功能发挥。继续实行这一体制，受"条条管理"的内生障碍所制约，非但建立多层次资本市场体系的步伐将严重放慢，更严重的是，有可能建立起一个有形无实且难以发挥正常功能的多层次资本市场体系。

在建立多层次资本市场体系过程中，改革高度中央集权式的资本市场体制，需要着力解决以下三个方面的问题：①调整分部门管理的行政体制，实行资本市场归口监管，以消解由"政出多门"所引致的各种问题。②变机构监管为业务监管、市场监管和行为监管，取消对非证券类金融机构及其他机构进入资本市场的限制。③在证券发行、机构设立等方面，取消审批制，实行登记制，变行政"管制"为行政监管，将监管重心放在积极推

进多层次资本市场体系建立和打击违法违规行为方面。

第二，市场创新。在这方面仅靠证券交易所市场是不可能满足各类企业和投资者需求的，因此，需要突破由证券交易所单一市场构成的资本市场体系。在股票市场上，不仅要有主板市场、创业板市场，而且还要有场外交易市场、柜台市场；在债券市场上，不仅要有证券交易所市场，而且要有场外交易市场、柜台市场和无形市场。在市场创新中，需要注意解决好以下五个方面的问题：①制定有关设立各层次资本市场的制度，明确设立条件、申请程序、批准程序、组织方式、运行规则和风险防范，在此条件下，鼓励各类金融机构和非金融机构申请设立相关资本市场，只要符合制度规范的就予以批准。②避免运用行政机制设立各层次资本市场，各地方政府不应直接插手设立资本市场的事务，不应用财政资金或运用行政机制安排资金来设立资本市场组织，也不应安排行政人员担任资本市场组织中的任何职务，与此相对应，资本市场组织不应有任何行政级别，也不享受任何行政待遇。③避免市场垄断，鼓励市场组织之间的有效竞争，每一层次的资本市场组织都不应只有一家而应有多家，在此基础上，经过一定的发展，鼓励市场组织通过竞争实现整合、并购和重组，同时建立市场组织的退出机制（包括破产机制）。④分离行政监管部门与市场组织的职能，改变二者合为一家的格局，行政监管部门的监管对象应为包括市场组织在内的所有市场参与者，市场组织应在法律法规规定的范围内独立履行职能。⑤建立多层次资本市场体系中的递进机制和递退机制，在较低层次市场交易的证券一旦条件成熟就可申请进入较高层次市场交易，同时，在较高层次市场交易的证券一旦不再符合条件应退至较低层次市场进行交易。

第三，运作方式创新。必须改变直接运用行政机制来运作资本市场的方式，顺应市场原理的要求和市场供求的变化，适时展开创新，其中至少包括以下四个方面的内容：①取消证券发行的审批制和具有审批性质的核准制，实行证券发行的登记制，强化承销商等中介机构的法律责任和竞争能力，防范由证券发行市场给证券交易市场带来的风险，培育相对独立的证券发行市场。②改变证券发行、证券上市和证券交易混为一体的市场格局，实现证券发行与证券上市的分立，形成一些证券发行后可能并不上市交易、一些证券可能并无新的发行而直接进入交易市场（如存量股份直接进入柜台市场交易)、一些证券发行后可申请上市交易或进入其他市场交易的新格局,由此分散证券集中在交易所上市所带来的各种风险。③调整单纯做多的机制,实行做多与做空并行的机制,保障投资者的做空行为,给投资者更多的选择机会,以防范由证券市场单边走势所引致的各种风险。④完善退市机制,使不符合条件的证券及时退出交易市场,保障证券交易市场的质量和运行秩序,同时,化解可能累积的风险。

第四,产品创新。应取消证券新产品的行政审批制,贯彻"只要法律法规上没有明令禁止的创新产品或创新行为都不属于违法"的监管理念,积极鼓励各类市场参与者进行产品创新。在未来一段时间内,在积极发展国债、次级债券、股票、基金证券等证券品种的同时,以下一些产品创新也应给予充分重视:①积极发展公司债券市场,扩大公司债券发行规模,使公司债券成为三大基本证券(即公司债券、政府债券和股票)的主体性证券品种,为后续的产品创新提供基础性条件。②积极推进资产证券化进程,发行以银行等存贷款机构的相关资产为基础的证券、以相关保险资产为基础的证券、以企业相关资产为基础的证券,同时运用资产证券化机制,积极化解不良资产,提高金融业和实体经济部门的整体资产质量。③积极推进商业票据、短期融资债券、信用衍生产品等的发展,提高工商企业从资本市场中融入短期资金的能力,提高商业银行等存贷款机构信贷资产的流动性,有效发挥金融机制分散和化解金融风险的功能。④积极发展金融衍生产品,在公司债券、政府债券、股票、外汇等现货市场发展的基础上,有步骤地适时推进各类远期交割、期货、期权、互换等创新性产品的发展,完善资本市场品种结构,丰富资本市场产品,提高资本市场防范和化解金融风险,以及资本市场服务于实体经济发展的能力。

第五,机构创新。发展多层次资本市场体系应突破仅仅证券公司、基金管理公司等少数类型金融机构可以从事资本市场业务的格局,着重解决以下四个方面的问题:①在推进金融混业经营的过程中,应准许商业银行等存贷款机构、保险公司、金融公司、财务公司等非证券类金融机构有条件地从事财务顾问、投资顾问、证券承销、证券交易代理、证券投资、资产管理、证券咨询等业务活动,并以此促进资本市场中的业务竞争、服务竞争和创新竞争,有效提升各类金融机构服务于实体经济的能力和质量。

②积极培育专业经纪人，不仅证券公司等金融机构可以承担证券经纪人之职，而且有条件的自然人也可以获得证券经纪人的资格并从事相应的业务活动，以满足不同投资者的各类需求。③积极发展专业化资产管理机构，基金管理公司应突破单纯管理基金的格局，将业务范围逐步扩大到管理各类证券投资资产，同时，应积极发展具有资产管理功能的投资顾问公司，提高资产管理领域中的市场竞争力和资产管理水平。④突破由国有资本独资或控股的金融机构股权结构，积极鼓励民营资本和外资加盟中资金融机构，完善这些金融机构的内部治理结构，实现其运行机制转换，提高其市场竞争力和市场创新能力。

（原载《经济理论与经济管理》2004 年第 3 期）

中国股市定价权不容外移

2004 年 10 月以后，中国股市的价格是否合理再次成为海内外关注的一个热点。一些人在股市国际接轨的背景下，以"一价定理"和"市盈率"为标尺，认为沪深股价依然过高，因此，还将继续呈下落走势；一些外资机构人士由此提出了一个所谓的股市"定价权"问题，甚至强调"国内机构应拱手让出中国股票的定价权"。究竟如何认识中国股价已成为直接影响股市政策的一个重要因素，因此，有必要对其中的一些问题予以理清。

一　定价权：国家经济主权的构成部分

在市场经济中，商品价格直接关系交易各方的切身利益，因此，定价权似乎是交易中一个至关重要的问题。但微观经济学基本原理是，在一个充分竞争的市场中，无论是买方还是卖方，都不是市场价格的制定者，只能是市场价格的接受者；只有在垄断市场中，才存在卖方定价。股票市场是一个充分竞争市场，因此，对市场的交易各方来说，本来均不存在谁拥有定价权问题。

在经济实践中，企业是商品的生产者和销售者，因此，在市场交易中，商品的价格首先表现为"由企业定价"，这似乎就有了"定价权"问题。但这种经济活动表层中的现象，并不能真正说明"定价"的实质关系。一个简单的事实是，在供过于求的条件下，商品的销售受到购买者需求能力的极大限制，由此，一些商家早先制定的商品价格随着商品销售难度的加大而逐步降价；在中国还屡屡发生购买者与销售商当面讨价还价的现象。因此，在经济实践中，商品价格也不是由销售者单方决定的，与此对应，也不存在"定价权"问题。"定价权"比较突出的表现有二：一是在卖方市场条件下，厂商利用商品供不应求所形成的卖方垄断优势，拥有单方决定商品价格的权利；二是由制度安排，将商品价格的制定权赋予某些主体，例如，某种商品专营。在中国股票二级市场交易中，既不存在卖方垄断，也不存在专营，因此，并不存在所谓的"定价权"问题。

关于"定价权"的另一个角度，是国际经济，即一个开放型经济体是否拥有在本国（或本地区）内制定各种商品（包括金融产品）价格的权力。如果股市定价权是从这一角度展开，那么，需要弄清楚的是，哪个国家（或地区）不拥有这样的定价权，或者说，哪个国家（或地区）需要将这种定价权外移。事实上，这种定价权事关本国（或地区）的整体经济权益甚至事关社会稳定，因此，哪个国家（或地区）都不可能将其外移。正因如此，在国际经济间才存在关税、配额、许可证及其他非关税壁垒问题。股市定价权，是国家（或地区）定价权的组成部分。从小处说，它事关股市走势及对应的经济活动秩序；从大处说，它实际上关系着国民财富是否可能通过股市交易的国际路径而流失，因此，每个国家（或地区）不仅通过各种相关制度的规定来维护自己的定价权，而且通过严格监管防范股价被国际资本所操纵。中国股市的定价权是中国经济主权的构成部分，它不允许也不可能外移给国际机构，因此，那种强调"国内机构应拱手让出中国股票的定价权"的说法是不能成立的。

值得注意的是，在此次中国股价的研讨中，所谓定价权，有人用"pricing power"表述，有人用"pricing"表述。如果这些表述是准确的，那么，前者实际上讲的是"定价能力"，后者实际上讲的是"定价"，都不直接涉及制度（或政策）层面上规定由谁拥有制定价格的权利问题。从这个意义上说，研讨的对象应是"定价"，它包括价格形成机制、价格的合理性、价格水平和价格走势，等等，而不是定价权。

自1992年以来，中国股市（即A股市场，下同）快速发展引起了国际社会（尤其是国际性投资银行）的高度关注，但中国股市是一个非国际化的市场，它只准许中国境内合法的投资者进行交易活动，不准许海外投资者超越制度规定进入该市场进行投资，由此，一些国际资本（尤其是国际游资）对中国股市发展中的重大利益，在可见不可得的背景下，以"国际化"为口实，提出"国内机构应拱手让出中国股票的定价权"，这种意图是值得警惕的。

　　需要强调的是，随着中国经济对外开放程度的加大和步入全球化进程的加快，中国股市必然要实现国际接轨。中国股市的国际接轨由五方面构成：一是股市规则和运行机制的国际接轨；二是引入国际投资者和国际机构；三是引入国际股票及相关金融产品；四是股市监管的国际合作；五是中国投资者走出国门，投资于国际股市。10 多年来，中国在推进股市规则和运行机制的国际接轨方面已做出了积极努力，并取得了长足的进展；在加入世贸组织以后，又在引入国际投资者和设立中外合资证券公司、基金管理公司方面迈出了重要步伐，应当说，国际化步伐是坚实有序的。随着资本账户进一步开放、体制改革深化和相关条件的成熟，中国股市的对外开放也将更加扩大。但是，中国股市的国际化绝对不意味着中国股市非中国化，或者说，中国股市成为某个国家（或地区）股市的一个构成部分，与此对应，中国股市的国际化也绝不意味着需要将股市定价权外移海外。

二　一价定理：中国股价国际化的误区

　　"一价定理"是国际经济学中的一个重要定理。其基本含义是，在假定世界各国之间不存在贸易壁垒的条件下，同一商品在各国的价格应等于生产国价格加运费。如果某国的这一商品价高，那么，其他国家生产的此类商品就有"套利"空间，由此，后者就会将此类商品大量出口到前者，引致前者的价格回落至国际同一水平，因此，同一商品应为同一价格。1974年，索尔尼克运用"一价定理"建立了国际资产定价模型（International Capital Asset Pricing Moodles，ICAPM），认为在资本全球化流动的情况下，一国资产的价格不是由该国投资人单方面决定的，它取决于其世界范围内的竞争性定价，即一国资产的价格取决于其对全球市场组合的收益和风险贡献，由此，逐步形成了资产定价方面的"一价定理"。

　　"一价定理"建立在一系列假设基础上，是教科书中普遍介绍的一个原理，本来没有多少值得争论之处。但近年来，一些人以"一价定理"为依据，强调与其他国家（或地区）股价相比，中国股价过高，因此，在国际化进程中，中国股价存在着巨大的下行空间。这事实上是以海外股价为标准来衡量中国股价，由此，引致了中国股价标尺的争论。

就理论研究而言，"一价定理"的提出已有几十年的历史，但在国际贸易的实践中，它从来就没有被证实过。一个简单的事实是，各个国家（或地区）为了维护本国（或地区）的经济利益和社会生活秩序，总是从本国（或地区）的具体情况出发，决定各种商品的价格，对进口商品、劳务等实行各种限制，防范国际经济对本国（或地区）经济的冲击和其他负面影响。更不用说，由于经济增长水平、产业发展水平、居民收入水平、历史文化状况、生活习惯状况等差异甚大，各个国家（或地区）对商品的具体需求有着巨大差别。因此，即便是同一商品，迄今在世界各国的销售价格也难以找寻到同一价格。2003 年在讨论人民币汇率的过程中，一些海外机构列举了麦当劳的巨无霸指数。从表 1 中可以明显看出，就是麦当劳在世界各国的连锁店中巨无霸的价格也差别甚大。

表 1　　　　　　　　各国和地区单个巨无霸价格表（2001—2003）

国家（地区）	2003 年 4 月 24 日		2002 年 4 月 25 日		2001 年 4 月 19 日	
	当地货币	美元	当地货币	美元	当地货币	美元
美国	2.71 美元	2.71	2.49 美元	2.49	2.54 美元	2.54
阿根廷	4.10 比索	1.43	2.50 比索	0.78	2.50 比索	2.50
英国	1.99 英镑	3.14	1.99 英镑	2.88	1.99 英镑	2.85
中国	9.90 元	1.20	10.50 元	1.27	9.90 元	1.20
欧元区	2.71 欧元	2.97	2.67 欧元	2.37	2.57 欧元	2.27
中国香港	11.5 港元	1.47	11.2 港元	1.40	10.70 港元	1.37
印度尼西亚	16100 卢比	1.84	16000 卢比	1.71	14700 卢比	1.35
日本	262 日元	2.19	262 日元	2.01	294 日元	2.38
马来西亚	5.04 林吉特	1.33	5.04 林吉特	1.33	4.25 林吉特	1.19
菲律宾	65.00 比索	1.24	65.00 比索	1.28	59.00 比索	1.17
俄罗斯	41.00 卢布	1.32	39.00 卢布	1.25	35.00 卢布	1.21
泰国	59.00 泰铢	1.38	55.00 泰铢	1.27	55.00 泰铢	1.21

资料来源：http://www.economist.com.

将国际贸易中的"一价定理"移植到资产定价领域，受法律制度状况、经济体制格局、金融体系状况、市场机制发挥作用程度、资源配置状况、技术进步状况、财务制度状况和经济社会生活条件等诸多条件制约，它更不可能得到实践的证实。且不说，国际社会中，各种资产差别甚大，因此，同一资产在不同的国家（或地区）具有不同的价格，如假定在 2002 年底，某一资产在欧美国家中价格是相同的，那么，随着 2003 年以来欧元与美元之间的汇率变动，这一资产如今在欧元区国家中的价格也已高于美元区国家，因此，资产定价中的"一价定理"在实践中是不成立的。

就金融领域而言，货币市场中的交易具有交易对象的同质程度较高且时间短、交易量大等特点，与此对应，其价格变化应当是最小的。因此，如果在国际间的货币市场中能够证明国际金融市场存在"一价定理"，那么，也许还能为资产定价中的"一价定理"找到一个例证。遗憾的是，表 2 中的事实正好相反。从表 2 中可以看到，1994—2003 年，美国、德国和日本的贴现利率始终就没有等同过，美国、英国、德国和日本的隔夜拆借利率（或联邦基金利率、货币市场利率）也始终没有等同过。如果说国际资本可以从中"套利"并引致利率趋同，那么，1994—2003 年这一走势足以明朗化，但迄今没有发生。

表 2　　　　　　　　主要发达国家利率比较（1994—2003）　　　　单位：%

时间	日本		德国		英国	美国		
	贴现利率	货币市场利率	贴现利率	货币市场利率	隔夜拆借利率	贴现利率	联邦基金利率	商票利率（3 个月）
1994.12	1.75	2.29	4.5	4.9	4.75	4.75	5.45	6.26
1995.12	0.5	0.46	3	4.08	6.38	5.25	5.6	5.64
1996.12	0.5	0.49	2.5	3.11	6	5	5.29	5.51
1997.12	0.5	0.39	2.5	3.44	7.31	5	5.5	5.67
1998.12	0.5	0.25	2.5	3.14	6.13	4.5	4.68	5
1999.12	0.5	0.02	n. a.	3.03	3.25	5	5.3	5.87
2000.12	0.5	0.24	n. a.	4.82	4.75	6	6.4	6.34
2001.12	0.1	0	n. a.	3.32	5	1.25	1.82	1.78
2002.12	0.1	0	n. a.	3.07	4.69	0.75	1.24	1.31
2003.12	0.1	0	n. a.	2.01	n. a.	2	0.98	1.05

资料来源：国际货币基金组织（IMF）数据库。

与货币市场相比，股票市场的情形要复杂得多。不仅同一国家（或地区）的不同只股票品质不尽相同，不同国家（或地区）的不同股票品质千差万别，而且受各国（或地区）的法律制度、经济发展水平、技术进步、产业发展前景、股市机制、投资者结构及其他一系列因素影响，股市的运行状况也差异极大。在这种条件下，用所谓的"一价定理"来讨论股价，试图得出全球股市"一价"的结论，非但是谋求一件不可能之事，而且可能极易将研究引入误区。如果说对"一价定理"的实践效能缺乏认识还是属于研究不够深入严谨的话，那么，在明知这一定理存在实践缺陷的条件下，还在继续坚持并误导，就是别有他图了。

三　市盈率：似是而非的判别尺度

市盈率是最常用来评估股价水平是否合理的指标之一，与市净率、每股净资产等指标一样，市盈率也是投资者分析股价从而选择股票的参考性指标之一。海外投资者在股市操作中并不特别看重市盈率，尤其几乎没有将其作为唯一性指标。但在中国，一些人将这一投资者使用的参考性指标上升到作为判别股市走势是否正常、股市运行是否健康的基本标准，这本身就是一个误区。更有甚者，在此轮研讨中国股价中，将市盈率作为论证中国股市定价权应当外移的主要依据之一，因此，有必要弄清市盈率的机制关系。

第一，市盈率的缺陷。市盈率是股价与每股税后利润的比率，其直接含义是，按照这种每股税后利润，收回需要多少年。在以 10 元/股价格购入股票的条件下，如果该股的收益率为 0.5 元/股，则收益率为 20 倍，因此，需要 20 年才能通过利润分配收回购股投资。但收益率的估算方法有三个重要缺陷：一是它以 1 年的每股收益取代股票长期投资的收益，由此，将长期投资收益的计算短期化，忽视经济周期和产业周期的影响。如果这种计算能够成为一种通理，那么，股票市场就不应是以长期投资为特征的资本市场范畴，而应列入以短期投资为特征的货币市场范畴。二是它仅以税后利润为计算对象，忽视了上市公司成长中的资产增值。从美国等发达国家的实践来看，上市公司成长中的资产增值是股票投资者的一项主要收益，正因如此，一些高风险科技企业和中小企业在没有盈利的条件下也能够发股上市。如果按照收益率计算法，这些无盈利甚至亏损的企业，其市盈率为负数，它们或者不能发股上市，或者要倒贴资金给投资者。三是它没有考虑到市场利率的走势。在股价为 10 元/股、收益率为 0.5 元/股的条件下，按照购股价计算的年收益率为 5%，如果存款利率为 5%，考虑到投资风险因素，则这一股票投资收益率显然低于存款；但如果存款利率为 1%，则这一股票投资收益率就明显高于存款。正是因为市盈率存在着诸多缺陷，所以，它只能作为一个参考指标，不能作为判别股价高低的基本指标。

第二，市盈率比较中的高低。主张中国股票定价权外移的人，无视市盈率的缺陷，简单以它为标准来判别中国股价，并由此认为，在上证指数落至 1300 点、上市股票市盈率仅为 20 多倍的条件下，中国股市的股价依然过高，因此，一方面还得继续下跌，另一方面需要将股票定价权外移。事实上，在国际股票市场中，并不存在统一的市盈率衡量标准。首先，各国（或地区）的股票市盈率不尽相同。资料显示，2004 年 10 月底，美国道琼斯 30 指数、香港恒生指数、德国 DAX 指数、英国金融时报指数的市盈率分别为 18 倍、18 倍、21 倍和 24 倍左右，而日经 225 指数、巴黎 SBF 指数市盈率则高达 38 倍左右。其次，同一国家中不同股市的市盈率不尽相同。在美国，Nasdaq 市场的市盈率明显高于纽约证交所，其他证券交易所的市盈率与纽约证交所也不相同；在日本，东京证交所二部的市盈率明显高于一部，其他证交所的市盈率与东京证交所也不相同；如此等等。再次，同一证交所按照不同方法归类的股票，其市盈率不尽相同。纽约证交所的道琼斯 30 指数的市盈率明显低于纽约证交所所有上市股票的市盈率，香港恒生指数的市盈率明显低于香港联交所所有上市股票的市盈率，中国上证 50 指数的市盈率明显低于上交所所有上市股票的市盈率。最后，同一股票从而各类股票在不同时期的市盈率不尽相同。2000 年 5 月，纽约证交所道琼斯 30 指数从 1993 年前 3000 多点上升到 12000 多点，其市盈率也明显上升，此后，又下落至 9000 多点，市盈率随之下落；Nasdaq 的市盈率更是跌宕起伏。这一切都说明，市盈率并无一个国际通行的倍数标准。

喜欢运用美国标准的人，总是拿道琼斯 30 指数的市盈率指责中国股市市盈率过高。道琼斯 30 指数是纽约证交所 2000 多只上市股票中绩优大盘股，如果中国沪市中也选择 30 只绩优大盘股与之比较，则在当今上证指数条件下，这些绩优大盘股的市盈率恐怕也不会高于 18 倍。毋庸赘述，主张"中国股市定价权外移"的人强调国际股市的市盈率倍数，带有明显的误导倾向。

第三，国家风险与市盈率高低。在难以直接用市盈率证明中国股价过高的背景下，一些人转而寻求他路。有人引入中国的国家风险概念，认为："既有国家风险又积聚了大量结构性风险和体制风险的中国股市，市盈率不但不应该被溢价，还应该被折价"，"因此中国市场合理 PEG 就应该低于美国主板市场"。中国的国家风险、结构性风险和体制风险究竟是什么、如何度量或估算、是否可能化解，等等，他们没有给予明确解释。但以下一些情况是应当回答的：

其一，中国的 GDP 增长率。2002 年以前，海外机构每每强调中国 GDP 增长率有较大的水分，由此，判定中国存在着较大风险，但 2003 年以来，他们一反往常，提出了中国 GDP 低估，并以此作为人民币汇率应当升值的一个主要依据，在此背景下，究竟中国的国家风险是什么？

其二，中国的投资环境。如果说中国存在着较大的国家风险又累积了大量的结构性风险和体制风险，那么，应当判定中国的投资环境不佳，但近年来不仅发达国家而且发展中国家都认为，中国是全球最好的投资场所之一。因此，中国引进外资的数额不断增加，包括美国欧洲在内的许多发达国家纷纷到中国建立生产基地和研发基地，大批外资涌入商业及其他产业部门，由此，中国究竟是高风险国家还是低风险国家？

其三，中国的体制环境。毫无疑问，中国还处于经济体制转变过程中，还有一些方面仍然存在着计划经济的特点，但中国已加入世贸组织，世界已有越来越多的国家承认了中国的市场经济地位，由此，随着经济体制改革进一步深化，中国体制性风险究竟是在减弱还是在增强？

其四，中国的产业发展前景。中国是一个发展中大国，就此而言，产业结构和科技水平还不能与发达国家相匹敌，但中国的产业结构正在优化过程中，科技水平也正在提高过程中，从未来 10 年乃至 20 年的历史看，中国的国际竞争力究竟是在上升还是在下降？

其五，中国的股市风险。股市总存在风险，任何国家概莫能外。中国股市发展的历史不长，与 1992 年、2000 年甚至 2003 年相比，中国股市风险究竟是在降低还是在提高？

究竟如何评估中国股市发展中的各种风险，身居海外的机构恐怕没有切身之感，也就很难做出准确的论断。一个简单的实例是，自 2003 年以来，通过 QFII，一批海外机构投资者进入了中国股市，他们迄今并没有因感到中国股市风险过大而撤离，相反，还有更多的海外资金在等待着进入中国股市及其他金融市场。由此看来，所谓中国的国家风险过大不过是一个试图让中国交出股票定价权的口实。

四　深化改革：建立多层次股票市场体系

中国股票市场是一个新兴加转轨的市场，受计划机制影响，它存在着一系列需要进一步改革和完善的地方。从 1992 年的实践来看，在股票价格形成机制方面，一个主要的问题是，行政机制所起作用过大，而市场机制所起作用不足。一个突出的表现是，股票发行市场的价格受到行政机制的严重干预，由此，进一步影响到股票交易市场的价格。因此，改革股票价格形成机制是中国股票市场的一项重要任务。推进股价形成机制改革，需要着力解决以下问题：

单一市场是中国股票市场体系的一个严重缺陷。且不说中国是一个发展中大国，各地方经济发展、产业结构、企业状况、居民生活和投资者结构有着重大差别，就是一个经济比较发达的大国，迄今股票市场也还是一个多层次体系。例如，美国既有纽约证交所和其他 6 家证交所，还有 Nasdaq 和州柜台交易市场；日本既有东京证交所和其他 7 家证交所，也有 Jasdaq 市场。单一层次的股票市场，给中国股市发展造成了一系列严重后果。

其一，从股价上看，由于市场单一，各种品质不同的股票只能集中在一个层次市场，难以通过市场规则而分市交易，由此，引致股市中不同品质股票鱼龙混杂，每当股市上扬时，"一荣俱荣"；一旦股市下落，则"一损俱损"。这种状况很容易给机构投资者（包括海外机构）估算中国股市主板市场的市盈率和风险留下口实，也很容易给拟上市企业以误导。

　　其二，从上市增容上看，由于只有一个层次的市场，而两家交易所每周可扩容的规模有限，由此引致了股票发行市场扩容与交易市场接纳的矛盾。有关部门每每只能根据交易市场的走势安排发行市场的股票数额，这又给发股公司的资本运作安排造成诸多影响。

　　其三，从投资者来看，由于各类股票集中在一个层次市场，各类投资者也只能集中在一个层次中操作，由此，大大减少了投资者的选择空间，加大了投资者在股票投资选择中相互影响的程度；这种状况与集中撮合交易方式结合在一起，大大强化了股价波动的程度，从而，加剧了大起大落的走势。

　　其四，从股市监管来看，由于各类上市公司、各类股票、各类投资者等都集中在一个层次市场中，使得监管部门很难分类监管，也很难有效把握监管力度。一个突出的现象是，不符合继续上市条件的股票缺乏退市通道，只能继续挂在交易所，同时采取分时交易的方式满足投资者的需要。

　　建立多层次股票市场体系是中国股市发展的必然选择。它一方面要求突破由行政机制维持的单一市场格局，建立辐射全国的股市和辐射区域的股市，推进各层次股市之间的竞争；另一方面，要求改变运用行政机制核准股票发行（包括发行价格）的格局，运用市场机制选择股票发行和股票交易，将股票的定价权交给股市。在建立多层次股票市场体系中，需要解决好以下几个问题：

　　第一，股市规则。不同层次的股票市场有着不同的规则。在同一规则条件下，设立的股市组织再多也只是一个层次。股市的规则差别主要表现在上市规则和交易规则方面，因此，建立多层次股市体系，不可能通过A股市场划分所形成，只能运用新的规则设立新的市场。从中国股市乃至金融体系来看，目前重要的是设立不同层次的区域性股票市场，是多层次经济发展的需要。

　　第二，构建机制。建立多层次股票市场体系，需要避免以下几种情形：一是避免运用行政机制建立区域性股票市场，否则，股市运行中的行政性问题将继续存在，这不利于这些股市按照市场机制的要求发展。二是避免运用财政资金或行政机制安排的资金，否则，这些股市的产权关系还将成为行政干预的基础。三是避免按照行政区划设立新的股票市场，否则，行政机制的介入难以防范。四是避免用一个规则建立多个市场，否则，至多只是增加了一个层次的市场，而不是多层次的股票市场体系。五是避免重复建立电子撮合的集中交易方式，否则，A 股市场中的一些缺陷将在其他层次市场中再现。

第三，股市品种。多层次股票市场应有多层次的股票，因此，除股票全流通外，还应根据市场交易和投资者的需求，积极推出其他股票交易品种（包括各种股票衍生产品），尤其是需要发展非电子化的股票。

第四，机构投资者。发展多层次股票市场体系，需要有多层次的机构投资者支持，因此，不能简单把机构投资者定义在某一层次股市（如 A 股市场）上，应当积极支持各种基金（包括产业投资基金、保险基金、养老金及其他基金）进入各层次股市，积极支持非金融机构的投资者进入股市，以此扩大股市投资者队伍。

第五，制度建设。建立多层次股票市场体系，制度是第一位的，为此，需要着力进行有关法律法规方面的研究探讨，其中应当包括：建立新的股票市场应满足的法定条件、申请程序和审批程序、股市组织机构及其资金来源和治理结构、股市组织机构的权利、上市规则和交易规则的审定、股市组织机构的合并重组，等等。

在多层次股票市场体系中，每只股票的交易价格不仅受到同一层次各只股票交易价格的制约，而且通过投资者的投资选择，受到其他层次股票交易价格的制约，由此，股票交易价格将主要由市场机制决定，股票价格的形成机制也将逐步趋于完善。

国际股市是一个多层次的市场体系。不仅美国、日本等国的国内市场是一个多层次市场体系，而且纽约证交所、伦敦证交所、东京证交所、香港证交所等也构成了一个多层次的国际股市体系。这种国际股市体系，虽然各个层次的运作规则不尽相同，但在开放格局中，给投资者的国际投资以充分选择权，并通过这些投资者的选择形成了股价间的制约关系，这是国际股市中价格形成机制的重要构成部分。中国股市要真正实现国际化，就应以一个多层次的格局加入国际股市体系，从这个意义上说，建立多层次股票市场体系的过程，就是为中国股市国际化做准备的过程，也是中国股市国际化的构成部分。

主要参考文献

［1］王国刚：《中国资本市场的深层问题》，社会科学文献出版社 2004 年版。

［2］滕泰：《信心怎可失，谁来主导中国股市定价权》，《上海证券报》 2004 年 11 月 15 日。

［3］陈雪、易非、黄立锋等：《估值：寻找中国标尺》，中证网，2004 年 10 月 28 日。

［4］刘煜辉：《国际金融秩序下的中国股市"与国际接轨"》，《上海证券报》2004 年 12 月 13 日。

［5］杜丽虹：《面临开放压力，历经三年连续下跌，1300 点的中国股市将何去何从？》，http：//finance. tom. com，2004 年 11 月 8 日 16 时 53 分。

（原载《财贸经济》2005 年第 3 期）

股市公共性：股权分置改革的理论依据

始于 2005 年 5 月的股权分置改革，是中国股市的一次重大制度变迁。但时至今日，支持这次股权分置改革的理论基础依然不甚坚实，因此，我们认为，需要重新探讨股权分置改革的理论依据。

探讨股权分置改革的理论依据，需要遵循如下几项原则：第一，这一理论应是共识的，不是根据股权分置改革这一特殊实践而编制的；第二，这一理论不仅应能解释股权分置改革中的"对价"现象，而且应能解释这一过程中的其他现象；第三，这一理论不仅应能解释股权分置改革，而且应能解释中国 10 多年来股市实践中的主要事件；第四，这一理论不仅在经济学逻辑上是成立的，而且在法学原理上也是成立的。我们认为，支持股权分置改革的经济学理论应是股市的公共性。

一　几种主要观点的内在矛盾与意外效应

2002 年国有股减持暂停之后，学术界和实务界就没有停止过对解决非流通股可流通的相关理论研究。3 年多来，除了将原先"股票全流通"命题改为"股权分置改革"外，先后提出的具有内在关联的主要观点有如下几种：

1. "流通股含权"说

2002 年国有股减持暂停后，在探讨非流通股入市应给予流通股股东以"补偿"的过程中，有人提出了"流通股含有流通权"的观点，认为："股权分裂的前提或必要条件是股权分置，即允许一部分股流通，而不让另一部分流通。但股权分置并不必然导致价格变异扭曲即股权分裂……股权分裂的充分条件是分置的暂不流通股权变相流通，形成协议转让的第二交易市场，从而形成了客观存在的价格差异。流通股与非流通股的分置，二者分别交易并形成价格的重大差异，加上产权定义和政策信息披露的严重不足和含混，这才构成了股权分裂的充分必要条件。从我国证券市场的历史发展过程来看，正是从 1994 年、1995 年起，有关部门严格区别两类不同股份的分置，严厉惩罚任何违规流通的行为，同时敞开了场外低价协议转让的大门，1996 年中才出现了所谓'价值发现'其实是股权分裂的革命，流通股股价大幅攀升，而且从此居高不下，形成了股权分裂基础上的流通股相对高价格认同。"[①] 由此，这一观点强调："A 股含权是股权分置改革理论的基石。因为如果 A 股不含权，即与非流通股同股同权，那么，股权分置的提法就没有意义，所谓改革也就成了无的放矢。"[②]

"流通股含权"是 2003 年以后探讨股权分置改革的依据中具有较强理论色彩的观点，但它难以成立。主要原因有三：

第一，不合理论规范。"流通股含权"在理论上是不成立的。首先，在经济学中从来没有关于"流通"属于某种特殊权利并具有对应特殊价值的理论。内在机理是，在市场经济中，一种商品（包括金融产品，下同）是否可交易（即"流通"），是由商品的供求关系决定的。无论什么商品，只要符合市场需求而供给者又愿意出售，它就自然可以进入交易市场进行流通，因此，不存在流通权问题，也不存在是否需要向已交易的商品供给者（或需求者）缴纳除商品供求关系决定的价格之外的另一笔费用问题。其次，在一些特殊场合，由法律法规规定，某些商品属专卖范畴（如烟草、食盐等）。这些商品进入交易需要经特别批准，由此，与不需要特批的一般商品相比，入市成本可能高些。但即便在这种条件下，这些商品能否进行流通也仅存在法律法规的限制，并不存在除此之外的所谓"流通权"问题，也不存在经行政批准的部分要比不经行政批准的部分具有更高的价值问题（须知，行政批准并不创造价值）。从上市公司股权来看，在中国的各项法律法规中历来强调"同股同权""股权平等"，上市公司股票又不属于专卖

---

① 华生：《全流通改革几个要点的理论说明》，搜狐财经，2004 年 5 月 26 日，详见华生《中国股市的经济学思考》一书。

② 华生：《总结试点经验推动股改顺利进行——股权分置改革试点的得失、启示与前景》，《中国证券报》2005 年 8 月 25 日。

范畴，因此，不存在流通股因含有流通权而具有较高价值、非流通股因不含流通权而价值较低的问题。再次，不论从中国还是从海外的民法、《公司法》《证券法》以及其他相关法律来看，都没有所谓的"流通权"概念，也不存在"流通含权"的规定，因此，"A 股含权"是不符合法律机理的。最后，如果流通股因含"流通权"而具有较高价值，那么，这一原理在不同股市间是否也成立？如果成立，是否意味着 H 股要比 A 股具有更高价值、N 股要比 H 股具有更高价值，从而，同一公司的上市股份从后一个股市转入前一个股市交易时，应向前一个股市的流通股股东进行"补偿"？如果不成立，理由又是什么？

第二，与历史事实不符。主张"流通股含权"的理论观点，至少有三个方面是不符合中国股市发展历史事实的：其一，"从 1994 年、1995 年起，有关部门严格区别两类不同股份的分置"，但实际上，至少在 1992—2001 年期间，没有任何政府部门出台过有关非流通股不可流通的行政法规、部门规章及其他类似的制度规定，因此，不存在"有关部门严格区别两类不同股份的分置"的现象。在这个过程中，存在的是，各个行政部门均没有出台有关受理非流通股股东申请股份流通的有关法规（或规章），非流通股股东也不知该向谁提出申请，由此，使得非公开发行的股份事实上处于不可流通状态。其二，非流通股的协议转让并非出现在 1994 年或（1995 年）以后，实际上，在 1992—1993 年间就有相当多的非社会公众股（甚至包括一部分发起人股）进行了转让，二级市场中的一些投资者也曾用由此形成的"并购"题材进行炒作。其三，1996—1997 年间的股市高涨，就主要成因而言，不是由非流通股的协议转让引致的，而是由沪深两地政府部门推动的，主要题材是"香港回归"，借助题材包括两地政府部门给予上市公司优惠政策、降息和宏观经济走好，等等，因此，"敞开了场外低价协议转让的大门，1996 年中才出现了所谓'价值发现'其实是股权分裂的革命，流通股股价大幅攀升，而且从此居高不下"的说法是有悖历史事实的。

第三，逻辑矛盾。主要表现在以下两个方面：其一，循环论证。所谓循环论证，是指以一个因素为原因来证明某个结果存在的客观性，同时，又以这个结果的存在来证明前一因素为原因的客观性这样一种情形。在"A

股含权"的论证中，可以明显看到这种循环论证。"A 股含权是股权分置改革理论的基石。因为如果 A 股不含权，即与非流通股同股同权，那么，股权分置的提法就没有意义，所谓改革也就成了无的放矢"，这段话先是以"A 股含权"来证明因股权分置所以要进行股权分置改革，然后，以要进行股权分置改革来证明股权分置是存在的从而"A 股含权"是成立的。换句话说，如果不进行股权分置改革，A 股就不含权；或者如果 A 股不含权，也就不需要进行股权分置改革。这种论证，实际上是一个同意反复，不能证明"A 股含权"。其二，自相矛盾。由于"流通股含权"在理论逻辑上难以成立，由此，主张这一观点的人提出了："股权分置并不必然导致价格变异扭曲即股权分裂……股权分裂的充分条件是分置的暂不流通股权变相流通，形成协议转让的第二交易市场，从而形成了客观存在的价格差异。"这一表述存在着明显的逻辑矛盾。按照这一说法，流通股之所以"含有流通权"是因为非流通股选择了"变相流通"（即协议转让）的方式，由此推理可得出两个结论：一是如果非流通股不进行协议转让，流通股就不具有"流通权"的价值了；二是非流通股因协议转让而使流通股的"流通权"拥有了价值，由此，非流通股入市交易将令流通股的"流通权"最大化了。这两个结论均与"A 股含权"政策意向相悖。

2. "合同"说

这种说法认为，股权分置改革的主要理论依据是，流通股股东与非流通股股东之间曾经以某种方式达成了一个合同。该合同的内容是，非流通股不享有上市流通权，不能在证券交易所内上市交易；如果非流通股要入市交易，就意味着变更了持股合同内容，由此，必须向流通股股东支付违反合同的"补偿"，以获取流通权。

"合同"说以合同的存在为基础。关于合同的存在形式，有两种解释：

其一，认为在流通股股东与非流通股股东之间存在着默认的合同条款。一些人认为，在我国《公司法》《证券法》以及其他法律法规中确实从未出现国有股、法人股不能流通的字眼，相反，1993 年的《公司法》第一百三十条规定，股份必须同股同权；1998 年的《证券法》第三条规定，证券发行必须公平、公正、公开。就此而言，我国国有股和法人股似乎并非不具有上市流通的权利。然而，仔细研读该公司法，可以看到其中有"国有股和法人股暂时不上市流通"之类的用语，却是再明白不过的"潜规则"。例如，《公司法》第七十四条规定，股份有限公司的设立，可以采取发起设立或者募集设立的方式。这为不流通的发起人股——主要体现为国有股和法人股——与流通的社会公众股共存于公司中提供了制度平台。又如，《公司法》第一百五十二条规定，股份有限公司申请其股票上市必须符合"向社会公开发行的股份达公司股份总数的25%以上"的条件，从表面上看，这是为了满足股票市场对公司股权流动性的要求，但更深层的意义在于，它隐含着一个假定，即只有向社会公开发行的股份才能上市流通，进而，《公司法》第一百四十七条规定，发起人持有的本公司股份，自公司成立之日起3年内不得转让，更加强化了这种理解。所以，几乎所有的流通股股东都认为，发起人在发行股票时，对非流通股有"暂不流通"的承诺，它已经构成了投资者在成为流通股股东之前的心理预期，直接决定着他们以相当高的市盈率购买股票。因而，非流通股"暂不流通"可以被认为是一个具有约束力的默认的合同条款。如果要对该条款进行更改，按照《合同法》第七十七条规定，只有一种情况，即"当事人协商一致，可以变更合同"。换言之，非流通股股东要变更当初的约定，需要经流通股份持有者的同意。在没有达成一致之前，非流通股不具有流通权。只有给流通股股东以合理的补偿，合同各方才可能"协商一致"，进而变更合同，实现非流通股的流通。①

这种解释的逻辑是：流通股与非流通股之间并没有订立明确的股份不能流通的合同。暂不流通的承诺是通过相关法律规定推导出来的。在推导出这种暂不流通的承诺以后，流通股股东有了非流通股暂不流通的心理预期，因而，以较高的价格购买股票。

其二，认为非流通股股东与流通股股东订有明确的合同，这一合同体现于《招股说明书》《上市公告书》和《公司章程》等文件中。这种解释认为，合同关系是这样形成的：首先，非流通股股东（募集设立）或上市公司（发起设立）以《招股说明书》为要约，流通股股东以认购股票作为

---

① 罗培新：《非流通股流通方案的法律解析》，深圳证券交易所第六届会员、基金公司研究成果评选论文。

承诺,完成了一项合同的订立;其次,在民事主体(机构或个人)成为上市公司股东之后,共同缔结并履行《公司章程》这一法定契约性文件,也可视为完成了一项合同的订立。在《招股说明书》或《公司章程》中均有明确约定:非流通股股东的股票暂不上市流通,流通股股东的股票上市流通。这就是股权分置法律关系的实质,即基于平等的民事主体缔结合同之后形成的契约或合同关系。股权分置是前述主体缔结的合同中的一项重要内容(或者说重大条款)。依据《合同法》的规定,未经合同当事人协商一致,任何一方均不得擅自变更合同,否则,应当承担相应的违约责任。①

这种解释的逻辑是:由于在《招股说明书》《上市公告书》和《公司章程》等具有法律效力的文件中有非流通股暂不上市流通,流通股可上市交易的明确约定,因此,如果非流通股要上市流通,非流通股股东就应给予流通股股东以违约"补偿"。

"合同"说不仅提出了一系列如何理解有关法律条款的问题,同时,也提出了一系列值得深究的理论问题。限于篇幅,本文就以下几个主要问题予以商讨:

第一,是否存在"默认"的合同条款。合同是平等的当事人之间达成的能够产生法律后果的合意,即合同以意思表示为要素。合同法上同"默认"相关的术语有两个:一个是默示合同条款,另一个是默示意思表示。

"默示合同条款"是英美合同法中的一个概念。在英美合同法上,双方当事人经过协商,通过一次或数次要约和承诺的过程,并支付法律允许的相应对价之后,合同宣告成立。合同的内容由合同条款来确定。能够确定合同内容的条款,首先是合同中明确规定的明示条款(Express Terms),这是确立当事人权利义务的基础。但是,并非所有的合同内容都需要以明示的方式规定在合同之中。除了双方曾明示的条款外,合同内容也可以根据其已有的内容,衍生出其他条款,或经习惯或经法律或经法院之推论而成,这就是所谓的"默示"条款。② 从根本上说,英美法中的默示合同条款理

---

① 方立:《民法通则公平原理:非流通股股东当然应该补偿》,《第一财经日报》2005年8月11日。除此之外,还有很多学者主张这种观点,比如华生《市场转折的信号——股权分置改革试点通知评析》,《中国证券报》2005年5月10日。

② 杨桢:《英美契约法》,北京大学出版社2000年版,第292页。

论是确定合同内容的一种方式，是在当事人对合同内容约定不明的情况下解决争议的一种方式。包括中国在内的大陆法系合同法中并不存在类似于英美法上的默示合同条款理论。对于合同当事人对合同内容的争议，一般是通过合同内容的解释来实现的。但是，无论是通过默示合同条款理论还是通过合同解释，它们都有一个前提，即合同当事人之间已存在一个明确的合同。在英美合同法上，这个合同是通过明示条款来确定的，在大陆法上合同解释的前提是存在合同。

"默示意思表示"是大陆法系合同法上的概念。所谓默示意思表示，是指以社会的非习用方法进行表达，他人根据具体情况才可推知表达外观意思的情形。① 默示的意思表示所采用的意思表达方式，可以是行动，也可以是沉默。一般情况下，默示的意思表示都是依行动的意思表示。只有在特殊情况下，有当事人约定或法律直接规定的前提下，沉默才可以被视为意思表示的方式。我国最高人民法院关于《民法通则》的解释第六十六条认为，在一定情形下，意思表示可以采用默示方式，即"一方当事人向对方当事人提出民事权利要求，对方未用语言或文字明确表示意见，但其行为表明已接受，可以认定为默示。不作为的沉默只有在法律有规定或者当事人有约定的情况下，才可以视为意思表示"。

那么，"合同"说中有关"默认"合同条款的说法属于哪一种情况呢？如果属于第一种情况（即"默示合同条款"），那么，即便不考虑中国法律是否承认默示合同条款的问题，在流通股股东与非流通股股东之间也应当首先存在一个明示的合同条款，并且这一明示的合同条款的内容必须与默示合同条款的内容相关。但不论是募集设立还是发起设立，上市公司在 IPO 的《招股说明书》《上市公告书》和《公司章程》等文件中都没有有关非流通股股东的股票不能上市流通方面的"默示合同条款"规定。因为在这些文件中都明确记载着："本次发行股票为普通股，同股同权，同股同利。"这就意味着，发起人持有的股票与公开募集股东持有的股票享有完全相同的权利，自然也包括上市流通权（如果存在此种法定权利的话）。如果属于第二种情况（即"默示意思表示"），那么，非流通股股东与流通股股东订

---

① 龙卫球：《民法总论》，中国法制出版社 2000 年版，第 508 页。

立的关于股票不上市流通的合同就必须是一个独立合同，它独立于股份认购合同。因为股份认购合同明显不是双方当事人通过默示意思表示订立的合同。合同经过要约和承诺而成立。我国《合同法》第二十二条规定，"承诺"应当以通知的方式做出，但根据交易习惯或者要约表明可以通过行为做出的"承诺"除外。根据该条规定，"承诺"可以以默示的方式做出。但要约是希望和他人订立合同的意思表示，按照《合同法》的规定，一项有效的要约必须符合两个条件：一是内容具体确定；二是表明经受要约人承诺，要约人即受该意思表示约束。很显然，要约作为一种意思表示是必须明示的，因为单纯的沉默肯定不能表示出意欲订立的合同的具体内容，而某种行为也很难使要约的内容明确具体。因此，如果认为非流通股股东与流通股股东之间有通过默示方式订立的合同，那么，该合同的要约也必须是通过明示方式发出的，但是，迄今找不到这种明示的要约，因此，这种合同是不存在的。

第二，公司设立方式是否含有股权分置的制度规定。"合同"说认为，股份公司设立方式分为募集设立和发起设立两种，这为股权分置确定了法律制度平台。但这种认识既不符合法理，又不符合逻辑，还不符合各国和地区的实践。

一是我国《公司法》规定的股份公司的两种设立方式，是大陆法系国家通常使用的公司设立方式，我国台湾地区公司法、日本商法典、韩国商法典中都有类似规定。如果据此认为，这为公开募集的流通股与发起人的非流通股的划分奠定了法律制度平台，那么，在我国台湾地区、韩国以及日本证券市场上就应当也存在股权分置问题，但事实上，这些国家和地区的股市中不存在股权分置问题。

二是究竟是发起设立方式引致了股权分置，还是募集设立方式引致了股权分置，或是两种方式都引致了股权分置。如果是发起设立方式引致了股权分置，那就意味着募集设立不引致。在我国实践中，曾有几家上市公司是通过募集设立方式形成的，可它们也处于股权分置状态。如果是募集设立方式引致了股权分置，那么，在沪深股市中上市的绝大多数公司都是发起设立的，它们应当没有股权分置问题，但事实上，它们都必须进行股权分置改革。如果发起设立和募集设立都会引致股权分置，而今后还将以这两种方式设立股份公司，由此，还将继续"制造"股权分置，那么，进行股权分置改革岂不荒唐？

三是从《公司法》中关于上市条件的规定中，无法推出只有社会公众股才能上市流通的结论。如果从"向社会公开发行的股份达公司股份总数的25%以上"这一规定中可以推论出，非社会公众股不能流通的法律依据，那么，类似的规定在发达国家股市中比比皆是，是否也可以做出如此推定？如果不能，理由又是什么？

四是关于发起人所持股份在一定时间内锁定的法律限制，在发达国家的历史上是一个通常的规定（虽然现在很多国家《公司法》中已经废止），但这并没有引致在锁定期之后这些股份依然不能流通问题。我国《公司法》规定："发起人持有的本公司股份，自公司成立之日起3年内不得转让"，因此，有着明确的时间界限。如果由此可以推定出，"即便3年期限已满，发起人持有的股份依法仍然不能转让"这一所谓"潜规则"，那么，依据同一推理，就可以得出一系列极为荒唐的司法结果。例如，在某一罪犯依法被判处10年徒刑的条件下，由于《刑法》上或判决书上没有讲"10年期满就应当被释放"，所以，根据所谓"潜规则"的推理，10年期满后就可以不让其出狱。且不说法学专家，就是一般百姓也都能理解，"3年内不得转让"的法律含义是3年期满后可以依法转让。

第三，关于非流通股股东与流通股股东订有明确的合同。"合同"说认为，上市公司在《招股说明书》《上市公告书》中记载有非流通股不上市流通的承诺。但事实上，在2001年以前发股上市的公司中没有1家在这方面有过任何承诺。能够查寻到的只是，在中国证监会于2001年3月15日发布的证监发〔2001〕42号文件——公开发行证券公司的信息披露内容与格式准则第7号《股票上市公告书》中第7条要求披露的事项中，包括了对首次公开发行股票前股东所持股份的流通限制及期限这一规定。据此，可以确定，至少在2001年3月以前的发股上市公司没有这方面的"承诺"，也就不存在所谓的"合同"关系。

退一步来说，即便一些上市公司在《招股说明书》《上市公告书》中有这方面记载，是否就一定意味着存在"合同"关系呢？从性质上来说，这些文件是上市公司向投资者或股东就公司发行股票和股票上市这一事实所发出的告知文件，属于上市公司单方的意思表示。就其自身来说，因为没有双方当事人的合意，显然不是一种合同。另外，为了满足监管部门的要求、实现发股上市，一些上市公司在信息披露中写上这些所谓"承诺"的字句，但"信息披露内容与格式准则"既非部门规章也非法规文件，更不是法律文件，其法律效力是不充分的，以此来确定所谓"合同"关系于理不通。此外，从内容上看，该记载表明股票暂不上市流通的原因是，国家法律法规的规定以及证监会关于核准发行股票的通知中的要求，不属于非流通股股东与流通股股东之间达成的合同范畴。

3. 意外效应

上述各种支持股权分置改革的主要观点虽然在理论上、逻辑上和实践依据上难以成立，但从 2005 年 5 月以后的实践来看，在直接关系上，它们并无多少负面影响，相反，还产生了意外的积极效应。主要体现在以下三个方面：第一，它们在一定程度上满足了流通股股东的心理要求，稳定了他们的市场行为取向，提高了他们的投资预期。第二，它们在一定程度上为非流通股股东所接受，使他们认同了以"对价"方式补偿因非流通股入市可能给流通股股东带来的利益损失，从而，支持了股权分置改革的顺利展开。第三，它们在一定程度上为证券监管部门所接受，"对价"成为实施股权分置改革的重要内容。

二　公共利益与政府政策的内在关系

始于 1978 年底的中国经济体制改革，在直接关系上，是由中央政府推动的。20 多年来，中国经济改革过程中的历次重大举措也都在政府推动下实施，此次股权分置改革也是如此。一个简单明了的事实是，就时机而言，此次股权分置改革的时点并不有利，如果不是中央政府在权衡各方面利弊之后断然决策，也许股权分置改革还有待日后再实施。由此，提出了一个最基本的问题，政府部门重大决策的理论依据是什么？

众所周知，维护经济社会生活秩序稳定是政府部门最基本的职能。在现代社会中，无论是发达国家还是发展中国家，概莫能外。维护经济社会生活秩序稳定的理论根据是什么？无论在西方经济社会体制中，还是在中国的传统计划体制中，抑或是在建设市场经济新体制过程中，公共利益都是支撑政府职能和政府重大决策的最基本理论根据。以往的无数实践也证明，政府维护公共利益理念下推动的改革，通常是社会利益均衡的最佳选择。对政府部门而言，维护公共利益的行为表现为政府职能的公共性。

政府是一个国家在经济社会活动中为了协调各类主体利益关系、规范相关行为、维护公共利益而建立的机构。由于经济社会生活是复杂的，所以，政府的公共性也就具有复杂的内容。虽然在一些场合，政府的公共性主要表现为经济政策，但其深刻的内涵绝不仅仅局限于经济领域，常常具有社会、政治、人文和其他方面的多重含义。

在现代经济学中，政府的公共性理论主要建立在"市场失效"（或"市场失灵"）学说基础上，基本要点有三：其一，经济活动中的个人和企业趋于追求自身利益的最大化，缺乏维护公共利益的意愿和能力，由此，为了在整体上协调和增进社会（包括个人在内）的整体福利水平，必须建立公共秩序以协调各个个体之间的利益关系。与此对应，以公共事务治理为职能的实体——政府应运而生。其二，由于市场机制在一些场合无法达到资源的优化配置，或者市场对以社会目标为主的活动无能为力，因此，需要以政府为主体的公共活动的介入和干预，由此，派生出公共部门经济问题。从广义上来看，主要的市场失效问题涵盖了公共产品和劳务、外部性、不完全竞争、非对称信息、失业与通胀、分配不公等多个层面。其三，政府在履行公共性职能过程中，一方面公共资金的管理和使用必须符合公共利益、获得公众认可并接受公众监督。这种权力的规制，是克服权力异化的根本途径，是实现政府公共性的重要保证。另一方面，公共利益的表达需要有一套特定机制，防止政府政策服务于某个特定利益集团的需要。它强调介于国家和社会之间的公共领域，是公民参与并表达"公共理性"的场所，是克服权力异化的重要力量。

政府的公共性通过政府政策和政府行为贯彻于经济、社会、政治、人文等各个领域。在这个过程中，政府的一项政策举措能否在社会体系内体现其公共性特征，既是这项政策举措合理性和合法性的基础，也是判别这项政府行为有效性的基本标准。在改革开放的进程中，如下三方面原则是中国政府始终坚持的：

第一，创造经济社会可持续发展的环境基础。改革开放是一个复杂的经济社会系统工程。党的十一届三中全会公报指出：它要求"改变一切不适应的管理方式、活动方式和思想方式，因而是一场广泛、深刻的革命。"①在这个过程中，要保障经济社会的发展，就不能片面地进行"一步到位"的改革开放，"决不允许损害社会主义现代化建设所需要的安定团结的政治局面"②，因此，要始终注意处理好稳定、改革和发展三者的关系。其中，经济社会秩序的稳定，既是改革开放的前提和保障，又是经济社会可持续发展的基础条件和重要表现，所以，在20多年历程中，"稳定压倒一切"。为了保持经济社会的稳定，中国政府做出了艰辛努力，付出了巨大代价，甚至采取了一些非常措施。

第二，坚持"以人为本"。经济社会的一切活动是人的活动，一切利益归根结底是人的利益。"以人为本"，中国自古有之。春秋时期，管子说道："夫霸王之所始也，以人为本。"坚持以人为本，一方面要处理好社会公众的局部利益和整体利益，既避免某些社会群体只重视局部利益而牺牲整体利益的倾向，也要避免某些社会群体为了自己的利益而伤害其他群体的利益，还要避免某些群体利益处理不当引致整体利益受损。另一方面，要处理好社会公众的短期利益和长期利益，既避免因追求短期利益而忽视长期利益，影响经济社会的可持续发展，又避免片面强调长期利益而忽视社会公众的眼前需求，使长期利益成为一种"可见不可得"的辞藻。

第三，协调公平与效率的关系。从理论上说，政府应着眼于公共利益，因此，应以维护"公平"为各项政策的基础。

在经济社会实践中，"公共利益"的含义丰富复杂的。一般来说，涉及全体公民利益或社会公众利益的事件、行为和活动都存在公共利益问题，但在实践过程中，真正涉及全体公民（或社会公众整体）利益的事件、行为和活动是不多的，绝大多数事件、行为和活动涉及的是部分公民（或部分社会公众），对此，是否也属于公共利益问题？从中国实践来看，治理环境污染、处置重大人员伤亡事件、保障无收入和低收入家庭（或个人）的

---

① 《中共中央文件选编》，中央党校出版社1994年版，第85—86页。
② 同上书，第86页。

生活、治理自然灾害（如水灾、旱灾、虫灾、地震、非典、禽流感及其他自然灾害）、救助下岗工人以及扩大公共福利设施和增加公共产品供给等属于公共利益范畴，是一个共识。

与公共利益的实践含义丰富复杂的状况相对应，维护公共利益的实现方式也多种多样，并且可以从不同角度予以分类。从费用支付角度看，大致可分为：政府财政支付、企业支付、当事人支付、社会公众支付和多主体复合支付。不论维护公共利益的实现方式有多少种类、多么复杂，基本目的都在于维护经济社会生活秩序的稳定。内在机理是，经济社会生活秩序的稳定是公共利益的基本点。

三　股市的公共性与股市稳步发展

股市是否具有公共性是理论界长期忽视而实践中又至关重要的问题。西方理论一般认为，市场是一个由商业性规则支配的交易场所，厂商、家庭等是市场活动的主体。所谓"商业性规则"，主要是追逐利益的规则，正是在多元主体的利益追逐过程中形成了市场规则和市场配置资源的机制，因此，基本不研究市场本身的公共性问题。但下述三个现象却令我们必须深入探讨市场的公共性：第一，从1825年西方国家发生第一次经济危机到1929的世界经济危机，西方经济学从主张政府充当"守夜人"到凯恩斯主张政府干预经济，实际上，意味着市场的公共性在客观上要求政府部门发挥其公共职能来保障市场的平稳运行和健康发展。第二，中国的经济改革和经济发展，在政府部门的直接推动下展开。不论是弱化计划机制、推进市场机制形成还是完善市场体系、有效发挥市场机制在配置资源方面的基础性功能，都离不开维护经济社会生活秩序稳定这一基础性条件，而这一基础性条件本身就是一个公共性问题。第三，股权分置改革是股市重大制度改革。这一改革，不仅直接涉及几千万投资者的利益，1300多家上市公司和数万个股东机构的利益，100多家证券公司、52家基金管理公司和众多中介机构的利益，而且涉及众多期待发股上市的公司利益、商业银行的发展利益、保险资金和社保资金的投资利益，等等，因此，是一场涉及众多利益关系的改革。在改革过程中，能否有效地维护股市运行秩序的稳定，不仅关系着这些利益关系的调整结果，关系着股权分置改革能否顺利展开，而且关系着股市的未来发展和中国金融体系的完善，因此，具有明显的公共性。

从股市发展历程来看，中国股市的公共性具有如下三方面含义：第一，股市的稳步发展，不仅直接关系着股市参与者的利益，而且关系着金融体系的完善和市场经济新体制的建设；第二，股市运行秩序的稳定，不仅关系着股市投资者的预期和投资行为的展开，而且关系着经济社会生活秩序的稳定；第三，股市基础性制度的缺陷和运行机制的不完善，不仅严重制约着股市功能的有效发挥，而且严重影响到中国经济运行中的储蓄向资本的转化、资本形成、国有企业产权改革的推进、金融机构资本充足率的提高、项目投资资本比例的保障以及公司治理结构的完善、财务制度的健全、经济结构的调整、市场从商品竞争向资本竞争的发展等一系列问题。

从 20 世纪 80 年代中期开始有股票交易以来，中国股市发展的沿革过程就是在以稳步发展为主要政策取向的背景下展开的。从私下交易发展到柜台交易，再发展到交易所交易，中国股市的这一发展历程，尽管有许多值得进一步探讨之处，从建立多层次股票市场体系来说，也还有许多值得再讨论的问题，但有一点是清楚的，它充分考虑到了中国特殊条件下的股市公共性因素，从政府的角度来看，为了防范经济社会风险，强化股票市场的稳定发展是首要的。在 1992 年以后的股市发展中，监管部门屡屡运用行政手段和政策措施直接干预股市走势，以维护股市稳定发展。对这些政策措施和实施方式，尽管市场参与者和学术研究者颇有微词，但历史地看，它们都反映了监管部门对稳定股市的目标追求。这一目标深含着股市稳定是"维护公共利益的要求"这一思路。

股权分置改革是一项艰巨复杂的重大制度调整。4000 多亿股的非流通股入市，一旦给股市投资者预期造成严重的冲击，引致股市大幅下跌乃至崩盘，非但这一改革不能继续，更重要的是股市的进一步发展将受到严重影响，因此，具有极大的政策风险。另外，在一个不利的时点展开，又有 2001 年国有股减持的前车之鉴，政策风险更加严重，因此，将其称为"惊险一搏"不之为过。从 2005 年 5 月以后的实践来看，此次股权分置改革是稳步推进的，这与改革过程中始终坚持"稳定"原则直接相关。具体体现在以下几方面：

第一，分散决策。与国有股减持相比，此次股权分置改革的一个特点是，将是否批准非流通股股份入市流通的决策权交给了各家上市公司的流通股股东，由此，形成了一个分散决策的格局。在这个过程中，根据对非流通股股东提出的改革方案，流通股股东进行表决。表决通过的，就立即着手实施；表决不通过的，就日后再议。中国股市通过电子自动撮合系统，将几千万投资者集中于两个交易所系统中，这是一个变分散风险为集中风险的格局。国有股减持未能打破这一格局的局限，继续贯彻集中决策（IPO公司都减持10%的国有股份），这是引致风险集中释放从而不得不叫停的一个重要原因。股权分置改革突破了这种格局，变集中决策为分散决策，使得每家上市公司的股权分置改革方案的通过，虽对其他投资者有影响（尤其是"效仿效应"），但又不至于打破他们的期望和改变他们的投资行为。这种分散决策从而分散风险的方式，有利于保障股市运行的稳定。

第二，大胆创新。股权分置改革将改革方案的决策权交给股市投资者的同时，也将具体的改革措施交给了股市投资者，由此，相关投资者和股市其他参与者群策群力，发挥聪明才智，进行一系列创新。从股份对价到股本权证（包括认购权证、认沽权证等），从送股送现金进行对价到缩股、承诺最低价和延长锁定期，等等，都体现了创新精神。

第三，通力协调。作为一项重大制度改革的系统工程，股权分置改革涉及诸多政府部门职能范围，为此，在国务院领导下，各相关政府部门通力协调，出台了一系列政策措施。从2005年4月底到10月底，证监会、国资委、人民银行、财政部、商务部、税务总局等部门联合或单独出台的有关股权分置改革的文件就多达17项，涉及范围从股权分置改革的原则、政策、内容、程序和步骤到各类股份的处置、管理再到有关税收问题、上市公司回购社会公众股份问题和控股股东增持社会公众股份问题等，其中一部分政策措施突破了已有法律法规的规定（如减免税收、准许上市公司及其控股股东购买可流通股）。这些政策措施既体现了中央解决股权分置问题的决心，也对稳定股市运行起到了积极重要的作用。尤其是，在6月6日后，股市走势创出近6年来的新低，一度跌破1000点大关，在此背景下，6月13—17日，证监会、国资委、财政部和税务总局等部门连续出台

5 个文件，既表明了国有资产管理部门对推进股权分置改革的政策取向，又通过减免税收等政策提高投资者对股权分置改革的信心。不仅如此，在股权分置改革进入全面展开过程以后，各地方政府纷纷表示了支持这一改革的态度，积极组织和安排本地上市公司股权分置改革的进程及相关事项，这也与中央的有效协调直接相关。纵观中国股市 15 年，在这半年时间内，各级政府部门出台的有关股市的政策措施是最多的，协调程度是最高的，力度也是最大的，这反映了中央对这一改革的关切程度和支持程度。

此外，为了支持股权分置改革，人民银行、银监会、保监会等金融监管部门，积极配合证监会，采取一系列措施解决高危证券公司问题，从融资等方面支持证券公司、基金管理公司等证券经营机构，同时，积极支持商业银行创办基金管理公司、保险资金和社保资金入市、设立投资者保护基金等，动用资金上千亿元，也都有效保障了股市走稳。可以说，股权分置改革以后的半年多时间内，是各家金融监管部门协调配合最好的时期，也是他们对股市支持力度最大的时期。

一个可资思考的问题是：在股权分置改革过程中，如果不是为了避免出现因非流通股的大量入市交易而引致股市大幅下挫（甚至崩盘）的局面，各种方式的"对价"有何必要？证券监管部门和有关政府部门出台各种利好政策并要求相关金融机构支持股市走稳又有何必要？另外，如果不是证券监管部门规定，只有完成了股权分置改革，上市公司才可再融资；不是各级政府部门积极努力，限期达到本地上市公司完成股权分置改革目标，又怎么可能有如此多的上市公司在如此短的时间内通过"对价"方式通过了股权分置改革？这进一步说明了，股权分置改革是围绕"股市的公共性"这一基本点而展开的，它不是"流通股含权""合同对价"等说法所能解释的，同样，股权分置改革的成本也远不限于"对价"范畴。

主要参考文献

[1] 马克思：《资本论》（第三卷），人民出版社 1975 年版。

[2] 王国刚：《中国资本市场的深层问题》，社科文献出版社 2004 年版。

[3] 杨桢：《英美契约法》，北京大学出版社 2000 年版。

[4] 龙卫球：《民法总论》，中国法制出版社 2000 年版。

［5］华生：《全流通改革几个要点的理论说明》，搜狐财经，2004 年 5 月 26 日，详见华生《中国股市的经济学思考》。

［6］孙笑侠：《论法律与社会利益——对市场经济中公平问题的另一种思考》，《中国法学》1995 年第 4 期。

［7］王保树、邱本：《经济法与社会公共性论纲》，《法律科学》2000 年第 3 期。

［8］刘圣中：《从私人性到公共性——论公共权力的属性和归宿》，《东方论坛》2003 年第 1 期。

［9］藤淑珍：《公平原则与公平责任原则之辨析》，《政法论丛》2003 年第 4 期。

（原载《中国工业经济》2006 年第 4 期）

经纪人机制与多层次股票市场

在推进高新技术开发和科技产业化过程中，建立多层次股票市场体系再次被提上议事日程。如何建立一个不同于沪深 A 股市场的新层次股票市场，是其中的主要内容和主要着力点，为此，各层面人士甚为关注。笔者认为，建立新层次股票市场的根本点，是确立经纪人制度。主要理由如下：

一　多层次股市依多层次交易规则而形成

债券市场和股票市场是证券市场的基础性构成部分。债券交易大多以无形市场为主，为此，多层次的债券市场主要根据不同债券品种发行中的各种约定条件而划分。但股票市场以有形的交易市场为主，股票交易是这一市场的轴心，为此，多层次的股票市场主要根据股票交易的不同规则而形成和划分。例如，纽约股票交易所内挂牌交易的股票，当在纽交所系统内按照纽交所的交易规则进行交易时，它属场内交易范畴；当由交易双方在纽交所之外进行大额交易时，遵守的是不同于纽交所的另一交易规则，由此，形成了第三市场。又如，Nasdaq 有着四个层次的交易规则，分别适合不同的经纪人（做市商）、公众公司和投资者的需要，由此，形成了从第一市场到粉单市场的四个层次市场。再如，日本东京证券交易所有着两个不同层次的交易规则，据此，将股票市场划分为一部市场和二部市场。可见，交易规则的多层次性是多层次股票市场的基本划分标准。

多层次股票市场依多层次交易规则而划分的内在机理主要体现在以下四个方面：

第一，股票交易规则连接着股票的供给者与需求者，规范着交易双方的行为。股票交易市场从根本上说是股票买卖双方进行股票交易的场所。

但要进行股票交易，不论是买方还是卖方，都必须严格地遵守这一交易市场的具体规则，否则，就不能进入股票交易市场进行股票交易操作。

第二，股票交易规则导向着股票发行规则。股票发行，对发行公司来说是一个获得资本性资金的过程，对投资者来说是一个投资入股的过程。就此而言，似乎与交易规则没有直接关系。一些股份有限公司设立中的股份私募以及向已有股东再融资，都是不争的实例。但是，一旦涉及公开发行股票，情况就大为不同了。在公募中，股票发行中的各项规则都是为了满足上市交易（或进入交易市场，下同）而确立的。它们有些是股票交易规则在股票发行市场的延伸，有些则直接就是股票交易规则的运用。在多层次股票市场中，不同股份公司在股票发行中的每股价格、股份数量、信息披露充分程度、承销商、投资者群体等方面的不同，主要是因为它们都"瞄"着不同的交易市场；换句话说，各个交易市场在交易规则方面的差别决定了各家股份公司股票发行中的各项主要差异。

此外，股票交易规则还导向着股票的供给。主要情形有三：其一，对准备以存量股份申请上市交易的股份公司来说，在提出申请前，就需要按照目标市场（即它的股票准备进入的交易市场）的交易规则调整自己的各方面行为，以使公司治理、经营运作、财务指标和发展前景等符合交易规则的要求，由此，一旦条件成熟，存量股份就可通过申请而进入股票交易市场。在这一场合，股票在进入交易市场之前并没有形成一个发行市场。其二，对已上市交易的股份和公司来说，股票交易市场的走势直接影响着可交易股份的数量和上市公司（或公众公司，下同）的数量。但不论是新股增发还是股票回购或者公司退市，都是交易规则所规定的，并且按照各个股市交易规则的不同而有所差别。其三，股票交易市场的新设，将引致一批新的股票进入交易市场，由此，使可交易股份数量增加。新设的股票交易市场，其主要规则与已有的股票交易市场有着明显的区别，它满足了那些难以在已有股票交易市场上市交易的股份公司的需要，因此，随着新设交易市场的展开和发展，多层次股票交易市场体系中的股份供给量也将增加。

第三，股票交易规则激励着投资者的投资入股行为。股票投资者是一个多层次、多样化的群体，其中，既有各种各样的机构投资者，也有取向不尽相同的个人投资者。各类投资者的差异性投资倾向要转化为股市投资行为，主要取决于各层次股市的交易规则对投资交易行为的界定。首先，在缺乏股票交易市场的条件下，投资者有再多的想法和希望，也不可能转化为现实的投资行为。这同时意味着，在缺乏多层次股票交易市场的条件下，必然存在一部分（甚至相当一部分）投资者的投资需求不能得到满足。其次，在缺乏交易市场不断吸纳新的股票进入交易市场的条件下，投资者要操作新股是不可能的；在交易规则不准许高风险公司股票入市交易的条件下，投资者要投资于此类股票也是不可能的；在交易规则中缺乏经纪人（包括做市商）提供信用交易安排的条件下，投资者要以小博大也是不可能的。最后，在交易规则中缺乏信息披露机制、退市机制等规定的条件下，大多投资者可能不敢涉足股市投资。可以说，有什么样的股市交易规则就有什么样的股市投资者，因此，投资者是跟着股市交易规则走的。

不仅如此，在有了股票交易市场以后，大多实业投资也是"瞄"着股票交易规则而展开的。在公司设立中，一部分投资者是怀着未来这些股份可能入市交易的心理而投资入股的；在公司运行中，大多股东对公司的继续投资，盘算着这些股份进入交易市场的前景；在公司并购中，不论是股份出售者还是并购者在并购价格上都往往参照已交易的同类股票而展开。一个典型的实例是，2001 年以后，随着创业板市场的设立"搁浅"，几百家创业投资公司失去了进行创业投资的热情，由此，真正的创业投资和相当一批希望获得创业投资资金的高新技术企业陷入资金困境。

第四，股票交易规则决定着股市监管体系。股市监管以监管交易市场为中心，这决定了，有什么样的股票交易规则就有什么样的股市监管体系；或者说，离开了股票交易规则，就没有股市监管可言。在股市历史上，相当长一段时间内（长达 100 多年）并无由专门的政府部门（或准政府部门）进行股市监管的体制，也就不存在与此对应的股市监管体系。这一体系在 20 世纪 30 年代以后逐步建立起来，其背景是 1929 年以后的美国股市崩盘。从监管实践来看，首先，贯彻"公平、公开和公正"的原则、维护投资者合法权益是股市监管的基本原则。这些原则的形成和贯彻最初都是针对股票交易规则不完善而言的。正是因为在股票交易的历史上曾经发生过各种黑幕交易、司法不公正等现象，严重侵害了投资者的权益，给股票交易市场的健康发展造成了严重后果，才提出了这些监管原则。其次，防范和化解风险是股市监管的重心。防范什么风险、化解什么风险？从各国和地区的股市实践来看，主要是股票交易市场中存在着各种风险，而这些风险常常是已有的交易规则所难以防范的。再次，提高上市公司质量、强化信息披露制度、加强中介机构监督作用等也都是为了维护股票交易市场的运行秩序，防范由此可能引致的风险。最后，各国和地区的法律制度都有着一系列禁止性和限制性规定，其中，禁止内幕交易、操纵股价和各种限制性规定等，或者直接就是针对股票交易的，或者是从股票交易中延伸的。

"多层次股票市场依多层次交易规则而划分"的另一层含义是，单一层次的交易规则只可能形成单一层次的股票交易市场。以中国为例，在创业板市场迟迟难以设立而深圳证券交易所又多年缺乏新股上市的条件下，经批准2004年在深交所设立了中小企业板市场，准许首发4000万股以下的股份公司可流通股在深交所挂牌交易，由此，一些人认为，这就形成了与"主板"市场不同的另一个层次股票交易市场。事实上，中小企业板市场贯彻的依然是A股规则，它在股票交易方面与A股没有任何差别，不属于一个新层次的股票交易市场。

二　股市交易规则主要由经纪人制定

从历史的角度看，股市交易规则最初是由经纪人制定的；从现实的角度看，股市交易规则是在以经纪人为主的股市运作者的推动下不断完善的。

从最一般意义上说，股市经纪人是代为股票持有者卖出股票和股票购买者买入股票并从中获得佣金收入的中介人。在欧美股市发展历史上，经纪人在设立股市和推进股市形成的过程中，既制定了股市交易规则，也造就了多层次的股票交易市场体系。

从美国股市历史来看，18世纪90年代以前，由于可交易的股票数量较少，股票经纪人并非一个专业化的职位，它通常由商业经纪人兼任。但随着可交易股票数量的增加，股票经纪人之间在佣金水平上开始发生竞争，一些经纪人为了招揽客户而降低佣金，严重影响了其他经纪人在代理买卖股票过程中的业务收入。由此，1792 年 5 月 17 日，美国 24 名经纪人（21 家经纪商和 3 家经纪公司）在一棵梧桐树下举行会议，签订了"梧桐树协议"，承诺"将以不低于 0.25% 的佣金费率为任何客户买卖任何股票"①，同时，"在规定的交易时间内，市场必须是连续的，所有签订协议的人在交易中必须缴纳一定数额的佣金。没有在协议上签名的人们如果想参加交易必须缴纳更高的佣金"。② 由此，有了第一份有文字记载的由经纪人签署的股票交易规则③。此后，随着股票交易市场的设立，经纪人根据具体的股市特点，制定了系列股票交易规则。

股票交易市场是由经纪人设立的。最初的股票交易在街头、咖啡屋等地按照一些不成文的交易习惯展开，随后，一些较为成功的经纪人开始在他们的办公室举行定期的股票拍卖，由此，形成了后来被人们称为"柜台市场"的股票交易市场。1792 年，一些经纪人决定在华尔街 22 号建立一个拍卖中心并将其称为"股票交易所"，由此，有了纽约股票交易所的雏形。这个拍卖中心的主要规则有三：一是经纪人可以为客户也可以为自己买卖股票；二是意欲出售的股票存放在拍卖中心；三是拍卖人根据交易量收取佣金。此后，以下一系列现象值得关注：

第一，纽约股票交易所的设立。1817 年，纽约股票拍卖中心的主要经纪人派人到费城股票交易所进行考察，于 2 月 25 日起草了一份几乎与费城股票交易所章程一模一样的章程，将原先由 28 名经纪人构成的经纪人委员会更名为"纽约股票交易委员会"。但纽约股票交易所的设立，并不意味着其他交易市场的消失。且不说费城股票交易所依然是当时最主要的股票交易所，就是场外交易也相当活跃。"华尔街的大部分交易活动还是在大街上进行的，许多不能成为交易所会员的经纪人在路灯柱下买卖股票。这里的交易量经常超过场内……很多新证券在交易所上市交易之前，是在承销商的办公室开始交易的。"④

---

① ［美］约翰·S. 戈登：《伟大的博弈——华尔街金融帝国的崛起》（中译本），中信出版社 2005 年版，第 27 页。本节如无专门加注，引文均出自该书。

② ［美］查理斯·R. 吉斯特：《华尔街史》，经济科学出版社 2004 年版，第 6 页。

③ 这种固定佣金制一直到 1975 年 5 月 1 日才最终在华尔街退出历史舞台。

④ ［美］查理斯·R. 吉斯特：《华尔街史》，经济科学出版社 2004 年版，第 51 页。

第二，新的股票市场的设立。纽约股票交易所的设立和发展，并没有成为限制新设股票交易所的制度机制。"在19世纪30年代牛市的最高峰时期，场外经纪商因为不能进入股票交易所，曾组建了一个交易所与正式的股票交易所抗衡，它被称作新交易所。"① 1864年，煤洞交易所重组更名为公开经纪人交易所；到1865年，它的交易量已经达到纽约股票交易所的10倍之多。1865年，石油交易所成立，主要是为交易石油公司股票而设立的。1868年，国民股票交易所成立，着力实现伊利公司股票的交易。1869年，公开交易所与纽约股票交易所合并，组建了新的纽约股票交易所。1870年，矿业交易所重新开业，它的主要交易对象是矿业公司（包括开采和加工）的股票。1921年，纽约场外交易所设立，1953年，它又更名为美国股票交易所。1971年2月5日，纳斯达克（Nasdaq）正式投入运营，这标志着一个新的股票交易市场的形成。

各种股票交易市场得以设立和发展的内在机理是，股票交易市场是经纪人从事股票买卖的市场，只要在已有的股票交易市场中代理买卖股票的需求（包括变化了的需求）难以得到充分有效的满足，他们就将寻求设立新的市场来实现这些交易。

第三，场外交易市场始终是股票交易所的一个主要竞争者。场外交易市场是由经纪人组成的一个非正式网络，它为那些不在任何交易所挂牌交易的股票提供了一个交易市场。事实上，不仅中小经纪公司通常利用场外市场的价格优势来为其客户提供服务，就是那些大型经纪公司也常常这样做。这形成了后来《联邦证券法》中有关"经纪人应为其客户寻找到股票的最好报价"的专门规定。

第四，交易规则的演变和调整。在推进股票交易市场发展的同时，为了平抑股市动荡，维护股市运行秩序，在总结实践经验教训中，经纪人也在不断推进股票交易规则的完善。"经纪人队伍开始主导市场，因为他们的利益有赖于市场长期的稳定，所以他们严格执行规则，压制了投机者的猖獗活动，从而使华尔街逐步成为一个长期健康运行的资本市场。"②

---

① ［美］查理斯·R. 吉斯特：《华尔街史》，经济科学出版社2004年版，第66页。

② 同上书，前言部分。

综上所述，不难看出在美国 200 多年的股票市场发展史中，经纪人在创造和建立各层次股票交易市场的同时，也在创造与其相对应的各层次股票交易规则，并随着经济、社会和技术的进步，不断完善着这些交易规则。

三　经纪人的特殊地位和经济功能

经纪人在股票交易市场中的各种作用是由其特殊地位决定的。经纪人是通过代为客户买卖股票而获取佣金收入的中介人。这一简单定义，不仅包含了经纪人特殊地位的规定，而且包含了经纪人的一系列经济功能得以发挥的空间。

从地位来看，"中介人"意味着股市买卖双方是通过经纪人而联结的，买卖双方是以经纪人为中心而实现股票交易的。在实践中，股票买卖双方彼此分散，买者有投资购股的需求，但苦于不知卖者在何方；卖者有售股收资的需求，但苦于不知买者在何方。为了解决这一矛盾，经纪人作为买卖双方的"中介人"应运而生，他既解决了股票买卖双方的意向从而交易撮合问题，又大大降低了股票买卖双方的交易成本，因而，有了独立存在的价值。立足于股票交易中介人的地位，在发展中，经纪人具有了如下一些功能：

第一，"客户中心"功能。经纪人的基本职能是，使股票买卖双方能够按照他们的委托意愿实现股票交易，即"撮合"。要履行"撮合"义务，经纪人需要具备一系列业务条件，其中包括：其一，具有尽可能多的信息。这些信息包括买方信息、卖方信息、市场信息和其他经济社会信息等，由此，及时把握各个股票市场的走势。其二，有着相对固定的经营场所和必要的设施。一方面是为了方便老客户上门和新客户找寻，另一方面，是为了提供服务的需要，因此，经纪人需要具有一定的资金实力。其三，提供必要的资金支持。在实行买空的条件下，买方只需交付规定的保证金数额就可买入股票；在实行做空的条件下，卖方也只需缴纳规定的保证金就可卖出股票，其中的差额虽由银行提供资金支持但由经纪人向相关银行提供抵押品（因此，实际上是经纪人垫资），这决定了经纪人需要有向客户提供资金支持的能力。其四，具有专业水准。经纪人是专门从事代理买卖股票的专业人士（或机构），通过长期的实践探索，不仅有着一套分析各种行情的技术和经验，而且有着能够满足各类客户投资心理、风险偏好和运作特点的经营模式，因此，能够吸引客户上门。其五，具有自己的客户群体。每个经纪人（不论是自然人还是法人）都有着自己相对的独立客户群体。一定规模的客户群体也是保障其佣金收入从而经营良性循环的基础性条件，因此，各类经纪人都有其最低的客户规模界限。其六，严格遵守信用规则。这些信用规则包括尊重客户要求的规则、为客户保密的规则、切实履行合同的规则、忠实维护客户权益的规则和及时告知相关信息的规则，等等。其七，具有良好的商业声誉。客户对经纪人的选择是自由的，一旦商业声誉不佳，客户就可能离开原先的经纪人而另寻新的经纪人。在自由竞争的市场中，一旦失去客户，经纪人就意味着关门倒闭，因此，经纪人要尽力维护自己的商业声誉，在一些场合，宁愿自己受点损失也要满足客户的要求。

正是因为具备了这一系列条件，所以，经纪人与客户之间形成了一种谁也离不开谁的紧密关系。在这种关系中，经纪人处于"中心"位置，客户围绕经纪人而展开股票买卖活动。经纪人的这种"客户中心"是基本的，其他功能均由此而延伸。

第二，风险防范功能。这有两方面的含义：一是在经营过程中，从主观愿望出发，经纪人有着防范自身运作风险和有条件地帮助客户防范风险的意愿；二是各类经纪人通过各自的风险防范，在客观上，起着防范股市风险的作用。

股市是一个高风险的金融投资市场。置身于这一高风险市场中运作，经纪人理应时刻关注市场走势从而市场风险的变化，通过运用各种技术手段和经验分析，尽可能地贴近预期股市（和个股）走势的进一步变化，因此，经纪人非常关注对股市走势的分析和预测，及时地收集各种数据和资料，运用最先进的技术（同时，也努力开发更为先进的技术），总结各种实战案例和运作方式，建立各种防范风险的机制。在提供保证金交易的业务中，这些防范投资风险的机制，对于保障垫付资金（或作为抵押品的证券）的安全性是极为重要的，也是保障经纪人通过提供这类服务来获得利息收入的重要机制。在展开做市商的业务中，这些防范投资风险的机制，直接关系着经纪人在股票做市中的资金安全性和盈利水平。各个经纪人从不同角度运用不同机制防范着各类微观风险和各层面操作风险，其结果是降低了股市运行的总体风险，对避免股市经常性的大幅波动起着积极作用。

经纪人是一个代理买卖股票的庞大系统。以美国华尔街为例，按照职能划分，经纪人可分为佣金经纪人、交易所经纪人、零股经纪人、专门经纪人和证券交易商等；按照市场划分，经纪人可分为纽约股票交易所经纪人、美国证券交易所经纪人、纳斯达克全国市场（Nasdaq - NM）经纪人、纳斯达克小资本市场（Nasdaq - SC）经纪人、OTCBB 市场经纪人和粉单市场经纪人等；按照资格划分，经纪人可分为持牌经纪人和非持牌经纪人；按照性质划分，经纪人可分为自然人经纪人、合伙制经纪人和有限公司制经纪人等。经纪人是一支庞大的队伍，1999 年仅美林公司就有持牌经纪人1.4 万名。每个经纪人都相对固定联系着自己的客户，由此，将从事股票买卖的成万上亿投资者分散为一个个有着一定时空隔断和防火墙的相对单元，避免因他们在时空点上过于集中可能引致的巨大风险，从而，在一定程度上，起着降低由非系统事件引致系统性风险的不确定程度，有着防范股市系统性风险的功能。

第三，开发创新功能。经纪人是一个自主经营、自负盈亏的经济组织，且处于一个完全竞争市场中，因此，有着不断开发市场的内在需求。在 200多年的发展历史中，只要有条件、有机会，经纪人就不断地开发市场，创造新的可交易产品。具体表现在：其一，开发新证券和股票价值。在经营过程中，经纪人通过各种经验分析和技术手段努力挖掘和揭示已进入股市交易的各种股票的潜在价值，通过促成并购重组等来提高交易中的股票价值增值程度，积极发现具有可入市价值的新公司，同时，通过原生证券权益的重组，开发新的证券品种。其二，开发新的交易方式。股票交易从现券交易到以现券为基础的期权交易，再到股指期货交易和以价差结算为特征的期权交易，从限制性指令交易到止损性指令交易再到市价指令交易，从全额券款交易到信用交易（即保证金交易），从现场交易到电子交易，如此等等，在这些交易方式开发创新中，经纪人都起着关键性作用。其三，开发客户的新需求。客户的需求，有些是显现的，有些是隐现的，一些则是未现的。在服务中，通过咨询和推介，经纪人不断开发客户的隐现需求，并将这些隐现需求与新产品开发、新市场开发联结起来，从而大大提高了客户需求的满足程度，也有效增加了经纪人自己的业务收入。其四，开发新业务。代理买卖股票是经纪人的最初业务（迄今，人们也还是以此定义"经纪人"的），但随着股市发展，经纪人的业务很快突破这一简单的限制，开始向投资咨询、财务分析等方面扩展，紧接着又向财务顾问、项目融资、承销股票、公司并购、资产重组等方面延伸，再后，在管理客户账户的基础上发展了资产管理业务。如今在国际市场中诸如美林、摩根士丹利、第一波士顿、雷曼兄弟等著名公司，最初都是从经纪人业务发展起家的。其五，开发新市场。且不说美国历史上众多交易所和场外市场的兴衰过程，就是纳斯达克的四个层次市场也是在经纪人的推动下逐步建立的，即便如此，已有的多层次股市体系也还在不断发生新的变化。可以说，200多年的股票市场历史，同时就是经纪人不断开发创新的历史。离开了经纪人在各方面的开发创新，股市就失去了最基本的开发创新机制，也就不可能建立多层次、多样化的市场体系。

第四，维护股市活力和健康发展功能。股市经纪人依赖于股市的存在而存在、股市的发展而发展，因此，维护股市的运行活力和健康发展，是经纪人的根本利益所在。毫无疑问，在股市起步的初期，经纪人是一个彼此分散的群体，但随着经纪人对股市内在机制的认识和对共同利益的认识，他们也在不断推进交易规则的调整和完善，由此，逐步纠正早些年的不规范不成熟的操作行为。在维护股市活力和健康发展方面，经纪人的作用突出地表现在：其一，维护市场竞争机制。在200多年的历史中，欧美国家的股市始终坚持充分发挥以竞争为核心的市场机制，这与经纪人的努力直接相关。建立多层次股票市场体系，既是市场竞争的结果，也是维护市场竞争的基本条件。因此，只要发生垄断，经纪人就将自主推进一个能够容纳竞争机制的新市场形成。其二，维护市场各类参与者的充分选择权。经纪人在努力推进各种交易方式创新、交易对象创新、交易技术创新和交易市场创新过程中，激励和提高了股市运行的活跃程度。其三，维护股市的健康发展。且不说一系列有利于股市健康发展的交易规则是在经纪人推动下制定实施的，也不说200多年中多少代经纪人的艰辛奋斗才有了今日发达国家的成熟股市体系，就说投资者保护基金，也是在尚无政府监管部门的条件下，经纪人为了稳定股市发展而建立的一个重要机制。

经纪人在股市中的地位和功能突出反映了，股市实际上是以经纪人为中心的股市，多层次股票市场体系实际上是以多层次经纪人为中心的股票市场体系。这同时也就意味着，缺乏经纪人的股市是一个有着严重缺陷的股市。这种股市即便"有形"，也将"无神"。

四　经纪人制度的市场机理

"市场经济"，用最简单的语言表述，是"以市场为中心的经济"。何谓"市场"？市场是形成买卖关系和买卖行为的场所。既然有买有卖，那么，就一定有供求关系和供求行为，其中，"供给"为卖，"需求"为买，因此，买卖关系和买卖行为也可表述为供求关系和供求行为。

自第一次产业革命以后，如何认识供给、需求和市场三者之间的关系成为理论研究和制度制定中的一个基本理念问题。从历史角度看，大致上，在 20 世纪 30 年代以前，西方理论界贯彻着萨伊定律，强调"供给创造需求"，由此，许多制度政策也以此为基础制定；随后，在贯彻凯恩斯主义过程中，这一理念发生了实质性转变，"需求创造供给"成为主流理念，由此，制度政策转向以"增加需求""需求管理"为主要内容。在中国，改革开放以前，从企业到政府部门都贯彻着"以产定销"的理念；80 年代中期以后，逐步确立了"以销定产"的方针；90 年代中期以后，在买方市场形成的条件下，才进一步确立了"以市场为中心""以客户为中心"的经营总思路。

但在股票市场中，有两个问题需要进一步探讨：第一，股票买卖与股票交易是否在任何场合都属等价的概念？实际上，从早期开始，随着股票经纪人的出现，股票买卖和股票交易在相当多场合就已划分为两个不同的范畴。其中，股票买卖指的是股票买方提出买入股票的需求，股票卖方提出售出股票的要求；股票交易指的是由多个经纪人相互撮合实现股票的成交和钱票的易手（即交易）。股票交易并不直接在买方和卖方见面的条件下发生，买方和卖方只是单方面地与他的经纪人发生委托关系，股票交易行为由经纪人完成。第二，什么机制创造了"供给"或者"需求"？在缺乏市场机制的条件下，供给无法创造需求，需求也无法创造供给。与改革开放前的短缺经济相比，中国如今的市场繁荣和由此形成的巨大经济实力，主要得益于市场机制的发挥，恐怕不是"供给创造需求"或者"需求创造供给"所能解释的。从实践的角度看，以"市场机制创造现实的供给和现实的需求"来概括可能更为准确。在股票买卖双方彼此分散的条件下，很难说清楚，是股票的买方创造了股票的卖方，还是股票的卖方创造了股票的买方？从欧美国家股票市场发展的历史看，更准确的表述应当是，股票经纪人作为一种基本的股市机制创造了股票的买卖双方。

毫无疑问，从最本源的关系上说，是股票买卖的双方创造了股票市场。但是，一旦股票市场形成，经纪人就开始了继续推进股市发展和创造买卖双方的历史。通过交易规则的调整完善、交易方式的创新、交易品种的创新和交易技术的进步，他们在不断挖掘开发可交易的股票及其衍生产品的同时，也在不断地开发新的供给者和需求者。从这个意义上说，股票经纪人开发创造了股票的买方和股票的卖方，并且他们以此为生存发展的基本职能和基本条件。

何谓"市场"？市场既非"供给"也非"需求"。市场是由交易各方的交易行为所形成的各种交易关系，因此，市场的核心功能是"交易"。供给和需求构成了市场的要件，但仅有它们既不能形成市场也不称为市场。"有行无市"，典型地刻画了此间的关系。在股票市场中，交易是引致其他各方面功能展开（更确切说是"延伸"）的基本点。由于有了股票交易，才有股票的公开发行，由此，又进一步引致了股票承销、发股公司的融资选择等一系列行为的展开；由于有了股票交易，在交易中价格对交易双方的利益都具有决定性意义，才有了对公司财务制度的完善、公司价值的评估和资产定价研究，由此，又进一步引致了与上市公司（或公众公司）价值增值相关的项目融资、公司并购、资产重组等一系列事件的展开；由于有了股票交易，才有了对信息公开披露的要求、对内幕交易和操纵价格的惩治、对垄断的限制，等等，由此，又进一步引致了股市监管体系的形成。显而易见，交易机制是股市的根本。

交易机制的多层次性和灵活性，是保障股市竞争力和活力的基本机制，也是保障股市在发展中不断创造供给和需求的基本机制。经纪人制度是实现交易机制多层次性和灵活性的基本制度。其内在机理是，经纪人是一个多层次、多样化的群体，不同层次的经纪人服务于不同层次的股市供求群体，专业取向、专业内容和专业技术不同的经纪人服务于股市供求群体的不同方面要求，因此，以这些经纪人群体为中心而展开的股市体系必然是一个多层次、多样化且具有竞争性和活力的股市体系。确立以经纪人制度为中心点的股市新体制，就是要确立以市场机制为主导的多层次、多样化且具有竞争性和活力的股市体系。

主要参考文献

［1］王国刚：《中国资本市场的深层问题》，社会科学文献出版社 2004
年版。

［2］褚葆一：《当代美国经济》，中国财政经济出版社 1981 年版。

［3］［美］维克托·佩洛：《美国金融帝国》，世界知识出版社 1958 年版。

［4］［美］约翰·S. 戈登：《伟大的博弈——华尔街金融帝国的崛起》，中
信出版社 2005 年版。

［5］［美］查理斯·R. 吉斯特：《华尔街史》，经济科学出版社 2004 年版。

（原载《财贸经济》2006 年第 10 期）

论"公司债券"与"企业债券"的分立

在资本市场中，公司债券与政府债券、股票同为基础性证券。在美国，公司债券的每年融资额占基础性证券的比重大约在60%—70%，是股票融资的16倍多，在基础性证券中占据主体地位。我国1994年《公司法》列专章对公司债券进行了规范（这些规范的一部分，在2005年修改中转入了《证券法》），但真正意义上的公司债券迄今未能问世，不仅严重制约了我国债券市场的发展，也严重制约了中小企业融资难问题的缓解和利率的市场化进程。

1997年银行间市场启动以来，我国债券市场快速发展，各类债券的发行量每年增幅达到20%—40%；可流通债券余额占当期GDP的比例从1997年的6%上升到2005年的38%。但是，债券市场的迅速发展几乎完全依赖于政府债券的扩展，经营机构（尤其是工商企业）债券的发展依然缓慢。根据中央国债登记结算公司的统计，1998年以来，各类债券发行的累计额为16.6589万亿元，其中，国债、央行票据和政策金融债的累计发行量占比高达94.65%；经营机构发行的企业债、银行债、证券债和保险债等占比仅为5.35%。这种状况发生的根本原因是，我们将"企业债券"与"公司债券"混为一谈，未能有效地落实《公司法》和《证券法》的有关规定，从而，在管理体制上严重制约了公司债券的发展。

一　企业债券实质为政府债券

在海外市场中，只有"公司债券"范畴，没有"企业债券"概念。由于中央政府一般不直接管理国有独资企业和国有控股企业，所以，这些企业发行的债券通常列入地方政府债券（或市政债券）范畴。在我国实践中，从已发行的企业债券来看，就总体而言，与西方国家的地方政府债券在性质上基本相同；区别在于，由于我国存在着中央政府直接管理的国有独资企业和国有控股企业，所以，由这些企业发行的债券不局限于地方政府债券范畴，可以统称为"政府债券"。

在我国，企业债券的发行工作从 1998 年以后逐步恢复正常。从表 1 中可见，截止到 2006 年 11 月，累计发行的企业债券共 149 只，面值 2541.5 亿元；其中，2005 年至 2006 年 11 月发行了 84 只、面值 1589 亿元，分别占 8 年累计量的 56.4% 和 62.5%。这些数量，不仅与同期银行贷款的累计新增额不可相比，而且与同期国债、金融债券、央行票据和股票中的任一品种累计发行额都相去甚远。

表 1　　　　　　　　　　　　我国企业债券发行状况一览表

年份	1998	1999	2000	2001	2002	2003	2004	2005	2006
只数	6	2	—	5	16	18	18	37	47
金额（亿元）	72.5	50	—	140	325	358	307	654	935

注：对同一发行主体同次发行不同期限或者不同付息方式的债券分别按不同只数统计。

资料来源：中国债券信息网。

这种状况的发生，与企业债券发行的内控标准直接相关。虽然这些内控标准并未公开，但从已发行的企业债券特征中还是能够大致看出。以 2006 年内（截至 2006 年 11 月 15 日）新发行的企业债券为例，可以得出如下几个特征：

第一，每一主体发债规模巨大。2006 年度新发行的企业债券共 47 只、面值 935 亿元。其中，13 家中央企业共发行了 18 只（中国铁路建设债券发行了两期，分别有不同期限，按照不同只数统计）企业债券，累计发行金额为 602 亿元，平均每个发债主体所发行的债券金额为 46.31 亿元（最小的发债金额为 5 亿元，最大的发债金额为 330 亿元）；地方企业共发行了 29 只债券，累计发债金额为 333 亿元，平均每个发债主体所发行的债券金额为 11.48 亿元（最小发债金额为 6 亿元，最大发债金额为 25 亿元）。如果不考虑投资项目的分拆报批，按照现有固定资产投资项目审批权限划分，单一主体要发行如此巨额的企业债券，其发债募资所投项目均应经过国家发改委和国务院审批。

第二，发债主体基本为国有企业。2006 年新批准的企业债券，从发债主体上看，绝大多数属于中央或地方政府批准设立的国有独资企业（甚至直接是中央政府部门，如铁道部），一小部分为国有控股的上市公司，非国有性质的发债企业则仅有山东南山集团（属集体所有制）1 家，因此，真正的民营企业或股权比较分散的股份公司几乎不可能通过发行企业债券获得中长期资金。

第三，发债资金几乎都投入政府部门批准的投资项目。表 2 是 2006 年企业债券募集资金的主要投向，从中可以看出，发债募资的用途几乎全部投入政府部门已经批准的固定资产投资建设项目。其中，中央企业债券募集资金的投资领域集中在交通运输（包括铁路、机场建设）、电力、石油项目和国家重点骨干企业的生产项目与技改投资方面；地方企业债券募集资金的投资领域集中在城市基础设施（包括城市路网、地铁、隧道、供排水、环境治理等）、高速公路与铁路项目、电力项目、重点煤矿与化工基地的生产与技改投资。这清楚地说明，我国目前所发行的企业债券，最主要的目的是为筹措国家重点规划的基本建设项目和少数重点骨干企业的生产扩建与技改。

表 2　　　　　　　　**2006 年企业债券募集资金的主要投向**　　　　单位：亿元

类　　别	铁路	电力	机场	高速公路	市政建设	石油	煤矿	其他
中央企业债券	330	172	40	—	—	20	—	40
地方企业债券	10	63	10	80	102	—	52	16
合计	340	235	50	80	102	20	52	56
占比（%）	36.36	25.13	5.35	8.56	10.91	2.14	5.56	5.99

注：对于债券募集的资金用于多个项目的情况，按照发行公告中所列的第一个项目归类计算。

第四，审批部门并非债券市场监管机关。国家发改委是"综合研究拟订经济和社会发展政策，进行总量平衡，指导总体经济体制改革的宏观调控部门"，并非债券市场的监管机关；在资金运作中，它更多的是考虑政府资金的安排、使用和协调，并将这种思维带入企业债券的审核批准全过程，视企业债券募集的资金为政府部门的可控资金。

第五，政府信用支持。从已发行的企业债券看，它们几乎"清一色"地依赖于政府信用支持，同时，国家发改委还要求发债企业寻求银行（包括商业银行和政策性银行）提供不可撤销连带责任担保（否则，不可发债），由此引致不论企业的具体经营状况和财务状况，各只企业债券的信用级别均为 AAA 级，同期发行的不同企业债券票面利率差异往往不到 5 个基点，几乎可以忽略不计。

综上所述，可大致判定，企业债券在性质上属于政府债券范畴。

二 企业债券并非公司债券

企业债券并非公司债券，它们的区别主要体现在以下六个方面：

第一，发行主体的差别。公司债券是由股份有限公司或有限责任公司发行的债券，我国 2005 年《证券法》对此也做了明确规定，因此，非公司制不得发行公司债券。企业债券是由中央政府部门所属机构、国有独资企业或国有控股企业发行的债券，它对发债主体的限制比公司债券狭窄得多。在发达国家中，公司债券的发行属公司的法定权力范畴，它无须经政府部门审批，只需登记注册，发行成功与否则由市场决定；与此不同，各类政府债券的发行需要经过法定程序审核批准。

第二，发债资金用途的差别。公司债券是公司根据经营运作具体需要所发行的债券，其主要用途包括固定资产投资、技术更新改造、改善公司资金来源的结构、调整公司资产结构、降低公司财务成本、支持公司并购和资产重组等，因此，只要不违反有关制度规定，发债资金如何使用几乎完全是发债公司自己的事务。但在我国的企业债券中，发债资金的用途主要限制在固定资产投资和技术革新改造方面，并与政府部门的审批项目直接相连。

第三，信用基础的差别。在市场经济中，发债公司的资产质量、经营状况、盈利水平和可持续发展能力等是公司债券的信用基础。由于各家公司的具体情况不尽相同，所以，公司债券的信用级别也相差甚多，与此相对应，各家公司的债券价格和发债成本有着明显差异。虽然，运用担保机制可以增强公司债券的信用级别，但这一机制不是强制规定的。与此不同，我国的企业债券，不仅通过"国有"（即国有企业和国有控股企业等）机制贯彻了政府信用，而且通过行政强制落实着担保机制，以至于企业债券的信用级别与其他政府债券大同小异。

第四，发债数量的差别。1994 年的《公司法》和 2005 年的《证券法》都规定，股份有限公司 3000 万元净资产、有限责任公司 6000 万元净资产是申请发债的基本条件，发债数额可达到净资产的 40%，以此计算，发债数额的最低限大致为 1200 万元和 2400 万元。但是，按照企业债券的内控指标，每只企业债券的发债数额大多不低于 10 亿元，由此，可发债的企业只能集中于少数大型企业。这一方面加剧了中小企业融资难的状况，另一方面严重限制了公司债券市场的有效发展。

第五，管制程序的差别。在市场经济中，公司债券的发行通常实行登记注册制，债券市场监管机关要求，严格债券的信用评级和发债主体的信息披露，特别重视发债后的市场监管工作。但我国企业债券的发行中，发债由国家发改委和国务院审批，由于担心国有企业发债引致相关信用风险和社会问题，所以，在申请发债的相关资料中，不仅要求发债企业的债券余额不得超过净资产的 40%，而且要求有银行予以担保，以做到防控风险的万无一失；一旦债券发行，审批部门就不再对发债主体的信息披露和市场行为进行监管了。这种"只管生、不管行"的现象，说明了这种管制机制并不符合市场机制的内在要求。

第六，市场功能的差别。在发达国家中，公司债券是各类公司获得中长期债务性资金的主要方式，由于公司数量众多，因此，它的每年发行量既高于股票的融资额，也高于政府债券。在 20 世纪 80 年代后，又成为推进金融脱媒和利率市场化的一支重要力量。在我国，由于企业债券实际上属政府债券，它的发行受行政机制的严格控制，不仅发行数额远低于国债、央行票据和金融债券，也明显低于股票的融资额，为此，不论在众多的企业融资中还是在金融市场和金融体系中，它的作用都微乎其微。

三　混淆"企业债券"与"公司债券"的弊端

迄今为止，不论是政府部门还是相关企业或是学者，大多不加区分地将我国现行的企业债券看作是国际上通行的公司债券的代名词，这种将企业债券与公司债券相混淆的状况，既不利于公司债券市场的发展，也不利于发挥公司债券在支持企业经营运作、金融体系完善和国民经济可持续发展等方面的积极效应。

从支持企业的经营运作来看，我国规模以上企业多达数十万家，净资产数额达到 20 多万亿元。如果按照 2005 年《证券法》的规定发行公司债券，则发行的公司债券潜力可达到 10 万亿元左右。但按照企业债券的管理规则发行债券，每年只能发行几百亿元，远远不能满足各类公司经营运作的需求。多年来，中小企业融资难成为社会各界关注的一个热点，其中的一个主要原因在于，受企业债券的规则制约，这些企业不能按照相关法律规定发行公司债券。如果继续贯彻企业债券的规则，则这一难题依然无法破解。

从支持金融体系的完善度看，公司债券的快速发展，第一，有利于调整间接金融与直接金融的结构，通过市场的分散机制，降低由间接金融比重引致的金融风险。第二，有利于推进利率市场化进程。在 1 年期存贷款利率分别为 2.25% 和 6.12% 的条件下，如若 10 年期公司债券的利率在 4.2% 左右，则不论对发债公司还是对投资者都有着极大吸引力；如若公司债券的发行规模达到几千亿元乃至数万亿元，将对利率的市场化进程起到不可逆转的积极效应。第三，有利于推进资产管理业务的全面展开、商业银行的业务转型和资产证券化的有效发展。但在以企业债券取代公司债券的背景下，这些积极效能几乎无法得到有效发挥。

从债券市场规范化看，各类公司发行的债券本来都属公司债券范畴，因此，公司债券有着统一的规范，但在企业债券的背景下，我国出现了按照各主管（或监管）部门自定规则来"规范"相关经营性机构发行债券行为的现象，国家发改委管理企业债券、人民银行管理短期融资券、银监会管理银行债券、证监会管理证券公司债券和上市公司可转换债、保监会管理保险公司债券，等等，使统一的公司债券制度因体制状况而四分五裂。

从保障经济可持续发展看，国民经济的需要由中长期资金予以支持。这种中长期资金继续依赖商业银行提供，不仅容易受到货币政策松紧变动的强烈影响，而且也容易给商业银行带来严重的未来风险，因此，在发达国家中，商业银行基本不给工商企业提供中长期贷款。20世纪70年代以后的金融创新中，一个主要的解决方案就是，通过大规模发行公司债券和资产证券化来支持各类公司对中长期资金的需求，由此，形成支持经济长期发展所需要的资产基础。但我国企业债券难担此任。

从金融国际化看，亚洲债券虽已破题多年，但迄今没有多大进展。一个重要原因是，一国在亚洲债券市场中的地位和功能取决于本国的公司债券市场发展状况。公司债券市场发展严重滞后的状况，从根本上制约了我国推进亚洲债券市场形成的步伐，而以企业债券替代公司债券是不可能解决这一问题的。

四　分立"企业债券"与"公司债券"的若干政策建议

尽管企业债券不可替代公司债券，但这并不意味着目前需要改企业债券为公司债券。从客观情况来看，一部分国有独资和国有控股的企业为了承担和支持国家的重点项目建设还有着发行企业债券的需求，一些地方还需要继续依靠当地的国有企业（或国有控股企业）发行企业债券来满足市政建设的需要，因此，企业债券在一段时间内依然有着继续存在的必要。为了解决企业债券与公司债券的体制矛盾，可以考虑的解决方案是分立企业债券与公司债券。所谓分立，是指这两种债券在制度上、体制上和管理部门上的分离。为此，需要考虑解决如下几个问题：

第一，制订统一的公司债券管理办法。根据2005年《公司法》和《证券法》的规定，依法行政，落实"股份有限公司3000万元净资产"和"有限责任公司6000万元净资产"就可申请发行公司债券的规定，制定统一的"公司债券发行与管理办法"，一方面，实现公司债券与企业债券的制度分立；另一方面，改变非政府债券的制度不统一状况，将短期融资券、银行债券、证券公司债券、保险公司债券和相关的经营性机构债券均纳入公司债券范畴。"公司债券发行与交易管理办法"的内容应当包括：实行公司债券发行的登记注册制度或免审制度，公司债券的募资用途制度，公司债券的定价制度，公司债券的资产抵押制度和信用评级制度，公司债券的信息披露制度，公司债券的交易规则（包括无形交易），公司债券的清偿制度以及落实破产法的具体规则。

第二，建立有效的公司债券监管体系。在实行统一的公司债券管理办法条件下，具体的监管工作可分别由不同的监管部门负责。例如，考虑到目前我国金融分业监管体制将继续存在，各类金融机构公司债券的具体发行监管和操作可继续由对应的监管部门实施，但各个监管部门都应按照"公司债券发行与交易管理办法"的规定进行监管，由此，先实现公司债券的规则统一，待日后条件成熟时，再实现统一监管。

第三，建立多层次公司债券市场。公司债券的多层次性是由发行市场的多层次性决定的，因此，建立多层次公司债券市场，关键是解决公司债券的发行瓶颈。人手不足是有关行政部门的一个客观问题。的确，在一个行政部门内，只有3—5人从事债券的管理工作，要落实《公司法》和《证券法》的要求，在发行环节中监管几千亿元乃至几万亿元的债券申请，实在有点勉为其难。但我国人口众多，能够从事债券监管工作的大有人在，关键是，由于我国各地经济和企业状况差别甚大，建立多层次债券市场（包括无形市场），分层次展开公司债券的监管工作，并充分发挥市场中介机构的监督作用，由此，集中到中央部门层面的公司债券监管比重和工作量就将明显减少。这样，既有利于加快公司债券的发展，也有利于强化公司债券的市场监管。

第四，积极支持公司债券的创新。公司债券依发行人的状况不同而差别甚大，同时，公司债券又是其他一系列证券类衍生产品（包括资产证券化债券）的基础，因此，在发展公司债券的过程中，应留有充分的制度空间以支持公司债券的创新，其中包括：运用债权进行公司并购和资产重组、以公司收入的现金流支持公司债券发行，等等。

第五，强化信用评级工作。信用评级是公司债券的定价基础，也是公司债券市场发展的机制性建设。要推进公司债券市场的快速健康发展，必须通过实践建立适合我国的信用评级标准和信用评级机构。在这个过程中，对公司债券过分强调"担保"机制，将严重制约信用评级机制的市场化进程和信用评级的社会声誉。

主要参考文献

［1］王国刚：《建立多层次资本市场体系研究》，人民出版社 2006 年版。

［2］［美］兹维·博迪等：《投资学》（中译本），机械工业出版社 2006 年版。

［3］［美］弗兰克·J. 法博齐等：《资本市场：机构与工具》（中译本），经济科学出版社 1998 年版。

［4］安义宽：《中国公司债券——功能分析与市场发展》，中国财政经济出版社 2006 年版。

［5］戴旭：《2006—2007 中国企业债券市场：变革与展望》，《上海证券报》2006 年 12 月 25 日。

［6］《中华人民共和国公司法》《中华人民共和国证券法》及相关法律法规。

（原载《中国工业经济》2007 年第 2 期）

关于"地方政府融资平台债务"的冷思考

2009 年 10 月以后，有关地方政府融资平台债务的论题充斥于学界和媒体。2010 年 6 月 10 日国务院出台了《关于加强地方政府融资平台公司管理有关问题的通知》（国发［2010］19 号），由此，使得"地方政府融资平台债务"论题从理论层面的研讨转向为实践层面的清理。在欧债危机的背景下，这一论题又加入了国际色彩，愈显重要。3 年来，有关地方政府融资平台债务的清理，不仅在商业银行的金融机构的贷款存量和地方政府融资平台各类机构的债务存量层面展开，更重要的是，为了防范地方政府融资平台债务增加，采取了一系列措施严格限制地方政府融资平台的债务增量，严重影响了各地方经济社会建设投资的展开甚至影响到了国民经济的可持续发展，因此，有必要对"地方政府融资平台债务"进行冷静的思考分析，以理清其中的各种关系和误解。

一 "地方政府融资平台"并非科学范畴

"地方政府融资平台"是研讨中各方频频使用的基本范畴，相关债务的数量、风险和防范措施也围绕这一范畴展开，但这一范畴本身是不科学的。主要理由有以下三个方面：

第一，从各项文件的界定看，在内容和范围上并不一致。国发［2010］19 号文件将其界定为公司，即"地方政府融资平台公司"（指由地方政府及其部门和机构等通过财政拨款或注入土地、股权等资产设立，承担政府投资项目融资功能，并拥有独立法人资格的经济实体）。鉴于此，该文件强调以"公司"为对象展开清理工作，因此，"纳入此次清理范围的债务，包括融资平台公司直接借入、拖欠或因提供担保、回购等信用支持形成的债务。债务经清理核实后按以下原则分类：①融资平台公司因承担公益性项目建设举借、主要依靠财政性资金偿还的债务；②融资平台公司因承担公益性项目建设举借、项目本身有稳定经营性收入并主要依靠自身收益偿还的债务；③融资平台公司因承担非公益性项目建设举借的债务。"但是，2010年7月30日财政部、发改委、人民银行和银监会联合发出的《关于贯彻国务院〈关于加强地方政府融资平台公司管理有关问题的通知〉相关事项的通知》中，对这一界定做了"扩展性"修改，即从"公司"扩展到"中心"。该文件指出，地方政府融资平台包括"由地方政府及其部门和机构、所属事业单位等通过财政拨款或注入土地、股权等资产设立，具有政府公益性项目投融资功能，并拥有独立企业法人资格的经济实体，包括各类综合性投资公司，如建设投资公司、建设开发公司、投资开发公司、投资控股公司、投资发展公司、投资集团公司、国有资产运营公司、国有资本经营管理中心等，以及行业性投资公司，如交通投资公司等"。2011年6月27日，审计署发布了《全国地方政府性债务审计结果》，其中指出：此次审计的范围包括所有涉及债务的政府部门和机构、融资平台公司、经费补助事业单位、公用事业单位和其他单位。由此，"地方政府融资平台"的范围又进一步扩大到政府部门和机构、事业单位和其他单位。从理论上说，如果一个概念涵盖的范围可以随机扩展的话，这一概念就是不规范的，也是不科学的。

第二，对地方政府融资平台的作用认识存在分歧。在2009年10月之前，人们对地方政府融资平台的作用大多持积极的正面认识。国家审计署的审计报告共由四部分构成，其中第二部分标题为"地方政府性债务资金在地方经济社会发展中发挥的积极作用"，专门论述了地方政府融资平台的积极作用，强调："从审计情况看，地方政府性债务资金用于弥补地方财力不足，应对危机和抗击自然灾害，改善民生和生态环境保护，推动地方经济社会的持续发展等方面，发挥了积极作用"，"地方政府通过融资平台公司等多方筹集资金，为我国经济发展提供了资金支持；汶川特大地震发生后，四川省各级政府筹措政府性债务资金558亿元用于灾后重建，推动灾后恢复重建的顺利实施"。① 在 2008 年底，为了抵御美国金融危机的冲击，在出台"扩大内需、刺激经济"的宏观政策之后，曾强调要充分发挥地方政府融资平台的积极推动作用。但在 2009 年 10 月之后，在研讨地方政府融资平台债务过程中，大多数学者将重心集中于探讨地方政府融资平台的风险，似乎地方政府融资平台只有引发众多风险的负面功能，并无多少积极作用可言（由此提出了一个问题，在清理地方政府融资平台债务和防范由此引致的各种债务风险过程中，上述积极正面的作用将如何继续发挥）。如果一个范畴的基本功能可时而强调积极作用时而又截然相反地集中探讨负面功能的话，那么，这个范畴就是不科学的。

第三，从实践角度看，在全国各地方并不存在 1 家挂着"地方政府融资平台"的机构，不仅没有这样的法人机构，而且连非法人的专门机构也没有。"地方政府融资平台"只是对一类现象的概括，而这种概括的边界和内容又因人而异（这是引致各部门和各学者在统计"地方政府融资平台债务"中数据差异的主要成因）。如果一个概念的边界和内容可以因人而异，则这个概念就是不科学的。

鉴于上述理由，笔者认为，"地方政府融资平台"概念既然是一个不科学的用语，就应当淡出（乃至取消）经济理论研究和经济政策选择范畴。在实践中，应当是什么问题说什么问题，不应选择含糊不清的概念，以免给社会舆论和政策制定以误导。

二 地方政府融资平台"债务风险"的各种依据并不可靠

在研讨地方政府融资平台中，相关各方均将主要精力集中于探讨分析"债务风险"方面。随着清理的深入，不仅披露的债务数额不断扩大（2009 年末，央行根据广义统计口径进行的专项调查结果显示平台贷款余

---

① 国家审计署：《全国地方政府性债务审计结果报告》。值得一提的是，国家审计署的报告出台于 2011 年 6 月，正是对地方政府融资平台进行负面研讨的集中时期，因此，上述这些正面表述是比较公正的。但可惜的是，地方政府融资平台的这些积极作用并没有引起相关研讨各方的应有注意，各种负面研讨依然不绝于耳。

额为 7.38 万亿;2010 年 6 月末,银监会披露平台贷款余额达到 7.66 万亿元;2011 年 6 月 27 日,审计署披露地方政府性债务审计结果显示,截至 2010 年底,全国地方政府性债务余额 107174.91 亿元),而且通过各种估算分析,对债务风险的担忧也持续升温。但是,这些估算和分析并不可靠。

第一,债务风险并不确实。从资产负债表的左右列关系看,"负债"只是反映了资金来源的状况,本身很难判断是否存在风险(一个简单的实例是,如果负债就是风险,那么,就意味着工商企业不应从金融机构获得贷款资金,也不应通过发行债券等获得债务性资金)。对任何企业和机构而言,获得债务性资金的同时,在资产方也就有了对应数额的"货币资产"增加。仅此来说,债务增加并未相应地增加风险。一个突出的实例是,商业银行等金融机构每天都在吸收存款,这些存款资金就是债务性资金。如果增加债务性资金就是增加风险,那么,就应明确提出、评估和分析这些金融机构的债务风险,但事实上,谁都没有这么做。其内在机理是,债务本身并非风险。债务性资金在转化为"资产"以后,由于资产运作的效率和现金流状况不同,既可能引致偿债风险(即到期不能兑付本息),也可能在清偿债务后还有经营利润,由此可见,风险来自于"资产"(而非来自于"债务")。但奇怪的是,在研讨地方政府融资平台债务风险中,几乎没有人认真探讨由这些债务所形成的实物资产究竟处于何种状况。如果说这些实物资产处于高效优质,则并不存在多少债务风险;如果这些实物资产质量低劣,则债务风险很大甚至极大。但既然没有认真分析过这些实物资产的效率和质量状况,也就缺乏足够的根据来证明,它们处于严重的风险境地。由于地方政府融资平台的"资产"主要落实于各类项目中,所以,如果不能清晰地指出哪些资产的质量较差(从而风险较大)的话,那么,至少也应指出处于平台中哪些项目不应当建设。但可惜的是,在各种研讨平台风险的议论中,并没有谁明确指出了这一点。由此可见,所谓的平台风险更多的是一种缺乏确实根据的"忧天"。这种担忧缺乏现实性。

第二,对银行贷款风险的评估并不确实。一些人认为,地方政府融资平台的债务主要来自于商业银行等金融机构的贷款(尤其是 2009 年新增贷款 9.6 万亿元中的绝大部分投放给了地方政府融资平台),由此,一旦地方政府难以清偿到期的贷款本息,就将使金融机构的不良贷款大幅增加,从而影响到中国金融体系健康运行。这种担忧既依托于对商业银行等金融机构如何发放贷款、贷款的内控机制和如何监控、追踪贷款质量等操作程序的不了解，也依托于对 2009 年 9.6 万亿元新增贷款取向的不了解，还依托于对 2009 年之后中国银行业盈利状况的无视。

自 2001 年 12 月 11 日中国加入世贸组织以后，在 5 年的过渡期内，中国商业银行等金融机构就加大了对贷款等各项业务的风险内控系统建设，不仅严格了各项审贷制度和程序，而且不断完善了审贷的风险控制技术系统，严格落实贷款的问责制；同时，强化了贷款期内的评估机制、跟踪调查机制等，尽力避免不良贷款的发生。另外，中国银监会也出台了一系列政策，采取各种措施监督控制商业银行等金融机构的贷款质量。在此背景下，中国银行业的不良贷款绝对额和不良贷款率持续下降，分别从 2003 年的 25377 亿元和 19.6% 下降到 2009 年的 4973.3 亿元和 1.58%（2011 年更是下降到 4279 亿元和 1.0%），各家商业银行的金融机构计提的贷款损失准备金 2011 年底达到 11898 亿元、拨备覆盖率达到 278.1%。这些数据表明，商业银行等金融机构并非盲目地不计后果地发放贷款，而是在严格的风控条件下理性地选择贷款的投放（对地方政府融资平台的贷款也是如此）。

2009 年，在"扩大内需、刺激经济"的背景下，商业银行的金融机构大量放出贷款。但此时的贷款投放并未放松风险防范。2009 年新增贷款 9.6 万亿元，成为一些学者用以研讨和评估经济过热、通货膨胀和地方政府融资平台债务风险等的一个主要依据，但这一认识并不准确。从表 1 中可见：与 2008 年底的 303394.64 亿元贷款余额相比，2009 年底达到了 399684.82 亿元，新增贷款 96290.18 亿元。但这些新增贷款是否都落实到了实体经济部门从而发挥着交易、生产和经营效用却值得进一步考察。2009 年新增贷款的集中投放是在上半年，从表 1 中可见，2009 年 6 月与 2008 年 12 月相比，新增贷款达到 74051.48 亿元。与此相比，2007 年的新增贷款数额为 36405.56 亿元，假定当年 GDP 增长率 14.2% 主要是由新增贷款推动的，那么，2009 年上半年的新增贷款是 2007 年全年的 203.41%，则 2009 年上半年的 GDP 增长率就应当达到 57.77%，但实际上，2009 年上半年的 GDP 增长率仅为 7.1%，由此可以做出一个基本判断，2009 年上半年的新增贷款有相当一部分并没有进入实体经济部门的实际运作中。众所周知，商业银行的金融机构发放贷款的同时，在企业账面上就转化成了"存款"；"企业存款"通过采购交易、发放工薪等而转为其他主体的收入。从表1的上半部看，2009年上半年"各项存款"增加了100084.79亿元，远大于2008全年的76832.17亿元和2007全年的41355.52亿元。具体来看，这些存款的增加表现为："企业存款"增加了37935.18亿元（其中，"企业活期存款"增加了22899.6亿元，"企业定期存款"增加了15035.57亿元）和"储蓄存款"增加了31852.07亿元（其中，"活期储蓄"增加了11133.82亿元，"定期储蓄"增加了20718.25亿元）。企业的定期存款和居民的定期储蓄是当期不使用的资金（可理解为在实际的经济运行中不发挥实际作用的资金），二者新增数额相加在2009年上半年达到了35753.82亿元，占新增贷款74051.48亿元的48.28%，由此就不难理解，为什么在巨额新增贷款的背景下，2009年上半年的GDP增长率并没有出现突发性高涨了。从2009年全年情况看，"各项存款"增加了131537.78亿元，其中，"企业存款"增加了59971.24亿元、"储蓄存款"增加了43257.78亿元，二者中的"定期存款"增加了42902.46亿元。如果将2009年的新增贷款数额减去当年新增定期存款数额，则实际在经济运行中发挥作用的资金数额仅为53387.72亿元，与2008年新增贷款47703.76亿元相比，增加的数额并无异常（由此，可以理解为什么在巨额新增贷款的条件下，2009年的GDP增长率仅为9.2%）。引致新增贷款数额剧增的同时定期存款也大幅增长的一个重要原因是，商业银行等金融机构与相关工商企业联手配合，一方面金融机构给工商企业大量放款，另一方面工商企业将这些资金中相当部分以"定期"方式转为"存款"（或转化为职工的储蓄定期存款），由此，商业银行等金融机构避免了所放贷款的风险，工商企业避免了2008年资金紧缺状况的再现。在这一过程中，贷款风险并未随着新增贷款数额的剧增而放大。

表1　　　　　　　　人民币存贷款余额简表（2006—2011）　　　　　单位：亿元

科目	2006.12	2007.12	2008.12	2009.06	2009.12	2010.12	2011.12
各项存款	348015.63	389371.15	466203.32	566288.11	597741.10	718237.93	809368.33
企业存款	118851.66	144814.14	164385.79	202320.97	224357.03	252960.27	423086.61

续表

科目	2006.12	2007.12	2008.12	2009.06	2009.12	2010.12	2011.12
活期存款	77744.82	95500.88	101790.78	124690.38	139997.29	164536.07	199222.05
定期存款	41106.84	49313.26	62595.01	77630.58	84359.74	88424.20	223864.56
储蓄存款	166616.18	176213.27	221503.47	253355.54	264761.25	307166.39	348045.61
活期储蓄	60080.67	68878.60	79776.53	90910.35	101896.58	126264.39	137576.22
定期储蓄	106535.51	107334.67	141726.94	162445.19	162864.67	180902.00	210469.40
资金来源总计	365168.25	454267.97	538405.59	632463.30	681874.78	805879.09	**913226.33**
各项贷款	225285.28	261690.88	303394.64	377446.12	399684.82	479195.55	547946.69
短期贷款	98509.53	114477.91	125181.65	142994.35	146611.31	166233.38	203132.62
中长期贷款	106512.40	131539.08	154999.79	193128.85	222418.76	288930.43	323806.52
资金运用总计	365168.25	454267.97	538405.59	632463.30	681874.78	805879.09	**913226.33**

资料来源：根据中国人民银行《金融机构人民币信贷收支表》《金融机构本外币信贷收支表》和《金融机构人民币信贷收支表（按部门分类）》等整理，其中，2011 年以后因中国人民银行对表中一些科目做了调整，"企业存款"改为"单位存款"，因此，2011 年的"企业存款"数额与 2010 年之前不可直接比较。另外，2008 年的"各项贷款"数额已减去中国农业银行改制过程中剥离的 6000 亿元不良贷款。

2006 年以后，随着改制和发股上市，商业银行等金融机构的内部管理大为强化，公司治理结构有了明显的改观，风险防范和控制系统更加完善，业务转型也在积极拓展之中。在此背景下，商业银行等金融机构的盈利水平大幅提高。2007—2011 年，商业银行等金融机构在拨备率大幅提高的背景下，实现税后利润分别达到 4467 亿元、5834 亿元、6684 亿元、8991 亿元和 10412 亿元，每年迈上了一个千亿元台阶。"税后利润"在财务上是营业收入减去各项支出、缴纳各项税款和抵补亏损后的余额。因此，二者必须选其一：或者商业银行等金融机构存在着严重的贷款资产质量下降从而营业利润不断降低（即风险严重），或者这些金融机构并没有那么严重的贷款风险从而营业利润不断增加。从实践来看，后一个判断比较符合实际状况。值得注意的是，一些人在 2011 年底，指责"中国银行业垄断暴利"过程中，似乎已经忘掉了他们在 2010 年以后曾对商业银行等金融机构的贷款质量风险持一种"杞人忧天"的高见。

国家审计署的审计报告指出:"截至 2010 年底,地方各级政府已支出的债务余额中,用于交通运输、市政等基础设施和能源建设 59466.89 亿元,占 61.86%;用于土地收储 10208.83 亿元,占 10.62%。这些债务资金的投入,加快了地方公路、铁路、机场等基础设施建设及轨道交通、道路桥梁等市政项目建设,形成了大量优质资产,促进了各地经济社会发展和民生改善,有利于为'十二五'及今后一段时期经济社会发展增强后劲。"这意味着至少有 72.48% 的资产是优质资产(如果加上未投入使用的 11044.47 亿元货币资产,则优质资产至少达到 82.79%)。

第三,对偿还贷款的估算缺乏财务常识。从表 2 中可见,地方政府融资平台的投资项目大致可分为公益性、准公益性和商业性三种。从用途看,这些项目基本属于基础设施建设,具有很强的民生工程特点。从财务角度看,公益性项目基本没有盈利能力,准公益性项目的盈利能力较弱,只有商业性项目有着较强的盈利能力。一些人据此强调,公益性项目和准公益性项目因缺乏盈利能力而难以履行到期还本付息的义务,这些资产将成为不良资产,与此对应的商业银行等金融机构的贷款就存在着严重风险。但这一判断是缺乏财务原理支持的。一个机构(或公司)获得的债务性资金在转化为资产以后,是否具有偿债能力,不是由其经营活动(或财务活动)中的利润承担的,而是由其收入状况从而现金流状况决定。对准公益性项目而言,诸如学校、医院、供水和垃圾处理等均有着一定数量的收入,在现金流充分的条件下,偿债是有保证的。同理,对商业性项目而言,即便有良好的利润前景,但现金流跟不上,也可能处于不能清偿到期债务的境地。所谓破产,是指因不能偿还到期债务(不论是否有利润)经法庭调解无效而对资产进行清算的过程。因此,清偿债务的关键不在于"利润",而在于"现金流"。由此可见,那种以"盈利"为衡量标准并由此产生对地方政府融资平台偿债能力的各种担忧,是不切合实际的。

表 2   地方政府融资平台投资项目

平台项目分类	行业	公共产品属性	竞争性	盈利能力
公益性	城市道路、桥梁、农林水利、环境治理、生态建设等	很强	基本没有	基本没有

平台项目分类	行业	公共产品属性	竞争性	盈利能力
准公益性	教育、医疗、科学文化、城市供水、垃圾处理、供热、供气、公交、保障房等	较强	较弱	较弱
商业性	节能减排、电力、电网、高速公路、通信、铁路、港口、机场等	较弱	较强	较强

资料来源：根据国家审计署的《全国地方政府性债务审计结果》内容整理。

第四，债务特性不清。地方政府融资平台的债务究竟是谁的债务，应由谁承担偿债义务，在各种强调"风险"的研讨中比较混乱，给人以一种似乎这些债务都应由地方财政偿还的错觉。但事实并非如此。首先，对平台公司来说，不论是《物权法》《公司法》和《破产法》等法律规定还是财务制度规定，公司作为独立法人机构，它的债务应由其自己负责清偿，如果到期不能清偿，将进入破产清算。因此，这些债务不属于由地方政府财政清偿范畴。从表3中可见，融资平台公司的债务额在2010年底达到49710.68亿元，占地方政府融资平台债务的比重达到46.38%，但这些债务不应属于政府承担偿债义务的范畴，应由这些公司自己负责清偿，因此，不应计入"政府性债务"中。其次，对那些实行企业化管理的事业单位来说，原则上，它们的债务由它们自己清偿。从多年的实践情况看，绝大多数此类机构在承担债务和清偿债务方面做得比较好。因此，大致上也不需要由地方政府替它们清偿债务。据此，将它们的债务列入"政府性债务"范畴也不大合适。再次，地方土地储备中心（或类似机构）的债务，是以土地使用权出售为基础的。只要土地使用权还需要出售转让，以土地出让金的现金流偿还债务本息大致没有问题。从媒体上公开的全国土地出让金的数额来看，2007—2011年的大致情况是：2007年为1.2万亿元、2008年为0.99万亿元、2009年为1.5万亿元、2010年为2.75万亿元、2011年达到3.15万亿元。这既反映了在城镇化进程中，土地出让金的收入有着快速增加的趋势，也反映了地方土地储备中心在偿还债务方面的资金状况。最后，根据国家审计署的《全国地方政府性债务审计结果》报告披露："2010年底地方政府性债务余额中，尚未支出仍以货币形态存在的有

11044.47 亿元,占 10.31%;已支出 96130.44 亿元,占 89.69%。"这些仍以货币形态存在的债务性资金,并不存在以收入(或现金流)偿还债务的问题。一旦需要清偿到期债务,只需直接支出就行了。

表3　　　　　　　2010 年底全国地方政府性债务举债主体情况表　　单位:亿元,%

举债主体类别	三类债务合计		政府负有偿还责任的债务		政府负有担保责任的债务		其他相关债务	
	债务额	占比	债务额	占比	债务额	占比	债务额	占比
融资平台公司	49710.68	46.38	31375.29	46.75	8143.71	34.85	10191.68	61.04
地方政府部门和机构	24975.59	23.31	15817.92	23.57	9157.67	39.19	0.00	0.00
经费补助事业单位	17190.25	16.04	11234.19	16.74	1551.87	6.64	4404.19	26.38
公用事业单位	2498.28	2.33	1097.20	1.63	304.74	1.30	1096.34	6.57
其他单位	12800.11	11.94	7584.91	11.31	4211.75	18.02	1003.45	6.01
合计	107174.91	100.00	67109.51	100.00	23369.74	100.00	16695.66	100.00

资料来源:国家审计署的《全国地方政府性债务审计结果》。

但是,一些人无视这些债务特性的差别,直接将地方"政府性债务"的数额视为地方财政应当清偿的债务,在此基础上进行了一系列演绎推理和计算,强调地方政府融资平台债务数量已远远大于地方财政收入,因此,不仅存在着严重的债务清偿风险,而且将引致严重的地方经济社会问题。在美国金融危机和欧债危机的背景下,这种对中国地方政府财政债务的不切实际且明显夸大的分析,又引致了国际社会的各种猜测和担忧。实际上,地方政府的收入远不是财政预算内收入所能界定了的。除了财政预算内收入外,地方政府的收入还包括"行政事业性收费""政府性基金""国有企业和主管部门收入"和"其他收入"等"预算外收入",因此,将地方"政府性债务"直接与财政预算内收入对比是不科学的。

第五,"土地财政"是个错误用语。一些人将政府通过土地出让金获得的收入称为"土地财政",给人们以一种错觉,即似乎这部分收入进入了财政预算内并通过财政的经常性支出使用掉了(甚至一些人认为,这些收入成为了提高公务员工薪收入的来源部分),由此推论,各地方政府土地中心的负债就应由财政担负清偿责任。但这种认识是不符合实际状况的。首先,土地出让金基本没有进入各地方政府的财政预算内收入范畴，它属于预算外收入范畴，因此，使用"土地财政"一词是不准确、不科学的。其次，在各地方政府的资金安排中，土地出让金几乎全部用于城市基础设施建设（不足的部分甚至还在财政预算内安排一部分资金），是各级地方政府开展城镇建设的主要资金，因此，称为"土地城建"可能较为准确（这意味着，一旦土地出让金大幅缺失，各地方政府的城镇化建设步伐就将因缺乏资金支持而大为放缓，其结果将是民生工程建设的滞后）。最后，国家审计署报告说："2010 年底，地方政府负有偿还责任的债务余额中，承诺用土地出让收入作为偿债来源的债务余额为 25473.51 亿元，共涉及 12 个省级、307 个市级和 1131 个县级政府。"这意味着，土地出让金不仅没有成为财政预算内收入的组成部分，而且成为各地方政府偿付非财政债务的一个重要来源。毫无疑问，以未来年份的土地出让金来承担债务清偿义务是否合适，是一个值得进一步探究的问题。但它并不违反金融运作原理，具体情况应由制度予以规定，而不是简单地予以一概否定。

第六，地方政府担保含义不清。从表 3 中可以看出"政府负有担保责任的债务"是地方政府融资平台债务的一个重要构成部分，它的数额占 107174.91 亿元债务总额的 21.81%。其中，"融资平台公司"的数额达到 8143.71 亿元，占"政府负有担保责任的债务"23369.74 亿元的 34.85%。担保通常指的是，担保人为被担保人清偿债务责任的承诺（即一旦被担保人无力清偿到期债务，就由担保人予以清偿），那么，何谓"政府负有担保责任的债务"如果是指地方政府负的为被担保公司清偿债务的责任，即便不说清偿债务的资金来源问题，也将有两个问题发生：其一，这些公司还是不是有限责任公司，是否受《公司法》和《破产法》的制约。其二，这些公司的行为是否受《中华人民共和国反补贴条例》的制约。这一"条例"于 2002 年 1 月实施（于 2004 年 3 月 31 日进行了进一步修改），是中国加入世贸组织后的一项重要承诺。其中，第三条规定："补贴，是指出口国（地区）政府或者其任何公共机构提供的并为接受者带来利益的财政资助以及任何形式的收入或者价格支持。"所谓"财政资助"，包括"出口国（地区）政府以拨款、贷款、资本注入等形式直接提供资金，或者以贷款担保等形式潜在地直接转让资金或者债务"。这两个问题直接涉及三个问题的解答：首先，改革开放 30 多年来，各地方的各类公司是否已是预算硬约束从而自负盈亏、自清债务的法人机构？如果是，那么它们的债务根据什么需要地方政府担保，又为何应由地方政府清偿？如果不是，那么《公司法》等法律法规制度是否形同虚设，企业作为市场经济主体的行为是否未能形成，中国是否尚未贯彻市场经济的最基本原则？其次，《破产法》是否是一个缺乏实践效力的法律？如果不是，那么公司债务为何应由地方政府担保？如果是，那么这个法律及相关制度的出台和实施有何实质性意义？最后，"政府担保"是财政性的还是非财政性的？面对美欧国家频频对中国产品实行反补贴调查的国际局面，在含义不清的条件下，一些人屡屡使用"政府担保"一词，不论意图如何，都有着授人以柄的客观效应。

指出地方政府融资平台债务存在"风险"，如果意图在于警示告诫，是有积极意义的。它的含义是，提醒各方注意防范和化解实践中可能发生的各种风险。如果意图在于显示"先见"，则可能没有多少新意和高明之处。因为任何经济活动和金融活动都存在风险，这是众所周知的常理。如果意图在于抑制以"地方政府融资平台"为名所展开的各种城市基础设施建设，则不利于经济社会的正常发展。一些人总是在担心"做事"可能引致的风险，似乎从来不考虑由于经济不发展所引致的重大经济社会风险。这种情形，不利于改革创新，只能在人人自虑风险的条件下裹足不前、无所事事，使得中国经济落伍于国际发展。"落后是要挨打的"。

三　对若干政策建议的思考

围绕地方政府融资平台债务的研讨，将焦点集中于商业银行等金融机构的贷款风险。但地方政府融资平台债务的问题，实际上是一个财政体制问题。在中国，财政体制是一个集权体制，地方财政承担的各种债务最终由中央财政负责清偿。从这个意义上说，所谓"地方政府融资平台"的债务问题，实际上是财政体制内的中央与地方关系问题。进入 21 世纪以来，这一问题之所以表现突出，一个主要成因是，现阶段，广大居民已大致处于吃穿不愁的状态，消费结构已从对"吃、穿、用"的需求转向了对"住、行、学"的需求，由此，原先以满足"吃、穿、用"为重心的工业经济结构（从而，中央部门可用大型工业项目布局安排来引导地方政府行为的宏观调控格局）已不能满足新条件的各地方经济社会发展需要。在解决"住、行、学"供给过程中，各地方政府已改变了原先在争工业项目中存在的竞争关系，毕竟中央部门并不直接管理各地方的城镇化建设，要缓解由"住、行、学"供给短缺引致的各种经济社会矛盾，还要靠各地方政府自己想办法。在可获得的资本性资金极为有限的条件下，借债建设就是一个必然的选择。另外，在经济体制机制改革深化的过程中，由中央部门下发给地方政府管理的事务不断增加，引致地方政府需要使用资金来解决的问题越来越多，但与此同时，中央部门下放给地方政府的财力并没有随之同步配套增加，这引致了地方政府在解决或完成各项事务中的资金捉襟见肘，借款过日子也就成为一个没有办法的办法。

国家审计署报告指出："1997 年以来，我国地方政府性债务规模随着经济社会发展逐年增长。"从图 1 中可见，地方政府性债务的增长率长期处于高位运行，与对应年份的全社会固定资产投资增长率相比，除 2008 年和 2010 年略低外，大部分年份均明显高于全社会固定资产投资增长率；同时，地方政府性债务的增长率始终呈现为正数，这意味着地方政府性债务的绝对额规模是不断扩展的。一个简单的问题是，由地方政府融资平台债务所建设的各种项目，在今后城镇化进一步推进过程中，投资数额是呈增加趋势还是呈减少趋势？如果是呈增加趋势，那么，这些项目（见表 2 中的公益性和准公益性项目）建设的投资将由谁来承担，又将运用何种性质的资金？显然，地方政府性债务还将随着这些项目建设规模的扩大而增加。由此，提出了一个"两难"问题：要减少地方政府性债务，就难免减少对公益性和准公益性项目的投资，由此，将引致本来就已严重短缺的教育、医疗、道路、水电等一系列的供给更加短缺，加大社会经济发展和民生问题解决的难度；或者加大对这些方面的投资，由此，将引致地方政府性债务进一步增加。何去何从？理论上如何回答也许还可继续探讨，但重要的是，实践处于"时不我待"之中，必须予以明确的选择。

一些人主张通过发行城投债来缓解压力。但城投债的发行主体是各家具有独立法人资格的投资公司（或类似机构），这些债券是要到期还本付息的，因此，公益性项目几乎难以纳入它们的投资视野，就是准公益性项目也有相当

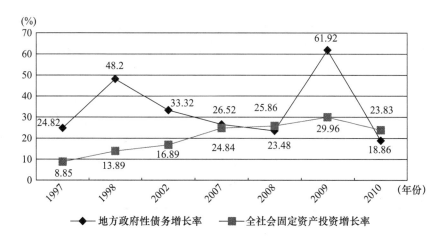

图1　1997年以来地方政府性债务增长情况

资料来源：国家审计署《全国地方政府性债务审计报告》和《中国统计年鉴（2011）》。

大的部分难以得到它们的选择。一些人主张发行地方政府的市政债来缓解
资金来源的困难。且不说，中国财政体制与发达国家的实质性差别，就算
是地方政府可发行市政债，其规模是否能够在短期内达到数万亿元计，以
满足地方政府融资平台投资项目的需要也还是一个问题。更不用说，这与
从商业银行等金融机构借款，就负债而言，恐怕没有多大区别。也许有人
认为，发行市政债券可避免给商业银行等金融机构带来不良资产。但只要
这些债务资金投入的项目是优良的，发行市政债券不会产生严重的风险，
从商业银行等金融机构借款也不会形成不良资产；如果这些债务资金投入
的项目是不良的，不论是发行市政债券还是从商业银行等金融机构借款，
结果都将产生风险。所不同的是，在从商业银行等金融机构借款的场合，
这些风险在一定程度上可由这些金融机构内部处置；在发行市政债券的场
合，如果债券持有人扩展到城乡居民，这些风险就可能引发社会问题。毫
无疑问，不论是发行城投债还是发行地方财政债券都有一定的缓解建设资
金不足的功能，但局限于此，不是解决问题的主要途径。

　　要真正解决各地方政府拓展城镇化建设的资金不足问题，需要从改革
财政体制入手，处理好三方面关系：第一，地方政府事权与财力的关系。
中央部门在将事权下放的过程中需要充分考虑到地方政府的财力协调配合，

应将对应的财力转移给地方政府，使地方政府拥有足以解决这些事务所需要的成本支出。第二，对地方政府所能承担的债务，在区分财政预算内与预算外的基础上，予以制度性界定。明确哪些资产收入（如土地出让金收入）可承担多大比重的债务，哪些资产不可承担债务；明确债务的透明程序和方法，违规责任，等等。第三，理清地方政府债务关系。既不应将地方国企的债务划入财政债务范畴，也不应将学校（包括高校）、医院、土地储备中心等有收入的事业单位的债务简单地划入财政债务范畴。在事业单位的改革深化中，应尽力贯彻自收自支、自负盈亏和自求平衡的原则，将符合这些原则的事业单位债务划出财政债务，以明晰财政债务关系。

主要参考文献

［1］ 国家审计署：《全国地方政府性债务审计结果》，2011 年 6 月。

［2］ 詹向阳：《关于我国地方政府融资平台的辩证思考》，《中国市场》2011 年第 46 期。

［3］ 刘煜辉：《利用中央政府信用纾解地方债务困境》，《中国金融》2011 年第 22 期。

［4］ 郝绮丽：《地方政府融资平台贷款的风险与防范》，《新金融》2011 年第 11 期。

［5］ 韩复龄：《关注地方融资平台的债务风险》，《中国金融家》2011 年第 11 期。

［6］ 张立勇：《规范地方政府融资平台发展》，《中国金融》2012 年第 4 期。

［7］ 董其江、高伟波：《地方政府融资平台风险评估与管理对策研究》，《农业发展与金融》2012 年第 2 期。

［8］ 陈海峰：《关于地方政府融资平台规范运行的思考》，《中国证券期货》2012 年第 2 期。

（原载《财贸经济》2012 年第 9 期）

股市并非国民经济"晴雨表"

　　股票交易市场走势与宏观经济走势的相关性,是股市(以下均指"股票交易市场")理论探讨中的一个重要问题。长期以来,"股市是国民经济'晴雨表'"的说法广为流传,甚至被写进了教科书。从 20 世纪 90 年代以后,中国的一些学者对此也做了探讨,得出了"在中国,股市不是国民经济'晴雨表'"的认识。似乎这是因为中国股市尚属"新兴加转轨"阶段,有许多体制机制问题未得到有效解决,引致了股市作为国民经济晴雨表的功能未能有效发挥。换句话说,股市依然是国民经济晴雨表,只是因为中国股市的情况特殊,所以,未能展示出股市的这一独特功能。由此,提出了一个最基本的问题:股市具有成为国民经济晴雨表的功能吗?

　　第一,所谓"晴雨表",在经济运行中指的是"先行指数",即股市走势变化早于国民经济运行态势的变化(有人通过一些计量方法证明了,股市走势变化早于国民经济走势变化 6—8 个月)。如果情形真是如此,那么,股市走势与宏观经济主要指标(如 GDP 增长率)走势的变化应当呈不断交叉的态势,即当股市上行转向高位时,宏观经济主要指标应当在低位运行;在 6—8 个月后,宏观经济主要指标上行向高位展开时,股市可能在随后的一段时间转向下行步入低位,并在其中的某个时点与上行的宏观经济主要指标交叉;由此,再经过一段时间内的运行,股市走势再次上行,宏观经济主要指标经过 6—8 个月再次下行,与上行的股市再次交叉;如此等等。但在现实中,不论是中国股市还是美欧等发达国家的股市走势与国民经济走势均没有呈现出这种具有规律性的现象。

　　远的不说,只要看看 2007 年 8 月以后,美国从次贷危机转向金融危机的条件下,道琼斯 30 种工业平均指数的走势就一目了然了。在 2007 年 8 月至 2009 年 6 月,美国经济受到金融危机的严重冲击,宏观经济各项主要指标全面下行，与此同时，道琼斯 30 种工业平均指数从 2007 年 10 月的 14000 点左右一路下行到 6000 多点；其后，从 2009 年 3 月起，道琼斯指数又开始呈上行走势，期间虽然有所波动，但到 2012 年 10 月已接近 14000 点（2012 年 10 月 5 日达到 13610 点）。这个过程可分为三个阶段：其一，2007 年 2—10 月为第一阶段。2007 年 2 月，随着汇丰控股为美国次级房贷业务增提 18 亿美元坏账拨备，美国抵押贷款风险开始浮出水面；2007 年 7 月，贝尔斯登旗下 2 只对冲基金因投资于次贷市场遭受重创，宣布濒临瓦解；2007 年 8 月 9 日，美联储向金融体系注入 240 亿美元资金，宣告次贷危机爆发，美国经济开始下行。但在这一时间段内，道琼斯 30 种工业平均指数从 12000 多点一路上行到 14000 多点。其二，2007 年 10 月—2009 年 3 月为第二阶段。在这一时间段内，随着次贷危机的发酵，2008 年 9 月美国爆发了金融危机，大批金融机构倒闭，大量金融机构的股票市值下跌了 80% 以上（有的跌幅超过了 95%），但道琼斯 30 种工业平均指数仅从 2007 年 10 月 11 日创历史纪录的 14198.10 点降低到 2009 年 3 月 6 日的 6470.11 点（降幅 54.43%）。其三，2009 年 3 月至今为第三阶段。在长达 3 年多时间内，美国宏观经济起色不大，迄今依然在金融危机的泥潭中爬行（而且还将持续若干年），但道琼斯 30 种工业平均指数却从 2009 年 3 月最低的 6470.11 点快速上行到 2012 年 10 月 5 日的 13610 点（升幅 110.35%）。

假定股市具有国民经济"晴雨表"的功能（股市变化早于宏观经济变化 6—8 个月，或者说，宏观经济变化迟于股市变化 6—8 个月），那么，自 2007 年以后的美国经济走势和股市走势应当是呈现出如下状态：其一，与 2007 年前 10 个月股市一路上行相对应，在 2007 年 10 月以后，美国经济呈现出高涨态势，但事实是，美国经济从 2007 年 8 月以后就呈现下行走势；其二，与美国经济下行相反，2008 年 9 月以后的几个月内，道琼斯 30 种工业平均指数应当上行，但 2008 年 9 月至 2009 年 3 月，道琼斯 30 种工业平均指数却大幅下滑，其幅度远超过了美国宏观经济主要指标的下滑程度；其三，在 2009 年 3 月以后，随着道琼斯 30 种工业平均指数的上行，在 6—8 个月以后，美国宏观经济主要指标应当走好，但事实上，迄今也没有达到金融危机前的水平。这些不对称（或者说就没有对称过）的表现，说明了股市并非国民经济的"晴雨表"。

实际上，且不说"股市并非国民经济'晴雨表'"，股市能够作为国民经济的"温度表"从而及时反映国民经济走势变化就不错了。所谓"温度表"，指的是股市能够较充分地反映国民经济的当期实际运行状态，犹如人的身体对外界温度变化的反应。但受各种因素影响，股市常常连这种"温度表"的功能都难以发挥。一个突出的现象是，在中国股市中，大多数投资者都常常问道：中国经济年年高位增长为什么股市不涨？其中的含义，实际上就是股市为什么连"温度表"的功能都不能有效发挥？与2007年相比，2011年中国的GDP总量从23.79万亿元增加到了47.16万亿元（增加了近1倍），但上证指数却从2007年底的5261.52点下降到2011年底的2199.42点，跌幅高达41.80%。

在经济运行中有着一系列宏观经济预测指标监控着国民经济走势的变化，其中既包括了股指，也包括了其他诸多先行指标。例如，美国国家经济研究局进行经济周期监测所确定的先行指标包括：①制造业生产工人或非管理人员平均每周劳动小时数；②每周初次申请失业保险的平均人数；③消费品和原材料新订单；④卖主向公司推迟交货占的比例（即延缓交货扩散指数）；⑤非国防重工业制造商的新订单；⑥地方当局批准（而不是实际破土开工）建筑的私人住宅数；⑦10年期国债利率减去联邦基金利率的利率差额；⑧货币供应量（指M2的货币供应量）；⑨标普500种普通股价格指数；⑩企业及消费者未偿还信贷变化。又如，OECD（经济合作与发展组织）建立了经济综合先行指标（Composite Leading Indicators，CLI）对各国经济动向进行监测，其包含的主要指标有：①加班小时数；②新订单；③原材料价格指数；④工商业预期指数；⑤股票价格指数；⑥房屋开工。但没有哪个国家和地区仅仅将股价指数作为宏观经济预测指标的首要指标或唯一先行指标。如果说，因为股价指数列入了这些经济预测的先行指标范畴，就可成为"国民经济'晴雨表'"，那么，在美国国家经济研究局进行经济周期监测所确定其他先行指标中的每一项也应称为"国民经济'晴雨表'"，但谁都没有将这些指标做如此的表述（同时，如果先行指标中的每一项都分别称为"国民经济'晴雨表'"，再强调股价指数作为"国民经济'晴雨表'"也就失去了独立的意义）。另外，在金融运行中也有一系列预测指标（如货币供应量、流动性、新增贷款、社会融资总量、市场利率水平和汇率水平等）起着监控金融运行状况的作用，其中也包括了一系列先行指表，但同样没有哪个国家和地区仅仅将股指走势作为这些金融指标中的唯一主要指标。这说明，在世界各国和地区的长期实践中，股市并没有独立地起到"国民经济'晴雨表'"的作用。

预测国民经济走势的先行指标，在客观上，应与国民经济走势有着内在的较强关联。例如，制造业工人的每周劳动小时数、消费品和原材料订单、卖主推迟交货占比等都直接预示着 GDP 的创造态势和经济运行的顺畅情况，M2 的增长率、金融机构的流动性状况、市场利率水平等都直接预示经济和金融运行中的资金松紧状况以及对 GDP 创造的影响程度。但股市指数只反映了股票交易的活跃程度，它并不直接或间接与 GDP 创造相连接。股市交投活跃并不一定反映 GDP 创造过程的活跃；股市交投低迷也不一定意味着 GDP 创造衰退。

也许一些人可以用投资者的投资预期进行解释，即投资者预期经济走势将向"高涨"展开时，就愿意大量投资于股市，由此，引致股市上行；反之则反是。但投资者对经济走势的预期是很难准确判断国民经济实际走势的（这一点只要看看对经济走势进行预测的各种专业机构所提供的年度、季度等数值以及他们几乎每个季度都在修改这些数值，就可弄清），更不用说，股市投资者并不具有专业机构进行国民经济走势预测所需的专业素质、时间和成本，股市中又充斥着投机、信息误导等现象。因此，由众多投资者"用脚投票"所形成的股市走势并不具有预示国民经济走势的功能。

第二，"股市是国民经济'晴雨表'"中所讲的"股市"是如何衡量的（从而，股市走势是用什么衡量的）？提出这一问题的原因是，上市公司数量众多，且不说在同一年或同一月份各只股票的走势差别迥异，就是在同一交易日内各只股票的行情也不尽相同，那么，"股市是国民经济'晴雨表'"中的"股市"是以哪只或哪几只股票为代表的呢？从美英等国的股市来看，衡量股市走势的直接指标是股指。在美国，通常使用的是道琼斯30 种工业平均指数，由此，提出了一个问题：道琼斯 30 种工业平均指数走势变化真能反映美国的国民经济未来走势变化吗？答案是否定的。首先，在美国，股市指数并不只有道琼斯 30 种工业平均指数，至少还包括标准普尔股价指数、纳斯达克 100 指数和纽约证券交易所股价指数等，这些指数由于样本股票的选择不一样、运用的方法不一样，所以，走势也不尽相同（换句话说，如果各个股指的走势是完全相同的，也就没有必要编制不同的股指了），由此，提出了一个难解的问题：哪个股指能够反映国民经济的未来走势（从而，能够有着"晴雨表"功能）？如果假定道琼斯 30 种工业平均指数具有这种功能，那么，就意味着标准普尔股价指数、纳斯达克 100 指数和纽约证券交易所股价指数等都不具有"晴雨表"功能，由此，"股市是国民经济'晴雨表'"的表述就是不严格、不科学的，它的表述就应修改为"某个股市是国民经济'晴雨表'"。可为什么该"股市是国民经济'晴雨表'"，而其他股市不是呢？由此，"股市是国民经济'晴雨表'"这一命题再次陷入逻辑混乱之中。

事实上，且不说股市不是（也不可能是）国民经济"晴雨表"，一个具体的股指都不可能完整准确地反映它所依托的股市整体走势。道琼斯 30 种工业平均指数不可能完整准确地反映美国纽约证券交易所上市的 3000 只左右股票的价格变化，否则，在道琼斯指数中就没有必要再增加"运输业平均指数""公用事业平均指数"和"平均价格综合指数"了，也没有必要再编制纽约证券交易所股价指数。在纽约证券交易所上市的股票中，即便编制了这么多种股价指数，也还不包括金融股、房地产股等，这才有了 2008 年 9 月以后，金融股、房地产股大幅下跌而道琼斯 30 种工业平均指数的跌幅远低于前者的情形。

其实，如果不是陷入思维混乱或故意要将股市地位抬高，本来"股市是国民经济'晴雨表'"的谬误是比较容易看清的。一个简单的事实是，道琼斯 30 种工业平均指数只选择了在美国纽约证券交易所上市的 30 只工业股票价格，即便它可能代表美国的工业经济走势，也不可能代表美国的商业、金融、房地产业和农业等众多产业的经济走势，理所当然，不可能代表美国的国民经济整体走势。

第三，股市要能够成为国民经济的"晴雨表"，它的内在机制就应与国民经济运行的机理有着对应的关系。但从影响股市价格波动的各种因素看，与影响国民经济运行的各种因素相比，有着很多的不一致。即使舍去股市中的从众心理、投资银行误导投资者等现象不说，股市价格波动和股指变化也有一系列特殊的机制。

　　首先,股市价格波动受股市供求关系的影响。在大盘股上市的开市价格较低而随后几日的交易市场价格较高的条件下,股市可能呈上行走势,反之,股市可能呈下行走势;在投资者缺乏其他投资渠道将资金较为集中地投资于股市的条件下,股市将呈上行走势,反之,则呈下行走势;在有着利好题材的条件下,股市将呈上行走势,反之,利空题材的出现将引致股市下行;如此等等;不一而足。

　　其次,股指走势受股指编制方法和样本股调整的影响。以道琼斯30种工业平均指数为例,它以1928年10月1日为基期,基期值为"100",但2007年10月突破14000点,那么,在79年时间内,这30种工业股票的平均价格上涨了140倍(从而,美国GDP也上涨了140倍左右)吗?答案是否定的。在这79年时间内,道琼斯30种工业平均指数的样本股票进行了多次调整更换。这意味着,按照未更换前股票样本计算的道琼斯30种工业平均股票指数与更换后的这一指数有着很大的差别,由此,提出两个问题:其一,更换前的指数更具有"国民经济'晴雨表'"功能,还是更换后的更具有这一功能?其二,如果是更换后的指数更具有这一功能,那么,岂不意味着这一指数在未更换时不具有"国民经济'晴雨表'"功能?另外,道琼斯30种工业平均指数的走势既受这30种样本股票的价格走势的影响,也受这30种股票的股本数量的影响。在股价不变或较低时,股本扩张将引致股指上行,由此,提出一个问题,与这30种工业股票对应的上市公司展开股本扩张的行为是否就一定预示着美国经济的走势变化?答案显然是不确定的。众所周知,根据一个不确定的答案不可能得出一个肯定的判断。

　　从中国A股市场的股指看,尽管上证综指和深证成分指数都将全部上市公司纳入计算范畴,但由此引致四方面问题:其一,2000多家上市公司股票价格的走势,恐怕很难充分反映中国700多万家(有人认为中国的企业数量在1000多万家)工商企业的运行状况,因此,尽管中国经济年年在高位运行和增长,但A股市场走势长期不尽如人意。其二,尽管2008年以后A股市场走势持续走低,但上证综指还在2000点左右,由于这一指数以1990年12月19日为基期、基期值为100点,那么,这是否意味着上海证交所上市的股票市值均价应在20元/股左右?事实上,2012年11月30日,

A 股主板市场的 1416 只股票均价仅为 5.65 元/股①。其中的差别主要由上市公司的股本扩张所引致。其三，如果指数的价格选择以新股的开市价计算，那么，由于绝大多数上市新股在随后的交易中价格呈上行走势，所以，上证综合指数将呈上行走势；如果是以新股上市后一段时间（如 5 个交易日）后的交易价格计算，则上证综合指数的走势就与之前大不一样。其四，股市走势受到送配股、股息分配等因素的影响。一般来说，在上市公司进行收益分配之前，股价较高；在收益分配结束后，除权股的股价较低，由此，引致股指走势不同。

最后，从股价一般公式中可见，股价受市场利率的影响，其程度远大于实体经济所受到的影响，因此，在市场利率上行调整过程中，股市从而股指将呈明显下跌走势；在市场利率下行调整过程中，股市从而股指将呈明显上行走势。显然，股市从而股指的变化并不一定预示着国民经济的调整变化。

第四，从计量方法角度看，国民经济走势通常以 GDP 增长率为衡量指标。GDP 增长率一般采用的是同比方式，即当年与上年的同期相比。股指的编制通常以绝对值为基础（即以样本股的股份数额乘以每股股价为基础），取某个时点为基期，然后进行计算。二者的计量基础和计量方法并不一致，如何可以对比或参照？例如，在股指从 1000 点上行至 1100 点的走势中，是否预示着 GDP 增长率将达到 10% 左右？这恐怕无从实证。因为在实践中，样本股范畴内的上市公司因增发新股（如送股、配股等）引致股指上行并不直接有着预示 GDP 总量增加（从而 GDP 增长率提高）的功能，同样，这些样本股的股价上行（从而引致股指上行）也不直接有着预示GDP 总量增加（从而 GDP 增长率提高）的功能。

第五，在一个开放型国家和地区中，股市如果是国际化的，即国际资金可以自由进出股市，则股市走势将受到国际游资的严重影响，由此，股市从而股指的走势更与这一国家和地区的经济走势不一致。

强调"股市是国民经济'晴雨表'"意图在于提高经济决策部门对股市重要性的认识，但它将股市不具有的功能强加于股市，其结果是形成不利于股市

---

① 引自《透视市场数据　把握投资机会》，《中国证券报》2012 年 12 月 1 日。

健康发展的政策氛围。与此对应，要令中国股市回归到依市场机制而运行，发挥市场机制在配置股市资源方面的基础性作用，就必须正确认识股市的功能。

主要参考文献

［1］靳云汇、余存高：《中国股票市场与国民经济的实证研究》，《经济研究》1998 年第 3 期。

［2］顾岚、刘长标：《中国股市与宏观经济基本面的关系》，《数理统计与管理》2001 年第 3 期。

［3］殷醒民、谢洁：《中国股票市场与经济增长关系的实证研究》，《复旦学报》（社会科学版）2001 年第 4 期。

［4］刘少波、丁菊红：《我国股市与宏观经济相关关系的"三阶段演进路径"分析》，《金融研究》2005 年第 7 期。

（原载《中国金融》2012 年第 24 期）

以公司债券为抓手　推进金融回归实体经济

中共十八届三中全会指出，经济体制改革核心问题是处理好政府和市场的关系，使市场在资源配置中起决定性作用，完善主要由市场决定价格的机制，更好地发挥政府作用。从金融角度看，就是要发挥市场机制在配置各种金融资源方面的决定性作用，完善金融产品价格主要由市场机制决定的金融体系。这不仅切中了中国金融体系和金融市场的时弊，指明了金融改革的方向和重心，而且指明了中国金融发展和金融创新的方向和重心。

中国金融历经几十年的发展，取得了举世瞩目的成就，但也存在着一个严重的缺陷，即金融体系脱离实体经济的状况越发明显。多年来，金融监管部门和社会各界着力探讨的金融改革大多属于单项改革范畴，其中包括了人民币存贷款利率市场化改革、建立存款保险制度、商业银行业务转型、资产证券化、加快资本市场发展、加大资本账户开放程度和人民币汇率改革，等等，基本没有从国民经济角度论及金融体系的改革。但实际上，发端于 20 世纪 70 年代末的中国金融体系，对实体经济而言，是一种外部植入型金融体系。它几乎剥夺了实体经济部门的各项金融权利，成为既位于实体经济部门之外又不断从实体经济部门中获取养分的一个自我循环体系。在美国金融危机的背景下，金融服务于实体经济的呼声愈加强烈，可是，中国的外植型金融体系脱离实体经济的状况却日益严重。中国经济发展正进入一个新的历史时期，随着中国（上海）自由贸易试验区的建立，改革开放也迈入了一个新的阶段，由此，改革外植型金融体系，推进金融回归实体经济，建立内生型金融体系，已是大势所趋。

一　金融体系内生于实体经济

翻阅任何一本《宏观经济学》都可看到如下表述：在两部门模型中，居民（或家庭，下同）部门是资金的盈余部门，实体企业（或厂商，下同）部门是资金的赤字部门，为了支持实体企业创造财富、维持经济运行，资金就应从居民部门流向实体企业部门，由此，在经济运行中，居民部门是资金的供给者，实体企业部门是资金的需求者，金融活动原本就在他们之间进行。在此有三个需要细化的问题：第一，居民部门的资金是如何提供给实体企业部门的，换言之，实体企业部门是如何获得居民部门的资金的？最初，居民部门主要通过股权投资、资金借贷等方式将资金投入实体企业部门；随着金融关系的发展，居民部门通过购买债券、股票等证券将资金提供给实体企业部门；再后来，随着这些金融活动规模逐步扩大，商业银行等金融机构建立，在上述渠道继续发挥作用的前提下，居民部门又通过存款等路径将资金提供给实体企业部门。由此可见，居民部门和实体企业部门原本就拥有金融权。第二，实体企业部门之中是否存在资金供求关系？在实体企业之间存在着由商业信用支撑的商务往来关系。在货物与钱款的交付中，由于时间和空间分离，自然存在着先付款后发货或者先发货后付款的现象，由此，商业本票、商业期票和商业汇票等金融产品应运而生。由于实体企业购买的一部分大型设备并不日夜使用，有些实体企业临时性加工某些零部件又需要此类设备，所以，实体企业之间的设备租赁使用现象自然发生；此类现象的进一步扩展，也就有了实体企业间的融资租赁业务。由于某些实体企业有着暂时的闲置资金，与其经营运作相关的另一些上下游实体企业却缺乏资金，由此，在商业信用和互利基础上的实体企业间发展起了资金借贷关系。此外，实体企业之间的资本投资、债权并购、股权并购和项目融资等也在市场发展中逐步展开。由此可见，实体企业本来拥有充分的金融运作权利。第三，实体企业部门是否存在资金回流给居民部门？居民以股权方式投资于实体企业，实体企业以股利方式将与收益回报对应的资金支付给居民；居民以债权方式购买实体企业的债券，实体企业到期将与债券本息对应的资金支付给居民。这些现象说明了，实体企业和居民作为实体经济部门的主要经济主体，彼此间是存在金融权力和金融活动的。这些金融权力和金融活动从实体经济运行中内在地生成，是实体经济部门运行和发展不可或缺的基本机制。另外，随着实体经济部门的发展，这些金融权力和金融活动在不断创新中扩展延伸，越来越趋于复杂化和细化。

金融是建立在资产权益基础上为了获得这些权益的未来收益而进行的权益交易关系的总和①。在经济运行中，资产权益及其收益在本源上指的就是实体经济部门的资产权益及其收益。实体企业向居民出售股票、债券等金融产品之前并不直接拥有与这些金融产品相对应的资金（或资产），通过出售这些金融产品，获得了对应资金，形成了对应的可经营运作的资产，因此，实体企业实际上出售的是这些资产的未来收益。在此类交易中，居民实际上购买的是获得实体企业经营运作中这些资金（资产）未来收益的权利。与此对应，股票、债券等金融产品在二级市场中的交易也是为了获得资产未来收益的权利。由于居民投资和实体企业彼此间的投资获得的是资产未来收益，所以，不确定性（即风险）的存在也就在所难免。各家实体企业的经营运作状况不尽相同，有在经营运作中获得资产收益的，也有在经营运作中盈亏平衡从而没有获得资产收益的，还有经营运作亏损的。居民部门人数众多，在风险的喜恶程度上，偏好差别甚大，因此，尽管所有的居民在金融投资中都乐于追求高收益回报，但在投资亏损等风险发生时，也不乏有着坦然面对之人。就总体而言，居民部门在金融投资风险喜恶程度上的多层复杂结构与实体企业部门经营运作在风险程度上的多种多样性能够大致匹配，由此，保障了经济运行和经济发展的正常展开。

从实践角度看，在西方国家的经济发展过程中，实体经济部门的金融活动在交易规模、产品种类、交易方式等方面不断扩大，以至于单个实体企业已很难直接将其作为经营活动的一项业务纳入经营管理之中，因此，将金融业务独立出来设立专业化金融机构成为必然。这一过程中较为普遍的事件最初发生在 19 世纪上半叶。在此后 100 年左右的时间内，金融产品、金融市场和金融机构快速发展，尽管经济危机和金融危机频频发生，

---

① 王国刚：《简论货币、金融与资金的相互关系及政策内涵》，《金融评论》2011 年第 2 期。

但政府部门只是扮演着"守夜人"的角色。20 世纪 30 年代经济大危机给人们以深刻的教训，这促使了金融监管登上历史舞台，由此，逐步形成了由金融制度、金融监管、金融产品、金融市场和金融机构等构成的金融体系。尤其值得注意的是，在金融体系形成过程中，实体经济部门（实体企业和居民）所拥有的金融权并不因此而被剥夺。对居民部门而言，消费剩余的资金在金融投资运作方面依然有着充分的金融产品选择权；对实体企业而言，在发行债券、获得贷款、发行股票以及获得融资租赁、信托资金、建立基金等方面也保留着充分的选择权。不仅如此，实体经济部门所拥有的金融权力还是一个完整金融体系的基础性构成部分，也是金融体系能够成为国民经济构成部分的根基所在。

理论逻辑和实践逻辑都反映了一个基本原理：金融内生于实体经济部门，实体经济的发展是金融发展的根本所在。实体经济部门所拥有的金融权是金融体系的一个基础性构成部分。从这个意义上说，金融根植于实体经济部门。离开了实体经济部门，金融就将成为"无源之水、无本之木"。引发于美国的金融危机给人们的教训是，金融运行脱离了实体经济部门，成为自我服务、自我循环的独立体系。金融一旦脱离了实体经济，金融泡沫的产生就在所难免。

二　中国外植型金融体系的成因和特点

在 30 年的计划经济时期，中国没有金融活动，也谈不上金融体系。当时，行政机制和财政机制支配着国民经济中的几乎所有活动。企业的资金由财政拨付、供销由国家计划安排、生产按照计划任务展开、职工工薪由国家统一规定、利润全额上缴和国家财政统付盈亏等机制，切断了居民与实体企业之间资金融通的金融联系；在此条件下，银行只是作为财政的出纳机制而设立，并无证券公司、信托公司、基金公司和融资租赁公司等金融机构，也不存在金融监管部门。这些体制机制的安排，决定了中国不可能有产生和形成金融活动乃至金融体系的基础性条件。在这种经济格局中，一方面居民不是资金的主要供给者，政府财政部门成为实体企业经营运作资金的主要提供者，实体企业之间禁止展开股权投资、资金借贷等金融活动，它们的经营利润全额上缴财政部门，因此，不存在居民和实体企业之间的金融活动；另一方面，实体企业缺乏最基本的经济权益，也就谈不上金融权益，由此，金融机制也就难有存在和发展的基础性条件。

中国金融起步于 20 世纪 70 年代末的改革开放初期。当时有五个条件决定了中国选择的将是外部植入型（即外植型）金融体系：第一，在长期计划经济（即行政机制成为经济运行的支配机制）条件下，实体经济部门的企业和居民没有金融权，既不知道何谓金融权，也没有金融意识（甚至没有"金融"一词的概念）。一个突出的实例是，80 年代中期，负债经营作为具有创新意义的观念突破而大加宣传，"借鸡生蛋"、全负债经营广为推行。第二，受计划经济中审批体制影响，金融机构的设立、金融产品的问世和金融业务规模（甚至金融机构客户）等都需通过严格的行政审批，由此，在金融部门中普遍延续了各项活动均需经过行政审批的制度（在 90 年代后期之后，甚至有着细化审批制的倾向）。到 1984 年，虽然工、农、中、建等银行已经分立，但它们作为专业银行（并非商业银行）各有着政府行政部门安排的特定业务。第三，面对发达国家成熟的金融市场体系，我们期望能够尽快地缩小与它们之间的差距，由此，只是学习借鉴它们浮在表面上的金融机构格局，并没有深入地看到它们实体经济部门的金融权利。第四，在 90 年代中期之前，企业改革的组织制度、变固定工制度为合同工制度等尚在探讨之中，"自负盈亏、自我发展"的公司制刚刚起步，以资金平衡表为中心的企业财务制度正在向以资产负债表为中心的财务制度转变。在缺乏资产负债理念和制度的条件下，企业不能发行股票、债券等金融产品，也就难以有获得金融权力的内在根据。第五，1998 年之前，银行信贷依然按照国家计划安排，在信贷规模和信贷投放对象上都有明确的行政取向。虽然已有股票、债券发行，但由国家计划安排，并通过制度规定，这些金融产品只能由金融机构承销运作。实体企业和居民依然缺乏对各种金融产品的最基本选择权。改革开放 30 多年来，中国努力从实体经济外部推进金融的发展，形成了一种外植型金融体系。

外植型金融的主要特点表现在以下八个方面：第一，在金融产品方面，实体经济部门（包括实体企业和家庭）几乎没有选择权。居民消费剩余资金除了存款几乎没有去向（存款意味着，资金只能通过金融机构的媒介才能进入实体企业），实体企业除了贷款也很少有从金融市场获得资金的其他渠道。金融活动的各项权利成为金融机构的专有权。没有金融机构和金融监管部门的准许，实体企业几乎得不到来自居民的资金供给。第二，实体经济内部没有展开金融活动的制度空间。从最初的实体企业间不准借贷资金到实体企业难以发行商业票据进行短期融资，再到实体企业间不能进行融资租赁等都通过制度规定予以限制。一旦实体企业间进行了这些金融活动，就以违法或者非法予以处置。第三，各种证券发行都必须通过金融监管部门审批并由金融机构承销，使得实体企业丧失了自主发行各种证券的权利。这些承销证券的金融机构，不仅直接决定着实体企业能否发行证券，而且在证券发行的定价方面有着举足轻重的话语权。第四，直接金融工具成为间接金融工具。公司债券是实体企业向居民发行以获得居民资金的一种主要的直接金融工具。但在中国，它转变成了一种间接金融工具。内在机制是，实体企业发行的公司债券几乎完全由商业银行等金融机构购买，而商业银行等金融机构购买债券的资金则来源于城乡居民以存款等方式提供的消费剩余资金。第五，"存款立行"成为商业银行等金融机构的一项基本战略。"拉存款""存款竞争"长期是商业银行等金融机构维持经营运作和加快经营发展的一项具有决定意义的基本业务。商业银行等金融机构的金融运作主要取决于资金数量的多少和资金供给的可持续性。自90年代中期以后，城乡居民消费剩余资金成为商业银行等金融机构的主要资金来源，由此，想方设法获得这些资金就成为各家商业银行等金融机构的一个主要竞争方略。第六，金融市场（尤其是货币市场）在很大程度上成为金融机构彼此之间的交易活动，与实体经济部门没有直接关系。银行间市场是中国主要的货币市场，进入该市场操作的主体集中于金融机构，由此决定了这一市场的交易基本上是金融机构彼此间的游戏。第七，金融机构与金融监管部门成为一个相互依赖的体系，以各种理由限制实体经济部门的金融权要求，其中包括金融稳定、风险控制、专业性和公共性等。在各项金融制度形成过程中，金融监管部门通常需要征求金融机构的意见，但极少有征求实体企业意见的，由此，这些金融制度更多地反映了相关金融机构的利益取向，很难反映实体企业的诉求。第八，各种金融产品创新，与其说来源于实体经济部门的要求，不如说来自金融机构自身业务拓展和追求利润最大化的内在要求。

从这些特点中不难看出，中国金融体系是一个运用行政机制嵌入到实体经济部门中实体企业和城乡居民之间的架构。它一方面建立在以最低廉的价格充分通过储蓄存款方式吸收城乡居民消费剩余资金的基础上，另一方面，建立在以最贵的价格通过贷款机制从实体企业获得贷款利息基础上。这种切断居民与实体企业之间直接金融联系的金融体系，与内生型金融体系有着实质性差别。

外植型金融在 30 多年的发展中有着积极意义：第一，它运用商业银行的资金再创造机制，通过发放贷款等金融活动，保障了中国经济发展中的资金供给和金融产品、金融市场的发展，使得中国经济在资金短缺中起步发展却没有陷入贫困陷阱，对 30 多年来的中国经济发展有着积极贡献，功不可没。第二，它运用行政机制以维护金融运行秩序的稳定，使得中国金融在经济高速发展中没有出现大的风波和动荡，有效抵御了亚洲金融危机和美国金融危机的冲击，避免了因金融震荡给资金供给者（主要是居民家庭）和资金需求者（主要是实体企业）带来的利益损失。第三，它为探讨建立中国特色的金融体系提供了时间和空间，避免了我国重走发达国家用 200 多年走过的金融体系建立发展之路，减少了在市场混沌和竞争乱局中建立金融体系所付出的巨大代价。第四，通过各类金融机构之间的竞争，积极探讨了发挥市场机制在配置金融资源方面的基础性作用，为中国金融的进一步改革发展创造了条件。第五，它开创了发展中国家摆脱金融抑制、推进金融深化的一条新路径，突破了西方国家建立金融体系的老路径，给世界各发展中国家和地区的金融发展提供了一个可资借鉴的新思路。

三　外植型金融体系的缺陷

正如世间任何事物均有其长处和短处一样。在国民经济系统中，外植型金融也有其内在缺陷。在进一步深化改革、发挥市场机制在配置资源方面的决定性作用，以加快经济结构调整、增强经济的可持续发展能力、进一步提高综合国力的背景下，尤其是在实施开放型经济战略、加快中国经济介入全球经济步伐、提高中国金融体系开放度的背景下，外植型金融体系的内在缺陷愈加凸显出来。具体表现在以下几个方面：

第一，将原本多维一体的有机经济活动分切为若干相互缺乏关联的部门活动，使得各种资源的整体关系碎片化。这种碎片化不仅降低了实体经济部门的运作效率和市场竞争力，而且给金融体系带来了本不应有的风险。

消费金融内生于商业购物活动。在由商业机构展开的过程中，集资金流、物流和客户信息流为一体，既给消费者带来了购物的商家优惠，又给商家带来了资金和客户信息，有利于提高商家的市场竞争力和调整商业结构。但在中国，消费金融统一采用银行卡消费方式。在这种方式中出现了银行管资金流、商业机构管物流、无人管客户信息流的格局。在这种格局中，商家扩展业务所需的资金需要向银行申请，银行贷款既需要充足的抵押物，又利率高企还延时甚多，给商家带来了诸多不利。另外，由于缺乏客户信息和难以向这些客户提供专门的服务，使得各个商家迄今难有自己稳定的客户群，也很难根据特定客户的特殊需求量身打造地提供特色服务。此外，还限制了商家之间的服务竞争。除了在价格上打折销售外，众多商家严重缺乏提供服务质量的竞争手段，形成了众家经营方略雷同的商家格局，对多层次商业市场的发展产生严重影响。

供应链金融内生于产业关联的各实体企业之间。它的原本含义是，在供应链中位于核心地位（或主干地位）的实体企业可以根据产业发展的需要向位于上下游的实体企业提供资金支持和其他金融支持。这种资金或其他金融支持得到货物供应、商业信用、信息共享、技术支持和市场开拓等一系列因素的共同支撑，因此，是现代金融的一个重要发展方向。但在中国，供应链金融成为商业银行向供应链中的各家实体企业分别发放贷款的金融，或者成为供应链中核心企业（或主干企业）将自己的资金委托商业银行贷款的金融。在这种贷款中，商业银行实际上关心的只是本息的安全性，并不直接关心（也无能力关心）供应链是否由此得到强化、供应链效率是否因此有所提高。另外，供应链中的核心企业失去了利用资金供给来增强货物供应、商业信用、信息共享、技术支持和市场开拓等方面凝聚力，难以有效协调好供应链各环节的关系。由此，本属一条链式的金融关系转变成了由商业银行"点对点"式的金融服务。

第二，以存贷款为重心，引致了金融资源配置的各种矛盾和效率降低，给实体经济部门发展造成了诸多的金融障碍。

金融资源配置效率的高低并不直接以金融机构是否获得了较高的收入和利润为衡量标准，它的实际含义应当是实体企业获得资金的成本是否降低。但在外植型金融体系下，实体企业普遍遇到融资数量少、融资价格贵和融资渠道窄等"融资难"问题。一方面，在缺乏金融产品选择权的条件下，大中型企业获得的贷款资金在利率上高于同期公司债券利率，表现出了"融资贵"。与此同时，在大量贷款向大中型企业集中的条件下，小微企业既遇到了融资数量少、融资渠道窄等困难，也遇到了融资贵的难题。这些难题意味着，受资金成本高的制约，在实体经济部门中许多本可展开的投资活动和经营活动难以有效进行，由此，资源配置的效率受到制约。另一方面，商业银行等金融机构的收益大幅增加。近 10 年来，在加入世贸组织、"狼来了"的背景下，中国商业银行的税后利润呈快速增长的态势，与实体企业的利润走势形成了反差，以至于媒体有着"银行业垄断暴利"一说。利润的快速增加固然与商业银行改制后的体制机制创新、银行职员的努力直接相关，但与实体企业缺乏金融选择权条件下商业银行可坐享存贷款利差也直接关联。这是引致商业银行等金融机构以吸收存款为"立行之本"战略难以消解、持续地展开存款大战的一个主要成因。此外，广大的城乡居民作为存款人只能获得低利率的存款收入。由于消费剩余资金难有去向，在存款利率降低的条件下，城乡居民存款却形成了大幅增加趋势，实难分享实体企业付给金融体系的巨大收益。

在继续以存贷款为主要金融活动的条件下，要改变间接金融为主的金融格局几乎不可能。内在机理是，要发展直接金融就必须赋予实体企业必要的金融权力，这不免与现存的金融机构和金融监管部门的权力相冲突。因此，大力发展直接金融、降低间接金融比重的政策主张已提出了 15 年，但它并没有落到实处，商业银行也无金融脱媒之忧。中国金融体系中的间接金融比重依然高企。实体企业通过直接金融获得的资金占社会融资规模的比重还处于相当低的水平。尽管如此，各种创办新商业银行的冲动还在持续增强。

第三，在实体经济部门和金融部门之间资金错配现象愈加严重。经济运行中不同的实体企业在经营运作和固定资产投资等方面对资金的性质、期限和流动性等有着不同的要求，从本源上讲，金融资产的结构应与这些要求相匹配。但在中国实践中，金融部门的资金和金融产品的结构与此相去甚远，从而，产生了严重的错配现象。

在中国，资金错配包括以下五个方面：一是主体错配，即本属城乡居民与实体企业之间配置的金融资源转变为城乡居民与商业银行之间、商业银行与实体企业之间金融资源配置。二是性质错配，即资本性资金和债务性资金错配。三是期限错配，即长短期资金的错配。四是产品错配，即债券等直接金融工具与存贷款等间接金融工具的错配。五是市场结构错配，即资本市场与货币市场的交易功能错配。

在中国经济运行中长期存在着资本性资金与债务性资金的错配现象。典型状态是，资本性资金严重不足。2012 年，中国的固定资产投资绝对额近 40 万亿元（且继续按照 20% 以上的速度增长）。按照固定资产投资的资本比率 30% 计算，需要 12 万亿元左右的资本性资金予以支持。即便假定各家实体企业的每年税后利润（为 5 万亿元左右）都作为资本金投入固定资产投资范畴，再加上股市融资、折旧金转投资、外商投资和财政投资等资金，每年固定资产投资中资本金缺口也在 5 万亿元左右。如果这一现象只在某年发生，尚可不必过于担忧，然而，资本性资金严重缺乏的现象已延续 20 多年，累计数额已达数 10 万亿元之多。相当多实体企业不仅资产负债率长期处于高位态势，而且屡屡用银行信贷资金进行注册资本的投资。这是引致经济运行缺乏长期性资产支撑的一个主要成因。

引致资本性资金严重不足的成因不在于居民部门每年消费剩余资金的不足，而在于这些资金的绝大部分以存款方式进入了商业银行，再以贷款方式流出商业银行。由于贷款通道发生的只能是债务性资金，所以居民消费剩余资金就转变成债务性资金进入实体企业。作为资本性资金严重不足的对应性表现是，存款资金与贷款资金的期限错配。在中国商业银行吸收的存款资金中，活期存款和定期存款的期限结构大约各占 50%，但在贷款资金结构中，短期贷款通常只占 40% 左右、中长期贷款占 60% 左右。此外，还有大量的短贷长用现象。贷款属于商业银行风险资产范畴，贷款期限越长，则风险越大，因此，在主要发达国家中商业银行通常不发放中长期贷款。但在中国，由于实体企业缺乏金融权力，经营运作中的长期性资金难以自主地通过金融市场获得，所以，在依靠银行贷款的条件下，只能将大量贷款用于固定资产投资；商业银行面对这种状态，也不得不大量投放中长期贷款，短期资金更加捉襟见肘，以至于发生了2013年的"6·20"事件。

第四，货币市场成为金融机构间彼此交易的市场，与实体经济部门基本无关。

银行间市场是中国货币市场的主体部分。一方面，可进入该市场的交易主体包括国有控股商业银行、其他商业银行、其他金融机构和外资商业银行等，并无实体企业，更无居民。因此，该市场是金融机构彼此间进行短期资金和短期金融产品交易的市场。在交易中，国有控股商业银行是资金的主要融出方，其他商业银行和其他金融机构则主要是资金融入方。另一方面，该市场的交易品种主要包括银行间资金拆借、债券的现券交易、债券回购和票据等。2012年，交易量达到295.2万亿元，其中，票据交易仅为介入其中交易31.6万亿元，占总交易量的10.71%，与实体企业短期资金直接相关的票据只占货币市场交易中的很小比例。

2013年，中国进一步扩大了资产证券化试点范围。但从2005年建行和开行的资产证券化看，发生的情形是，1家银行发行的资产证券化证券，由其他各家银行分别购买。如果这种情形继续发展，结果将是资产证券化成为商业银行等金融机构彼此间的游戏，金融体系脱离实体经济程度进一步增大。

第五，各项金融改革举步维艰，或停留于做表面文章，或停留于口头。

货币政策调控机制的改革进展缓慢。近10年来，继续以运用行政机制直接调控存贷款基准利率和新增贷款规模为主要工具，在维护金融运行稳定的同时，维护着金融体系独立于实体经济部门的格局。

在存款数额巨大、金融产品总额中所占比重甚高且为商业银行最基本业务内容的条件下，存款保险制度一旦实施就可能引致各类存款向大型商业银行集中，小型商业银行和小型存贷款金融机构（如农村信用社等）立即陷入经营困境，给金融体系带来严重震荡，因此，这一制度的出台时间屡屡延期。

按照市场机制的要求形成存贷款利率，是利率市场化的核心内容。但迄今这方面的改革基本停留在运用行政机制扩大存贷款利率波动幅度上，既没有引致商业银行等金融机构的资产结构调整、业务转型和盈利模式变化，也没有给城乡居民和实体企业更多的金融选择权。

商业银行业务转型的提出已有 10 年之久，但从它们的资产负债表看，负债结构中"各项存款"依然是最主要的资金来源，占据主体地位的程度非但没有降低，而且继续提高；资产结构中"各项贷款"依然是最主要的资产运用方式，虽所占比重有所降低，但如加上商业银行间相互持有的债券数额，比重变化并不明显。负债结构和资产结构的变化不大，反映了商业银行业务转型基本停留在表面上，难有实质性进展。

资本账户中金融账户开放迟迟难以迈步。金融账户开放绝非只是一个货币可兑换问题，要使得流到境外的人民币能够回流境内、要使得境内金融市场与国际金融市场对接，就必须有足够的金融产品可供国际金融运作者（包括机构和个人）投资运作，而这又不是人民币存贷款所能胜任的，也不是仅仅由金融机构运作所形成的金融体系所能担当的。

外植型金融体系存在的一系列缺陷说明，它已到了非改不可的境地。但如何改革却绝非易事，一旦选择失误，就可能引致严重的金融震荡甚至金融危机，因此，需要慎之又慎。

四　金融回归实体经济的内在含义

金融回归实体经济的含义，一方面并非推倒重来，即并非意味着中国金融体系的建设重蹈 19 世纪以来西方国家 200 多年走过的路。不论从历史角度还是从现实角度看，重走这一过程都是不可能的。另一方面，也不意味着"回归"已无事可做，中国金融体系应按照已有老路继续前行。"回归"的真实含义在于，扩大实体经济部门中实体企业和城乡居民的各自的金融选择权，即把本属于实体企业和城乡居民的金融权力归还给实体经济部门，推进内生性金融的发展。

金融内生于实体经济部门实际上有着两条路径：一是金融机构的路径，即通过实体经济的发展，独立出了专门从事金融业务活动的金融机构；二是金融市场的路径，即实体经济中的实体企业和城乡居民可以直接进入金融市场，以自己的名义发行和交易各种金融产品。在目前中国的金融体制机制条件下，金融回归实体经济的含义，不在于继续鼓励实体企业投资创办多少家金融机构，而在于准许实体企业和城乡居民直接进入金融市场以他们各自的名义发行和交易相关金融产品。内在逻辑是，在各种金融产品的发行和交易基本由金融机构专营的条件下，即便实体企业投资创办了一些金融机构，这些金融机构只能延续原有金融机构的业务轨迹，不可能由此增加实体企业的金融选择权；同时，由于不可能所有的实体企业都各自创办金融机构（换句话说，能够投资创办金融机构的实体企业只能是凤毛麟角），那么，那些无力创办金融机构的绝大多数实体企业依然处于缺乏金融选择权的境地。另外，不论实体企业如何创办金融机构，并不直接解决城乡居民的金融选择权扩大的问题，即并不解决资金供给者如何将消费剩余资金通过金融市场投入实体企业的资源配置过程中的问题。由此来看，问题的重心在于如何使得实体企业和城乡居民能够直接进入金融市场。

　　在完全竞争市场中，价格既不是由卖方决定，也不是由买方决定，而是由买卖双方的三向竞争决定的。一个值得认真思考的问题是，在金融体系中，真正与商业银行等金融机构竞争的主体是谁？是证券公司、信托公司、保险公司和资产管理公司等金融机构？不是，这些金融机构既需要从实体经济部门获得资金（如股权投资资金、信托计划资金、销售保单资金等），也需要从商业银行等金融机构中获得资金（如贷款、发债资金、影子银行资金等）。在存贷款市场乃至金融体系中，真正与商业银行等金融机构竞争的主体，实际上是实体经济部门中的实体企业和城乡居民。在消费剩余资金的金融运作权利有保障的条件下，居民部门的资金将通过每个居民的自由选择，或用于购买股票、债券、基金和其他金融产品，或用于存款，由此，在存款利率低廉的条件下，商业银行等金融机构将流失大量存款资金，这迫使它们按照金融市场的竞争性价格水平进行存款定价。此外，实体企业需要的资金可以通过自主地发行债券、股票和其他金融产品从金融市场中获得，也可通过银行贷款等方式获得，由此，商业银行等金融机构再以高于市场价格的贷款利率向实体企业放贷，就将面临贷款难以放出的风险，这迫使它们按照金融市场的竞争性价格水平进行贷款定价。由此可见，在实体经济部门拥有金融权力的条件下，金融产品的价格体系将在竞争中趋于成熟完善。

要使实体经济部门回归到金融市场，需要深化对原生金融产品的市场风险特点认识。在金融运行中，原生金融产品主要有债券、股票和存贷款，其他金融产品大多以此为基础衍生。债券和股票是标准化金融产品，发行和交易处于公开市场之中，投资者根据公开披露信息监督和用脚投票制约着它们的价格走势，风险由投资者分别承担；存贷款是非标准化金融产品，通常难以进行连续性交易，对应资金的流量、流向和效应等信息并不公开，风险主要由相关商业银行等金融机构承担。由于持有债券、股票的投资者包括了实体企业、城乡居民和相关金融机构，对应的风险由众多的投资者分散性承担，由于商业银行等金融机构的数量是相当有限的，存贷款的金融风险基本由它们集中承担，同时，分散风险又是金融运作的一个基本要义，所以，如果从金融风险承担角度看，合乎逻辑的制度安排是，大量发展债券、股票等金融产品，限制存贷款等金融产品的扩张。但外植型金融体系中的这些金融产品结构正好相反，其制度安排的内在机理是，在由众多实体企业和城乡居民持有债券、股票等金融产品的条件下，行政可控性就大大降低了；反之，通过存贷款机制将实体企业和城乡居民的资金集中于商业银行等金融机构之中，政府部门运用行政机制进行掌控就容易多了。以此来看，"金融回归实体经济"的实质是重新理顺政府和市场的关系问题，发挥市场机制在配置金融资源方面的决定性作用。因此，它是中国金融改革中需要解决的基本问题。

改革是制度体系和利益格局的重新调整，除了认识差异外，也还有各种各样的取向差别、路径依赖和习惯势力等方面的障碍。从金融改革角度看，扩展实体经济部门的金融选择权必然从根本上冲击现存的金融体系，给以商业银行为主体、以存贷款为基础的金融运作方式和金融监管方式以严重冲击，从实质上推进外植型金融体系向内生型金融体系的根本转变，因此，是一个艰巨复杂的过程。这一改革的目的在于克服外植型金融体系的各种缺陷，建立中国金融体系的健康可持续发展的新模式。从这个意义上说，"金融回归实体经济"的过程是中国金融体系的重新构造过程。

五　以公司债券为抓手的金融体系改革

从目标上看，金融改革可分为单向改革和金融体系整体改革等。进入21 世纪以来，人民币存贷款利率市场化改革、建立存款保险制度、商业银行业务转型、资产证券化、加快资本市场发展、加大资本账户开放程度和人民币汇率改革等，均带有单项改革的特点，它并不直接涉及整个金融体系的体制机制变化。一个突出的实例是，人民币汇率改革并不直接引致货币政策调控机制、人民币利率、商业银行业务转型、金融市场格局和金融产品创新等方面的体制机制改革。另一个突出的实例是，人民币利率市场化改革尽管从 1996 年就已展开，2012 年 6 月以后中国人民银行多次调整了人民币存贷款基准利率，扩大了存贷款利率的浮动区间，但货币政策的直接调控机制没有发生实质性变化，商业银行的业务转型也没有发生实质性改变，联动改革的效应并不明显。与单向改革相比，金融体系改革更加复杂困难，面对商业银行依然是中国金融体系的主体部分、存贷款在金融产品总量中所占比重远高于其他金融产品总和的状况，一旦举措不慎，将引致整个金融体系的大震荡（甚至可能引致某种程度上的危机），改革的推进更需要慎之又慎。

从各种金融产品对比看，在推进金融体系转变过程中，公司债券具有以下独特的功能：

第一，存贷款的替代品。从性质上看，公司债券与存贷款一样都属于债权债务性金融产品。从利率上看，公司债券利率对资金供给者和资金需求者来说属于同一利率，具有克服存贷款利率差别的功能；在风险相同的条件下，公司债券利率水平低于贷款利率却高于存款利率；同时，由于各只公司债券质量不尽相同，公司债券的利率复杂程度明显高于存贷款，这有利于满足不同的资金供给者和资金需求者的需要，也有利于为衍生性金融产品的开发创新提供条件。在充分发展公司债券的条件下，商业银行吸收的存款数额和发放的贷款都将随公司债券发行规模扩展而减少。这将引致三方面重要变化：其一，以存款计量的货币供应量的降低。到 2013 年 9月，中国的广义货币（M2）的余额已达 107.74 万亿元（为 GDP 的 2 倍），其中，人民币各项存款余额达到 103.09 万亿元。如若以公司债券替代居民存款，则 44.31 万亿元居民存款中的一部分转化为买债资金，不仅有利于提高居民的财产性收入，而且将引致 M2 大幅减少。其二，促使货币政策调控机制转型。在公司债券大量发展中，人民银行继续调控存贷款基准利率已无意义，控制新增贷款也失去了应有效应，由此，将促使货币政策的行政性调控机制向市场机制所要求的间接调控方式转变。其三，迫使商业银行业务转型。在存贷款数额下降的条件下，商业银行继续依赖存贷款业务来拓展经营的空间已大大压缩，由此，它们就不得不着力推进非存贷款业务的发展、提高金融服务质量，实现资产结构调整、商业模式转变。

第二，改善资金错配。吸短贷长是银行资金运作的一个突出现象。2013 年 6 月 20 日，银行间市场发生了隔夜拆借利率大幅上行的事件。其直接原因在于银行投放于中长期的信贷规模过大（中长期资金占比高达 60% 以上），深层原因在于实体企业运行中严重缺乏长期性。如若大力发展公司债券，实体企业通过发债获得中长期资金（在发达国家中，它的位次远高于股票），则能够有效改善信贷资金的期限错配状况。

第三，推进债务率降低。实体企业的债务率主要表现为由银行贷款引致的负债。在以公司债券替代银行贷款的条件下，由于长期债券具有准资本的功能，所以，短期债务率将明显降低（由此引致的风险也将明显降低）。这有利于推进实体企业的运行稳定。

第四，推进资产证券化。资产证券化以债券市场的成熟为前提。如若公司债券的大量发行交易能够推动债券市场的成熟，则资产证券化的基础条件将日臻完善，否则，资产证券化难以充分推展。

第五，推进商业银行业务转型。公司债券的大量发行，减少了银行吸收存款的数量和发放贷款的数量，同时，既为银行业务转型提供了金融市场条件，又给这种转型以较为充分的时间。

第六，缓解小微企业的融资难。在大中型企业普遍通过发债获得运作资金的条件下，银行只能将贷款资金集中向小微企业投放，由此，将缓解小微企业的融资量小、融资利率高等难题。

第七，熨平股市波动。在我国金融体系中，居民消费剩余资金的金融运作基本限于存款和股市投资。当这些资金涌入股市时，股市大涨；反之则股市大跌。在公司债券充分发展的条件下，居民资金分布于不同品质的债券品种，同时，债券市场利率对股市价格波动也有制约作用，由此，股市运行中的大起大落就能够得到缓解。

在金融改革中，公司债券的功能举足轻重。其一，利率市场化改革。公司债券利率是银行存贷款利率的替代品。我国要实现存贷款利率市场化改革的目标，缺乏公司债券利率的机制作用，是难以完成的。其二，存款保险制度。在存款依然是居民金融运作主要资产和银行经营主要对象的条件下，存款保险制度的实施存在着严重风险。在公司债券大量发展的背景下，银行存贷款在金融体系中的作用明显降低，由此，实施存款保险制度就不容易引致大的震荡。其三，资本账户中的交易项下开放。在资本账户开放中，大多数金融交易集中在公司债券及其衍生品方面，海外人民币的回流也主要通过这一渠道而展开。缺乏成熟的公司债券市场，就很难有效推进资本账户的充分开放。其四，推进亚洲债券形成。要发挥我国在亚洲金融市场中的引导作用，发展亚洲债券是一个可选择方案。但如果我国境内债券市场尚不成熟，就很难在这一领域中拥有充分的话语权（更不用说，规则的制定权）。

公司债券作为直接金融工具，理应直接向实体企业和城乡居民销售，这既有利于使实体企业摆脱资金来源受限于银行贷款、暂时闲置的资金只能存入银行的格局，也有利于提高城乡居民的财产性收入。一些人担心居民缺乏金融投资风险的承受能力，这是没有必要的。一方面，经历了20多年股市跌宕走势的洗礼，居民已积累了丰富的金融投资经验，对投资风险的承受能力已大为提高；另一方面，单只公司债券的数额不大，与城乡居民44万亿元的储蓄存款资金相比，只是沧海一粟。有人认为，在沪深交易所市场中已有挂牌的公司债券发行和交易，城乡居民可通过这一市场进行购买。如果这一市场的认购不踊跃，则证明了公司债券发行缺乏认购者。这一认识似是而非，有着"差之毫厘，谬以千里"的效应。在沪深交易所中的投资者主要投资于股票，股票价格波动1%—5%，在许多投资者看来还太少，因此，他们对债券价格在1个百分点左右的变动不太敏感。这与存款市场中的情形差别极大。对众多存款人（包括实体企业和城乡居民等），存款利率在0.5个百分点的波动就有比较明显的反应。因此，不能用股市交易中的投资思维方式来替代存款交易中的投资思维方式，并由此否定公司债券在存贷款替代品方面的功能。

公司债券直接面向实体企业和城乡居民发行，需要做好以下七个方面的工作：第一，切实将《公司法》和《证券法》的相关规定落到实处，有效维护实体企业在发行债券中法定权利。从 1994 年以后，发展公司债券市场就是中国证券市场建设的一项重要制度性工作。1994 年 7 月 1 日起实施的《公司法》第六章专门对发行公司债券做了规范，其中规定，股份有限公司 3000 万元净资产、有限责任公司 6000 万亿元净资产就可发行公司债券，公司债券余额可达净资产的 40%。2005 年，在修改《公司法》和《证券法》中，这些规定被移入了《证券法》中。但近 20 年过去了，按照这一数额规定的公司债券鲜有发行。为此，需要依法行事，将这些法律规定进一步落实。第二，建立全国统一的公司债券发行和交易制度，改变"五龙治水"①的债券审批格局。第三，取消公司债券发行环节的审批制，实行发行登记制，同时，强化公司债券交易环节的监管。第四，积极推进按照公司债券性质和发行人条件决定公司债券利率的市场机制形成，在此基础上，逐步推进以公司债券利率为基础的收益率曲线形成，完善证券市场中各种证券的市场定价机制。第五，积极发挥资信评级在证券市场中的作用，为多层次多品种的公司债券发行和交易创造条件。第六，建立公司债券直接向实体企业和城乡居民个人销售的多层次市场机制，通过各类销售渠道（包括柜台、网络等）扩大公司债券发行中的购买者范围，改变仅由商业银行等金融机构购买和持有公司债券的单一格局，使公司债券回归直接金融工具。第七，推进债权收购机制的发育，改变单纯的股权收购格局，化解因未能履行到期偿付本息所引致的风险。与此同时，切实落实公司破产制度，以规范公司债券市场的发展，维护投资者权益。

在公司债券回归直接金融的条件下，择机出台"贷款人条例"，以促进实体企业间的资金借贷市场发展；推进《票据法》修改，增加实体企业的

---

① "五龙治水"是指在公司债券发行审批中，国家发改委负责审批企业债券，人民银行负责审批短期融资券、中期票据和债务性融资工具，中国银监会负责审批金融债券和各种银行债券，中国证监会负责审批上市公司债券、可转换债券和证券公司债券，中国保监会负责审批保险公司债券，由此形成的公司债券发行市场依行政机制而分割的状况。

融资性商业票据，提高货币市场对调节实体企业短期资金供求的能力；逐步推进金融租赁机制的发展，准许实体企业根据经营运作的发展要求，设立融资租赁公司或介入融资租赁市场。在这些条件下，中国的金融体系将切实回归实体经济。

主要参考文献

［1］中共中央十八届三中全会文件。

［2］［英］克拉潘：《现代英国经济史》（上、中、下册），商务印书馆
　　　1986 年版。

［3］［美］约瑟夫·斯蒂格利茨：《经济学》（上、下册），中国人民大学
　　　出版社 2000 年版。

［4］［美］兹维·博迪等：《金融学》，中国人民大学出版社 2000 年版。

［5］李扬：《中国金融改革 30 年》，社会科学文献出版社 2008 年版。

［6］黄绍湘：《美国简明史》，生活·读书·新知三联书店 1953 年版。

［7］王国刚：《中国资本市场热点分析》，企业管理出版社 2003 年版。

（原载《金融评论》2013 年第 4 期）

厘清债务关系　支持地方长期债券市场发展

——兼析地方政府性债务的政策选择

党的十八大报告提出："要多谋民生之利，多解民生之忧，解决好人民最关心最直接最现实的利益问题，在学有所教、劳有所得、病有所医、老有所养、住有所居上持续取得新进展，努力让人民过上更好生活。"这一要求在十八届二中全会公报中进一步明确为："不断在实现全体人民学有所教、劳有所得、病有所医、老有所养、住有所居目标上取得实实在在的进展。"十八届三中全会闭幕前，习近平在讲话中再次强调了这一表述。有效解决好这些人民群众"最关心最直接最现实的利益问题"，既是适应消费结构升级、切实满足消费需求和调整经济结构、实现经济发展方式转变的内在要求，也是推进城镇化建设、实现全面小康的内在要求。毋庸赘述，未来 15 年将是中国有效解决这些问题的关键时期，为此，与解决这些问题对应的消费性投资也将逐渐进入高峰，所需投资额将达到数百万亿元之多。

消费性投资并非生产性投资，此类投资的结果并不直接形成生产能力，而是形成消费对象和消费条件。其中，医院和其他医疗设施、学校（尤其是高校）、文化设施、道路（包括高铁等）、桥梁和体育设施等属消费条件范畴，住宅及其相关设施属消费对象范畴。在全国范围内，就总体而言，这些消费对象和消费条件目前尚处于严重短缺状态，严重影响着众多家庭的消费资产配置和消费能力提高。增加供给、扩展规模已是当务之急。

毫无疑问，扩大消费性投资需要动员社会各方面的资金投入。在消费性投资大多数领域，民营资本有着广阔的发挥空间；在推进市场配置资源决定性作用进程中，民营资本也能够创造出一系列新的体制机制。但是，这些消费性投资在客观上需要一系列基础设施的配套才能有效发挥作用，其中包括水、电、燃气、排水、绿化等等，由此，深入探讨地方政府的基础设施投资资金来源及其可持续性，就成为解决和激励消费性投资的一个关键性要点。在社会各界对地方政府性债务关注度提高且非议甚多的背景下，它更是成为一个难点。本文试图就此谈一些不成熟的看法，以期得到抛砖引玉的效果。

一　厘清两类不同的政府债务

中国地方政府性债务高企引起了社会各方面（甚至国际社会）的高度关注，在欧债危机和美国财政悬崖的背景下更是如此。但从债务资金的使用结果看，政府债务有着两种截然不同的情形：其一，通过承担债务所获得的资金，被政府用于提高社会福利或增加其他公共服务开支；其二，通过承担债务所获得的资金，被政府用于基础设施等投资而形成了实物资产。欧债危机和美国财政悬崖主要源于前一种政府债务。在这种条件下，政府债务只能依靠税收等财政收入予以清偿。政府财政长期处于入不敷出的赤字走势中，每期债务的偿付只能通过不断的借新还旧机制予以暂时性缓解，结果只能是债务雪球越滚越大，使得财政危机的爆发越加临近和深重。与此不同，中国各地方政府的债务主要源于后一种政府债务，即债务资金主要投资于基础设施等而形成实物资产。在这种情况下，如果实物资产的结构较为合理、效率较高且能够有充分的现金流，则政府债务可依靠实物资产的运作收入予以清偿，它并不直接涉及政府财政的盈亏问题。

2011 年 6 月 27 日，国家审计署首次公布的《全国地方政府性债务审计结果》指出："截止到 2010 年底，全国地方政府性债务余额 107174.91 亿元，其中，政府负有偿还责任的债务 67109.51 亿元，占 62.62%；政府负有担保责任的或有债务 23369.74 亿元，占 21.80%；政府可能承担一定救助责任的其他相关债务 16695.66 亿元，占 15.88%。"同时也指出："截至 2010 年底，地方各级政府已支出的债务余额中，用于交通运输、市政等基础设施和能源建设 59466.89 亿元，占 61.86%；用于土地收储 10208.83 亿元，占 10.62%。这些债务资金的投入，加快了地方公路、铁路、机场等基础设施建设及轨道交通、道路桥梁等市政项目建设，形成了大量优质资产，促进了各地社会经济发展和民生改善，有利于为'十二五'及今后一段时期经济社会发展增强后劲。"这意味着至少有 72.48% 的资产是优质资产。如果再加上未投入使用的 11044.47 亿元货币资产，则优质资产至少达到 82.79%。由此来看，地方政府性债务中的绝大多数都形成了实物资产，且这些实物资产属于优良资产范畴。

2013 年 12 月 30 日，国家审计署再次公布的《全国政府性债务审计结果》指出："截至 2013 年 6 月底，地方政府负有偿还责任的债务 108859.17 亿元，负有担保责任的债务 26655.77 亿元，可能承担一定救助责任的债务 43393.72 亿元。"与 2010 年底相比，地方政府性债务增加到 178908.66 亿元，增长了 66.93%。但"从债务资金投向看，主要用于基础设施建设和公益性项目，不仅较好地保障了地方经济社会发展的资金需要，推动了民生改善和社会事业发展，而且形成了大量优质资产，大多有经营收入作为偿债来源。在已支出的政府负有偿还责任的债务 101188.77 亿元中，用于市政建设、土地收储、交通运输、保障性住房、教科文卫、农林水利、生态建设等基础性、公益性项目的支出 87806.13 亿元，占 86.77%"（详见表 1）。不难看出，地方政府性债务的绝大多数都形成了优良资产。

表 1　　　　　2013 年 6 月底地方政府性债务余额支出投向情况表　　单位：亿元

序号	债务支出投向	政府负有偿还责任的债务	政府或有债务	
			负有担保责任的债务	可能承担一定救助责任的债务
1	市政建设	37935.06	5265.29	14830.29
2	土地收储	16892.67	1078.08	821.31
3	交通运输设施建设	13943.06	13188.99	13795.32
4	保障性住房	6851.71	1420.38	2675.74
5	科教文卫	4878.77	752.55	4094.25
6	农林水利建设	4085.97	580.17	768.25
7	生态建设和环境保护	3218.89	434.60	886.43
8	工业和能源	1227.07	805.04	260.45
9	其他	12155.57	2110.29	2552.27
10	合计	101188.77	25635.39	40684.31

资料来源：国家审计署：《全国政府性债务审计结果（2013）》。

在地方政府性债务所形成的各类资产中，诸如"土地收储""交通运输设施建设""保障性住房"和"工业和能源"等资产属于可直接有收入来源的项目，其现金流可能用于偿付到期债务。诸如"科教文卫""农林水利建设"等资产是否可能有运作收入，在一定程度上取决于体制机制的改革，例如，在事业单位体制改革过程中，一部分事业单位实行企业化管理运作，由此，增加的收入就可能满足偿付到期债务本息的要求。诸如"市政建设"的资产是否具有偿付债务的能力取决于制度调整和价格调整，例如，水、电、燃气、排水和垃圾处理等的价格调整后可能增强这些方面的偿付债务能力。但无论如何计算，有一点是清楚的，即中国地方政府性债务建立在资产形成基础上，因此，相当大部分的债务偿付有着资产运作收入的支撑。这与西方国家的财政债务有着实质性区别，因此，不能将两类不同的政府债务相提并论。

中国尚属发展中国家，各地的发展水平差别甚大，既处于经济发展方式转变和经济结构调整的关键时期，处于中国特色新型工业化、信息化、城镇化、农业现代化等建设的关键时期，也处于深化体制机制改革、调整经济社会各方面关系的关键时期。在此背景下，充分发挥地方政府在基础设施投资中作用，为消费性投资开创良好的实物资产条件，为提升城乡居民的消费水平、改善相关产业的供求缺口创造条件，是一个必然的客观趋势，与此对应，地方政府性债务的增加也将是一个必然的客观趋势。

二　厘清不同期限的债务及其风险

偿债风险是众多人对地方政府性债务忧心忡忡的一个主要原因。从金融角度看，偿债是一种需要统筹协调安排的复杂现象，有着一系列因素影响着偿债的实践活动。一方面，债务人既可以用资产运作中的现金收入偿债，也可以通过借新还旧方式偿债，还可以通过出售资产（或资产置换等）方式偿债，此外，由担保人代为还债、与债权人协商延期还债等等也是可选择的偿债方式。另一方面，在债务人确实不能偿付到期债务本息的条件下，可以通过实行破产清算来保护债权人的权益，还可通过债权收购来满足债权人的诉求。在这些情况尚不清楚时就对地方政府性债务表现出的各种担忧，是缺乏实践根据的。

从理论上说，由于与债务对应的资产在运作过程中存在着一系列的不确定性，有着价值损失的可能，因此，债务风险总是存在的。实际上，任何的经济活动（包括金融活动，下同）总是决策在前运作在后，从决策、运作到目标实现之间有着较长的时间跨度，各种变量介入其中，必然引致种种风险。因此，指出某项经济活动存在风险，除了提醒一个众所周知的常识外，很难提供新的信息。可以说，没有风险的经济活动是不存在的，或者说，要舍弃风险就首先要舍弃与其对应的经济活动（由此推而广之，人类也就难以生存了）。因经济运作有风险而感到无限担忧，实际上，犹如中国老话中的"杞人忧天"。在实践中，要使得"风险"具有信息量，必须明确回答"什么风险""在什么条件下发生风险""什么时候发生""有多大风险"和"有哪些举措可能化解或回避风险"等问题，由此提供有价值的决策参考依据。

对经济主体而言，债务是金融资源跨期配置的产物。在获得某项具体债务之前，谁都不拥有与该项债务数额对应的资产；在获得债务之后到偿付债务本息之前的一段时间内，谁都不需要随即偿付该笔债务本息。因此，从偿付债务角度看，"风险"的关键点不在于承担了多少债务数额，而在于这些债务的偿付时间长短，即债务期限。债务从期限上可分为短期债务、中期债务和长期债务。不同期限的债务，对当期而言，其偿债风险是完全不同的。

第一，从资产形成来看，对债务人来说，债务期限越短风险越大，债务期限越长则风险越小。内在机理有二：一是债务期限长短直接制约着债务人运用债务资金形成资产的效能。二是债务期限长短直接制约着债务人运用债务资金调整资产结构的可能程度。在其他条件不变的情况下，一般来说，长期债务资金可能用于长期投资，形成长期资产；它给债务人调整资产结构、提高资产效率、筹集新的资金等提供了较充分的时间，由此，债务人就有可能通过统筹协调各项资产和资金运作，偿付到期债务。但如果债务资金属短期债务，债务人要通过资产调整、提高资产效率等来偿付到期债务就相对困难；如果债务资金属隔夜债务，债务人要运用这些资金进行资产调整、提高资产效率几无可能。显然，不应将不同期限的债务资金合为一体地简单讨论债务规模。

第二，从偿债能力来看，对债务人来说，债务期限越短集中偿债的风险越大，债务期限越长集中偿债的风险越小。内在机理有二：一是债务期限长短直接制约着债务人调整各种资源、运用各种方法进行偿付到期债务安排的操作空间。二是债务期限长短直接制约着债务人进行资产变现以偿付到期债务的操作空间。在其他条件不变的情况下，一般来说，长期债务的偿还时间相对在后，由此，债务人就可能根据经营运作中的现金流状况安排先期债务的偿付事务，以此提高信用程度，支持长期债务的到期清偿；同时，考虑长期债务的偿还需要，安排好新借入债务的期限结构，避免集中偿付债务可能引致的现金流不足；在偿付可能性降低的情况下，考虑出售股权或出售其他资产，提高长期债务的清偿能力。但如果借入的短期债务资金数额较大，这些调整的可能程度和运作空间都将被大幅度压缩，要提高偿债能力就比较困难。如果借入隔夜资金，则几无调整偿债能力的空间。

第三，从财务运作来看，偿债指的是清偿到期债务本息。其中，"到期"的实际含义是"当期"，即当期期末应清偿的债务本息。对那些期限未到的债务来说，债务人在当期并不承担予以清偿的义务，也就是说，中长期债务并不构成当期应偿债务，也不会形成当期的财务危机，因此，债务人不需要为此专门准备偿债资金。与此不同，短期债务（尤其是 1 年期以内的债务）在当期应清偿本息，债务人应积极筹措流动奖金予以兑付，否则，将形成财务风险乃至财务危机。

这些原理反映了实践运作中的一个基本情况，即不同期限的债务不应合为一体地研讨"风险"，而应区别对待。

2011 年 6 月，国家审计署公布了《全国地方政府性债务审计结果》以后，一些人对"截止到 2010 年底，全国地方政府性债务余额 107174.91 亿元"表现出了特别的关注，在欧债危机的背景下，大肆炒作地方政府债台高筑可能引致的风险，置表 2 的数据反映的情况于不顾，将不同年份的偿债数额合为一体研讨所谓的风险。从表 2 所示的数据看，2011 年，地方政府性债务当期总额为 26246.49 亿元（其中，地方政府负有偿还责任的债务为 18683.81 亿元），占 107174.91 亿元的比重仅为 24.49%。从银行数据、信托数据和 2013 年 12 月国家审计署公布的《全国政府性债务审计结果》来看，2011 年至 2013 年 6 月间，地方政府性债务本息得到了较好的偿付，并没有发生严重的到期不能兑付的现象。这一方面反映了地方政府性债务的各个承担主体有着较强的还债能力，每年能够清偿到期债务；另一方面说明了将不同期限债务合为一体地研讨风险是不切实际的。

表 2　　　　2010 年底全国地方政府性债务未来偿债情况表　　单位：亿元，%

偿债年度	三类债务合计		政府负有偿还责任的债务		政府负有担保责任的债务		其他相关债务	
	债务额	比重	债务额	比重	债务额	比重	债务额	比重
2011 年	26246.49	24.49	18683.81	27.84	3646.24	15.60	3916.44	23.46
2012 年	18402.48	17.17	12982.52	19.35	2972.07	12.72	2447.89	14.66
2013 年	12194.94	11.37	7991.36	11.91	2265.98	9.70	1937.60	11.61
2014 年	9941.39	9.28	6177.01	9.20	2273.31	9.73	1491.07	8.92
2015 年	8012.26	7.48	4934.69	7.35	1780.66	7.62	1296.91	7.77
2016 年及以后	32377.35	30.21	16340.12	24.35	10431.48	44.63	5605.75	33.58
合计	107174.91	100.00	67109.51	100.00	23369.74	100.00	16695.66	100.00

资料来源：国家审计署：《全国地方政府性债务审计结果（2011）》。

2013 年 6 月，国家审计署再次公布了《全国政府性债务审计结果》，一些人再次从地方政府性债务余额总数出发，强调与 2010 年底相比，地方政府性债务余额从 107174.91 亿元增加到 178908.66 亿元，增长了 66.93%，据此认为地方政府的债务风险在持续增大，主张中央政府应采取更加严格有力的举措予以限制。但从表 3 中可见，2013 年当期地方政府性债务中"政府负有偿还责任的债务"只有 24949.06 亿元，占比为 22.92%。如今，2013 年已经过去，2013 年的地方政府性债务已经清偿，并没有发生大面积严重违约现象。国家审计署的报告中没有明确指出地方政府性债务的违约率，但它指出："截至 2012 年底，全国政府负有偿还责任债务的逾期债务率为 5.38%，除去应付未付款项形成的逾期债务后，逾期债务率为 1.01%；政府负有担保责任的债务、可能承担一定救助责任的债务的逾期债务率分别为 1.61% 和 1.97%，均处于较低水平。"这些实践面的事实说明了，简单将各期债务相加来研讨债务风险，可能因过分夸大风险而误导政策面的选择。

表3　　　　　　2013 年 6 月底地方政府性债务未来偿债情况表　　单位：亿元，%

偿债年度	政府负有偿还责任的债务		政府或有债务	
	债务额	比重	政府负有担保责任的债务	可能承担一定救助责任的债务
2013 年 7 月至 12 月	24949.06	22.92	2472.69	5522.67
2014 年	23826.39	21.89	4373.05	7481.69
2015 年	18577.91	17.06	3198.42	5994.78
2016 年	12608.53	11.58	2606.26	4206.51
2017 年	8477.55	7.79	2298.60	3519.02
2018 年及以后	20419.73	18.76	11706.75	16669.05
合计	108859.17	100	26655.77	43393.72

资料来源：国家审计署：《全国政府性债务审计结果（2013）》。

　　如果要贴近实践面的情况研讨地方政府性债务风险，不仅需要将各期债务分别开来，而且需要分析与各期地方政府性债务承担主体相对应的现金流的可能状况，其中至少包括收入类（如相关实体企业的经营收入、事业单位收入和地方政府性收入等）、借款类（如各类债券发行募集的资金、银行信贷资金、向信托公司等金融机构借入的资金等）、投资类（如通过财政投资提供的资金、通过 PPP 等方式获得的投资资金、项目融资等获得的投资资金等）和资产类（如通过资产销售获得的资金、通过资产置换缓释的资金等）。只有在偿债现金流分析的基础上，明确偿债风险的程度，才可能切实厘清地方政府性债务的各期风险，为相应举措的选择提供有价值的参考依据。

三　厘清不同特性的债务效应

　　债务性产品众多，不论是银行贷款、信托贷款、债券还是租赁、保险等均属债务性金融产品。在许多人看来，这些债务性产品的属性相通，效应也就大致相同。但从金融角度看，这些债务性产品的功能差别甚大。以银行贷款与债券的各自功能为例，二者的差别至少有如下五方面：

　　第一，对信用膨胀的影响力度不同。银行信贷，在放出贷款的同时创造着新的存款，又可通过存款的增加再放出贷款，由此，利用存贷款机制，银行贷款可以不断地创造出新的资金，使得银行信用持续膨胀。债券是直接金融产品，在资金供给者直接从资金需求者手中购入债券的情况下，虽然资金供给者的资金转移到资金需求者手中后，发债人又将这些资金存入银行，就此而言，银行存款数额并无减少，但资金需求者通过发债获得经营运作所需的资金却减少了（甚至不再需要了）银行贷款，抑制了银行贷款再创造资金的信用膨胀程度。银行信贷膨胀程度的收敛，直接意味着经济金融运行中的杠杆率提高趋势受到了抑制，这为"去杠杆化"创造了基础性条件。

第二，债务资金的资本性质不同。在企业的资产负债表中，银行信贷记入"流动负债"科目。内在机理是，为审慎性经营原则所决定，不论是1家银行、100家银行还是10000家银行，也不论是中资银行还是海外银行，在各种各样的金融风险面前，它们首先强调的都是安全性，因此，在银行经营原则的排序中，"安全性"先于"营利性"。由于债务资金的期限越长风险越大，对债权人来说越难以控制，所以，银行在经营运作中总是倾向于发放短期贷款。在发达国家中，除住房抵押贷款（这由特殊机制保障）外，银行对实体企业的信贷基本限定为短期贷款，只有一些政府的大型项目采取银团贷款方式，在运作中选择了中长期贷款。在中国，受金融体制机制制约，虽然存在着大量的银行中长期贷款（其比重可达贷款余额的60%以上），但从银行贷款的投放看，依然有着明显的短期投放色彩。例如，在某一5年期投资项目需要贷款20亿元的场合，如果银行审贷后批准给予放款，则每年按照工程进度预定计划落实放贷。第1年需要贷款资金5亿元，银行投放贷款资金5亿元；第2年需要贷款资金4亿元，银行投放贷款4亿元；第3年需要贷款资金5亿元，在货币政策紧缩的背景下，银行仅投放贷款2亿元……此种情况严重影响着项目建设的工期和建设效率。因此，不论是短期贷款还是中长期贷款，在借款人的资产负债表中，银行信贷均属债务性资金。与此不同，中长期债券募集的资金虽属债务性范畴，但由于在财务上它们不是当期需要偿付本息的债务，所以，在经济金融运作的实践中，5年期以上债券所募集的资金具有准资本功能，记入"中长期债务"科目。一个规则实例是，在《巴塞尔协议》（从《巴塞尔协议Ⅰ》到《巴塞尔协议Ⅲ》）中，银行发行5年期以上债券所获得的资金可以充当附属资本。中长期债券的资本属性随时间延续而按比例逐年减少，简要计算公式为：中长期债券所募资金的资本数额 =（中长期债券所募资金/债券期限）×债券存续期限。例如，1 家发行了 10 亿元 7 年期债券的公司，可以这 10 亿元发债募集的资金为基础，再向银行申请新的短期贷款资金（如 3 亿元 1 年期贷款），突破债务性资金（或由此形成的资产）不能作为承担新增债务的资产基础的限制。其内在机理是：10 年后才需要偿付本金的债务，在当期不构成财务风险；即便不论这些长期债务在形成资产后的运作收益，它也可支持短期债务在当期的本息偿付。

第三，债务资金的价格不同。银行贷款利率建立在吸收存款利率和银行经营成本的基础上。在中国目前条件下，按照 1 年期存贷款基准利率计算，存款利率 3%、贷款利率 6%，存贷款利差为 3 个百分点。在新增贷款规模行政管制条件下，贷款利率有着继续上行的趋势。与此不同，债券利率对资金供给者和资金需求者属同一利率，在一般情况下，它高于同期存款利率、低于同期贷款利率（差额为金融脱媒所提高的效率），有利于提高资金供给者的金融收入、降低资金需求者的融资成本，因此，在成熟金融市场中，受实体经济部门（实体企业和城乡居民）欢迎的程度高于银行存贷款。对中国金融体系改革而言，债券市场发展是诸多金融改革措施落实到位的前提性条件，是发挥金融市场在配置金融资源中的决定性作用的突破口和先导性机制。

第四，信息披露公开的程度不同。银行贷款建立在"一对一"谈判的基础上，其信息大多属于相关银行的商业机密，基本不对社会公开披露，有着明显的信息不对称特点。与此不同，债券属公开发行的证券，信息系统、准确和及时公开披露是发行的基本条件。在实行发行注册制的体制机制安排中，发行人公开披露信息更是投资者（即资金供给者）了解发行人状况、做出投资购买债券决策的基本条件。信息公开披露的另一效应就是，发行人需接受社会各界（包括媒体等）的持续性监督。在互联网时代，通过大数据、云计算等技术手段，这种持续监督的力度和及时性将更为强化。此类社会监督，不仅影响着债券的市场交易价格走势，而且有利于提高信息对称程度、市场的成熟程度和发债人的风险透明状况。

第五，市场的可交易程度不同。银行贷款属于非标准化金融产品，各笔贷款之间在时间、条件、利率、数额和贷款对象等方面不尽相同，难以直接对比，因此，它们基本处于不可直接交易状态，也很难有二级市场的交易价格（除非进行信贷资产证券化）。债券则属于标准化证券，有着较为充分的二级市场交易。对债权人来说，既可以通过交易来调整资产的流动性头寸，也可通过交易来提高这部分的收益水平（与存款相比），还可通过交易来优化资产组合；对债务人来说，既可通过交易来理解和把握市场价格走势（为后期的债券发行做准备），也可通过交易价格波动来调整债券赎回策略，还可通过交易提供的其他信息来调整经营运作、公司治理结构和发展取向等。

不难看出，债券是一种市场化程度、透明程度和金融效率等均较高的金融产品，是中国金融市场发展中应着力推进的主要债务类产品；而随着金融脱媒的展开，银行贷款在资金供给中所占比重将明显降低。

从表4中可见，2013年6月底，在地方政府性债务中"政府负有偿还责任的债务"总额为108859.17亿元，其中，仅"银行贷款"就达到55252.45亿元，占比达到50.76%；如果假定"短期融资券""应付未付款项""信托融资""其他单位和个人借款""垫资施工、延期付款""证券、保险业和其他金融机构融资"和"集资"等均为短期债务资金，则这些科目的短期债务资金达到27847.9亿元，占比达到25.58%；二者相加，占比达到76.34%。因此，地方政府性债务主要由短期债务资金构成。

表4　　　　　　　2013年6月底地方政府性债务资金来源情况表　　　　单位：亿元

债权人类别	政府负有偿还责任的债务	政府或有债务	
		政府负有担保责任的债务	可能承担一定救助责任的债务
银行贷款	55252.45	19085.18	26849.76
BT	12146.30	465.05	2152.16
发行债券	11658.67	1673.58	5124.66
其中：地方政府债券	6146.28	489.74	0.00
企业债券	4590.09	808.62	3428.66
中期票据	575.44	344.82	1019.88
短期融资券	123.53	9.13	222.64
应付未付款项	7781.90	90.98	701.89

续表

债权人类别	政府负有偿还责任的债务	政府或有债务	
		政府负有担保责任的债务	可能承担一定救助责任的债务
信托融资	7620.33	2527.33	4104.67
其他单位和个人借款	6679.41	552.79	1159.39
垫资施工、延期付款	3269.21	12.71	476.67
证券、保险业和其他金融机构融资	2000.29	309.93	1055.91
国债、外债等财政转贷	1326.21	1707.52	0.00
融资租赁	751.17	193.05	1374.72
集资	373.23	37.65	393.89
合计	108859.17	26655.77	43393.72

资料来源：国家审计署：《全国政府性债务审计结果（2013）》。

将表4的资金来源与表1的资金用途相比较可以看出，二者在期限上明显不匹配，"短资长用"的现象十分突出。诸如市政建设、交通运输、保障性住房、教科文卫、农林水利、生态建设、工业和能源等的建设需要投入的是中长期资金，但用于支持这些建设的资金来源却以短期债务资金为主。这种资金期限的不匹配，不仅使得地方政府每年需要花费大量时间和精力以筹措资金，每每感到可用资金捉襟见肘，而且在资金对缝式协调配置中，常常不得不忙于拆东墙补西墙，既严重影响项目施工进度和效率，也带来了一系列风险和其他不可预见的后果。

要跳出这种资金期限错配的困境，克服由此引致的种种弊端，一个可选择的政策路径是，加大地方政府的项目发债规模，提高中长期债务比重，改变以短期信贷资金为主的格局，以中长期债券募集的中长期资金来支持地方政府的各项基础设施建设。这也有利于降低地方政府性债务融资的成本，加快中国债券市场的发展。

四　厘清不同特性的财政债务

在研讨地方政府性债务过程中，一些人总是将这些债务余额与地方政府的财政收入进行直接对比，以此论证地方政府债台高筑，存在着种种偿债风险。但实际上，地方政府性债务涉及的范围并非财政范畴所能囊括的。

从表5的情况看，首先，对"融资平台公司"和"国有独资或控股企业"来说，不论是《物权法》《公司法》和《破产法》等法律规定还是相关财务制度都规定：公司作为独立法人机构，其承担的债务应由自己负责清偿，如果不能清偿到期债务本息，应进入破产清算程序，因此，这些债务不属于由地方政府财政清偿范畴。从表5中可见，"融资平台公司"和"国有独资或控股企业"的债务在2013年6月底达到52318.08亿元，占比达到50.07%，但这些债务不应属于地方政府负有偿还责任的债务。与此对应，这些公司的债务也不应形成地方政府的或有债务，在表5中，"融资平台公司"和"国有独资或控股企业"的"政府或有债务"达到48742.22亿元，占比达到72.56%。如果这些公司的债务应由地方政府财政承担，那么，将与《中华人民共和国反补贴条例》的要求相冲突，既不利于建设公平竞争的市场环境，也不利于这些公司进入国际竞争。其次，"自收自支事业单位"属于实行企业化管理的事业单位。对它们来说，表5中"政府负有偿还责任的债务"3462.91亿元和"政府或有债务"2562.55亿元应由其自己清偿，不应由地方政府财政承担偿还责任，否则，"自收自支"的企业化管理也就失去了最基本的意义。因此，它们的债务也不应直接列入与地方政府财政收入进行对比的范畴。最后，国家审计署2013年6月发布的《全国政府性债务审计结果》明确指出："用于城市轨道交通、水热电气等市政建设和高速公路、铁路、机场等交通运输设施建设的债务，不仅形成了相应资产，而且大多有较好的经营性收入；用于公租房、廉租房、经济适用房等保障性住房的债务，也有相应的资产、租金和售房收入。"这也反映了相关的"融资平台公司"和"国有独资或控股企业"的债务并不需要由地方政府承担偿债责任。因此，这些债务不应直接与地方政府财政收入挂钩并由此计算出财政债务负担率。

表5　　　　　　2013年6月底地方政府性债务余额举债主体情况表　　单位：亿元

举债主体类别	政府负有偿还责任的债务	政府或有债务	
		政府负有担保责任的债务	可能承担一定救助责任的债务
融资平台公司	40755.54	8832.51	20116.31

续表

举债主体类别	政府负有偿还责任的债务	政府或有债务	
		政府负有担保责任的债务	可能承担一定救助责任的债务
政府部门和机构	30913.38	9684.20	0.00
经费补助事业单位	17761.87	1031.71	5157.10
国有独资或控股企业	11562.54	5754.14	14039.26
自收自支事业单位	3462.91	377.92	2184.63
合计	104456.24	25680.48	41497.30

资料来源：国家审计署：《全国政府性债务审计结果（2013）》。

财政收入通常指的是 1 年内某级政府财政通过税收及其他方式获得的收入总和。在债务资金全额被政府部门用于提高社会福利或增加其他公共服务开支（即不增加实物资产）的情况下，偿还债务的状况取决于随后各年的财政收入走势，因此，将这些债务直接与财政收入相挂钩并通过计算财政债务负担率来预计政府部门偿债能力是有积极意义的。由于美欧等西方发达国家的公共财政特点是：财政收入在满足经常性支出、提高社会福利和其他公共服务之后就所剩无几，并不形成具有收入来源的资产，所以，可以直接用政府部门的债务与其财政收入相对比计算出财政债务负担率。但在中国，情况有着明显不同。中国各地方政府收入，除了财政预算内收入外，还包括地方政府性收入（如地方政府基金收入等）、国有独资或控股企业中的国有股权收入、出售资产收入和其他收入。这些收入不是简单用预算内收入所能囊括的，也不是用预算内收入计算的财政债务负担率所能反映的。在实践过程中，经济主体用于偿还债务的资金并不是经营利润，只要有现金收入和其他的资金来源，就可清偿到期债务。如表 5 中的"融资平台公司""国有独资或控股企业"和"自收自支事业单位"等都可用经营运作过程中产生的现金流来偿付到期债务，因此，并不需要将它们的债务列入地方政府财政的债务负担范畴（当然，如上所述，也不应当列入由地方政府财政承担债务偿还的范畴）。另外，中国地方政府在以往投资中已形成大量资产，其中不乏优质资产和有着良好现金流的资产，在必要时可通过出售这些资产来偿付到期债务，因此，债务清偿的资金来源并不完全局限于财政预算内收入。

偿还到期债务是一个当期概念。在使用长期债务资金投资形成实物资产的情况下，某一确定时点（如某年）的地方财政债务负担数额也许可以选择"中长期债券所募资金的资本数额"方式进行计算，将当期不需要偿还的未来债务数额列在当期的财政债务负担范畴之外。例如，某项 10 年期的 100 亿元债务，第 1 年不列入财政债务，第 2 年列入 10 亿元为财政债务，第 3 年列入 20 亿元为财政债务，如此逐年按比例将其列入财政债务范畴，到第 10 年将 100 亿元列为财政债务。这样的计算方法，既比较符合实际的经济活动情况，将形成资产的财政债务与不形成资产的财政债务相区别，从而真实地反映以资产为基础的财政偿付债务能力变化情况，又可避免社会各界对财政债务增加所引致的各种风险的担忧，给地方政府基础设施建设提供一个相对宽松的社会舆论环境。

总之，计算财政债务负担率需要具体情况具体分析，既应贯彻市场经济规则和法律制度要求，避免将国有经济部门中不同主体承担的债务均列入地方政府财政负担范畴，也应根据财政债务的资产形成状况，参照资产负债表原理，将不是当期需要偿付的债务，逐年按比例列入负债范畴，以此支持地方政府通过长期债务性资金进行基础设施建设，为有效缓解城镇化过程中教育、文化、医疗、道路、桥梁、住房和养老等一系列供求缺口创造消费条件，推进消费结构升级，实现全面小康。

五 通过长期债券转变地方政府性债务承担方式

十八届三中全会《中共中央关于全面深化改革若干重大问题的决定》中指出，要"建立透明规范的城市建设投融资机制，允许地方政府通过发债等多种方式拓宽城市建设融资渠道"。表 4 既反映了地方政府性债务资金来源的总体结构，也反映了其每年偿付债务的沉重压力。实际上，对地方政府来说，面对着一个严重的矛盾：一方面，要缓解经济社会运行中在教育、文化、医疗、道路、桥梁、住房、供水、供气、绿化和环保等方面的一系列供求缺口，必然要加大加快相关的资金投入，在可支付财力严重不足的条件下，只能通过借入债务性资金来满足这些基础设施建设的需要，为此，债务数额增加和债务负担率上升都将是必然的趋势。另一方面，债务数额增加和债务负担率上升又将引致偿债压力增大和偿债风险提高，借入的债务资金期限越短则偿债风险越大。在这种财力与事权严重不匹配的格局中，发行长期债券也许是一个可考虑的应对之策。

之所以建议通过发行长期债券来缓解地方政府的财力与事权矛盾，主要考虑有三：其一，中国的城镇化建设正处于高峰期，这个过程可能需要延续 15 年左右；在此之后，随着城镇化建设趋于完成，地方政府的基础设施建设投资就将逐步减少。由于长期债券所募集的资金在债券期限内不需还本（只需按年付息），所以，它既能够满足这一建设高峰期的投资资金需求，又有利于缓解这些投资资金的偿债压力。与表 4 中地方政府性债务资金主要来源于银行信贷等短期资金相比，长期债券不仅有利于保障资金运作的稳定，给相关项目建设以稳定的资金支持，而且有利于降低总体融资成本，减弱经济运行中宏观经济政策调整所带来的波动性影响。其二，长期债券的本金在经济发展中受到物价上行的侵蚀。在 20 年的递增中，只需每年物价上升 3.7%，本金的初始价值就将在期末为零。在中国经济发展过程中，1978—2012 年的 35 年间 CPI 上行了 4.80 倍，商品零售价格指数（RPI）上行了 3.35 倍，1985—2012 年的 28 年间 PPI 上行了 2.93 倍。如果这种物价上行幅度在未来 15 年左右依然延续，那么，15 年期的长期债券本金的实际价值在到期偿还时将趋于零，这将大大降低偿债压力。其三，在 15 年间，只要这些长期债券资金在项目建成后的经营运作效率高于偿债利率 5 个百分点左右，累计的利润总额就将能够满足偿付到期本金的需要，由此，既满足了 15 年间相关消费对象和消费条件供给的需要，改善了这些方面的供求缺口，又具有了兑付到期本金的能力。不难看出，长期债券的这些功能，是简单运用银行信贷或其他短期借贷资金所难以实现的。

在推进地方政府发行长期债券过程中，需要注意解决好以下 8 个方面的具体问题：

第一，界定发债主体。从表 5 的"举债主体类别"中可以看到，"融资平台公司"和"国有独资或控股企业"等属于独立法人机构，按照《公司法》等法律法规的规定，它们具有举债的独立资格，可以自己的名义发行长期债券，因此，应准许它们根据城镇化建设项目的需要，自主发行长期债券。如前所述，这些债券形成的债务应与地方政府财政分立。在非公司制运作中，可考虑选择项目债券，即以这些项目现金流为偿付基础、辅之以地方政府的信用支持；对那些纯公共性产品（如城区道路、绿地等）的建设，可考虑发行有担保的长期债券，担保者既可以是国有独资的城建公司等，也可以是地方政府基金，还可以是地方政府财政。

第二，公开披露信息。从改革角度看，地方长期债券的发行将从审批制转向注册制。在注册制条件下，信息公开披露是一项核心机制。它不仅决定着债券发行价格和债券信用程度的高低，而且决定着债券发行的顺利程度和债券市场发展的前景。为此，应着力明确债券发行所应公开披露的各项信息，并运用大数据、云计算等最新技术手段来丰富和完善相关债券的信息公开披露程度，以取信于投资者。

第三，明确发行对象。长期以来，中国的债券绝大多数向银行等金融机构发行，这对发行人虽有着发行期短、发债资金到位快等好处，但因银行等金融机构并非是资金的供给者，同时，银行属于风险厌恶者，所以，它既不利于各种风险程度不同的债券发行，使相当多不符合银行风险偏好的债券难以发行，也不利于提高债权人对债务人的监督程度。要改变这种状况，充分发挥债券在金融运行中的多方面功能，就必须使债券回归直接金融产品，因此，债券的发行对象应当以城乡居民和实体企业为主。

第四，明确债券条件。债券依具体条件而有众多的分类。按照抵押担保状况，分为抵押担保债券、抵押债券、担保债券和无抵押无担保债券等；按照是否可赎回，分为可赎回债券、不可赎回债券等；按照风险程度，分为投资级债券、高风险债券；按照是否可转换为股票，分为可转换债券和不可转换债券，等等。地方政府在发债中应选择适合项目投资又适合投资者的债券条件。尤其是考虑到长期债券的延续期限较长，其间各种条件都将发生变化，更应选择适当的发债条件，给债权人和债务人以更多的市场选择权。

第五，划定发行区域。地方性债券的发行未必都要在银行间市场或证券交易所市场发行，为了降低对债券风险的担忧程度，地方债券可选择在本地区（如本省或本市）范围内面向社会公众和实体企业发售，项目债券尤其应当考虑这一选择。原因有两方面：一方面，认购者对本地区的情况较为熟悉，对发债资金的投资项目等有着较强的鉴别能力；另一方面，认购者对发债人有着较强的监督能力，可迫使发债人履行到期偿债的义务。

第六，选择发债渠道。以往发债选择的是银行间市场、交易所市场和柜台发售等，这些渠道的一个特点是：发债成本较高，且不利于推进地方债券市场的形成。要降低发债成本并由此推进地方金融市场的发展，可考虑利用互联网渠道和技术，公开向社会公众和实体企业发售长期债券。选择这种渠道，最初由于认购者不了解不熟悉此种路径，可能发债的速度慢一些，但随着发债只数的增加，它的效率将明显提高，优势也将逐步显现。此外，这种发债方式还有利于建立以互联网为依托的新的债券交易市场。

第七，强化资信评级。资信评级是债券发行中不可或缺的机制。它不仅对债券发行价格有着重要影响，对投资者认购行为有着导向作用，而且是监督发债人的重要机制，对债券交易价格走势也有着至关重要的影响。中国的债券资信评级体系不成熟、不发达，这是现实状况，需要在债券市场发展和资信评级市场竞争中逐步走向成熟。

第八，落实发行失败制度。债券发行受到各种条件的制约，由于某些条件不成熟或发债方案未能得到投资者的认同，实际发行的债权数额可能明显低于预期发债数额（例如，发行期结束时的实际发债量为预期发债量的60％以下），由此引致发债资金难以满足项目建设的需要，同时又使前期认购者的购债资金面临较大的风险。在这种情况下，应启动发债失败程序，全额清偿前期认购者的本息。这样做的好处是，既维护了发债人的声誉，使其避免陷入尴尬境地，又避免了草率发债现象的发生。

发行长期债券需要考虑交易市场的建设、到期不能偿付的清算机制等等一系列问题。从地方政府债券角度看，还要考虑财政集权体制的中央财政与地方财政的关系等问题。从这个角度看，长期债券市场发展是一项复杂的系统工程，存在着各种各样的难点。但只要不起步，这些难点始终存在，真正耽误的不仅是经济发展潜力的发挥和经济发展水平的提高，更重要的是影响城乡居民消费结构的升级、民生工程的兑现和全面小康的实现。因此，要真切地"解决好人民最关心最直接最现实的利益问题"，就必须选择在发展中克服难点的政策取向。

主要参考文献

[1] 中共中央:《关于全面深化改革若干重大问题的决定》。

[2] 国家审计署:《全国政府性债务审计结果》,2013 年 12 月 30 日。

[3] 安国俊:《国债管理研究》,经济科学出版社 2007 年版。

[4] 马庆泉主编:《中国证券史》,中信出版社 2003 年版。

[5] 王国刚:《资本市场导论》,社会科学文献出版社 2014 年版。

[6] 王国刚:《关于“地方政府融资平台债务”的冷思考》,《财贸经济》2012 年第 9 期。

[7] [美] E. 菲亚博:《债券及债券基金精要》(第二版),经济管理出版社 2004 年版。

[8] [美] 大卫·格雷伯:《债——第一个 5000 年》,中信出版社 2012 年版。

[9] [美] 弗兰克·J. 法博齐编:《固定收益证券手册》,中国人民大学出版社 2005 年版。

(原载《经济学动态》2014 年第 9 期)

第三篇
对外开放与国际金融

中国资本账户开放：经济主权、重点和步骤

2001 年 12 月，随着加入世贸组织，与国民经济的其他产业部门一样，中国金融也进入了一个新的改革与发展阶段。在此背景下，开放资本账户已是大势所趋。但何谓"开放资本账户"？为什么要开放资本账户？开放资本账户的基础是什么？在现今中国境内开放资本账户主要包括哪些内容？应选择哪些步骤？这些都是有待深入探讨的问题。

一　开放资本账户的内涵

"资本账户"，又称资本项目，属国际收支账户范畴。按照 1993 年以前国际货币基金组织《国际收支手册》的分类，国际收支账户的两个基本大类名称为"经常账户"和"资本账户"；1993 年，国际货币基金组织在《国际收支手册》第五版中将"资本账户"进一步细化为"资本与金融账户"。其中，资本账户包括资本转移，债务减免，移民转移和非生产、非金融资产（如专利、版权等无形资产）的收买或放弃等内容；金融账户则包括的是各类投资方式，主要有直接投资、证券投资和其他投资（如贸易信贷、各种贷款、货币和存款等）。由于在战后几十年的进程中，"资本账户"一词已为人们广为接受，在 1993 年以后，除在一些特别正式的场合需要准确地使用"资本与金融账户"一词外，在绝大多数场合，人们依然用"资本账户"一词来表述"资本与金融账户"的内容，并且在一般情况下不会产生歧义，所以，我们也用"资本账户"来表述"资本与金融账户"。

迄今为止，对于"资本账户开放"的含义，国内外有着各种不同的认识和界定，但尚未有一个清晰且获得多数人一致同意的说法。我们认为，

可以从三个方面来把握资本账户开放（及其与资本项目可兑换）的内涵：

第一，资本账户开放主要是指放松或取消对国际收支账户中的"资本与金融账户"项下各子账户的管制，其中包括放松或取消对跨境资本转移、直接投资、证券投资及其他投资等的管制。因此，开放资本账户绝不仅仅意味着放松或取消对跨境证券投资、资本交易的管制。从中国实践情况来说，自20世纪70年代末开始实施引进外资政策开始，资本账户实际上就已经处于逐步放松管制的过程中，现今所强调的开放资本账户从严格意义上说是指放松或取消资本账户项下尚未放松或取消管制的子项。

第二，"资本账户开放"与"资本项目可兑换"是不同的概念。资本账户开放主要强调资本交易的放开，并不一定要求资本项目下的汇兑自由。在资本跨境运作中，与资本交易相关的外汇管制主要表现在两个方面：一是对本外币兑换的管制，二是对资本跨境流动的管制。所谓资本项目不可兑换，通常指的是一国货币当局同时在这两个方面进行管制。虽然随着资本账户开放的扩大和深入，跨境资本交易对实现资本项目可兑换的要求将不断提高，同时对跨境资本流动的监管难度也将加大，从而最终将导致资本项目完全可兑换，但是在实践中，资本账户开放与资本项目可兑换依然是两个既相互关联又有着明显区别的范畴。从政策调整来说，资本项目的开放与资本项目的可兑换是两个可以分阶段操作的步骤。因此，不能认为可以在实现资本账户开放的同时实现资本项目的可兑换。

需要指出的是，既然"资本账户开放"与"资本项目可兑换"不是等值的概念，而"资本项目可兑换"又不等于"货币完全可兑换"，那么，"资本账户开放"与"货币完全可兑换"亦不是等值概念，不可相互替代。"资本项目可兑换"与"货币完全可兑换"的主要区别在于"可兑换"的深度有着明显差别，例如，"资本项目可兑换"只是允许居民有实际交易背景的外汇汇兑与汇出，但保留货币当局对交易真实性的审核权；而"货币完全可兑换"则允许居民在从事外汇汇兑和汇出活动时，不必有任何的实际交易背景。

第三，资本账户开放在国际社会中是一个相对概念。从世界各国（包括发达国家）的资本账户开放和汇兑安排实践中可以看到，世界上既没有绝对的开放，也没有绝对的管制。在放松或取消资本账户中一些主要子项管制的条件下，一国货币当局依然可以对资本账户中另一些子项实施管制；在国内外条件变化的情况下，一国货币当局也可以对已取消管制的资本账户子项再度实行管制。因此，在资本账户开放的条件下（或资本账户开放以后），一国货币当局仍然可以维持对部分资本账户子项的管制。值得强调的是，迄今在国际社会中，尚无一个国家真正实现了资本账户的完全开放。例如，美国是公认的资本账户自由化程度最高的国家之一，但是，按照国际货币基金组织的界定，美国仍然存在一些限制条款，其中包括对外国共同基金在境内出售和发行股票等的限制、对非居民购买证券的行业限制、对居民对外直接投资的国别限制等。因此，所谓资本账户开放，不是指资本账户下任何子项都不受限制的完全开放，而是指资本账户基本开放，即大部分或绝大部分子项已充分开放而少部分或个别子项依然有所管制的状态；另外，所谓资本账户开放，也不是指资本账户只能对外开放不能再依据条件变化再度对某些子项实行管制，而是指资本账户的总走向是对外开放但也可根据具体情况的变化对某些子项有开有收。总之，对"开放资本账户"不应做绝对化的理解。

二　经济主权：开放资本账户的政策基本点

开放资本账户，是一国从封闭型经济转变为开放型经济的决定性步骤。资本账户的完全开放，既标志着该国的经济金融已完全融入国际社会，实现了彻底的国际接轨，也意味着该国经济和金融运行机制与运行格局要再退回到资本账户开放前的状态已极为困难了。因此，对任何国家（和地区）来说，是否开放资本账户都是一项重大的具有深远影响的经济决策（在某些情况下，甚至是一项重大的政治决策）。考虑到下述两方面情况，对中国来说，开放资本账户更需持认真而慎重的态度：其一，不论是国际货币基金组织（或国际货币基金协定）还是加入世贸组织均无有关开放资本账户的强制性条款或承诺要求，因此，是否、何时、如何开放资本账户完全属中国自主决策的事项，中国有着充分的选择权。其二，在发达国家历史上，普遍开放资本账户也是在 20 世纪 80 年代以后的事，绝大多数新兴工业国家也是在进入 90 年代以后才开放资本账户的，这意味着，对中国来说，完全不必在条件尚未有效形成时匆忙开放资本账户。更不用说一些新兴工业国家或发展中国家曾因过于简单地开放资本账户,无力防范国际资本流动,给国内经济金融带来了严重冲击而陷入危机困境,这给我们留下了深刻的教训。鉴于此,中国不应急于求成。

既然开放资本账户属中国自主选择的政策,那么,中国就可充分审时度势、权衡利弊地做出抉择。在这个过程中,有一个基本点是必须始终坚持的,即必须有利于增强中国主权经济(包括主权金融)的发展。鉴于此,以下三种倾向应尽可能避免:一是为"开放"资本账户而开放资本账户,即以"开放"资本账户为实施这一政策的目的;二是为了获得或创造"开放"政绩而开放资本账户,即将开放资本账户当作一项实现政绩的形象工程;三是开放资本账户的目的在于迎合境外投资者要求,忽视中国境内的主权利益要求和条件状况。

一些人认为,在金融全球化的背景下,资本是无国界的,通过国际金融市场的功能发挥,任一国家的资本都可以流入另一国家,并快速地从这一国家再流入其他国家,运用资本账户不开放的管制机制来阻止资本流动,既缺乏实际意义,也不利于中国经济融入国际社会。毋庸讳言,资本在国际流动中的确呈现出一种无国界的现象,但是,金融是有国界的。各国具体的金融制度、金融市场、金融机构、金融工具等均有着明显差别,这不仅突出地反映了各国金融服务于经济社会的具体特点和服务于经济发展的具体要求,而且也反映着各国的金融主权要求以及与这种主权要求相一致的制度要求。就直接关系来说,开放资本账户涉及的并不只是资本的国际流动问题,也不只是中国金融市场、金融机构、金融工具、金融监管及中国金融体系其他方面的实质性调整,更重要还在于中国金融制度体系的实质性调整。这种调整不仅将涉及金融活动的方方面面,而且将影响到经济社会生活的方方面面。因此,中国不应当也不可能仅从资本的无国界本性出发来考虑资本账户开放问题,只能从中国金融的主权利益出发来权衡开放资本账户的各种政策、各种选择的利弊关系。

一些人强调,在加入世贸组织以后,市场和市场竞争是无国界的。在这种背景下,继续对资本账户实行管制,只能限制国际竞争的有效展开,既不利于国际资源自由流入中国境内从而在中国境内进行有效配置,也不利于中国境内厂商、金融机构和资本自由进入境外市场从而提高在境外市场从事国际竞争的能力。的确，在加入世贸组织以后，中国境内的商品市场、技术市场、劳动力市场、信息市场、企业家市场等呈现出一种无国界趋势，金融市场也将在相当大程度上逐步实现国际化，此时强调"市场和市场竞争是无国界的"具有现实意义，但是，具体的市场制度、主体企业（包括厂商、金融机构等）、基本消费者、基本就业者等是有国界的。中国作为世界上最大的发展中国家，不可能将国民经济的运行和发展建立在任凭国际流动资本随意冲击的基础上；中国作为一个有着 13 亿人口的国家，也不可能将经济生活秩序的稳定建立在由他国厂商控制乃至垄断中国境内市场的基础上。因此，中国必须从中资经济发展、国计民安、主权安全等角度来权衡市场开放、产业准入等诸多问题，也必然要从这些角度出发来考虑资本账户开放的步速。

毋庸赘述，中国作为一个发展中国家，在经济社会的许多方面明显落后于发达国家。在这种背景下，如若不审时度势，根据主权要求和具体条件来适时有序地逐步实现资本账户的开放，而一味简单地追求资本账户早日开放，其结果势必造成国民财富的严重流失和经济运行秩序的混乱，这不仅不利于经济安全甚至将严重影响政治安全。总之，是否、何时、如何开放资本账户，应充分考虑中国主权经济的内在要求，应从有利于中国主权经济安全、主权经济的稳步发展这一基本点出发，并以此为基本原则。

三　中国资本账户开放的实践状况

要实现资本账户开放，首先需要弄清中国境内的资本账户管制状况。从表 1[①] 中可以看出，与发达国家相比，中国境内的资本账户似乎处于一种比较严格的管制状态。例如，在"资本项目交易"名下所列的 13 个子项目中，中国占了 12 个，而美、英、法、德、日分别只占 4 个、2 个、4 个、1个、3 个。但如果不是停留于现象形态，而是从实践的具体情况来看，则中

---

① 根据国际货币基金组织编写、国家外汇管理局编译的《各国汇兑安排与汇兑限制》中的附录而编制；该书由中国金融出版社 2000 年 10 月出版。

国的资本账户开放程度明显高于表 1 反映的情况。其次，就这 13 个子项来说，在接受《国际货币基金协定》第八条款的 150 个成员国（或地区）中，大多数国家（或地区）也大多选择了管制政策。其中，选择"专用于商业银行和其他信贷机构的条款"的国家（或地区）数达到 155 个，超过了接受第八条款的国家（或地区）数；选择"对直接投资的管制"的国家（或地区）达到 149 个，包括了美、英、法、日等国，与接受第八条款的成员国（或地区）相差无几。在国际货币基金组织的 185 个成员国（或地区）中，100 个以上的成员国（或地区）选择管制的子项达到 8 项。这些数字说明了，对资本账户实行一定程度的管制在全球绝大多数国家中都存在。

表 1　　　　　　　　　国际货币基金组织成员国和资本交易监管框架概要

国别 项目	此类 国家数	中国	美国	英国	法国	德国	日本
第八条款（经常项目开放）	150	●	●	●	●	●	●
资本项目交易							
对资本市场证券交易的管制	133	●	●				
对货币市场工具的管制	115	●	●		●		
对集体投资类证券的管制	103	●	●		●		
对衍生工具和其他交易工具的管制	87	●					
商业信贷	105	●					
金融信贷	112	●					
担保、保证和备用融资工具	88	●					
对直接投资的管制	149	●	●	●	●		●
对直接投资清盘的管制	52						
对不动产交易的管制	134	●					
对个人资本流动的管制	82	●					
专用于商业银行和其他信贷机构的条款	155	●		●			●
专用于机构投资者的条款	82	●			●	●	●

　　自 20 世纪 70 年代末以来，随着中国境内改革开放的深入，资本账户的开放也在逐步展开。中国境内的资本账户实行的是一种"名紧而实松"的管制，即尽管在名义上对资本账户中的许多子项仍然保持着较为严格的管制，但在实践中，资本账户下的大部分子项已有相当程度的开放。从"资本账户"下具有分析意义的 28 个子项来看，中国境内的情况大致有三：第一，管制较严的子项有 5 个，占 17.86%，主要包括对外直接投资项下的流出、居民对外股本证券投资、居民对外发行债券、居民在境外购买债券和居民借用外债等，以及非居民在境内证券市场（除 B 股市场）发行证券和证券交易等；第二，管制较松的子项有 11 个，占 39.29%，主要包括外商在华直接投资、居民在境外发行股票、居民对外借款的还本、贸易信贷流入等；第三，基本没有管制的（包括尚未有管制规定的）子项有 12 个，占 42.85%，主要包括外商在华直接投资流出、非居民股本证券投资（B 股）的流出入、现钞流入管理等。①

　　在现实经济活动中，中国对表 1（13 个子项中）大多数子项都已有明显的放松管制政策。其中，资本项下的流出入，除按照国际惯例进行真实性审核外，没有管制；在"直接投资"子项中，除对中资出境投资有较严格的管制外，对外资在华直接投资的管制较为宽松，而外商投资企业清盘、撤资、转股后属于外方投资者的资金，只需经外汇局审核真实性后即可以现汇（或购汇后）方式汇出；在"股本证券投资"子项中，虽然对居民从事境外股票交易有着严格的管制，但对非居民购买 B 股的交易则已完全放松管制，此外，对居民在境外发行股票募集资金的管制也相对较松；在"对外借款"子项中，居民对外借款仍有严格管制，但境内金融机构对外放贷、非居民对中国境内居民的还贷等则基本无限制；在"贸易借贷"子项中，不论是资金流入还是流出均管制较松；在"货币和存款"子项中，货币的流入和存款没有限制，货币的流出和存款管制较松；在"其他（包括租赁等其他形式的投资）"子项中，对资金流出入的限制都较为宽松。

---

　　① 2002 年 10 月 10 日，中国人民银行行长戴相龙在"东盟与中日韩（10 + 3）短期资本流动管理和资本账户开放"高级研讨会上指出，"对照国际货币基金组织确定的资本项下 43 个交易项目，我国完全可兑换和基本可兑换（经登记或核准）的有 12 项，占 28%；有限制的有 16 项，占 37%；暂时禁止的有 15 项，占 35%"。见《中国证券报》2002 年 10 月 12 日。

　　与中国的"名紧实松"不同，相当多的发达国家在资本账户开放上实行的是一种"名松实紧"的政策。例如，美国除对古巴、伊朗、朝鲜、伊拉克、利比亚、苏丹、南斯拉夫等列入名单的国家和居民实施冻结账户等管制措施外，在资本项目交易中对有可能使美国经济主权或投资者权益受到影响的一些重要子项也实行了严格管制。在对资本和货币市场工具的管制方面，美国对非居民购买核能、海洋、通信和空运等产业证券有着严格管制，对外国共同基金（主要是离岸基金）也实施管制（以保护美国投资者的权益）。在直接投资方面，美国强调："如果外国资本获取控股权会威胁到国家安全，则将被暂停或禁止。涉及银行所有权的投资受到联邦和国家银行法规的约束"；"外国居民或公司投资农用土地超过10％或拥有了实质控制股权的，必须向农业部申报的限制局限于那些受对内投资法限制的。美国的一些州对外国人购买其地界内的土地实施不同的限制。"[①] 因此，资本账户开放的程度，不能简单以文本资料为依据，还需要具体地从实践状况来分析。

　　值得强调的是，中国是世界上最大的发展中国家，同时，经济体制又处于从计划经济向市场经济的转轨过程中，在这种背景下，对资本账户中的一些子项继续实行管制的主要目的大致有二：一是防止境内资本大量外逃，严重影响境内的经济增长和可持续发展；二是防范境外短期资本大量随意流入境内，冲击境内经济和金融的平稳运行。达到这两个目的，不论对中国境内来说还是对国际社会来说都是极为重要的。设想一下，如果境内资金大量外逃，使境内经济增长和可持续发展面临严重困难，或者境外短期资本无序地大量流入和流出，严重冲击境内经济和金融的正常运行秩序，或者两者并发，引起境内经济和金融的严重动荡，这固然对中国境内经济和金融的健康发展和社会生活秩序的稳定没有益处，但对国际社会中主张加速本国（或本地）经济发展并以此为基础推进经济全球化的其他国家（和地区）又有多少好处？因此，中国境内对资本账户中的一些子项继续实行管制，一方面是由中国境内现存的各种具体条件所决定的，是一种

---

　　① 国际货币基金组织编写：《各国汇兑安排与汇兑限制》，国家外汇管理局编译，中国金融出版社2000年版，第892—893页。

不得已而为之的选择；另一方面则着眼于维护国际经济和金融的运行秩序稳定与健康发展的前景，是从全球利益角度出发做出的选择。

毋庸讳言，自 20 世纪 90 年代以来，在实践中，境内资本通过各种途径外逃的现象每年均有发生，其数额甚至超过了通过合法渠道引入的外资数额，同时，外资通过非正规渠道进入境内资本市场的现象也时有发生。众多的国际实践经验也证明，在经济和金融全球化的背景下，对实行开放型经济的国家来说，要实现完全的资本管制，防止任何的资本外逃、外资"热钱"流入，几乎是不可能的。从这个意义上说，资本管制只能在有限的时间内起到有限的隔离作用，并不能长期有效地保护中国境内经济和金融市场的发展，更难以有效提高有关监管部门对国际资本流动的监管能力和境内金融机构的国际竞争能力。但是，这些实践结果，不足以成为贸然放开资本账户管制的理由，只是实施有条件地逐步地开放资本账户的政策依据。

2001 年 12 月 11 日，中国已正式加入世贸组织。随着境内市场准入范围的扩大，根据中国加入世贸组织的承诺，境内的银行业、保险业等金融产业将在 3—5 年时间内逐步实现基本对外开放，证券业、信托业等金融产业也将加快对外开放的步伐。这些开放必然伴随着大量的资本流动，由此将对资本账户开放提出更加迫切的要求。同时，随着"入世"后贸易自由化的推进，国际贸易呈现出从传统进出口方式向以投资带动和以承包工程带动方式转变的趋势。在这种背景下，与贸易流动相伴随的国际资本流动肯定会增加，而各类厂商、金融机构等微观经济主体也将对投资自由化以及资本流动自由化提出越来越多的要求。另外，在"入世"5 年过渡期以后，随着境内经济、贸易和金融市场的国际化程度提高，各类经营机构和监管部门的经验、技能及其他条件成熟，实行资本账户开放的各方面条件也将逐步成熟，在 5 年过渡期内及此后的一段时间内，中国境内有可能具备实现资本账户基本开放的各项主要条件。

四　中国基本开放资本账户的重点

对中国境内来说，进一步开放资本账户的主要内容似乎应当包括 14 个子项：

第一，在直接投资方面主要有 3 个子项：一是取消对境内机构和个人直接投资资本流出的限制，如取消对境内机构和个人直接投资资本流出的审批制；二是放松对境内机构在经营境外企业中资金流动的限制，如放松对资本变更、利润调回、企业停业或解散后的外汇资本调回等限制；三是进一步放松对境外机构和个人资本流入的限制，如取消对外商投资企业的审批制（但限制或禁止性产业除外）和外汇登记制。

第二，在证券投资方面主要有两大类 8 个子项：一个大类是股本投资，其中包括 4 个子项：一是放松境内企业到境外发行股票及其他股权类证券的限制；二是取消禁止境外投资者从事境内 A 股交易的规定；三是放松对境内经营性机构（包括工商企业、金融机构等，下同）和个人投资于境外股市的限制以及与此对应的购汇限制；四是放松对境外经营性机构在境内发行股票或股权类证券的限制。另一个大类是债务证券投资，其中包括 4 个子项：一是放松对境内经营性机构到境外发行公司债券及其他债务证券的限制；二是放松对境外投资者在境内从事公司债券及其他债务证券交易的限制；三是放松对境内经营性机构和个人从事投资于境外债券（及其他债务证券）市场的限制；四是放松对境外经营性机构在境内发行债券及其他债务证券的限制。

第三，在其他投资方面主要有 3 个子项：一是取消境内经营性机构对外借款的审批制，其中包括借款主体的资格审查、对外借款必须纳入国家利用外资计划和对外借款所得资金必须调回境内等；二是取消对境内金融机构对外发放贷款的审批制；三是取消对境内经营性机构获得外方贸易贷款的限制，其中包括必须事先取得借款主体资格、借款指标等。

但是，如果与表 1 中美、英、法、德、日等国的情况进行对比，就不难发现，这 14 个子项的充分开放实际上意味着资本账户的完全开放。这种完全开放连发达国家都尚未真正实现，因此对中国来说，也不见得需要在条件尚未成熟的背景下急急忙忙将在这些子项上的管制都予以放松或取消。尤其是考虑到，中国境内的经济体制改革尚在深化过程中，相当多国有企业和金融机构的产权关系、治理结构和运行机制等并未真正按照市场规则实现转变，政府部门的职能转变也还有一个过程，一旦贸然将这 14 个子项都充分开放将可能引起众多的负面问题发生，因此更应选择积极而审慎的步骤。另外，在加入世贸组织且银行业、保险业实现对外开放背景下，这14个子项中，一些子项的对外开放是比较容易实现的，如进一步放松对境外机构和个人资本流入的限制，放松对境内机构在经营境外企业中资金流动的限制，包括放松对资本变更、利润调回、企业停业或解散后的外汇资本调回等限制，取消对境内经营性机构获得外方贸易贷款的限制等。因此实际上，对中国境内而言，开放资本账户的真正难点和重点集中为三大类9个子项：一是对境内经营性机构和个人在境外直接投资的限制；二是对股权类投资的限制，包括对境内企业到境外发行股票及其他股权类证券的限制，对境内经营性机构和个人投资于境外股市的限制以及与此对应的购汇限制，对境外经营性机构在境内发行股票或股权类证券的限制和对境外投资者从事境内 A 股交易的限制；三是对债务证券投资的限制，包括对境内经营性机构到境外发行公司债券及其他债务证券的限制，对境内经营性机构和个人从事投资于境外债券（及其他债务证券）市场的限制，对境外经营性机构在境内发行债券及其他债务证券的限制和对境外投资者在境内从事公司债券及其他债务证券交易的限制。这三大类9个子项可以用一个词予以概括——国际投资类。

五　中国基本开放资本账户的步骤

面对复杂的境内外经济、金融和政治变化，对中国境内来说，资本账户的基本开放是一个过程，不可能一蹴而就、一步到位。在这个过程中，先开放哪些子项后开放哪些子项，需要考虑的因素包括：

第一，国际资本流动的期限效应。国际资本在期限上可分为短期资本和长期资本。从国际资本流动对一国经济的冲击程度和一国政府对国际资本流动的监管有效程度以及该国经济安全的角度来看，一般来说，长期国际资本流动的冲击程度较低，也比较有利于一国政府的有效监管和国家经济安全，而短期国际资本流动的冲击程度可能较高，一国政府要实现有效监管难度较大，同时，对该国经济安全的威胁也比较大。自 20 世纪 70 年代末中国迈出对外开放步伐以后，"引进外资"基本集中在引进境外长期投资资本范畴内，经过 20 多年的实践，在这方面已有较为成熟的法律法规体系和监管经验，而在监管国际性短期资本流动方面，不仅中国境内缺乏必要的法律法规，监管部门缺乏足够的实践经验，而且境内经营性机构也缺乏市场的体验和运作经验，由此来看，在开放资本账户的步骤安排上，"先长期投资后短期投资"的步调也许更适合中国境内情况。

第二，投资者特点。投资者大致可分为机构投资者和个人投资者。在金融市场投资中，个人投资者属弱势群体，其权益比较容易受到伤害。其原因有两方面：一方面，境内个人投资者缺乏足够的能力、财力去了解境外金融市场的有关知识、信息和运作规则；另一方面，每一国际金融市场的法治都是以其所在地（或所在国）的法律为依据的，这意味着一旦境内个人投资于境外金融市场，境内法律对他们权益的保护就失去了效力，而境内法律法规与境外有着较大差别，同时绝大多数个人投资者又已习惯了按照境内法律法规要求行事，由此，很容易发生在某种程度上违反交易市场所在地（或所在国）的法律法规规范的现象。对境外的个人投资者来说，要直接进入境内金融市场也同样面临着这类问题。个人投资者遇到的这些问题，对机构投资者来说，相对容易解决。这不仅是因为，机构投资者有着相对充分的财力和能力来弥补它们在了解境外金融市场的有关知识、信息和运作规则等方面的不足，而且机构投资者可以通过各种组织制度的安排（如合作、合资等）、人事制度的安排（如聘用境外业内人士、人员培训等）、运作方式的安排（如聘用境外律师事务所、会计师事务所及其他中介机构为顾问）等来消解或防范由法律法规环境变化可能引致的风险，因此，机构投资者有着较强的维护自身权益的能力。由此来看，开放资本账户的过程，按照"先机构后个人"的步调可能更为稳妥。

第三，证券市场工具种类。证券市场工具大致上可分为三类：一是股权类工具，如股票、认股权证等；二是债权类工具，如政府债券、公司债券等；三是金融衍生产品，如远期、掉期、互换、期货、期权等。首先，在这三类金融工具中，股权类金融工具的价值难以确定，同时，境内股市又长期处于一种非规范运行状态，在这种背景下，如果贸然开放股票交易，在 A 股市场中，遵规守矩的境外机构投资者很可能无所作为，而不遵规守矩的境外机构投资者则可能选择不规范的操作行为，不利于 A 股市场的规范化建设，对中资机构投资者来说，刚迈出国门就介入境外股市交易，因相对实力较弱、信息不充分、法治环境不同、运作经验不足等方面原因，不仅投资风险较大（由此引致损失的可能性较大），容易"出师不利"，不利于"走出去"战略的持续展开，而且容易将在境内股市操作中习惯了的不规范行为带入境外股市，给中资机构投资者的市场信誉带来严重影响。因此，开放股市交易应当慎重。其次，由于境内尚未启动金融衍生产品的交易，外资机构投资者进入境内证券市场暂时无法从事金融衍生产品交易，但对中资机构投资者来说，也意味着缺乏操作金融衍生产品交易的最起码知识和经验，这样，如果中资机构投资者贸然涉足金融衍生产品交易，很可能得到的不是金融衍生产品在分散风险功能方面的益处，而是它在聚集风险功能方面的害处。鉴于此，开放金融衍生产品的交易也应相当慎重。最后，由于债权类工具的价格相对容易确定和把握，在一般情况下，与股权类工具和金融衍生产品相比，各类债券的本金回收相对可靠，而受利率水平限制，它们的价格变动幅度一般也不致过大，因此有着较高的安全性。对境外机构投资者来说，进入中国境内证券市场，先从事债权类金融产品交易，不仅有利于推进境内债券市场的发展，而且有利于在交易过程中了解和熟悉境内证券市场；对中资机构投资者来说，先进入境外债券市场，从事债权类金融产品交易，既能够获得相对稳定的交易收入，也有利于通过交易活动来了解境外证券市场的各方面情况，提高自身素质。因此，就资本账户开放而言，在证券市场工具上实行"先债权类工具后股权类工具和金融衍生产品"可能较为有利。

　　第四，证券市场结构。证券市场大致上可分为发行市场和交易市场。一般来说，发行市场上的募资和投资属长期性资金，交易市场上相当多的资金属短期投资。从对金融市场波动和经济走势冲击的直接影响来看，证券发行市场的影响力度较小而证券交易市场的影响力度较大，不论是1929年10月后美国的金融危机还是1997年7月后的东南亚金融危机都与证券交易市场的剧烈变动直接相关。在中国境内证券发行市场发展不充分而众多企业又有着通过发行证券来募集营运资金的强烈要求的条件下，放松或支持境内企业到境外发行证券，既是引进外资的重要途径又是实现中外证券市场接轨的重要举措；在境外利率高于境内利率而境内资金又比较充裕的条件下，放松或准许境外机构到境内发行证券，也有利于推进境内证券市场的规范化建设和国际化建设。因此，就资本账户开放而言，在证券市场结构上实行"先发行市场后交易市场"可能较为妥当。

从上述四方面的简单分析来看，资本账户基本开放的步骤可以分为三步：

第一步，在 2001 年 12 月中国加入世贸组织以后的 2 年左右时间内，开放的主要内容有四：一是逐步开放对境外金融机构在中国境内设立证券经营机构（包括中外合资、中外合作、外商独资等）的限制。2002 年 6 月，中国证监会出台了有关境外证券经营机构和基金管理机构参股于境内中资同类经营机构的管理办法，标志着这方面的开放已经启动。二是放松对境内企业到境外（尤其是中国香港）发行股票的限制。这方面的工作已在进展之中。三是放松对境内外资企业（中外合资企业等）和境外企业在境内发行股票并在境内股票市场上市的限制。四是放松对境外企业或金融机构在境内发行公司债券的限制。后两项工作已在探讨过程中。

第二步，在 2004—2006 年间，开放的主要内容有六：一是逐步放松对中资金融机构迈出国门在境外设立分支机构的限制，包括在境外设立基金管理机构。二是有条件地放松对中资机构投资者从事境外证券市场交易的限制，如实行 QDII 制度、对介入的交易品种实施监管、对投入交易的资金量实行监控等。三是放松对境外金融机构或机构投资者在境内设立独资机构和在中外合资机构中所占股权不高于 49% 的限制，使外资机构能够与中资机构展开真正的市场竞争。四是有条件地放松对境内中资金融机构和中资企业到境外发行公司债券的限制，拓宽中资机构在境外募资的渠道，同时，也推进中资机构运作的国际化进程。五是有条件地放松对外资机构从事境内证券市场交易的限制，其中，对外资机构从事境内政府债券、公司债券等债权类工具的交易可能基本无限制，但对从事股票市场交易在资金数量、持股比例、持股时间、收益出境等方面还可能有一定的限制。六是基本放开境内企业等机构到境外从事直接投资的限制并有条件地（如限制个人投资性换汇数额等）放松对居民个人到境外进行直接投资的限制，从而基本实现"直接投资"子项的充分开放。

第三步，2007 年以后的一段时间内，开放的主要内容有四：一是根据境内证券市场（尤其是股票市场）发展状况、国际接轨（包括国际联网、国际结算等）状况和其他条件的成熟状况，逐步放开对境外居民个人从事境内证券市场交易的限制。二是根据境内金融衍生产品市场发展的状况，逐步放开对境外金融机构和机构投资者进入境内金融衍生产品市场从事经营活动或交易活动的限制，同时充分放开对境外金融机构和机构投资者在境内股票市场交易中的限制，实现境内各种金融产品交易的充分对外开放。三是充分开放对中资金融机构、机构投资者和企业在境外发行证券、从事境外金融经营活动和金融产品交易的限制，基本放开对居民个人从事境外金融产品交易的限制。四是根据汇率改革的进程，逐步实现资本账户的可兑换。

需要强调指出的是：第一，上述步骤不是彼此割裂的而是相互衔接相互交叉进行的，因此，不可绝对化理解；第二，这些步骤的具体内容都是"有条件"的，在条件尚未成熟的情况下，贸然出台政策或实施开放可能引致不良后果，但在条件具体形成之时，依然实施管制，同样有着负面效应；第三，这些步骤的具体内容在实践中大多有一个"逐步"展开的过程，"逐步"意味着每一具体内容的开放都是一个错综复杂且循序渐进的过程，因此，既不可急于求成地拔苗助长，也不可坐失良机。

（原载《国际金融研究》2003 年第 3 期）

中国金融：走出人民币汇率升值的三个误区

　　2003 年初随着日本在 7 国财长会议上明确提出"人民币汇率升值"的主张之后，半年左右时间来，有关"人民币汇率升值"的呼声高涨，美国、一些欧洲和亚洲的国家和地区、一些国际机构等也先后卷入了这一国际性浪潮之中。这是继 2002 年一些国际机构提出"中国输出通货紧缩"看法并得到一些国家和地区响应之后，又一个针对中国经济的重要国际现象。

　　在"人民币汇率升值"或"扩大人民币汇率浮动区间"的呼声中，一些国际金融专家和国际机构则强调"应保持人民币汇率的稳定"。美国著名的金融学家罗纳德·麦金农强调说："近年来中国出口产品的猛增已经引起一些老牌工业化国家的不满，抱怨中国产品太便宜了……许多经济学家已经建议现在应允许人民币升值。我认为，这是一个危险的坏建议。"美国著名国际金融专家、诺贝尔经济学奖获得者蒙代尔直言说：人民币汇率升值有着 6 大危害，即：人民币在资本账户下是不能自由兑换的，也就是说决定汇率的机制不是市场，改变没有意义；人民币汇率升值会给中国的通货紧缩带来更大的压力；人民币汇率升值将导致对外资吸引力的下降，减少外商对中国的直接投资；人民币汇率升值将给中国的外贸出口造成极大的伤害；人民币汇率升值会降低中国企业的利润率，增大就业压力；财政赤字将由于人民币汇率的升值而增加，同时影响货币政策的稳定。美联储前主席沃尔克认为：选择有管理的浮动汇率制度加上稳定的汇率政策，是中国应对复杂的国际环境的现实选择，在保持汇率制度弹性的前提下，通过汇率政策避免汇率短期超调和中长期失衡等的冲击，将灵活性和稳定性有机结合起来，避免了汇率制度调整带来的成本和震荡。① 国际货币基金组织最近出具的报告也认为，中国目前的人民币汇率是适合中国国情的，中国政府的汇率政策是适当的。

究竟如何看待人民币汇率问题？笔者认为，需要弄清楚下述三个基本问题：

一　经济主权：人民币汇率走出"唯市场决定论"的误区

有关"人民币升值"的各种主张，从市场决定价格的理念出发，在理论上大多以"一价定理""实际购买力"等为依据，认为自 2002 年以来，随着美元大幅贬值，人民币的实际购买力明显上升，因此，人民币应当升值。这些主张的实践根据主要有三：一是中国的外汇储备已高达 3400 多亿美元，居全球第二位，并继续呈快速增长势头；二是 2002 年中国引进外资数额超过了美国，成为全球引进外资最大的国家；三是按照巨无霸指数计算，中国的汉堡包价格明显低于美英等国。

毋庸讳言，在汇率理论上的确有着"一价定理""实际购买力"等原理（这些原理几乎在每本教科书中都能找到），但犹如经济学中的其他任何定理一样，这些原理是在舍弃了一系列重要前提的条件下形成并确立的，而经济实践是不可能通过舍弃这些前提来展开的，因此，研讨人民币汇率问题不能直接套用教科书的定理。以"一价定理"为例，它从市场定价出发，认为在完全自由贸易的条件下，同一商品在世界各国和地区的价格应是基本一致的（内在机理是，如果某地价格较高，其他地区的商品就将蜂拥而入，使得这一商品在供过于求的条件下，价格回落）。但是，这一定理至少舍弃了三个条件：一是迄今为止各国和地区的市场都是一种有着明确经济主权边界的市场，所谓关税、非关税配额、反倾销、贸易战等都鲜明地反映了这种经济主权的要求，因此，全球范围内的完全自由贸易并不存在；二是各国和地区之间的经济发展水平有着巨大的差异，发展中国家和发达国家之

---

① 以上言论均引自《人民币汇率考验国家智慧》，载《中国证券报》2003 年 7 月 16 日。

间不仅经济实力、国际竞争力等不可同日而语，而且就业者的收入水平、在国际贸易中的地位等也有天壤之别，这决定了每个国家和地区都必须从自己的切身利益和经济社会稳定出发来权衡对外贸易和汇率政策，因此，全球范围内的完全市场竞争并不存在；三是商品供求关系并非是决定汇率的唯一因素（在某些条件下，甚至不是最重要的因素），经济发展水平、政治制度、人口状况以及社会人文、自然地理等因素也都或多或少地影响着商品价格从而影响到汇率水平。这三个条件说明，汇率的形成和决定是一个极为复杂的过程，并不能完全以舍弃了诸多经济社会条件的"市场决定论"为依据。

事实上，决定每个国家和地区的汇率首先是一个经济主权问题，换句话说，各个国家和地区总是从主权经济的发展和社会稳定角度来考虑汇率机制和汇率水平的选择的，并不存在完全由国际市场决定汇率的情况。突出表现主要有三：其一，各个国家和地区总是努力从有利于本国或本地区的经济稳步发展来选择对应的汇率制度、汇率机制和汇率水平，同样，各个国家和地区也总是从本国或本地区经济进一步发展的内在要求出发来考虑调整汇率制度、汇率机制和汇率水平，因此，世界各国和地区并不存在统一的汇率模式[1]。其二，当汇率波动比较剧烈或汇率水平影响到本国或本地区经济发展要求时，相关国家或地区的货币当局总是努力通过干预汇市以争取得到一个有利于本国或本地区经济发展的汇率水平。其三，当双边汇率水平不利于本国或本地区经济的进一步发展时，一些实体较强的国家也总是希望通过政治、外交、经济和舆论等方面的压力来促使（甚至迫使）对方国家调整汇率水平。从"二战"后国际金融发展情况来看，1971 年 8 月，美国宣布实行"新经济政策"，对外停止美元兑换黄金，终止每盎司 35 美元的官方黄金兑换比价，引致了布雷顿森林体系的解体和全球汇率体系的大调整，这是从美国经济调整和社会发展的要求出发的[2]；1985 年 9

---

[1]　根据 IFM 对世界各国和地区的汇率制度的最新分类，汇率制度大致可分为三类：一是完全固定的汇率制度，即"硬钉住汇率安排"（Hard Pegs），其中包括货币发行局制度、没有独立货币的汇率制度和传统的钉住汇率制度三种；二是中间汇率制度或有管理的浮动汇率制度，即"软钉住汇率安排"（Soft Pegs），其中包括爬行钉住、水平浮动区间和爬行浮动区间钉住等汇率安排；三是浮动汇率制度，其中包括没有特定中心汇率的有管理浮动和自由浮动汇率安排等。因此，各国和地区的汇率制度并不统一。

[2]　参见于立新、王军主编《国际金融学》，经济管理出版社 1999 年版，第 464—465 页。

月，在纽约召开的西方5国财长会议上达成了"广场协议"，要求日元升值，日元与美元的比价从此前的240：1直线上升至1987年4月的140：1，造成了日本出口企业的经营困难和以日元计价的账面严重损失①，这同样是从除日本以外的西方各主要国家的经济主权利益角度出发的；跨世纪之际，欧元的问世是欧元国家从其共同经济主权的发展要求出发做出的抉择，而在欧元从走低到高昂的过程中，欧元国家选择了不干预政策，同样是从它们共同的经济主权利益角度考虑的。"二战"后几十年来，国际汇率体系的变动和发展充分说明，离开了经济主权就没有汇率问题可讨论。

人民币现行汇率制度和汇率水平是在1994年外汇管理体制改革中确立形成的。近10年来，中国经济社会的发展证明，以市场供求为基础的单一的有管理的浮动汇率制度，是基本适合中国国情的，它不仅是支持1995年（尤其是1997年7月东南亚金融危机）以后中国经济以每年7%—8%的速度稳步增长的一个主要因素，而且是支持中国进出口贸易、引进外资和国际收支顺差、外汇储备大幅增长的主要制度。因此，从中国经济主权角度来看，现行人民币汇率制度是基本能够适应中国经济社会发展要求的。毫无疑问，在加快改革开放进程中，尤其是在中国加入世贸组织以后，随着国民经济进一步发展和资本账户逐步实现基本开放，人民币汇率制度也有必要做进一步的改革，但这种改革需要从中国经济改革和经济发展的总体出发，在充分考虑国情的基础上逐步展开，属于中国经济主权范畴的事务。1997—1999年在东南亚金融危机期间，中国从主权经济要求出发，在充分考虑了本国经济社会发展要求和国际社会（特别是东南亚国家摆脱金融危机困扰）要求的条件下，顶住了人民币贬值的国际压力，做出了人民币不贬值的郑重承诺；与此相同，在当前这一要求人民币升值的国际压力中，中国也不会简单顺应，而是将审时度势地做出符合自己经济主权利益的选择。2003年8月5日，时任国务院总理温家宝指出："保持人民币汇率基本稳定，不仅有利于中国经济和金融持续稳定发展，而且有利于周边国家和地区的经济和金融稳定发展，从根本上说，也有利于世界经济和金融稳定发展。"②

---

① 参见黄泽民《日本金融制度论》，华东师范大学出版社2001年版，第187—188页。
② 引自《中国证券报》2003年8月6日。

一些人屡屡引用一些数据来证明人民币已被严重低估，以此来证明人民币应当升值。事实上，中国境内经济是相当复杂的，既可以举出一些数据来证明人民币应当升值，也可以举出一些数据和事例来证明人民币应当贬值，还可以举出一些数据和事例来证明人民币应当保持稳定。因此，仅仅列举一些数据和事例不足以充分证明人民币应当升值（更不用说，对于这些数据和事例还有一个分析角度的问题）。在中国实践中有一个事实是非常明确的，即1998年，面对东南亚金融危机，在人民币不贬值的背景下，为了支持出口企业生产经营活动，中国政府开始实行出口退税制度。5年多来，尽管中国出口额明显增长，但出口退税额也在快速增加，到2002年，这一数额已高达2000多亿元，成为沉重的财政负担。这实际上意味着，如果没有这些出口退税，中国相当一部分出口企业早已处于严重亏损甚至倒闭境地，据此，人民币就应当贬值。

值得强调的是，一些国家也从主权经济利益角度出发来强调人民币应当升值。其基本立论是：人民币升值对它们的经济社会发展是无害，甚至可能是有益的（之所以用"可能"一词，是因为迄今还没有哪个国家公开说明，如果人民币升值将对其经济社会发展产生多大的积极影响）。正是基于这一立场，不仅一些对华贸易处于逆差状态的国家大呼"人民币升值"，一些对华贸易处于大额顺差的国家也强烈要求"人民币升值"。但对中国经济社会发展而言，有一点是显而易见的，在当今条件下，人民币升值肯定有着比较明显的负面影响，而是否有正面效应迄今尚无人做出科学分析。二者相比之下，只要是理智清醒的人都知道该做出何种选择。

二 汇率机制：人民币汇率调整走出"运用行政机制"的误区

中国是一个转轨经济国家。人民币汇率的形成，在相当长一段时间内，主要运用的是行政机制。1994年外汇管理体制改革以后，不论是研究机构还是实务部门（包括政府管理部门）都在深入探讨进一步改革人民币汇率形成机制，基本达成了这样一个共识——按照建立市场经济新体制的要求，充分运用市场机制来推进人民币汇率的改革。因此，人民币汇率的形成机制应从运用行政机制转变为运用市场机制。然而，令人不解的是，在此轮要求人民币升值的国际呼声中，一些历来主张遵循市场机制的国家却直接要求（或暗示）中国应当运用行政机制来实现人民币近期升值，一些人甚至计算出了人民币应升值的幅度或升值后的绝对值。由此就引出了一个问题：在加快国际接轨进程中，究竟人民币的形成机制应贯彻市场机制还是继续贯彻行政机制？

我们认为，在中国已加入世贸组织且外向型经济已占较高比重的情况下，人民币汇率形成机制的改革方向应是贯彻市场机制而不是继续贯彻行政机制，因此，运用行政机制简单调整人民币汇率水平的设想是不应被接受的。主要理由有三：

第一，运用行政机制调整人民币汇率不能从根本上解决人民币汇率的形成机制问题，其必然导致人民币汇率继续在行政机制支配下运行，由此，行政管制、行政干预等现象还将继续发生，现行外汇管理体制中的各种主要问题也将继续存在，这不仅不利于人民币汇率形成机制的国际接轨，而且是与中国的外汇管理体制改革进程和改革目标相悖的。

第二，运用行政机制调整人民币汇率不能从根本上解决货币政策的独立性问题。从理论上说，一个开放经济国家在资本自由流动、货币政策独立性和汇率稳定三个目标中面临着"三元悖论"局面，只能"三者取其二"。一些人依此认为，在人民币币值低估的条件下，大量外汇涌入中国，人民银行通过大量买入外汇而投放基础货币，这严重影响了货币政策的独立性。的确，近年来，人民银行资产负债表中外汇占款的比例明显提高，购买外汇成为基础货币投放的一个主要渠道，但是，这种状况不可能因人民币汇率的行政性调整而得到根本性解决。假定运用行政机制调高了人民币汇率，在此条件下，即使进入中国境内某些国际资金可能一时受到抑制，但从稍长一段时间看，由于以下两方面原因，进入中国境内的外汇数额还将继续快速增加：一是为了解决经济发展、就业和国际竞争力等问题，中国不可能长期保持出口贸易的低速增长或零增长，因此，随着出口力度增强，对外贸易的增幅还将回升，贸易项下的大量外汇进入也就必然发生；二是随着中国投资环境的进一步改善，资本项下的外资涌入也将增大，更不用说中国是目前全球最佳投资场所之一。在外汇数额剧增的情况下，为了保障由行政机制所决定的人民币汇率水平，人民银行只能继续大量购入外汇、增加储备，货币政策的独立性依然得不到改善。要保证货币政策的独立性，在外汇供给数额大幅增长的情况下，重要的不是通过运用行政机制来调整人民币币值从而抑制外汇"进口"数额，而是积极深化改革，通过拓展外汇的"出口"路径，增强社会各界对外汇的需求。

第三，运用行政机制调整人民币汇率无助于资本账户的开放进程。加入世贸组织标志着中国金融的改革开放进入了一个新的历史时期[①]，根据建立市场经济新体制的要求和经济发展状况，遵循市场机制，逐步开放资本账户已成必然趋势。要实现资本账户的基本开放，人民币汇率形成机制必然要进一步调整和改革，从现行的有管理浮动汇率转变为自由浮动汇率安排，使其与国际汇市接轨，但这一进程不是运用行政机制来调整人民币汇率所能完成的，只能沿着市场化改革的取向逐步推进。

毋庸讳言，自1994年开始实行的有管理的浮动汇率制度在中国近10年的经济改革和经济发展中也暴露出了一些问题，积极认真地解决这些问题，进一步推进人民币汇率改革，依然是一项艰巨复杂的工作，而运用行政机制调整汇价不仅无助于这些问题的解决，而且将使问题更加复杂，甚至适得其反。改革人民币汇率形成机制，应坚持市场机制的取向，就眼下而言，应着重从外汇供给、外汇需求和央行对汇市干预三方面着手，既减轻人民币升值的压力又推进人民币汇率形成机制的完善。具体的措施可包括：

第一，逐步变强制接售汇制度为意愿接售汇制度。强制接售汇制度，是在中国外汇储备数量有限的情况下为了有效支持对外经贸活动的展开而不得已的选择。其突出表现是：对经常项下外汇收入实行强制结汇和超限额结汇制度，对资本项下外汇收入结汇实行审批性管制。但到2003年6月，中国的外汇储备数额已高达3400多亿美元，境内外汇相当充裕，不仅足以保障对外贸易活动的需要，而且也为选择更加宽松的外汇管理制度创造了条件，适时调整强制接售汇制度、实行意愿接售汇制度的条件已经成熟。此外，采取适当措施，阻止境外"热钱"进入境内"套利"，也是弱化外汇供给的一个重要对策。

第二，适当放松对机构和个人使用外汇的限制，提高外汇需求和外汇使用效率。在这方面，中国近年已采取的措施包括：逐步放松了个人出境

---

① 参见王国刚主编《资本账户开放与中国金融改革》，社会科学文献出版社2003年版。

旅游的外汇携带数额（如从 1000 元人民币扩大到 6000 元人民币）和个人出境就学的购汇限制，放松了企业对外贸易活动和到海外投资的换汇限制等。随着资本账户开放进程的加快，中国还将进一步扩大外汇出境的路径，并放松居民（即境内机构和个人）购换汇限制，提高他们对外汇的需求，其中包括进一步放松个人出境旅游的外汇携带数额、实行 QDII、鼓励企业实施"走出去"战略、准许居民个人介入海外投资等。中国也将逐步放松境外机构在中国境内发行证券的限制，如准许一些国际金融机构在中国境内发行外币债券等，以逐步提高外汇需求。

第三，完善央行对汇市的干预。1994 年以来，中国人民银行通过在汇市上的公开市场操作，吞吐外汇，平抑供求、稳定汇价，积累了一定的经验并取得了较好的成效。随着资本账户基本开放和人民币资本项下的基本可兑换进程加速，央行干预人民币汇市的模式也将发生转变，从前些年频繁干预汇市的模式转变为有限干预汇市的模式。所谓有限干预模式，是指央行首先根据货币政策的要求和宏观经济调控的要求，确定一个需要钉住的人民币汇率目标波动区间，建立一套标准的较为公开的干预机制，当人民币汇率水平处于目标值区间内时，采取不干预政策，反之则酌情进行干预，以维护人民币汇率的基本稳定。

近年来随着外汇储备供给数额的快速增加，通过大量购入外汇而发放基础货币的情况相当突出，严重影响了货币政策的独立性，一定程度上形成了人民币升值的压力。因此，选择适当措施"对冲"由外汇储备继续增加给货币政策造成的压力，有着积极重要意义。可考虑的措施主要有三：一是将中央财政在央行的债务证券化，回笼一部分发行在外的货币；二是将央行现有的一部分外汇储备资产证券化，回笼一部分发行在外的货币；三是中央银行发行一定数额的央行票据，再回笼一部分发行在外的货币。从人民币汇率形成机制角度来说，选择这些措施的内在含义是，由外汇储备增加所引致的基础货币投放量增加问题是可以运用市场机制予以缓解的，未必一定要选择运用行政机制来调整人民币汇率这一下策。

需要特别强调的是，按照市场规则来形成人民币汇率，受到中国境内各方面因素的严重制约，其中既包括宏观经济、企业发展、金融改革、资本账户开放和法治环境等，也包括政府职能转变、产业结构调整、就业和"三农"

问题解决等，这说明人民币汇率形成机制在深层次上是受到经济主权制约的。

三 经济比较：人民币汇价走出
"实际购买力"的误区

要求人民币升值的人提出了一系列经济数据来证明其主张的合理性，其中具有代表性的数据主要有三，即麦当劳的巨无霸价格指数、中国的外汇储备数额和中国双边贸易顺差数额。比较经济数据，是经济分析的重要方法，但在不讨论具体条件的情形下，简单引用经济数据除了能给人以误导外，是什么也证明不了的。例如，曾有人对中国每年死亡人数多达 1500万人以上感到惊恐万分，的确，对一个只有几百万至两三千万人口的国家来说，死亡 1000 多万人意味着这个国家的人口已近乎消亡了，感到惊恐是可理解的，但对中国这样一个有着 13 亿人口的大国来说，每年死亡 1500多万人只是自然死亡，没有什么可大惊小怪的。

从麦当劳的巨无霸价格指数来看（见表 1），单个巨无霸在中国的价格的确大大低于在美国、英国和欧元区等发达国家和地区中的价格，一些人据此认为，人民币的实际购买力远远超过了美国等发达国家，因此，人民币价值被严重低估，主张人民币应当升值。对此，我们认为有三个问题需要厘清：第一，在世界各国和地区之间并不存在建立在"一价定理"基础上的实际购买力平价现实现象，从表 1 列举的国家和地区情况看，即便是单个巨无霸的价格，各年在各国和地区之间也差别甚大，因此，不应以某一个国家作为标准来衡量其他国家和地区并据此得出"低估"或"高估"的简单结论。如果因为在中国每个巨无霸售价仅 1.20 美元，就认为人民币被人为地低估了的话，那么，是否可以 2003 年 4 月在英国每个巨无霸售价达 3.14 美元为据而认为美元也被人为地低估了呢？第二，实际购买力中的"购买力"不能简单以某种产品的价格来计算，还应充分考虑到各国和地区的经济状况（尤其是居民家庭的收入水平）。2002 年中国人均 GDP 仅 1000美元左右，而美国的人均 GDP 高达 30000 多美元，这二者是不可比的。以购买巨无霸的能力计算，中国大中城市中 95% 以上的家庭将月收入全部用于购买 10 元/个的巨无霸也仅能买到 200 个左右，而美国制造业的一般蓝领工人每月薪酬足以购买 2.71 美元/个的巨无霸 1000 个以上。这就是为什么在美国吃"麦当劳"只是一顿快餐，而在中国大中城市中众多家庭都将其看作是带有某种享受的特殊消费（如许多家庭将去麦当劳当作给孩子的一种奖赏）。事实上，对任何公司经营者来说，能够抬高价格换得更高的利润，总是梦寐以求之事。麦当劳的巨无霸在中国卖价为 9.9 元/个的现实，是由中国居民收入和消费水平决定（即中国居民的实际购买力决定）的。就是这样一种价格水平，麦当劳也只能在一些大中城市开店，不仅不敢深入农村，而且不敢涉足绝大多数中小城市。换言之，如果麦当劳的巨无霸果真敢按美国价格在中国销售，恐怕用不了多少时日就门可罗雀了，麦当劳也就只能收摊回国了。第三，中国众多商品价格明显高于美、英和欧洲国家，如小轿车、商品房、数码相机、家用电脑等，为什么不用这些物价来印证所谓的"实际购买力"理论进而制定人民币汇价被严重高估了呢？显然，列举巨无霸指数来证明人民币币值问题，在理论上是有缺陷的，在方法上是不科学的。

表 1　　　　　各国家和地区单个巨无霸价格表（2001—2003 年）

时间 国家和地区	2003 年 4 月 24 日		2002 年 4 月 25 日		2001 年 4 月 19 日	
	当地货币	美元	当地货币	美元	当地货币	美元
美国	2.71 美元	2.71	2.49 美元	2.49	2.54 美元	2.54
阿根廷	4.10 比索	1.43	2.50 比索	0.78	2.50 比索	2.50
英国	1.99 英镑	3.14	1.99 英镑	2.88	1.99 英镑	2.85
中国	9.90 元	1.20	10.50 元	1.27	9.90 元	1.20
欧元区	2.71 欧元	2.97	2.67 欧元	2.37	2.57 欧元	2.27
中国香港	11.5 港元	1.47	11.2 港元	1.40	10.70 港元	1.37
印度尼西亚	16100 卢比	1.84	16000 卢比	1.71	14700 卢比	1.35
日本	262 日元	2.19	262 日元	2.01	294 日元	2.38
马来西亚	5.04 林吉特	1.33	5.04 林吉特	1.33	4.25 林吉特	1.19
菲律宾	65.00 比索	1.24	65.00 比索	1.28	59.00 比索	1.17
俄罗斯	41.00 卢布	1.32	39.00 卢布	1.25	35.00 卢布	1.21
泰国	59.00 铢	1.38	55.00 铢	1.27	55.00 铢	1.21

资料来源：http：//www.economist.com.

与所谓的"实际购买力"说法相呼应,一些人强调说,中国近年来对外贸易中的顺差主要成因在于人民币汇价低估,在这个过程中,中国还向全球输出了通货紧缩。对此,需要弄清以下五个方面的问题:

第一,从双边贸易差额来看,表2显示,1998—2002的5年间,中国与亚洲地区国家之间的双边贸易大致处于逆差状态,与欧美等国的双边贸易大致处于顺差状态。在此情况下,令人不可理解的问题在于:不论是2002年还是1998—2002年这5年间,在与日本的双边贸易中,中国均处于逆差状态,而日本均处于顺差状态,日本却以中国的对外贸易总量顺差为理由首先发难,要求人民币汇价升值,其根据和意图究竟是什么?同样,历年与中国贸易均为大额顺差的韩国也在竭力要求人民币升值。在中国总理表示应"保持人民币汇率基本稳定"后,韩国财政部副部长权泰真居然说:"我们发现,我们的中国同行非常固执,他们根本就没有打算现在改变汇率。"[1] 这些现象不仅进一步说明了汇率问题中经济主权利益的强势存在,而且说明了所谓中国对外贸易顺差与人民币汇价升值之间的因果关系,并无多少真实根据(实际上,只是一些别有用心的人将二者联系起来试图做一篇抑制中国经济发展的文章罢了)。

第二,就中美之间的双边贸易而言,的确中国处于长期顺差状态,但是,这种顺差不是通过提高人民币汇价所能解决的:其一,中国出口到美国的大部分商品属于中低端商品,对美国来说是一种补缺。即便将人民币汇率提高,美国也未必能够生产这些商品,其结果很可能是"两败俱伤":一方面,美国消费者在人民币现行汇率下获得的利益会在人民币汇价提高中失去;另一方面,中国的出口生产商在人民币汇率升值背景下经营更加困难。其二,中美双边贸易中的差额在很大程度上是美国政府的政策引致的。中国在经济发展过程中急需大量高端产品(包括高新技术),但美国政府对此处处设置障碍,不允许一大批具有高科技含量的设备、产品和技术向中国出口,使得可满足中国需求的出口品在种类和数量上都被限制在一个较小的范围内。如果美国能够像对待英国等欧元区国家那样处理与中国的双边贸易,准许高端产品基本不受限制地向中国出口,那么,中美之间的贸易就不会出现如此大的

---

① 引自《参考消息》2003年8月9日。

表 2　中国与部分国家和地区双边贸易情况（1998—2002 年）

单位：亿美元

年份 国家和地区	1998			1999			2000			2001			2002		
	出口	进口	差额	出口	进口	差额	出口	进口	差额	出口	进口	差额	出口	进口	差额
日本	296.92	282.07	14.85	324.1	337.63	-13.53	416.54	415.10	1.44	449.58	427.96	21.61	484.38	534.68	-50.31
韩国	62.69	149.95	-87.26	78.08	172.26	-94.19	112.92	232.07	-119.15	125.21	233.89	-108.69	154.97	285.74	-130.77
东盟十国	93.47	122.74	-29.27	107.70	144.06	-36.36	150.95	210.00	-59.04	158.06	218.94	-60.87	203.68	296.69	-93.01
欧元区	225.69	154.57	71.12	243.62	184.78	58.84	302.17	222.25	79.93	322.82	276.47	46.35	380.88	319.03	61.84
美国	379.76	169.61	210.15	419.47	194.78	224.69	520.99	223.63	297.36	542.83	262.02	280.81	699.51	272.30	427.21

资料来源：1998—2001 年的数据来自于《中国统计年鉴》（1999、2002）；2002 年的数据来自于《海关统计》2002 年第 12 期。

顺差。这种对中国的贸易限制，不是通过人民币升值所能解决的。其三，以中国属地名义出口到美国去的相当一部分产品不是由中资企业生产的，而是由包括美资在内的外资企业生产的。美国华盛顿国际经济研究所的马克·诺兰所做的一项调查表明，1997 年以后，中美贸易顺差中的 75% 是由美国出口企业迁往中国生产的"迁移效应"产生的结果①。这种由"迁移效应"引致的顺差不可能通过人民币汇率升值予以消解。

第三，一些不明就里的人认为，中美贸易顺差意味着美国为中国提供了大量的就业机会或中国人拿走了一部分美国人的就业岗位，导致了美国严重的失业问题，提高人民币汇价有利于缓解美国的就业压力。中国境内的个别人也附和地说："我们必须承认，贸易赤字的扩大意味着美国人的一些工作被我们拿走了。所以我们还是要主动关心一下美国的就业问题，到底人家每年多买我们一千多亿美元的产品，还是为我们增加了不少就业机会。"② 在这一观点中有四个问题是需要厘清的：其一，就中美贸易顺差而言，中国的确是获得了一些美元，但美元是美国政府发行的纸币（在电子货币的条件下，连"纸"都没有了），而中国却是向美国提供了实实在在的商品。这究竟是谁在养活谁？其二，若人民币升值或美元贬值，中国现有的 3400 多亿美元的外汇储备将同比例地损失。假定美元贬值 10%，则意味着 3400 多亿美元外汇储备将实际损失 340 多亿美元（尽管名义数量不变）。这究竟是谁得利了谁亏损了？其三，迄今为止的中美贸易中究竟有哪一年中方贸易顺差达到过 1000 多亿美元？其四，中国 3400 多亿美元的外汇储备相当大的一部分用于购买美国政府债券，又通过美国政府的财政开支支持了美国的就业，这怎么能说中国拿走了美国人的就业机会呢？换个角度说，如表2 所示，中国在与日本、韩国等亚洲国家贸易中处于大幅逆差状态，是否也应要求这些国家为中国现存的上千万人的失业"负责"（可事实上，这些国家还在要求人民币升值）呢？就业问题是一个国家的主权经济问题，在国际规则中从来就没有"一国需要对另一国的就业负责"（不论什么理由）之说。

第四，一些人强调说，人民币币值低估使出口产品价格较低，形成了

---

① 参见《对华贸易绝对有益于美国人》，《参考消息》2003 年 8 月 23 日。
② 方星海：《以开放姿态化解人民币升值压力》，《中国证券报》2003 年 8 月 5 日。

中国输出通货紧缩，要改变这种状况，人民币就应升值。对此，有三个问题需要厘清：其一，中国的出口贸易尽管增长较快，但在全球贸易中所占比重仅 5% 左右，即便出口品价格较低，又如何能对其他的 95% 贸易品的价格产生实质性影响？2002 年，中国出口到美国的产品总价仅 699.5053 亿美元，这与美国 10 万多亿美元的 GDP 相比不足 0.6%，它如何引致了美国的通货紧缩？事实上，西方国家的通货紧缩是它们自己造成的，与中国无关。其二，价格竞争历来是市场竞争的一个重要方面，质优价廉既是购买者的内在要求也是市场竞争的必然结果。按此规律，中国出口产品价格较低正好证明了中国产品在国际市场具有基本的竞争力，有何理由要求中国产品在提高售价的背景下退出国际市场竞争呢？其三，自"二战"之后，在南北对话中下述问题就一直是对话的一个重要内容：西方国家利用其在国际社会中的经济优势和政治优势，以低廉的价格从发展中国家购买原料、初级品及其他商品，严重剥削了发展中国家，使绝大多数发展中国家长期处于贫困之中。如今，西方国家经济出现了一些困难，怎么又将这种困难说成是由发展中国家的出口品价格较低导致的呢？难道发展中国家既要接受西方国家的贸易"剥削"又要为西方国家的经济不景气"负责"吗？

表 3　　　　　　　部分国家和地区的人均外汇储备量　　　　　　单位：美元

年份	1997	1998	1999	2000	2001
中国境内	112.56	115.61	122.29	129.58	165.11
中国香港	14299.54	13701.22	14559.15	16123.24	16540.92
日本	1648.81	1607.59	2192.72	2736.75	3044.82
韩国	428.58	1119.17	1572.78	2027.39	2164.91
法国	462.33	658.50	574.17	545.33	445.40
德国	851.24	781.92	641.50	604.37	529.56
英国	489.37	461.90	505.50	660.18	536.41
印度尼西亚	80.49	109.59	126.52	134.36	125.90
马来西亚	923.60	1114.88	1306.47	1230.12	1307.34
菲律宾	97.20	121.10	175.29	169.50	172.68
新加坡	18702.66	18984.06	19317.52	19294.24	18123.66
泰国	424.04	464.91	549.13	512.41	514.22

第五，从外汇储备来看，自 1994 年外汇体制改革以后，中国的外汇储备快速增加，经济发展摆脱了在此之前长期处于外汇紧缺状态的约束。到 2003 年 6 月，外汇储备数额已达 3400 多亿美元，居世界第二位。一些人据此认为，中国的外汇储备已经过多，人民币应当升值。对此，有一个基本认识问题需要厘清，即一个有着 13 亿人口的国家，其外汇储备数额能够与仅有几百万人或几千万人的国家相比吗？从表 3 中可见：第一，到 2001 年，中国境内的人均外汇储备数额，不仅远远低于英、德、法、日等发达国家，而且远远低于韩国、马来西亚、新加坡、泰国等新兴工业国家。其中，日本是中国境内的 17.44 倍、韩国是中国境内的 12.11 倍、新加坡是中国境内的 108.77 倍。第二，1997—2001 年这 5 年间，人均外汇储备数额的增长幅度，日本为 84.67%、韩国为 405.14%、菲律宾为 77.65%、印度尼西亚为 56.42%，都远高于中国境内的 46.69%。

众所周知，一国外汇储备数量多少直接关系着该国介入国际经济的深度和广度，中国境内人均外汇储备数额较少，说明就 13 亿人口的大国而言，中国整体介入国际经济的程度依然较浅，在国际社会中发挥的作用还相当有限。与此相比，那些以中国外汇储备过多为由要求人民币升值的主张在逻辑上就存在着一个矛盾：他们一方面要求中国加大对外开放程度，这意味着要求中国加深介入国际经济的程度；另一方面却又要求中国降低外汇储备增长幅度或减少外汇储备数额，这意味着要求中国减弱介入国际经济的程度。要解开这一矛盾，方法只有一个，即中国境内市场应充分对他们开放而中国不应进入他们的市场。显然，这种主张充分体现了他们在国际经济活动中经济主权的理念和要求，但却不符合公平对等的基本原则。对中国而言，既应积极扩大对外开放，又要在公平交易的基础上积极介入国际竞争，不仅在商品贸易中要争取在国际市场中的一席之地，而且应积极实施"走出去"战略。

（原载《国际经济评论》2004 年第 1 期）

止损机制缺失：美国次贷危机生成机理的金融分析

　　始于 2007 年 8 月的美国次贷危机，经过 1 年多的发展，于 2008 年 9 月转变成了一场全球范围的金融危机。为了防范金融危机的进一步发展，避免日后此类危机再度发生，国内外学者从多角度对此轮危机的成因展开了广泛探讨，但众说纷纭，莫衷一是。迄今的探讨分析，大多集中在此轮危机形成的外部条件、次贷危机转变为金融危机的传递成因以及美国危机转变为国际金融危机的扩散成因等方面，甚至张冠李戴、捕风捉影，未能真正揭示美国次贷危机本身的内在机理。因此，笔者认为有必要予以进一步探讨。

一　几个不应忽视的金融现象

　　目前，国内外就美国次贷危机生成原因的解释大致有"贪欲说""货币政策失误说""流动性过剩说""市场失灵说""过度金融创新说""金融监管不力说""过度负债说""经济结构失衡说""经济周期说""全球经济失衡说"和"会计标准不当说"等 10 多种，尽管这些解释大多可以找到实践面的佐证，也能够唤起人们对这些问题的关注，但它们既与美国 2002 年之后的金融和经济走势不太吻合，也未能有效揭示此轮危机的真实成因。一个显而易见的事实是，这些说法都不能有效解释如下几个现象：

　　第一，为什么数额仅有 13000 亿美元左右的次级住房抵押贷款（简称次贷）能够掀起如此大的一轮国际性金融危机？从图 1 中可见，到 2007 年底，美国未清偿的住房抵押贷款余额大约在 10.54 万亿美元，其中，次贷的未清偿余额大约在 1.3 万亿美元，占全部住房抵押贷款的比重为 12% 左右。同期，美国的各项未清偿债务（包括联邦政府债务、州政府和地方政府债务、工商企业债务、国内金融机构债务、国外机构债务、住房抵押贷款债务和消费债务等）的余额为 49.01 万亿美元，次贷占比仅为 2.65%。由此引出了一个问题：这样一个占比并不高的次贷如何引致了如此严重的债务危机？换句话说，是否其他债务（如联邦政府或州政府、某些工商企业等债务）一旦发生财务支付困难，不仅也将引致美国债务危机，而且其程度更甚于次贷危机？

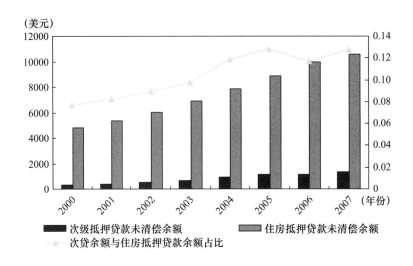

图 1　美国住房抵押贷款未清偿余额

　　资料来源：根据 http：//www. federalreserve. gov/releases 和 http：//www. data360. org/dsg. asp 相关数据整理。

　　一个可能的解释是：美国住房价格大幅下落，引致次贷价值严重损失，故而引发了如此严重的次贷危机。但如果做一个极端假设——次贷价值全部损失殆尽，也仅为 1.3 万亿美元，仅仅美国为缓解这场危机已投入的各类资金就已远高于此数（更不要说欧洲及其他国家投入的资金和直接损失了），这是仅仅以次贷价值损失所不能解释的。

　　第二，为什么房价长期下落走势没有引起相关各方的足够关注？美国的住房价格下落并非突发性事件，从图 2 中可见，在美国的三大房价指数中，Case-Shiller 价格指数（即 CS）从 2004 年第四季度起就已一路下行，美国住房企业监督办价格指数（即 OFHEO）和美国房地产经纪人价格指数（即 NAR）虽下行较晚，但也在 2005 年第三季度就已开始。以 2007 年 8 月次贷危机爆发计算，CS 指数下行了近 3 年、OFHEO 指数和 NAR 指数下行了 2 年左右，在这么长的时间内，为什么房地产市场乃至金融市场的相关参与者没有给予足够的关注，以至于非得等到次贷危机爆发才猛然醒悟？这恐怕不是用非理性或"贪欲"等所能解释的。

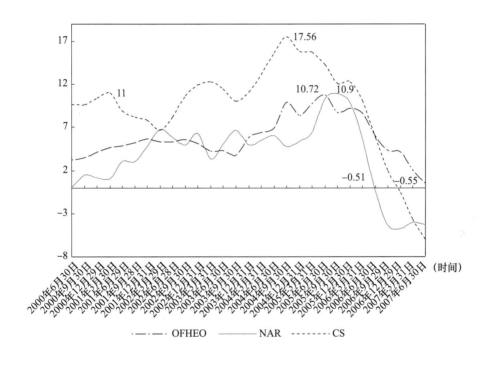

图 2　美国三大房价指数走势

资料来源：www. philadelphiafed. org/cca/conf/Community_ Affairs_ Housing_ presentation. ppt.

如果从历史角度看，美国的房价下落并非仅此一次。远的不说，20 世纪 80 年代以后，至少在 80 年代和 90 年代发生过两次房价大落，但为什么没有引发类似于此次次贷危机一样的事件？

第三，为什么在次贷价值下落中没有采取对应的止损措施？住房贷款以住房为基本抵押品，房价下落常常引致住房贷款的价值损失。在住房抵押贷款价值损失的情况下，放款机构通常有一系列阻止损失的措施：其一，要求借款人增加抵押品，使抵押品价值继续保持在贷款额之上；其二，强化贷款的内部评级，增提贷款的坏账准备，减少对应年份的经营利润；其三，客户若不能按期缴纳月供的借款即收回住房，并通过卖出这些住房来阻止住房贷款的进一步损失。但在房价指数持续下跌的20—30个月时间内，放出次贷的相关金融机构并没有采取这些止损措施。从图3中可见，2005年以后，美国住房贷款的到期未付率就不断走高，但在长达20多个月的时间内，相关金融机构并没有对应出售这些住房以阻止住房抵押贷款的价值损失。不仅如此，在2004—2006年房价持续下跌过程中，主要的次贷投放机构每年还有较高的盈利水平，这是为什么？

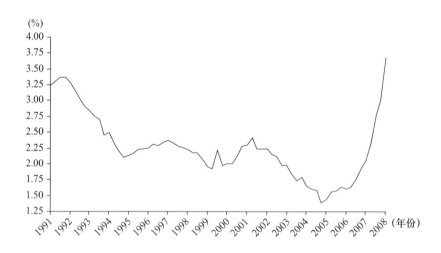

图3　美国住房贷款到期未付率走势

资料来源：美国抵押贷款银行家协会。

第四，为什么在2007年8月以后的次贷危机中，大批金融机构破产倒闭，但大多数发放次贷的金融机构却没有遭此厄运？表1中所列的九大次贷投放机构，2006年占美国次贷市场份额超过了50%，应当属次贷价值损失的重灾范畴，但在美国此轮危机的破产金融机构中，除新世纪金融公司

（New Century Financial Corp.）和华盛顿互惠公司（Washington Mutual）榜上有名外，其他各家均未进入破产程序，与此相比，2007年的20大破产金融机构和2008年20大破产金融机构中绝大多数都不从事次贷的投放业务。由此引出了一个问题，为什么处于投放次贷第一线的金融机构所遭受的损失反而比其他那些金融机构要少？

表1　　　　　　　　　2006年美国九大次贷投放机构

机构	市场份额（%）
Wells Fargo Home Mortgage	10.3
HSBC	7.3
New Century Financial Corp.	7.1
Countrywide Financial Corp.	5.5
WMC Mortgage Corp.	4.5
Fremont Investment & Loan Corp.	4.4
Option One Mortgage Corp.	4.1
Washington Mutual	3.7
Americaquest Mortgage Corp.	3.5

资料来源：全国抵押贷款资讯，Banc of America Securities。

第五，与住房的不动产特性相对应，住房抵押贷款的贷方和借方都有着明确的地理区域边界，那么，美国的次贷价值损失怎么会跨越美国边界演变成了一场国际性金融危机？

将这些问题综合起来看，可以得出一个结论：对美国次贷危机的真实金融成因还需做更加深入的分析探讨。

二　次贷资产证券化的机理缺陷

美国的次贷危机，并非次级住房抵押贷款危机，也非次级债危机，它的全称应当是"次级住房抵押贷款证券化危机"，仅从字面上就可看到，理解这场危机的关键不仅在于"次贷"，而且在于"证券化"。

资产证券化是美国在 20 世纪 70 年代以后金融创新过程中普遍存在的一种金融市场现象。它是将缺乏流动性但未来有着稳定净现金流的资产，通过真实销售、破产隔离、信用增级和有限追索等机制，在资本市场上发行资产支持债券的金融行为。长期以来，资产证券化作为一种分散资产风险的金融创新机制而备受推崇。其主要有六个要点：其一，净现金流量。金融机构（发起人）拟用于资产证券化的信贷资产必须有着稳定的现金流量净额（即债务人每年偿付的信贷本息在减去相关运转成本后，现金流量净额为正），同时，在未来一段确定的时间内，这些净现金流量是比较稳定的。其二，真实销售。金融机构（发起人）将拟用于资产证券化的信贷资产从总资产中剥离出来，真实地出售给一个为进行资产证券化而专门设立的具有信托人特性的机构（或机制，在美国为 SPV）。其三，破产隔离。发起人一旦将资产销售给了 SPV，就不再对这一资产价值的风险损失承担责任。即使 SPV 中的资产价值严重损失引致 SPV 破产，也不会导致发起人的资产风险，同样，即使发起人陷入破产境地，也不会导致 SPV 中的资产损失。其四，信用增级。如果发起人出售的资产价值质量较低（可能使对应债券的风险较高），可通过信用增级的方式提高其质量（以保障债券的销售和交易价格）。其五，有限追索。资产证券化债券的持有人实际上持有的是 SPV 发行的债券，他们只是 SPV 的债权人，因此，其追索权只能追索到 SPV，不能追索到作为资产证券化发起人的金融机构。其六，转移风险。通过上述安排和界定，在 SPV 销售了资产证券化债券，原先发放信贷的金融机构收到了由 SPV 划入的对应资金后，对应信贷资产的风险就完全转移给了资产证券化债券的持有人。从这些要点中可以看到，资产证券化中实际贯彻着一般商品销售的基本原理，即一旦商品售出，商店就不再对商品的价值变化承担任何责任（除非商品的技术质量有瑕疵），同时，购买者和商店各自的财务危机都不会牵涉到对方。

从目前已有的银行监管和证券监管制度来看，资产证券化的机理并无漏洞。一方面，放贷机构在将信贷资产证券化之后，其表内资产和负债完全符合资产负债的监管规则，没有任何违法之处；另一方面，从资产销售、信托机制建立、发行债券到资金回归等各环节也都符合相关证券监管规则，无不符合监管要求之处。因此，认为次贷证券化危机是由于监管不力所引致，是不符合事实的。正是由于资产证券化既有利于转移风险又符合监管要求，它作为一种金融创新方式才得到了广泛推行。

在国民经济中，金融的基本功能在于识别、评价、分散（或合租）和管理风险。各种金融产品的定价建立在风险评估之上，每一种金融产品都有着与其相对应的止损机制。例如有资产抵押的公司债券，期限规定了市场结清的时间点（也是止损的时间点），资产抵押是保障到期还本付息的基本止损机制，债权人会议和破产处置是极端条件下的止损制度；又如银行贷款，在放贷前充分审查借款人的还贷能力，在贷款期限内关注借款人的资信变动情况，一旦预期抵押品价值可能小于借款额就催促增加抵押品，在发现这笔贷款违约风险增大时就增提坏账准备等都是成熟的止损机制。资产证券化过程中，相关金融机构虽然通过真实销售，在将信贷资产卖给SPV过程中将风险转移出去了，但并没有同时将对应的止损机制转移给SPV，由此使得在此基础上发售的债券实际上处于缺乏止损机制的境地。由于放出次贷的金融机构已通过资产证券化将次贷本金收回，SPV中的资产价值变化已与其无关，所以，它们并不需要关注房价走势；由于债券持有者只拥有有限追索权，只能在这些债券的本息偿付有困难时对SPV进行追偿，所以，债券持有人既不关心也无力关心SPV中的资产价值变化；由于SPV只是一个虚拟机构，并无一套完整的运作班子，也无监察房价走势的机制，所以，它无力关心房价走势。这就是为什么在美国房价指数持续20—30个月的下落中相关各方并不关注，也没有选择对应措施予以止损的基本原因。由此可见，资产证券化原理中存在着机制缺陷。

在资产证券化过程中存在着一个不可回避的问题：假定某家金融机构发放了100亿美元年利率7%的20年期次级住房抵押贷款，然后在将资产证券化中又随着这些贷款转移而将7%的年利率一并转给了SPV，那么，这家金融机构在忙什么呢？一种可能的解释是，为了保障资产的流动性。的确，美国发放次贷的大部分金融机构不是商业银行，它们没有存款资金的来源，因此有必要通过次贷的资产证券化来解决资金来源问题，否则，一旦本金贷放完，就处于无事可做的境地。但即便如此，也还不能解释将100亿美元次贷进行资产证券化的营运目的何在？因为随着这些次贷转入SPV，该机构的未来营业收入（即7%的年利率）也将随之转移到了SPV。

与此相对比，如果不是以次贷资产证券化方式，而是直接将次贷卖出，那么，这些发放次贷的金融机构由此可以获得对应的资金，却并不能因此获得营业收益。为了使这种资产证券化符合商业盈利的要求，结构性金融技术应运而生，资产证券化不仅成为一种转移风险的金融安排，而且成为相关金融机构（即发起人）谋利的一种金融机制。在此基础上，资产证券化从最初的"过手证券"（Pass Through Security）通过分档技术（Credit Tranching）转变为"抵押担保债券"（Collateral Mortgage Obligation，CMO）。

在结构性金融技术的支持下，资产证券化过程中，发起人将这 100 亿美元的次贷分级后转入 SPV 并发行不同利率的债券，其大致情形如表 2 所示。从中可以看到，发起人在将 100 亿美元次贷分为 4 级后，把前 3 级（即 A 级、B 级和 C 级）总额为 99 亿美元的次贷转入 SPV 并分别发行利率不同的债券。这些债券的年利息总额为 5.01 亿美元，与 100 亿美元年利率 7% 的次贷相比，息差达到 1.99 亿美元。这些息差不仅足以全部覆盖未转入 SPV 的 D 级次贷 1 亿美元，而且还有结余。由此来看，通过结构性金融技术的安排，放贷金融机构在信贷风险完全转移出去之后，获得了巨额的无风险收益。正是因为结构性金融有着如此大的盈利空间，20 世纪 90 年代以后，相当多金融机构才趋之若鹜地大力发展结构性金融，以至于结构性金融产品（或信用衍生产品）呈几何级膨胀。但是，在结构性金融发展中，包括金融监管部门在内的各方都没有注意到，这种盈利究竟源于何处？不少人认为，它来自于结构性金融的高技术（包括物理学、天文学乃至生物学等）。可是，这些技术在运用于结构性金融中时只有成本的支出，并无价值的创造，因此，不可能成为创造利润的源泉。

表 2   资产证券化中的结构性金融安排（模拟）

级别	规模（亿美元）	占比（%）	评级	利率（%）	年利息（亿美元）
A 级	90	90	AAA	5	4.5
B 级	6	6	A	5.5	0.33
C 级	3	3	BBB	6	0.18
D 级	1	1	—	—	—

要解开这一谜团必须回答一个问题：为什么贷款的利率普遍高于同期公司债券的利率？主要原因有三：第一，公司债券作为一种对公众发行的标准化金融产品，在信息披露、偿债条件、发行交易等方面都有着较严格的制度规定和市场约束。与此相比，贷款是一种一对一谈判所形成的非标准化的金融产品，它虽应符合相关监管制度的要求，但具体条款由借贷双方商定。在债务性产品中，非标产品的利率通常要高于标准化产品。第二，公司债券是一种可连续交易的金融产品，它的利率虽考虑了发行人的特点（包括资信高低），但主要由市场利率决定。与此不同，贷款是一种不可连续交易的金融产品，对金融机构来说，它的利率主要由违约风险的概率决定。在金融市场中，不可连续交易的产品风险要大于可连续交易的产品。第三，公司债券对公众发行，其风险由持券者承担，且不同公司债券风险由持券者分别承担。贷款则不同，同一家金融机构向众多客户发放贷款，其中任何一家客户的贷款风险最终都得由这家金融机构承担，因此，贷款利率中包含着抵偿各家客户违约风险的内容（即拨付的坏账准备金，简称拨备）。在信贷证券化过程中，非标的贷款转变成了标准化金融产品，不可连续交易的产品转变成了可连续交易的产品，原先作为坏账准备的利率收入转变成了对应金融机构（即资产证券化发起人）的经营利润。

但如果与次贷相链接的资产证券化仅限于次贷资产，那么，即便发生次贷危机也不至于进一步引致金融危机，金融资产面所发生的损失大致也仅限于次贷资产范围内。千里之堤溃于蚁穴的成因固然源于蚁穴，但如果只有一个或若干个蚁穴，也不至于引致千里之堤的崩溃。问题在于，有了适当的生成机理，蚁穴就将大幅度地快速扩张，由此形成了足以摧毁千里之堤的能量。与此同理，通过资产证券化机理和分档技术的支持，在住宅抵押贷款支持证券（Mortgage – Backed Securities，MBS）的基础上，美国的投资银行在金融创新中推衍出了大量个性化的担保债务凭证（Collateral Debt Obligation，CDO），又在一级 CDO 基础上不断衍生出 CDO 平方、CDO 立方等产品，由此使得建立在次贷证券化之上的各种证券化衍生产品以几何级数膨胀增加，形成了一个数额巨大且错综复杂（几乎难以直接估算）的证券交易网络。

CDO 不仅承续了资产证券化的机理缺陷，而且严重放大了这一缺陷。

CDO 远离实体经济。如果说过手证券、CMO 和 MBS 等产品的利率收益还来自于最初借款人支付的利息，由此还能找到它们与实体经济的内在联系的话，那么，在 CDO 中这种联系就已完全看不到了。这意味着，CDO 处于金融机构和金融市场的自我循环交易之中。由于设计、营销和交易都需要支付一系列成本，这些成本只能从作为 CDO 基础的证券资产收益（即利率）中扣除，所以，仅靠这些证券资产收益支持，CDO 的收益率必然低于作为其基础的证券资产收益，几乎没有市场销售和市场交易的可能性。要使这种不可能变为可能，就必须加入新的因素，由此，三方面措施的实施就成为必然：第一，进一步利用分档技术和担保机制，乌鸦变凤凰。由于资质较差的证券利率较高，资质较高的证券利率较低，在利用分档技术和担保机制以后，可以将资质较差的证券转变为资质较高的证券，对应地获得二者之间的利差，由此，不仅可以弥补 CDO 从设计、发售到交易的成本，而且对发起人来说还可以获得盈利。第二，利用资信评级，给凤凰贴金。在利用了担保机制后，通过资信评级机构的运作，努力提高资质较低的证券资信评级等级，使市场投资者感到此类证券的投资具有较高的价值。第三，不断引入新的投资者，购买贴了金的凤凰。CDO 交易价格上行是介入此间的投资者获得投资收益的主要来源，也是 CDO 得以吸引新的投资者加入的主要诱因，因此，努力维护 CDO 的价格波动，通过新的投资者不断加入带来新的资金入市，成为这一市场得以存在和扩展的主要原因。在这种背景下，欧洲各国的商业银行等金融机构大规模地卷入了美国的证券化衍生产品交易，从而在美国次贷危机中遭受了惨重损失。

在这个过程中，有两个问题值得特别提出：其一，资信评级并不具有可靠性。不论是对次贷的评级还是对在此之后各种证券化衍生产品的评级，至多都只具有参考价值。其内在机理是，资信评级通常具有主观性、时滞性和利益性。在资信评级中，相关评级机构所用以评级的各类指标，除一部分为客观指标外，还有相当多的主观指标，这些指标的权重又是由评级机构自己设定的，因此，主观色彩相当浓重。由于评级机构不可能对评级对象实行实时跟踪评级，常常是每隔一段时间（如几个月或 1 年）进行一次评级，因此，评级结论常常带有明显的滞后特征。对同一家评级机构而言，如果评级对象不发生特别重大的变化，后次评级结论应当与前次没有太大差别，否则，各次评级结论相差甚远，就将严重影响评级机构自身的市场信誉，因此，前后评级结论的一致性关系着评级机构的利益。在次贷证券化中，资信评级成为定价的基本依据和投资者市场选择的依靠，这明显加剧和放大了资产证券化机理上的缺陷。其二，投资收益的来源。金融机构的运营成本和收益是由实体经济部门转移过来的，因此，金融活动根植于实体经济。但在 CDO 中这一关系发生了实质性变化。它从设计、发售到交易的成本和投资收益实际上建立在介入市场的各方参与者的已有财富的再分配基础上，只有源源不断的投资者在进入市场中带入源源不断且持续增多的资金，这一市场才能周而复始地运行和周转。一旦新入市资金的算数级数增加赶不上证券化衍生产品的几何级数放大，这一市场就将发生危机。2004 年以后，美国金融市场资金逐步紧缩，利率攀升，货币投放增加，但诸多机构还喋喋不休地强调流动性过剩（或流动性泛滥），以期引导新的资金继续入市，最终在入市资金难以为继的条件下，爆发了次贷危机。这恐怕很难归咎于货币政策的失误、过度负债、经济周期说和全球经济失衡等。

三　若干启示和建议

美国次贷危机是"二战"后在一个大国范围内由金融运行缺陷所引致的金融风险大爆发。20 世纪 70 年代末的美国金融创新，在推进金融市场快速发展的同时，也导致了金融风险的膨胀。30 多年来，尽管美国的理论界和实务界对金融风险高度关注，创造了一系列严密且精巧的防范金融风险理论和技术，处于全球领先水平和导向地位，不仅是美国金融业国际竞争力的重要构成部分，而且是各国（和地区）学习的标杆。但百密一疏，针尖大的眼在膨胀中捅出了一个天大的洞。资产证券化的机理缺陷，在证券化衍生产品加倍扩展中以几何级数放大，与此同时，最初的止损机制缺失的风险也以几何级数放大，最终引致了次贷危机乃至金融危机的爆发，给全球金融业和实体经济部门的发展带来灾难性后果。这与其说是市场失灵，不如说是违反市场机理所遭受的严重惩罚。由此可得到三点启示：

第一，必须全面严格地遵守市场机理的要求。市场交易在客观上要求交易对象依入市条件而结清，各种金融产品在入市前就已按规定建立了它的结清机制，这是该种产品的最终阻止损失机制。年利率为 5% 的 1 年期贷款包含着两方面结清机制，即期限为 1 年和利率为 5%，如果这两方面不能如期结清，则发放贷款的金融机构必须予以止损。次贷证券化中，发起人在将贷款资产转移到 SPV 的过程中，并没有将对应的风险防范机制（尤其是止损机制）也转移到 SPV 中，由此造成 SPV 中的风险止损机制缺失。这违背了市场机理的基本要求，给次贷危机的发生埋下了隐患。

第二，必须全面审视金融监管体系。就资产证券化的每个环节而言，从次贷发放、次贷卖出、建立 SPV、次贷资产转移、次贷资产分级、发行以次贷资产为基础的证券到这种证券进入市场交易，均符合相关的金融制度和金融监管的要求。但是，从资产证券化全过程来看，它却存在着严重的制度缺陷和监管漏洞。其成因在于，当分别监管时，对监管结合部的衔接由于各种因素的干扰很容易被忽视，从而产生监管真空或盲点。从这个意义上说，美国次贷危机是由金融监管的盲点导致的（并非监管不力）。要解决这一问题，需要各家金融监管部门通力合作，对金融产品创新的全过程展开审视和监管。其中，对金融产品创新中的收益来源进行实实在在的分析，看其是否建立了相应的风险防范机制和止损机制，弄清这些收益是来自于实体经济还是来自于已有财富的再分配，是十分重要的。

第三，必须强化资产证券化发起人的责任。通过资产证券化，发起人可得到贷款资产和证券化债券之间的利差，这既是资产证券化得以大幅快速发展的动力，也是引致资产证券化机理缺陷从而产生次贷危机的根源。在这个过程中，一旦贷款资产被证券化了，发起人作为这些贷款发放者所需要关心的贷款质量等责任就消解了，同时，还可以获得类似于"空手套白狼"的营业收益。要改变这种状况，防止由资产证券化引致的风险防范机制和止损机制的缺失，必须强化资产证券化发起人的责任。一个可考虑的方案是：发起人通过资产证券化所得到的利差收入，在该资产证券化证券进行市场结清之前，不得作为其营业收益，只能纳入单立账户的风险防范基金，这样，不仅增强了发起人对贷款资产质量的持续关注和对风险防范的持续警惕，而且提高了他们对资产证券化证券的质量和交易价格走势的关注。在此机制作用下，资产证券化的平方、立方等衍生方式将受到明显制约，资产证券化的积极功能将得到较好的发挥。

主要参考文献

［1］ Fender, Ingo, Nikola Tarashev and Haibin Zhu, "Credit fundamentals, ratings and value – at – risk：CDOs versus corporate exposures", *BIS Quarterly Review*, March 2008.

［2］ IMF, *Global Financial Stability Report：Financial Stress and Deleveraging Macro – Financial Implications and Policy*, October 2008.

［3］ Krahneny, J. P. and Christian Wildez, *Risk Transfer with CDOs*, 28th April 2008.

［4］ The Committee of European Securities Regulators, *the role of credit rating agencies in structured finance*, Consultation Paper, February 2008.

［5］ United States Securities and Exchange Commission, *Summary Report of Issues Identified in the Commission Staff's Examinations of Select Credit Rating Agencies*, July 2008.

［6］ C. P. 钱德拉塞卡尔著：《当代资本主义经济危机背景下的美国次贷危机》，房广顺译，《国外理论动态》2008 年第 10 期。

［7］ 中国社会科学院经济学部赴美考察团：《美国次贷危机考察报告》2008 年 7 月。

［8］ 胡海峰、罗惠良：《美国次贷危机成因研究述评》，《证券市场导报》2008 年第 12 期。

（原载《经济学动态》2009 年第 4 期）

走出"全球经济再平衡"的误区

自 20 世纪 90 年代末国际货币基金组织提出了"全球经济失衡"命题之后，有关全球经济失衡以及与其对应的"全球经济再平衡"等就成为国际经济和国际金融研究中的一个热点问题。2008 年 9 月以后，随着国际金融危机的爆发和蔓延，"全球经济失衡"又成为美国等西方国家用于解释此轮国际金融危机成因的一个重要根据。如今，在全球经济逐步走出金融危机困境的背景下，实现"全球经济再平衡"成了一些西方国家实行贸易保护和限制发展中国家对外经济发展的重要理由。由此，如何认识全球经济的失衡以及"再平衡"就成为一个必须弄清的理论问题和实践问题。

一 国际贸易平衡理论的逻辑错误与实践反差

国际贸易平衡理论是判定"全球经济失衡"的基本理论根据。其内在的逻辑联系是：如果国际贸易平衡理论成立，介入国际贸易中的各国和地区实现本国或地区的对外贸易平衡，则全球经济处于平衡状态；反之，则打破了国际贸易平衡，全球经济处于失衡状态。根据国际贸易平衡理论的要求，这种全球经济失衡状态是不合"规律"的，应予以纠正，实现全球经济再平衡。因此，如何认识国际贸易平衡理论是判定全球经济能否再平衡的基本点。我们认为，西方国际贸易平衡理论不论在理论上还是在实践上都是错误的，它并没有为第一次产业革命以来的 200 多年历史所证实。主要根据如下：

从理论角度看，国际贸易平衡理论有着一系列假设条件，但这些假设条件在现实中是不存在的，这决定了国际贸易平衡理论是虚构的，是不符合国际贸易发展实际状况的。具体来看：

　　第一，无理地舍去了国际货币。在国际贸易平衡理论中，虽以模型方式论证了各国和地区之间的国际贸易平衡趋势，但它舍去了这一交易中所需的国际货币因素，因此，不符合国际贸易的实际状况。如果加入国际货币因素，则国际贸易不平衡就必然发生。我们假定，T0 的国际贸易额为100，T1 的国际贸易额将比 T0 增长 10%，在国际货币流通速度不变的条件下，通过各国和地区之间的交易，要实现 T1 的国际贸易额，就必须增加10% 的国际货币。那么，这增加了 10% 的国际货币由谁提供？如何提供？假定国际货币为 A 国的货币，即增加 10% 的国际货币由 A 国提供，那么，A 国该如何将国际贸易增长 10% 所对应的国际货币投放到国际贸易之中呢？仅就国际贸易领域来说，A 国只有一个路径，即从国际市场中买入货物和服务，由此，它只能处于对外贸易的逆差状态。既然 A 国处于贸易逆差状态，那么，对应的必然有一批国家或地区处于对外贸易顺差状态，国际贸易在各国和地区之间的平衡是不可能的。

　　第二，违背市场机制本质要求。与西方经济学中的其他理论一脉相承，国际贸易平衡理论也选择了供求关系的恒等式表示，但这种供求关系恒等式在本质上是不符合市场机制的基本要求的。众所周知，竞争和价格机制是市场经济的基本内容。在供求关系恒等条件下，竞争不可能有效展开，优胜劣汰不可能发生，创新发展也就无从谈起。市场经济本质上是生产过剩经济。只有在供过于求的条件下，才可能出现这样一种情形：在不严重影响供求关系的条件下，通过优胜劣汰机制，迫使厂商不断创新发展，提高效率。这种供过于求的格局是买方市场形成的基本条件，它存在于一国（和地区）内，也同样适用于国际贸易领域。所谓供求关系恒等式，实际上是一个经济停滞的恒等式，不是人类经济发展追求的目标模式（或理想模式）。因此，国际贸易平衡理论建立在这种恒等式基础上，其本身就是不符合市场经济本质要求的。

　　第三，不该舍去各国和地区的资源禀赋差异。在各国和地区中，有一些国家或地区（如日本、韩国、新加坡、中国香港和台湾等）的自然资源禀赋比较匮乏，因此，选择了"两头在外"的发展模式。对这些国家或地区来说，如果实行对外贸易平衡，经济增长乃至经济发展将遇到严重的困难。假定某国在 T0 的进出口数额均为 5000 亿美元，且无任何外汇储备、引进外资和海外借贷，则 T1 年份在国际贸易条件最理想的情形（如该国从国际市场中采购的资源价格不变、结构不变、性能不变且运输条件不变等）下，这一国家的经济增长率将为零。这意味着，一旦国际市场的贸易条件有所恶化，该国经济就将出现负增长走势。这些国家或地区要维护经济的可持续发展，一个重要条件就是对外贸易顺差（在若干年顺差的条件下，短暂的外贸平衡或逆差也是可承受的）。既然它们需要通过对外贸易顺差来维持经济发展，相应的就一定有一些国家处于外贸逆差走势之中，结果是国际贸易不可能平衡。

第四，不应将各国和地区的发展差异舍去。国际贸易平衡理论中舍去了各国和地区的发展水平差别，实际上是一个维护发达国家在国际贸易市场中地位的理论。"二战"以后，众多国家和地区的发展历程证明，当发展中国家的经济开始起步的时候，为了缓解国内的短缺经济状况、缩小与发达国家的差距，大多选择了引进海外先进设备、技术、管理和经验的进口路径，在这一时期，它们的对外贸易大多呈现逆差走势。为了满足进口设备、技术等的需要，除了努力多出口外，还可实施引进外资、海外借款和动用贵金属储备等政策。随着生产能力的不断提升、进口替代的程度提高、国内供求短缺状况的改善和产品的国际竞争力提高，它们的产品进入国际市场的数额逐步增加，出口导向战略取得成效，由此，外贸逆差转变为外贸顺差。

第五，不应将各国和地区对外投资所形成生产能力舍去。从 19 世纪初开始，英国等发达国家就大量向海外投资，将本国的生产能力转移到其他国家或地区，一方面扩展海外商品销售市场，另一方面利用海外低价资源（包括廉价劳动力等）生产产品，销往本国，加重了全球经济失衡。"二战"以后的 60 多年间，这种情形日益严重。在他国和地区投资生产，成为绕开贸易保护壁垒的一个重要举措。国际贸易平衡理论将其舍去，远离于国际贸易实践，已成为一套无用的空洞说辞。

从实践层面看，19 世纪以来，国际贸易领域中没有 1 年各国和地区的对外贸易完全平衡，不仅如此，随着国际贸易额的增长和国际贸易量的扩大，各国和地区之间的贸易不平衡差额有着扩大的走势。具体来看：

第一，全球经济体之间的贸易差额有着扩大的趋势。从图 1 中可见，

1990—2007 年的 18 年间，美国、欧元区和中东欧等国家和地区的经常账户逆差从不到 2000 亿美元扩大到近 1 万亿美元，与此同时，石油输出国、日本、中国、亚洲其他经济体、拉美和其他工业化经济体等的经常账户顺差也从不足 2000 亿美元增加到近 1 万亿美元。在年度对比中，总的趋势是：经常账户差额明显扩大。这反映出 1990 年以来发展中国家的整体经济实力提高和国际市场中的地位提高。在这种经济全球化的实践背景下，提出乃至希冀全球经济平衡是不符合全球经济发展走势的。

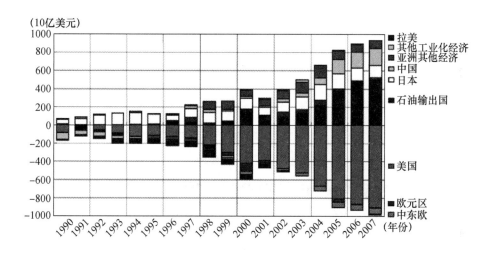

图 1　1990 年以来全球经济体经常账户余额

资料来源：国际货币钢结构组织《世界经济展望》和《贸易统计》及欧洲央行工作人员的估算。

第二，资源禀赋匮乏的国家和地区有着加大贸易顺差的取向。从图 2 的走势中可以看到，日本的对外贸易大致经过了三个阶段：一是在 1965 年之前，由于大量进口设备、技术、资源等产品，日本经济处于贸易逆差格局中（其中，1961 年贸易逆差高达 15.75 亿美元）。这一时期，日本主要靠引进外资和海外借贷来弥补国际收支的差额。二是在 1965 年至 1980 年间，有 7 年处于贸易逆差，9 年处于贸易顺差，16 年的总结果是贸易逆差 59 亿美元左右。三是从 1981 年开始，在国内需求基本满足、生产能力进一步提升且国际竞争力提高的背景下，日本迈入了国际贸易顺差国行列。到

2009 年的 19 年间，日本没有发生过贸易逆差，同时，贸易顺差数额也明显增大，一些年份突破了千亿美元大关。日本 60 年左右的发展历程显示了一国从经济起步到经济发展再到进入发达国家行列过程中的对外贸易走势变化。试想一下，如果不是在 50 年代以后的第一阶段，对外贸易因引进海外先进设备、技术和资源等而处于逆差走势，日本怎么可能在一个较短的时期内奠立了先进的工业基础？又怎么可能在 80 年代之后实现了贸易长期顺差？

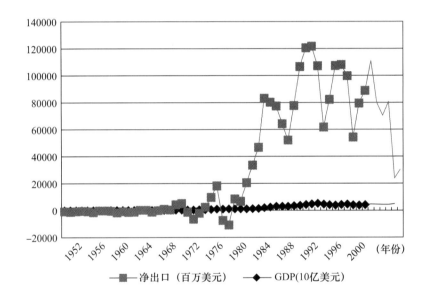

图 2　日本净出口走势

资料来源：IMF。

　　第三，发达国家生产能力外移引致外贸逆差。从图 3 中可见，美国国际收支中的"货物收支"和"经常账户"在 1971 年之前处于持续顺差走势，其中，1964 年的顺差额分别达到了 68.01 亿美元和 68.23 亿美元。但与此同时，美联储的"黄金和外汇储备"数额却呈持续减少走势，从 1952 年的 232 亿美元减少到 1971 年的 101 亿美元。这种情形发生的主要成因是：在这一时期内，美国私人对外投资数额大幅增加。从图 4 中可见，美国私人资本的每年对外投资数额从 1960 年的 51.44 亿美元增加到 1971 年的 129.4 亿美元（"对外投资"在国际收支表中属资金外流，所以以"－"

表示)。与对外投资增加相对应,海外"收益"也大量增加,从 1960 年的 33.79 亿美元增加到 1971 年的 72.72 亿美元。对外投资的一个直接结果是:美国的一部分生产能力转移到了其他国家和地区。这些国家和地区成为美国产品的生产基地,即为了满足美国需要而生产,这实际上是美国生产能力在地理版图上的扩大。但在国别地理版图范畴计算进出口时,这些为美国而生产的产品变为生产国的"出口"和美国的"进口",由此,在美国的计算中,出现了出口减少、进口增加的走势。在图 3 中,1971 年以后,除个别年份外,美国基本保持了长期的"货物收支"和"经常账户"的赤字,且有着不断扩大的趋势。到 2008 年,美国的"货物收支"赤字达到 8402.52 亿美元,"经常账户"赤字达到 7060.68 亿美元。与此同时,美国的私人对外投资也在继续扩大,2006 年和 2007 年分别达到 12934.49 亿美元和 14497.31 亿美元。2008 年因金融危机爆发,需要从海外调回资金"救火",在美国的国际收支表中私人投资才出现了 5343.57 亿美元的回流。

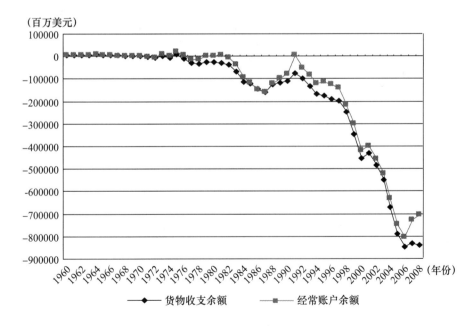

图 3　美国经常账户走势图

资料来源:美国商务部。

　　发达国家利用对外投资机制将生产能力外移，在提升了发展中国家的生产能力、扩展了发达国家在发展中国家的市场份额的同时，也增强了以发展中国家地理版图为边界的出口能力，使得发达国家从贸易顺差国转变为贸易逆差国。以中国的数据为例，从表1中可见，在中国的出口总值中，2002年以后，外资企业所占比重均超过50%，且有着继续提高的趋势。这实际上意味着，一方面，中国成了这些外资企业所在国的生产能力在地理范围上的扩展地；另一方面，从中国口岸出口的产品，有50%以上实际上并不是中资企业生产的，只是外资产品在地理位置上的转移，不属于真正意义上的"中国出口"。与此对应，由这些出口所引致的外资母国的贸易逆差，按照资本生产和资本权益关系的原则，也不属于外资母国对中国的逆差。

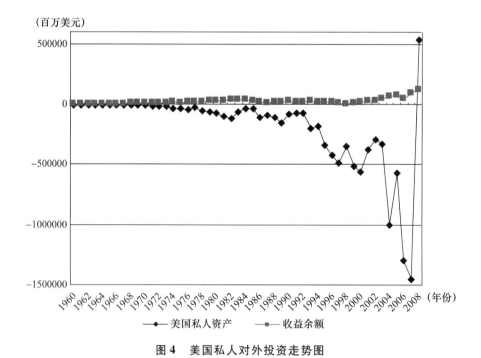

图4　美国私人对外投资走势图

资料来源：美国商务部。

　　综上所述，由于国际贸易平衡理论的最基本因素过于抽象，因此，在逻辑上是不成立的。与现实中国际贸易始终在非平衡中发展的趋势相比，它有着一系列严重错误，不能有效解释国际市场中的众多变化和发展趋势，因此，不应作为理解和把握国际贸易活动的基本依据，更不应作为制定相关政策的主要根据。

表 1　　　　　　　　　中国出口品总值的企业结构　　　　　单位：亿美元，%

时间	出口总值	外资企业	外资企业占比	国有企业	其他企业
2002 年	3255.7	1699.4	52.20	1228.6	327.7
2003 年	4383.7	2403.4	54.83	1380.3	600.0
2004 年	5933.7	3386.1	57.07	1535.9	1101.7
2005 年	7620.0	4442.1	58.30	1688.1	1489.8
2006 年	9690.7	5638.3	58.18	1913.4	2139.0
2007 年	12180.1	6855.2	56.28	2248.1	2976.8
2008 年 10 月	12023.3	6685.2	55.60	2185.5	3152.6

资料来源：国家商务部网站。截至 2010 年 8 月底，该网站的这方面数据仅限于 2008 年 10 月之前。

二　"全球经济再平衡"的政策陷阱和均输后果

始于 2007 年 8 月的美国次贷危机，在 2008 年 9 月以后酿成了一场席卷全球的金融危机。在此背景下，一些发达国家不深刻检讨此轮危机的自身成因，抓住所谓的"全球经济失衡"大做文章，试图将引发国际金融危机的祸水转嫁给发展中国家，同时，为它们实施贸易保护主义措施寻找理论根据。实施贸易保护政策，形式上似乎能够缓解某些发达国家的国内就业、生产和贸易等方面的压力，有利于它们走出危机，但实际上，这是一个饮鸩止渴的政策，势必使相关各方都成为博弈输家。

对发达国家而言，要实现它们与发展中国家贸易间的平衡，所提出的种种政策无非包括两个方面的内容：一是限制发展中国家的出口，二是要求发展中国家扩大进口。但在发达国家高新技术等产品对发展中国家禁运的背景下，这两方面的政策效应，不论对发展中国家来说，还是对发达国家来说，都不见得有利。

从限制发展中国家出口来看，首先需要弄清的是发展中国家的产品为什么能够进入发达国家的市场。舍去自然资源的禀赋差别不说，发展中国家能够出口到发达国家的产品主要是低中端产品（即主要是满足发达国家中低收入群体消费需求的产品），这些低中端产品在发达国家国内因缺乏生产可能性而基本不生产。所谓生产可能性，主要指的不是生产技术（包括设备等），而是财务成本。由于发达国家的劳动力价格较高而低中端产品的市场价格较低，如果发达国家的厂商在国内生产这些产品，直接面临的将是经营亏损。为了满足资本追逐利润的要求，避免经营亏损，他们的选择只能有二：一是将生产能力转移到发展中国家，利用当地廉价劳动力来降低生产成本，提高生产可能性；二是在国内停止生产这些低中端产品。由此，发展中国家对发达国家的贸易顺差走势自然发生。在这种背景下，发达国家限制从发展中国家的产品进口，对发达国家而言，有三种可能的后果：其一，如果限制进口直接针对的是某些发展中国家，那么，鉴于发达国家的居民消费依然需要这些产品，同时发展中国家出口的消费品具有一定程度的相似性，结果则是发达国家的贸易逆差没有减少，只是贸易逆差对应的国家和地区结构发生了变化，对发达国家并无多少益处。另外，由于贸易的国家和地区结构调整需要时间，在这段时间内，发达国家的居民消费所需的低中端产品将出现供不应求的走势，这将引致消费价格水平（CPI）上行，对发达国家的宏观经济走势和居民消费来说，恐怕就只有负面影响了。① 其二，如果在限制进口的政策下，发达国家厂商通过这些消费品供不应求引致价格上行来增加生产可能性，从而自己生产这些产品，那么，必然使得发达国家的消费者承受更高的消费支出负担，其结果对发达国家的

---

① 2010 年 8 月 27 日，《环球时报》驻纽约记者在《美机构：对华轮胎特保案没结果》一文中报道说：2009 年 9 月 11 日，美国总统奥巴马在美国钢铁工人联合会的敦促下，决定对从中国进口的所有小轿车和轻型卡车轮胎征收 35% 的惩罚性关税，希望以此来挽救日渐衰败的美国轮胎产业，并保住美国的就业机会。但路透社在 2010 年 8 月 25 日报道称，美中贸易全国委员会（US-CBC）在对这一决定产生的效果进行评估后认为，这一做法取得的效果适得其反。该委员会会长傅强恩在致奥巴马的信中说：在对中国轮胎征收特别关税后，美国轮胎产业就业下降、轮胎价格上升，美国消费者的利益受到了伤害。该委员会的一份政策简报中说："事实上，美国所进口的与此案相关的低端轮胎出现大幅增长，但供应商从中国变成了其他国家。"美国从中国进口的轮胎的确下降了，但 2010 年上半年，受惩罚性关税影响的低端轮胎在数量上和价值上却分别增加了 21% 和 30%，这是因为其他供货商填补了中国留下的真空。美国消费者显然花了更多的钱，因为轮胎价格上涨了 10% 至 20%。

宏观经济调控和消费者都是不利的。其三，在发达国家实行贸易保护主义的过程中，发展中国家也将对从发达国家进口的产品实行某些限制，且不说可能引发大规模的国际贸易战，至少对发达国家的产品出口增长也没有多少好处。

从要求发展中国家扩大进口来看，首先需要弄清发展中国家扩大进口的基本条件是什么。各个发展中国家和地区的情况相当复杂，很难一概而论，大致可分为三种情形：第一，一些发展中国家的国内经济发展严重不足且政局不稳，由于缺乏外汇资金和国内财力，即便有着较强烈的扩大进口需求，发达国家也不愿意向它们出口更多的产品。第二，一些发展中国家的国内供求总体尚处于供不应求格局中，为了加快经济发展，他们有着扩大从海外进口设备、技术、资源乃至消费品等的强烈需求，但受限于外汇资金的有限和财力不足，这种扩大进口的空间也相当有限。第三，一些外汇储备比较充裕且国内需求已基本得到满足的国家和地区，有着较充裕的外汇资金和国内财力，有着扩大进口的较强能力。不难看出，扩大进口的重心在于第三类发展中国家和地区。那么，对这些发展中国家而言，扩大的是消费品进口还是投资品进口？如果是消费品进口，这些发展中国家的国内消费品市场已处于供过于求格局，要扩大进口（假定进口的消费品具有较强的价格、性能等方面竞争力），就必然加重市场的供过于求压力和市场竞争的激烈程度，将直接导致这些发展中国家和地区的一部分企业倒闭、职工下岗、经济发展受到限制，随之，国内市场萎缩，减少对进口产品的需求。如果是投资品进口，那么，一方面必然加重这些发展中国家和地区的产能过剩状况，同样将引致企业倒闭、失业增加，对进口品的需求减少；另一方面随着这些投资品形成新的生产能力，这些发展中国家和地区的出口能力又将进一步提高，加重发达国家的贸易逆差。显然，对这类发展中国家来说，扩大进口的空间也相当有限。

无须赘述，试图在"全球经济再平衡"的命题下，通过发达国家对发展中国家的贸易强制（包括强制发展中国家减少出口和增加进口）来实现所谓的国际贸易平衡，不仅不可能达到目的，而且将导致各方均输的结果，因此，是一种短视的、不符合国际贸易发展趋势的政策。

发挥市场机制在配置资源方面的基础性作用是国际贸易的基本理论。在全球经济失衡的背景下，是继续鼓励市场竞争、优胜劣汰和创新发展，还是实行贸易保护，强制发展中国家减少出口、增加进口，对发达国家来说，绝不仅仅是一个对外贸易逆差或顺差问题，更重要的是，它从根本上关系到发达国家所奉行的市场经济原则能否有效地贯彻国际贸易领域。如果持鼓励竞争、坚持市场机制配置资源的原则，那么，发达国家就不应选择非市场机制强制要求发展中国家减少进口、扩大出口；如果运用强权机制，硬性要求发展中国家实现贸易平衡，则真正"破产"的将是市场原则，一旦市场原则破产，国际贸易活动将失去基本的规则，在混乱中导致贸易各方均处于输家的境地。

事实上，发达国家在全球经济失衡中已获得巨大利益。以美国为例，一方面在对外贸易逆差中获得了大量价廉物美的实物商品，美国消费者因此获得了巨额的消费剩余；另一方面发展中国家又以对美贸易顺差和对其他发达国家贸易顺差中所得到的美元等外汇购买了美国国债等金融产品。这意味着，在这种贸易中，美国既获得了实物上的利益，又获得了金融上的利益，与此相比，发展中国家只是获得了以电子符号为代表的"债权"（同时，承受着美元等外汇贬值所带来的利益损失）。在这种格局中，全球经济失衡究竟使发达国家损失了什么？

导致发展中国家与发达国家之间贸易不平衡差额快速扩大的一个主要原因是：发达国家常常以军事产品的禁售为由，对发展中国家需要的高新技术及其产品需求实行出口抑制政策，同时，发达国家能够出口的中低技术产品和消费品在有能力进口的发展中国家市场上又大致处于饱和状态。在这种不对称贸易的条件下，如何能够期待发展中国家与发达国家之间的贸易差额缩小？要缩小发展中国家与发达国家之间的贸易差额，就必须贯彻市场经济原则，发达国家必须放松对出口到发展中国家的高新技术及其产品的各项限制，否则，在纷纷实行贸易保护主义政策背景下，不仅全球经济失衡还将继续发展，各国和地区也将处于均输的境地，这对于国际贸易发展将是一种灾难性的后果。

三　汇率理论的误区和美元的困境

为了实现所谓的全球经济再平衡，一些发达国家再次提出了汇率问题，认为引致发展中国家贸易顺差的一个主要成因是某些国家或地区的汇率被严重低估,从而,使发达国家的产品在国际市场上失去了应有的竞争力。美国甚至有人提出,要对操纵汇率的国家或地区进行制裁。此类说辞每隔一段时间就成为国际经济中的一个热点,多年来不绝于耳。汇率机制真的是缓解全球经济失衡的灵丹妙药吗?

首先,从图 3 来看,在 1971 年之后,美国持续发生贸易逆差,这段时间正好是美元持续走低的过程。每盎司黄金的价格从 35 美元一直下落到 1200 多美元,与此同时,美国的经济持续发展,名义 GDP 从 1971 年底的 11517 亿美元增加到 2008 年底的 142003 亿美元(增长了 11.33 倍),实际 GDP 总额从 1971 年底的 7238 亿美元增加到 2008 年底的 99279 亿美元(增长了 12.72 倍)。如果按照汇率理论的说法,一方面,在汇价走低的情况下,应当发生出口增加和贸易顺差,但美国的实践对此没有做出验证;另一方面,在贸易逆差严重发生的条件下,国内经济增长应当受到严重影响,以至于可能发生负增长,但美国的实践对此也没有做出验证。由此可见,美国的实践已经打破了汇率理论的"定律"。

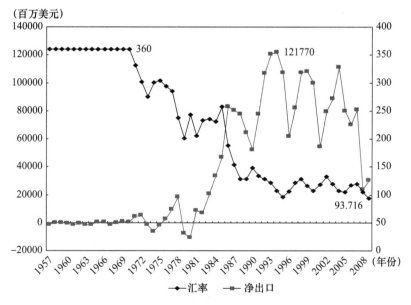

图 5　日本净出口与汇率走势(日元兑美元)

资料来源:IMF。

其次，从图 5 来看，在 1985 年广场协议之前日元兑美元的比率就已升值（1970 年为 360∶1，1984 年已升值到 231.01∶1），在 15 年内日本的对外贸易有 5 年逆差、10 年顺差，但在 1985 年签订了广场协议以后，尽管日元大幅升值，从 1985 年的 257.68∶1 升值到 2009 年的 93.72∶1，日本的对外贸易却连续 15 年没有发生过逆差，同时，顺差额也有扩大的趋势。显然，日本从 1970 年以来的 30 年实践也没有证明汇率机制在国际贸易中的神奇作用。

最后，从图 6 来看，在 1994 年汇率改革之前，人民币兑美元的比值基本处于贬值走势（从 1980 年的 1.4984∶1 降低到 1994 年的 8.62∶1），但在这 15 年间，中国的对外贸易有 9 年处于逆差状态，只有 6 年为顺差，并且逆差总额明显大于顺差总额。2005 年 7 月，中国迈开了汇率形成机制改革以后，人民币兑美元的比值快速上升（从 2004 年底的 8.28∶1 升值到 2009 年底的 6.83∶1，升幅高达 17.5%），但与此同时，中国的对外贸易顺差却大幅增加，从 2004 年的 320.9 亿美元，增加到 2005—2009 年的 1020 亿美元、1774.8 亿美元、2618.3 亿美元、2918.3 亿美元和 1960.6 亿美元，展现出了与图 5 日本汇价变动和贸易差额相似的走势，即汇率升值，贸易顺差增大。

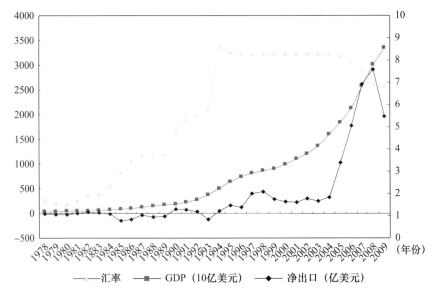

图 6　中国 GDP、净出口和汇率（人民币兑美元）（右纵坐标）

资料来源：国家统计局。

将图 3 和图 5、图 6 联系起来看，可以发现一个与汇率理论相悖的实践走势：按照汇率理论定律，汇价贬值则出口增加、贸易顺差容易发生，但美国的实践却是汇价贬值、贸易逆差大规模发生；汇率理论强调，汇价升值则出口额减少、贸易逆差容易发生，但日本和中国的实践却是汇价升值、出口增加、顺差增大。理论与实践相悖的原因究竟是什么？理论是实践的总结，如果理论屡屡不能得到实践的验证，该理论是否可信？以此为根据制定政策的可行性又有多少？

事实上，汇率只是影响国际贸易的一个因素，但并非唯一因素，更不是根本性机制。从亚当·斯密、大卫·李嘉图等古典经济学家开始，200 多年来，诸多经济学家就一直在强调分工协作、比较成本、要素禀赋、差异产品和重叠需求等因素对国际市场竞争格局变化的基础性影响作用，同时，市场竞争力、资本的国际间转移、技术创新乃至产品创新、相关国家和地区间的产品供求关系等也对具体国别（或地区）间的国际贸易起着积极重要的作用。这一系列因素在国际贸易中的作用不是一个汇率机制所能替代的。另外，国际贸易市场是一个多层次多元化的市场，发达国家将中低层次的产品生产（以及相应的技术等资源）转移到了发展中国家，由此引致的国际贸易非平衡格局也不是简单运用汇率机制就能改变的。且不说早年的所谓金本位制未能有效解决国际贸易的非平衡走势，就是布雷顿森林体系也没有解决全球经济失衡问题，如今将"全球经济再平衡"寄托于汇率机制的调整，依然如同痴人说梦。

在美元依然是国际货币体系中的核心货币条件下，美国要实现长期对外贸易平衡是不可能的（在长期不平衡的背景下，短期的 1—2 年平衡还是有可能的）。其内在机理是：要维护国际贸易数额的增长，美国就必须通过贸易赤字向国际市场投放美元，这将引致美国国内经济格局的根本性变化。如果在贸易赤字中，美国进口的大部分产品属资本产品，则意味着在随后的时间内，美国国内生产能力将明显提高，由此，随着出口能力扩大，美国的赤字贸易格局将发生改变，但国际贸易活动所需的美元数量短缺也将随之而来，国际贸易的发展趋势将因货币短缺而受到严重抑制。这对世界各国和地区的经济发展来说，将是一场由货币短缺引致的经济灾难。要避免这种情形发生，对美国来说，进口结构就应以消费品为主。假定美国消费者的年收入总额与美国国内生产的消费品总额大致持平，那么，要使通过对外贸易逆差进入美国的消费品能够进入消费者的消费范畴，可选择的措施只能有二：一是减少储蓄，将原先的储蓄资金转化为消费资金，这必然大大降低美国的储蓄率；二是负债消费，这必然提高美国消费者的负债率。由此，将引致美国经济运行中的一系列问题发生。

要避免这种通过经常项下的"货物"路径投放美元所引致的种种问题，美国可选择通过资本与金融项下的路径投放美元。主要路径有二：一是通过对外直接投资，扩大私人资本的输出。这可以带动美元流出美国，在一段时间内满足国际贸易发展所需的美元资金增加，但这些资本输出将降低美国的生产能力（和对应的就业数量），提高资本输入国（或地区）的生产能力，结果将是使美国的进口量进一步扩大，贸易逆差加剧，因此，不是理想的可选之策。二是由美国政府购买世界其他国家的政府债券，将国际贸易发展所需的美元数额投入国际领域。这是一条较好的路径。如果政府债券发行国将所得美元资金用于公共事业方面，在直接关系上，它不至于引起美国的产能转移，也不会提高政府债券发行国的生产能力（从而增加出口能力），同时可能有利于美国的出口增加（如果政府债券发行国在公共事业建设中需要大量进口产品和设备的话）。但是，对美国来说，购买哪些国家和地区的政府债券、分别买多少、期限结构如何、利率水平以及还款的币种等都是难题。在对大多数国家的信用程度持怀疑态度条件下，这些难题更加难以解决。另外世界上也还有许多国家和地区的债券市场处于欠发展状态，政府债券市场也尚未充分对外开放，这也限制美国购买他国和地区的政府债券的选择。由此可见，美国的对外贸易逆差在根本上是由美元作为国际货币体系中的核心货币所决定的，也是由美国宁愿充当国际债务人角色不愿成为国际债权人的政策取向所决定的。

在这种美元困境的背景下，期望通过所谓汇率机制调整来达到全球经济再平衡岂非梦呓？

主要参考文献

[1] 李扬、余维彬：《全球经济失衡与中国宏观经济政策》，《新金融》2006 年第 4 期。

［2］刘伟、凌江怀：《人民币汇率升值与中美贸易失衡问题探讨》，《国际金融研究》2006 年第 9 期。

［3］施建淮：《全球经济失衡的调整及对中国经济的影响》，《国际经济评论》2006 年第 3 期。

［4］张礼卿：《从结构性的视角考察全球经济失衡》，《中国金融》2007 年第 12 期。

［5］王国刚：《中国金融改革与发展热点》，社会科学文献出版社 2007 年版。

［6］管涛：《中国先机——全球经济再平衡的视角》，经济科学出版社 2010 年版。

（原载《财贸经济》2010 年第 10 期）

简论金融交易可兑换的市场条件

中共中央十八届三中全会《关于全面深化改革若干重大问题的决定》（以下简称《决定》）指出：在完善金融市场体系中，应"推动资本市场双向开放，有序提高跨境资本和金融交易可兑换程度"。这不仅明确指出了，中国资本市场开放的取向（即双向开放），而且精准突出了中国资本和金融交易账户可兑换的重点在于"金融交易可兑换"，路径是通过"有序提高"程度来实现。由此，不难理解"金融交易可兑换"是一个需要相当时间才能逐步实现的目标。换句话说，中国目前实现金融交易可兑换的条件并不成熟，需要通过深化改革和金融实践逐步推进使其成熟。在各种条件中，哪个条件具有决定性作用？《决定》强调，在深化经济体制改革中，要"使市场在资源配置中起决定性作用"。与此对应，也应使市场机制在通过金融交易配置相应资源中起决定性作用。这意味着，在实现金融交易可兑换所需的各种条件中，关键是要弄清应促使哪些市场条件成熟。本文就此提出一些简要认识，以抛砖引玉。

一　从可交易对象看金融交易可兑换

"金融交易可兑换"以有着充分的可交易金融对象为前提。内在成因是：在缺乏金融交易对象的条件下，金融交易不能发生，也就谈不上"可兑换"问题了。金融交易可兑换指的是：海外非居民投资于中国境内金融产品过程中，以外币进入中国境内金融市场时可自由地将外币兑换为人民币，在退出中国境内金融市场时可自由地将人民币兑换为所需的外币。不难看出，要实现这种可兑换，首先需要有金融产品可供海外非居民进行金融投资运作。

2002 年，中国人民银行和中国证监会联合出台了《合格境外投资者境内证券投资管理暂行办法》，拉开了中国境内金融市场对外开放的序幕，以 QFII（即合格的境外机构投资者）方式使得一部分海外非居民可投资于中国境内的股票市场和债券市场。到 2013 年 10 月 31 日，国家外汇管理局批准的 QFII 额度已达 811.82 亿美元。虽然通过 QFII 机制，已有一部分海外非居民投资于中国境内金融市场，但这并不意味着中国已实现金融交易可兑换。具体来看，在 QFII 机制安排下，海外投资者需要通过国家外汇管理局的行政审批方可按照审批范围内的数额将外币兑换成人民币进入境内金融市场，当他们需要将资金撤离中国境内金融市场时也需要通过类似的行政审批程序才能够再将人民币资金兑换为所需外币。因此，尽管 QFII 机制已实行了 10 多年，但对中国境内的金融交易可兑换而言，它依然是一个带有"序幕"特点的现象。一个值得注意的问题是：2002 年以后，QFII 的可批总额度不断扩展，到 2013 年 7 月 12 日扩展到了 1500 亿美元，但如前所述，到 2013 年 10 月底它才使用了 811.82 亿美元，即 54.12%。个中缘由是什么？也许可以用多种成因予以回答，但缺乏足够的交易金对象（即可交易的金融产品）是最根本的成因。

在中国境内的金融体系中，金融产品以存贷款为主体。从表 1 中可见，"各项存款"占金融机构资金来源的比重长期在 90% 左右，"各项贷款"占金融机构资金使用的比重在 60% 左右。这实际上意味着以下三种情况：其一，在以存贷款为金融产品主体的条件下，金融市场的发展受到严重挤压，是一个缺乏充分竞争的不成熟市场。一个突出的现象是：在中国境内，2012 年 6 月和 7 月连续两次下调存款基准利率（1 年期存款基准利率从 3.5% 下降到 3%），但当年城乡居民新增储蓄存款创下了历史新高，达到近 5.6 万亿元，实体企业存款增加了 4 万多亿元，二者相加达到 10 万亿元左右。这种现象之所以会发生，一个主要成因在于：城乡居民消费剩余的资金和实体企业闲置的资金除了"存款"，就很难有其他的金融投资渠道。另一个突出的现象是：2001 年 12 月中国加入世贸组织以后，按理说，商业银行等金融机构进入了"与狼共舞"的时期，业务转型必然相应展开。但 10 多年过去了，这些商业银行不仅没有 1 家在竞争中被淘汰，而且业务结构也没有发生实质性转变，且集中在存贷款方面

表1　存贷款余额在金融机构资产中的比重

单位：亿元

年份	2001	2003	2005	2007	2008	2009	2010	2011	2012
资金来源（或运用）总计	153539.78	225313.26	302042.84	454267.97	538405.59	681874.78	805879.09	913226.33	1024067.49
各项存款	143617.17	208055.59	287169.52	389371.15	466203.32	597741.10	718237.93	809368.33	917554.77
金融债券	51.38	2226.27	5672.79	11505.04	20852.48	16203.41	13526.85	10038.83	8487.57
各项贷款	112314.70	158996.23	194690.39	261690.88	303394.64	399684.82	479195.55	547946.69	629909.64
有价证券及投资	23112.65	30259.47	34942.13	62789.96	65301.87	86643.15	98526.06	109304.11	133313.92
各项存款占比（%）	93.54	92.34	95.08	85.71	86.59	87.66	89.13	88.63	89.60
各项贷款占比（%）	73.15	70.57	64.46	57.61	56.35	58.62	59.46	60.00	61.51

资料来源：中国人民银行网站《金融机构人民币信贷收支表》。

的负债规模、资产规模以及业务规模不断扩大，盈利数额快速增加，以至于在 2011 年流行起"银行业垄断暴利"一说。其二，金融市场成为金融机构之间彼此交易的市场。中国境内的金融市场主要由银行间市场和股票市场构成。各种债券和债务工具主要在银行间市场交易。由于银行间市场的参与者限制为商业银行、非银行金融机构和外资金融机构，实体企业不能直接进入其中展开金融交易，所以，这一市场实际上属于商业银行等金融机构彼此之间进行金融产品交易的市场。进入 21 世纪以来，中国加大了各种债券的发行力度。按理说，债券属于直接金融工具，它直接连接着资金供给者和资金需求者，对商业银行的存贷款有着关键的替代作用，但从表 2 中可见，在中国境内，各类债券几乎完全由金融机构所持有（个人和实体企业持有的份额可以忽略不计），而金融机构的资金来源于城乡居民和实体企

表 2		2012 年各类债券持有人结构			单位：亿元
持有人类别	国债	金融债	企业债	中期票据	商业银行债
合计	70674.35	78582.33	23012.23	24922.00	12652.60
特殊结算成员	15591.75	150.0	72.59	512.14	38.85
商业银行	47815.06	64979.57	7132.95	12985.39	3388.24
全国性商业银行	39442.07	56770.17	4412.19	9878.31	2733.77
外资银行	912.01	1294.92	67.90	285.75	16.90
信用社	582.07	1796.55	1306.67	1210.89	163.40
非银行金融机构	253.80	55.8	186.09	251.90	44.58
证券公司	25.60	93.25	810.73	539.46	53.65
保险机构	3091.58	5858.36	4841.71	803.37	6376.80
基金类	1047.30	5150.93	5715.18	8263.42	2536.38
非金融机构	36.90	23.82	91.19	71.50	47.00
银行间	17.56	23.82	90.88	71.50	47.00
柜台	19.34		0.31	0.00	0.00
个人投资者	3.25	0	0.61	0.00	0.00
交易所	1782.43	0	2816.86	0.00	0.00
其他	444.62	474.05	37.65	283.93	3.70

资料来源：Wind 资讯。

业，由此，债券成了间接金融工具。在债券成为间接金融工具的情况下，债券规模的扩大并没有导致金融脱媒现象的发生，对商业银行等金融机构也没有形成业务转型的压力。其三，在直接金融产品与间接金融产品之间存在着一系列错配，其中包括了主体错配、性质错配、期限错配、产品错配和市场错配等，再加上金融产品的种类和同种金融产品的时间序列存在着一系列不足，各种金融产品之间的替代性和互补性严重降低，要通过组合方式来化解金融产品投资中的投资风险相当困难。

在中国境内居民（即实体企业和城乡居民个人等）尚且严重缺乏可投资的金融产品以至于他们的闲置资金几乎只能以存款方式（即在金融角度看效率最低的方式）存入商业银行等金融机构，使他们与商业银行等金融机构之间难以有效展开竞争的情况下，又何谈海外非居民进入中国境内金融市场进行金融投资（即金融交易）的可能性？换句话说，只有在中国境内各种金融产品足以满足境内居民进行金融投资的各种需求的情况下，讨论金融交易可兑换才具备了最基本的条件。

二　从金融价格体系看金融交易可兑换

《决定》中关于"金融交易可兑换"的完整论述是："完善人民币汇率市场化形成机制，加快推进利率市场化，健全反映市场供求关系的国债收益率曲线。推动资本市场双向开放，有序提高跨境资本和金融交易可兑换程度，建立健全宏观审慎管理框架下的外债和资本流动管理体系，加快实现人民币资本项目可兑换。"从中不难看出，"完善人民币汇率市场化形成机制，加快推进利率市场化，健全反映市场供求关系的国债收益率曲线"，强调的是完善和健全中国境内金融产品价格体系，这是实现金融交易可兑换的又一前提条件。具体来看：

从人民币汇率的市场化形成机制看，要展开金融交易可兑换，在具体操作中，对任何的非居民都必然涉及以何种汇价兑换人民币（或将人民币兑换为所需外汇）的问题，汇率形成机制也就成为一个关键。迄今为止，中国境内的人民币汇价反映的是国家外汇交易中心的行情。这一行情在形成中存在着五个方面的问题：第一，在人民币与美元比值趋于升值的背景下，这一外汇市场有着众多的美元卖家，但缺乏足够的买家。由于买卖双方的实力严重不对称，很难形成合理的人民币与美元之间的汇价，所以，人民银行实际上成为这一外汇交易市场的最主要买家。由于身份不同，在购汇目的、购汇数额、汇价精算、购汇用途和时间成本计算等方面，人民银行与一般企业有着诸多的差别，这决定了国家外汇交易市场的行情并不是一个充分按照市场机制形成的价格。第二，在实行意愿结汇以后，虽然一些企业在账户上留存了一部分外汇（从表3中可见，"企业存款"从2005年的694.77亿美元增加到2013年10月的3501.77亿美元），但受运用外汇进行境外投资依然需要经过审批的限制，企业用汇和购汇的非交易成本（即行政审批程序中的成本）在外汇交易之外发生，使得在获得外汇过程中，企业实际耗费的成本明显高于交易成本，而这些成本很难在外汇交易价格中直接反映，因此，国家外汇交易市场的交易价格难以反映外汇需求者（企业）的真实交易成本。第三，国家外汇交易中心的外汇交易价格是在境外汇市投资者难以直接且自由进出的条件下形成的，它集中反映的境内符合条件的金融机构等的交易意向，与国际汇市的交易价格并未充分接轨。第四，从表3中可见，尽管2003—2013年间，中国外汇信贷收支数额快速增长、外汇交易数额也不断扩大，但与中国的经济体量和金融体量相比依然显得过小。2013年10月，从"来源方项目"看仅为4461.05亿美元（大约为2.7万亿元人民币），但同期《金融机构人民币信贷收支表》中的"各项存款"数额为102.69万亿元；从"运用方项目"看仅为7665.74亿美元（大约为4.68万亿元人民币），但同期《金融机构人民币信贷收支表》中的"各项贷款"数额为70.79万亿元。二者相比不难看出，外汇交易量对中国境内经济金融活动的影响甚小。另外，中国每年有着3万多亿美元的进出口贸易，但表3"外汇买卖"项目中所反映的数额到2013年10月也仅有3364.92亿美元，二者明显不对称。这些不对称反映了外汇交易市场融入中国境内经济金融活动的程度非常低。第五，一国外汇资产本应由政府外汇资产、企业外汇资产和居民个人外汇资产构成，与此对应，一国外汇资产应分别配置在政府、企业和居民手中。但在中国的外汇管理方面，有关部门依然贯彻着30多年来所形成的"宽进严出"原则，在政府持有外汇储备已达3.6万亿美元的条件下，继续将巨额外汇控制在政府行政部门手中，缺乏国家外汇资产的管理理念，以各种理由限制外汇出境，

表3　金融机构外汇信贷收支表

单位：亿美元

项目	2003 年	2004 年	2005 年	2006 年	2007 年	2008 年	2009 年	2010 年	2011 年	2012 年	2013 年 10 月
来源方项目											
一、各项存款	1487.06	1529.99	1615.70	1611.21	1599.04	1791.03	2089.17	2286.70	2750.88	4064.51	4461.05
1. 企业存款	519.26	576.04	694.77	721.74	840.62	988.16	1061.34	1278.13	1932.19	3167.48	3501.77
2. 储蓄存款	855.14	802.37	743.81	644.01	503.67	529.37	584.28	583.43	692.78	723.43	740.66
3. 委托及信托存款	13.80	-3.13	7.79	48.05	8.22	32.51	10.09	31.42			
4. 境外存款	26.14	37.74	47.69	69.11	112.12	126.79	164.67	205.56	125.90	173.61	218.61
5. 其他类存款	72.72	116.97	121.64	128.30	134.41	114.20	268.79	188.16			
二、境外筹资	214.33	230.85	210.64	215.31	181.25	164.15	145.01	132.82			
三、外汇买卖	178.88	375.40	500.26	1227.60	1779.81	2714.83	2588.79	2863.47	3199.14	3342.75	3364.92
四、境外同业往来	126.29	46.30	39.33	51.94	215.97	215.33	217.71	335.45	663.48	724.38	1090.74
五、其他	682.63	817.55	1012.87	924.24	890.07	-43.70	305.94	314.74	795.48	832.43	1071.00
资金来源总计	2689.19	3000.09	3379.46	4030.30	4666.14	4841.64	5346.62	5933.18	7408.98	8964.07	9987.71
运用方项目											
一、各项贷款	1301.77	1353.49	1505.30	1664.09	2198.03	2436.71	3794.82	4534.47	5387.45	6835.57	7665.74
（一）境内贷款								3359.10	3882.67	4949.40	5483.72
1. 短期贷款	451.44	479.85	459.77	408.93	607.06	497.61	695.42	730.08	2277.05	3162.74	3537.31
2. 中长期贷款	465.20	519.90	679.05	832.05	964.03	1340.33	1927.28	1264.00	1577.55	1747.96	1892.08

续表

项目	2003年	2004年	2005年	2006年	2007年	2008年	2009年	2010年	2011年	2012年	2013年10月
3. 委托及信托贷款	23.16	4.82	10.16	8.00	5.59	1.25	8.84	29.02	17.53	23.96	37.16
4. 境外筹资转贷款	195.47	185.84	156.32	143.31	133.35	117.82	96.07	89.09			
5. 票据融资	7.59	11.70	10.90	13.00	9.08	5.11	4.15	4.56	4.61	2.25	3.16
6. 其他类贷款	158.91	151.38	189.10	258.80	478.92	474.59	1063.06	1242.35	5.92	12.48	14.01
（二）境外贷款								1175.36	1504.78	1886.17	2182.02
二、有价证券及投资	873.68	1149.92	1230.30	1802.77	1599.84	1310.28	896.50	782.68	449.78	467.17	437.19
三、股权及其他投资									245.36	262.02	267.46
四、同业往来（运用方）	513.74	496.68	643.86	563.44	868.27	1094.65	655.30	616.03	1326.38	1399.31	1617.32
资金运用总计	2689.19	3000.09	3379.46	4030.30	4666.14	4841.64	5346.62	5933.18	7408.98	8964.07	9987.71

注：①本表机构包括中国人民银行，银行业存款类金融机构，信托投资公司，金融租赁公司和汽车金融公司。②银行业存款类金融机构包括银行，信用社和财务公司。③2010年以后各年《金融机构外汇信贷收支表》中的"运用方项目"增加了"境内贷款"和"境外贷款"两个项目。2011年后各年《金融机构外汇信贷收支表》中的"来源方项目"做了调整，其中"委托及信托存款""境外筹资"项目不再显示，"企业存款"改为"单位存款"，对"单位存款"和"个人存款"也做了细化；"运用方"也做了新的调整，其中"委托及信托贷款""境外筹资转贷款"改为"融资租赁""境外筹资转贷款"不再显示，"有价证券及投资"分拆为"有价证券"和"股权及其他投资"两个项目，"境外同业往来"改为"同业往来（运用方）"。

资料来源：中国人民银行网站。

这不免导致外汇交易市场中的买方难以反映真实需求。如果这种外汇管理体制机制不改革，则外汇市场价格难以充分贯彻市场机制的决定性作用，金融交易可兑换也就难免受到制约。

从加快推进利率市场化来看，2013 年 7 月 20 日人民银行出台了《关于进一步推进利率市场化改革的通知》，强调"全面放开金融机构贷款利率管制"，取消金融机构贷款利率 0.7 倍的下限，取消票据贴现利率管制并取消农村信用社贷款利率 2.3 倍的上限，似乎人民币存贷款利率市场化仅剩一步之遥（即只要将存款利率上限管制放开就可完成）。但事实上，人民币利率市场化之路还相当遥远。第一，在该通知中，"放开"一词与"取消"有着明显的区别。尽管人民银行取消了对贷款利率下限的行政管制，但并没有取消对贷款基准利率的行政管制，同时，在继续实行对新增贷款规模进行行政管制的条件下，贷款属于稀缺性金融资源，其利率上行是一个趋势性现象，放开它的下限缺乏市场化的基本效应。与此对应，即便人民银行将存款利率上限放开了，只要存款基准利率的调控权还在人民银行手中，那么，由政府部门运用行政机制调控商业银行等金融机构的存贷款利率的状况（即政府给企业定价）就还将延续。第二，即便人民银行不再管控存贷款基准利率了，也只是存贷款利率的"去行政化"，它并不直接意味着存贷款利率市场化机制的形成。在一个完全竞争的市场中价格应由买卖双方在竞争中决定。在中国境内的存贷款市场中，商业银行等金融机构是存款单和贷款单的卖出方，与他们竞争的对手方是以城乡居民和实体企业为主的存款人、以实体企业为主的借款人。但在这一市场上，不论是实体企业还是城乡居民均处于买方弱势地位，与此相对应，商业银行等金融机构处于卖方垄断地位。在中国境内的城乡居民存款和实体企业存款带有明显的"被迫存款"或"强制存款"特点的情况下，要按照市场机制来形成存贷款的市场利率几乎不可能。第三，利率对汇率有着明显的影响。在利率尚难市场化的情况下，按照市场规则来形成汇率的机制也将受到制约，金融交易可兑换进程依然受到利率市场化的牵制。

可健全反映市场供求关系的国债收益率曲线实际上是确定金融产品价格体系的市场基准价格过程。在市场经济中，金融产品的价格体系通常以国债收益率为基准利率（即无风险无套利的利率），其他各种金融产品因其风险程度高于国债收益率，所以价格水平高于国债。但要形成反映供求关系的国债收益率曲线，需要解决五个问题：第一，各种期限（尤其是短期，如30天、60天和90天等）的国债充分发行，以使国债收益率曲线在期限方面保证完整。这对于中国境内以中长期为主的国债市场来说，并非易事，它将直接取决于国家财政预算内资金的安排使用、变国债发行的财政性安排为财政与金融协调安排、协调好财政政策与货币政策的调控机制等一系列问题。第二，建立多层次国债交易市场体系，推进国债交易的活跃。一方面，需要降低长期以来存在的买入国债以持有到期为目的的投资者（包括商业银行、保险等金融机构）所占比重，提高以交易为目的的投资者占比，采取必要的政策措施，刺激国债交易市场投资者的投资行为。另一方面，需要建立国债交易的无形市场，降低国债交易的成本，以满足和活跃大型机构投资者的交易需求。第三，发展国债交易的衍生产品，包括国债期货交易、国债期权交易等，以熨平国债交易中的价格波动，给投资者以国债交易中的对冲工具。第四，完善国债收益率曲线的编制技术。根据国债和其他债券等债务性工具的交易价格走势，编制国债收益率曲线，并根据存贷款利率市场化改革的进程及其对国债交易价格的影响程度，适时调整国债收益率曲线的编制方法，使得这一收益率曲线成为各种金融产品价格的基准。第五，适时对外开放国债市场。在各期限和各类国债规模能够满足境内各类投资者需求的条件下，适时开放国债市场，以满足海外投资者对中国国债市场投资的需求，推进中国境内金融产品交易市场与人民币汇率市场的对接。

健全反映市场供求关系的国债收益率曲线、加快推进利率市场化和完善人民币汇率市场化形成机制，是三位一体的系统工程，直接决定着中国境内金融市场价格体系的完善程度。在此基础上，才可能谈得上"金融交易可兑换"。换句话说，在这一金融产品价格体系尚有较大缺陷的情况下，要实现金融交易可兑换是比较困难的。

三　从金融监管看金融交易可兑换

《决定》强调要"建立公平开放透明的市场规则。实行统一的市场准入制度，在制定负面清单基础上，各类市场主体可依法平等进入清单之外领域。探索对外商投资实行准入前国民待遇加负面清单的管理模式"。现代金融市场是一个法制条件的金融市场，它离不开金融监管。对中国境内金融市场而言，金融监管理念、监管制度和监管方式等的转型，是实现金融交易可兑换的重要市场条件。要实行负面清单基础上的金融监管，需要做好以下几项工作：

第一，变正面清单思维为负面清单思维。长期来，中国境内的金融监管以正面清单为基本规范。正面清单监管的基本含义是：只有法律和相关制度规定准许做的事才是合法的，否则，均为不合法。由于在相关法律所规定的可做之事和禁止之事之间有着大量的"灰色"空间，所以，监管部门就有了对应的监管运作空间。在正面清单思维中，金融监管部门形成"唯我独尊""我即为法"等一系列思维习惯。与此不同，负面清单要求实行"法无禁止即可为"的思维方式，监管部门的行为限定在依法行事和打击违法活动范围内，由此，要求改变正面清单中所形成的监管随意性。要转变这种思维方式并将负面清单基础上的监管落到实处。这并非一朝一夕所能实现的，需要长时间的磨合。

第二，建立负面清单管理制度。在长期正面清单监管方式中，中国境内金融监管部门形成了一系列与审批制相对应的管理制度。这些制度中存在着大量与负面清单不一致不协调的条款、内容、程序和处罚规则，需要逐一厘清。在清理正面清单各项制度的过程中，需要对负面清单的条款、内容和程序等进行深入研讨并在此基础上形成负面清单的制度体系。这些工作并非短期所能完成。

第三，金融市场的各方面参与者适应负面清单监管。负面清单监管，要求介入金融市场的各方面参与者自己承担金融投资活动的各种后果，不再寻求监管部门的特殊政策和特例支持。因此，在负面清单监管中，相关信息公开披露、各项金融活动的真实性审查、市场公平待遇和风险自担等成为这些金融市场参与者必须习惯和认真对待的问题；各类市场主体可依法平等进入负面清单之外领域，金融产品创新和金融运作方式创新等的变化也是市场参与者需要适应的。另外，有进入就有退出，金融市场同样贯彻着优胜劣汰的市场规则，对金融机构和其他的市场参与者（如资信评级公司、律师事务所、会计师事务所和咨询公司等）的违法处罚力度需加大，破产清算也需落到实处。这一系列变化对金融市场参与者来说，客观上有一个逐步适应所需的时间。

毫无疑问，在从正面清单监管转变为负面清单监管尚未充分实现之前，中国境内的金融监管部门和金融市场参与者并未做好按照市场机制决定金融资源配置方面的准备，实现金融交易可兑换的市场条件并不成熟。

四　简要结论

不难看出，金融交易可兑换要求中国境内的金融市场条件达到与国际金融市场相近的情况。从中国境内目前的金融市场状况看，这些条件并不成熟，因此，还需要深化各方面的改革，付出相当一段时间的努力。在相关市场条件趋于成熟之前，贸然推行金融交易可兑换，不仅难以达到预期目的，而且可能引发预期之外的种种风险。与此对应，眼下的关键问题不在于急着实现金融交易可兑换，而在于为实现金融交易可兑换创造各种必要的条件，使金融交易可兑换成为水到渠成之事。

主要参考文献

［1］《中共中央关于全面深化改革若干重大问题的决定》。

［2］甘培根等主编：《外国金融制度与业务》，中国经济出版社1992年版。

［3］高德步主编：《国际经贸惯例——程序·规则·公约》，福建人民出版社1999年版。

［4］黄毅著：《银行监管法律研究》，法律出版社2009年版。

［5］潘琪译：《美国统一商法典》，中国对外经济贸易出版社1990年版。

［6］王爱俭等主编：《中国外汇储备投资多样化研究》，中国金融出版社2009年版。

［7］王国刚主编：《资本账户开放与中国金融改革》，社会科学文献出版社2003年版。

［8］叶振勇著：《美国金融宏观监测指标体系的构建于运用分析》，西南财经大学出版社2003年版。

［9］张光平著：《人民币衍生产品（第三版）》（上、中、下），中国金融
　　　出版社 2012 年版。

［10］周小川著：《国际金融危机：观察、分析与应对》，中国金融出版社
　　　2012 年版。

［11］朱民等著：《改变未来的金融危机》，中国金融出版社，2009 年版。

［12］［马来西亚］沈联涛著：《十年轮回　从亚洲到全球的金融危机》，上
　　　海远东出版社，2009 年版。

［13］［美］H. N. 沙伊贝等著：《近百年美国经济史》，中国社会科学出版
　　　社 1983 年版。

［14］［美］巴里·艾肯格林著：《资本全球化——国际货币体系史》（第二
　　　版），上海人民出版社 2009 年版。

［15］［美］保罗·克鲁格曼著：《国际经济学》，中国人民大学出版社
　　　1998 年版。

（原载《中国外汇》2014 年第 3—4 期）

人民币国际化的冷思考

一　引言

20世纪70年代初布雷顿森林体系瓦解之后，有关国际货币体系改革的呼声从未中断。此次全球金融危机爆发之后，围绕危机肇因以及发达国家量化宽松货币政策国际经济效应的争论使得这一话题再度趋热，并与人民币国际化的讨论密切关联。

40多年来，修补与改革国际货币体系的方案层出不穷，莫衷一是。总体上看，这些意见可以分为三类：第一，回归金本位制，或采用其他物资作为国际货币发行基础。这种意见在布雷顿森林体系崩溃之初尤为强烈，如1981年美国里根政府曾成立黄金委员会研究恢复金本位的可能性，Hart等（1980）则提出创造全球商品储备货币，通过一揽子货币化的商品来维护国际货币的价值稳定的建议。在此次全球金融危机爆发之后，这种意见又再度活跃（沈晗耀，2008；White，2011），但由于金本位制的诸多局限，很少得到实质性的支持。第二，重建以美元为中心的布雷顿森林体系。这种观点以 Dooley、Folkerts - Landau 和 Garber（2004，2005，2009）为代表，他们提出建立以美元为基础的钉住汇率体系，由美国向包括中国在内的新兴市场经济体提供流动性。不过很多学者指出，这种新布雷顿森林体系面临着与旧体系类似的结构性问题，因此，很难保持稳定（Hall 和 Tav-las，2013）。第三，设立超主权货币。这种超主权货币最现实的版本是SDR，因此，有相当多的讨论围绕扩展其作用而展开（Bergsten，2007），此外也有不少通过国际组织发行新的超主权货币的方案（周小川，2009；Goyal 等，2009；林毅夫，2012）。但即使不考虑经济学理论上的争议，在各国政府缺乏政治意愿的情况下，这种设想也很难实现。因此，目前的国际货币体系仍然是以主要发达经济体货币，尤其是美元为主导，变动仅限于不同货币的相对地位。

国际货币体系的一个重要变化是人民币的崛起。伴随着实体经济的高速发展，中国于 2005 年启动了汇率改革，资本项目也在加快开放的步伐。在大量经常项目顺差与巨额外汇储备的支持下，人民币面临着强劲的升值趋势，受到了国际市场的青睐，加速人民币国际化乃至推动其成为世界主导货币的呼声渐高。在这一背景下，继人民币国际化研究的先声陈彪如（1998）之后，相关领域的研究大量涌现。如徐明棋（2005）、高海红与余永定（2010）讨论了人民币国际化的含义与条件，吴念鲁等（2009）、张宇燕（2010）对人民币国际化的相关利弊进行了分析，李稻葵、刘霖林（2008）则对人民币国际化的前景进行了预测。在资本项目尚未完全开放的情况下，推进人民币国际化的策略也是讨论的一个热点，而在相关的研究中，对国际货币体系演进的回顾及对相关国家货币国际化的借鉴则是一个重要内容（徐明棋，2005；李伏安、林杉，2009；殷剑峰，2011）。

尽管在人民币国际化领域存在着大量研究，一个有趣的事实是，关于人民币国际化的收益与成本并没有明确的估算①。诚然，如同 Cohen（2012）所指出的，对货币国际化成本收益的估算非常复杂，而且很容易产生误导。不过，考虑到人民币国际化可能对中国与世界经济所产生的巨大影响，在缺乏数据与经验支持的情况下，对于这一决策的广泛推崇部分地反映了学术界与政府的乐观心态。换言之，大部分人认为人民币国际化的长期收益（如铸币税、资本输出便利等）足以补偿我们为此付出的成本。但本文接下来的分析表明，上述收益的规模乃至其存在性可能存疑，因此，将这些实际收益作为人民币国际化的动力，不仅存在着相当大的局限性，而且有着明显的误导作用。与此同时，由于货币国际化的路径与其收益之间存在着密切的联系，脱离具体目标来讨论人民币国际化的策略也是不全面的。

在本文中，我们试图从权益配置机制的视角出发对国际货币的选择做

---

① 在笔者所知的范围内，在此方面也没有未发表的非正式研究（如工作报告等）。

出解释，并在此基础上对人民币国际化的动机与路径进行讨论。我们认为，将国际货币体系视作各国为了保障资金在国际经济交往中的利益而进行博弈的均衡结果，将更有助于揭示这种国际经济制度安排的实质，也有助于避免产生那种认为可以凭借国际货币地位获得单方面经济优势的错觉。对于人民币国际化而言，避免产生上述错觉尤为重要。只有认识到人民币国际化的真正目的，才可能逐渐实现这一目标，并且避免在这一过程中重蹈那些不成功的国际货币的覆辙。

　　为了便于分析，这里我们将人民币国际化界定为人民币作为国际交易货币进而发展成为国际主要储备货币的过程。在这一定义中，"成为国际主要储备货币"是人民币国际化的目标，"作为国际交易货币"是人民币国际化的基本路径。其中，交易货币的功能可细化为定价货币、支付货币、结算货币和计价货币等。与此同时，这里将"国际主要储备货币"定义为国际储备货币的前3位，如果按照表1的数据排列，人民币在世界各国和地区的外汇储备中所占比重至少应达到与欧元不相伯仲的程度。

表1　　　　　世界各国和地区外汇储备币种结构（1999—2011 年）　　　单位:%

年份	美元	英镑	日元	瑞士法郎	欧元	其他货币
1999	71. 01395	2. 88663	6. 37375	0. 2299	17. 89875	1. 59701
2000	71. 12928	2. 75305	6. 06477	0. 26919	18. 29041	1. 4933
2001	71. 51283	2. 70147	5. 04539	0. 27855	19. 18312	1. 27865
2002	67. 07561	2. 81387	4. 35107	0. 40724	23. 7977	1. 55451
2003	65. 92974	2. 77325	3. 94062	0. 22562	25. 15916	1. 97161
2004	65. 94719	3. 36916	3. 83354	0. 16643	24. 80569	1. 87803
2005	66. 90525	3. 59552	3. 57885	0. 14569	24. 05003	1. 72459
2006	65. 48141	4. 37952	3. 07796	0. 17147	25. 09446	1. 79518
2007	64. 12783	4. 6773	2. 92473	0. 15524	26. 27534	1. 83956
2008	64. 09581	4. 00911	3. 13285	0. 13774	26. 4185	2. 20599
2009	62. 03304	4. 24589	2. 89721	0. 11546	27. 65743	3. 05099
2010	61. 83184	3. 933	3. 65704	0. 12842	26. 00806	4. 44166
2011	62. 07261	3. 84472	3. 59141	0. 2902	24. 93837	5. 26266

　　资料来源：国际货币基金组织。

二　作为权益配置机制的国际货币

　　货币在一国范围内和在国际范围内有着至关重要的区别。一般来说，国内货币是由该国家的政府通过法律等制度方式界定的，但国际货币并非一国政府及其法律所能确定的。在各国和地区的贸易活动中，国际货币或者通过国际市场的交易在共识的基础上选择形成（如贵金属本位），或者通过各主要国家之间的协商谈判形成（如布雷顿森林体系）。这种形成方式的内在机理是：货币是权益关系代表物，直接关系着相关的各方权益。在一国范围内，货币制度的选择虽然会影响到国内各方的权益格局调整和生产贸易活动的活跃程度（以及金融交易状况），但这种权益关系的变动局限于一国之内，不会直接导致该国的权益流向他国。与此不同，在国际上，国际货币制度的选择直接关系着介入交易（包括金融交易）的各国之间权益关系的变化。国际贸易、资本流动、金融市场和汇率变动等国际经济活动中的公平交易总是以国际货币为定价标识的。当国际货币有利于 A 国时，交易可能导致他国财富向 A 国的转移，反之亦然。当国际货币职能直接由某个国家的货币承担时，实际上意味着这个国家的货币制度延伸到了国际上，与其交易的各国必须接受可能因此产生的权益转移。

　　在国际经济领域，各国对国际货币的选择权实际上是市场经济中供求双方的市场选择权的延伸。众所周知，在市场经济条件下，对任一种商品交易而言，不论是供给方还是需求方，缺乏市场选择权就不可能形成合理的均衡价格，市场也就难以稳定运行。要避免货币安排所导致的权益单向输送，国际货币制度就应当充分重视维护介入交易的各国在国际货币选择方面的权利。就此而言，多种国际货币的存在要较单一国际货币更为有利。从 18 世纪以来的国际货币体系演变看，在贵金属复本位条件下，交易各国既可选择黄金为交易货币也可选择白银为交易货币；在金本位（包括金汇兑本位）条件下，交易各国既可选择黄金为交易货币，也可选择代金券（即具有法定兑换黄金能力的纸币）。这些安排实际上给了交易各国以货币选择权。从维护国际市场交易秩序的稳定来看，在有两种以上货币可选择的条件下，交易各国倾向于选择有利于维护自己权益的国际货币展开交易，迫使币值不稳的国际货币在货币竞争中努力提高自己的稳定性，否则，它就面临着失去国际货币职能的危险。各国在国际市场中的货币选择权实际上是市场经济赋予交易各方的充分选择权贯彻在货币领域的具体表现。市场价格在竞争中趋于稳定，同理，国际货币的币值也在竞争中趋于稳定。

1944 年的布雷顿森林体系建立在美国拥有了全球 75% 官方黄金储备的基础上。在这种以美元为单一国际货币的体系中，为了保证国际货币需求者的权益，美元与黄金的固定兑换比例成为了必不可少的约束。不过，尽管有着 35 美元兑换 1 盎司黄金的制度保障，但在随后的 27 年运行中，美国的黄金储备依然大量减少。1948—1971 年间，美国的黄金储备从 2.2 万吨减少到 8100 多吨，减少幅度超过了 63%。其间，在 1968 年发生过由英镑贬值引致的黄金危机，仅 3 月 14 日 1 天，美国流失的黄金就达 3.4 吨，价值 4 亿美元。3 月 16 日十国集团的华盛顿会议达成的"华盛顿黄金协议"，突破了布雷顿森林体系的规定，一方面决定对黄金交易实行"双重价格机制"，即在实行由中央银行控制的 35 美元兑 1 盎司黄金的官方价格的同时，根据市场需求决定价格的机制，向私人市场供给黄金；另一方面废除黄金作为准备金的制度，增加市场上可交易的黄金数量，相关各国将在维持美元价值的承诺下保持黄金库存。这些变化，实际上意味着在黄金与美元这两种国际货币的选择中，交易各方更愿意选择以黄金的方式来维护自己的权益。从另一个视角出发，它也说明在美元与黄金的固定兑换比例被破坏的情况下，布雷顿森林体系实际上变成了美元与黄金竞争的双主导货币体系，而成员会根据自己的利益选择其中的一种来参与国际经济合作。

布雷顿森林体系的崩溃也引发了对一个古老命题的思考，即在国际货币体系中，劣币驱除良币的格雷欣定律是否依然存在？在这个问题上，对布雷顿森林体系的裂变过程似乎可以做两种截然相反的解释：如果从黄金被窖藏而美元被抛售（兑付黄金）这个角度出发，似乎国际货币市场重演了 16 世纪黄金被劣币挤出市场的一幕；但从另一个角度看，美元大幅贬值并且最终与黄金脱钩，固定汇率体系被破坏，则更像是劣币被逐出了市场。

统一这两种视角的关键在于格雷欣定律存在的前提：人们无法拒绝按照官方价值接受劣币，这或者是由于他们无法识别劣币，或者是由于政府的强制性规定。在国际货币体系中，似乎不存在某个政府的强制行为，但是布雷顿森林体系的条约则扮演了这一角色,使得在美元开始出现贬值的初期,签订条约的成员国不得不按照约定的面值接受美元,因此,这时对黄金的挤出(窖藏)就很好理解了。一旦这种行为愈演愈烈以至于国际协定失去了约束力,美元的真实价值也就显露无遗,只是依靠美国政府的信用才没有被逐出市场。

但之后的发展依然耐人寻味。1971 年 8 月,美国单方面宣布美元与黄金脱钩,标志着布雷顿森林体系的瓦解,由此,结束了多种国际核心货币的体系和固定汇率制度,拉开了单一国际核心货币的序幕。1976 年 1 月的协议,确认了浮动汇率合法性、黄金的非货币化,提高了 SDRs 在国际储备货币中地位,使得在布雷顿森林体系下存在的国际货币选择权转变为美元独霸的单一货币体系。在这种单一的核心国际货币体系中,一方面,除美国之外的其他绝大多数国家都丧失了国际货币的选择权,在国际经济活动中只能接受以美元为核心的既定价格,再无通过国际货币的选择来约束以美元定价各种商品的可能;另一方面,美国等西方国家借助浮动汇率机制的安排,可以根据本国的需要随意地发行美元等货币,可以在无约束的条件下不再顾忌美元等货币投放对国际经济变动趋势的影响程度。这种美元的一币独霸格局在相当程度上延续至今。

这里我们再次回看(逆转的)格雷欣定律,考虑到美元在牙买加体系中并不良好的表现,如币值大幅下跌和美联储自利的货币政策,为什么它依然存续下来而没有被其他货币所替代?如果将不断贬值的美元视为劣币,而价值坚挺的其他货币,如德国马克和日元,为什么没有取代它的地位?

回答这一问题的关键是格雷欣定律提出的历史背景。在格雷欣生活的16 世纪,贵金属货币有着自然使用价值。因此,尽管当时也存在着由于贵金属供给所导致的通货膨胀与通货紧缩,贵金属货币仍然能在相当大的供给范围内保持与其使用价值相当的价值。但这一点则是现代信用货币难以实现的。如果偏离了实体经济的需求,信用货币的供给扩张极容易导致其迅速贬值。就国际货币体系而言,尽管大部分人持有国际货币的直接目的并不是用于购买其发行国的货物,但货币价值仍然在很大程度上依赖于这种潜在的交易可能性。因此,一国的经济规模就决定了其在特定汇率水平上货币供给的有效数量。这一特征也给国际货币的竞争加上了很强的约束,使得经济大国在其中占据天然优势。以布雷顿森林体系崩溃之后的时期为例，尽管在当时条件下，还有英镑、德国马克、法国法郎、日元等国际货币可供选择，但这些国家中的任一国家的经济体量都难以支撑快速扩大的国际经济贸易规模、资本流动规模和金融交易规模，因此，其货币只能在相当有限的范围内履行国际货币的职能，而将最主要的空间留给了美元。因此，美元的一币独霸格局延续至今。

由于信用货币只有投入到交易中才能发挥它作为货币的功能，它的贮藏并不增加价值，甚至可能在物价变动中损失价值；另外，信用货币本身并无自然使用价值，有着近乎无限供给的可能性，因此，从信用货币的特点出发，在良币近乎无限的供给中，趋势性发生的将不是劣币驱逐良币，而是良币驱逐劣币。毕竟消费者乐于持有币值稳定（更不用说币值上升了）的信用货币。在信用货币条件下，良币驱逐劣币的方式至少有两种：一是在良币近乎无限的供给中，劣币逐步退出商品交易和金融交易领域；二是在良币持续扩大其在货币流通领域份额的过程中，倒逼劣币逐步改变其贬值趋势，稳定币值，上升为良币。从这一机理出发，在人民币国际化进程中，如果人民币的币值是稳定的，那么，随着人民币向国际市场供给数量的增加，在货币币值稳定的竞争中，将迫使美元走软的趋势得到遏制乃至改变。这对于推动国际贸易、资本流动和金融交易等的秩序稳定都是积极有利的。但在这个过程中，既然人民币要维护币值稳定，中国就不可能通过货币税获得利益；如果人民币处于持续升值走势中，那么，中国还需要向交易的相关对手方输送利益。

我们将在后面继续探讨信用货币的上述属性对于人民币国际化的影响。不过从作为权益配置机制的国际货币角度出发，在人民币国际化过程中，要推进国际货币体系改革，继续维护单一核心的国际货币体系，以一种国际货币来替代美元的霸权地位，形成新的一币独霸格局，恐怕不应在目标取向之内。与此相对应，包括超主权货币、纸黄金等单一国际核心货币的设想都是值得进一步商榷的。

三　铸币税与人民币国际化的收益

在贵金属货币时期，铸币税是指将贵金属用于铸币应缴纳的税款，可进一步延伸为货币当局通过铸造货币所得到的收益（或利润）。铸币税实际上并非政府通过行政权力征收的一种税负，只是政府通过铸造货币所得到的一种特殊收益。在金本位制度下，铸币税等于铸造货币的实际成本减去货币面值的差。在信用货币制度下，假定物价不变，则铸币税几乎等于货币当局发行的全部信用货币数额。铸币税的一般计算公式是：$S = \dfrac{M_{t+1} - M_t}{P_t}$；其中，$S$ 为铸币税，M_{t+1} 为 $t+1$ 期的货币发行量，M_t 为 t 期的货币发行量，P_t 为 t 期的物价水平。

在实践中，铸币税还经常包括通货膨胀税。通货膨胀税指的是货币当局通过通货膨胀从经济中攫取的收益，它的数量就等于货币持有者由于货币贬值而损失的购买力。通货膨胀税与纯粹铸币税的差异在于，后者是在保持物价不变的情况下获得的货币增发收益，换言之，是经济增长或货币流通速度变慢而扩大的货币需求为货币当局带来的收益，前者则并不以此为必要条件。

铸币税被认为是货币国际化的主要收益之一，而其中有相当部分来自于货币贬值所带来的通货膨胀税。例如，在美元贬值的条件下，那些使用美元作为交易货币和储备货币的国家和地区实际上向美国政府缴纳了"货币税"，令自己的相应财富向美国转移。对实行浮动汇率的国家而言，美元贬值引致的货币税也许可以通过调整汇价予以减弱。但一方面这种汇价调整是一种事后的行为，它以美元的贬值（哪怕是"预期"的）为前提，因此，美元贬值在先，货币税的缴付在美元贬值时已经发生，汇价的变动在后（假定汇价变动幅度与美元贬值幅度一致），它也只是使变动后的汇价弱化了货币税的缴纳程度。另一方面对大多数不实行浮动汇率制度的国家而言，在汇价调整到位之前，货币税的缴纳是其逃脱不了的枷锁。

从图 1 中的美元名义有效汇率、美元实际有效汇率和美元指数 1971—2012 年的走势看，在这 40 多年间，美元发生了显著的贬值。其中，美元名义有效汇率从 1971 年 1 月的 146.24 点下降到 2012 年 11 月的 97.19 点，美元实际有效汇率从 1971 年 1 月的 145.33 点下降到 2012 年 11 月 98.33 点，美元指数从 1973 年 1 月的 108.1883 点下降到 2012 年 11 月的 73.6758 点。这期间，最高点为 1985 年 3 月，三个指标的数值分别达到 176.69 点、

145.56 点和 143.9059 点，最低点则分别为 2011 年 8 月的 91.71 点、93.69 点和 69.005 点。在这期间，以美元为国际货币进行交易的各种贸易、投资和金融活动总体上是稳定的，或者说，对美元的国际需求并没有由于其币值变动发生显著下降，因此，对于持有美元的国家和地区而言，美元贬值直接意味着它们向美国缴纳了巨额的铸币税。

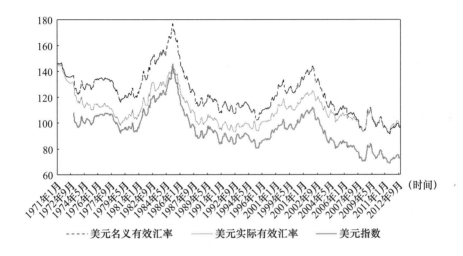

图 1　美元汇率和指数走势（1971—2012 年）

资料来源：BIS 和 FRED 数据库。

如果要对美元的币值状况进行客观的符合市场机制的评价，最为有效的标尺也许还是每盎司黄金的美元价格。一方面，在 1971 年 8 月之前的布雷顿森林体系中，美元是直接与黄金挂钩的。在 1971 年之前，尽管每盎司黄金的美元价格也有所波动，但总体上幅度不大。正是在美元贬值的条件下，各国不再愿意持有美元而宁愿持有黄金，导致了布雷顿森林体系的瓦解。此后，各国通过市场选择，每盎司黄金的美元价格一路走高。另一方面，从每盎司黄金的美元价格波动中可以观察到美国的经济变化对美元币值的影响以及美国经济走势对全球经济的影响程度。图 2 基于伦敦黄金市场的交易价格数据而绘制，从中不难看出，在 1950—1970 年，每盎司黄金的美元价格大致维持在 35 美元，其间虽然有所波动（最低为 34.71 美元，最高为 38.69 美元），但总体上尚属平稳；从 1971 年起（尤其是 1971 年 8 月以后）黄金的美元价格就一路飙升，其间尽管也有回落的时候，但总趋势是快速上行的，2011 年 9 月 6 日更是达到历史最高价 1912 美元。2012 年，黄金的美元价格大致在每盎司 1700 美元波动。以此计算，2012 年的 1 美元的黄金含量大约等于 1971 年之前（每盎司黄金 35 美元）2 美分的黄金含量，由此可看出美元的贬值程度以及美国因此所得到的货币税数量。在 2007 年次贷危机之后，美国屡次出台量化宽松的货币政策，向市场投放了巨额资金，使得每盎司黄金的价格从 2007 年 8 月的 665.411 美元不断刷新历史高点，达到不可思议的程度。

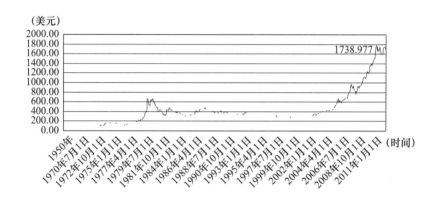

图 2　每盎司黄金的美元价格（1950—2012 年）

资料来源：London Bullion Market Association.

　　如果从谋取铸币税的角度来看，货币贬值是一种有效的手段。但问题在于，这种收益是以国际货币持有者的利益损失为代价的。从权益配置机制角度出发，它极容易遭到其他国家的排斥而威胁到自身的国际货币地位。尤其需要注意的一点是，铸币税的绝大部分是在货币的国际扩张阶段，或者说是在货币国际化的过程中获得的，一旦国际化完成，货币的国际需求基本保持稳定，那么，除非进行大幅度的货币贬值，否则，获得的铸币税将非常有限。这就产生了一个悖论：如果以铸币税为目的，人民币就应该在国际化的过程中贬值，但这会影响到其他国家对其的信心与接受程度；

反过来，如果人民币出于国际化目的以持续升值趋势进入国际经济领域，不仅没有铸币税可言，而且将有着明显的利益损失。还有一种可能，在国际化进程中，人民币贬值幅度小于美元，由此，似乎可获得人民币国际化中的铸币税。但这很可能是一种错觉。一方面，就人民币贬值幅度小于美元而言，在直接计算中，人民币可获得国际化中的铸币税，同时，人民币币值优于美元也能够为国际市场所接受；但另一方面，人民币国际化的货币基础主要是美元储备，在储备的美元数额因美元贬值而受到的损失大于人民币贬值幅度小于美元贬值幅度所获得的收益的情况下，中国依然难以获得铸币税。从目前国际市场接受人民币的数额和中国外汇储备中美元数额的对比中可以看到，中国获得铸币税的可能性较小。

在可能损失巨大利益的情况下，为何还要推进人民币国际化？这是一个极为纠结的问题。可以解释的最贴切理由恐怕只有一个：为了推进国际货币体系改革，促进国际经济运行秩序稳定，做出中国应有的贡献，履行中国作为一个发展中大国的国际责任。这也正是人民币国际化的目标取向。

四　特里芬难题与人民币国际化的成本

导致布雷顿森林体系崩溃的一个致命逻辑悖论是特里芬难题，即国际货币的发行者必须通过贸易逆差向世界供应其货币。例如，美元作为国际核心货币将导致美国的长期贸易逆差，但美元作为国际核心货币的前提又是美元币值必须保持稳定，由此，美国必须是一个长期贸易顺差国。这两个要求是互相矛盾的。对于人民币国际化而言，这一悖论也同样存在。

对国际核心货币而言，有两个相互关联的问题需要解决：一是货币如何发行并如何使之流入国际市场？二是这些国际货币又如何回流到发行者手中？从国际收支表主要项目中反映的一国对外经济关系中可以看出，这两个问题的解决并非轻而易举。

第一，货币发行国通过哪些路径将本国货币投放到国际经济之中？其效应是否能够破解特里芬难题？

从贸易项看，对外贸易是货币流入国际市场的一个主要路径（为了分析的方便，先暂且假定只有此路径）。在此条件下，如果国际货币发行国的对外贸易处于顺差状态，则意味着它所发行的货币不能流入国际市场，该国的货币也就不可能成为国际货币；但如果国际货币发行国的对外贸易处于逆差状态（且长期持续），则意味着这一货币的币值缺乏足够的经济实力支撑，在长期走势中将处于贬值状态，不利于维护国际市场的稳定运行，因此，并不适合作为国际核心货币。这就是特里芬难题内含的逻辑矛盾。

从资本项中的私人资本输出看，私人资本输出是货币流入国际市场的又一重要路径。私人资本输出带动着货币流入国际市场，即便在贸易顺差条件下，由于流出的私人资本数额大于贸易顺差数额，依然可以产生国际收支表中的赤字（表明该国货币净流出）。就此而言，私人资本输出是破解特里芬难题的一个机制。但这一机制的效应在时间上是有限制的。从长期看，私人资本输出导致了资本输入国的生产能力提高（即便暂不考虑它降低了资本输出国的生产能力和产品出口能力），不仅使得后者对资本输出国的产品需求减少，而且可能提高它对资本输出国的产品出口能力；随着私人资本输出的增加，这种情形持续加重，在导致资本输出国的贸易顺差减少的基础上甚至可能出现贸易逆差。这就又回到了特里芬难题之中。

从资本项中的政府资本输出看，通过政府间的贷款、购买他国政府债券和无偿援助等方式，可以将一国的货币输出到另一国家。如果政府资本输出用于直接的商业性投资，它的后期效应与私人资本输出相仿，因此，需要假定政府资本输出不是用于商业性投资以扩展资本输入国的生产能力，而是用于增加资本输入国的公共项目投资和公共福利。在此背景下，的确有助于破解特里芬难题中的货币供给问题，但依然存在三个有待破解的难题：其一，由政府资本输出所供给的国际货币在各国的配置、数量和时间连续性等方面能否满足各种国际经济活动的需要？这种货币供给方式是否可持续？其二，资本输入国在生产能力不提高的条件下，如何保障债权国的债务清偿？一旦不能如期清偿，是否将引致资本输入国的主权债务危机？而资本输出国政府又用什么机制来化解此类危机？其三，通过无偿援助方式提供的国际货币在各国配置、规模、连续性等方面是否具有可持续性？2010年以后，希腊主权债务危机对此已做出了实践性的回答。

从金融项看，国际货币发行国的各类经营性机构通过购买资本输入国的各类金融产品（如公司债券、政府债券、股票及其他金融产品）可以通过金融交易将货币输到需要国际货币的国家和地区，但其后期效应与私人资本输出大致相同。

第二，国际货币通过哪些路径回流到发行国？其效应能否破解特里芬难题？从贸易项看，国际货币通过贸易路径回流到发行国，意味着国际货币发行国贸易顺差，在信用货币为国际货币的条件下，这种情形只能在有限年份中出现，不可能长期发生，因此，不具有可持续性。从资本项的私人资本输入看，它意味着国际货币发行国的生产能力扩大，结果将是出口能力增强和贸易顺差，由此，国际货币进入国际市场的路径又被堵塞。从资本项的他国政府资本输入看，它意味着国际货币发行国政府需要对应地发行政府债券，扩大财政支出，可能在财政支出政策扩展的条件下导致国内经济运行格局发生失衡性变化。从金融项看，如果国际货币回流是通过购买国际货币发行国的公司债券、股票及其他金融产品的路径实现的，那么，情形与私人资本输入相似；如果是通过购买国际货币发行国的政府债券等路径实现的，那么，情形与政府资本输入相似。不难看出，国际货币回流的各条路径效应，通过倒逼机制，将对国际货币发行国的经济运行产生严重的负面影响。即便如此，也还不能破解特里芬难题。

将国际货币流出和流入两方面情况结合起来分析，可以看出，在主权国家的信用货币充当国际货币的情况下，特里芬难题是不可破解的。从这个意义上说，超主权货币就成了一个可讨论的思路。但这一思路的难题是，这种超主权货币如何发行和回流？以 SDR 为例（且不说 SDR 的基础依然是各种主要的主权货币），国际货币经济组织既无贸易路径也无投资路径，如何发行SDR 使其流入国际市场？又通过什么路径使其回流？也许，超主权货币在全球一统（即不再存在国别区分）的条件下是可行的，但这显然不是现今之事。

表 2 简要列示了美国国际收支表中的主要项目，从中至少可以看出三个趋势：其一，在 1971 年之前，美国的"经常项目"处于顺差走势（尤其是"贸易项目"顺差明显），但与此同时，美国的对外私人投资却处于逆差走势。在 1960—1971 年这 12 年间，"经常项目"顺差达到 122.74 亿美元，但同期"国外私人资产"（即"国外资产：私人部分"，下同）的金额达到232.81 亿美元，因此，在布雷顿森林体系中，美元主要通过"国外私人资产"的路径流出美国，进入国际市场。

单位：百万美元

表 2　美国国际收支简表（1960—2010 年）

年份	经常项目余额	货物收支差额	服务收支差额	投资收益收支差额	国外资产：私人部分	国外资产：私人直接投资	国外资产：官方储备	在美国的外国资产	在美国的外国资产（官方）
1960	1437	1697	-183	958	-1716	-899	1071	110	566
1961	1170	1388	-214	1007	-1604	-549	768	750	153
1962	1063	1019	-253	1285	-1371	-762	390	882	866
1963	1741	1680	-224	1245	-1634	-946	-5	468	439
1964	2122	1894	-35	1266	-2727	-1005	-151	1937	1138
1965	1687	1427	9	1277	-1518	-1183	271	391	796
1966	1195	1043	-47	1357	-2083	-1653	-5	1365	231
1967	855	622	-30	1426	-2436	-1292	-180	2617	1465
1968	320	98	156	1625	-2123	-1067	-1075	3095	1095
1969	758	600	180	1562	-1460	-677	-151	938	-354
1970	689	410	320	1531	-2253	-988	1040	750	1958
1971	-763	-1196	663	1866	-2356	-456	-18	5405	5738
1972	-375	-1315	528	2339	-3454	-1046	50	5724	1601
1973	4445	1525	810	3769	-6402	-2560	-43	2422	-2736
1974	1694	-1066	682	3676	-9557	-3314	139	9577	4188
1975	6112	2454	929	4244	-12928	-4366	-161	6929	3095
1976	1521	-3064	1230	4538	-15277	-2288	207	12643	6997
1977	-4474	-8962	1236	4438	-14006	-3152	-43	20545	15117
1978	701	-5739	1378	6601	-29724	-4753	182	29013	18440

续表

年份	经常项目余额	货物收支差额	服务收支差额	投资收益收支差额	国外资产：私人部分	国外资产：私人直接投资	国外资产：官方储备	在美国的外国资产	在美国的外国资产（官方）
1979	1270	-7141	981	9420	-12643	-5213	-649	4780	-1228
1980	3915	-3895	2136	8354	-23130	-7045	-4279	26263	7614
1981	2346	-7477	3381	9657	-48572	-1004	262.00	43263	8609
1982	-3570	-10880	3224	8918	-19297	-919	-1950	14621	2629
1983	-13952	-20615	1929	10574	-17874	-2907	-953	35083	6960
1984	-25079	-28696	1302	8983	-17724	-7331	-1110	43395	7136
1985	-33519	-35867	1113	7423	-25429	-5058	-3148	59410	-1165
1986	-38774	-38553	3053	3199	-33733	1243	132	63301	1229
1987	-41347	-41265	2109	4988	-34736	-9333	3741	65006	19980
1988	-31847	-33452	4049	5629	-36096	-1745	1925	86340	10801
1989	-24641	-31296	7591	7199	-51625	-7859	-3202	72273	-7142
1990	-16111	-31936	9391	11901	-36562	453	-1091	57767	20186
1991	-7558	-22779	13998	7123	-34916	-8472	1225	55118	12879
1992	-20144	-29203	14579	6511	-29995	-8136	1542	52664	6133
1993	-29449	-35856	15047	4372	-76110	-29430	-673	111036	24277
1994	-37496	-46371	18310	3974	-57010	-13713	2033	75406	202
1995	-23736	-41007	21537	5929	-117261	-38010	191	100455	11550
1996	-31056	-49511	26031	5410	-166265	-23522	-315	218203	38430
1997	-41767	-51481	23291	802	-107969	-21380	-4524	223465	-26182

续表

年份	经常项目余额	货物收支差额	服务收支差额	投资收益收支差额	国外资产：私人部分	国外资产：私人直接投资	国外资产：官方储备	在美国的外国资产	在美国的外国资产（官方）
1998	-59622	-64829	21874	-559	-71739	-27544	-2369	110106	25900
1999	-84400	-94102	19999	4349	-110292	-33674	1569	227307	27294
2000	-111534	-119120	18674	7417	-148953	-22583	-1410	299014	1910
2001	-89648	-103236	14018	17478	-101324	-24660	-199	216973	11038
2002	-123982	-133283	15003	10965	-59697	-26304	-812	226499	31504
2003	-126500	-140864	15025	17712	-76331	-29291	2221	265646	96264
2004	-179292	-185868	17336	12573	-293986	-97423	697	464255	94050
2005	-209708	-217067	20849	13462	19942	67843	4796	277679	98188
2006	-188433	-204017	25734	12028	-363054	-60791	1415	581079	108366
2007	-164501	-216862	38420	43004	-174092	-120380	-22	373672	179065
2008	-150145	-177638	32141	25045	448840	-74161	-3126	-29418	15267
2009	-103490	-143561	37294	33923	-37203	-64541	1379	100919	116835
2010	-116938	-161289	42029	37317	-219424	-70410	200	270661	49082

资料来源：根据美国经济分析局的相关数据整理。

其二，1972 年以后美国的"经常项目"大多处于逆差走势（尤其是 1982 年以后就再没有出现过顺差），且有着加速扩大的趋势。美国"经常项目"的年净逆差额，1983 年突破了 100 亿美元关口，1998 年突破了 500 亿美元关口，2000 年突破了 1000 亿美元大关，2004 年达到了 1700 亿美元高点，2005 年更是创下了 2097.08 亿美元的历史纪录。在"经常项目"逆差大幅增加的背景下，美国"国外私人资产"非但没有减少，反而显示出加快加重的走势。"国外私人资产"的年净额，1971 年之前在 28 亿美元之下，1972 年突破了 30 亿美元，1975 年突破了 100 亿美元，1978 年突破了 200 亿美元，1981 年突破了 400 亿美元，1989 年突破了 500 亿美元，1995 年迈上了 1000 亿美元的大关，2004 年接近了 3000 亿美元。金融危机期间的 2008 年虽大量回流，但 2010 年又恢复到了 2000 亿美元以上。"经常项目"和"国外私人资产"的双逆差，决定了美国国际收支表的总逆差，它既反映了美元流入国际市场的路径是复合多元的，它们的加速进程反映了美元在数量上加快进入国际市场从而使美元贬值加速的趋势，也反映了美元对国际经济和金融活动的影响程度，以及国际市场的波动程度加剧。

其三，"在美国的外国资产"的年净额快速增加。1971 年之前在 55 亿美元以下，1976 年突破了 100 亿美元，1977 年突破了 200 亿美元，1981 年突破了 400 亿美元，1985 年突破了 500 亿美元，1993 年突破了 1000 亿美元，1996 年突破了 2000 亿美元，2004 年突破了 4000 亿美元，2006 年更是达到了 5810.79 亿美元的历史最高水平。这反映了美元主要通过他国（和地区）对美国的投资路径而回流到美国，随着美国的"经常项目"逆差、"国外私人资产"的数额增加以及由此引致的美元贬值加速，各国和地区对美国的投资也呈加速趋势，但这并没有改变美国"经常项目"逆差持续扩大的趋势。

值得注意的是，贸易逆差和私人资本对外投资的快速扩大，虽然有利于美元流入国际市场，给国际经济活动提供必要的国际核心货币，但也意味着美国储蓄率的下降、生产能力的降低、失业率的上升和负债率的升高；同时也意味着美国金融产品的发行、销售、交易和创新等越来越失去实体经济的支撑，这为 2007 年以后的次贷危机乃至金融危机埋下了深深的隐患。就此而言，如果这种国际收支状况不予调整，甚至继续加重，那么，即便美国经济爬出了此轮金融危机的泥潭，早晚还将发生新的金融危机甚至经济危机。

将国际收支表中反映出的开放型经济中内外经济交互运行的机理和美国国际收支表中反映出的趋势性变化，运用到人民币国际化进程中，对中国经济发展而言，至少将发生三方面重要的形势逆转：其一，对外贸易由长期顺差转为长期逆差。贸易顺差是支持中国经济发展的一个重要机制。但如果人民币要进入国际市场成为具有重要影响力的国际货币，贸易逆差就成为一个必须考虑的选项。在贸易逆差情况下，中国国内将出现大量的产能过剩、职工下岗并出现居民收入降低等趋势，形成中国经济发展与贸易逆差之间的矛盾。其二，储蓄率由长期高位运行逆转为长期低位运行。中国储蓄率长期位于 40％以上，2012 年更是超过了 50％。根据 GDP 的恒等式"消费＋储蓄＝消费＋投资＋贸易顺差"的原理，既然贸易逆差转为常态现象，那么，恒等式就将由原来的"消费＋储蓄＝消费＋投资＋贸易顺差"转变为"消费＋储蓄＋贸易逆差＝消费＋投资"。随着不断扩大的国际贸易额对人民币的需求量增大，中国的储蓄缺口将长期存在，这意味着中国经济的自给能力将持续降低，经济的可持续发展面临严峻挑战。其三，中国将从长期债权国逆转为长期债务国。流出国门的人民币直接转为中国对他国和地区的负债。为了对冲长期贸易逆差，不仅国内居民的负债消费需要扩大，而且政府部门的负债消费也需扩大，由此，从国家资产负债表看，中国将转变为高负债国。另外，为了满足海外人民币资金投资于中国金融市场的需求（可成为人民币回流的一个主要通道），各种金融产品的超规模发行和交易也是必然的，但由于实体经济部门有着空心化的趋势，难以有效支撑这些金融产品的长期发展，所以，中国在高负债的情况下有可能陷入与美国金融危机类似的境况。

以表 3 的数据为例，如果人民币在国际储备货币中要达到与欧元相仿的数量，假定这些各国和地区储备的人民币转手投资于中国的国债，那么，按照 2012 年 9 月的数据，中国就应多发 14514.6 亿美元（约 9 万元人民币）的国债。这一数额远大于截至 2012 年底的国债余额和 2012 年的国债净发行额，将导致中国的财政收支结构、金融市场乃至宏观经济运行的重大调整。不难看出，即便不说人民币国际化过程中可能面临的美元、欧元等国际核心货币的竞争打压及其他困难，仅上述三方面的形势逆转对中国经济发展就会产生严重影响。

单位：百万美元

表 3　**全球外汇储备币种数额（1999 年至 2012 年 9 月）**

时间	全球外汇储备总量	全球已报告储备	美元	英镑	日元	瑞士法郎	欧元	其他货币	未报告储备
1999 年	1781733	1379705	979783	39827	87939	3172	246950	22034	402028
2000 年	1935859	1518244	1079916	41798	92078	4087	277693	22672	417615
2001 年	2049240	1569552	1122431	42401	79190	4372	301089	20069	479688
2002 年	2407575	1795997	1204676	50537	78145	7314	427406	27919	611578
2003 年	3024664	2223206	1465754	61655	87608	5016	559340	43833	801458
2004 年	3747955	2655173	1751012	89457	101787	4419	658634	49865	1092782
2005 年	4319959	2843626	1902535	102243	101769	4143	683893	49041	1476334
2006 年	5252907	3315544	2171065	145205	102051	5685	832018	59520	1937363
2007 年	6704205	4119361	2641657	192675	120480	6395	1082376	75778	2584845
2008 年	7345786	4210258	2698599	168794	131901	5799	1112287	92878	3135528
2009 年	8164052	4590412	2847572	194904	132994	5300	1269590	140053	3573640
2010 年	9264235	5161831	3191655	203015	188770	6629	1342492	229271	4102404
2011 年	10203923	5642052	3502169	216921	202629	16373	1407036	296922	4561871
2012 年 9 月	10778740	6012289	3715942	245789	246964	20224	1451460	331909	4766452

资料来源：国际货币基金组织。

上述分析让我们又回到了前一节的问题，即人民币国际化的利益取向。人民币国际化是一把双刃剑：人民币成为国际主要储备货币，中国可以通过拥有国际货币发行权来缓解国际收支赤字，提高本国货币政策对国际经济走势的影响力，通过人民币的回流机制安排推进中国金融市场的国际化发展，使其成为国际金融市场的主要组成部分，推进国际经济规则的调整完善；但同时，中国也将承受作为国际核心货币发行国所面临的众多棘手问题带来的压力。因此，人民币国际化不应简单关注各种可见的利益（更不应以这些利益为取向），而应审时度势、顺势而为，充分发挥中国作为一个负责任的发展中大国在促进国际经济运行秩序和发展秩序方面的国际义务。

五　国际经济关系与人民币国际化的路径

就作为国际间的交易货币而言，早在中国的各个边境贸易中，人民币就迈开了国际化的步伐。进入 21 世纪以来，随着中国经济实力的提高、国际交往的增加，人民币在一些国家或地区成为重要的支付货币和结算货币；尤其是 2009 年以后，在加大跨境贸易的人民币结算[①]和央行双边货币互换协议[②]的安排下，人民币的国际使用范围进一步扩大，既便利了双边贸易活动和投资活动，维护了区域金融稳定，也为探讨将互换货币兑换成储备货币留出了空间。

在外贸领域，人民币进入国际市场面临着两难选择：从进口角度看，运用人民币购买他国和地区产品是人民币进入国际市场的最佳路径。但面对中国储备着巨额持续贬值的美元等外汇资产和人民币尚处于升值区间的现实，运用人民币购买海外产品，无疑意味着利益的对外输送。从出口角度看，在对手方缺乏人民币资金的条件下，难以用人民币结算；即便对手方拥有一定数额的人民币，也很容易在数次交易后再次处于缺乏人民币的

[①]　2011 年 8 月，人民银行、财政部、商务部、海关总署、税务总局和银监会联合发布《关于扩大跨境贸易人民币结算地区的通知》，标志着跨境贸易的人民币结算业务范围扩大到全国。

[②]　截至 2013 年 3 月 7 日，中国人民银行已与中国香港、俄罗斯、泰国、澳大利亚、冰岛、阿根廷等 19 个国家和地区签署了双边货币互换协议，总金额超过 17532 亿元人民币。

状态中。由此，中国面临着或者通过利益输出来扩大人民币在国际贸易中的交易规模，或者人民币难以进入国际贸易领域的难题。

通过央行间的双边货币互换可以在一定程度上解开外贸领域的难题，但它依然有着较大的局限性：其一，互换货币的使用受到双边关系的限制，难以在多边贸易中运用，更难以成为国际市场各类主体之间在货物、劳务和金融等交易活动中自由使用的货币。其二，互换货币侧重于总额结算，尤其是央行间的结算，难以发挥交易货币在每笔交易中的定价、支付和计价等多重功能。其三，根据央行间的货币互换协议，互换货币使用有着比较明确的期限。中国已签订的货币互换协议期限均为 3 年，期满后在双方均同意的条件下还需续签。因此，互换货币还不是无期限的国际货币。

从国际经济发展史上看，早在 19 世纪 70 年代以后，西方国家就已突破了商品输出的限制，出现了借贷资本输出和生产资本输出，在缓解贸易保护主义引致的各种纠纷、提高对国际市场资源配置的能力、支持商品输出的同时，也推进了本国货币的国际化进程。德国马克、法国法郎等的国际化都曾得益于这种资本输出的国际效应。"二战"之后，日元的国际化进程与资本的大量输出也是分不开的。中国有着 3.3 万亿美元的外汇储备，其中仅用于购买美国国债的部分就达 1.8 万亿美元。从中国人民银行资产负债表看，如此巨额的外汇储备既严重影响了中国人民银行运用资产进行货币政策调控的能力，也制约着中国在全球资源配置中的能力提高。面对金融危机，尤其是欧债危机背景下的全球资金紧缺和公司并购、资产重组契机，加大人民币借贷资本输出和生产资本输出，是一个推进人民币国际化的有效路径。19 世纪末，借贷资本输出有着"一只牛剥两张皮"之说，如今则有着"剥三张皮"（即利息、汇率和利润）的操作空间。中国在海外的金融分支机构已超过了 1000 家，有着广泛的区域分布，同时也有着丰富的金融运作经验，在此基础上，积极发展人民币借贷资本输出，由此推进对外贸易和对外经济合作的发展，是一个难得的机遇性选择。生产资本输出，既有助于缓解国内资源性产品紧缺的状况，推进对外贸易的发展，学习发达国家的先进管理经验和精细技术，建立自己的国际营销渠道，提高中国经济的国际资源配置能力，又有助于提高支持发展中国家经济发展的能力和中国经济对国际社会的贡献程度。毋庸赘言，从推进人民币国际化的路径角度看，中国应更加重视借贷资本输出和生产资本输出，以期在对外贸易中人民币国际化损失能够通过资本输出路径得到一定程度的弥补。

六 简要结论

作为当前的一个重要议题，对人民币国际化的研究已经有许多，但在其中，关于货币国际化的实际成本和收益的认识仍然存在着较大的空白与误区，这也导致了对于人民币国际化真正目的的认识模糊。基于权益配置机制的视角对国际货币体系的形成过程进行分析，我们不难发现，承担国际货币的角色就意味着需要对各方利益做出协调，那种单纯从自身利益视角出发的货币国际化不仅不可取，而且也往往是不现实的。更具体的分析表明，诸如铸币税这些货币国际化的主要收益，在人民币国际化的可行路径中不仅难以实现，而且还可能出现负向的亏损。特里芬难题也意味着人民币的对外输出可能要以国际收支和国内金融结构的重要调整作为代价。因此，人民币国际化的真正目的，应该是推进国际货币体系改革，促进国际经济运行秩序稳定，履行中国作为一个发展中大国的国际责任。

总体上，人民币国际化是一个负重涉远的过程，其中不免有着各种各样的摩擦和曲折。我们对此应该有清醒的认识。一方面，切忌不切实际地认为人民币国际化可能给中国带来诸多利益，而忽视它可能导致的利益损失和给国内经济发展带来的各种负面效应，忘却这一进程是中国在发展中履行大国国际义务的宗旨；另一方面，切忌在情感的支配下一味追求这一进程的加速，尤其是切忌将"人民币国际化"强硬地列入中国的开放型经济发展战略范畴之中，在政策面上运用政府行政机制强推这一进程。

主要参考文献

[1] 陈彪如（1998）：《关于人民币迈向国际货币的思考》，《上海金融》第 4 期。

[2] 高海红、余永定（2010）：《人民币国际化的含义与条件》，《国际经济评论》第 1 期。

[3] 李稻葵、刘霖林（2008）：《人民币国际化：计量研究及政策分析》，

《金融研究》第 11 期。

［4］李伏安、林杉（2009）：《国际货币体系的历史、现状——兼论人民币国际化的选择》，《金融研究》第 5 期。

［5］林毅夫（2012）：《从西潮到东风》，中信出版社。

［6］沈晗耀（2008）：《新金本位——捍卫货币主权》，《上海经济》第 7 期。

［7］徐明棋（2005）：《从日圆国际化的经验教训看人民币国际化与区域化》，《世界经济研究》第 12 期。

［8］吴念鲁、杨海平、陈颖（2009）：《论人民币可兑换与国际化》，《国际金融研究》第 11 期。

［9］殷剑峰（2011）：《人民币国际化：“贸易结算 + 离岸市场”，还是“资本输出 + 跨国企业”？——以日元国际化的教训为例》，《国际经济评论》第 7 期。

［10］张宇燕（2010）：《人民币国际化：赞同还是反对》，《国际经济评论》第 1 期。

［11］周小川（2009）：《关于改革国际货币体系的思考》，载于《国际金融危机：观察、分析与应对》，中国金融出版社 2012 年版。

［12］Bergsten, Fred (2007), "How to Solve the Problem of the Dollar", *Financial Times*, December 11.

［13］Cohen, Benjamin (2012), "The Benefits and Costs of an International Currency: Getting the Calculus Right", *Open Economies Review*, 23 (1), 13 – 31.

［14］Dooley, Michael, David Folkerts – Landau and Peter Garber (2004), "The Revived BrettonWoods System", *International Journal of Finance and Economics* 9: 307 – 313.

［15］Dooley, Michael, David Folkerts – Landau and Peter Garber (2005), *Saving Gluts and Interest Rates: The Missing Link to Europe*, NBER Working Paper 11520.

［16］Dooley, Michael, David Folkerts – Landau and Peter Garber (2009), *Bretton Woods II Still Defines the International Monetary System*, NBER

Working Paper 14731.

[17] Goyal, Rishi, Isabelle Mateos y Lago, Rupa Duttagupta (2009), "The debate on the International Monetary System", *IMF Staff Position Note*, SNP/09/26.

[18] Hall, Stephen and George Tavlas (2013), "The Debate about the Revived Bretton – Woods Regime: A Survey and Extension of the Literature", *Journal of Economic Surveys*, 27 (2): 340 – 363.

[19] Hart, Albert, Nicholas Kaldor and Jan Tinbergen (1980), "The Case for an International Commodity Reserve Currency", *Geneva*, *UNCTAD*.

[20] Rosensweig, Jeffrey (2009), "Single Reserve Currency An Analysis of the Benefits and Challenges with Implementing a Single Reserve Currency", *Global Macroeconomic Perspectives*, 2009 – 11 – 04.

[21] White, Lawrence (2011), "A Gold Standard with Free Banking Would Have Restrained the Boom and Bust", *Cato Journal*, 31 (3): 497 – 504.

（原载《国际金融研究》2014 年第 4 期）

"一带一路"：基于中国传统文化的国际经济理念创新

2013 年 9 月 7 日，在哈萨克斯坦纳扎尔巴耶夫大学发表的演讲中，习近平主席提出了用创新的合作模式共同建设"丝绸之路经济带"的倡议[①]；2013 年 10 月 3 日，在印度尼西亚国会发表重要演讲时，习近平主席又明确提出了中国与东盟国家共同建设"21 世纪海上丝绸之路"的战略构想[②]。由此，"一带一路"的国际经济发展新倡议拉开了序幕，得到了国际社会的热烈反响。"一带一路"立意高远、构思恢弘、运作睿智，其中贯彻着一系列基于中华文化的国际经济理念创新。本文试图就此谈点粗浅认识，以为学界的深入探讨抛砖引玉。

一　中华文化与西方国际经济学的理念差异

中华文化有着 5000 多年的历史，承载了人类社会厚重的认知、经验和感悟；与此相比，西方经济学从亚当·斯密 1776 年发表的《国富论》算起仅有 239 年的历程，因此，二者对人类历史的认知程度、发展经验和复杂关系的感悟不在一个层面上。如果说早期的古典经济学在国际经济关系中还比较注重分工协作的效应从而强调比较利益[③]的话，那么，在 1859 年 11 月达尔文的《物种起源》一书发表后，"物竞天择，适者生存"原理就被一些西方学者简单地套用到了国际经济社会关系中，不仅深刻地影响了西

[①]　参见《习近平谈治国理政》，外文出版社 2014 年版，第 289 页。
[②]　同上书，第 293 页。
[③]　参见大卫·李嘉图《政治经济学及赋税原理》中译本，商务印书馆 1972 年版。

方对国际经济关系的认识，而且使得西方国际经济学理念愈加偏离和谐共存之道。中华文化与西方国际经济学在理念上的差别至少可概括为五个方面：

第一，在经济活动的起点上，西方经济学以"人的本性是自私的"为基点，强调人的一切经济活动和行为选择都建立在私利基础之上，这既是各种经济活动的内在动机，也是各种经济活动的最终落脚点，即所谓的"人不为己，天诛地灭"。既然人的本性是自私的，那么，人与人之间就必然存在着相互排斥、你死我活的斗争和相互利用、不可互信的关系。将这一理念贯彻到国际经济关系中，很容易就能推演出世界各国和地区在国际经济社会中追求仅为各自利益、并无全球福祉的归宿。由于利益只可自得独享，不可均沾，由此，国际经济关系就成为一种争权夺利的关系。毫无疑问，在某些条件下，有些国家可能做出利益上的某种退让，但这只是为了谋求更多的长远的利益所进行的权宜性选择。按此思维逻辑的推论，在国际经济关系中没有真正的敌友，只有永远的利益和利益交易。与此不同，在中华文化中虽然也重视利益机制，但它以"人之初，性本善"为基点，既强调以仁者之心待人，如"仁者，爱人"，"仁者，爱之理、心之德"，又强调人们在本源上有着向善求善的欲望和追求，有着为他助他的内在冲动和精神。尽管各个人之间的利益存在差别，但在本性上是相近的（即"性相近"）。人们之间存在着相互依赖、相互联系和相互制约的机制关系，每个人的生存发展都以他人的生存发展为前提，因此，人们之间的互助合作是必然的，共同追求社会福祉为上的目标是一致的，国际经济关系就可能成为一种互帮互助的关系，利益可各方均沾共享。

第二，在经济机制上，西方经济学以市场经济为背景，强调充分竞争、有效竞争，将竞争对手视为与其对抗的敌对方，必须将其打败（甚至消灭）而后快，进而在市场竞争中运用各种可能的资源和力量、选择种种措施限制对手方的合理行为。将这种理念简单地贯彻到国际经济关系中，也就很容易把经济竞争的对手国视为对抗国或敌对国，采取各种自认为对己有利的国际资源和种种手段来维护自己的利益，限制乃至完全忽视对手方的合理诉求和经济活动。与此不同，中华文化强调，在市场经济中应贯彻市场竞争规则，但同时也应重视对手方的合理权益及其诉求，"和为贵"，和能生财，视竞争对手为合作方、互利方；同时，在竞争中充分看到对手方的长处，既取长补短又相互帮助，互帮互带，甚至可视对手方为"良师益友"。毕竟国际市场不是哪个国家的市场，是世界各国和地区的共同市场，而共同市场只有各国和地区共同努力才能有效发展。

第三，在运作方式上，西方经济学强调资本的力量，资本规模越大则资本力量越大，资本技术越强则资本质量越高，由此，借用由血和火为先导的资本原始积累所导致的先行一步效应，依靠科技革命以及产业革命的成果，在追求利润最大化的内生要求的导向下，西方国家把厂商内部的资本优势外化为市场竞争优势，把市场竞争转变为资本竞争，市场平等被界定为资本平等，形成了依资本力量决定市场竞争力的机制，为获得市场份额可以"赶尽杀绝"。在此背景下，动物界的恃强凌弱、弱肉强食和赢者霸权等理念被引入到市场之中。为了满足追求利润的要求，资本可以突破法律底线、践踏道德规范、忽视人类生存的自然环境，等等。将这些理念扩展到国际经济关系之中就不免视发展中国家为弱国，利用它们资本短缺的弱点，以资本为打入市场的先导力量，将资本优势转化为定价优势，获得霸权红利；在资本力量受到发展中国家主权机制和制度约束的条件下，动用政治机制、外交机制乃至军事（甚至战争）机制，强制性地进入发展中国家市场就成为重要选项。与此相异，中华文化也重视资本的理论并尊重市场机制，但更加强调经济社会发展的力量，平等首先应是人类之平等，各类主体共存共生，人类共同发展；市场并非孤立地存在，它的发展受制于一系列经济、社会、文化和政治条件，因此，凡事要注意照顾左邻右舍、瞻前顾后、统筹安排，处理好各方面关系；在处理国际关系中强调在尊重主权的基础上的"求同存异"，各国和地区之间的差异是各有所长也各有所短（即"尺有所短寸有所长"），因此不可偏废。

第四，在运作规则上，西方经济学强调市场竞争是一个优胜劣汰的过程，适者生存的结果是优者生存，最终的生存者主要由优胜者构成。市场竞争按照一定的规则而展开，竞争规则应由优胜者选择和制定，因此，他们划定了一个优胜者制定竞争规则、竞争结果应符合优者胜利益诉求的自我循环的逻辑框架。符合这一逻辑的经济行为也就符合了它们的权益诉求，可以进入它们的竞争范畴；不符合这一逻辑的经济行为就被判定为"无理"

"违规"乃至"违法",应予以制止乃至消灭。在此背景下,凡是不符合优胜理念要求的主体及其经济活动都被定义为劣者,都属于应当被淘汰被消灭之列。与此不同,中华文化虽然也强调市场机制,重视争优机制的激励效能,但它建立在多元世界多元主体基础上,将优胜者视为样板和先行者,主张运用优胜机制激励他人,通过相互学习和互帮互带机制,争得共同发展和世界大同。另外,中华文化并不将优胜作为唯一规则,强调多层次市场有着多层次规则;不同规则适合于不同市场,后发者并非没有成为优胜者的可能,优胜者也很难长期独霸天下,更难永久维持优势地位,因此,应有更多的包容理念和变化发展的理念。

第五,在运作结果上,随着优胜理念扩展,唯我正确、唯我是从,优者独尊、优者独享和顺我者昌、逆我者亡都是顺理成章的,结果只能是我即世界、世界即我;将这种理念贯彻到国际经济关系中,一资独霸、一权独霸和一国独霸,以强权经济、强权政治、强权军事作为处理国际事务和国际商务的基本机制都可能发生;强求他国接受优胜国法律和理念,按照优胜国的要求处置各种国际关系等也成为常态现象;更有甚者,自己不愿做的事却偏偏要求他国做的情形(即己所不欲,偏施于人)也可能发生。在经济权益受到他国限制或自我感到受威胁的条件下,不惜发动战争,践踏他国主权并伤害他国利益,还美其名曰为"保护本国公民的合法权益"。与此相异,中华文化将多元化、多极化理念扩展到国际经济领域,强调各国和地区相互尊重主权,平等互利,通过"求同存异"争得和平发展,创造和谐世界,在国际经济关系中,各种问题可以通过平等协商、利益协调和义利合一等方式来解决。

由上不难看出,以西方经济学为基础的国际经济理念过于简单地贯彻了动物界的进化规则,忽视了人类社会以及国际社会的和谐共生要求;与此相比,将中华文化的理念贯彻到国际经济关系之中,更加适合世界各国和地区的和平发展,更加有利于处理好各种国际经济关系。

二 中华文化理念在国际经济历史发展中的贯彻

"二战"之后,在反对帝国主义和殖民主义的过程中,在亚非拉各个发展中国家逐步形成了国家独立、民主解放的潮流，打破了殖民统治格局，敲响了殖民统治的丧钟。到20世纪50年代中期，亚洲和非洲已有30个国家宣布独立。但与此同时，老牌殖民主义国家并不甘于失败，依然通过思想、政治、军事和经济等种种路径强力阻止民族解放浪潮的进一步展开。1955年4月，由印度尼西亚政府提议、由印度尼西亚等5国发起、亚非29国参加的亚非国家的国际会议在印度尼西亚万隆隆重召开，会议讨论了世界局势和争取民族独立和发展经济等各国共同关心的问题，形成一个团结一致反帝反殖的共同纲领。会上，周恩来总理代表中国政府重申了和平共处五项原则，受到了与会各国的肯定，为万隆会议的成功和各项文件的顺利通过奠定了基础①。万隆会议以后，和平共处五项原则被越来越多的国家、国际组织和国际会议所承认和接受，并载入了包括联合国大会通过的宣言在内的一系列重要国际性文件，对推动国际关系朝着正确方向发展，发挥了重大历史性作用。和平共处五项原则强调了各国相互尊重主权、平等互利，是中华文化在国际关系中的具体体现和落实。它打破了西方国家一国独霸、一权独霸的国际理念，受到世界各国和地区的欢迎，推进了国际经济新理念的形成。

改革开放以后，邓小平同志明确提出应以和平共处五项原则为基础，以和平发展为主线，反对霸权主义，建立国际政治经济新秩序的主张。1984年5月，邓小平指出："现在威胁世界和平的主要是霸权主义，霸权主义是世界上最危险的战争策源地，是危害世界和平、稳定的根源。"1989年10月，邓小平在会见缅甸总统吴山友时强调，和平和发展"关系全局，带有全球性、战略性的意义"。② 1989年在接见时任泰国总理差猜·春哈旺时，邓小平说："中国要维护自己国家的利益、主权和领土完整，中国同样认为，社会主义国家不能侵犯别国的利益、主权和领土。"③ 他精辟说道：

① 1953年12月31日，在接见印度代表团时，周恩来代表中国政府首次提出了"互相尊重主权和领土完整、互不侵犯、互不干涉内政、平等互利、和平共处"的五项原则。1954年，周恩来在访问印度和缅甸期间，与印度总理尼赫鲁、缅甸总理吴努分别签署了"联合声明"，一致同意以和平共处五项原则作为处理中印、中缅两国关系的基本原则。
② 《邓小平文选》第三卷，人民出版社1993年版，第96页。
③ 同上书，第328—329页。

"考虑国与国之间的关系主要应该从国家自身的战略利益出发。着眼于自身长远的战略利益，同时也尊重对方的利益，而不去计较历史的恩怨，不去计较社会制度和意识形态的差别，并且国家不分大小强弱都相互尊重，平等相待……我们都是以自己的国家利益为最高准则来谈问题和处理问题的。"①

党的十八大以来，在传承历史的基础上，习近平提出了一系列处理国际关系的新理念，主要表现在：

第一，坚定不移走和平发展道路。2013 年 1 月 28 日，在主持党的十八届中央政治局第三次集体学习时，他强调指出：要"加强战略思维，增强战略定力，更好统筹功能国内国际两个大局……不断夯实走和平发展道路的物质基础和社会基础"，"我们的和平发展道路来之不易，是新中国成立以来特别是改革开放以来，我们党经过艰辛探索和不断实践逐步形成的"，"纵观世界历史，依靠武力对外侵略扩张最终都是要失败的。这就是历史规律"。② 2014 年 3 月 28 日，在德国科尔伯基金会演讲时，习近平进一步指出："中华民族是爱好和平的民族。一个民族最深沉的精神追求，一定要在其薪火相传的民族精神中来进行基因测序。有着 5000 多年历史的中华文明，始终崇尚和平，和平、和睦、和谐的追求深深植根于中华民族的精神世界之中，深深熔化在中国人民的血脉之中。"③

第二，走出合作共赢的新路子。2013 年 6 月 19 日，在接见联合国秘书长潘基文时，习近平明确指出："零和思维已经过时，我们必须走出一条和衷共济、合作共赢的新路子。"他说："历史告诉我们，一个国家要发展繁荣，必须把握和顺应世界发展大势，反之必然会被历史抛弃。什么是当今世界的潮流？答案只有一个，那就是和平、发展、合作、共赢。"④ 2014 年 4 月 1 日，在布鲁日欧洲学院演讲时，他特别强调："中国愿意同欧盟一道，让和平的阳光驱走战争的阴霾，让繁荣的篝火温暖世界经济的春寒，促进全人类走上和平发展、合作共赢的道路。"⑤ 2015 年 3 月 26 日，在博

---

① 《邓小平文选》第三卷，人民出版社 1993 年版，第 330 页。
② 《习近平谈治国理政》，外文出版社 2014 年版，第 247—248 页。
③ 同上书，第 265 页。
④ 同上书，第 266 页。
⑤ 同上书，第 282 页。

鳌亚洲论坛的主旨演讲中，习近平强调说："迈向命运共同体，必须坚持合作共赢、共同发展。东南亚朋友讲'水涨荷花高'，非洲朋友讲'独行快，众行远'，欧洲朋友讲'一棵树挡不住寒风'，中国人讲'大河有水小河满，小河有水大河满'。这些说的都是一个道理，只有合作共赢才能办大事、办好事、办长久之事。要摒弃零和游戏、你输我赢的旧思维，树立双赢、共赢的新理念，在追求自身利益时兼顾他方利益，在寻求自身发展时促进共同发展。"①

　　第三，坚持亲、诚、惠、容的理念。2013 年 10 月 24 日，在周边外交工作座谈会上，习近平指出："我国周边外交的基本方针，就是坚持与邻为善、与邻为伴，坚持睦邻、安邻、富邻，突出体现亲、诚、惠、容的理念。"② 2013 年 3 月 25 日，在访问坦桑尼亚期间，习近平强调说："中国坚持国家不分大小、强弱、贫富一律平等，秉持公道、伸张正义，反对以大欺小、以强凌弱、以富压贫，反对干涉别国内政，将继续同非方在涉及对方核心利益和重大关切的问题上相互支持，继续在国际和地区事务中坚定支持非洲国家的正义立场，维护发展中国家共同利益。"③ 2014 年 6 月 5 日，在中阿合作论坛第六届部长级会议开幕式上，习近平说，"千百年来，丝绸之路承载的和平合作、互学互鉴、互利共赢精神薪火相传。中阿人民在维护民族尊严、捍卫国家主权的斗争中相互支持，在探索发展道路、实现民族振兴的道路上相互帮助，在深化人文交流、繁荣民族文化的事业中相互借鉴"，丝绸之路就是要促进文明互鉴、尊重道路选择、坚持合作共赢和倡导对话和平④。

　　第四，坚持义利合一的价值观。2014 年 7 月 4 日，在首尔大学的演讲中，习近平强调指出，要"在国际关系中践行正确义利观。国不以利为利，以义为利也。在国际合作中，我们要注重利更要注重义。中国主张'君子义以为质'，强调'不义而富且贵，于我如浮云'。在国际关系中，要妥善处理义和利的关系。政治上要秉持公道正义，坚持平等相待，经济上要坚

---

① 新华网，2015 年 3 月 27 日。
② 同上书，第 296 页。
③ 同上书，第 306 页。
④ 同上书，第 314—316 页。

持互利共赢、共同发展，摒弃过时的零和思维。既要让自己过得好，也要让别人过得好。不能只追求你少我多、损人利己，更不能搞你输我赢、一家通吃。只有义利兼顾才能义利兼得，只有义利平衡才能义利共赢"。①

　　不难看出，60 多年来，中国在处理国际经济社会各种关系中始终贯彻着中华文化理念，强调世界是各国和地区的世界，不是哪个国家或少数国家的世界；霸权主义可以盛行一时但难以长期持久，和平发展、合作共赢和和谐共存应是各国和地区追求的共同目标。

三　"一带一路"贯彻的国际经济关系新理念

　　"一带一路"既是国际经济关系发生重大变化的产物，也是中国发挥负责任的大国国际义务的产物，还是将中华文化贯彻到国际经济社会发展中的产物。首先，长期以来世界各国和地区对霸权主义盛行早已心怀不满。2008 年美国金融危机引致全球金融危机之后，这种不满情绪与日俱增，在受到金融危机强烈冲击之后，美国继续贯彻霸权主义也已感到力不从心，由此，重新审视和调整国际经济社会关系及其规则已成为包括众多欧洲发达国家在内的世界各国和地区的内在诉求。其次，中国经济长达 30 多年的高速发展，不仅打破了唯有西方国家道路属人类经济发展最优模式的论断，而且为中国作为一个负责任的大国发挥国际义务奠定了经济基础并扩展了国际影响力。在金融危机中，中国沉着应对，继续保持经济的高速增长，成为世界经济的主要引擎，更是得到世界各国和地区的首肯和认同。在此背景下，中国的发展道路和发展成果日益受到包括欧洲发达国家在内的众多国家和地区的关注。最后，60 多年来，在介入各种国际事务时，以中华文化理念为精神的各项主张已逐步为世界各国和地区所认知、认同和接受，成为处理国际经济社会关系的重要基础和基本原则。

　　一个突出的实例是，亚洲基础设施投资银行从名称来看本来涉及的是亚洲国家和地区之事，但地处欧洲的英国无视美国的再三警告，执意加盟成为亚投行的意向创始成员国，在这个曾与美国形影不离的国家带动下，

---

① 新华网，2014 年 7 月 4 日。

德、法、意等一大批欧洲国家和大洋洲、非洲、南美洲国家相继加盟成为亚投行的意向创始成员国。到 2015 年 4 月 15 日，亚投行的意向创始成员国达到了 57 个。这一方面反映了平等互利的理念已成为世界大多数国家和地区的共同追求，它们在饱受霸权主义规则之害情况下，有着调整改善国际经济规则的共同愿望；另一方面反映了中国所秉持的以中华文化为精神的国际经济关系新理念已得到高度的国际认同，正在成为处理国际事务的新规则和新机制。

"一带一路"战略构想，既以中国历史为背景，有着深厚的文化底蕴，又以亚欧各国和地区的现实诉求为契机，有着丰富的内涵。它强调在尊重和维护各国和地区的权益的基础上，以平等、合作、互利和共赢为基本点，以解决基础设施等经济社会问题为先导内容，是一个共谋和平发展的战略，并将有效改善和提升沿带沿路各国和地区的经济社会发展水平，受到这些国家和地区的欢迎和支持，重塑国际经济新格局。

从中国角度看，"一带一路"的发展战略构想实现了三大突破：

第一，它改变了中国外汇使用长期依赖于购买美国等发达国家国债的路径，突破了间接投资的限制，强化了中国在全球（特别是亚洲地区）配置资源的能力。

从图 1 可见，2000—2014 年这 15 年间，中国的外汇储备资产从1655.74 亿美元增加到了 38430.18 亿美元，年度净增额从 108.99 亿美元增加到 5097.26 亿美元（2013 年）。如此巨额的外汇储备资产，在使用中主要用于购买美国等发达国家的国债及其他证券，用于对外直接投资所占比重甚低。这种外汇资产的使用方式实际上弱化了中国在全球配置资源的能力，增强了美国等发达国家在全球配置资源的能力。简要的内在机理是，中国出口产品→获得贸易顺差→外汇用于购买美国国债等证券→美国等发达国家获得资金→美国等发达国家增大对外直接投资（即在全球配置资源的能力）→中国获得外商投资→由外商引致的中国出口能力增强。在这个过程中，中国的资源成为美国等发达国家增强全球资源配置能力的一个落脚地，对中国而言，外汇储备资产的增加仅剩下一个名义上的对外债权数字。从图 2 中可见，1998—2013 年这 16 年间，尽管美国的国际投资头寸始终是负数且负数不断扩大，但美国对外投资所形成的海外资产却一直快速增加。即便在 2008 年金

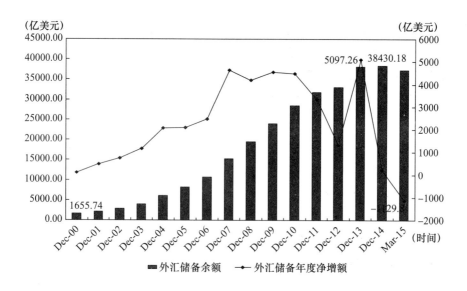

图 1 中国外汇储备走势（2000—2015 年 3 月）

资料来源：Wind 资讯。

融危机之后，这一趋势也没有发生实质性变化，美国的海外资产从194647.17 亿美元增加到 219637.63 亿美元，增长率达到 12.83%。按理说，在国际投资净头寸处于负数的条件下，美国应缺乏对外投资的资金，使它的海外资产再难以增加但中国等一系列国家的外汇储备资产用于购买美国国债及其他证券，反而帮助美国增加了海外资产。美国海外资产的持续增加，表明了美国在全球配置资源的能力处于持续增强的态势。"一带一路"发展战略的实施，使中国的外汇储备资产更多地以直接投资方式投入使用，突破了长期延续的购买美国等发达国家证券的外汇使用路径依赖，强化了中国在全球（尤其是亚洲地区）的资源配置能力，使中国能够更好地履行负责任大国的国际义务。

第二，"一带一路"战略实施，跳出了受援国生产能力扩展和福利扩展的旧套路，通过"道路"连接和扩展，提高了受援国的经济社会效率，突破了特里芬难题。

国际经济学认为，发达国家对发展中国家的投资将增强资本输入国的生产能力，随着发展中国家的生产能力提高和国内市场从卖方市场向买方市场的转变，发展中国家的出口能力将明显提高，由此，发达国家将出现贸易逆差。为了弱化这一趋势，发达国家对发展中国家的援助就应从提高生产能力为主转变为提高福利水平为主，使得发展中国家在福利水平提高（从而扩大内需）的条件下，生产能力并无实质性增加，这样，发达国家可以继续源源不断向发展中国家供给产品，以占领发展中国家市场的方式增强全球资源配置能力。但发展中国家的生产能力不提高或提高缓慢，有可能使它们偿还外债的能力降低或不足，即以提高福利水平为取向的资本援助，可能因发展中国家的主权债务危机而得不到及时偿还。这是一个在西方国际经济学中难以破解的矛盾之题。另外，美国经济学家罗伯特·特里芬（Robert Triffin）在 1960 年出版的《黄金与美元危机——自由兑换的未来》一书中提出了美国所面临的一个难以克服的内在矛盾，即通过贸易逆差向国际市场投放美元将引致美元不断贬值，因此，美元不适合作为国际货币；通过对外投资向国际市场投放美元将引致他国生产能力提高和增加出口，结果还将使美国处于贸易逆差，美元依然不适合作为国际货币。

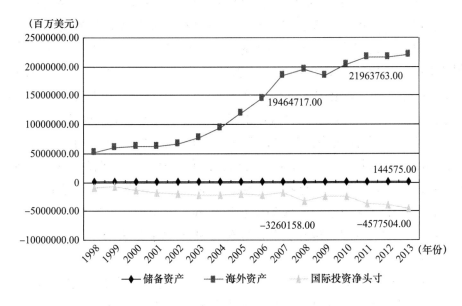

图 2　美国的国际投资走势（1998—2013 年）

资料来源：Wind 资讯。

　　"一带一路"的战略构想跳出了这些国际经济学的矛盾陷阱,它以改善"交通运输条件"为先导性抓手。其中,交通运输条件既包括高铁、高速公路、城际道路和海运之路,也包括相关的各种配套设施,是基础设施的重要构成部分。在经济社会生活中,交通运输条件的改善既有利于提高生产活动、服务活动和消费活动等经济活动的效率,也有利于提高政府部门运作、文化交流、体育娱乐和城乡居民生活等社会活动的便捷程度,因此,具有很强的经济社会效应。同时,交通运输条件又具有相当程度的"不动产"特点,是难以通过外贸等产品流动来解决或增加的,只能在相关国家和地区主权范围内建设。由于交通运输条件的改善需要巨额投资且具有较强的公益性,投资回收期较长,所以,亚洲(乃至世界)的许多国家在这方面长期欠账甚多。"一带一路"通过改善交通运输条件带动亚洲各国和地区的基础设施建设,既有利于缓解这些国家和地区的燃眉之急,又有利于提高它们的经济社会生活质量,还有利于中国在增强对外投资过程中跳出国际经济学中的上述矛盾陷阱,不能不说是一个高明睿智之举。

　　第三,"一带一路"战略实施,将相关国家和地区的经济社会关系连为一体,以相互尊重、平等相待为基础,以合作共赢和和谐发展为主旨,突破了西方国际经济关系中的"胜者通吃"、唯利是图和霸权主义的规则,对推进由中国倡导的"尊重对手""求同存异""以和为贵""取长补短""以义为先"和"和谐共生"等一系列新思维的落实,构建新型国际经济理念,促进新型国际经济社会规则的形成,有着至关重要的意义。

　　"一带一路"虽由中国提出,但并非仅是中国的"一带一路",更不是"马歇尔计划"的重现,它实际上是相关国家和地区(从亚投行意向创始成员国构成看,它甚至是世界各国和地区)共同的"一带一路",它的推进和实现也有赖于这些国家和地区的相互协作和共同努力。要有效地实现"一带一路"的战略构想,构建新型国际经济社会关系新规则,就应着重实行五个方面的举措:

　　第一,充分尊重"一带一路"沿线各国和地区的主权要求,以平等、合作、互利和共赢为基础,以经济社会发展为导向,以提高这些国家和地区的社会福祉为目标,切实有效地解决它们最为关心的利益问题。由于这些沿线国家和地区的经济、政治、文化、历史和制度差别甚大,难以选择同一方式展开相关运作，因此，需要因地制宜地选择灵活的、各方可接受的方式展开运作，这就要求不囿于旧途地进行大胆创新。

　　第二，以亚投行、丝路基金为先导，充分调动相关国家和地区的各类投资资金，设立相关金融运作机制，在尊重各方权益的基础上，充分发挥市场机制的决定性作用。亚投行的运作突破了国与国之间的主权国际关系，建立了国际金融组织与相关国家和地区之间的国际关系，但亚投行的资本（和所能募集的资金数额）在规模上是难以满足"一带一路"沿线各国和地区的基础设施建设投资需求的，要有效克服这一难点，就要根据具体建设的需要，充分考虑到对象国和地区的权益要求，设立各种各样的投资基金，以调动沿线各国和地区的民间资金和其他国家和地区的国际资金。以中国为例，在城乡居民储蓄存款余额已高达53万亿元的背景下，可以考虑发起设立"一带一路"海外投资基金，向全国民众募集投资基金，这也有利于加速中国资本"走出去"的步伐。在设立各种各样的投资基金过程中，需要特别重视这些投资基金运作的国际化程度，可能吸引更多国家和地区的资金一并加入投资基金运作，减弱投资对象国政局及其他因素变化对"一带一路"具体项目实施的负面影响。

　　第三，以交通（高铁、高速公路和海路等）运输条件改善和基础设施建设为抓手，推进相关国家和地区的工业、服务业的有效发展，提高就业水平和就业者的技能，促进产业的经济结构调整优化。基础设施包含的内容极为广泛，除道路、铁路、机场、桥梁和港口等交通运输条件外，还包括通信、水利、城市供排水供气、供电设施和科教文卫等事业所需的固定资产条件等，它既是各类企业、机构、居民和政府部门等经济社会生活的共同物质基础，也是保障各类城市正常运行的基础性条件，由此，在推进基础设施投资的过程中，不仅需要注重基础设施建设的高质量和各种配套设备的完整程度，而且需要着重推进相关产业的发展，以此为契机促进相关国家和地区的经济结构调整优化，给居民、企业和政府等提供更多更好的福利空间。

　　第四，以自由贸易区建设为契机，推进相关国家和地区的贸易发展，促进区域经济一体化进程。"一带一路"的推进过程，为沿线各国和地区的贸易一体化提供了良好的契机。在基础设施投资和建设中所形成的"我中有你、你中有我"的融合机制的背景下，在各国和地区相互尊重相互信任的基础上，推进具有共赢效应的自由贸易区建设，将成为相关各国和地区的共同愿景，因此，应不失时机地创造条件、把握机遇，积极推进有关自由贸易区建设和谈判的工作。

第五，以关注民生为基础，推进教育、卫生、文化、养老、健康和体育等产业的发展，促进沿线国家和地区的经济社会和谐发展。"一带一路"战略的实施，既是沿线各国和地区强国富民的工程，也是有效改善民生条件、提高民生质量的工程。任何国家和地区的福祉最终取决于民生要求的满足程度，工业化的发展虽然有利于提高居民的就业水平和收入水平，但同时也带来了环境污染和生态破坏等一系列问题，在强调节能减排、绿色经济的今天，"一带一路"的实施更应充分重视应用高新技术的成果，有效改善这些国家和地区的民生问题。

主要参考文献

［1］邓小平：《邓小平文选》第三卷，人民出版社 1993 年出版。

［2］习近平：《习近平谈治国理政》，外文出版社 2014 年版。

［3］袁新涛：《"一带一路"建设的国家战略分析》，《理论月刊》2014 年第 11 期。

［4］邹磊：《中国"一带一路"战略的政治经济学》，上海人民出版社 2015 年版。

［5］张洁主编：《中国周边安全形势评估：2015："一带一路"与周边战略》，社科文献出版社 2015 年版。

［6］刘劲松：《四个"IN"是"一带一路"题中应有之义》，《上海证券报》2015 年 6 月 2 日。

（原载《国际金融研究》2015 年第 7 期）

"一带一路"：闯出全球经济资源
配置的中国之路

习近平主席提出的"一带一路"宏伟构想已进入实施阶段，甚至扩展到了亚洲之外。2015 年 4 月 20 日，习近平主席在访问巴基斯坦期间，以"中巴经济走廊"建设为抓手，签署了总额为 460 亿美元的基础设施投资合作计划。2015 年 5 月 19 日，李克强总理在访问巴西期间，见证了中巴双方在双边产能、基础设施建设、金融等各领域协议总金额达 270 亿美元的 35 项合作文件的签署。2015 年 6 月 29 日，亚洲基础设施投资银行（简称亚投行）的 57 个意向创始成员国迈出了签署组织章程的实质性步伐。同日，正在欧洲访问的李克强总理在"中欧工商峰会"的主旨演讲中提出，为了支持欧洲的 3150 亿欧元投资计划，中方将积极考虑建立中欧共同投资基金，发挥中国在基础设施建设方面的队伍、技术和管理等优势。与此同时，中国境内各相关省份也采取了一系列扩展和落实"一带一路"的政策措施，相关建设正在快速有序地展开。

"一带一路"的战略构想博大精深、内涵丰富，可以从不同的角度予以诠释解读，笔者曾从国际经济理念创新角度撰写了专论①，本文将从"全球经济资源配置之道"角度谈点粗浅之见，以期推进相关研究的深化。

一　全球经济资源配置之西方模式

对一国或地区而言，"全球经济资源配置"是指在经济全球化背景下所

---

① 见拙文《"一带一路"：基于中国传统文化的国际经济理念创新》，《国际金融研究》2015年第 7 期。

具有的在全球配置各种经济资源的能力。这种能力的强弱，既反映着一国或地区对全球经济走势和发展的影响力，也反映着一国或地区利用全球资源来优化本国或本地区资源配置的能力和保障本国或本地区经济可持续发展的能力。不难看出，提高全球经济资源配置能力是开放型经济国家（尤其是大国）在发展中追求的一个重要目标。

经济全球化虽然是一个现代范畴，但受自然资源禀赋有限性（甚至稀缺）的约束，以占有并获得尽可能多的自然资源为目的的活动早已展开。远的不说，至少从 15 世纪左右开始，拓疆掠地就成为欧洲列强的一个主要战略。其间 600 多年的历史大致可分为三个阶段：

第一阶段为欧洲列强通过拓疆开土扩展全球经济资源配置能力的阶段。典型的实例包括：哥伦布在 1492—1502 年这 10 年间 4 次横渡大西洋，发现了美洲新大陆；15 世纪，葡萄牙开始对非洲地区的占领和殖民统治；16 世纪中叶以后，西班牙不断扩展和加深对南美地区的占领和殖民统治；荷兰借助政府力量于 1602 年建立了东印度公司，以贸易为幌子，对印度等亚洲国家进行殖民掠夺。凡此种种，都展示了欧洲列强尽力以他国或地区的资源来支持本国经济发展的意图，大致属于早期的强化本国全球经济资源配置能力的范畴。

第二阶段为帝国主义列强以战争为基本手段重新瓜分世界的阶段。16 世纪以后，英国和法国加速了殖民主义进程。借助第一次工业革命使国力增强，英国运用军事力量一方面征服和建立了自己的殖民地（包括澳大利亚、新西兰和缅甸等），另一方面通过战争从西班牙、荷兰和法国手中夺取了美洲、非洲和亚洲的众多殖民地，通过鸦片战争占领了中国的香港、从中国掠夺了巨量财富并获得了巨额战争赔款，推进了资本原始积累进程①。在第二次工业革命的基础上，帝国主义列强彼此之间的实力发生了变化，美国和德国超过英国成为世界上数一数二的国家，面对殖民地已瓜分完毕的世界格局，为了提高全球配置资源的能力，发动战争，通过军事实力的较量重新瓜分世界成为不可避免的选择，这为第一次和第二次世界大战的

---

① 对此，马克思曾深刻指出："资本来到世间，从头到脚，每个毛孔都滴着血和肮脏的东西。"见《资本论》第一卷，人民出版社 1975 年版，第 829 页。

爆发奠立了经济基础。

第三阶段为发达国家运用国际市场机制来提高全球配置资源能力的阶段。第二次世界大战以后，国家独立、民主解放运动风起云涌，去殖民化进程大大加快，继续通过军事机制占领他国或地区来扩大对全球经济资源配置范围已然不合世界潮流；与此同时，亚非拉众多国家在独立后加快了经济发展步伐，国际市场规模空前扩大。在和平与发展成为世界潮流的背景下，鉴于"二战"的惨痛教训，西方发达国家对全球资源的掠夺从运用军事暴力机制转向主要运用国际市场机制，既通过价格差别机制从发展中国家进出口的产品中攫取超额利润，又通过资本投资机制获得发展中国家的资源开采和运营的控制权，并运用这些经济机制来影响乃至控制发展中国家的经济、政治和社会发展。

通过梳理 600 多年来的世界历史发展过程可以看出，全球经济资源配置中的西方模式有着如下特点：

第一，以军事暴力手段为重要机制。资源配置本属经济范畴之事，应当通过发挥经济机制的力量予以解决，但在历史上，为了扩展可控制的资源数量，在向海外推进中，欧美列强屡屡动用军事暴力机制，通过坚船利炮强制性地打开他国或地区之门，掠夺被侵略国家或地区的经济资源，因此，"在真正的历史上，征服、奴役、劫掠、杀戮，总之，暴力起着巨大的作用"[1]，在这个过程中，西方国家的发展"是用血和火的文字载入人类编年史的"[2]。军事暴力至少有着三方面的负面效应：其一，在军事战争中，西方列强远渡重洋，不论占有多少的武器装备、战术技术和后勤供给等的优势，在被侵略国家或地区人民反抗侵略的种种斗争中总要付出惨重的人力物力代价。即使西方国家在战争中取胜，也只能得到两败俱伤的结果。其二，在占领他国或地区期间，尽管西方列强可以从殖民地半殖民地国家攫取大量经济资源来支持本国经济发展并改善本国生活水平，但有压迫就有反抗，西方列强抑制这些反抗斗争需要付出巨大的人力物力代价，一旦各种镇压措施失控，或殖民地国家人民揭竿而起，侵略者被驱逐，对西方

---

① 马克思：《资本论》第一卷，人民出版社 1975 年版，第 782 页。
② 同上书，第 783 页。

国家来说，就将面临得不偿失的严重结果。其三，军事占领可得一时之利（它也许可以延续几百年），但终究不能持久。正所谓"得土地易，得人心难"。对单一西方列强国家而言，全球配置资源能力的扩展将随着殖民地国家的独立而减弱乃至丧失。显然，以军事暴力机制为支撑的全球经济资源配置状况难以持久，并非最佳选择。这也是引致"二战"后70年间西方国家调整全球经济资源配置机制的一个基本原因（尽管在某些地区和国家，它们还在屡屡挑起事端，展示军事实力的存在）。

第二，以国际市场价格差异为重要机制。"二战"后，在殖民地国家和地区独立的背景下，西方国家转而选择了通过控制或垄断国际市场的机制来扩展它们的全球经济资源配置能力，即以低廉价格从发展中国家或地区获取农产品和初级产品，再以高昂价格向这些国家或地区输出工业品或高端产品，以此获得巨量超额利润，盘剥发展中国家。与军事暴力机制相比，这种价格方式较容易为发展中国家所接受，运作成本较低且收益颇丰。仅仅依靠国际贸易机制，虽然可能影响到发展中国家的市场供求和经济走势，但它不容易形成对发展中国家的经济、社会和政治等方面的控制，因此，这一机制虽然为西方跨国公司等国际机构广泛采用，但西方国家政府的举措常常超出这一范畴。

第三，以资本输出为重要机制。资本主义以资本为基础和本质。对西方国家来说，资本输出早已有之。在19世纪后期，就有着通过借贷资本输出和生产资本输出，"从一头牛上剥下两张皮"之说。近70年，借助新兴经济体和发展中国家在推进经济发展中资本严重短缺的现实，西方国家更大大加速了资本输出的步伐。直接资本输出的一般方式包括直接投资和资本借贷等，但在具体操作中它的形式多种多样，既有股权投资、专利折股投资、商誉折股投资等方式，也有项目融资、BOT、PPP等方式，还有三来一补、金融市场投资、股权投资与借款相结合、资本合作等方式。与贸易方式相比，运用资本输出方式，在客观上既有利于支持发展中国家经济发展，提高被投资国家或地区的就业水平（从而提高劳动者收入水平），又有利于绕开贸易壁垒的限制，扩展在被投资国或地区的市场份额，还有利于实现投资国影响或控制被投资国家或地区相关经济运作的意愿。在通过股权、专利和合作等方式控制了被投资国家的重要工业和科技产业的背景下，西方国家可以利用这些机制，使得新兴经济体和发展中国家的经济政策、社会发展乃至政治倾向受到它们意图的影响和控制。在这些投资过程中，西方国家不仅通过与国际贸易上的优势相结合，获得了在其本国难以得到的高额利润，而且通过附加一系列非经济要求作为投资的先决条件，获得了仅以国际贸易方式所得不到的政治、文化、外交和社会方面的特殊权利和地位。

第四，以金融市场运作为重要机制。20 世纪 70 年代以后，随着布雷顿森林体系的瓦解，金融市场在国际经济中的地位快速提高，汇价、利率、股价和大宗商品价格等成为决定国际资本流动的主要机制，因此，通过金融市场投资运作进入新兴经济体和发展中国家并以此影响发展中国家经济社会发展，成为西方国家国际经济战略的一个主要选择。在国际金融市场投资运作中，西方国家既可以通过影响国际汇价走势来影响他国或地区的货币政策、财政政策和对外政策等，也可以通过影响各种金融产品的国际价格来影响他国或地区金融市场走势和金融政策选择，还可以通过国际间的公司并购、资产重组等路径展开股权投资和债权输出。几个突出的实例是，1997 年亚洲金融危机期间，西方国家通过国际货币基金组织机制，以救助为由，迫使东南亚国家中的受援国和韩国等接受西方国家的价值理念并开放股权投资及资本市场；在 2008 年全球金融危机期间，通过国际金融的救援机制，西方国家又使其价值理念深入到了匈牙利、乌克兰等国。

从这些特点中不难看出，全球经济资源配置的西方模式有着多种多样的机制，是一个复合的系统。将"二战"前后的机制进行对比，一个突出的现象是，通过军事战争来提高全球经济资源配置能力的机制减弱了，而通过经济机制来增强全球经济资源配置能力成为西方国家的主要选择。列宁在《帝国主义是资本主义的最高阶段》一书中曾经指出，世界领土被帝国主义列强瓜分完毕，为了根据实力对比的变化重新瓜分领土，动用军事战争是帝国主义列强的一个必然选择①。然而时过境迁，通过"二战"，各个帝国主义列强已经认识到，通过以军事战争占领他国或地区领土的机制来瓜分全球经济资源配置权利，是一个经济社会代价和人类生命代价都极

---

① 参见《列宁选集》第二卷，人民出版社 1960 年版，第 782—807 页。

为高昂的选项，因此，它们虽然不时地还在挑起局部范围内的小规模战争，但主要注意力已转向经济机制方面。在此背景下，各个帝国主义列强瓜分世界领土的争斗就转变为运用经济机制争夺全球经济资源配置能力的争斗。

二 全球经济资源配置之中国面对的挑战

从经济学角度看，提高全球经济资源配置能力主要可依据三个理论：一是自然资源禀赋学说。由于任何一个国家或地区都不拥有满足其经济社会发展所需要的全部自然资源（包括品种、品位、数量和开采成本等），这在客观上就要求相关国家和地区之间互通有无。但这种互通自然资源的有无受到主权关系之间的和谐程度、国家或地区的经济规模大小、经济发展水平高低、资源价格机制和货币支付能力等一系列因素的制约。二是国际间分工协作学说。由于各个国家和地区之间的自然资源禀赋相对优势、科学技术发展水平、经济结构特点、拥有的知识产权特点和数量、经济社会需求特点等诸多方面存在着较大差别，所以，在发挥各自经济相对优势的基础上，可以使得参加国际分工协作的国家和地区获得较高的比较利益。但是，这种国际间的分工协作建立在相关国家和地区的科学技术发展水平大致接近、不侵害主权利益、市场平等竞争等一系列假定基础上，在现实中，尤其是在发达国家与发展中国家的主权关系和经济社会发展水平中，这些假定条件并不完全成立。三是资本竞争学说。其中，"资本"强调的是资本的力量、规模、流动和效应，"竞争"强调的是市场机制、适者生存、优胜劣汰和胜者为王，将二者结合，就是强调各种国际经济关系应建立在资本关系基础上，由国际市场竞争中的胜者决定全球经济资源配置和拥有全球经济资源配置能力。但这种资本竞争的平等性建立在各个国家和地区的资本实力相当且与资本对应的生产能力、劳动力技能和科学技术水平大致相同等一系列假设条件基础上，显然，它忽视了各个国家和地区的经济主权要求、发展水平差别以及文化、历史等差异性。另外，这种资本竞争强调"效率"决定一切，忽视了经济社会发展中"公平"也是不可轻视的决定性因素。在当今国际经济关系中，这种全球经济资源配置的资本竞争学说由于符合西方国家价值理念和发展要求而成为它们制定国际经济规则的主要理论依据，与此对应，它也成为西方国家大肆宣传和尽力推行的国际经济理念。

1978 年末，中国迈出了改革开放的步伐，在此背景下，国民经济取得了令国际社会瞩目的高速发展。2010 年，中国的名义 GDP 达到 58786 亿美元，超过了日本的 54742 亿美元，成为世界各国和地区中的第二位；2014 年，中国的名义 GDP 总量达到 636463 亿元，按当期人民币与美元的汇率折算，突破 10 万亿美元大关。但要保障经济增长率在中高位区间的可持续发展，中国还面临着一系列严峻的挑战：

第一，人均自然资源匮乏。中国人口众多，人均自然资源占有数量与世界平均水平有着很大的差距。中国人均占有资源与世界人均水平相比，在煤炭方面为 60%、耕地为 39.5%、淡水为 25%、原油为 11%、天然气为 4.5%、森林蓄积量为 13%；在 45 种重要战略性资源中，中国有 10 种短缺，9 种严重短缺。如此等等，不一而足。在自然资源匮乏的条件下，如果仅仅囿于境内自然资源约束来发展国民经济，中国经济增速势必将呈持续下行之势。

第二，外贸对经济增长的贡献率降低。从图 1 中可见，2005—2008 年这 4 年间，经常项下的货物贸易和服务净出口对中国 GDP 增长率的贡献度为正数，其中，2005—2007 年这 3 年间这一贡献率均在 10% 以上；在 2009—2014 年这 6 年间，虽然 2012 年和 2014 的两年间经常项对经济增长的贡献度依然为正数，但贡献率仅为 1.3%，与此相比，2009 年的贡献率大幅下滑到 -44.8%、2010 年贡献率为 -12.9%，由此决定了这一期间经常项下的货物贸易和服务净出口对中国 GDP 增长率的贡献为负数。2015 年前 7 个月，中国进出口总值 22244.47 亿美元，同比增长率为 -7.2%。这既反映了 2008 年美国金融危机所引致的全球经济疲软以及各国和地区需求增长乏力给中国经济增长带来的负面影响，也反映了全球贸易和服务竞争加剧以及国际贸易条件趋于恶化，给中国经济可持续增长带来的新挑战。

进入 21 世纪以来，中国对外贸易的快速增长得益于 2001 年底加入世贸组织所带来的改革开放红利。但鉴于对世贸组织的操控已越来越难，近年来，美国以跨太平洋战略经济伙伴关系协议（TPP）和跨大西洋贸易与投资伙伴协议（TTIP）为抓手，试图建立新的国际贸易、服务和投资的规

则，抑制中国的相关对外经济活动进一步展开。这些协议涵盖的内容包括
农业、劳工、环境、政府采购、金融服务、投资、知识产权保护、货物贸
易和服务贸易、原产地标准、保障措施、技术性贸易壁垒、降低关税和简
化通关手续、卫生和植物卫生措施、透明度和文本整合等众多方面，将打
破已有的世贸组织模式，形成无例外的综合性自由贸易新格局。TPP 和
TTIP 已明显成为美国主导国际经济合作（尤其是亚太地区经济合作）的新
模式，其中的制度安排、规则制定和机制建设等主要取决于美国的取向和
相应政策选择。几年来，尽管由于相关国家各自利益要求和具体国情差别
甚大，相关条款的形成还存有争议（甚至是实质性争议），TPP 和 TTIP 的
谈判并不顺利。但是，一方面这些谈判还是取得了重要进展，相关条款正
在完善进程中；另一方面这些协议的谈判都将中国置于对象国之外，既有
着孤立中国的色彩，也有着抑制中国崛起的效应。这实际上意味着，一旦
这些协议形成，中国将处于由美国主导的国际经济合作主流之外，被边缘
化了，中国的对外贸易条件也将更加恶化。

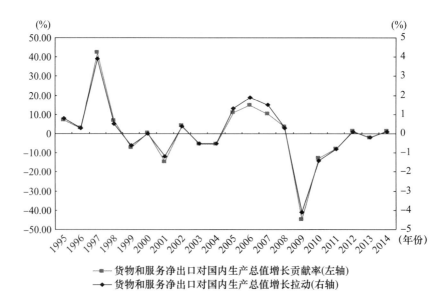

图1 经常项对中国 GDP 增长率的影响程度

资料来源：国家统计局网站。

　　与美国主导的 TPP 和 TTIP 相左，中国正在积极推动与各国双边自由贸易协定的签署，已与东盟、巴基斯坦、新加坡、智利、新西兰、秘鲁、瑞士、韩国和澳大利亚等 20 多个国家和地区签署了自由贸易协定，正在与俄罗斯、白俄罗斯、印度、冰岛、挪威、斯里兰卡、南部非洲关税同盟、海湾合作委员会等 10 多个国家和国际组织进行自贸区谈判。这些双边自由贸易协定的推进，有利于形成互利互惠的共赢效应，同时又不影响第三方利益，可以有效避免不必要的贸易冲突。但在规则的统一性、协议涵盖内容、协议各方的经济实力和对全球经济的影响力等方面，与 TPP 和 TTIP 相比，中国推动的双边自由贸易协定也还有不小的差距。如果缺乏足够的配套机制支持，一旦 TPP 和 TTIP 形成气候，中国推动的双边自由贸易协定效应就可能处于弱势。

　　第三，国际投资严重不足。从表 1 中可见，1995—2014 年这 20 年，中国外汇储备资产余额的变化有着三方面特点：其一，外汇储备资产快速增加。从 1995 年的 735.97 亿美元增加到 2014 年的 38430.18 亿美元，增加了 51.22 倍。在世界各国和地区的同期对比中，属于增长最快的国家。这从一个侧面反映了中国改革开放过程中经济发展的成就。其二，每年外汇储备资产的增加额经历了从少到多再从多到少的转变过程。2003 年之前，每年外汇储备资产的增加额在百亿美元范围内，其中最多的是 2002 年742.42 亿美元；2003—2013 年这 11 年，每年外汇储备资产的增加额则突破了千亿美元，其中最多的是 2013 年的 5097.26 亿美元；2014 年，每年新增外汇储备资产的数额又减少到了百亿美元，即 217.03 亿美元。其三，外汇储备资产增长率波动较大。1995—2013 年这 19 年，外汇储备资产增长率大致在 2 位数区间运行（其中最高的是 2004 年的 51.25%），但 2014 年急速降低到了 0.56%，它标志着中国将告别外汇储备资产快速增长的阶段。

　　外汇储备资产的增加，从外汇来源角度看，既是货物贸易顺差增加和引进外资增加的结果，又是中国境内企业在海外发行股票、债券和其他金融产品的结果，它反映了中国货物贸易产品的国际竞争力提高、国内投资环境改善和中国企业股权国际化程度提高等。但从外汇资产的使用角度看，则反映了中国的全球经济资源配置能力并没有随着外汇资产流入的增加而相应地提高。

表1　　　　　　　　　　　　中国外汇储备资产　　　　　　单位：亿美元，%

年份	外汇储备资产余额	当年增加额	增长率
1995	735.97	174.77	42.57
1996	1050.29	314.32	42.70
1997	1398.90	348.61	33.19
1998	1449.59	50.69	3.62
1999	1546.75	97.16	6.70
2000	1655.74	108.99	7.04
2001	2121.65	465.91	28.13
2002	2864.07	742.42	34.99
2003	4032.51	1168.44	40.79
2004	6099.32	2066.81	51.25
2005	8188.72	2089.40	34.25
2006	10663.40	2474.68	30.22
2007	15282.49	4619.09	43.31
2008	19460.30	4177.81	27.33
2009	23991.52	4531.22	23.28
2010	28473.38	4481.86	18.68
2011	31811.48	3338.10	11.72
2012	33115.89	1304.41	4.10
2013	38213.15	5097.26	15.39
2014	38430.18	217.03	0.56

资料来源：根据国家统计局网站和国家外汇管理局网站数据整理。

一个需要特别关注的现象是，从表2看，2004—2013年这10年间，中国的国际投资净头寸处于快速增加进程中，数额从2764亿美元增加到了19960亿美元，增长了6.22倍；但与此同时，中国的对外直接投资数额仅从527亿美元增加到了6605亿美元，远小于国际投资净头寸的增加量。海外直接投资是一国或地区在全球配置经济资源能力高低的一个主要指标，中国在这方面的进展缓慢，与全球第二大经济体应发挥的国际作用很不相称。另外，在这个过程中，中国巨额外汇储备资产通过购买美国国债等方式，交付给了美国等西方国家，增强了它们的全球经济资源配置能力，形成了中国出口产品→获得贸易顺差→外汇用于购买美国国债等证券→美国等发达国家获得资金→美国等发达国家增大对外直接投资（即提高在全球配置经济资源的能力）→中国获得外商投资→由外商引致的中国出口能力增强的循环。从表 2 中可见，2004—2014 年这 11 年间，负债方的外商直接投资数额从 3690 亿美元增加到了 26779 亿美元（增长了 6.26 倍），新增数额大大高于中国对外的直接投资。在货币电子化的国际经济中，外汇储备资产已不可能再以黄金等方式存放于央行库内，中国 38993 亿美元的外汇储备只能以各种方式购买美国等西方国家的金融产品为基本载体，由此形成了一个有利于提高美国等西方国家在全球配置经济资源能力的循环。在这种循环中，美国等发达国家既获得了货物贸易的各种产品，又通过出售国债等金融产品获得了资金，还通过将这些外汇资金直接投资于中国实体产业获得了资源配置的支配权和利润水平的提高。与此对比，中国只获得了一个名义上的"外汇储备资产"数额，缺乏最基本的经济实惠。

表 2　　　　　　　　　　中国国际投资头寸表　　　　　　单位：亿美元

项目	2004	2005	2006	2007	2008	2009	2010	2011	2012	2013	2014
净头寸	2764	4077	6402	11881	14938	14905	16880	16884	18665	19960	17764
资产	9291	12233	16905	24162	29567	34369	41189	47345	52132	59861	64087
1. 直接投资	527	645	906	1160	1857	2458	3172	4248	5319	6605	7443
2. 证券投资	920	1167	2652	2846	2525	2428	2571	2044	2406	2585	2625
2.1　股权	0	0	15	196	214	546	630	864	1298	1530	1613
2.2　债券	920	1167	2637	2650	2311	1882	1941	1180	1108	1055	1012
3. 金融衍生工具	—	—	—	—	—	—	—	—	—	—	—
4. 其他投资	1658	2164	2539	4683	5523	4952	6304	8495	10527	11867	15026
5. 储备资产	6186	8257	10808	15473	19662	24532	29142	32558	33879	38804	38993
负债	6527	8156	10503	12281	14629	19464	24308	30461	33467	39901	46323
1. 直接投资	3690	4715	6144	7037	9155	13148	15696	19069	20680	23312	26779
2. 证券投资	566	766	1207	1466	1677	1900	2239	2485	3361	3865	5143
2.1　股权	433	636	1065	1290	1505	1748	2061	2114	2619	2977	3693
2.2　债券	133	130	142	176	172	152	178	371	742	889	1449
3. 金融衍生工具	—	—	—	—	—	—	—	—	—	—	—
4. 其他投资	2271	2675	3152	3778	3796	4416	6373	8907	9426	12724	14402

资料来源：国家外汇管理局网站。

从图 2 中可见，1998—2013 年这 16 年间，尽管美国的国际投资净头寸长期为负，且数额从 1998 年的 -8583.63 亿美元增加到了 2013 年的 -45775.04亿美元，但美国对外直接投资所形成的海外资产不仅没有减少，反而一直快速增加。1998 年美国海外投资资产为 50955.46 亿美元，到 2013 年已达 219637.63 亿美元，增加了 3.31 倍。按理说，在国际投资净头寸长期为负数的情况下，由于缺乏对外投资的资金，美国的海外投资资产难以增加。但中国等诸多国家将外汇储备资产用于购买美国国债及其他证券①反而帮助美国增加了海外投产。美国海外资产的持续增加，表明了美国在全球配置资源的能力处于持续增强的态势。

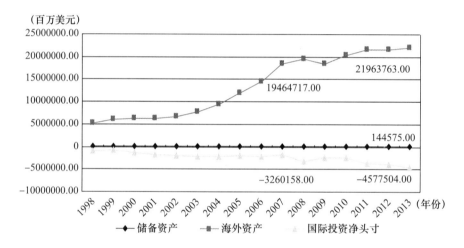

图 2　美国的国际投资走势（1998—2013 年）

资料来源：Wind 资讯。

图 3 描述了 1976—2013 年这 38 年间美国对外投资中在股权（或股票，下同）和公司债券等方面投资的走势，从中可以看到两个主要特点：其一，2000 年之前，美国海外投资中股权投资和公司债券投资的增加相对平稳，其中，"持有外国企业的债券"数额从 1976 年的 119.64 亿美元增加到了

---

①　在一国范围内，国债本应由本国企业和居民购买，这将导致这些企业的海外投资能力降低。美国的国债大部分由其他国家的央行等购买，使得美国企业能够腾出资金运用于海外投资，因此，它们之间存在着置换效应。

1999 年的 8251.75 亿美元，"持有外国公司的股票"数额从 1976 年的 429.49 亿美元增加到了 1999 年的 15261.16 亿美元，但 2000 年以后，这二者的数额都快速增加，到 2013 年分别已达 30595.90 亿美元和 49753.30 亿美元。其二，在二者对比中，美国的海外投资更侧重于持有外国公司的股权。一个内在机理是，股权是持久的，在长期运作中股权收益高于公司债券收益。但更重要的是，持有股权就持有了相关股份公司（或有限责任公司）的资源配置权利，也就在相应程度上拥有了股权所在国内的经济资源配置权利。需要特别指出的是，2008 年金融危机之后，美国海外投资中的股权投资急速增加，从 2008 年的 18505.55 亿美元增加到了 2013 年的 49753.30 亿美元，短短 5 年左右时间内增加了 31247.75 亿美元，增长了 1.69 倍。与美国相比，从表 2 中可见，中国在 2008—2013 年对外直接投资的数额仅从 1857 亿美元增加到 6605 亿美元，仅增加了 4748 亿美元，中国配置全球经济资源能力处于相对地位降低的趋势之中。

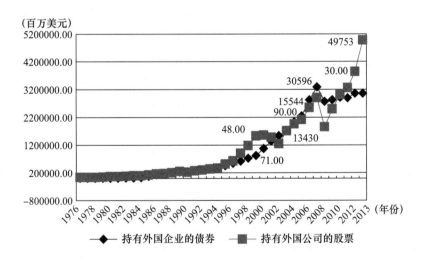

图 3　美国对外投资中的股权和债券走势

资料来源：Wind 资讯。

　　中国超过日本成为全球第二大经济体已经过去 5 年了。就名义 GDP 而言，2014 年日本不足 5 万亿美元，仅为中国的一半不到。但就全球经济资源配置能力而言，中国与日本相比还有不小差距。从图 4 中可见，到 2015

年 3 月，日本的海外各项投资已达 7487880 亿日元，如果按照 120 日元兑 1
美元计算，则日本的海外投资数额达到 62399 亿美元，远大于表 2 中所反
映的中国对外投资数额。另外，日本的对外投资有着快速增长的势头。从
图 4 中可见，2003 年日本的海外投资数额仅为 3129300 亿日元（其中，直
接投资为 359320 亿日元，证券投资为 1843530 亿日元，其他投资为
926450 亿日元），但到 2015 年 3 月就新增了 4358580 亿日元，增长了近
1.4 倍。在这些海外投资中，增长最快的是直接投资。到 2015 年 3 月，直
接投资数额已达 1439910 亿日元（远大于表 2 中的中国对外"直接投资"
的数额和 2003—2014 年的增加数），与 2003 年底相比，增长了 3 倍以上。
这反映了在这段时间内日本全球经济资源配置能力的提高。与在全球其他
地区的直接投资相比，日本的海外直接投资更多集中于亚洲地区（尤其是
东南亚地区）。借助于投资项目多、数额大和投资历史长等优势，日本成为
中国在亚洲展开海外直接投资的一个强大竞争对手。据美国迪罗基公司的
数据，2005 年以来的 10 年间，日本公司并购的海外企业达到了 5000 多家，
仅 2014 年就花费了 534 亿美元；在这 10 年间，日本公司用于并购美国公
司的资金超过了并购排在美国之后的 19 个国家所有公司的资金总和[①]。

　　综上所述不难看出，中国虽然是最大的外汇储备国和债权国，但海外
投资数额与美国、日本相比有着很大的差距，这决定了中国的全球经济资
源配置能力明显低于美国和日本，如果这种状况在发展中难以充分调整，
则中国在国际舞台上的地位和作用将受到严重挑战。

　　第四，破解特里芬难题缺乏有效机制。美国经济学家罗伯特·特里芬
1960 年在《黄金与美元危机——自由兑换的未来》一书中提出，在美元成
为国际主要结算与储备货币的条件下，美国经济将处于两难选择之中，即
美元要作为主要的国际货币流出美国，美国就必然出现长期贸易逆差，但
长期贸易逆差必然引致美元贬值，而长期贬值的货币是不适宜作为国际货
币的。换句话说，国际货币的币值稳定在客观上要求国际货币发行国处于
长期贸易顺差，但长期贸易顺差则意味着该国货币难以流入国际市场，不
可能成为主要的国际结算和储备货币。这两个逻辑是相互矛盾的，因此形

---

① 参见《日本公司日均吞并一外企》，《参考消息》2015 年 7 月 27 日。

成了悖论。在贸易项破解不了特里芬难题的背景下，一些人试图通过资本项来破解这一难题。从资本项看大致有三个路径，即私人资本输出、政府资本输出和金融投资。但这三个路径与贸易项相差无几。

其一，从私人资本输出来看，它是国际货币流入国际市场的一个重要路径。私人资本输出带动着货币流入国际市场，由此，即便在贸易顺差条件下，由于流出的私人资本数额大于贸易顺差数额，依然可以发生国际收支表中的赤字（这表明该国货币净流出）。就此而言，私人资本输出确实是破解特里芬难题的一个机制。但这一机制效应在时间上是有限的。从长期看，私人资本输出引致了资本输入国的生产能力提高（即便暂不考虑它降低了资本输出国的生产能力和产品出口能力），不仅使得后者对资本输出国的产品需求减少，而且可能提高它对资本输出国的产品出口能力；随着私人资本输出的增加，这种情形持续加重，在引致资本输出国的贸易顺差减少的基础上可能出现贸易逆差。这又回到了特里芬难题之中。

其二，从政府资本输出看，通过政府间的贷款、购买他国政府债券和无偿援助等方式，可以将一国的货币输出到另一国家。如果政府资本输出用于直接的商业性投资，它的后期效应与私人资本输出相仿，因此，需要假定政府资本输出不是用于商业性投资以扩展资本输入国的生产能力，而是用于增加资本输入国的公共项目投资和公共福利。在此条件下，的确有助于破解特里芬难题中的货币供给问题，但依然存在三个有待破解的难题：一是由政府资本输出所供给的国际货币在各国的配置、数量和时间连续性等方面能否满足各种国际经济活动的需要？这种货币供给方式是否可持续？二是资本输入国在生产能力不提高的条件下，如何保障资本输入国的债务清偿？一旦不能如期清偿，是否将引致资本输入国的主权债务危机？而资本输出国政府又用什么机制来化解此类危机？三是通过无偿援助方式提供的国际货币在各国配置、规模、连续性等方面是否具有可持续性？2010 年以后，希腊主权债务危机已对此做出了实践性的回答。

其三，从金融项看，国际货币发行国的各类经营性机构通过购买资本输入国的各类金融产品（如公司债券、政府债券、股票及其他金融产品），可以将货币输到需要国际货币的国家和地区，但其后期效应与私人资本输出大致相同。

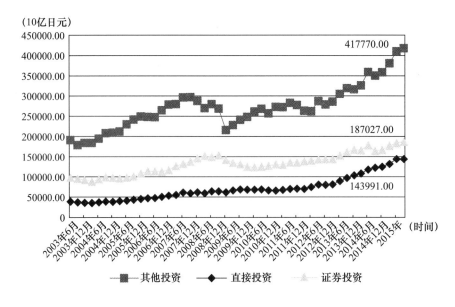

（10亿日元）

图4　日本海外投资结构和走势

资料来源：Wind资讯。

不难看出，在已有的国际收支表范围内和已有的国际经济活动范畴内，要破解特里芬难题几乎是不可能的。不仅如此，如果将国际收支表中反映的开放型经济中内外经济交互运行的机理和美国国际收支表中反映出的趋势性变化，运用于中国开放型经济推进中的人民币国际化效应分析，那么对中国境内经济发展而言，至少将有三方面情形发生严重逆转：其一，对外贸易由长期顺差转为长期逆差。贸易顺差是支持中国经济发展的一个重要基础。但如果人民币要进入国际市场成为具有重要影响力的国际货币，贸易逆差就成为一个必须考虑的选项。在贸易逆差之下，中国国内将出现大量的产能过剩、职工下岗并出现居民收入降低的趋势，可能形成中国经济发展与贸易逆差之间的矛盾。其二，储蓄率由长期高位运行逆转为长期低位运行。中国储蓄率长期位于40％以上，2014年更是达到了48.8％。根据GDP的恒等式"消费＋储蓄＝消费＋投资＋贸易顺差"的原理，既然贸易逆差转为常态现象发生，那么，恒等式就将由原先的"消费＋储蓄＝消费＋投资＋贸易顺差"转变为"消费＋储蓄＋贸易逆差＝消费＋投资"。随着不断扩大的国际贸易额对人民币的需求量增大，中国的储蓄缺口将长期存在，这意味着中国经济的自给自足能力将持续降低，经济的可持续发展将面临严重挑战。其三，中国将从长期债权国逆转为长期债务国。流出国门的人民币直接相当于中国对他国和地区的负债。为了对冲长期贸易逆差，不仅国内居民的负债消费需要扩大，而且政府部门的负债消费也需要扩大，由此，从国家资产负债表看，中国将转变为高负债国。另外，为了满足海外人民币资金投资于中国金融市场的需求（人民币回流的一个主要通道），各种金融产品的超规模发行和交易也是必然的，但由于实体经济部门有着空心化的趋势，难以有效支撑这些金融产品的长期发展，所以，中国在高负债的情况下很容易陷入类似 2008 年美国金融危机一样的境况。

中国经济发展中面临的上述各种挑战绝非无破解之策。"一带一路"战略的实施在破解这些难题方面有着超出已有理论和实践认识的积极效应。

三   全球经济资源配置之中国新突破

基础设施是一个复杂庞大的系统，它不仅包括交通运输（如铁路、公路、桥梁、海路和航空等）中的一系列设施，也不仅包括油气管道、输电线路、通信网络、水利、城市供排水供气、城市绿化、环境保护等设施，而且包含医院、学校、文化和体育等设施；从功能上讲，它是保障一国或地区居民、企业和政府等主体活动的公共服务系统，是社会各项活动正常运转的物质基础。毋庸赘述，基础设施的规模、水平和功能状况直接制约着一国或地区的经济社会生活质量、运作效率和发展水平。在现代社会中，经济越发展，居民生活水平越提高，对基础设施状况的要求也就越高。但是，基础设施建设往往有着投资大、工期长和经济收益低等特点，在财政资金吃紧的条件下，要持续性进行基础设施投资，是非常困难的，因此，亚洲乃至世界上许多国家和地区既苦于基础设施落后，难以满足经济社会发展需求，又苦于缺乏足够的建设资金来推进基础设施完善，更苦于由此导致的经济社会生活（甚至政局）不稳定。在此条件下，它们有着改善基础设施状况、保障社会经济发展的迫切需求。"一带一路"战略的实施以基础设施建设为抓手，满足了相关国家和地区的内在要求，因此，容易得到它们的积极响应和有效支持。

与传统的国际贸易相比,"一带一路"所开展的基础设施建设投资有着三方面特点:第一,基础设施投资既带有固定资产投资的特点又有着带动对外贸易和国际经济合作的功能。"一带一路"在相关国家和地区范围内展开基础设施建设过程中,由于投资建设地区常常不能提供建设所需的全部建材、设备和工程建设团队,为了保障工期推进和工程质量,需要从海外进口和引入建设条件,由此使得这些基础设施建设具有了带动国际贸易和国际经济合作的效能。第二,基础设施建设具有不动产投资的功能。与生产性投资建设工业企业相比,一方面,基础设施工程建设根据工程特性需要各种复杂的建材、技术、设备和其他物资;另一方面,建设完毕后并不直接形成工业品的生产能力,以至提高相关国家和地区的工业生产能力。这些基础设施建设工程竣工后,提高的是公共服务能力,因此,在多数情况下并不直接提高相关国家和地区的出口能力。第三,基础设施建设既具有经济建设的性质又具有民生工程建设的性质,它在提高相关国家和地区经济发展水平的同时,提高了它们的社会福祉水平,增强了它们的医疗卫生、教育事业和文化发展的能力,因此,对经济社会发展的持续性影响力远远超过了国际经济中一般的货物贸易。这些特点决定了,中国推进的"一带一路"战略将突破传统的国际贸易框架和生产性投资机制,既有利于推进中国对外贸易的扩展,改善中国的对外贸易条件,摆脱美国主导的TPP 和 TTIP 围堵,提高中国通过外贸机制对全球经济复苏的贡献率,也有利于形成投资与贸易相连的国际经济发展新机制,还有利于提高相关国家和地区的经济社会福祉。

与传统的国际生产资本输出相比,"一带一路"所展开的基础设施投资有着三方面特点:第一,投资项目是一般国际资本所不选择的但对受援国又具有战略性意义的工程。为投资特点所决定,在一般的国际资本投资中,各种铁路、公路、桥梁、海路和航空等交通运输条件通常不作为主要选项;但在"一带一路"投资中,它们却作为投资的主要对象,由此,规避了特里芬难题中生产性投资引致受援国生产能力增强和出口能力扩大从而进一步引致投资输出国贸易逆差的逻辑难题。第二,运用多边投资机制替代单边投资机制。一方面,基础设施建设需要巨额投资。未来 10 年左右时间内，"一带一路"沿线国家和地区基础设施投资的总规模可能达到数万亿美元之巨。如此大的投资规模，仅靠一个国家（或少数几个国家）和地区来承担是远远不够的，为此，运用多边机制，动员亚洲地区乃至全球尽可能多的国家和地区参加到"一带一路"的投资活动中就成为必然选择。亚洲基础设施投资银行（简称亚投行）的设立和运作中贯彻的就是这种机制。另一方面，"一带一路"沿线各国和地区在经济、政治、文化、法律、人文和历史等方面的差别甚大，仅靠投资国与被投资国之间的双边机制，在相当多场合下，有着诸多不便和风险。例如，被投资国政局一旦发生动荡，投资国的前期投资就可能面临严重损失的风险。运用多边机制展开投资，不仅可能更加充分公平地评估这些风险，而且有利于被投资国在政治、经济、社会和人文等方面更加充分地考虑国际影响程度从而尽力维护多边投资的权益。第三，在双边机制条件下，借助被投资国对引进投资的热望，投资国很容易将自己各种经济和非经济的意图强加于被投资国，形成不平等的合约，同时，也给后期的运作留下隐患。在多边机制条件下，由于各种投资条件是经过多边磨合而形成的，反映着多边各方的共识和权益，所以，它更具有国际共识和国际规则方面的代表性，易于为被投资国所接受，后期隐患也较少。

与前些年中国企业单兵出海相比，"一带一路"所展开的"走出去"战略有着三方面特点：第一，中国企业的单兵出海缺乏对被投资国的法律、财务、人文、政治和语言等方面认识综合系统的共享平台，仅靠自己的力量，不仅成本过高，而且旷日持久。"一带一路"以众多企业抱团出海为架构，又借助多边机制，能够在这些方面形成效率较高、成本较低的群体效应。第二，中国企业的单兵出海在相当长时间内只能形成各种"点状"效应，很难有外部经济支撑，必然影响到内部经济效率。"一带一路"在抱团出海的背景下，可以形成抱团取暖效应，不仅有利于相互形成外部经济以促进内部经济效率提高，而且在互联互通机制的推进下，有利于相互协调相互推进市场开拓。第三，中国企业的单兵出海，在多数场合容易形成单兵独斗格局，不容易形成与被投资国企业之间的利益共享和合作共赢机制。但"一带一路"通过多边机制，将被投资国自身纳入了投资者范畴之内，容易形成利益共同体，同时，随着"一带一路"投资项目向沿线各国和地区的延伸，这种利益共同体也将扩展到他国和地区，形成长久的合作共赢前景。

与传统资本输出中的金融运作相比，"一带一路"实施过程中的金融支持有着三方面特点：第一，在以往的资本输出中，实体企业的资本"走出去"主要运用自有资金和位于本国的金融机构借贷等金融服务，有着投资规模较小、金融机制较少和金融服务不充分等缺陷。与此不同，"一带一路"借助亚投行、丝路基金等机制，能够同时为众多"走出去"的实体企业提供具有国际水准的综合金融服务，使得实体企业得到的金融支持更加及时充分。第二，在以往的资本输出中，"走出去"的实体企业可以争取被投资国的金融服务，但这种金融服务大多是"一对一"的"点式"格局，各家实体企业之间互不相连，很难形成金融服务的群体效应。与此相比，"一带一路"的金融服务面对抱团出海的众多实体企业，不仅可以形成"线式"格局，而且可以形成"面式"格局，使各家实体企业连成一片；不仅服务于中资企业，而且可以服务于外商企业，由此，容易形成片状立体的综合金融服务格局，有效支持各家相关企业的总体金融服务态势。第三，在以往的资本输出中实体企业所能得到的金融服务局限于金融机构已有的产品、机制和项目等，很难根据自己的特殊情况要求金融机构提供个性化的创新服务。与此不同，"一带一路"的金融机制是一个创新过程，根据实体企业的发展要求，创新金融产品、金融机制和金融项目是其中应有的内容，因此，在服务于众多实体企业过程中，金融服务创新也将持续展开，使得实体企业的各种特殊要求能够得到尽可能的满足（这同时也是创新国际金融市场机制的过程）。

上述各项特点，决定了"一带一路"战略的实施，既有利于打破美国主导的 TPP 和 TTIP 对中国进入国际贸易、国际服务和国际投资等市场的围堵，在合作共赢、创造和谐世界等方面形成与霸权主义不同的国际经济新规则、新秩序，也有利于突破特里芬难题中资本输出国的悖论循环，使中国借助多边投资机制，充分发挥自己的优势，有效提高全球经济资源配置能力，闯出一条新的适合中国（也适合发展中国家）扩展对外经济活动的路径。

主要参考文献

［1］马克思：《资本论》第一卷，中译本，人民出版社 1975 年版。

［2］列宁：《帝国主义是资本主义的最高阶段》，《列宁选集》第二卷，人民出版社 1960 年版。

［3］习近平：《习近平谈治国理政》，外文出版社 2014 年版。

［4］袁新涛：《"一带一路"建设的国家战略分析》，《理论月刊》2014年11 期。

［5］邹磊：《中国"一带一路"战略的政治经济学》，上海人民出版社 2015 年版。

［6］王国刚：《"一带一路"：基于中国传统文化的国际经济理念创新》，《国际金融研究》2015 年 7 期。

［7］张洁主编：《中国周边安全形势评估：2015："一带一路"与周边战略》，社科文献出版社 2015 年版。

［8］刘劲松：《四个"IN"是一带一路题中应有之义》，《上海证券报》2015 年 6 月 2 日。

（原载《金融论坛》2015 年第 10 期）

后记　努力奋进地寻求学术之道

一　傻小子朦胧涉世

1971 年 4 月 19 日上午，一个傻小子在父母带领下登上了从福州开往漳平的普客列车，这是我第一次独自远离家门之旅。站台上，许多家庭在依依惜别。父亲专门从福州北峰的"走资派"学习班请假下山送我，母亲千叮咛万嘱咐，但我满怀对未来的憧憬和闯荡天下的冲动，并无留恋家庭的感觉，更无别家的泪水。10 点左右，列车缓缓启程，这个不足 15 岁半的傻小子从此迈上了参加"革命工作"的征程。一路上，我思绪万千、浮想联翩：

"恰同学少年，风华正茂"。1966 年 7 月，我读完小学 4 年级，"文化大革命"就开始了。游手好闲、惹是生非地虚度两年多后，在"复课闹革命"的统一安排之下，1969 年 4 月我们这些顽皮的孩子莫名其妙地就升学到了福州第 26 中学，就读于初一年级的四连一排。刚入学，就发生了中苏珍宝岛之战，在准备打仗的号召下，我们夜以继日地进行着挖防空洞和战壕的"劳动"。在随后的两年时间里，我们学习的主要课程是学工学农学军，到农村帮农民割麦子插秧以接受贫下中农再教育，到工厂帮助整理仓库货物、打扫垃圾以接受工人阶级再教育，由军人对我们进行队列训练以接受解放军再教育。其间也上了一些基础课，如工业基础知识（即"物理学"的一部分内容）、农业基础知识（即"化学"和"生物学"的一部分内容）、语文、数学、英语等。这些课程教得断断续续且不系统，我也很不专心。为了应付各门课的考试，给父母一个学习成绩的交代，我只得屡屡向学习成绩好的陈卫华、袁诚勇等同学靠近求助，他们给我很多帮助和照顾,一来二去,我们成了最亲密的肝胆朋友,被同学们戏称"三家村"。

记得,有一次在放学回家的路上,我与陈卫华、袁诚勇谈及今后要做什么时,我回答道:从事经济方面工作和研究,一切为民。他们问我"为什么",我说,有饭吃、有衣穿才能干其他事。实际上,是因为长期的苦日子使我对美好的生活有了一点内心的期盼。

当时,盛行着"读书无用论"思潮。我们时常可以发现有同学离校了。其原因是,在干部下放中有的同学随父母外迁他地了,有的同学"走后门"参加工作或从军了。1970年初,福建生产建设兵团成立,到我们学校招收兵团战士,一部分一连(即66级小学毕业生)的同学应征入伍(其中,相当多是我所认识的),我哥哥也在其中。这给了我很大刺激,弃学参加工作的念头油然而生。因此,屡屡恳求父母托关系给我找工作。但我并未意识到,我这一走,照顾父母的承担就落到了弟弟肩上。此后几十年,他为此不仅付出辛劳而且严重拖累了事业的发展。

火车行驶了近13个小时,当天半夜,我到达了漳平火车站。与几个同伴一起,就在火车站内熬夜耗时间,等待第二天一早8点的火车前往龙岩。4月20日中午,我们抵达龙岩,单位来人接我们进厂。路上,接我们的人向我们介绍了单位的名称是"福建生产建设兵团一师一团",代码"7071",对外称作"福建龙岩特钢厂"。

到了厂里,接待人员将我们领到报到处,交办了相关手续,先安排在新兵连,然后,就进了已安排好的宿舍。我住的房间不到20平方米,地上用砖块垫起了8张单人床板,供12个人住。安顿好后,我走出了宿舍,一种莫名的无助感油然而生,不由得一阵号啕大哭。我知道,从此之后,我将彻底脱离了对父母的各种依赖,一切只能靠自己努力奋斗了。这使我领悟到了一个简单道理:父母生下了我,但并没有生下我今后要走之路,人生之路还得靠自己去一步一步地走下去。

1971年4月21日,在新兵连的第一次集中会议上,部队领导的一席话令我思想深处第一次受到强烈冲击。他说:"你们现在已是工人阶级一分子了。工人阶级是最先进的阶级,是领导阶级。你们今后是要去教育和带领其他阶级的,所以,要努力学习,使自己成为工人阶级中的先进分子。"这就把我搞糊涂了。几天前,我还是个学生,屡屡听到的是"接受工人阶级再教育"的训导;如今,我当上了工人,就成为教育他人的人。可是,我还是我,不论是思想觉悟、知识水平还是动手能力都没有发生什么变化。尽管如此,有一点我是清楚了,必须认认真真学习理论知识,争取当一名工人阶级队伍中的先进分子。

1971 年 5 月 18 日,我离开了新兵连,被分配到机修营(即机修车间)当上了一名钳工。在此后的 6 年多时间里,我先后从事了文书、考勤员、统计员、炉前工、电气焊工和炊事班班长等工作,被借调到厂部参加专案组、调查组等工作,担任了工人理论队伍的负责人和厂办学校的辅导员。

由于"争当工人阶级的先进分子"已深深地印在了我的脑海里,成为生活工作的动力和目标,所以,我一边工作一边抓紧一切可能的时间读书学习。苏联作家尼古拉·奥斯特洛夫斯基在《钢铁是怎样炼成的》一书中写过一段话:"人最宝贵的东西是生命,生命对于我们只有一次。一个人的生命应当这样度过:当他回忆往事的时候,他不因虚度年华而悔恨,也不因碌碌无为而羞愧。"这段话给了我极大的启发。鲁迅曾说:"哪里有天才,我是把别人喝咖啡的时间都用在写作上了。"这使我明白了时间的珍贵,应把他人聊天的时间用于学习。

在"文化大革命"期间,众多书籍被打上"封、资、修"的印记而列入禁书范畴,我只能找到《毛泽东选集》和《共产党宣言》《反杜林论》《国家与革命》等马列主义著作,所以,最初的读书学习从这些经典著作起步。一开始读书,就遇到了"名词"上的困难。诸如"阶级""阶层""政治""国家""革命""布尔什维克"等一大批概念是何意思?我全然不知。学问学问,边学边问。我只好求教于年纪比我大的同事,由此,陈白涛、薛伟章、林荣通等成了我最初的启蒙老师。但是,他们知道的也有限,我也不好意思成天追着问,所以,买了本《新华字典》,期待着能从中寻找相关词语的解释。由于我的知识太过贫乏,对字典中的词语解释还是常常不能理解。在陈白涛的倡议下,1971 年 7 月以后,我们组织了学习马列著作的读书小组,一批年轻人每逢星期日就集中在一起读书讨论。读书的气氛是良好的,大家相互交流自己的点滴看法和粗浅心得,不时为了一个概念、一段话争论得面红耳赤。为了能够在读书小组中争取发言,我花了大量时间准备发言稿。尽管已是尽心尽力了,但发言稿还时常文不对题,笑话百出。为了拓宽学习材料的来源，增强自己的学习能力，我向妈妈求援，我妈通过她的姐姐（即我的大姨妈）从上海定期给我邮寄来《学习与批判》杂志和《文汇报》。虽说按照当今的价格计算，这些学习资料的费用和邮费已不算什么，但在当时收入不高的条件下，它们成了我大姨妈一家一笔不菲的开支。

通过学习马列主义经典著作，我了解到《资本论》是马克思主义的百科全书，也是马克思主义经济学的基石，因此，1973 年 6 月，我购买了由郭大力和王亚南翻译的《资本论》，并努力地学习。但自己的文化水平太低，经济学、哲学、历史等方面的知识更是贫乏，所以，虽然读了一遍，依然连"一知半解"都达不到。可以说，除了记住几个名词外，几乎一无所知。厂里的工会领导知道了我在读《资本论》后，鼓励我在工人夜校讲讲，我花了几个通宵准备第一堂课，但在讲台上依然不知所云，令我第一次有了"以其昏昏，使人昭昭"的痛感。尽管如此，工人弟兄们还是以"孺子可教也"鼓励我。

1974 年"批林批孔"运动展开，我作为厂里的工人理论队伍负责人，一边给参加工会夜校学习的工友们讲解马克思的《共产党宣言》、列宁的《帝国主义论》等经典著作，一边开始学习中国历史和世界通史，购买了范文澜的《中国通史》、司马迁的《史记》和周一良等著的《世界通史》等书。同时，一批"批林批孔"的学习材料也发放了下来。这些学习资料大大拓展了我的学习视野，不仅使我读到了《论语》《孟子》《三字经》《经广贤文》等一批国学名著，也知道了荀子、韩非子、墨子、董仲舒、李贽等历史人物，而且弥补了我的古文空白。原先学习马列经典著作时，我向其求教而难以相助的许多人现在大多成了我的老师，使我深刻领会到"三人行必有我师"的真切含义。

1975 年，福建师范大学的一批师生来到我们厂进行接受"工人阶级再教育"的社会实践。厂里的政工处和他们一起召开了一个座谈会，主题是批判十七年的修正主义路线。参加会议的人由三部分构成，即厂里的政工处人员、福建师大的师生和以我为首的工人理论队伍成员。座谈会进行得很热烈，一开始福建师大的师生们痛批十七年的修正主义教育路线，然后，由政工部的干部揭批十七年的修正主义工业路线，等到我发言的时候，我提了三个问题：一是为什么到处都在批判这十七年的修正主义路线？在这十七年中，毛主席、党中央难道无所作为吗？二是这十七年间是谁领导中国取得了经济社会伟大进步，初步改变了中国的一穷二白面貌？三是计划固然是从事经济活动的一种手段，但是如果没有商品、货币，将如何进行经济活动？这些问题提出后，座谈会的导向发生了改变，大家开始纷纷研讨十七年间中国经济社会的成就和成功经验。此事给福建师大的带队领导留下了很深的印象，为后来我到福建师大学习做了铺垫。

自 1973 年以后，我们厂每年都有十几个上大学的名额。头几年，我对此事并不挂心。1976 年，不知何因，我突然有了冲动，感到必须要上大学了。当名额下来时，由于我从事电气焊工作多年，对电气焊的工作条件艰苦和设备状况落后有着一定的体会，也曾购买了一些有关电气焊专业的书籍阅读，所以，报考了清华大学焊接系专业，试图为改变电气焊工人的落后工作条件而努力。考试时，我写了一篇关于商品经济的文章，强调商品经济不可偏废，在现阶段价值规律不会消失。但我报考的名额被"走后门"了。得知这个消息后，福建师大政教系的招生老师指名要我（并说非此人不招之类的话），我也因此得罪了那些报考福建师大的工友同事，在某种歪打正着的驱使下成了一名"工农兵学员"。1977 年初，我离开了工作 6 年多的福建龙岩特钢厂，迈入了再次"接受再教育"的门槛。

福建龙岩特钢厂的工人生涯，是我主动求学的最初探索。虽然一直到离开工厂我依旧对学术处于朦朦胧胧的感知境地，所学的一点知识也属片言只语，并无系统可言。从学问之道看，我尚未入门，但通过死记硬背，我多少知道了一些名词和经典语录，也看到了自己的不足。这也许就是我想上大学的成因。

从 1977 年以后的高考大势看，我好在搭上了"工农兵学员"的末班车，否则，凭着初小的文化水平要考上大学是几乎不可能的。

二　书呆子苦苦求学

1977 年春节后，我到福建师范大学政治教育系报到，再次踏进学校的大门，成为 1976 级的一名学生。1976 级政教系有 80 多人，分成两个班八个组，由于我来自工厂，有着 6 年多的工人实践经验，所以，年级辅导员陈时通曾多次动员我担任班级或小组的负责人工作，但我一心在求学上，担心分散时间和精力，故而，每次总是婉言谢绝。

我们主干课程包括中共党史、政治经济学、马克思主义哲学、共产主义运动史和科学社会主义等，与此搭配的其他课程包括中国哲学史、西方经济学流派、形式逻辑、外语等。由于缺乏教科书，所以，很多课程直接用经典作家的原著为教材。例如，中共党史课程主要以《毛泽东选集》为教材，政治经济学课程主要以马克思的《〈政治经济批判〉序言和导言》《哥达纲领批判》等为教材，哲学课程主要以《费尔巴哈论》《反杜林论》等为教材。在这些课程的学习中，我认识了政教系的一批名师，如黄志贤、陈征、骆焉铭、宋俊、石奇志、林建、林知心、陈惠如、李思、刘开通，等等，他们的学识和课程讲授令我思路大开，也颇为折服。

在各门课程中，我将尽可能多的时间集中于学习政治经济学和西方经济学，一方面购买了当时所能买到的各种经济学著作，既包括马克思的《剩余价值理论》《马克思恩格斯全集》第 46 卷等，也包括亚当·斯密的《国富论》、大卫·李嘉图的《赋税原理》、萨缪尔森的《经济学》等著作；另一方面排除各种干扰，千方百计挤时间学习。各种小说散文等文艺类书籍不在我的阅读范围内，电影、电视和收音机等也被搁置，连节假日（包括寒暑假）和午休时间都基本泡在教室或图书馆。我给自己列了一个时间表，每个星期要争取 60 小时的读书时间。

面对当时社会上对工农兵学员的种种诟病，我下决心要为工人阶级争口气。我牢记着毛泽东在《实践论》中的一句话："知识的问题是一个科学问题，来不得半点的虚伪和骄傲。"也牢记着毛泽东在 1956 年说的一句话："人总是要有点精神的。"读书是件枯燥无味的苦差事。看着众多同学在课余时间打球上街看电影等，我有过心动，也想放松一下自己，但一想到要"争气"，就只好咬牙坚持读书学习了。入学一年多的时间内，我的自学还基本停留于运用工厂里的学习方法，对书中感到体会较深的话语死记硬背，全然不知需要系统完整地把握全书的知识体系和分析问题的逻辑思路。

在学习过程中，同窗好友郑传芳、黄家骅、温天更、冯志良等给了我学习方法上的很大帮助，既使我明白了在中小学语文课中老师要不厌其烦地要求每个学生把握好每篇课文的"中心思想"和"段落大意"的实际意义，又使我明白了学习中仅靠"理解"是不够的，还需要在自己的脑中记住基本概念、基本原理和基本知识的内涵。近3年的"工农兵学员"学习，与所掌握的知识相比，我感到最大的收获在于理解和掌握了学习方法。由于每天沉溺于书堆，又不断地死记硬背，两眼发呆，故被称为书呆子。

多年后，我才体会到，任何一门学科的思维都是以它的基本概念、基本原理和基本知识为基础展开的。人脑如电脑。电脑之所以能快速处理相关信息和"事务"，是因为其中预先安装了相应软硬件；人脑也只有在储存了所需的专业知识的条件下才能够处理好相关专业问题，形成专业思维。理科主要靠做各种习题将相关公式和原理记忆到大脑中，工科、医科、农科等通过做各种实验将相关概念、原理和知识记入大脑，文科在缺乏习题、实验等条件下，就要靠"背书"来记忆了。记住与专业相关的概念、原理和知识，就可在头脑中经常地琢磨它们，一些晦涩难懂的语句可能在不断反刍下突然有了"柳暗花明"的感悟。这是"熟能生巧"的初级阶段。

1979年12月，我毕业留校，被分配到福建师大马列主义教研室的政治经济学教研室任教，从此，开始了我的教学科研生涯。在这里，我有幸遇见了赵志清老师。当时教研室实行集体备课和老教师听课制度。赵老师告诉我，仅靠看懂教科书是难以教学的。一个基本原因是，学生手中也有教科书；如果仅按照《政治经济学》教科书按部就班地从事教学，那么，学生的需求得不到满足，教学效果就不会好。要应对这个难题，就必须拓展自己的知识范围和思路，在备课中充分考虑到学生听课和学习中可能提出的问题，有针对性地准备各种预案。为了提高自己的经济学专业水平以满足教学的需要，我一边认真备课从事教学活动，一边旁听了1980级经济学研究生的全部专业课程。

在随后的教学实践中，我逐步体会到了，对教师而言，本科的教科书教学重心有三：第一，在详细讲述每个概念、原理和知识点等准确含义的同时，讲述它们背后的含义（例如，字里行间的含义、每个用词或用语的含义、常见差错的成因等），使学生养成使用概念、原理和知识点的科学性和准确性，避免词不达意的现象发生。第二，在讲述这些概念、原理和知识点的同时，分析它们存在的条件，指出一旦这些条件变化了，这些概念、原理和知识点的正确程度也就发生了变化，使学生知晓，任何概念、原理等均在一定条件下才成立，它们存在的条件变化了，它们的正确性也就有了新的变化，由此，避免在不同条件下简单套用概念、原理等现象发生。第三，在讲述这些概念、原理和知识点的同时，阐释它们在教科书体系中的前后逻辑关系，指出它们在逻辑演进中的变化，使学生在学习过程中逐步形成学科知识的框架性系统理念，养成从学科体系中理解和把握概念、原理和知识的思维方式。

1981 年，我以福建省总分第一的成绩考上了福建师大政教系的经济学硕士研究生，在骆焉铭教授的指导下从事社会主义经济理论研学。在随后的 3 年左右时间内，我再次聆听了骆焉铭教授的社会主义经济理论课程，研读了马列主义相关经典著作；陈征教授的《资本论》辅导课，重新通读了《资本论》；较为系统地学习了西方宏观经济学、微观经济学和经济学流派以及其他相关的学科。在学习中，同窗好友周振华、黄家骅、张仁寿、马壮昌和耿文清等给我以很大的帮助，我们经常就某个原理或概念相互探讨相互启发。

写文章和发表文章是青年学生的一个追求，也是一件令人揪心的难事。3 年间，我勤于动笔，写了 10 多篇文章，但大多数都投出后被退回。每当寄出稿件时满怀期待，一旦接到退稿通知心里就难受；可是解决方案只有一个，继续写稿改稿和投稿，要有一种“屡败屡战”的气概。1983 年，我在《经济研究参考资料》上发表了第一篇文章，高兴得将几十元稿费给妻子张小燕买了件连衣裙（这是结婚两年多时间，我给她买的第一件衣服）；随后，又在《福建论坛》上发表了《利润是社会主义企业生产的直接目的》等文章；到 1984 年底，我独自撰写和与他人合写的文章已发表了 6 篇，由此，迈上了从事经济学研究的台阶。

通过硕士阶段的学习，我愈发感到自己学识的不足，所以，有了攻读博士学位的念头。1985 年初，我向福建师大马列室领导提出申请，准备考博。在再三要求之下，领导同意我去试试。在随后的几个月时间内，我埋头读书准备考博，整理并背记了几十万字的笔记。功夫不负有心人，我终于考上了中国人民大学卫兴华教授的博士研究生，从此，踏上了“又一村”的学术征程。

三　幸运儿不懈奋斗

　　1985 年 9 月，我到中国人民大学经济系报到，成为一名博士研究生。一入学，就令我感到与之前几乎完全不同的宽松氛围。那年的中秋节与国庆节仅相隔 1 天，我们博士生邀请导师共度中秋之夜。卫兴华、吴树青、高鸿业等一批享誉国内外的名家大师放弃了与家人团聚的机会，与我们这些年轻学子度过了一个欢快的夜晚。席中，导师们毫无"师尊架子"，与我们交杯换盏，高歌吹弹，令我第一次真正领略到了大家风范和德高望重的大师风采，感受到了"高山仰止"的学术泰斗在"平易近人"中带给我的强烈情感冲击和为人楷模的师范。此后，我们也时常借节日之机，在卫老师家中聚会。

　　读博 3 年，我才真正进入了经济学研究之门。卫兴华、吴树青、高鸿业、吴易风、李宗正、胡乃武等一批名师悉心教学，使我受益匪浅。尤其是卫老师为了我们的学习更是呕心沥血，不仅认真组织我们进行每一次论题研讨，布置下一次研讨题目，而且亲自为我们找研讨的相关资料，修改课程笔记并指正试卷答案。读博期间，洪银兴、魏杰、马庆泉、黄泰岩、曹远征、范恒山、金碚、胡永明、陈宣良、周文彰、单少杰、李杨、宁吉喆等一大批同窗好友给了我很大帮助。我每当有弄不清楚的问题，就屡屡向他们请教，他们也耐心予以解答。在这些良师益友的带领和帮助下，我逐步理解了经济学的理论体系和相关理论的实践含义，开始注重专业思维方式的训练和培养，走出了书呆子的困惑之境。

　　在这个过程中，我在写作时领会了"书到用时方恨少"的感受，也明白了只有独自写出来的东西才是自己已掌握的认识，由此，读书写作成为生活中必不可少的事务。要写作就要有自己的体会和认识，它要求对接触到的观点有着独立的思考；嚼他人已嚼过的馍是没有味道的，对同一问题要有自己的认识，就需要认真研读他人文章著作，弄清楚他们的假设前提，看看换个角度或假设条件是否可能得出与其不同的结论，由此，我逐步养成了从假设条件出发看文章著作、从调整假设条件出发思考相关问题的思维习惯。这大大提高了我的专业思维能力，也为博士学位论文的写作打下了基础。

1987 年下半年起，学业进入写作博士学位论文阶段。我先是按照自己的想法，就"经济运行机制的制度性安排"论题的体会，下笔写了几章内容。交卫老师看后，他肯定了我写的这些认识的价值，值得进一步研究探讨，同时强调说，当务之急是写好一篇能够通过答辩的论文，拿到博士学位，要处理好近期研究与长远研究的关系，尚未思考成熟的认识不要急于写出，就是写了也不要急于拿出。在导师的启发之下，我调整了论文选题，经再三思考，选择了以"企业的运行机制"为博士学位论文的论题。1988 年 5 月顺利通过了论文答辩，获得了经济学博士学位。

1988 年 7 月，我离开中国人民大学，到南京大学报到。南京大学的前身是民国时代的中央大学，经济学比较强。但在 20 世纪 50 年代初院系调整中，南京大学经济系的主要师资被调整到其他高校，从此就"榜上无名"。洪银兴本着重振南京大学经济学科的雄心，需要帮手，曾多次动员我到南京大学从事教学研究工作，我经再三思考接受了这一邀请。

在南京大学的 6 年多时间，我主要从事教学科研工作，先后给本科生开设了《政治经济学》《社会主义政治经济学》《经济政策学》《产业经济管理学》《股份经济学》《国有资产管理学》《企业经济学》《货币银行学》和《发展经济学》等课程，给研究生开设了《资本论》《马列经典著作选读》《中国经济体制改革》《产权经济学》等课程，给中美文化交流中心的外国学生开设了《中国经济体制改革》等课程，主持了政治经济学、货币银行学等学科的建设。在洪银兴的带领下，我与刘志彪等就教学科研中一系列论题组织了全系教师共同研讨。在备课时，我始终关注学生的情况，注意深入浅出地讲解相关理论问题，多用身边的实例提高学生的理解程度。由于授课得到学生的认同，多次发生将 100 人左右的教室调整为 200 多人的阶梯教室的情形。1990 年以后，先后获得了南京大学"樱松奖"一等奖、优秀教学质量一等奖，与洪银兴等人共同获得江苏省普通高校教学质量一等奖、全国高校教学质量二等奖，"霍英东青年教师科研奖"和"霍英东青年教师教学三等奖"等，1993 年被评为"南京十大杰出青年"以及其他教学科研奖。

在此期间，我的工作和成长得到了洪银兴、刘志彪、张二震、裴平等众多同事的积极支持。1991 年下半年，我们系争取到了一个破格提拔正教授的名额。当时，可参加竞争的人选主要有我和刘志彪。我们俩相互谦让，都希望对方去参选，但最后，刘志彪一改往日的笑容，板着脸要我去参选，并说如果我不去就让指标作废。洪银兴也不断做我们的工作，强调破格指标来之不易，不应作废。在他们的支持与鼓励下，我参加了破格晋升的资格考试、校高评委答辩、江苏省高评委审定等各项程序，于 1992 年初成为当时全国最年轻的经济学教授。刘志彪在利益面前勇于谦让，给我思想以极大震撼，也给我留下了同事间做人厚道的重要启迪。

　　1992 年初，邓小平发表南方谈话，推进社会主义市场经济新体制发展成为一个热议的主题，企业的股份制改制和发股上市成为江苏省和南京市改革发展中的一个重头戏。由于我系统地研究和讲授过《股份经济学》，同时，社会上的大多数人对股份经济又缺乏了解，所以，普及股份经济基本知识、推进企业的股份制改制就成了我的一项社会工作。我先后参与了江苏省第一批和第二批、南京市第一批和第二批的几十家企业股份制改制方案设计和论证工作，给南京市政府和相关企业做了几十场的股份经济专题报告，参与指导了江苏省股份合作制改革的工作。市场经济是一个宏大的海洋，我们对其知之甚少。虽然西方经济学揭示了其中的一些原理，但国情不同，差别也很大。为了能够给学生更加切实的理论知识和实践案例，也为了证明从事教学科研的老师们也有着较强的动手能力，我产生了下海试水的念头，于 1992 年 9 月 18 日创办了"江苏兴达证券投资服务有限公司"，随后，又创办了"江苏兴达会计师事务所"。经过不到 1 年的经营运作，"江苏兴达证券投资服务有限公司"以 70 万元的注册资本获利 200 多万元，我们一次性给南京大学国际商学院提供了 100 万元的教学科研资助，按照入股资金数额向股东们进行了全额分配。

　　这些实践活动，使我深深地感受到了市场经济的奥妙无穷，也发现了已有实践平台的严重局限性，于是，1993 年 7 月，我向南京大学校领导提出了参加社会实践的申请，到中国华夏证券有限公司挂职锻炼。在华夏证券实践期间，我挂职公司副总裁，负责发行部、交易部、基金部和国际部等业务部门的工作，主持或参加了青岛海尔、大连大冷、江苏春兰、贵州凯涤等诸多公司的股份制改制、股票发行和股票上市工作，指导了股票自营操作，主持了对东四证券营业部的内部管理整顿，指导了深圳证券营业部、南京证券营业部等的设立。通过这些实践，使我深深感到了原有教科书知识与实践要求的脱节和差距，尤其是教科书中的一些原理不仅不符合实践机制，而且与市场经济条件下的法律制度要求也是不一致的。1994 年5 月以后，我一方面在思考从南京调回北京工作的事宜，另一方面在常振明、吕哲权等中信人员的动员下参加了中信证券股份有限公司的筹建工作。经过几个月的反复思考，1994 年 8 月，我向南京大学领导提出了调动工作的申请。南京大学校长曲钦岳、常务副校长陈懿分别与我谈话，挽留我继续在南京大学工作，但我去意已决，还是办理了从南京大学调入中国社科院的手续。

社会实践是短暂的，但它给我留下了一系列值得回味和思考的东西，其中包括：第一，它使我认识到，在西方国家历史上通过不断试错从混沌中探索出的结果，在中国改革发展中需要根据国情进行理论探讨、凝聚共识才能实践；第二，与理论原则相比，在经济发展中体制机制、操作路径、法治环境乃至政策的包容度等也是至关重要的；第三，在经济运行和经济发展中，货币和金融发挥着积极重要的作用，因此，仅仅关注实体经济部门是不够的。通过这段时间的社会实践，我决定将日后的研究重心从企业运行机制转向金融运行。1994 年 10 月，福建师大政教系 1976 级同学聚会庆祝毕业 15 周年，组织者要每个人写段毕业后的工作感受，我写道："走过了才知道没有走不过去的路，做过了才知道没有做不了的事。"

四 寻道者漫漫求索

1994 年 10 月，我到中国社会科学院报到，进入财贸经济研究所（以下简称财贸所）从事金融研究工作。从"海里"上岸，我可选择的工作单位较多，之所以考虑进入中国社科院从事研究工作，是因为我认为研究大致上可分为理论研究、政策研究和实务研究三种类型，政策研究既需要有理论指导又需要了解实务，面对中国改革发展的大趋势，有许多结合国情的理论必须在充分了解实践状况的条件下才能产生，政策研究是一个很好的平台；同时，如果我的研究成果有一项转化为可实施的政策，它将使得众多企业和居民受益。

早在 1994 年 4 月，李杨等人就发起设立了中国社科院金融研究中心（以下简称金融中心），它由财贸所代管，所以，进入财贸所工作后，我的主要精力就投入到了金融中心的课题研究中，既重视理论探讨又重视与业界联系、参与金融实践，以做好政策研究工作。在最初的工作展开中，我们得到了中国国际金融有限公司的汤世生、兴业银行的李仁杰和毕仲华等一批金融机构的支持。1996 年，老同学王松奇加盟金融中心，形成了由李杨、王松奇和我组成的金融研究"三剑客"架构。此时，我侧重于进行资本市场的理论和实务研究。

在科研探讨中，我始终坚持不唯书、不唯上、不唯风、只为实，以理论为指导，以实践为基础，提出了一些具有政策含义的见解。例如，1995年，针对大量运用银行信贷资金进行投资引致通货膨胀的情况，提出了"投资模式应由信贷型向资本型转变"的建议；1996 年，针对企业多元化经营引致投资膨胀的情况，提出了"整顿企业经营范围，抑制投资扩张膨胀"的建议，1997 年，针对企业融资难，提出了"对内开放资本市场，走出企业资金困境"的建议；1998 年，结合韩国金融危机的教训和我国企业的多元化经营弊端，提出了"'低成本扩张'不宜提倡""资本经营：走出'空手道'误区"建议等。同时，根据我国改革开放的实践要求，深入探讨相关实践的发展方向和运作机理，1998 年提出了应建立多层次资本市场体系，1999 年提出了证券投资基金不具有股市稳定器的功能，2000 年提出了应防范网络经济泡沫。在这些研究探讨中，我逐渐感悟到了科研活动的目的不在于发表几篇文章写几本书，而在于探寻经济金融运行中的规律性现象和内在机理。2002 年美国爆发了安然等公司丑闻，我在《华尔街的堕落》一书"序"中写道：财务造假只是一种"术"，不是"道"，虽能得逞一时，但终将不能步入"正道"；在几百年的近代历史发展中，能够在市场竞争中长久取胜的企业是那些遵规守道者。"术"者伎俩也，"道"者机理也。

我积极认真地参加上方交办的研究任务。1998 年，我们承接了国务院交办、国家科技部邓楠主持的"我国高新技术产业化创新机制研究"项目。金融中心由李杨挂帅、松奇负责创业公司及其机制设计，我负责创业板市场设计。在国家科技部的带领下，我们对北京、上海、深圳等诸多地方的高新技术企业进行了较为系统的实地调研，召开了一系列国内外投资公司、创业公司、高新技术企业等的座谈会，起草了国家科技部等七部委文件《关于建立我国科技创业投资机制的请示》和国务院办公厅转发科技部等部门文件《关于建立风险投资机制若干意见的通知》等。1999 年之后，我先后承接了中财办和国务院交办的关于公司债券市场研究、国有股减持、私募基金等诸多课题的研究。

经过 8 年多的努力，2002 年 8 月 22 日，中央机构编制委员会办公室在批复《关于上报〈中国社会科学院机构编制调整方案〉的请示》中写道："同意……成立中国社会科学院金融研究所。"从此，我的科研工作有了一个新的平台。在金融研究所（以下简称金融所）工作 10 多年来，我的科研视野从原先的资本市场理论和实务拓展到了货币理论和货币政策、金融运行理论和实务、国际货币体系和汇率制度、信托机制和金融租赁等方面，发表了 12 部著作和 450 多篇论文，主持了国家社科基金招标课题、中国社科院重大课题和其他课题 80 多项，获得了孙冶方经济科学奖、中国社科院优秀科研成果奖、中国社科院优秀信息奖等 30 多项。

在资本市场研究中提出的新认识包括：交易规则是资本市场的核心机制，多层次股票市场是由多层次交易规则决定的；中国股市的定价权不容外移；股市不是国民经济"晴雨表"，不具有创造财富的相应；应加快发展公司债券市场，使其成为降低实体企业融资成本、挤压金融泡沫的基本机制；金融根植于实体经济，实体经济部门是金融体系的基本主体，公司债券向城乡居民和实体企业的直接发行，是变外植型金融体系为内生型金融体系的突破口。在国际金融研究中提出的新认识包括：中国资本账户开放的目标应是基本开放（不是完全开放）；"一价定理"在实践中是不成立的，它忽视了任一国家（或地区）的价格体系都是在特定制度框架中形成的；人民币汇率制度属于中国经济主权范畴，汇率改革的重心在于汇率形成机制的市场化等。在货币理论研究中提出的新认识包括：西方货币经济学中的法定准备金率理论存在着明显缺陷，是一个半截子理论，且与实践不符；西方货币经济学中的利率效应理论有着明显不足，存贷款利率并非按照"提高利率收紧银根、降低利率放松银根"的效应展开，其中，资金的可得性更加重要；不应简单将物价变动作为货币政策的最终调控目标，货币政策应关注经济和金融运行秩序的稳定，落实宏观审慎监管政策。

通过这些研究，我领悟到了金融研究中贯穿着理论逻辑、实践逻辑和技术逻辑；如果研究中发现理论逻辑与实践逻辑不一致，在大多数情况下，是理论逻辑出现了偏差（或者是假定条件与实践不符，或者是演绎推理不严格，或者是实践条件发生了变化）；如果技术逻辑（如各种模型）与实践逻辑、理论逻辑不一致，那么，问题一定发生在技术逻辑方面。金融学是致用之学。结合国情，注重实践，对金融研究来说，始终是第一位的。

2012 年 8 月，在庆祝金融所成立 10 周年的纪念册——《十年成长》开篇语中，我简要总结了金融所的成长历程，也写下了自己从事学术研究几十年的一点感悟：

> 理论研究是一个寻道和论道的过程。何为"道"？道乃规律、机制之理，行为方向。要避免南辕北辙的事倍功半，就要识道。要循道，先要识道，由此，就有了寻道人和论道人，我们就是这些人中的一份子。

> 寻道者犹如夜行者，既有在黑暗中前行的辛劳，也有论道以启发乃至教诲他人的重任。毕竟，行道者不是一人，而是众生。要令众人达成共识是困难的，要将这些共识转变为制度、体制、机制和共同的行动更加困难。为此，我们坚守平等、公开和竞争的基本原则，营造"百家争鸣"的学术氛围。

> 万物皆有道。寻道者在浩渺的知识海洋中探索，不仅需要把握相关各类现象中的共性，而且需要了解每一对象的特性。世界万物因共性而相互联系，又因特性而相互区别。不论是共性还是特性，都依条件变化而变化，因此，只强调特性而忽视共性，或者只强调共性而无视特性，都难以寻得真道。

> 寻道者在艰苦努力中探索，不仅需要了解相关各方面的前人之说，也不仅需要知晓本国国情和他国实践状况，而且需要"去粗取精、去伪存真"，在黑暗和茫然中推陈出新，寻求光明之道。在此过程中，我们有过百思不得其解的困惑，有过夜不能寐的体验，也有过未能寻出

真谛的苦恼。解此困惑的一个重要机制是，相互启发，友好磋商。学术争论是正常的。争鸣是各方发表己见之窗口，以心平气和、温文尔雅的儒家之道为依托，以寻求道理为目的，既可以坚持一家之言，也可以观点交锋。在各抒己见、求同存异中，我们的学术之路不断深化。不应停步于简单的循规蹈矩，在不断寻找新的根据、多次转换视角和集体攻关中，我们的认识渐渐升华。

金融研究是一项创新工作，需要有厚实的历史知识，准确把握前人理论的要义，需要有勇闯新路的胆识和敏锐的眼光，也需要有畅所欲言、集思广益的精神。时过境迁，需要有符合中国国情、与时俱进的金融理论。正是在取长补短、相互学习中，我们形成了一个具有凝聚力、战斗力的研究团队。我们尽心尽力地以公正无私、谏言为民而立足于中国金融学术界，争取社会的认可和认同。理论探讨在争鸣中发展创新。

寻道者需要扎实严谨的态度。浅尝辄止、感情用事、哗众取宠、人云亦云均不可取，抄袭剽窃他人成果更是在禁止之列。我们强调首创，尊重每个人的见识，充分发挥大家的主动性和创造性，鼓励独立思考，开放式讨论，避免"一言堂"，只要研究的思路、框架和根据具有科学性，就被认为是有价值的研究。

2015 年 11 月，在纪念《经济研究》发刊 60 周年的笔谈中，我写了如下几段话：

经济学是一门经世济民之学，以探讨和揭示经济运行和经济发展中的内在规律、运作机制和利益关系为己任。这决定了：第一，经济学研究必须立足于经济实践。不同的经济实践，因各种具体条件不同有着不同的内在规律和运作机制。离开了经济实践，经济学就将成为无本之木，既失去了生命活力，也失去了存在的意义。第二，经济学研究的结果对经济实践有着至关重要的指导意义。偏离了经济规律的客观要求，忽视了经济机制的内在逻辑，不重视协调好相关的利益关系，经济实践将发生南辕北辙的现象。第三，经济实践在发展变化之中，这决定了经济学也还在发展深化之中。这是经济学生命活力常在之源，也是经济学研究之幸。虽然从亚当·斯密1776年发表的《国富论》算起，经济学研究已走过了200多年的历史，但与人类经济社会发展的长河相比，经济学也还是一个年轻的学科，不论是在国际经济领域还是在中国经济发展中，还有许多未知领域和困惑的现象有待进一步研讨。

由于西方国家较早步入了市场经济体制和推进了产业革命，西方经济学家根据本国或国际经济实践进行了长期不懈的研究探讨，所以，迄今经济学理论中的绝大多数原理来自西方国家。这些西方经济理论大致有六种情形：第一，揭示或解释了市场经济条件下的一般性经济规律和经济机制，不论是对西方发达国家还是发展中国家，也不论市场经济成熟程度如何，这些原理都是适用的。这些原理不胜枚举，它们构成了西方经济学的主体部分。第二，西方国家在某些特定历史条件下所形成的理论，随着实践条件的变化而变化，可能不再适用了，也可能仅在实践条件依然存在的国家或特殊场合才适用。例如，农产品价格的蛛网理论，在农产品期货市场机制、互联网机制和政府财政干预机制等条件下，已发生实质性变化。又如，劣币驱逐良币的理论适用于贵金属货币条件下，在信用货币且社会稳定的条件下，它的适用性已明显变化；在国际经济领域中，常常发生相反的现象。第三，由于西方学者在研究中舍去了过多的现实条件或者过于简单地将研究对象抽象为单一性，使得一些西方经济学理论与实践状况严重不符。例如，贸易平衡理论舍去了国际货币机制同时又忽视了国别具体情况（资源禀赋、国家大小和发展水平等等）的差异，因此，难以解释全球经济不平衡现象。再如，西方利率理论忽视了商业银行存贷款利率、金融市场利率和央行利率之间的差异性，将各种利率合为一体，引致理论分析的差误和与实践不符。第四，一些西方经济学家以其研究立场或研究角度所提出的经济理论，在从另一个立场或角度看，有失偏颇。例如，公司治理理论过于强调股权投资者（即股东）的权益诉求，忽视了人力资本所有者（公司高管人员等）的权益诉求。第五，一些西方经济理论是不彻底、不充分的，但在传播中成为某种业界和社会共识。例如，从货币乘数中推出的法定存款准备金率理论，忽视了央行获得法定存款准备金后的运作；又如，西方有关发行本币对冲外汇占款的理论，忽视了央行可以运用法定存款准备金机制和发行债券（或央行票据）等机制来对冲外汇占款。第六，一些西方经济学的理论，是西方学者杜撰出来的，缺乏实践的验证。例如，股市是国民经济的"晴雨表"、股市的财富效应等。这些理论研究的情形，一方面说明了随着实践条件的变化，经济研究还有众多可供深化的理论探讨空间；另一方面说明了任何经济理论都是一个有条件的理论，在世界不同国家和地区，将有着与本国实践相符合的创新性经济理论问世。

以改革开放为先导的中国经济发展是人类历史上的伟大创举，36年来取得了举世瞩目的辉煌成就。中国的经济发展打破了西方国家最优经济模式的神话，给众多发展中国家的经济发展以新的启示。2009年，在纪念改革开放30周年的过程中，一些人提出了要总结新中国成立60年来中国经济发展的经验教训，提炼出中国经济发展道路，推进中国经济学的形成。经过多年研讨，迄今中国经济学从理论起点、具体内容到学科框架依然缺乏基本共识，不少人认为形成中国经济学的条件尚不成熟，一些人强调具有中国特色的经济学概念、范畴和逻辑都还严重欠缺。在方法论方面，中国经济学是遵循马克思以史论结合为基础的演绎推理、西方经济学以数理逻辑为基础的通论思路、以中国经济发展道路为线索的以史带论的实践思维，还是以社会主义政治经济学为特点分论结合方式，也尚在探讨之中。尽管如此，有一点是清楚的，中国经济学的形成，不能全盘照搬西方经济学（否则，就不是"中国经济学"了），也不能全盘否定西方经济学，更不能只讲中国的事不讲人类几百年（乃至未来）经济发展中普遍性原理，应按照马克思和众多经济学经典作家那样，站在前人已有研究成果的基础上，根据中国实践的发展，既提炼出具有共性的经济学原理（包括概念、范畴和逻辑），又反映出具有中国特色的具体实践结果。显然，在这方面经济学研究依然任重道远，也许还要几代经济学人的共同努力。

五　学术生涯的点滴体会

我参加工作已经 45 年了，年逾花甲。每个人的历史均由其自己写就，既有精彩得意之作，也有"走麦城"之苦，且各有特点，他人难以复制。芸芸众生，写出自传者比例甚低。我既非叱咤风云人物，亦无多少建树可陈，写个"自传"缺乏引人入胜之笔。从学术生涯看，几点体会也许可与人分享：

第一，知书达理。读书是我们常做之事，也是比较容易做的事，因此，"知书"不难。但如果仅停留于"知"是远远不够的。"认知"只是做学问的开端，它最直接的功效是可判断是非。"认真"是"认知"的深化，它可使我们知道，已得到的知识在哪些条件下是对的，在哪些条件下是错的，什么是真的，什么是假的，什么是错的，如此，等等。毛泽东说过，世上怕就怕"认真"二字，共产党人最讲认真。但认识仅停留于"认真"依然是不够的，"认理"是"认真"的深化。"认理"就是要认识事物的内在规律、机理和运动发展方向，因此，"知书"应追求"达理"。世间万物均有其理，"达理"可以明辨是非、洞察秋毫、以不变应万变。如一句老话所说：有理走遍天下。

第二，敢问善问。"学问"含义丰富，在学中问、在问中学是学术寻道的不二路径。不问，学的知识既难以吃透也难以深化。"问"是一个多角度的思维，问自己、问他人、问书海。"不耻下问"是一种美德，怕丢面子而不敢问或碍于面子而不敢问都是一种缺乏自信的表现，是做好"学问"的天敌。"问"之有据、"问"之有度、"问"之有节、"问"之有理，谓为"善问"。"善问"来自于"敢问"，是"敢问"的经验累积和知识深化之果。前人曾说过：脑中如无几十个乃至几百个不断琢磨的问题，学问既难以做深也难以做好。

第三，持之以恒。涉世伊始，成长的烦恼接踵而来，我浑然不知该往哪个方面努力。经与年长者讨教，方知做任何事不仅要有决心，更要有耐心和恒心。千里之行，始于足下。路是需要一步一步地走的。行路可能遇到坎坷（甚至可能跌跤），但毫不气馁，多多反省吾身，咬牙继续前行，方可能达到彼岸。台上一分钟，台下十年功，其中既有艰辛也有定力。毛泽东曾说过：最终的胜利往往就在于再坚持一下的努力之中。

王国刚

2016 年 4 月于北京

（原载《中国社会科学院学部委员学术自传》，中国社会科学出版社2017 年版）